KB206258

개혁교회 전통

역사, 신학, 실천

개혁교회 전통
역사, 신학, 실천

초판 1쇄 인쇄 | 2025년 2월 26일
초판 1쇄 발행 | 2025년 3월 4일

책임편집 박경수
펴낸이 김운용
펴낸곳 장로회신학대학교 출판부

등록 제1979-2호
주소 (우)04965 서울시 광진구 광장로5길 25-1(광장동)
전화 02-450-0795
팩스 02-450-0797
이메일 ptpress@puts.ac.kr
홈페이지 http://www.puts.ac.kr

값 22,000원
ISBN 978-89-7369-500-3 93230

개혁교회 전통

역사, 신학, 실천

박경수 책임편집

장로회신학대학교출판부

머리말

16세기 프로테스탄트 종교개혁은 당시 로마가톨릭의 부패와 폐해에 저항하면서 일어난 역사적 사건입니다. 하지만 프로테스탄트 종교개혁이 단선적이고 획일적인 운동은 아니었습니다. 독일에서는 루터, 멜란히톤, 부겐하겐을 비롯한 사람들이 '루터교회'라는 전통을 만들었고, 스위스에서는 츠빙글리, 칼뱅, 비레를 비롯한 인물들이 '개혁교회'라는 흐름을 형성했고, 비주류이기는 하지만 그레벨, 후프마이어, 시몬스와 같은 이들이 '아나뱁티스트' 운동을 이끌었습니다. 다시 말해 프로테스탄트 종교개혁 운동 안에는 통일성과 다양성이 함께 존재했습니다.

본서인 『개혁교회 전통: 역사, 신학, 실천』 프로테스탄트 종교개혁 중 개혁교회 운동과 유산에 관심을 둔 필자들이 참여하여, 장로회신학대학교에서 매년 10월에 개최하는 종교개혁학술강좌에서 2018년부터 2024년까지 발표된 글들을 모아 엮은 책입니다. 그 가운데 2020년과 2021년에는 코로나바이러스의 급습으로 모임과 일상이 축소되거나 중지되면서 종교개혁학술강좌를 열지 못하기도 했습니다. 2003년에 시작된 종교개혁학술강좌가 20년 넘는 세월 동안 지속된 것은 하나님의 은혜입니다. 앞으로도 이 학술강좌가 한국교회 개혁의 방향을 가리키는 나침반으로서의 역할을 계속 할 수 있기를 소망합니다.

책은 3부로 구성되어 있습니다. 1부는 개혁교회 역사를 다룹니다. 위그노 여성 지도자 잔 달브레를 다루는 논문은 종교개혁 운동에서 잊힌 여성 개혁자를 만나는 기회가 될 것입니다. 그리고 한국장로교회의 신앙고백, 미국장로교의 교육 선교, 미국과 한국의 장로교 정치 체제를 비교하는 논문들이 실려 있습니다. 2부는 개혁교회 신학을 탐구합니다. 성서해석 방법론, 목회신학, 공적 책임, 교회와 국가 관계의 윤리, 교리문답 등 다양한 관점에서 개혁교회 신학을 조명합니다. 3부는 개혁교회 실천을 모색합니다. '오직 성서'의 원리를 한국교회에 어떻게 적용할지, 개혁교회 예배, 세례와 성찬을 한국교회에 어떻게 접목시킬지, 개혁교회 신앙고백을 가정과 교육에 어떻게 되살릴지를 성찰합니다. 이 책은 개혁교회 전통을 역사, 신학, 실천의 관점에서 소개하고, 해석하고, 적용하는 귀중한 지침이 될 것입니다.

비록 작고 소박하지만, 이 책은 많은 분의 수고와 노력과 헌신의 결실입니다. 무엇보다 필자로 참여해 주신 장로회신학대학교 여러 교수님과 교회 현장의 목사님들께 감사합니다. 그리고 여러 해 동안 학술강좌를 맡아 진행해 온 이치만 교수님, 책의 편집을 도와준 양정호 교수님과 정일석 조교에게 고마움을 전합니다. 마지막으로 경건과 학문을 추구하며 늘 올곧은 그리스도인으로 살아가려 몸부림치는 사랑하는 학생들에게 깊은 감사를 전합니다. 치열한 학생들이 있기에 교수들도 함께 고민하고, 탐구하고, 실천하게 됩니다. '개혁된 교회는 항상 개혁되어야 한다'라는 개혁교회 표어처럼, 끊임없이 자신을 개혁하는 그리스도인과 교회를 통해 이 땅에 하나님의 나라가 온전히 이루어지길 소망합니다.

2025년 2월 10일
필자들을 대표하여
책임편집인 박 경 수

목차

16세기 위그노 여성 지도자 잔 달브레의 자기 변호
― 『편지』와 『충분한 설명』을 중심으로＊

박 경 수

장로회신학대학교 교수, 역사신학

I. 들어가는 말

종교개혁 역사에서 여성의 역할이 작지 않음에도 불구하고 그동안 이 분야에 대한 연구는 턱없이 부족하였다. 20세기 후반에 들어와서 역사 연구의 다양한 관점이 부각되면서 비로소 16세기 종교개혁 운동에서 여성의 역할과 그들이 종교개혁에 미친 영향에 대한 연구가 본격적으로 시작되었다. 국내에서는 2013년 핀란드 출신의 여성 신학자가 쓴 책 『여성과 종교개혁』이 번역 출판됨으로써 이 분야에 대한 연구가 활발하게 이루어질 수 있는 계기가 마련되었다. 이후 필자도 종교개혁 시대의 여성 지도력에 관심을 갖고 연구하여 스트라스부르의 카타리나 쉬츠 젤Katharina Schütz Zell, 제네바의 마리 당티에르Marie Dentière, 바이에른의 아르굴라 폰 그룸바흐Argula von Grumbach, 페라라의 르네 드 프랑스Renée de France, 인문주의자이자 종교개혁자인 올림피아 마라타Olympia Fulvia Morata 등 여러 여성 개혁자에 관한 논문을 발표한 바 있다.[1] 이와

＊　이 글은 박경수, "16세기 위그노 여성 지도자 잔 달브레의 자기 변호: 편지와 충분한 설명을 중심으로,"
　　『장신논단』51-1 (2019. 3), 121-45쪽에 게재된 논문을 수정한 것이다.

1　Kirsi Stjerna, *Women and the Reformation*, 박경수, 김영란 옮김, 『여성과 종교개혁』(서울: 대한기독교

같은 여성 종교개혁자들에 대한 연구는 그동안 역사의 그림자로 밀려나 있었던 여성들을 역사의 주역으로 전면에 부각시킴으로써, 역사를 보다 온전하고 균형 있게 파악하려는 노력의 일환이다.

16세기 나바라와 베아른의 여왕으로서 위그노의 지도자요 보호자였던 잔 달브레에 대한 연구는 아직 충분히 이루어지지 않았다. 국외에서는 일부 학자들이 잔 달브레 Jeanne d'Albret 의 생애를 중심으로 한 저작들을 펴낸 바가 있으며, 국내의 연구로는 김충현이 서양사의 관점에서 프랑스 종교개혁에 있어서 그녀의 역할을 다룬 논문이 있지만 개괄적인 소개에 그치고 있다.[2] 따라서 본 논문은 신학적 관점에서 잔이 남긴 일차사료를 분석하면서 그녀의 종교개혁 사상과 실천을 밝힌다는 점에서 기존의 연구들과 차별성을 지니며, 이후 그녀의 저술에 대한 신학적 연구를 고무시킬 수 있을 것이다.

필자는 먼저 잔 달브레의 생애를 따라 가면서 그녀가 어떤 과정을 거쳐 프로테스탄트로 회심했는지, 자신이 통치한 베아른 Béarn 지역에서 프로테스탄트 종교개혁을 어떻게 추진했는지, 왜 라로셸로 가서 위그노의 지도자로 활동하게 되었는지를 추적할 것이다. 이를 통해 비교적 알려지지 않은 그녀의 생애와 종교개혁 운동에 있어서 그녀의 역할을 확인할 수 있을 것이다. 이어서 잔이 남긴 『편지』와 그 편지의 역사적 배경을 자세하게 소개한 『충분한 설명』의 내용을 분석하면서 그녀의 프로테스탄트로서의 자기정체성을 규명

서회, 2013); 박경수, "16세기 스트라스부르의 평신도 여성 종교개혁자 카타리나 쉬츠 젤의 프로테스탄트 정체성 연구," 『장신논단』 50-1 (2018. 3), 125-55; "16세기 제네바의 여성 종교개혁자 마리 당티에르의 『편지』에 나타난 이중의 개혁사상," 『한국교회사학회지』 49 (2018), 45-80; "아르굴라 폰 그룹바흐의 저항과 항변: '아르사키우스 제호퍼 사건'을 통해 본 여성 평신도 프로테스탄트의 자기정체성," 『갱신과부흥』 27 (2021. 3), 123-52; "아르굴라 폰 그룹바흐의 예언자적 목소리: 요하네스와 아르굴라의 논쟁을 중심으로," 『장신논단』 54-1 (2022. 3), 33-55; "르네 드 프랑스, 로마가톨릭 자유주의자인가 프로테스탄트 개혁자인가?: 르네와 칼뱅의 서신 교환을 중심으로," 『장신논단』 54-5 (2022. 12), 35-67; "성서적 인문주의자 올림피아 풀비아 모라타: '올림피아와 라비니아의 대화'를 중심으로," 『갱신과부흥』 34 (2024. 9), 69-96; "16세기 여성 인문주의자이자 종교개혁자, 올림피아 모라타의 재발견: 그녀의 편지를 중심으로 조명한 생애와 사상," 『장신논단』 56-3 (2024. 9), 37-63.

2   국외의 저술로는 Nancy Lyman Roelker, *Queen of Navarre, Jeanne d'Albret: 1528–1572* (Cambridge, MA: Harvard University Press, 1968); Roland H. Bainton, *Women of the Reformation in France and England* (Minneapolis: Augsburg Publishing House, 1973); David Bryson, *Queen Jeanne and the Promised Land: Dynasty, Homeland, Religion, and Violence in Sixteenth-Century France* (Boston: Brill, 1999) 등이 있으며, 국내의 연구로는 김충현, "1560년 크리스마스, 잔 달브레의 공개적인 개종," 『서양사학연구』 10 (2004), 47-68; 김충현, "루이 13세의 라로셸 점령과 위그노의 약화," 『서양사학연구』 22 (2010), 1-31; 김충현, "프랑스 종교개혁과 종교전쟁에서 잔 달브레의 역할," 『여성과역사』 23 (2015), 271-305 가 있다.

할 것이다. 본 연구를 통해 16세기 종교개혁이 결코 남성들만의 전유물이 아니었으며, 자신의 모든 것을 걸고 교회개혁을 위해 불꽃같은 삶을 살았던 여성의 분투가 있었음이 드러나길 원한다. 그리하여 그동안 가려졌던 여성들의 이야기가 되살아나 보다 온전한 종교개혁의 역사가 복원되길 기대해 본다.

II. 잔 달브레 생애의 전환점들

잔 달브레라는 이름은 낯선 이름이다. 혹시 들어본 적이 있다 하더라도 프랑스 왕 앙리 4세의 어머니 정도로 알고 있는 경우가 대부분일 것이다. 이것은 마치 신사임당을 독자적인 사상가나 예술인으로서 이해하기보다는 율곡 이이의 어머니로서만 취급하는 것과 비슷한 일이 될 것이다. 잔 달브레는 결코 아들과의 관계라는 측면에서만 바라보고 이해할 인물이 아니다. 그녀는 프로테스탄티즘이라는 새로운 사상을 스스로 선택한 확고한 신념의 소유자, 자신이 다스리던 영토 베아른에서 입법 활동을 통해 종교개혁을 추진한 개혁자, 위그노를 후방에서 지원하고 동시에 최전방에서 이끌었던 탁월한 지도자였다. 잔은 그 자체로 종교개혁 역사에서 지울 수 없는 흔적과 영향을 남긴 독자적이며 독창적인 여성이었다.

1. 두 번의 결혼

잔 달브레는 1528년 11월 16일 파리에서 가까운 생제르맹앙레 Saint-Germain-en-Laye 의 궁에서 나바라의 왕 앙리 달브레 Henri d'Albret 와 프랑스 왕 프랑수아 1세의 누나인 마르가리타 Marguerite de France 사이의 외동딸로 태어났다. 잔은 어머니가 프랑스의 공주였기에 프랑스 왕실의 일원으로 궁정에서 자라기는 했지만, 당시 여자 아이의 경우는 왕족이나 귀족이라 하더라도 크게 관심의 대상이 되지 못했기 때문에 잔의 어린 시절에 대해서는 별로 알려진 것이 없다.

그러나 프랑스 왕족 여인의 결혼은 당시 유럽에서 중요한 정치적인 주제 가운데 하나였다. 프랑스의 왕 프랑수아 1세는 잔이 12살 되던 해에 그녀와 독일 클레베의 공작인 빌헬름Wilhelm of Kleve과의 정략적인 결혼을 추진하였다. 마침내 1540년 7월 16일 약혼이 체결되었다.[3] 그러나 어린 잔은 너무나도 당차게 자신은 이 정략적 결혼에 결코 동의하지 않는다고 말로서 뿐만 아니라 글로서 저항하였다.

> 나, 잔 드 나바라는 이미 밝힌 나의 입장을 그대로 고수하면서, 이 글로써 여기서 다시 분명히 표명하고 이의를 표하는 바이다. 클레베의 공작과 나 사이에 성사시키고자 하는 결혼은 나의 뜻과 상반되는 것이고, 나는 거기에 결코 동의한 적이 없고 이는 앞으로도 그럴 것이다. … 만약 내가 어떤 식으로든 클레베의 공작과 약혼하거나 결혼하는 일이 일어난다면, 그것은 내 마음에 반하여, 내 뜻과 무관하게 이루어진 일이 될 것이다. 그는 결코 내 남편이 되지 못할 것이고, 나는 그를 결코 내 남편으로 여기지 않을 것이며, 나는 어떤 유효한 결혼도 이루어진 게 없다고 간주할 것이다.[4]

12살의 소녀가 프랑스 왕의 협박과 위협에도 굴복하지 않고 이처럼 당당하게 자신의 의지를 밝힌 것은 참으로 예외적인 일이 아닐 수 없다. 그렇지만 잔의 거부 의사에도 불구하고 1541년 6월 13일 수요일 저녁 7시 푸아티에 Poitiers 북동쪽의 샤텔로Châtellerault 성에서 결혼식이 거행되었다.[5] 다행히 잔의 나이가 어렸기 때문에 그녀의 어머니 마르가리타는 신랑에게 딸이 월경을 하기 전까지는 부부관계를 하지 않겠다는 약속을 받아내었다. 그리하여 두 사람이 결혼식은 했지만, 빌헬름은 독일로 돌아갔고 잔은 프랑스에 남았다.

첫 번째 결혼이 추진되는 과정에서 겪은 절망감은 잔으로 하여금 하나님만을 더욱 의지하도록 만들었을 것이다. 실제로 잔이 빌헬름과의 강제 결혼 상태에 있던 1543년 10월 중순 드림본의 알렉산더Alexander of Drimborn에게 보낸

---

3   Roelker, *Queen of Navarre*, 46.

4   위의 책, 54; Stjerna, 『여성과 종교개혁』, 316-17.

5   Roelker, *Queen of Navarre*, 53.

편지에서, 그녀는 "왕과 내 아버지와 어머니에게 버림을 받았다고 느낄 수밖에 없던 나는 나의 유일한 위안이 되시는 하나님을 향해 나아가기로 작정하였다."[6]라고 고백한다.

그런데 1543년경 빌헬름이 카를 5세의 편으로 돌아섰기 때문에 프랑수아 1세는 더 이상 클레베의 공작과의 전략적 제휴에 관심을 가질 필요가 없어졌다. 잔도 로마가톨릭교회에 지속적으로 자신의 결혼이 자기 의사와 상관없이 강제적으로 이루어졌기 때문에 무효라고 청원하였다. 마침내 1545년 10월 12일 교황 바오로 3세는 이 결혼이 폭력에 의해 강요되었고, 잔이 끊임없이 저항했으며, 신랑이 신방에 든 일이 없었기에 결혼이 완성되지 않았다는 것을 근거로 결혼이 무효임을 선언하였다.[7]

그 후 잔이 20살이 되던 해 새로운 프랑스 왕 앙리 2세는 프랑스의 북부와 남부를 통합하기 위해 잔과 앙투안 드 부르봉Antoine de Bourbon의 결혼을 추진하였다. 이번에는 잔도 앙투안을 기꺼이 받아들였고, 1548년 10월 20일 두 사람은 결혼식을 올렸다. 두 사람 사이에서 태어난 다섯 자녀들 중 앙리1553년생와 카트린1559년생이 생존했는데, 앙리는 후일 프랑스 왕 앙리 4세가 되는 인물이고 카트린은 헌신적인 프로테스탄트였다. 잔과 앙투안의 관계는 처음에는 행복했지만, 앙투안의 간통과 종교적 성향의 차이로 인해 두 사람은 돌이킬 수 없이 멀어지고 말았다.

2. 로마가톨릭에서 프로테스탄트로의 공개적 회심

잔의 생애에서 결정적 중요성을 갖는 사건 중 하나가 1560년 성탄절에 베풀어진 성만찬에서 빵과 포도주 모두를 받으면서[8] 자신이 프로테스탄트 칼뱅주의자임을 공개적으로 선언한 것이다. 로마가톨릭 국가인 프랑스 왕족

---

6   위의 책, 63.
7   위의 책, 66; Stjerna, 『여성과 종교개혁』, 320.
8   로마가톨릭교회는 성만찬에서 빵만 나누어 주었는데, 이를 일종배찬(one kind distribution)이라 한다. 반면에 프로테스탄트 종교개혁 진영에서는 성만찬에서 성서의 가르침을 따라 빵과 포도주 모두를 나누었는데 이를 이종배찬(two kinds distribution)이라 부른다.

의 일원인 그녀로서는 이 같은 선택이 결코 쉽지 않은 결단이었으리라는 것
은 누구나 짐작할 수 있을 것이다. 후일 잔은 이 당시 자신의 회심을 회고하
면서 이렇게 말한다. "1560년에 주님께서 당신의 은혜로 우상숭배의 수렁에
깊이 빠져 있던 나를 구출해 주시고, 나를 주님의 교회에 기쁘게 받아주셨다.
그때부터 주님은 동일한 은혜로 내가 주님의 교회 안에서 버텨내도록 나를
도우셨고, 그 이후로 나는 개혁신앙의 대의를 위해 헌신하였다."⁹ 그렇지만
여전히 왜 잔이 이처럼 위험에 그대로 노출되는 것을 무릅쓰고 공개적 회심
을 했을까 하는 의문이 남는다. 김충현은 몇 가지 개연성 있는 가설을 제시하
고 있는데, 첫째로 칼뱅주의 가르침은 잔이 경험한 고통스러운 삶에 위로를
주었으리라는 추정, 둘째로 잔의 부모가 칼뱅주의를 단호히 반대하지 않고
묵인하였고 특히 어머니 마르가리타가 인문주의자와 개혁자를 적극적으로
보호한 것이 영향을 미쳤을 것이라는 판단, 셋째로 1555년 이후 칼뱅 Jean Cal-
vin 과 베즈 Théodore de Bèze 의 역할이 증대되고 영향력이 확대되었기 때문이라는
관점을 제시하였다.¹⁰ 이는 모두 그럴듯한 주장이지만 잔이 스스로 자신의
회심의 이유를 분명하게 밝히고 있지 않기 때문에 또렷한 대답이 되지는 못
한다.

다만 잔이 1555년 8월 22일 포 Pau 의 성에서 구르동의 자작인 니콜라스
드 플로타르 Nicolas de Flotard 에게 보낸 편지에 이미 그녀의 프로테스탄티즘으로
의 회심이 암시되고 있다는 사실은 주목할 만하다.

제 생각에 종교개혁은 정말로 옳고 필요한 일 같아서, 제가 계속해서 어정
쩡하게 머뭇거리고 있는 것은 하나님께 충성스러운 일이 못되고 비겁한 일
이며, 제 양심에도, 제 백성에게도 그러할 것이라고 생각합니다.¹¹

---

9   "Ample Declaration," *Letters from the Queen of Navarre with an Ample Declaration*, ed. and trans.
     Kathleen M. Llewellyn, Emily E. Thompson, and Colette H. Winn (Tempe, AZ: Arizona Center for
     Medieval and Renaissance Studies, 2016), 50.
10   김충현, "1560년 크리스마스, 잔 달브레의 공개적인 개종," 50-53. 자세한 논의는 Roelker의 책 5장
     "The Path to Conversion, 1555-1560," 120-54와 Bryson의 책 3장 "The Evangelising of Jeanne," 77-
     117을 참조하라.
11   Roelker, *Queen of Navarre*, 127; Stjerna, 『여성과 종교개혁』, 325.

이 내용으로 볼 때, 1555년부터 잔의 마음속에는 프로테스탄트로서의 자기 정체성이 형성되어 있었던 것으로 간주할 수 있을 것이다. 그 후 1557년 제네바의 칼뱅주의 목회자 프랑수아 러 게 François Le Gay 가 나바라를 방문하여 프로테스탄트 교회들을 세우고 개혁신앙을 전하였다. 1560년에는 칼뱅이 테오도르 베즈를 나바라 궁전이 있던 네락 Nérac 으로 파송하였다. 데이비드 브리손 David Bryson 에 따르면, 베즈는 "잔의 헌신된 신뢰를 얻는데 성공했고, 베즈는 잔이 죽을 때까지 그녀의 정신적 스승인 동시에 존경받는 '아버지'로 남았다."[12] 이렇게 잔은 위그노로의 길을 걷고 있었다.

잔이 1560년 성탄절에 공개적 회심을 한 사건은 많은 사람을 놀라게 했고, 제네바의 칼뱅에게 큰 기쁨과 희망을 주었다. 칼뱅은 1561년 1월 16일 잔에게 보낸 그의 첫 번째 편지에서 그녀의 회심을 진심으로 기뻐하면서 그리스도인 군주로서의 의무에 대해 조언하고 있다.

> 왕비께서 나의 형제 샬론네 Chalonné [13]를 통해 전해준 편지로 인한 내 기쁨은 말로 다 표현할 수 없을 정도입니다. 나는 편지에서 하나님이 불과 몇 시간 동안에 당신에게 얼마나 강력하게 역사하셨는지를 분명히 알 수 있었습니다. 하나님께서 오래 전 당신 안에 선한 씨앗을 뿌리셨지만 세상의 가시덤불로 거의 질식당했습니다. … 이제 하나님께서 예비하신 한없는 자비하심으로 비참한 곤궁으로부터 당신을 지켜주셨습니다.[14]

제네바의 교회개혁자 칼뱅은 잔이 개혁신앙을 위해 그녀가 가진 영향력을 프랑스와 나바라에서 발휘해 주기를 바랐다. 따라서 칼뱅은 그녀에게 자

---

12   David Bryson, *Queen Jeanne and the Promised Land*, 111; "Introduction," *Letters from the Queen of Navarre with an Ample Declaration*, 3.

13   테오도르 베즈의 가명이다. 베즈는 나바라의 왕과 왕비를 하나님의 말씀으로 가르치기 위해 1560년 7월 30일 네락으로 파송되었는데, 이 사명을 성공적으로 감당한 후 같은 해 11월 제네바로 돌아왔다.

14   *Letters of John Calvin*, IV, ed. Jules Bonnet (New York: Burt Franklin, 1972), 162-64 (January 16, 1561). Bryson은 Roelker가 이 중요한 편지를 잘못 인용하고 번역하는 오류를 범하였다고 비판한다. Roelker는 칼뱅이 같은 날 잔의 남편인 앙투안에게 보낸 편지의 내용을 잔에게 보낸 편지로 잘못 인용하고 있을 뿐만 아니라 '용기를 가지라'(to take courage)라는 문장을 '무장을 하라'(to take arms)고 번역함으로써 마치 칼뱅이 잔에게 폭력으로의 길을 준비하라고 조언하는 것처럼 오역하였다. David Bryson, *Queen Jeanne and the Promised Land*, 115.

주 편지를 썼고[15], 그녀를 위해 목회자들을 파송하기도 하였으며, 직접 만나기도 하였다. 베인튼 Roland Bainton 은 회심 이후 잔이 보여준 개혁신앙에의 헌신에 대해 이렇게 평가하였다. "잔의 신앙은 그 어머니[마르가리타]의 신앙이 지니고 있던 복잡성이나 모호성을 전혀 보이지 않는다. 거기서는 신플라톤주의적인 열광적 시가로 비약하는 일도 없었다. 잔이 개혁파 신앙을 채택하게 되었을 때 그것은 희석되지 않은 칼뱅주의였다."[16]

3. 베아른의 종교개혁

잔 달브레의 아버지 앙리 달브레가 1555년 죽자, 잔과 그녀의 남편 앙투안이 함께 나바라와 베아른 자작령의 통치권을 이어받게 되었다. 나바라와 베아른에서는 살리카 법 Salic Law: 왕위와 영토 계승에서 여성을 배제시키는 법 이 적용되지 않았기 때문에 잔도 남편과 더불어 왕위를 계승할 수 있었다.[17] 그러나 남편 앙투안은 단지 '자작부인의 남편' le mari de la vicomtesse 으로만 언급될 정도로 영향력이 미미했기 때문에 실제적 통치권은 잔이 행사하였고, 1562년 남편이 죽은 이후로는 잔이 유일한 통치자로서 나바라와 베아른을 개혁해 나갔다.[18]

16세기 나바라는 현재의 스페인 북부 지역과 프랑스 남부 지역에 걸쳐 있던 작은 독립적 왕국이었다. 하지만 잔의 할아버지 때인 1512년 스페인 쪽에 있는 고지대 나바라 Haute-Navarre 는 아라곤의 페르디난트에게 빼앗기고, 북쪽의 땅 저지대 나바라 Basse-Navarre 만 독립국으로 남아 있었다. 잔은 이 저지대 나바라와 함께 베아른 지역을 아버지로부터 물려받았다. 나바라와 베아른은 스페인과 프랑스 국경 사이에 자리 잡고 있는 지리적 이점으로 인해 오

---

15 *Letters of John Calvin*, IV권에 칼뱅이 잔에게 보내는 편지 5통이 포함되어 있다. 162-64 (January 16, 1561), 245-47 (December 24, 1561), 266-68 (March 22, 1562), 290-94 (January 20, 1563), 318-20 (June 1, 1563).

16 Roland Bainton, *Women of the Reformation in France and England*, 43, 45; Stjerna, 『여성과 종교개혁』, 324.

17 "Introduction," *Letters from the Queen of Navarre with an Ample Declaration*, 5.

18 Roelker, *Queen of Navarre*, 265.

랫동안 문화적 독립성과 함께 정치적 독립성을 누려왔다. 이런 역사적 맥락 안에서 잔은 자신의 영토에서 새로운 종교개혁 운동을 전개할 수 있었다.

잔은 1560년 성탄절에 공개적으로 프로테스탄트로 회심한 이후 1572년 죽기 까지 단계적으로 자신의 독립적 공국인 베아른에서 종교개혁을 추진하였다. 잔이 1561년 7월 19일 네락에서 반포한 교회법령은 7가지 조항을 포함하고 있는데, 로마가톨릭 신앙만이 아니라 프로테스탄트 신앙의 자유도 동시에 보장하는 내용이다. 첫째는 서로 다른 신앙을 따르는 사람들 사이에 언행이나 행동으로 모욕하는 것을 금지하는 것이며, 둘째는 그 동안 미사경본이나 십자가 위에 손을 얹고 맹세하는 관습을 없애고 대신 성서 혹은 살아계신 하나님에 대한 서약으로 대체하는 것이며, 셋째는 가난한 자들을 위한 헌금을 제외하고는 강제적 헌금을 요구하지 못하도록 한 것이며, 넷째는 목회자의 상황이 불가피한 경우에는 동일한 신앙을 가진 사람이 교회에서 공적인 기도를 할 수 있도록 하며 다른 신앙을 가진 사람도 그들의 예배를 드릴 수 있도록 허용한다는 것이며, 다섯째는 베아른에 새로 오는 목회자들을 맞이하여 정착하도록 한다는 것이며, 여섯째는 목회자가 설교를 할 때 주임신부나 보좌신부가 간섭해서는 안 되며 우상숭배를 종용하는 자는 설교단에 서지 못한다는 것이며, 일곱째는 학교를 세워 가르치고자 하는 사람은 여왕의 자문위원회나 목회자에 의해 그 능력과 생활과 교리에 대한 검증을 받아야 한다는 것이다.[19] 이 교회법령은 베아른 지역에서 로마가톨릭 신앙만이 아니라 개혁 신앙도 자리 잡을 수 있는 토양을 마련하였다. 양측이 서로 비난하거나 서로에게 무력을 사용할 수 없도록 하였을 뿐만 아니라, 양측이 같은 건물에서 시간을 달리하여 예배를 드릴 수 있도록 하는 '동시주의' simultaneum 를 채택하여 공존할 수 있도록 한 것이다. 잔이 베아른의 교회법령에서 채택한 동시주의는 로마가톨릭이 독점적인 지위를 누렸던 상황에 비추어 본다면 사실상 프로테스탄티즘의 승리로 이해할 수 있을 것이다. 또한 로마가톨릭과 프로테스탄트 신앙을 동시에 인정한 것은 장차 아들인 앙리 4세가 1598년 발표하게 될 낭트칙령의 관용정책을 예고한 것이라 할 수 있다.[20]

---

19   베아른의 종교개혁에 대한 1차 사료는 Charles Louis Frossard, ed., *La Réforme En Béarn: Nouveaux Documents Provenant du Chateau de Salies* (Paris: Grassart, Libraire, 1896), 8-11을 참조하라.

베아른의 교회법령은 이후 몇 차례 개정되면서 계속 발전해 나갔다. 1563
년 포 Pau에서 공포된 교회법령에서 잔은 베아른 지역에서 교황주의 미사를
폐지하고 프로테스탄트 예배를 도입하도록 했다. 교회법령의 중심 내용은
젊은이들을 위한 교육, 가난한 자의 구제, 프로테스탄트 예배를 강화하는 것
이었다. 이제 베아른에서 종교적 차이로 인한 재판과 처벌은 사라졌으며, 프
로테스탄트 주민이 다수인 곳에서는 대성당을 그들이 사용하도록 하여 성상
과 십자가와 성인의 유물들이 제거되었고, 로마가톨릭과 프로테스탄트 주민
들의 숫자가 비슷할 때에는 양측 모두가 번갈아 교회당을 사용하도록 하였
다. 뿐만 아니라 잔은 성서를 피레네 산지 언어인 바스크 방언으로 번역하도
록 하였고, 제네바에 목회자를 보내줄 것을 요청하기도 하였다. 이처럼 1563
년의 교회법령은 베아른을 실질적으로 개혁교회의 교두보로 만드는 조처였
다. 칼뱅은 1563년 1월 20일 잔에게 편지를 써서 종교개혁의 과정을 돕기 위
해 장-레이몽 메를랭Jean-Raymond Merlin을 파송하겠다고 약속하면서 순수한 복
음에 기초한 교회를 설립하는 노력을 계속할 것을 조언하였다.[21] 반면 로마
가톨릭교회에서는 베아른의 종교개혁을 차단하기 위해 1563년 9월 28일 교
황 피우스 4세가 잔을 파문하고 로마의 종교재판소로 소환하였다. 이후 프랑
스의 황후인 카트린 드 메디시스Catherine de Médicis의 중재로 잔의 파문은 취소
되긴 했지만, 잔은 이제 로마가톨릭교회를 영원히 떠났다. 베아른의 종교개
혁은 이후에도 계속 진행되어 최종적으로 1571년 11월 26일 77개 조항으로
이루어진 교회법령으로 나타났다. 이 법령은 나바라와 베아른에서 로마가톨
릭 신앙을 금지하고 개혁교회 신앙을 수립함으로써 이제 칼뱅주의가 베아른
의 유일한 신앙이 되었다.[22]

잔이 주도한 베아른의 종교개혁을 엘리자베스Elizabeth I가 이끈 잉글랜드
의 개혁과 비교하려는 시도도 있다.[23] 외형적으로 볼 때 여성 통치권자가 주
도한 위로부터의 교회개혁이라는 성격과 두 사람 모두 로마가톨릭교회로부

---

20   Stjerna, 『여성과 종교개혁』, 337.
21   *Letters of John Calvin*, IV, 290-94.
22   김충현, "프랑스 종교개혁과 종교전쟁에서 잔 달브레의 역할," 300.
23   Roelker, *Queen of Navarre*, 275.

터 파문을 받았다는 점에서 유사해 보일 수 있지만, 개혁의 내용 면에서 본다면 분명한 차이가 있기 때문에 적절한 비교 대상이라고 보기는 어려울 것이다. 엘리자베스는 로마가톨릭과 프로테스탄트 중간의 길을 택하여 잉글랜드 국교회를 제시한 반면, 잔은 로마가톨릭과 프로테스탄트의 동시주의를 거쳐 종국에는 개혁신앙을 정착시켜 나갔다. 오히려 베아른의 종교개혁은 내용상 제네바의 개혁과 닮아 있다. 잔은 자신이 가진 힘으로 법과 제도를 마련하여 자신의 영토 안에 개혁신앙을 정착시키려고 노력하였다. 키르시 스티예르나 Kirsi Stjerna는 "종교개혁에 대한 그녀[잔]의 공헌을 평가하는 데 가장 놀라운 것은 그녀가 신학적인 작업을 후원하는 것만큼이나 입법 활동과 제도적인 변화를 통해 자신의 영토에 종교개혁을 심으려고 각별히 노력했다는 점이다."[24]라고 평한다.

4. 라로셸의 위그노 항전

잔이 통치하던 나바라와 베아른은 강력한 로마가톨릭 국가인 스페인과 남쪽 국경을 맞대고 있었기 때문에 그녀로서는 자신의 권한을 행사하고 프로테스탄트 대의를 견고히 할 수 있는 보다 안전한 기지를 필요로 하였다. 프랑스 서쪽 대서양 연안의 도시 라로셸 La Rochelle 이 잔에게 이런 안전뿐만 아니라 정치적인 미래를 약속했다.[25] 때마침 1568년 1월 프로테스탄트가 통제하는 의회가 이 전략적인 도시를 획득하였고, 같은 해 3월 23일 샤를 9세가 롱쥐모 칙령으로 이 도시를 프로테스탄트에게 양보하였기 때문이다.[26] 그러나 "어느 누구도 이 평화가 영구적으로 정착되리라고 생각하지 않았다. 롱쥐모

---

24   Stjerna, 『여성과 종교개혁』, 328.

25   라로셸에 관한 연구로는 Judith Pugh Meyer, *Reformation in La Rochelle: Tradition and Change in Early Modern Europe 1500-1568* (Genève: Librairie Droz, 1996); Kevin C. Robbins, *City on the Ocean Sea La Rochelle, 1530-1650: Urban Society, Religion, and Politics on the French Atlantic Frontier* (New York: Brill, 1997); David Parker, *La Rochelle and the French Monarchy: Conflict and Order in Seventeenth-Century France* (London: Swift Printers Ltd., 1980); Louis Delmas, *The Huguenots of La Rochelle*, trans. George L. Catlin (New York: BiblioLife, 1880)을 참조하라.

26   "Introduction," *Letters from the Queen of Navarre with an Ample Declaration*, 8.

평화칙령은 위그노 지도력을 붕괴시키고자 고안된 함정임이 거의 확실하였다."[27] 결국 롱쥐모칙령은 5개월 만에 폐기되었고 제3차 위그노전쟁으로 이어졌다.

제3차 위그노전쟁이 발발하자 잔은 1568년 8월 23일 베아른을 떠나 9월 6일 네락을 거쳐서 9월 28일 위그노의 거점 도시인 라로셸에 도착하였다. 잔은 1568년 9월부터 1571년 8월까지 약 3년을 라로셸에 머물면서 프랑스의 제3차 위그노전쟁과 프랑스의 프로테스탄티즘을 이끌었다. 이 기간 동안 그녀는 "개혁교회의 보호자"*a patroness of the Reformed church* 로서의 명성을 쌓았다.[28] 1568년 잔이 라로셸로 가면서 남겼던 『편지』와 그 편지의 역사적 배경을 담고 있는 『충분한 설명』은 그 당시 그녀가 위그노로서 품고 있었던 대의와 정체성을 잘 보여주고 있다. 이에 대해서는 다음 장에서 구체적으로 다룰 것이다.

라로셸은 16세기 프랑스 종교개혁의 드라마에서 핵심적 역할을 하였다. 라로셸은 12세기부터 도시의 자치권을 인정받았다. 12세기 중엽 라로셸은 프랑스와 잉글랜드의 결혼 관계에 의해 한때 잉글랜드의 헨리 2세에게 양도되었던 적이 있었는데, 1169-1178년 사이에 헨리 2세는 『코뮌의 권리』*Droit de Commune* 라는 헌장을 통해 라로셸의 자치권을 인정하였다. 이때부터 수세기 동안 라로셸은 100명으로 구성된 시의회 corps de ville 가 통치하였는데, 76명의 상원 pairs 과 24명의 행정관 échevins 및 의원 conseillers 으로 구성되었으며 시장 maire 이 도시의 책임을 맡았다.[29] 이처럼 라로셸은 중세 시대부터 자치권을 가진 독립적인 도시로 세금과 군역에 있어서도 면제 특권을 누렸다.

하지만 16세기에 프랑스 왕실은 라로셸의 자치권을 위협하는 일련의 조치들을 취하였다. 경제적으로 프랑스 왕실은 라로셸에서 생산되고 유통되는 포도주와 소금에 대한 세금을 부과함으로써 도시가 그동안 누려온 면세의 특권을 박탈하였다. 정치적으로 프랑스 왕실은 라로셸의 시장 선거에 개입하고 시의회의 인원을 감축시키거나 시의원에 왕의 관료를 포함시키려고 시

---

27   Robert J. Knecht, *The French Civil Wars 1562-1598* (London: Routledge, 3rd ed., 2010), 40. 이 책은 1562년부터 1598년에 이르는 8차례의 위그노전쟁에 대한 1차 자료와 설명을 제공하고 있다. 또한 박경수, 『개혁교회 그 현장을 가다』(서울: 대한기독교서회, 2018), 59-63을 참조하라.

28   Robbins, *City on the Ocean Sea La Rochelle, 1530-1650*, 207.

29   Meyer, *Reformation in La Rochelle*, 20.

도했을 뿐만 아니라 시의 재정까지 감독하려고 하였다. 더욱이 1566년 샤를 9세가 물랭 Moulins 칙령으로 시의회의 권한을 치안 기능으로만 축소시키려고 하자 도시의 주민들은 '자유와 면세' liberty and exemption 를 외치며 거세게 저항하였다. 특히 1568년 7월 말 프랑스 왕실이 왕의 수비대를 도시에 주둔시키려고 했을 때, 라로셸 주민들은 자신들이 오랜 세월 지켜 온 자치권과 독립성이 침해당한 것에 대항하여 왕실과 결별하고 위그노 지도자인 루이 콩데 Louis I, Prince of Condé 와 동맹을 맺고 군사적인 대결을 택하였다.[30] 이것이 3차 위그노전쟁의 직접적인 도화선이 되었다. 이처럼 라로셸의 종교개혁은 도시의 정치적, 경제적 자치권과 독자성을 위한 투쟁과 긴밀하게 연결되어 있었다.[31]

이런 상황에서 1568년 9월 라로셸에 도착한 잔은 시동생인 루이 콩데, 위그노의 지도자인 가스파르 콜리니 Gaspard de Coligny 와 연합하여 라로셸의 위그노를 이끌었다. 잔은 프로테스탄트 종교개혁의 정당성을 옹호하고 전파하는 이론가로서, 잉글랜드의 엘리자베스를 비롯한 외국 군주들의 원조를 이끌어내는 외교관으로서, 군대의 행정, 재정, 모금, 관리를 떠맡은 행정관으로서, 감동적인 연설로 위그노의 사기를 진작시키고 결집시키는 지휘관으로서, 전쟁을 유리하게 끝내기 위한 협상을 주도하는 협상가로서 자신의 역할을 수행하였다.[32] 제3차 위그노전쟁은 1570년 8월 8일 생제르맹 평화조약을 체결함으로써 휴전하였으며, 위그노는 라로셸, 몽토방 Montauban, 코냑 Cognac, 라샤리떼쉬르루아르 La Charité-sur-Loire 네 곳을 안전지역으로 인정을 받았다.

라로셸에 프로테스탄트 공동체가 처음 생긴 것은 1557년 순회설교자 샤를 클레르몽 Charles Clermont 이 도시에 도착하여 교회개혁에 관심을 가진 사람 50여 명이 모인 때였다.[33] 이듬해인 1558년 '포트 콜리니' Fort Coligny [34]에 파송되

---

30 위의 책, 119-32.

31 라로셸은 정치적으로 독일의 자유제국도시(free imperial city)와 비슷하다. 토머스 브래디는 16세기 당시 독일의 자유제국도시였던 스트라스부르의 지배계층에 해당되는 시의원들의 계급적 배경을 상세하게 분석함으로써 종교개혁의 사회사 연구를 제시한 바 있다. 프랑스에서도 종교개혁은 자율성을 가진 도시의 전통과 긴밀히 연관되었다. Thomas A. Brady, Jr, *Ruling Class, Regime and Reformation at Strasbourg, 1520-1555* (Leiden: E. J. Brill, 1978); 박경수, "16세기 스트라스부르의 평신도 여성 종교개혁자 카타리나 쉬츠 젤의 프로테스탄트 정체성 연구," 125-55.

32 김충현, "프랑스 종교개혁과 종교전쟁에서 잔 달브레의 역할," 289-99.

33 Meyer, *Reformation in La Rochelle*, 94.

34 '포트 콜리니'는 브라질 리우데자네이루의 과나바라 만에 건설된 위그노의 망명 거류지로 위그노 지도

었던 피에르 리세르 Pierre Richer 가 라로셸 개혁교회의 최초 목회자로 부임한 이
후 1560년대 라로셸은 빠르게 프로테스탄트 도시로 변모하였다. 프로테스탄
트 인구는 1562년 4,629명, 1563년 9,343명, 1564년 12,286명으로 증가했는
데, 당시 라로셸 인구가 20,000명 정도인 것을 감안하면 절반이 넘는 주민들
이 위그노였음을 알 수 있다.[35] 이처럼 라로셸에 새로운 종교가 빨리 성공적
으로 뿌리내릴 수 있었던 것은 1540년대 이후 로마가톨릭 성직자들에 대한
불신이 팽배해졌고[36], 프로테스탄티즘의 성직자 권위에 대한 비판이 도시의
독립적 전통과 잘 조화되었고, 프로테스탄티즘의 오직 성서와 만인제사장설
같은 가르침도 권위로부터의 자유를 요구하는 평신도의 의식에 잘 맞아 떨
어졌기 때문이었다. 뿐만 아니라 라로셸이 자치와 특권을 유지해 온 요새화
된 전략적 도시였다는 점, 해안도시라 잉글랜드나 네덜란드의 프로테스탄트
를 쉽게 접할 수 있었던 점, 파리로부터 멀리 떨어져 있었기에 왕권으로부터
정치적 독립을 유지할 수 있었다는 점 등도 프랑스의 다른 도시들과 달리 라
로셸에서 종교개혁이 뿌리내리고 또한 상당히 오랫동안 지속될 수 있었던
이유였을 것이다.[37]

　　잔은 1571년 8월 말 라로셸을 떠나 그녀의 영지인 베아른으로 돌아갔다.
잔은 그곳에서 1571년 4월 2-11일 라로셸에서 개최된 프랑스 개혁교회의 대
회에서 채택한 라로셸신앙고백에 따라 구제, 교육, 예배의 개혁을 더욱 공고
하게 추진하였다. 이제 잔은 그 존재 자체만으로도 위그노의 희망이었다. 이
무렵 프로테스탄트인 잔의 아들 나바라의 앙리와 로마가톨릭 교도인 황후
카트린의 딸 마르가리타 사이에 정략적인 결혼이 추진되었다.[38] 이를 위해

　　　자인 콜리니의 이름을 따서 붙였다. 이와 관련해서는 박경수, "칼뱅의 브라질 '포트 콜리니' 선교에 대
한 재평가," 『한국교회를 위한 칼뱅의 유산』(서울: 대한기독교서회, 2014), 280-99를 참조하라.
35　김충현, "루이 13세의 라로셸 점령과 위그노의 약화," 4.
36　예를 들어 1540-1550년대 라로셸 주민들의 유언을 통해 본 유산 상속은 로마가톨릭교회에 대한 불
신을 잘 보여준다. 이 시기 작성된 주민의 유언장 중에서 거의 절반이 교회에 유산을 남기지 않았다.
유산을 교회에 남긴 사람들 가운데서도 10%만이 구체적 금액을 지정하였고, 40%는 구체적 금액을 표
기하지 않거나 혹은 유언집행인에게 금액을 정하도록 맡겼다. 이것은 1500-1529년에는 87%가 유언
장에서 교회에 유산을 남겼으며, 50% 이상이 구체적 금액을 지정한 것과 대비된다. 1530년대만 해도
유언장의 83%가 교회에 유산을 남겼고, 그 중 83%는 구체적 금액을 지정하였다. Meyer, *Reformation
in La Rochelle*, 86-87.
37　Meyer, *Reformation in La Rochelle*, 142-43.
38　"영화를 좋아하는 사람이라면 알렉상드르 뒤마의 소설을 원작으로 하는 〈여왕 마고〉를 보면 위그노

잔은 파리로 갔다. 어쩌면 이 결혼이 프랑스에서 종교적 분란을 끝내고 평화를 가져다주리라 기대했을지 모르지만, 사실상 이것은 또 다른 전쟁 즉 제4차 위그노전쟁의 뇌관과 같았다. 불행인지 다행인지 잔은 1572년 6월 9일 죽음으로써 두 달 후에 벌어질 바르톨로뮤 학살사건을 겪지 않을 수 있었다. 그녀가 죽었을 때, 교황 대사는 "하나님께서 어머니 교회의 주적을 잡아채 가셔서 이 죽음이 로마가톨릭교인들 모두에게 기쁨이 되고 있습니다."[39]라고 보고하였다. 잔은 로마가톨릭교회에게는 주적이었을지 몰라도, 프로테스탄트에게는 가장 든든한 친구였다. 잔의 죽음이 로마가톨릭에게는 큰 기쁨이었겠지만, 위그노에게는 큰 슬픔이자 상실이었다.

III. 『편지』와『충분한 설명』에 나타난 잔 달브레의 자기 변호

1. 『편지』와『충분한 설명』의 배경

1568년은 잔 달브레의 인생 역정에서 가장 큰 변화를 경험한 해이다. 잔에게 있어서 1568년은 프로테스탄트 신앙으로 공개적으로 회심했던 1560년이나 베아른과 나바라에 칼뱅주의를 본격적으로 확립시키기 시작했던 1563년보다 더 중요한 해이다.[40] 1568년에 잔은 자신이 다스리던 나바라와 베아른 지역을 떠나 라로셸로 향하였다. 잔이 라로셸로 떠나는 여정을 결행한 데에는 변화된 프랑스의 정치적 판도가 중요한 몫을 했다. 당시 프랑스를 통치하고 있던 황후 카트린과 그녀의 아들 샤를 9세의 입장에서는, 프로테스탄트인 잔이 프랑스 내에서 지나친 권력을 행사하고 있는 기즈 가문을 견제해 줄

전쟁의 역사를 흥미진진하게 이해할 수 있을 것이다. 프랑스의 국민배우 이자벨 아자니가 열연한 여주인공 마고는 카트린 드 메디시스의 딸 마르가리타이다. 이 영화에서 마고와 나바라의 앙리의 정략결혼을 중심으로 펼쳐지는 프랑스 종교전쟁의 역사를 만날 수 있다." [박경수,『개혁교회 그 현장을 가다』, 22].

39 Stjerna,『여성과 종교개혁』, 327.
40 "Introduction," *Letters from the Queen of Navarre with an Ample Declaration*, 5.

수 있는 존재였기 때문에 잔을 옹호할 필요성이 있었다. 카트린이 1563년 파
문된 잔을 위해 교황에게 청원하여 그 파문을 철회하도록 한 것도 이런 필요
때문이었다. 그러나 위그노 지도자인 콩데가 1567년 9월 모에서 황후와 국왕
을 납치하려고 벌인 무모한 '모의 기습' Surprise de Meaux 이, 특히 1567년 11월 몽
모랑시 Anne de Montmorency 총사령관의 죽음이 위그노에 대한 카트린과 샤를의
입장을 부정적으로 만든 계기가 되었다. 더욱이 1568년 6월 온건한 중도파였
던 미셸 드 로피탈 Michel de l'Hôpital 이 샤를 9세에 의해 해임되면서 급진적인 로
마가톨릭주의자들이 득세하였다. 이런 상황에서 잔이 의지할 수 있는 선은
부르봉의 루이 콩데였을 것이다.[41] 콩데가 1568년 8월 라로셸로 피신하여 전
열을 정비하고 있었기 때문에 잔은 라로셸로 향하는 결단을 하게 되었다.

　　잔의 라로셸 여정은 거의 한 달에 걸친 순례였다. 잔은 아들 앙리[14살]와
딸 카트린[9살]과 함께 1568년 8월 23일 베아른의 포 Pau 궁을 떠나 네락 Nérac 에
도착했다. 9월 6일 월요일 잔은 50여명과 함께 네락을 떠나 카스텔잘루 Castel-
jaloux 로 가서 이틀을 묵었다. 9월 8일 그녀와 일행들은 톤넹 Tonneins 으로 갔다.
그들은 9월 11일 라 소브타 La Sauvetat 에 머물렀다가 9월 12일 베르주라크
Bergerac 로 향하였다. 잔은 9월 16일까지 베르주라크에 머물면서 여러 통의 편
지를 썼다. 9월 16일 잔은 뮈시당 Mussidan 으로 가서 다음날까지 머물렀다. 그
리고 18일과 19일에는 오브테르 Aubeterre 에, 20일부터 22일까지는 바르브지외
Barbezieux 에서, 23일은 아르키악 Archiac 에 머물렀다. 잔 일행은 9월 24일 금요일
코냑 Cognac 인근에서 콩데를 만날 수 있었다.[42] 여기에서 잔은 앙리를 삼촌 콩
데의 손에 맡겨 하나님과 왕과 가문을 위해 헌신할 수 있도록 의탁하였다.
"하나님, 왕, 가문을 위한 봉사, 이 세 가지 이유 때문에 나는 앙리를 삼촌인
콩데의 손에 위탁하였고 그리스도교 군대로 보냈다."[43] 어린 시절 떨어져 지
낸 쓰라린 경험이 있었지만 잔이 아들과 다시 헤어질 수 있었던 것은 이 세
가지 대의가 있었기 때문이었다. 잔은 9월 28일 화요일 환호 속에서 라로셸
에 도착하였다. 이 여정은 『충분한 설명』에서 자세하게 서술되고 있다. 또한

41　위의 글, 7-8.

42　"Ample Declaration," *Letters from the Queen of Navarre with an Ample Declaration*, 89-93.

43　위의 글, 93.

이 여정 가운데 잔은 카트린, 샤를, 후일 앙리 3세가 되는 샤를의 동생, 로마 가톨릭의 추기경인 시동생 샤를에게 편지를 썼다.

2. 『편지』와 『충분한 설명』의 내용

편지쓰기는 16세기 여성들이 자신을 표현하는 중요한 방식이었다. 잔이 라로셸로 가면서 쓴 편지들에는 프로테스탄트로서의 정체성과 정당성이 표현되어 있다. 그러나 편지는 짧게 쓰는 것이 관례이므로 지면의 제약으로 인해 충분히 설명하지 못한 내용을 자세히 설명하고자 『충분한 설명』을 기록하였다.[44] 따라서 『편지』와 『충분한 설명』은 함께 읽어야 한다. 잔은 이 작품들을 통해 자신의 정치적이며 종교적인 관점을 정당화하고, 위그노의 군사적 대응이 프랑스를 위한 애국적 행동이라는 사실을 설득하고자 하였다. 이를 위해 잔은 때로는 기즈 가문, 특히 로렌의 추기경을 논박하고, 때로는 스토리텔링으로 독자를 설득하고 호소한다. 이 작품들은 잔이 라로셸에 도착한 직후인 1569년에 인쇄업자 바르텔레미 베르통Barthélemy Berton에 의해 두 번 출판되었으며, 이듬해인 1570년에도 다시 출판되어 지금까지 전해지고 있다.[45]

잔이 편지에서 주로 공격하고 비판하는 인물은 기즈 가문 출신으로 로렌의 추기경인 샤를이다. 1568년 9월 16일 베르주라크에서 국왕 샤를 9세에게 보낸 편지에서 잔은 부디 로렌의 추기경 샤를의 감언이설에 속지 말고, 자신의 충심을 알아달라고 호소한다.

> 라 모트의 영주가 폐하의 편지를 저에게 전달했을 때 저는 이미 여행 중이었습니다.[46] … 폐하가 공포한 롱쥐모 평화칙령[1568년 3월 23일]이 로렌

---

44   "나는 편지 안에 있는 중요한 주제들을 상세히 설명하기 위해 펜을 들었다. 다시 말해 어떤 상황들이 나로 하여금 내 영토를 포기하도록 만들었는지 설명하고자 하였다. … 내 목표는 편지에서 간략하게만 밝힌 여러 동기들을 보다 자세하게 설명하는 것이다." 위의 글, 50.

45   "Introduction," *Letters from the Queen of Navarre with an Ample Declaration*, 35. 앤드류 페터그리에 따르면, "전체적으로 16세기 출판된 책의 1% 미만이 오늘날까지 살아남았다. 팸플릿 형태는 그보다 더 낮다." Andrew Pettegree, *The Book in the Renaissance* (New Haven: Yale University Press, 2010), 334.

46   프랑스 왕실에서는 능숙한 외교관인 라 모트-페넬롱(La Mothe-Fénelon)의 영주인 살리냑의 베르트랑

의 추기경의 계략 때문에 거의 준수되지 못할 뿐만 아니라 완전히 전복되었
습니다. 개혁교회 신앙을 가진 당신의 가련한 백성들이 폐하의 약속을 기뻐
했음에도 불구하고, 추기경은 끊임없이 그 시행을 방해함으로써 칙령을 무
용지물로 만들어 버렸습니다.[47]

　　잔은 로렌의 추기경이 저지르는 불충과 자신의 충성을 비교해 보라고 간
청한다. "폐하께 겸손히 청하오니 우리는 겸손하며 순종적인 당신의 신하이
며, 추기경의 불충만큼이나 우리의 충성이 크다는 사실을 믿어주시길 빕니
다. 폐하께서 우리 둘을 비교해 보신다면, 추기경의 말이 아니라 제 행동을
더 신뢰하실 수 있을 것입니다."[48] 잔은 국왕이 로렌의 추기경과 같은 사악한
간신배들의 말만 듣고 자기의 충정과 진심을 오해하지 말 것을 간곡히 당부
하고 있다. 잔은 『충분한 설명』에서 "오! 이 추기경[로렌의 샤를]이 얼마나
많은 악어의 눈물을 흘렸는가, 그와 그 형제[제1차 위그노전쟁 때 바시의 학
살을 주도했던 기즈의 프랑수아]가 얼마나 많은 여우의 계략을 꾸몄는가!"[49]
라며 샤를과 프랑수아를 악어와 여우에 비유하면서 그들의 거짓 간계를 고
발한다.

　　또한 잔은 편지에서 왜 자신이 라로셸로 향할 수밖에 없었는지 이유를
밝히고, 위그노로서 개혁신앙의 편에 서는 것이 결코 국가와 왕에 대한 충성
을 버리는 것이 아님을 반복적으로 강조하고 있다.

　　겸손하게 간구하오니 하나님과 제 주인이신 왕과 나의 가족을 잘 섬기려는
　　의도로 제가 아들과 함께 고향을 떠난 것을 너그럽게 생각해 주시기를 바랍
　　니다. … 우리가 무장을 한 것은 세 가지 이유 때문인데, 첫째는 우리를 이
　　땅에서 박멸하려는 적들로부터 스스로를 보호하기 위함이며, 둘째는 폐하를

(Bertrand de Salignac)을 잔에게 몇 차례 보내 왕실의 뜻을 전하였다. 라 모트는 1568년 2월과 5월에
잔을 방문한 적이 있었고, 잔이 라로셸로 가는 도중 톤넹에 머물렀을 때에도 잔을 찾아왔다. Roelker,
Queen of Navarre, 294-300.

47　"To the king," *Letters from the Queen of Navarre with an Ample Declaration*, 40.

48　위의 글, 41.

49　"Ample Declaration," *Letters from the Queen of Navarre with an Ample Declaration*, 52.

섬기기 위함이며, 셋째는 폐하 가계의 혈통의 왕자를 지키기 위함입니다.[50]

하나님, 왕, 가문의 혈통 이 세 가지는 잔의 지키고자 했던 대의였다. 잔이 같은 날인 9월 16일 황후 카트린에게 보낸 편지의 서두에서도 "이전에도, 지금도, 앞으로도 하나님과 왕과 나라와 가계를 섬기고자 하는 열망보다 나에게 절대적인 것은 아무 것도 없다는 사실을 하나님과 사람 앞에서 선언함으로써 나의 편지를 시작하고자 합니다."[51]라고 말한다. 잔은 황후 카트린에게 과거에 기즈 가문으로 인해 함께 겪은 고통에 대해 상기시킴으로써 정서적 연대감을 표현한다. 그리고 자신이 택한 프로테스탄트 신앙이 결코 프랑스에 해가 되지 않음을 계속하여 설득한다.

> 나를 움직이는 세 가지 중요한 동기가 있습니다. 첫째는 내 하나님을 섬기려는 것입니다. 참된 신앙을 고백하는 모든 사람들이 추기경 일당에 의해 이 땅에서 완전히 쓸려나갈 위협을 목도하고 있습니다. 둘째는 나의 왕을 섬기려는 것입니다. 이를 위해 나는 생명과 재산을 바쳐 평화칙령이 왕의 뜻에 따라 지켜지도록 할 것이고, 우리 프랑스 즉 수많은 귀족들의 영혼의 어머니인 조국의 모유가 고갈되지 않고 후손들이 보존되도록 할 것입니다. 셋째는 우리 혈연관계입니다.[52]

잔은 하나님의 은혜를 의지하여 자신의 생명과 모든 것을 바쳐 이 목적을 위해 헌신할 것임을 다짐하면서 황후 카트린에게 보내는 편지를 마무리하고 있다. 실제로 잔은 잉글랜드의 엘리자베스에게 군자금을 빌리기 위해 자신의 보물까지도 모두 담보로 내주었다.[53]

잔은 왕과 황후에게 편지를 보낸 바로 그 날에 시동생이자 로마가톨릭교회의 추기경인 부르봉의 샤를에게도 편지를 보냈는데, 이것은 앞의 편지들과는 성격이 다르다. 이 편지에서 잔은 남편 앙투안이 죽고 난 후 집안의 장

---

50 "To the king," *Letters from the Queen of Navarre with an Ample Declaration*, 41.
51 "To the queen," *Letters from the Queen of Navarre with an Ample Declaration*, 42.
52 위의 글, 44-45.
53 Roelker, *Queen of Navarre*, 311.

자인 샤를이 가문에 대한 책임을 다할 것을 요청한다.

> 모든 왕의 신하들이 왕을 잘 보필해야 할 의무를 지닌다면, 당신이야말로
> 혈통의 영예를 따라 더욱 그리해야 할 의무가 있지 않을까요? 로렌의 추기
> 경은 항상 당신을 부하로 다루지 않을까요? 그는 당신의 형제, 자매, 조카에
> 게 악을 행함으로써 당신을 모욕하지 않나요? … 로렌의 추기경은 달콤한
> 말로 당신을 속였습니다. 신앙이 우리를 나눈다 할지라도, 우리 혈연관계가
> 그 이유로 단절될 수 있을까요? 형제우애와 천부적 의무가 그 이유 때문에
> 중단될 수 있을까요?[54]

> 여성들 그리고 무기를 소지하지 않는 당신과 같은 사람들의 임무는 평화를
> 위해 노력하는 것이기에, 우리가 성공하기 위해 당신의 역할을 다해 주십시
> 오. 나도 이 목적을 위해 할 수 있는 모든 것을 다하겠습니다. 세 가지 동기
> 가 나와 내 아들을 여기까지 이끌었음을 알아주십시오. 하나님, 왕, 우리의
> 혈통, 이 세 가지를 위해 충심을 다할 것입니다.[55]

잔은 샤를이 부르봉 가문의 첫 왕자로서 동생인 콩데 공과 조카인 앙리
를 위해 왕에게 충언을 하는 것이 그의 의무라고 주장한다. 비록 샤를과 잔이
신앙적으로는 다른 입장을 가지고 있다고 할지라도 피를 나눈 형제와 조카
를 지키려는 역할을 해줄 것을 요청한다.

IV. 나가는 말

잔 달브레는 16세기 프랑스 종교개혁의 역사에서 가장 빛나는 여성 가운

54　"To Monsieur my brother," *Letters from the Queen of Navarre with an Ample Declaration*, 46-47.
55　위의 글, 47.

데 한 명이다. 잔은 12살의 어린 나이에 자신이 원하지 않는 결혼에 대해 당당하게 거부하는 주체성을 보여주었다. 왕이 추진하는 정략결혼을 어린 소녀가 거부한다는 것은 결코 범상한 일이 아니다. 이러한 주체성은 그 이후의 삶에서도 그대로 드러난다. 잔은 1560년 성탄절에 공개적으로 자신이 프로테스탄트임을 밝히고, 개혁교회의 방식에 따라 성만찬에서 빵과 포도주를 받는 용기를 보여주었다. 전통적인 로마가톨릭 국가인 프랑스의 왕족의 일원이 전혀 새로운 신앙을 공개적으로 받아들였다는 점에서, 잔은 어머니 마르가리타가 속으로는 프로테스탄티즘에 우호적이었으나 겉으로는 여전히 로마가톨릭 교인으로 남았던 것과 대조적이다.

잔은 프로테스탄트 신앙으로 회심한 직후부터 자신이 다스리던 베아른과 나바라 지역에서 종교개혁을 진행하였다. 잔이 주도한 종교개혁의 특징은 개인적인 변화와 회심을 통해 개혁신앙을 확산시키는 것에서 한 걸음 더 나아가 제도와 법의 개편을 통해 구조적인 차원에서 종교개혁의 뿌리를 내리려고 했다는 점이다. 1561년부터 1571년까지 연속적으로 만들어진 베아른의 교회법령은 베아른 종교개혁의 성격을 잘 보여주고 있다. 뿐만 아니라 잔은 1568년 제3차 위그노전쟁이 발발하자 위그노의 근거지인 라로셸로 가서 1571년까지 3년 동안 위그노의 이론가로, 외교관으로, 행정관으로, 지휘관으로, 협상가로서의 역할을 탁월하게 감당하였다. 잔은 16세기 후반 '위그노 여왕,' '위그노의 보호자'라는 칭호에 걸맞은 여성 지도자였다. 그동안 역사에서 잔이 제3차 위그노전쟁에서 보인 중추적 역할이나 그녀의 탁월한 정치적, 종교적 활동들이 충분히 조명 받지 못한 것은, 아마도 그녀의 어머니 마르가리타의 문학적 명성과 그녀의 아들 앙리의 왕의로서의 정치적 역할에 가려 제대로 조명을 받지 못한 때문일 것이다.[56]

필자는 2016년과 2018년 두 차례에 걸쳐서 잔 달브레의 흔적과 유산을 찾아 프랑스를 방문하였다. 베아른의 포 Pau 성에서 잔 달브레와 어린 앙리의 숨결을 느끼고, 레스카르 Lescar 의 대성당에 안장된 잔의 부모 앙리 달브레와 마르가리타를 만나고, 오르테즈 Orthez 의 잔 달브레 박물관에서 잔의 생애와

56　"Introduction," *Letters from the Queen of Navarre with an Ample Declaration*, 13.

유산을 확인할 수 있었다. 또한 아름다운 대서양 해안의 라로셸에서 슬픈 역사와 마주쳤다.[57] 44년이라는 길지 않은 삶을 불꽃처럼 살았던 한 여성이 남긴 가슴 시린 이야기와 흔적과 유산을 대하면서 오늘을 보다 치열하게 살아야겠다는 각오도 새롭게 다졌다.

제네바의 종교개혁자 칼뱅은 1562년 3월 22일 잔에게 보낸 편지에서 진리 편에 서는 일이 비록 어렵고 고통스러운 길이겠지만, 우리가 하늘로부터 오는 은혜를 의지할 때 그 길을 용기 있게 걸어갈 수 있고 그 길 끝에서 영광을 얻게 될 것임을 조언하고 있다.

> 나바라의 여왕에게, 나는 당신의 슬픔이 얼마나 쓰라릴지, 또 얼마나 견디기 어려울지 깊이 공감합니다. 그러나 당신의 영혼의 파멸에 무관심하며 살기보다 이러한 대의를 위해 슬픔을 겪는 것이 무한히 다행스러운 것이라고 확신합니다. … 비록 난관들이 백배나 막중하다 하더라도, 우리가 하늘로부터 부어주시는 용기를 의지할 때 우리는 분명 승리할 것입니다. … 그러므로 온 세상이 뒤집어진다고 하더라도, 우리의 닻을 하늘에 둔다면 비록 흔들리더라도 우리는 결국 안전한 항구에 도달할 것임을 분명히 확신합니다.[58]

칼뱅의 이 조언은 오늘도 진리 편에 서기를 바라는 모든 그리스도인들에게 여전히 힘을 주는 위로의 전언이 될 것이다.

---

57   박경수, "라로셸, 위그노 항전의 근거지," 『개혁교회 그 현장을 가다』, 65-82.

58   *Letters of John Calvin*, IV, 266-67.

우리의 믿음 어디서 왔나?
한국개혁교회의 신앙고백의 역사
— 대한예수교장로회(통합)을 중심으로

안 교 성

장로회신학대학교 은퇴/객원교수, 역사신학

I. 들어가는 말

한국개혁교회는 세계개혁교회에 속한 거대 교단 중 하나이다. 개혁교회의 역사를 살펴보면, 스위스에서 시작된 개혁교회^{광의의 개혁교회}가 지역에 따라 둘로 나눠졌는데, 유럽대륙형 개혁교회^{협의의 개혁교회}와 영미권형 장로교회가 바로 그것들이다. 그런데 한국교회 초창기에 소개된 개혁교회는 후자인 영미권형 장로교회이다. 따라서 한국에서는 '개혁'이란 단어는 주로 신학과 관련되어 사용되고, '장로교'란 단어는 주로 교회와 관련되어 사용되며, 전반적으로 '개혁'보다 '장로교'라는 단어가 익숙한 편이다. 그 결과 한국개혁교회는 영미권형 장로교회에 치우친 경향이 강해서, 유럽대륙형 개혁교회에 대한 이해도가 상대적으로 낮은 편이다. 심지어 한국개혁교회 가운데 일부 교단에서는 유럽대륙형 개혁교회 모델과 영미권형 장로교회 모델이 충돌하기도 했다. 이런 이유로 이 글에서는 한국개혁교회를 지칭하는 용어로써 한국교회에서 익숙한 명칭인 '한국장로교회'를 사용하고자 한다.

위에서 언급한 역사적 배경을 염두에 두고, 다음과 같은 질문을 던질 수 있다. 오늘날 한국장로교회는 무엇을 믿고, 그런 믿음은 어떤 과정을 통해서 형성되었는가? 한국장로교회 내에 다양한 교단이 존재하기 때문에, 이 글에서는 필자가 소속한 대한예수교장로회통합; 이하 본 교단를 중심으로 이 질문에 답해보고자 한다.

위에서 살펴보았듯이, 한국장로교회에는 영미권형 장로교회가 주류를 이루는데, 이런 판도는 교회의 핵심인 신앙고백 분야에도 큰 영향을 미쳤다. 즉 한국장로교회는 영미권형 장로교회의 대표적인 신앙고백인 '웨스트민스터 신앙고백'Westminster Confession of Faith을 수용한 반면, 유럽대륙형 개혁교회의 대표적인 신앙고백인 '일치 삼 신조'Three Forms of Unity는 거의 알려지지 않았다.[1]

신앙고백과 교리에 관한 논의를 시작하기 전에 용어 정리가 필요하다. 이 분야의 용어들은 종종 혼란을 야기하기 때문에, 명확한 정리 없이는 복잡한 문제가 더욱 어려워질 수 있다. 이러한 용어들이 교회 밖에서도 사용되지만, 본 논의에서는 교회 용어로 한정하여 다루려 한다. 특히 한국교회에서 자주 접하는 영어 용어들을 중심으로 살펴볼 것이다. 이미 이러한 내용에 익숙한 독자들은 다음 장으로 넘어가도 좋다.

먼저 관련 용어 중에서 가장 광범위한 것은 '교리'doctrine, 라틴어 doctrina인데, 교회가 신앙에 관해 가르치는 내용이다. '교의'dogma, 라틴어/그리스어 dogma는 교리 중에서 확정된 핵심 교리를 의미한다. 이것들은 주로 교회의 학문 영역이라고 할 수 있다. 한편 교회 현장에서 사용되는 용어로는 '신앙고백' 혹은 신앙고백서, confession of the faith, 라틴어 confessio, '신조' creed, 라틴어 credo, 그리고 '교리문답'혹은 요리문답, catechism, 라틴어 catechismus, 그리스어 katēcheō 등이 있다. 신앙고백은 교회의 신앙의 내용을 상세하게 정리한 것이고, 신조는 그 내용을 압축한 것으로, 내용이 간단하기에 예배 중에 사용되기도 한다. 한편 교리문답은 신앙고백의 핵심 내용을 숙지하기 위해 묻고 답하는 대화 형식으로 만들어진 교육용이다. 따라서 신앙에 입문하는 과정인 세례문답 교육에서 사용된다.[2] 위에서 언급한 것들을 분량에 따라 큰 것부터 작은 것 순으로 배열하면, 교리, 교의, 신앙고백, 교

---

1   유럽대륙형 개혁교회가 수용하는 대표적인 신앙고백인 '일치 삼 신조'(Three Forms of Unity)는 다음 3개로 구성되어 있다. 즉 '벨직 신앙고백'(Belgic Confession), '도르트 신조'(Canons of Dort), '하이델베르그 교리문답'(Heidelberg Catechism) 등이다.

2   필자의 개인적인 입장에서는 교리문답이 교리 전반에 대한 문답이 아니라 교리의 핵심적인 것에 대한 문답이라는 점에서, 기존 용어인 '요리문답'을 사용하는 것도 좋다고 생각한다. 그리고 교리문답은 성인용인 대요리문답과 아동용 혹은 새신자용인 소요리문답으로 나뉘기도 한다.

리문답, 신조가 된다.

이밖에도 다양한 용어가 사용되는 데 이번 장에서 다루는 주제와 직접 관련된 것들만 몇 가지 살펴보도록 하겠다. 첫째, '표준'[doctrinal] standard 이라는 단어가 사용된다. 이것은 신앙에 있어서 핵심적인 것을 가리킨다. 가령 '웨스트민스터 표준들' Westminster standards 이라고 하면 웨스트민스터에서 결정한 신앙의 핵심적 문건들을 가리키는 데, 신앙고백, 대요리 문답, 소요리문답, 공예배 지침, 교회정치 형식 등 5개로 구성되어 있다. 따라서 웨스트민스터 신앙고백은 웨스트민스터 표준들의 일부인데, 간혹 두 개를 혼동하여 동일어로 번역하는 경우가 있다. 이런 맥락에서 유럽대륙형 개혁교회의 대표적인 표준이 '일치 신조'로 번역되는데, 일치 신조 안에 '벨직 신앙고백', '도르트 신조', '하이델베르그 교리문답' 등 세 개가 들어있기에 일치 신조보다는 '일치 표준'이라고 번역하는 것이 더 바람직하다. 한편 『[장로]교회사전휘집』 같은 한국장로교회의 초기 문건에서는 웨스트민스터 표준들을 '웨스트민스터 헌법'이라고 통칭하기도 한다.[3]

둘째, 신앙고백 confession of the faith 은 두 가지 의미를 지닌다. 믿는 바를 고백하는 '내용'으로서의 신앙고백 confession of the faith 과, 믿는 바를 고백하는 '행위'로서의 '신앙고백하기' profession of the faith 이다. 내용으로서의 신앙고백은 문서화되어 '신앙고백서'라고도 번역된다. 이런 의미에서 '웨스트민스터 신앙고백'이나 '웨스트민스터 신앙고백서'라는 표현 모두 가능하지만, 일관된 용어 사용이 중요하다.

신앙고백은 특정 상황에서 비롯되므로 다양한 형태로 존재하며, 시대와 상황의 변화에 따라 새로운 신앙고백이 계속 등장한다. 특히 신앙고백이 불가피한 특수한 상황에서, 그것에 맞는 신앙고백을 하고 행동에 나서게 되는데, 이것을 '신앙고백적 상황' Status confessionis 이라고 한다. 이 용어는 루터교에서 시작되었으나 현재는 초교파적으로 사용되고 있다. 대표적 예시로 20세기 전반의 '바르멘 선언' Barmen Declaration 을 들 수 있는데, 이는 히틀러의 등장이라는 역사적 상황이 없었다면 나오지 않았을 신앙고백이다.

---

3 곽안련[C. A. Clark], 함태영 편집, 『[장로]교회사전휘집』(경성[서울]: 조선야소교서회, 대정7년 [1918]; 영인본, 서울: 동문인쇄사, n.d.), 38.

서론을 마치며 한 가지 덧붙이자면, 위 내용은 이 글의 필요에 따라 간략히 설명한 것으로, 필자의 개인적 견해나 글의 핵심 사안과는 거리가 있다. 따라서 이에 대해 다른 의견을 가진 독자라면 참고만 해 주기 바란다. 이상의 내용을 도표로 정리하면 다음과 같다.

[표 1] 기독교의 가르침의 내용

영역	항목	학문 (역사 중심)	관련 용어 1	관련 용어 2
기독교	기독교사상 (Christian Thought)	기독교 사상사	지성을 추구하는 신앙 (faith seeking knowledge, fides quaerens intellectum)	
상동	신학 (Theology)	신학사	거듭난 자의 신학 (theology of the reborn), 교회를 위한 신학	
교회/ 학문	교리 (doctrine)	교리[학]사	가르치는 교회 (the church teaching, ecclesia docens)	
상동	교의 (dogma)	교의[학]사	상동	
교회/ 현장	신앙고백 (confession)	신앙고백사	배우는 교회 (the church taught, ecclesia docta)	
상동	교리문답 (catechism)	교리문답사	상동	대요리문답, 소요리문답 (Large Catechism, Small Catechism)
상동	신조 (creed)	신조사	상동	예배드리는 바가 믿는 바 (lex orandi, lex credendi), 신앙의 표준 (rule of faith, regula fidei)[4] 신앙 인식 혹은 성도의 [신앙] 인식 (sense of the faith, sense of the faithful, sensus fidei, sensus fidelium[5]

---

4   신앙의 표준은 그리스어로 kanōn tēs pisteōs이기에 canon이란 단어로 표현한다. 이와 관련하여 신앙의 유비(analogy of the faith, analogia fidei)라는 용어가 있는데, 로마가톨릭에서는 교회의 판단에 따른 신앙 규정을, 개신교는 성서에 따른 신앙 규정을 의미한다. 이 용어는 상황과 맥락에 따라 다양한 의미로도 사용된다.

5   성도의 신앙 인식이란 의미 전부를 망라하기 위하여 sensus fidei fidelium(집단적 성도의 신앙 인식) 혹

이 글에서는 본 교단 총회의 공식 신앙고백을 대상으로 분석하고자 한다.[6] 그것들은 다음과 같다. 본 교단 총회 홈페이지에 따르면, 교단 헌법은 교리, 정치, 권징, 예배와 예식, 헌법시행규정, 서식편으로 구성되어 있다.[7] 본 교단 헌법은 1922년에 최초로 성문화되었다. 현행 헌법의 교리 부분은 사도신경, [12]신조, 요리문답웨스트민스터 소요리문답, 21세기 대한예수교장로회 교리문답, 웨스트민스터 신앙고백, 대한예수교장로회 신앙고백서[1986년], 21세기 대한예수교장로회 신앙고백서[1997년, 3가지 포함: 예배용, 신앙고백서, 니케아-콘스탄티노플 신조] 등 7개로 구성되어 있다.[8] 이 7개는 두 가지 범주로 나뉘는데, 신조 및 신앙고백서와 교리문답이다. 전자에 속하는 것은 사도신경, [12]신조, 웨스트민스터 신앙고백서, 대한예수교장로회 신앙고백서, 21세기 대한예수교장로회 신앙고백서 등 5개이고, 후자에 속하는 것은 요리문답, 21세기 대한예수교장로회 교리문답이다. 특히 21세기 대한예수교장로회 신앙고백서에는 예배용신조와 세계교회 특히 동방정교회가 중시하는 니케아-콘스탄티노플 신조도 포함하고 있어, 본 교단의 신조 및 신앙고백은 실질적으로는 신조 4개와 신앙고백서 3개, 총 7개로 구성되는 셈이다.

본 교단의 교리에 대해 몇 가지 지적하고 넘어가야 할 것이 있다. 첫째, 교리에 7개가 나오는데, 그 기준 특히 배열순서의 기준이 무엇인가? 범주인가 역사인가? 둘째, 용어가 통일되지 않았는데 그 기준이 무엇인가? 관례인가 별도의 기준인가? 가령 요리문답, 교리문답이 같이 쓰이고, 신앙고백과 신앙고백서가 같이 쓰이며, 신경, 신조, 신앙고백 등이 동시에 사용된다.

이런 기본적인 사항에 대한 궁금증 이외에 본 교단의 교리에 대한 내용 분석도 필요하다. 적어도 7개의 상호 관계에 대한 구체적인 분석이 필요하다. 그러나 본 논문은 지면상 이런 질문에 대해 일일이 답할 수는 없고, 큰 얼

은 sensus fidei fidelis(집단적 성도의 일원으로서의 개인적 신자의 신앙 인식)이라는 용어도 사용한다.

6 한국장로교회 내의 주요 교단의 교리에 대해서는 다음 글을 볼 것. 최성헌, "한국장로교회 신앙고백서 연구" (미간행 신박사학위논문, 총신대학교 대학원, 2010).

7 이에 대해서는 다음 글을 참고할 것. 서원모, "한국 장로교회 정치 원리와 실제 - 1922년 헌법을 중심으로,"『장신논단』 45-1 (2013), 63-91.

8 대한예수교장로회총회, "총회소개," "총회헌법," "제1편 교리," www.pck.or.kr/law.php?sca=제1편, [2023.09.26. 접속].

개만 다루려고 한다. 왜냐하면 내용 비교 분석은 별도의 연구가 필요하기 때문이다. 최근 관련 연구들이 이뤄지기 시작해 다행이지만, 보다 전문적인 연구가 이뤄질 필요가 있다.[9]

따라서 이 글에서는 본 교단의 교리에 나타난 7개를 수용 순서에 따라 역사적으로 접근함으로써, 특성을 분석하고, 미래를 전망하는 동시에 몇 가지 제안을 하려고 한다. 그리고 뒷부분에서 7개 신조의 구조를 간단하게 비교하여 후속 연구의 토대를 마련하려고 한다. 나아가 한국장로교회 내의 다양한 교단 간의 연합사업으로 혹은 한국장로교총연합 같은 연합기관의 주관사업으로 한국장로교회의 신조를 비교 분석하는 연구가 나오기를 기대한다. 가령 필자는 2023년 여름 한국장로교총연합 학술대회에서 한국장로교회가 세례교육에 사용하는 요리문답 웨스트민스터 소요리문답 만큼이라도 공동 번역한 공인 번역본을 만들어 한국장로교회들이 함께 사용할 것을 제안한 바 있다.

II. 선교사 에큐메니즘으로서의 신앙고백: [12]신조

서론에서도 언급했듯이, 본 교단은 영미권형 장로교회의 영향을 받았다.[10] 흥미롭게도 본 교단 최초의 목회자 선교사 clerical missionary 언더우드 H. G. Underwood, 원두우 는 미국장로교회 출신이 아니라 미국에 이민을 통해 유입된 유럽대륙형 개혁교회의 후손인 미국개혁교회 출신이다. 언더우드는 선교를 위해 교단을 옮겨 미국장로교회인 미국북장로교회 소속 선교사로 파송되었는

---

9   교리문답해설서간행위원회 편, 『21세기 대한예수교장로회교리문답 어떻게 만들어졌나?』(서울: 한국장로교출판사, 2022); 이성웅, 『헌법교리론』(서울: 한국장로교출판사, 2010). 이성웅은 법률가 출신으로 헌법의 4가지 영역인 교리, 정치, 권징, 예배·예식에 대해 각각 단행본을 저술한 평신도 신학자인데, 평신도의 시각을 반영한다는 점에서 중요한 기여를 했다. 그리고 이성웅은 법률가 출신답게 7개가 성문헌법으로 제정되는 과정을 구체적으로 지적한다.

10   초창기 주요 선교사들이 주로 개혁교회 선교사였다. 루터교 출신인 귀츨라프는 예외이지만, 그 이후 대다수가 개혁교회 출신이었다. 토마스는 회중교회 출신이었지만, 회중교회는 개혁신학을 수용한 교파이고 오늘날 세계개혁교회연합(World Communion of Reformed Churches, WCRC)의 회원 교단이다. 마펫(모페트, 마포삼열)은 토마스를 장로교회 출신으로 착각하기도 했다. 로스는 영국 스코틀랜드[장로]교회 출신이다. 알렌과 헤론은 장로교회 출신이고, 언더우드는 개혁교회 출신이지만 선교를 위해서 장로교회로 이적했다.

데, 한국에 두 가지 유형의 개혁교회-유럽대륙형 개혁교회와 영미권형 장로
교회-모두를 소개하는 데 크게 기여한 것으로 보이지는 않는다. 그 이유로는
언더우드의 초교파주의적 성향, 신학보다 사역을 우선시하는 실용주의적 태
도, 선교지의 신학적 이해 수준 등을 고려해볼 수 있으나, 이는 이 글의 핵심
관심사가 아니다. 한국에 들어온 개혁교회 선교사들, 특히 미국장로교회 선
교사들은 개인적으로 개혁교회 신학을 배경으로 하고 있었으나, 교회 역사
가 일천한 선교지에서는 교단 신학보다는 단순한 복음 전파에 더 집중했다.
이런 경향은 한국교회 선교 초기에 교파를 불문하고 선교사들 가운데 나타
났다. 근현대 선교운동에 참여한 선교사들이 대부분 복음주의적인 성향을
지녔다. 따라서 근현대 선교운동에는 에큐메니즘과 복음주의가 공존하고 상
승작용을 했다. 선교역사학자 스탠리 Brian Stanley 는 이런 현상을 '복음주의적
에큐메니즘' evangelical ecumenism 이라고 명명한 바 있다.[11] 이런 맥락에서 초기 재
한 선교사들을 '복음주의자' 혹은 '복음주의적 에큐메니컬주의자'라고 부를
수 있다.

　한국장로교회의 경우, 선교사는 신생교회의 신조로 교회의 전통적인 '사
도신경'이나 영미권형 장로교회의 대표적인 '웨스트민스터 신앙고백'을 도
입하지 않고 대신 새로운 신조를 소개했다. 이것이 바로 '[12]신조' The Twelve
Creed 이다.[12] 여기서 잠시 [12]신조의 명칭에 대해서 살펴보자. 본 교단은 이것
을 오랫동안 '12신조'라고 부르다가 최근에 '신조'로 바꿨다. 필자는 개인적
으로 이 명칭 변경에 대해서 두 가지 이유를 들어 반대한다. 첫째, 이런 명칭
변경이 혼동을 초래할 우려가 있다. 둘째, 신조라는 명칭이 일반 명칭이라서
개별 신조를 특정하기에 적절하지 않다. 따라서 필자는 '12신조'라는 원래 명
칭을 회복해야 한다는 입장이고, 이런 이유로 이 글에서 '신조'와 '12신조'를
병행하는 '[12]신조'라는 명칭을 사용한다.

　[12]신조는 한국장로교회의 최초의 신조로 처음에는 '대한장로교회 신

11　Brian Stanley, *The History of the Baptist Missionary Society, 1792-1992* (Edinburgh: T & T Clark, 1992),
　　20-22.

12　[12]신조와 영어번역본은 다음에 수록되어 있다. 『대한예수교장로회노회회록, 제1회』, 24-30; C. A.
　　Clark, *The Korean Church and the Nevius Methods* (New York: Fleming H. Revell Co., 1930), 245-47.

경'이란 명칭을 지녔다. [12]신조는 대한예수교장로회가 공식으로 설립된 첫
번째 노회에서 언급되었는데, 그 서문에서 웨스트민스터 신경웨스트민스터 신앙고백
과 성경요리문답웨스트민스터 소요리문답을 모두 중요한 것으로 언급했지만, 이것들
이 본 교단 헌법 교리에 들어온 것은 나중 일이다. 물론 당시 정황으로 보아
웨스트민스터 소요리문답, 심지어 웨스트민스터 신앙고백이 이미 번역되어
소개되고 신학교육에 활용되었다고 추정되지만, 구체적인 서지사항을 알 수
없고 〈대한예수교장로회노회회록, 제1회〉에도 수록되어 있지 않다. 특히 대
한예수교장로회 설립 이전에 치리기관의 역할을 대행했던 '합동공의회'의
1904년 회의록에 『웨스트민스터 소요리문답』 출간에 관한 내용이 나오지만,
해당 간행물을 확인할 수 없다.[13] 따라서 본 교단의 첫 번째 교리는 [12]신조
라고 할 수 있다.

　　[12]신조는 1922년 헌법에 수록된 이후, 1934년 『조선예수교장로회 신
조와 소요리문답』에 요리문답과 더불어 수정본으로 출간된다. 서문에 의하
면, "현 장로교회 신경과 요리문답은 1907년 조선교회 설립 초에 번역한 것
인데, 그후 근년에 와서 조선어 사용법이 많이 변경되어 일반에 통용상 불합
[합하지 않음]할 뿐 외라[아니라] 원문과도 상위되는 점이 있어 불편을 감[느
낌]하던 중 1933년 총회에서 장로회 정치 제21장 3조에 의하여 위원 15인을
택하여 개역 수정을 명하였으므로 그 위원들이 본 개역문을 1933년 총회 앞
에 보고"하게 되었다.[14] 이 서문은 1907년에 [12]신조와 소요리문답이 함께
번역된 것으로 전제하지만, 소요리문답의 번역 및 출간 연도는 구체적으로
확인할 수 없다.

　　필자는 [12]신조의 가장 중요한 특성을 '선교사 에큐메니즘'missionary ecu-
menism이라고 규정한다. 왜냐하면 [12]신조 안에는 '선교'와 '에큐메니즘'이란
두 요소가 들어 있기 때문이다. 첫째, [12]신조는 선교지 현지교회인 한국장

13　"소요리문답 5천부를 시간(始刊)하기로 작정하였는데 이는 웨스트민스터 헌법 중에 일부를 역간하는
　　것이니라. (1903년 영문회록 17항, 1904년 영문회록 43-49항)." 곽안련, 함태영, 『[장로]교회사전휘집』,
　　38.

14　곽안련 편, 『신조와 소요리문답』 (경성[서울]: 조선야소교서회, 소화9년[1934]), [1]. 이 『신조와 소요리문
　　답』은 1934년 『헌법』과 1956년 『헌법』에 그대로 들어갔다. 1930년대에는 맞춤법과 관련하여 개정 작
　　업이 이뤄졌다. 가령 성경도 1938년 『개역성경』이 나왔다.

로교회가 만든 것이 아니고, 선교사가 만들어서 넘겨준 것이다. 복음을 받아들인 지 얼마 되지 않은 현지의 신생교회가 신앙을 고백할 수는 있지만, 그것을 신학적으로 정리한 신앙고백을 작성하는 일은 쉽지 않다. 다시 말해 선교 초기부터 현지교회가 자신학적 self-theologizing 관점에서 자기 신앙을 표현하는 것이 불가능하지 않고 장려해야 할 일이지만, 교회의 공식 신앙고백을 만드는 것은 별개의 일이다. 이런 상황에서 당시 선교사가 택한 정책은 현지교회의 신학적 이해 수준에 맞는 단순한 신앙고백을 제공하는 것이었다. 이것은 칼뱅 이래 개혁교회 신학의 중심 방법론인 적용 accommodation 을 실천한 일이기도 한데, 오늘날 용어로 말한다면 '눈높이' 맞춤 정책이라고 할 수 있다. 만일 선교사가 단순성만을 문제 해결의 기준으로 삼았다면, 굳이 새로운 신앙고백을 만들 필요 없이 사도신경을 그대로 전수할 수 있었을 것이다. 그러나 선교사는 사도신경 대신 선교지 상황을 고려한 새로운 신경을 마련하였다. 그들이 고려한 또 하나의 상황은 다름 아닌 선교지의 에큐메니컬 운동이었다.

둘째, [12]신조는 아시아에서 사역하던 선교사와 선교사의 영향을 받은 현지교회의 에큐메니컬 운동의 결과물이다. 근현대서구개신교선교운동은 선교지에서 시작하여 마침내 본국교회에까지 영향을 미친 현대 에큐메니컬 운동을 시작케했다. 선교지의 연합인 선교 연합이 본국교회의 연합인 교회 연합으로 발전한 것이다. 이런 흐름은 1910년 에딘버러세계선교대회에서 꽃을 피웠고, 이후 국제선교협의회, 삶과봉사운동, 신앙과직제운동이라는 3대 에큐메니컬 운동으로 발전하여, 마침내 세계교회협의회 결성이라는 열매를 맺었다. 19세기 말을 전후하여 선교사들은 에큐메니컬 운동에 애썼는데, 특히 개혁교회는 선교지에서 가능한 한 단일개혁교회를 설립하려는 공감대를 형성했다. 한국에는 4개의 장로교 선교부가 있었으나, 이들은 하나의 한국장로교회를 설립하려고 했으며, 더 나아가 아시아 개혁교회 간의 연합과 일치를 추구했다. 이런 맥락에서 재한 장로교 선교사들은 한국장로교회보다 먼저 설립된 인도장로교회의 신조인 '12신조'를 수정·보완하여 한국장로교회에 소개함으로써, 아시아 개혁교회 간의 에큐메니컬 운동을 촉진작하고자 했다.[15] 만일 동일한 신조가 가진다면, 양 교회 간의 연합과 일치는 더욱 용이해질 것이기 때문이다. 이와 관련된 기록을 살펴보도록 하자.

195년[sic., 1905년]에 교회신경(1907년에 채용된 것이라)을 공의회가 의
정채용하였는데 해[당]위원이 보고하기를 새로이 신경을 제정하지 아니하
고 만국장로회에서 전부터 사용하는 신경과 신경에 대하여 개정한 것과 해
석한 것과 신경도리에 대한 광고와 또 선교 각 지방에서 통용하는 신경을
비교하여 조선예수교장로회[대한예수교장로회] 형편에 적합한 신경을 택하
는 것이 가한 줄로 인정하노라.

이 신경은 몇 개월 전에 새로 조직한 인도국 자유장로회에서 채용한 신경과
동일하니 우리가 이 신경을 보고한 때에 희망하는 바는 이 신경이 조선, 인
도 두 나라 장로회의 신경만 될 뿐 아니라 아시아 각 나라 장로회의 신경이
되어 각 교회가 상호연락하는 기관이 되기를 옹망顒望, 엄숙히 바람한다 하니라.

1905년 영문회록 37항[16]

따라서 [12]신조는 몇 가지 중요한 특성이 있다. 첫째, 선교지의 신학 이
해 수준에 맞는 단순한 신조이다. 둘째, 선교지의 에큐메니컬 운동의 소산인
에큐메니컬적 신조이다. 셋째, 초대교회부터 이어져 온 유구한 신조는 아니
지만 타 선교지에서 앞서 만들어진 신조를 수용한 신조로서, 궁극적으로 신
앙 유산 전승이 이뤄진 신조이다. 넷째, 선교지 상황이 반영된 선교적 신조이
다.

여기서 강조할 것은, 이와 동일한 양상이 한국감리교회에서도 나타났다
는 사실이다. 한국에서 두 개의 감리교회가 존재하다가 1930년 하나의 감리
교회로 재탄생하는 과정에서 '[한국감리교회의] 교리적 선언'을 채택했는데,
통상 이 선언을 "독자적으로 주체적인 신앙고백을 하게 되었다"고 설명한
다.[17] 그러나 사실 알고 보면, 이 교리적 선언도 싱가포르감리교회의 신조를
수정·보완한 것이다. 즉 이런 조치가 이뤄진 이유와 과정이 [12]신조의 경우

---

15   K. L. Parker, "The Development of the United Church of Northern India," *Journal of the Department
     of History of the PCUSA*, 17-3&4 (Sep.-Dec., 1936), 153.

16   곽안련, 함태영, 『[장로]교회사전휘집』, 42.

17   이덕주, 서영석, 김홍수, 『한국감리교회역사』(서울: KMC, 2017), 277.

와 유사하다.[18] 따라서 한국교회의 초창기에는 에큐메니즘 특히 선교사 에큐
메니즘이 강력한 영향을 미쳤음을 잊어서는 안 될 것이다. 한 가지 부언할 것
은, 현재 한국장로교회 내의 다른 교단 헌법과는 달리 본 교단의 [12]신조는
원안에 나오는 '수용 양식' Form of Acceptance, 이 신조를 따른다는 의사를 표현하는 양식 이 누락되
어 있다. 제1회 노회록에는 [12]신조 끝부분에 "인가식 認可式 내가 이 교회의
신경은 하나님의 말씀을 의지하여 세운 줄로 믿사오며 곧 나의 신경으로 삼
고 공포하노라."라는 내용이 나온다.[19] 신앙고백은 단순히 공동의 신앙의 내
용을 정리한 문건이 아니라, 내가 개인적인 신앙으로 동의하고 수용하는 행
위를 요청한다는 점에서, 수용 양식은 재삽입되어야 할 것이다. 즉 신앙고백
내용과 신앙고백하기 행위가 함께 이뤄져야 한다.

III. 개혁교회 역사 유산으로서의 신앙고백: 사도신경, 요리문답(웨스트민스터 소요리문답), 웨스트민스터 신앙고백, 21세기 대한예수교장로회 교리문답

1. 사도신경

본 교단은 [12]신조를 통해 교단의 공식 신앙고백을 확보한 후에, 세계교
회의 신앙 유산과 접목하는 일을 시작했다. 본 교단은 먼저 [12]신조 서문에
서 언급했던 것처럼 본 교단의 시조라고 할 수 있는 스코틀랜드[장로]교회의
요리문답과 신앙고백부터 수용했다. 1922년에 영미권형 장로교회의 대표적
인 교리인 '요리문답'을 채택했고, 무려 반세기가 지난 뒤인 1971년 '웨스트
민스터 신앙고백'을 채택했다.[20] 그리고 1983년 사도신경을 수용했다.

---

18   Kyo Seong Ahn, "Mission in Unity: An Investigation into the Question of Unity As It Has Arisen in
the Presbyterian Church of Korea and Its World Mission" (Unpublished Ph.D. Dissertation, University
of Cambridge, 2008), 26-27.

19   『대한예수교장로회노회회록, 제1회』, 30.

20   이성웅, 『헌법교리론』, 297,

사도신경의 채택은 서방교회의 영향이 강력한 한국장로교회의 경우, 충분히 예상할 수 있는 일이다. 사도신경은 본 교단의 공식 교리로 채택된 후 최근까지 사용되다가, 현재는 2007년 제92회 총회에서 공포된 개정판을 병행 사용하고 있다.[21] 그러나 세계교회와 차이가 나는 것은 '음부에 내려가사'라는 항목을 생략한 것이다. 사도신경은 비록 요리문답과 웨스트민스터 신앙고백보다 늦게 채택되었지만, 신조의 역사적 위상으로 인하여 본 교단 헌법 교리의 첫 자리를 차지하게 되었다.

2. 웨스트민스터 신앙고백

한편 본 교단 『헌법』 제1편 '교리'에 두 개의 교리문답이 수록되어 있는데, 이 둘을 함께 다루기 위해서 채택 순서와는 달리 웨스트민스터 신앙고백을 요리문답보다 먼저 살펴보고자 한다. 웨스트민스터 신앙고백Westminster Confession은 원래 영국성공회를 위해서 웨스트민스터 국회에서 만들어진 '웨스트민스터 표준들[핵심 신앙 기준들]'Westminster Standards; 신앙고백, 대·소요리문답, 공예배지침, 교회정치 형식 등 5가지 문건의 일환으로, 역사적 아이러니에 의해서 영국성공회가 사용하지 않게 되자 스코틀랜드[장로]교회가 채택했다.[22] 웨스트민스터 신앙고백은 스코틀랜드[장로]교회의 '2차 표준'subordinate standard, 성경 다음으로 두 번째 핵심 신앙 기준이라는 의미로 '핵심 교리'라고도 의역할 수 있다이 되었다. 교파에 따라 '2차 표준'이 하나인 경우도 있고 복수인 경우도 있다. 웨스트민스터 신앙고백은 이후에 개혁신학을 따르는 여러 교파가 수정 없이 혹은 수정하여 채택했고, 대표적으로 미국장로교회가 채택했다. 미국장로교회는 여러 교단으로 나뉘게 되었는데, 오늘날 미국장로교회PC[U.S.A.], 1983- 의 전신인 미국연합장로교회United Presbyterian Church of the USA, 1958-1983가 당시 소위 '1967년 신앙고백'The Confession of 1967을 채

---

21   2004년 본 교단의 제안으로 한국기독교교회협의회와 한국기독교총연합회가 협력하여 주기도문과 사도신경을 개정하였고, 이후 교단별로 수용하여 사용하고 있다.

22   스코틀랜드[장로]교회는 장로교회의 모체이지만, 스코틀랜드 지역에서는 일종의 국교에 해당하여 정식 명칭은 스코틀랜드장로교회가 아닌 스코틀랜드교회이다. 따라서 본 논문에서는 절충형인 스코틀랜드[장로]교회라는 명칭을 사용한다.

택하면서, 웨스트민스터 신앙고백을 제외시켰다가 1983년 미국장로교회로 통합되면서 재포함했다. 미국연합장로교회는 혁명의 시대인 1960년대에 당시 미국 상황에 응답하고자 칼 바르트의 화해 신학을 토대로 한 새로운 신앙고백인 '1967년 신앙고백'을 작성했는데, 미국 내외 여러 교회에서 특히 많은 장로교회에서 논란이 벌어진 바 있다. 심지어 한국장로교회에서도 이 문제로 큰 논란이 일었다. 그 결과 일종의 신앙적 방어책으로 웨스트민스터 신앙고백을 서둘러 채택했다는 주장도 있다.[23]

　　미국장로교회에서 웨스트민스터 신앙고백이 차지하는 위상이 높기에, 미국장로교회의 영향을 받은 한국장로교회에서도 그 위상이 높다. 그러나 흥미롭게도 몇 가지 특이한 현상이 나타난다. 첫째, 한국장로교회는 원칙상 웨스트민스터 신앙고백을 중시하지만, 신학교육이나 목회 현장에서 구체적으로 교육하거나 적용하지 않은 경향을 보인다. 이것은 루터교가 대표적인 신앙고백인 '아우크스부르크 신앙고백'에 집중하여 신학교육과 목회 실천을 해나가는 것과는 대조를 이룬다. 실제로 웨스트민스터 신앙고백은 상당히 늦게 번역되고 채택되었다. 통상 1961년 발간된 이종성의 번역본을 저본으로 하여 후에 수정한 것을 채택했다고 이해하는데, 필자가 입수한 등사본 사료에 의하면, 상당히 일찍 번역된 것으로 추정된다.[24] 사료에 대한 정보 부족으로 인하여 구체적으로 판단하기는 어렵지만, 필자의 의견으로는 1922년 요리문답이 채택되기 이전에 번역되었는데, 아마도 당시에 두 가지가 함께 번역된 것이 아닌가 추정된다. 등사본 사료에 의하면, 서문에 번역 관련 내용이 나온다. "연전에 장로교 공의회가 선교사 5인을 택정하여 웨스트민스터 표준을 번역하라고 하였는데, 본서는 위원 중에 배위량 씨가 번역하였으며 이눌서 씨가 대강 교정하였느니라."[25] 이 내용을 분석하면, 위에서 언급했듯

23　한국에서 이 신앙고백의 번역본이 1967년을 전후하여 이미 출간되었다. 미합중국연합장로회(UPCUSA), *The Proposed Confession of 1967*, 서남동 역, 『1967년 신앙고백 초안 』(서울: 베다니평신도지도자학원, 1966); 미합중국연합장로회(UPCUSA), *The Proposed Confession of 1967*, [역자 미상], 『1967년 신앙고백 초안』, 개정판 (대구: 대구장로회신학교, n.d.). 두 개의 번역은 대동소이하다.

24　이종성 역, 『웨스트민스터 신앙고백』 (서울: 대한기독교서회, 1961).

25　배위량 역, 『신도게요서』 (n.p.: n.d.; 등사본), [ii.] 이 등사본 표지에 구입인과 구입일자가 기록되어 있다. ("김경도 [목사, 장로회신학대학교 전 총장 김중은 교수의 부친], 1951.11.16. [6.25전쟁 중]) 아울러 배위량 선교사는 1862년 태어나 1931년에 사망했다. 따라서 최소한 1951년 혹은 1931년 이전에 번역

이 5개 문건이 담긴 웨스트민스터 표준들신앙고백, 대·소요리문답, 공예배 지침, 교회정치 형식이 모두 번역될 예정이었고, 그중에서 웨스트민스터 신앙고백은 배위량베어드, W. M. Baird이 번역했다는 것이다.

둘째, 일반적으로 장로교회는 신앙의 자유와 더불어 양심의 자유를 강조한다. 미국장로교회의 웨스트민스터 신앙고백의 수용 과정에서도 목회자가 이것을 따를 것을 서약하지만 동시에 신앙적 필수사항이 아닌 부분에 대해서는 거부 의사를 밝힐 수 있도록 했지만, 한국장로교회는 이 점을 잘 인식하지 못하고 있다.

3. 요리문답(웨스트민스터 소요리문답), 21세기 대한예수교장로회 교리문답

이제 본 교단 『헌법』 제1편 '교리'에 나오는 두 가지 교리문답을 다루기로 하자. 원래 웨스트민스터 신앙고백은 웨스트민스터 대·소요리문답과 더불어 작성되었다. 교리문답 작성 과정에서 평이하고 간결한 소요리문답일종의 아동용 혹은 새신자용 교리문답, 총 107항과 본격적인 내용을 담은 대요리문답총 196항의 2종류로 만들어졌다. 교리문답을 두 종류로 만드는 것은 루터 이후 종교개혁의 전통 중 하나이다. 한국장로교회는 당시 교회 사정에 맞게 교리문답을 채택하면서 두 가지 중 소요리문답을 채택했다. 따라서 본 교단 헌법 교리의 요리문답은 실상은 웨스트민스터 소요리문답이다. 이런 맥락에서 본 교단 헌법은 웨스트민스터 표준들 전체에 대한 입장을 구체적으로 밝힐 필요가 있다. 여하튼 요리문답은 한국장로교회 초기에 번역되어 오늘날에 이르렀는데, 아동용 혹은 새신자용 교리문답 성격이 강하기 때문에, 이들의 이해를 돕기 위해 지속적인 재번역이 필요하다. 현행 요리문답은 재번역되었다고 하지만, 여전히 새로운 세대가 이해하기 어렵다.

본 교단은 2011년 새로운 교리문답으로 '21세기 대한예수교장로회 교리

되었다고 할 수 있다. 더구나 장로회신학대학교 고문서실에 1925년 번역본이 보관되어 있다. W.M. Baird 역, 『신도게요셔』(경성[서울]: 조선야소교서회, 1925). 따라서 웨스트민스터 신앙고백은 요리문답과 더불어 1922년 이전에 번역된 것이 합리적인 추측이다.

문답'총 70항을 채택했는데, 당시 목표는 "〈요리문답〉의 자구 수정이나 일부 개정이 아닌 전면 개정"이었다.[26] 그런데 이 새로운 교리문답에 대해서 몇 가지 문제를 생각해 볼 필요가 있다. 첫째, 이것을 만든 목적이 구체적으로 무엇인가 하는 문제이다. 이 교리문답에 대한 해설서에 의하면 "오늘의 상황을 성찰하면서 전체적으로 손질하였다"는데, 과연 구체적으로 이런 작업이 기존의 요리문답웨스트민스터 소요리문답을 보충하는지, 웨스트민스터 대요리문답에 해당하는 것을 제공하는지, 혹은 웨스트민스터 신앙고백의 요약판을 제공하는지 분명하지 않다.[27] 만일 교리문답의 수요가 새로운 21세기 대한예수교장로회 교리문답으로 충분히 채워진다면, 기존의 요리문답은 역사적 문서로 인정하고 차후에는 새로운 21세기 대한예수교장로회 교리문답을 적극 사용토록 해야 할 것이다. 둘째, 이 새로운 교리문답의 활용도를 높이기 위해서는 새로운 세대의 용어로 과감하게 수정할 필요가 있다.

IV. 민족교회 자신학화로서의 신앙고백: 대한예수교장로회 신앙고백서 이후

1. 대한예수교장로회 신앙고백서(1986년)

본 교단은 1986년 '대한예수교장로회 신앙고백서'를 채택함으로써, 독자적인 신앙고백을 가지게 되었다.[28] 이것은 당시 시대 상황을 보여주는 한편, 한국장로교회의 독자적인 신앙고백의 작성이라는 점에서 의의가 있고, 한국장로교회 특히 본 교단의 자신학화의 성과라고 할 수 있다.

개혁교회 신조는 신론으로 시작하는 것과 성서론으로 시작하는 것으로 크게 두 가지 유형이 있는데, 대한예수교장로회 신앙고백서는 본 교단의 신

---

26 교리문답해설서간행위원회 편, 『21세기 대한예수교장로회교리문답 어떻게 만들어졌나?』, 10.

27 위의 책.

28 이성웅, 『헌법교리론』, 469.

조 전통에 맞게 성서론으로 시작한다. 본 교단 헌법 교리 중에서 사도신경, 요리문답, 21세기 대한예수교장로회 신앙고백서를 제외한 나머지, 곧 [12]신조, 21세기 대한예수교장로회 교리문답, 웨스트민스터 신앙고백, 대한예수교장로회 신앙고백서가 모두 성서론으로 시작한다.[29] 이것은 그만큼 한국장로교회에 있어서 성서론이 중요하다는 사실을 반영하고, 또한 역으로 말하자면 여전히 신학적 논란이 성서론의 범위를 크게 벗어나지 않는 현실을 반영한다고 할 수 있다.

   대한예수교장로회 신앙고백서는 서문과 10장으로 구성되어 총 11장에 이르는데 내용은 간단하다. 전반적으로 볼 때, 비록 본 교단이 작성한 첫 번째 독자적인 신앙고백임에도 불구하고, 기존의 교리를 정리한 측면이 강하고 '한국장로교회'의 고유한 특징이 잘 드러나지 않는다. 그러나 이어지는 21세기 대한예수교장로회 신앙고백서에서는 한층 진전된 모습을 보인다. 특기할 점이 있다면, 이 신앙고백서에 특히 마지막 부분인 8-9장에 시대 상황이 일부 반영되었다는 점이다. 첫째, 서문에서 시대의 변화에 따라 신앙고백이 필요함을 강조하고, 여러 문제가 있음을 언급하면서도, 구체적인 내용은 밝히지 않았다. 둘째, 그러나 8장 국가에서 분단, 통일, 평화라는 주제를 다뤘다. 셋째, 9장 선교에서 선교라는 주제를 다뤘는데, 당시 1980년을 기점으로 한국교회가 세계선교에 적극 참여하기 시작한 것과 무관하지 않다. 하지만 여기에 나타난 선교관은 아직은 전통 선교 개념이 우세하다.

2. 21세기 대한예수교장로회신앙고백서(2002년)

   대한예수교장로회 신앙고백서에 이어서 '21세기 대한예수교장로회 신앙고백서'가 작성되었고, 2002년에 채택되었다.[30] 이 신앙고백서는 서두에 새로운 신앙고백서의 필요성과 작성 과정에 대해 설명한다. 먼저 새로운 신

---

29   요리문답은 2항이 성서론이라는 점에서 사실상 성서론으로 시작한다고 볼 수 있다.

30   이성웅, 『헌법교리론』, 495.

앙고백서의 필요성에 대해서는 몇 가지 시대적 배경이 언급된다. 즉 구소련
과 동유럽 공산권의 붕괴, 남북한 교류 등 정치적 변화, 신자유주의와 지식정
보사회의 지구화 등 사회·문화·종교적 변화, 생태 문제와 후기 근대주의의
대두 등 시대적 변화를 언급하고, 이에 대한 대안으로 복음전도와 하나님의
선교를 망라한 선교, 교회일치운동을 강조한다. 이어서 새로운 신앙고백서
작성 과정을 언급하는데, 이 부분은 중요하기에 직접 인용토록 한다.

> … 물론 우리는 사도신경 이외에 이미 12신조(1907), 웨스트민스터 소요리
> 문답 및 웨스트민스터 신앙고백(1647)을 사용해 오고 있고, 1986년엔 우리
> 나름대로 "대한예수교장로회 신앙고백서"를 손수 만들었다. 그러나 새 술
> 은 새 가죽 부대를 요구한다.
> 1997년 제82차 총회는 헌법(1. 교리와 신앙고백, 2. 정치, 3. 권징, 4. 예배와
> 예식) 개정을 결의하였다. 그리하여 이미 "정치"와 "권징"의 개정은 노회들
> 의 수의과정을 거쳐 확정되었다. 그리고 헌법개정위원회는 "교리와 신앙고
> 백" 및 "예배와 예식"의 개정을 위하여 각각 전문 위원들을 위촉하여 연구
> 케 하였다. 하지만 교리와 신앙고백 분과위원회는 신앙고백서를 작성하기에
> 앞서 그것을 위한 준비작업으로 먼저 "21세기 한국장로교의 신앙과 신학의
> 방향"이라고 하는 문서를 내놓기로 하였다. 그리하여 이와 같은 과정을 거
> 쳐서 나오게 된, "21세기 대한예수교장로회 신앙고백서"와, 예배를 위해서
> 6항목으로 축약된 "21세기 대한예수교장로회 신앙고백서"는, 이미 우리가
> 사용해 오고 있는 기존의 신조와 신앙고백서들에 하나 더 첨가된 것이다.[31]

이 인용문은 몇 가지 중요한 정보를 제공한다. 첫째, 본 교단의 교리에
속하는 요리문답이 소요리문답임을 명시한다. 둘째, 이 신앙고백은 앞의 것
을 대체하는 것이 아니라 첨가하는 것임을 밝힌다. 셋째, 사전 작업으로 "21
세기 한국장로교의 신앙과 신학의 방향"이라는 문서를 작성했다.[32] 넷째, 이

---

31 대한예수교장로회총회, 총회소개, 총회헌법, 제1편 교리, www.pck.or.kr/law.php?sca=제1편,
     [2023.09.26.접속].
32 이 문건은 다음 책으로 출간되었다. 총회헌법개정위원회 신앙고백과 교리분과위원회 편, 『21세기 한

신앙고백서의 보급과 확산을 위해 6개 항목으로 축약된 예배용을 별도로 만들었다. 그런데 신조가 예배용 교리라는 점에서, 이 신앙고백서는 신앙고백인 동시에 예배용을 통해서 또 하나의 신조를 제시한 셈이다.

V. 공교회적 정체성으로서의 신앙고백: 21세기 대한예수교장로회 신앙고백서 중 니케아-콘스탄티노플 신조

21세기 대한예수교장로회 신앙고백서는 현지교회의 신앙고백인 동시에 세계교회의 신앙고백과 연결고리 역할을 하는 신앙고백이다. 초대교회는 교회의 연합과 일치를 위하여 325년 니케아 에큐메니컬 공의회를 필두로 여러 차례에 걸쳐 초대교회의 교리와 규칙을 확정했고, 이것이 세계교회의 공통된 정체성의 토대가 되었다.[33] 에큐메니컬 공의회 가운데 구체적으로 어떤 공의회들을 인정하는가는 교파에 따라 다르지만, 일반적으로 초대교회의 7대 에큐메니컬 공의회를 인정한다. 이때 나온 신조 중 대표적인 것이 바로 '니케아-콘스탄티노플 신조'인데, 그동안 한국장로교회를 포함한 한국교회는 이 신조를 소홀히 했다. 이 신조는 주로 에큐메니컬 운동에 참여하는 운동가나 에큐메니컬 운동을 중시하는 교회에서 언급되고 사용될 뿐, 대다수 한국 기독교인은 내용은 물론이고 존재조차 모르는 경우가 허다하다. 그러나 대다수 한국교회가 이 신조를 직접 채택하지 않았음에도 불구하고, 이 신조가 초대교회 교리의 핵심적인 신조인 만큼 결과적으로 이 신조에 간접적으로 신세를 진 것은 부인할 수 없는 사실이다.

이런 맥락에서 본 교단이 본 교단의 공식 신앙고백으로 이 신조를 포함한 것은 대단히 중요한 의미가 있다. 왜냐하면 이 신조를 포함하는 일은 궁극

국장로교의 신앙과 신학의 방향』(서울: 한국장로교출판사, 1999).

33　한국교회는 초대교회 에큐메니컬 회의를 통상 에큐메니컬 공의회라고 부른다. '에큐메니컬'과 '공'이 의미가 중복되기에 에큐메니컬 회의 혹은 공의회라고 불러도 충분하지만, 여기서는 통례를 따른다.

적으로 이 신조를 채택했다는 의미인데, 이런 결정을 통해서 본 교단은 세계
교회의 신앙 유산을 전승받는 차원을 넘어서 초대교회의 에큐메니컬적 정신
을 이어받고 계승한다는 차원에 이르기 때문이다. 한국교회 특히 본 교단은
첫 번째 신조인 [12]신조를 에큐메니컬 운동 차원에서 채택했고, 사도신경을
통해 서방교회 전통을 이어나갔으며, 니케아-콘스탄티노플 신조를 통해 동
방정교회를 필두로 한 세계교회 전통을 이어나가는 것을 의미한다.[34] 한 마
디로, 이런 결정은 본 교단이 명실상부한 에큐메니컬 교회의 정체성을 확립
하는 계기가 되었다고 할 수 있다. 즉 본 교단의 공교회성 확립의 한 계기가
되었다.

VI. 본 교단 헌법 교리에 속한 7개의 비교

본 교단 헌법 교리에 속한 7개의 내용을 간단하게 도표를 통해 비교하고
자 한다.

[표 2] 본 교단 헌법 교리에 속한 7개의 비교

내용/제목	사도신경	[12]신조	[웨스트민스터]소요리문답	21세기 대한예수교장로회 교리문답	웨스트민스터 신앙고백	대한예수교장로회 신앙고백서	21세기 대한예수교장로회 신앙고백서
신론	성서론: 1	인간론: 1	성경[에 대하여]: 1-7	성경[에 대하여]: 1	머리말, 서문	머리말, 예배용: 6항
기독론	신론: 2-6	성서론: 2-3	사도신경 8-22	하나님[신]론 - 성 삼위일체, 영원한 결정, 창조, 섭리, 인간의 타락과 죄와 형벌, 사람과 맺은 언약: 2-7	성경: 1	신론: 사랑과 생명의 근원이신 삼위일체 하나님: 1

니케아 공의회에서 결정된 니케아 신조는 콘스탄티노플 공의회에서 수정되어 니케아-콘스탄티노플
신조가 되었는데, 후속 공의회는 이전 전통을 존중하기 위하여 적극적 수정보다 보완 방식을 택했다.

기독론-종말론	기독론: 7	신론: 4-12	십계명: 23-41	그리스도[기독]론-중보자, 자유의지, 실제적 부르심, 의인, 양자, 성화, 구원에 이르게 하는 믿음, 생명에 이르는 회개, 선행, 성도들의 궁극적 구원, 은혜와 구원의 확실성: 8-18	하나님: 2	죄론-인간론: 죄로 인해 하나님과 인간과 피조물 사이에 깨어진 교제: 2
성령론	성령론: 8	신론-죄론: 13-20	예배와 성례: 42-53	성도의 삶-하나님의 율법, 신자의 자유와 양심의 자유, 예배와 안식일, 합당한 맹세와 서원, 관공직, 결혼과 이혼: 19-24	예수 그리스도: 3	기독론-구원론: 복음을 통하여 새롭게 창조된 하나님과 인간과 피조물 사이의 교제: 3
교회론	구원론: 9	기독론: 21-36	주기도문: 54-66	교회론-교회, 성도의 교제, 성례전, 세례, 주의 만찬, 교회의 권징, 대회와 회의: 25-31	성령: 4	성령론-성령을 통하여 이 땅 위에 실현되는 하나님과 인간과 피조물 사이의 교제: 4
구원론-종말론: 죄, 몸의 부활 및 영생	교회론-성례론: 10	기독론-종말론: 37-38	교회의 선교: 67-70	종말론-사람의 사후 상태와 부활, 최후의 심판: 32-33	인간: 5	교회론-교회와 하나님의 나라: 5
	교회론-선교론: 11	십계명-죄론 및 성례론, 주기도문: 39-87/88-97, 98-107 ● 사도신경 관련 부분 없음	●소제목은 본문의 것	성령론-성령: 34	구원: 6	종말론-새 하늘과 새 땅: 6
	종말론: 12			선교론-하나님의 사랑의 복음과 선교: 35, 선언문	교회: 7	니케아-콘스탄티노플 신조 (381)

					●소제목은 본문의 것	국가: 8	● 소제목은 본문의 것
						선교: 9	
						종말: 10	
						● 소제목은 본문의 것	

　필자가 이 자리에서 7개의 내용을 각각 분석하려고 하지 않지만, 비교되는 부분에 대하여 간단하게 언급하고자 한다. 위의 7개 중에서 몇 가지는 자체로 내용을 분류했지만, 분류하지 않은 것도 있다. 따라서 필자는 더러는 분류를 시도하고, 더러는 비교를 위하여 세분된 것을 크게 묶었다. 이런 분류의 기준 역시 필자의 자의적인 것임을 밝히고, 이견이 있는 사람은 참고만 하기 바란다.

　위의 7개를 비교해볼 때, 그 내용이 대동소이하지만, 실제로는 많은 차이가 있음을 알 수 있다. 사도신경은 전체적으로 조직신학의 일반적인 흐름을 따르지만, 종말론이 기독론과 구원론에 나눠서 나타난다. [12]신조는 비교적 조직신학의 일반적인 흐름을 따르면서, 각 항목이 나타나는데, 특히 성서론이 앞에 나온다.

　웨스트민스터 표준들에 속한 신앙고백과 요리문답은 같은 배경에서 나왔지만 용도가 달라 내용도 순서도 다른 것을 알 수 있다. 특히 요리문답은 교리문답임에도 불구하고 사도신경을 별도로 다루지 않는다. 그리고 너무도 유명한 "사람의 제일 되는 목적"을 묻는 문답으로 시작되지만, 2항에서 성서론을 다루기 때문에, 이것 역시 실질적으로는 성서론이 앞에 나온다고 볼 수 있다. 그런데 신조나 신앙고백과 달리 교리문답은 인간과 관련된 질문으로 시작하는 경우가 많다. 가령 하이델베르크 요리문답도 감사라는 인간적인 주제로 시작한다. 21세기 대한예수교장로회 교리문답은 크게 두 가지로 나눠지는데 하나는 세 가지 핵심 신앙 내용인 사도신경, 십계명, 주기도문이고, 다른 하나는 성경, 예배와 성례, 교회의 선교이다. 후자는 성서론, 교회론, 선교론이라고 할 수 있는데, 현대 교리문답답게 선교가 중요한 항목으로 등장한다. 웨스트민스터 신앙고백은 너무나 잘 알려진 것으로 이것의 내용 분석에 관한 연구는 다양하게 이뤄졌는데, 필자는 여기서 비교 연구를 위해 간단하게 분류했다. 이 신앙고백은 성도의 구원^{신앙}과 신앙생활을 연계하면서, 사회 가운데 살아가는 성도의 삶을 다방면으로 다뤘다. 그리고 수정 부분인 성령론과 선교론을 첨가했다. 사실 서구교회의 신학의 경우, 지성적 접근 중심이고 기성교회 중심이다보니, 성령론과 선교론이 약화된 것이 사실인데, 현대교회의 변화를 반영한 것이라고 할 수 있다.

　　마지막 자생적인 두 가지 신앙고백서 중 전자는 전반적으로 평이하지만, 국가, 선교 등을 다루면서 현대 신앙고백의 면모를 보인다. 후자는 구조상으로는 평이하지만, 세 가지 특징을 드러낸다. 즉 '교제' 개념을 광범위하게 적용하고, 예배용을 별도로 만듦으로써 신조와 신앙고백으로서의 이중적 역할을 하며, 세계적인 신조를 도입함으로써 특수성을 지니면서도 보편성을 담보하는 신앙고백으로 만들려고 애쓴 흔적을 찾아볼 수 있다.

　　본 교단 헌법 교리는 전반적으로 신앙 전통을 충실히 이어가는 것에 장점이 있다. 하지만 20세기의 신앙고백의 특징이 시대성, 현장성인 만큼, 보다 시대에 응답하고 현장에 부응하는 카이로스^{kairos, 하나님의 시간}적이면서도 위기^{crisis}적인 신앙고백을 형성하고 나아가 교리로 채택하는 것에 관심을 가져야 할 것이다.

　　또한 본 교단 헌법 교리는 본 교단과 관련된 심화 연구도 필요하지만, 교단을 넘어선 광범위한 연구도 필요하다. 이런 의미에서 최근 들어 한국장로교회가 유럽대륙형 개혁교회의 교회와 신학에 대한 연구를 활발히 함으로써, 비교 연구를 통해 한국장로교회를 재인식하는 기회가 주어지고 있다는 사실은 바람직하다고 하겠다.

　　이와 더불어 한 가지 흥미로운 사실을 언급하고자 한다. 한국에서 주요 선교 영역인 군선교는 특성상 초교파주의를 추구할 수밖에 없었다. 이런 맥락에서 군선교가 시작된 후 곧바로 군선교를 위한 문서선교의 일환으로 초교파적인 교리문답이 나온 바 있다. 가령 1952년에는 김인서가 집필한 초교파적인 『예수교교리문답』이 나왔고, 1953년에는 군종 목사인 박창선이 직접

집필한 초교파적인 『[해병전도문고제1집] 기독교신앙문답』이 나왔다.[35] 초교
파적인 신조, 신앙고백, 교리문답은 아직까지 선교 현실에 처한 한국교회가,
특히 에큐메니즘과 복음 전도의 차원에서, 교파주의를 넘어서 고려해야 할
또 다른 영역이라고 하겠다.

VII. 나가는 말

이 글을 통해서, 필자는 본 교단의 교리의 발전 단계를 살펴보았다. 그
발전 과정은 선교사 중심 단계에서, 민족교회 중심 단계로, 다시 서방교회와
동방교회를 아우르는 세계교회 중심 단계로 발전했음을 밝혔다. 또한, 이 과
정에 있어서 줄곧, 특히 첫 번째 교리와 마지막 교리에서, 에큐메니컬 정신이
중요하게 드러남을 밝혔다.

이런 면에서 본 교단을 포함한 한국장로교회의 미래를 전망하고자 한다.
첫째, 교회 내적으로는 교단 정체성의 근간을 이루는 교리를 본격적으로 연
구하고 목회 현장에 적용하는 일을 확산할 필요가 있다. 그러나 이런 시도가
교파주의를 강화하는 것이 아니라 교파적 정체성을 구체적으로 정립하는 출
발이 되어야 할 것이다. 둘째, 교회 상호적으로는 교리를 교파주의적으로 접
근하는 것을 넘어 초교파적으로 접근할 필요가 있다. 셋째, 교회 외적으로는
본 교단을 비롯한 한국교회가 세계선교운동에 참여하면서, 여러 지역에서
신생교회 탄생에 기여하고 있다. 이 일은 결국 선교지 신생교회의 정체성을
이루는 교리 형성에 참여하는 것을 의미한다. 따라서 본 교단을 포함한 한국
장로교회, 나아가 한국교회는 선교지 현지교회가 바로 교리를 형성하고 발
전해나갈 수 있도록 돕는 역할을 적극적으로 펼쳐 나가야 할 것이다.

35　James E. Adams 편, 『[1952년판] 예수교교리문답』(부산: 신앙생활사, 단기4284년[1951]); 해병사령부군
　　목실, 『[해병전도문고제1집] 기독교신앙문답』(n. p.: 해병사령부군목실, 단기4286년[1953]). 『[1952년판]
　　예수교교리문답』은 표지나 서문에는 1952년으로 나오나, 책 뒷부분 출판사항에는 1951년으로 나온다.

미국 북장로회와 남장로회의 교육선교 연구*

최 영 근
장로회신학대학교 교수, 역사신학

I. 들어가는 말

이 글은 미국 북장로회 한국선교 140주년을 맞아 남장로회를 포함하여
미국 장로교회 한국선교회의 교육선교를 교회사적으로 조명하는 연구이다.
교육선교는 미국장로회가 한국에서 추진한 핵심적 선교사업, 곧 복음전도-
교육-의료의 삼각선교 가운데 한 축이었다. 미국장로회뿐만 아니라 재한선
교회는 구한말과 일제강점기와 해방 전후 시기 동안 기독교학교를 설립하여
초등, 중등, 고등교육에 이르기까지 한국 근대교육을 주도하였고, 한국교회
발전은 물론 한국사회를 이끌어 나갈 지도자를 길러내고 시민계층을 형성하
면서 한국사회 발전에도 크게 기여하였다. 미국 북장로회와 남장로회는 교
육선교를 위한 동일한 목표를 가지고 있었다. 그들은 기독교 공동체의 자녀
들을 교육하여 기독교 지도자를 길러내는 것에 집중하였고, 이로써 교회발
전에 기여하고자 했다. 그러나 교육의 빈곤 상태에 있었던 한국사회에서 미
션스쿨은 교회와 신자들뿐만 아니라 근대적 교육을 통해 사회적 지위를 향

---

*   이 글의 일부는 최영근, "일제강점기 미국 남장로회 교육선교: 미션스쿨의 식민교육제도에 대한 순응
     과 저항의 변증법,"『대학과 선교』제58집 (2023), 221-62와 최영근, "미국 남장로회 선교사 인돈(Wil-
     liam A. Linton)의 교육선교,"『한국교회사학회지』제40집 (2015), 125-68에 게재된 내용임을 밝힌다.

상시키려는 열망을 가진 일반인에게도 교육의 중요한 통로가 되었다. 그러므로 미션스쿨은 교회를 넘어서 사회에 이르기까지 영향력의 파장이 컸고, 기독교적 목적과 사회적 요구가 교차되는 범위가 넓었다.

미국 북장로회와 남장로회는 교육선교의 정체성과 목표를 지켜나가는 가운데 교육선교를 통제하고 가로막으며, 식민교육이념을 부식扶植하려는 조선총독부와 여러 차례 충돌하였다. 일제강점기 식민교육제도는 공립학교는 물론 사립학교와 미션스쿨에도 강력하게 적용되었고, 특히 1911년부터 1943년까지 네 차례에 걸쳐서 개정된 조선교육령과 각종 학교규칙에서 드러나듯이 한국에서 일제의 교육목적은 "충량忠良한 황국신민 육성"에 맞춰져 있었다.[1] 일제는 사립학교와 미션스쿨을 식민교육 제도 안으로 끌어들여 직접적으로 통제하거나 이를 거부하고 통제권 밖에 머무려는 학교를 차별하여 고사枯死시키려는 노력을 집요하게 이어가며 식민교육을 통한 한국의 정신적, 영구적 식민주의화 작업에 걸림돌이 되는 방해요소를 제거하고자 하였다. 기독교적 교육으로 교회와 사회에 봉사하는 기독교 인재 양성이라는 미션스쿨의 교육이념은 식민교육을 통해 천황제 국가주의를 이식移植하는 일제의 교육이념에 배치되었고, 일제의 교육제도 아래서 선교회는 일제의 법적 통제를 완전히 벗어나기 어려운 근본적 한계를 가지고 있었다. 일제의 교육목표가 조선의 영구적 식민화였고, 선교회의 교육목표가 복음화였다면, 당시 한국인들에게 교육은 근대화의 통로였다. 근대화의 미명으로 조선인을 식민체제에 동화시키면서 제국주의 확장에 동원하는 기만적인 일제의 식민교육체제 아래서 선교회가 제공한 기독교적 교육은 조선인이 서구문명과 근대교육을 경험하는 서구적 근대화의 장이 되었으나, 일제의 제도적 압박과 차별로 인하여 식민교육체제와 경쟁하는데 물리적 한계가 있었다.

일제강점기 식민교육제도에 대한 미국장로회의 대응방식은 일제의 법과 제도 아래서 기독교적 정체성과 교육목적을 지키는 노력으로 나타났다. 북장로회와 남장로회 간에 일제 교육당국의 요구와 통제에 대응하는 방식의 차이가 있었지만, 기본적으로 미션스쿨이 일제의 교육제도와 통제에 따르지

---

1   조선총독부, "칙령(勅令)," 『조선총독부관보』 제304호 (명치 44년[1911년] 9월 1일), 1.

않으면 존립이 어려웠다. 이러한 점에서 선교회와 미션스쿨이 교육을 통한 일제의 동화주의 식민정책의 "공범자" 또는 "협력자"였다는 비판을 제기하는 목소리도 있다.[2] 그러나 북장로회와 남장로회는 기독교적 정체성과 교육 내용을 지키기 위해서 식민교육제도의 직접적인 통제를 받는 정규학교로 편입되기를 거부하였고, 사회적 불이익을 염려하며 정규학교로 전환을 요구하는 재학생들의 반발을 감수해야 했다. 불리한 여건 속에서 교육선교의 정체성을 유지하면서도 학교의 존립을 지키는 대안을 마련하는 노력을 기울였다. 1923년 이후로 시행된 "지정학교" 제도는 선교회가 역량을 집중한 최선의 대안이었다. 미션스쿨의 정체성과 교육목표를 지키며, 동시에 일제 식민교육제도 아래 학교와 학생들의 불이익을 최소화할 수 있는 대안이었다. 북장로회는 전체 중등학교 8개를 지정학교로 추진하였고, 남장로회는 재정적 한계로 10개 중등학교 중에서 남녀학교 각각 하나씩만을 선택적으로 추진하였다.

식민교육제도의 한계 속에서 교육선교를 이어가던 북장로회와 남장로회는 1936년 이후 일제가 전면적으로 신사참배를 강요하는 상황에서 학교를 폐교하고 교육사업을 중단하였다. 남장로회는 타협을 거부하고 일사불란하게 미션스쿨을 폐교하고 교육사업에서 물러났지만, 북장로회는 내부에서 신사참배와 폐교에 대한 이견異見으로 갈등과 혼선을 빚었다. 남장로회는 한국선교회와 선교본부가 일치된 입장으로 일관되게 신사참배 반대와 폐교를 관철시켰지만, 북장로회는 선교회 주류와 소수의 갈등, 그리고 선교회 주류와 선교본부 간 입장차로 어려움을 겪었다. 이러한 점에서 남장로회는 신사참배 문제에 가장 강력하게 대응한 선교회였고, 교육선교의 목적과 정체성에 대하여 일체의 양보와 타협을 거부하였다.

해방 이후 재개된 미국 북장로회와 남장로회의 교육선교는 이전과 달리 주로 고등교육에 집중하는 형태로 진행되었다. 북장로회는 대구에 계명대학 설립과 서울에 숭실대학을 재건하는 일에 힘을 쏟았고, 연희전문과 세브란스의 재건과 합병을 통한 연세대학교 설립과 발전에 관여하였다. 또한 오랜

2   이성전, 『アメリカ人宣教師と朝鮮の近代』, 서정민, 가미야마 미나코 역, 『미국 선교사와 한국 근대교육: 미션스쿨의 설립과 일제하의 갈등』(서울: 한국기독교역사연구소, 2007), 196, 207-8.

숙원사업이었던 장로회 여자대학인 서울여대 설립에도 주도적인 역할을 했다. 남장로회는 대전에 대전장로회대학 Taejon Presbyterian College 을 설립하였고, 이후 한남대학교로 발전하였다.

해방 이후 미국장로회 선교회는 한국교회의 주도성을 인정하고, 선교회가 담당하는 모든 사업의 운영과 주도권을 점차 이양하는 방식으로 나아갔다. 미국 북장로회는 1956년부터 예장총회와 사업협동 논의가 이루어져, 1957년에 선교회와 예장총회의 통합을 합의하였고, 1959년 이후 북장로회 선교회가 아닌 선교회-교회 협의체인 "협동사업부"를 통해 선교사업을 진행하였다.[3] 남장로회도 1957년에 선교회-한국교회 관계를 재정의하면서, "호남 선교협의회"를 통해 한국교회의 주도권 아래 모든 선교에 협력하는 방식으로 선교를 진행하였고, 전도는 한국교회 주도 아래 참여하고, 고등교육과 의료선교는 한국교회가 리더십을 가지고 운영하기까지 선교회가 주도적으로 운영하였다.[4] 해방 이후 혼란과 한국전쟁 이후 초토화된 사회 속에서, 미국장로회 선교회들은 국가와 사회와 교회의 재건의 가장 중요한 부분이었던 고등교육기관 설립과 운영을 담당함으로써 교회와 사회에 항구적인 영향을 끼쳤다. 구한말, 일제강점기와 마찬가지로 해방 이후 기독교가 사회에 영향을 끼칠 수 있었던 가장 중요한 기여 가운데 하나는 교육선교의 차원에서 학교를 설립하고 기독교적, 근대적 교육으로 한국교회와 사회가 필요로 하는 인재를 양성한 것이라고 평가할 수 있다.

이 연구는 선교초기부터 해방 이후 시기까지 미국 북장로회와 남장로회의 교육선교를 살펴보면서 교육선교의 전개과정을 규명하고, 미국장로회 한국선교회의 교육선교의 교회사적 의미를 분석한다. 특히 일제강점기 북장로회와 남장로회의 교육선교 전개과정을 다루면서, 공통점과 차이점을 비교하고, 일제의 식민교육제도에 대한 선교회의 대응 차이를 고찰하고자 한다. 선행연구로서 일제의 식민교육과정을 교육제도와 정책의 관점에서 체계적으

---

3   Harry A. Rhodes and Archibald Campbell, eds., *History of the Korea Mission, Presbyterian Church in the U. S. A.* Vol. II: *1935-1959* (New York: Commission on Ecumenical Mission and Relations, The United Presbyterian Church in the U.S.A., 1964), 216-40.

4   George Thompson Brown, *Mission to Korea* (Board of World Missions, Presbyterian Church in the U. S., 1962), 221-23.

로 분석한 연구들[5]과 대만과 한국에서 일제의 식민교육정책을 비교 고찰한
연구들[6]은 주목할 만하다. 또한 교육선교와 관련하여 식민교육정책 아래서
미국 북장로회 미션스쿨의 대응을 분석한 연구, 호주장로회의 대응을 분석
한 연구,[7] 지역과 학교별로 남장로회 교육선교를 규명한 연구[8]는 유용하다.
또한 각 선교회의 교육선교를 주도한 선교사를 중심으로 교육선교를 분석하
는 연구도 선교사의 관점에서 해당 선교회의 교육선교의 특징을 조망하는
차원에서 주목할 만하다.[9]

또한 이 연구는 해방 이후 전개된 북장로회와 남장로회의 교육선교를 간
략하게 살피면서, 두 선교회가 고등교육 기관설립과 운영에 참여하는 방식
과 전개과정을 살펴본다. 복음전도의 영역에서 별도로 다루어야 할 신학교
육과 성경교육과 관련한 부분은 연구범위에 포함시키지 않았고, 주로 일반
교육의 장에서 진행된 교육선교에 초점을 맞추었다.

이 연구가 미국장로회 한국선교회의 교육선교를 조명하면서 기독교학교
와 기독교대학의 기독교적 정체성과 교육의 목적을 성찰하고, 이를 현재의
교육여건에서 지속적으로 구현하기 위한 노력에 기여할 수 있기를 기대한다.

---

5   안홍선, 『일제강점기 중등교육 정책』(서울: 동북아역사재단, 2021); Soon-Yong Pak and Keumjoong
     Hwang, "Assimilation and Segregation of Imperial Subjects: 'Educating' the Colonised during the
     1910-1945 Japanese Colonial Rule of Korea," *Paedagogica Historica*, vol. 47, no. 3 (June 2011), 377-
     97. 사료집으로는 강명숙, 이명실, 이윤미, 조문숙, 박영미 편역, 『교육정책(1): 교육칙어와 조선교육
     령』(서울: 동북아역사재단, 2021)은 유용하다.

6   E. Patricia Tsurumi, "Colonial Education in Korea and Taiwan," eds. Ramon H. Myers and Mark R.
     Peattie, *The Japanese Colonial Empire, 1895-1945* (Princeton, NJ: Princeton University Press, 1984), 275-
     311; Huan-Sheng Peng and Jo-Ying Chu, "Japan's Colonial Policies - from National Assimilation to
     the Kominka Movement: A Comparative Study of Primary Education in Taiwan and Korea (1937-
     1945)," *Paedagogica Historica*, vol. 53, no. 4 (2017), 441-59.

7   Yoonmi Lee, "Religion, Modernity and Politics: Colonial Education and the Australian Mission in
     Korea, 1910-1941," *Paedagogica Historica*, vol. 52, no. 6 (2016), 596-613.

8   한남대학교 인돈학술원 편, 『미국 남장로회 교육선교 연구』(대전: 한남대학교, 2022).

9   안종철, "아더 베커(Arthur L. Becker)의 교육선교활동과 '연합기독교대학' 설립," 『한국기독교와 역사』
     34호 (2011년 3월), 249-74; 류대영, "윌리엄 베어드의 교육사업," 『한국기독교와 역사』 32호 (2010년 3
     월), 127-57; 최영근, "미국 남장로교 선교사 인돈(William A. Linton)의 교육선교," 『한국교회사학회지』
     40집 (2015), 125-68; 최영근, "일제강점기 미국 남장로회 여성선교사 유화례(Florence E. Root)의 교육
     선교, 1927-1937," 『대학과 선교』 53집 (2022), 9-46.

II. 북장로회와 남장로회 교육선교의 목표와 전개과정

1. 미국 북장로회의 교육선교의 목적과 전개과정

북장로회는 1891년 2월에 선교회 연례회의에서 기본정책을 제정하며, 교육선교에 대한 이념을 언급했다. 여기서 선교회의 교육사업은 "종교적, 정신적 영향을 미치는 것"이 가장 중요하며, "미션스쿨의 주목적은 조선교회의 발전과 조선인들에게 적극적으로 기독교인으로서의 사명을 다할 수 있도록 하는 지도자를 육성하는 일"이라고 말했다.[10] 한국교회 발전을 위한 지도자 양성이 미션스쿨의 주목적임을 분명히 했다. 1893년 북장로회 선교보고에서 빈튼C. C. Vinton은 선교회 학교에서 "장래의 목회자, 교사, 사역자의 부인들이 배출되어 이들에 의해 한국교회가 설립되기를 희망한다"는 희망을 표하였다. 그는 선교회 연례회의 결의사항을 요약하면서 교육선교와 관련된 결정을 소개하였다. "어머니들이 미래 세대에 대하여 중요한 영향을 끼치기 때문에 여성의 개종과 기독교 여성의 교육을 중요한 목표"로 삼았고, "지역에 초등학교를 운영하면서 기독교적 교육이 많은 효과를 나타내도록 하고, 이를 위해 남학교에서 학생들을 잘 훈련하여 교사로 양성해야 한다"고 강조했다. "교육받은 현지인 목회자에 대한 희망도 여기에 있으니 계속 관심을 기울여야 한다"고 강조했다.[11] 1895년 연례회의에서 북장로회는 "전도사업이 모든 선교활동을 주도해야 한다"고 강조하면서도, 초등학교 설립의 필요성을 인정하였고, 이후 학교발전의 상황에 맞춰 필요에 따라 중등학교를 설립하고, 이를 고등교육으로 발전시키는 계획을 구상하였다.[12]

북장로회 교육선교의 이념은 배위량William M. Baird에 의해 구체화되었다. 그는 1897년 연례회의에서 "Our Educational Policy"우리의 교육정책을 발표하였

---

10 이성전, 『미국 선교사와 한국 근대교육』, 66-7.

11 C. C. Vinton, "Presbyterian Mission Work in Korea," *Missionary Review of the World* 16 (September 1893), 669, 671.

12 Daniel L. Gifford, "Annual Meeting of the Presbyterian Mission, North," *The Korean Repository* (November 1895), 444.

다. 여기서 그는 북장로회가 채택한 교육선교의 두 가지 기본이념, 곧 "학교
의 기본이념은 유용한 지식을 교수하여 학생들이 실생활 여러 부분에서 책
임있는 일꾼이 되도록 한다"와 "학교가 해야 할 중요한 일은 학생들에게 종
교적이고 영적인 영향력을 함양시키는 것이다"는 원칙에 더하여 세 번째 원
칙, "미션스쿨의 주목적은 현지교회와 그 지도자를 성장시켜서 자기 백성들
에게 적극적으로 기독교 사업을 하게 하는 것이다"를 추가하였다.[13] 그러면
서 배위량은 이렇게 덧붙였다.

> 이상적인 학교는 우선적으로 현지 교회를 훈련시키기 위해 설립되어, 샘물
> 이 그 기저에서 독이 되는 것을 막기 위해서 대다수의 학생이 기독교인으로
> 구성된 학교이다. 이 학생들이 학교의 처음 원리들에 의해 충실히 교육받는
> 다면 그들이 농부나, 대장장이나, 의사나, 교사나, 정부 각료가 되든지 그들
> 모두가 적극적인 복음 설교자들이 될 것이다. 선교사 교사들은 우선적으로
> 복음전도자를 양성하는 사람들이 되어야 하며, 이것에 실패한다면, 그들은
> 교육자로서 성공할지는 몰라도 선교사 교사로서는 실패하는 것이다.[14]

북장로회는 분명히 전도를 우위에 두고, 교육과 의료는 그 아래에 두는
정책을 사용하였다. 교육과 의료는 전도를 위한 것이며, "토착교회의 설립과
강화라는 유일한 목적"을 위해서 전도사업이 모든 선교를 주도하는 것을 원
칙으로 삼았다. 교육은 교회의 자녀들을 교회 지도자로 양성하는 것이 목표
였고, 교육선교를 불신자 전도의 수단으로 여기지 않았다. 교육선교 자체가
전도활동을 위축시키거나 지장을 초래해서는 안 된다는 강조점을 가지고 있
었다. 배위량의 교육정책은 이러한 강조점을 명확히 하였다. 배위량의 "혁명
적인" 교육정책은 "훌륭한 미션스쿨이 강력한 토착교회를 형성한다는 일반
적인 견해를 뒤집고", 반대로 "강력한 토착교회가 활발한 기독교 학교와 기
독교 교육의 왕성한 프로그램을 확실하게 이끌어 나가는 최선의 방법"이라

---

13   [Richard H. Baird], "William M. Baird of Korea: A Profile" (미간행 자료집, Oakland, CA: 1968), 116.
14   위의 글.

는 것에 방점을 찍으며, 북장로회 교육선교의 이념을 명확히 하였다.[15] 교육
선교에서도 자립의 정책을 강력하게 추진하며 초등교육은 한국교회가 맡기
고, 선교회는 교사 양성과 교재개발에 노력하면서, 자연히 중등교육과 이후
고등교육에 집중하는 방향으로 나갔다.[16]

　　그러나 북장로회 안에는 이러한 교육정책에 반대하는 목소리도 있었다.
대표적인 것이 서울 스테이션의 언더우드 가문이었다.[17] 원한경 H. H. Underwood
은 아버지 언더우드 H. G. Underwood 의 정신을 계승하며 목회자와 교회지도자 양
성을 위한 제한적 목적을 가진 "편협한" 교육보다 사회와 문화를 포괄하는
폭넓은 교육을 강조했다. 마포삼열 S. A. Maffett 과 배위량을 비롯하여 평양과 북
장로회 주류가 한국교회 형성과 발전에 기여하는 '제한적, 집중적' 교육, 곧
'복음전파를 위한 교회에 기반한 교육'을 강조하였다면, 언더우드 가문을 중
심으로 서울과 북장로회 일부는 한국사회에 기독교적 가치와 영향력을 확장
하는데 기여하는 '포괄적, 확장적' 교육, 곧 '기독교의 사회적 발현을 위한 교
육'을 강조하였다. 전자를 교회발전과 복음전파에 집중하는 '구심력적 교육
선교'라고 정의한다면, 후자는 교회와 복음으로부터 기독교적 가치와 복음
의 영향력을 사회로 확장하는 '원심력적 교육선교'라고 정의할 수 있다.[18] 한
국교회사의 맥락에서 전자를 복음주의적 evangelical 이라고 강조한다면, 후자를
에큐메니컬 ecumenical 이라고 구분할 수 있다. 이러한 정의는 양자의 강조점 차
이에 대한 상대적 구분이므로, 후자가 복음주의적이지 않았다거나 전자가
교파연합의 자세와 태도가 부족했다고 단정해서는 안 된다. 특히 1959
년-1960년 장로교통합과 합동 분열에서 등장하는 "복음주의", "에큐메니칼"의
구분은 평양과 서울의 교육선교의 강조점의 차이에 대한 용어구분과 맥락이
다르다. 평양 중심의 북장로회 주류의 교육목적과 언더우드 가문 및 서울 중
심의 북장로회 일부의 교육목적의 차이는 숭실전문 Union Christian College 과 연희

15　위의 글, 118.

16　위의 글, 121.

17　위의 글, 119.

18　언더우드와 마펫의 선교신학의 유사성과 차이점에 대한 연구로, 최영근, "언더우드와 마펫 비교연구,"
　　『교회사학』2-1 (2003년 3월), 181-206 참조.

3장. 미국 북장로회와 남장로회의 교육선교 연구 | 최영근   63

전문Chosen Christian College 의 교육이념과 목적에 반영되었고, 연희전문이 설립되는 과정에서 북장로회 안에서 대학문제College Question 와 관련한 논쟁과 갈등이 심화되는 단초가 되었다. 또한 이들의 차이는 일제의 교육정책에 대한 대응 방식과 신사참배 문제에 대한 대응의 차이에서도 여실히 드러났다. 이러한 점에서 북장로회의 교육선교는 주류입장과 정책에 반대하는 저변의 응집된 움직임이 있었고, 교육선교의 전개과정에서 외부적 요인일제의 교육정책과 사회적 요구과 내부적 요인선교본부와 선교회의 정책 결정과정에 따른 입장 차가 선교회 안에 논쟁과 갈등으로 나타났다.

북장로회 교육선교의 개시와 전개과정은 배위량이 북장로회 선교 25주년 대회에서 발표한 "교육선교 역사"와 원한경의 『한국의 근대교육』Modern Education in Korea에 간략하게 정리되어 있다.[19] 북장로회의 교육선교는 초등과정부터 시작했지만 초등과정은 한국교회가 전담하고, 선교회는 중등교육과 고등교육을 담당하였다. 북장로회는 서울, 평양, 대구, 선천에 각각 남녀 중등학교를 갖추어 총 8개의 중등교육기관이 있었고, 고등교육기관으로는 평양의 숭실전문과 서울의 연희전문을 다른 선교회와 연합으로 운영하였다.

북장로회 최초의 학교는 언더우드가 1886년에 서울 정동에 설립한 고아원 학교인 "원두우학당"이었다. 이후 1890년에 마포삼열이 학교를 맡으며 "예수교학당"으로 발전하였다. 이어 민로아F. S. Miller가 학교를 맡으며 "민노아학당"으로 칭했다. 민로아는 "성경과 한글 외에도 서양지식을 가르쳐야 한다"고 말했다. 이 학교는 복음전도의 긴박성과 인력의 부족을 이유로 들어 선교본부의 권고에 따라 1897년에 폐쇄되었다.[20] 이후 1901년에 게일J. S. Gale이 연못골에서 중등학교 개설의 역할을 맡아 수업을 시작하였고, "기독교적 가치로 학생들을 가르침으로써 만족할 만한 중등학교를 설립해야 한다"는 목표로 나아갔다. 이 학교는 교육선교사로 1901년에 내한한 밀의두E. H. Miller

---

19   William M. Baird, "History of the Educational Work," in *Quarto Centennial Papers Read Before the Korea Mission of the Presbyterian Church in the U. S. A. at the Annual Meeting in Pyeng Yang (August 27, 1909)*, ed. The Korea Mission of the Presbyterian Church in the U. S. A., 62-90; H. H. Underwood, *Modern Education in Korea* (New York: International Press, 1926) 참조.

20   Harry A. Rhodes, *History of the Korea Mission: Presbyterian Church U.S.A., 1884-1934*, 최재건 역, 『미국 북장로교 한국선교회사, 1884-1934』(서울: 연세대학교출판부, 2009), 117-18.

가 게일과 책임을 맡았고, 에비슨O. R. Avison, 밀의두 부인을 비롯하여 네 명의 한국인 교사들이 도왔다. 수업은 성경, 한자, 지리, 산수, 과학, 역사, 음악을 포함하였다.[21] 1904년에는 북장로회 해외선교위원회에서 50년간 헌신한 존 디 웰즈John D. Wells를 기념하는 기금을 받아 1906년에 학교건물을 지었고, John D. Wells Training School for Christian Workers경신학교 전신로 명명하였다. 1905년에는 밀의두가 교장이 되었고, 1913년에는 쿤스E. W. Koons가 교장을 맡았다. 1906-1908년에는 북감리교 배재학당과 연합으로 운영되었고, 상급반으로 대학부가 운영되기도 했다.[22] 이 학교는 중등과정의 공립학교와 유사한 교과과정을 제공하였으며, 여기에 성경과목이 추가되었다. 교과과정으로는 영어, 한국사, 교회사, 천문학, 자연사, 지리, 물리, 화학, 수학, 대수, 성경이었다.[23] 서울 스테이션의 여학교정신여학교는 1888년에 애니 엘러즈Annie Allers가 정동에서 어린 소녀들을 대상으로 교육한 것이 학교로 발전하였고, 1895년에 연못골로 이전하였다. 1890년에 도티Susan A. Doty가 여학교를 맡았고, 1904년에 민로아와 결혼하여 청주로 이주하자 바렛Barrett과 밀의두 부인이 맡았고, 1912년에 루이스M. L. Lewis가 맡았다. 1912년에 세브란스의 기부를 받아 기숙사 건물이 건립되었다.[24]

    평양 스테이션은 북장로회의 전도활동의 중심지였을 뿐만 아니라 북장로회가 추구하는 교육선교의 방향성을 구현한 곳이었다. 배위량은 평양에서 교육선교를 시작하면서 교육 자체보다 교육의 정책과 방법을 세우는 것이 더욱 중요한 문제로 여겼다. 베어드는 교회학교로부터 시작해서 발전시켜 나가며, 현재와 미래의 교사를 양성하기 위한 정규반을 편성하고, 선별된 젊은이들을 대상으로 중등학교와 이후 고등교육과정에서 교육시키고, 교육에 필요한 교재를 제작하는 것을 강조했다. 교사는 오로지 기독교인만 채용하고, 수업교재로 비기독교 고전은 제외하고, 학교가 진정으로 기독교적인 기관이 되는 것에 집중하였다. 초등과정은 6년 교과과정으로 5년 중등과정의

---

21   Baird, "History of the Educational Work," 62.

22   Rhodes, 『미국 북장로교 한국선교회사』, 119-20.

23   Underwood, *Modern Education in Korea*, 54.

24   Rhodes, 『미국 북장로교 한국선교회사』, 120.

전단계로 설정되었다.[25] 초등과정은 1898년에 시작되었고, 교사양성을 위한 정규반은 1906년에 처음 운영되었다. 1909년에 초등학교 건물이 장대현교회 부근에 설립되었다. 중등학교^{숭실학교}는 1898년 배위량의 공부반에서 시작되었고, 1901년에 최초의 학교건물이 건립되었다. 1905년에는 북감리교와 연합하여 1914년까지 학교를 연합기관으로 운영하면서 교육선교사 베커 Arthur L. Becker가 교사로 일하며, 1911-12년에 교장을 역임하였다. 북감리교는 1907년에 새로운 교육관을 건립하였다. 윤산온 George S. McCune 이 배위량과 협력하며 교육사업을 하였고, 배위량이 1916년까지 교장을 맡은 후 교육선교에서 물러나 전도활동에 전념하였다. 배위량 이후 라이너 R. O. Reiner, 마포삼열, 모우리 E. M. Mowry 가 교장을 맡았고, 이후 1928년부터 윤산온이 교장을 맡아 이끌었다.[26] 숭실학교의 대학과정은 북감리교와 연합으로 1906년에 시작되었고, 1908년에 첫 졸업자가 배출되었다. 1912년에는 숭실전문에 남장로회와 호주장로회도 참여하였으나, 1914년에 감리교가 연합에서 탈퇴하여 서울에 설립된 연희전문에 합류하였다.[27]

　평양의 첫 여학교는 1897년에 설립된 초등과정 학교였다. 베스트 Margaret Best 와 그래함 리 Graham Lee 부인이 학교를 맡았다. 교육받지 못한 기혼 여성을 위한 학교도 1898년에 웰스 부인 Lulu Wells 이 시작했고, 1901년에 Young Women's School ^{이후 Lulu Wells Institute}가 되었다.[28] 중등학교는 이들 여성학교가 상급과정을 운영하면서 발전하였는데, 1903년에 스누크 Velma Snook 가 여자 중등과정 학교^{숭의여학교}를 시작했다. 1908년에는 북감리교 선교회와 연합으로 운영하면서 평양여자신학교 Pyengyang Seminary for Women 라고 불렀다. 이후 평양 장로회신학교와 이름이 유사하여, 연합여학교 Union Academy for Women 로 이름을 변경하였다. 1911년에 기숙사 건물을 지었고, 북감리교가 모금하여 1912년에

25　Baird, "History of the Educational Work," 64.

26　Rhodes, 『미국 북장로교 한국선교회사』, 165-66.

27　위의 책, 406-407.

28　Balanche I. Stevens, "Contribution to the Christian Movement of Educational Work for Young Women," eds. the Korea Mission of the Presbyterian Church in the U. S. A., The Fiftieth Anniversary Celebration of the Korea Mission of the Presbyterian Church in the U. S. A. (June 30-July 3, 1934, Post Chapel, John D. Wells School, Seoul, Chosen) (Seoul: YMCA Press, n. d.), 146-47.

강의실 건물을 건립했다. 북감리교는 1919년에 이 학교운영에서 물러났다.[29]

대구 스테이션에서 초등교육은 한국교회와 선교회가 재정을 분담하여 1900년부터 본격화되었고, 여러 학교들이 설립되어 자립의 원리에 따라 한국교회가 책임을 맡아 운영하였다. 중등학교^{계성학교}는 1906년에 27명의 학생으로 시작하였는데, 안의와^{J. E. Adams}와 사이드보텀^{R. H. Sidebotham}이 교수하였다. 학교건물은 1908년에 건립하였고, 1910년에 기숙사가 세워졌다. 안의와 이후 헨더슨^{Harold H. Henderson}이 1919년 이래로 계성학교의 발전을 이끌었다.[30] 대구의 여학교는 너스^{Sadie Nourse}와 선교사 부인들이 1900년-1906년에 소녀들을 가르치던 독서반이 발전하여 1910년에 북장로회 선교회에 의해 중등학교^{Girls' Day and Middle School, 신명여학교}로 승인받았다. 대구를 비롯하여 부산과 밀양지역의 기독교 여성을 위한 중등학교가 필요하다는 대구 스테이션 요청에 따라 1913년에 8천 엔의 기금이 확보되었고, 학교건물이 들어섰고, 기숙사 건물은 1916년에 건립했다.[31]

평북 선천 스테이션은 1901년에 개설되었고, 그보다 앞선 1898년에 초등과정 학교가 의주에 설립되었다. 의주와 선천에 선교회가 운영하는 중등학교를 건립하는 노력은 1906년에 시작되었다. 남자 중등학교는 1907년에 개교되었고, 위대모^{N. C. Whittemore}가 교장을 맡아 이끌었다. 잠시 한국인이 책임을 맡아 경영하다가 1909년에 선교회 직영 중등학교가 되면서 오닐 부인의 기금으로 교육관을 건립하며 휴오닐아카데미^{Hugh O'Neil Jr. Academy}라고 명명하였고 평양에서 선천으로 옮겨온 윤산온이 교장을 맡아 학교를 운영하였다. 위대모와 윤산온은 번갈아 교장을 역임하면서 학교 발전에 커다란 공헌을 했다. 1916년에 기숙사 건물을 비롯한 여러 학교건물이 건립되었다. 이후 새로운 기부자로부터 큰 기부금이 답지하면서 학교이름을 신성학교로 변경하였다. 특히 한국인들이 학교경영에 참여하며 많은 역할에 참여하였고, 백낙준과 박형룡과 같은 걸출한 한국교회 지도자를 배출하였다.[32] 선천의 여학

---

29 위의 책, 148-50; Rhodes, 『미국 북장로교 한국선교회사』, 168.

30 Rhodes, 『미국 북장로교 한국선교회사』, 189-90.

31 Stevens, "Educational Work for Young Women,"151-52.

32 Rhodes, 『미국 북장로교 한국선교회사』, 208-10.

교보성여학교는 체이스M. L. Chase가 맡아서 선교병원의 의사가 안식년으로 부재할 때 병동에서 5개월간 여학생 7명으로 수업을 하면서 1907년에 시작되었다. 기숙사 건물과 학교건물이 1908년에 건립되었고, 1910년에 8명의 첫 졸업생을 배출하였다. 체이스가 건강 문제로 1911년에 사임한 후 위대모 부인이 학교를 맡았고, 이후 1911년에 내한한 교육선교사 스티븐슨B. I. Stevenson이 1913년에 교장을 맡으며 발전하였다.[33] 성경교육과 예배를 금지하는 일제의 새로운 사립학교규칙에 반대하여 1916년에 선도적으로 학교를 폐교하였고, 삼일운동 이후 일제의 교육정책의 변화에 따라 1921년에 재개교하였다.[34]

2. 미국 남장로회의 교육선교의 목적과 전개과정

남장로회는 북장로회 교육선교의 목적과 유사하게 교육선교의 목적이 전도를 위한 것이 아니라 기독교 지도자를 양성에 있다는 것이 "변경 불가능한 선교회의 정책"이라고 1903년 연례회의에서 명시하였다.

> 우리는 학교의 목적이 기독교 공동체 구성원의 자녀들을 교육하는 것이라
> 는 선교회의 변경 불가능한 정책을 언제나 분명하게 인식해야 한다. 비기독
> 교인 부모들의 자녀를 조금이라도 받아들이는 것이 이 정책에 의해 금지되
> 어 있지만, 그러한 학생들이 있다면 반드시 기독교 학교의 모든 정책을 따
> 르도록 해야 한다.[35]

이와 같은 교육선교의 목적은 그 이후로도 강력하게 유지되었다. 그렇지만 당시 한국의 상황과 학교운영에 있어서 기독교인들만 받을 수는 없었기 때문에, 학교에 입학한 소수의 비기독교인 학생들에게 기독교 정체성과 관

---

33   Stevens, "Educational Work for Young Women," 150-51.

34   Rhodes, 『미국 북장로교 한국선교회사』, 211.

35   Southern Presbyterian Mission in Korea, "Station Reports for 1903," 60; George Thompson Brown, "A History of the Korea Mission, Presbyterian Church, U. S. from 1892 to 1962" (Th. D. Dissertation, Union Theological Seminary, Richmond, VA, 1963), 221에서 재인용.

련한 정책을 따르도록 하였다. 전도활동이 불가능했던 선교초기 조선의 상황에서 학교를 선교의 교두보로 활용하였던 북감리교의 사례와 달리 공식적인 전도활동에 문제가 없었던 시기에 선교를 시작한 남장로회는 지도자로 양육해야 할 충분한 기독교 구성원이 생기기 전까지 교육선교를 시작하지 않았다.

남장로회는 1901년 7월 전주에서 해리슨 William B. Harrison, 하위렴 선교사가 자신의 어학선생과 함께 8명의 학생들을 가르쳤던 것을 교육선교의 시작으로 보고 있으며, 이 학교는 신흥학교로 이어졌다. 1902년 1월에 테이트 Martha S. Tate, 최마태 선교사가 여학생 12명을 가르치면서 선교회 여학교 이후 기전여학교가 시작되었다. 이어 군산에서도 1902년에 전킨 William M. Junkin, 전위렴 선교사에 의하여 남학교 영명학교가 시작되었고, 같은 해에 전킨 부부에 의해 여학교 멜볼딘여학교가 시작되었다.[36] 전킨 선교사 건강 문제로 군산에서 전주로 이임한 후에 여학교는 불 William F. Bull, 부위렴 선교사 부인이 맡아서 운영하였다. 목포에서 남학교 영흥학교는 유진 벨 Eugene Bell, 배유지 선교사가 1903년에 8명의 학생으로 시작하였고, 스트래퍼 선교사가 협력하였다.[37] 목포 여학교 정명여학교는 스트래퍼 선교사가 주간성경반 Weekly Bible Class 에서 여성들에게 성경을 우리말로 읽도록 가르치던 것이 학교로 발전하게 되었고, 스트래퍼의 안식년 이후 1903년에 "학교 설립이 기정사실"이 되었다.[38] 목포 스테이션의 보고에 따르면 남학교와 여학교가 1903년 가을 이후 운영되었고, 유진 벨, 스트래퍼, 프레스톤 J. Fairman

---

36 영명학교와 멜볼딘여학교의 역사에 관한 설명에 대하여 브라운의 기술과 군산 스테이션의 기록이 불일치한다. 브라운은 전킨 부인에 의해 1903년에 영명학교가 시작되었다고 설명하고 있지만, 군산 스테이션은 전킨에 의해 1902년에 학교가 설립되었다고 명시하고 있다. 멜볼딘여학교에 대하여 브라운은 1904년에 시작되었다고 하였지만, 군산 스테이션은 1901년에 전킨 부부가 안식년에서 복귀한 후 1902년에 여학생들을 가르치기 시작했고, 1903년에는 인력이 부족하여 목포에 있었던 스트래퍼 (Frederica E. Straeffer) 선교사가 합류하여 1904년까지 함께 가르쳤다고 한다. 이에 대하여 Brown, "A History of the Korea Mission," 222-23. 군산 스테이션 보고서는 "Yung Myung School for Boys, Kunsan, Korea" (unpublished paper, Kunsan Station, April 30, 1935)와 "Mary Baldwin School, Kunsan, Korea" (unpublished paper, Kunsan Station, April 30, 1935) 참조. 이러한 차이에 대하여 1935년에 작성된 군산 스테이션의 기록이 신뢰할만한 일차사료라고 판단하며, 이곳에서는 브라운의 논문보다는 스테이션의 보고서에 근거한다.

37 "Personal Report of Eugene Bell," *Minutes and Reports of Committees of the Southern Presbyterian Mission in Korea*, 13th *Annual Meeting* (1904), 38.

38 "Personal Report of Miss F. R. Straeffer," 위의 책, 49.

Preston, 변요한이 교육선교에 관여하였다.[39]

이렇게 해서 1901년부터 1904년까지 남장로회 첫 세 스테이션인 전주, 군산, 목포에 초등과정의 남학교와 여학교가 설립되었다. 당시 학교와 관련한 사안은 전도위원회 Evangelistic Committee 에서 다루어졌고, 1904년 연례회의에서 학교를 운영하는 기본원칙을 정하였다: 1) 한국교회가 운영비 절반을 낼수 있을 때까지 초등과정 남학교를 설립하지 않는다; 2) 외부인 outsiders 은 담당 선교사가 적당하다고 생각하는 정도의 학비를 납부한다; 3) 날마다 수업은 예배로 시작한다; 4) 과목은 성경, 한자, 한글, 수학, 지리, 역사, 위생을 포함한다; 5) 그리스도를 마음과 삶에 새기도록 분명하고 강력하게 제시한다; 6) 상급 수준의 학생들은 군산 스테이션의 학교로 보낸다는 내용이었다.[40] 남장로회는 네비우스 선교정책의 원리에 따라 한국교회가 운영비의 절반을 담당할 것과 학생들이 스스로 학비를 마련하도록 했다.[41] 또한 당시 군산의 남학교는 상급과정의 학교를 설립할 계획을 가질 만큼 유망하였고, 그곳을 남장로회 중심학교로 발전시킬 계획이 있었다.[42]

그러나 1905년의 보고서에 따르면 중심학교를 어느 지역에 세울 것인가에 대하여 당분간 논의하지 않기로 결정하였다. 선교회 안에서 중심학교 위치에 대한 논란이 있었던 것으로 보인다. 군산 못지않게 전주나 목포도 학교의 중요성과 발전가능성을 인식하고 있었기 때문이다. 선교회는 선교본부에 교육선교를 전담하며 향후 중심학교를 이끌어 나갈 교육선교사의 파송을 청원하였다.[43] 이에 따라 교육선교사 베너블 William A. Venable, 위위렴이 1908년에 내한하여 목포에서 교육선교를 시작하였고, 1910년에는 군산으로 옮겨서 영명학교 교장을 맡았다. 1906년에 선교회는 중심학교 논의를 재개하면서 전주로 정하였으나, 실제로 중심학교를 설정하지는 않고, 각 스테이션에서 학교를 발전시켜나갔다.[44]

39   C. C. Owen, "General Report of Mokpo Station," 위의 책, 52. 목포 스테이션 업무분장에서 남학교는 프레스톤 선교사가, 여학교는 스트래퍼 선교사가 책임자로 임명되었다. 위의 책, 62.
40   "Educational Report," 위의 책, 66-67.
41   Brown, "A History of the Korea Mission," 221.
42   "Report of Kunsan Station," *Minutes and Reports of Committees of 13th Annual Meeting* (1904), 37.
43   "Report of the Evangelistic Committee," *Reports to the Fourteenth Annual Meeting* (1905), 90.

1907년 연례회의에 제출된 전도위원회 보고서에는 "교육선교의 방법과 정책"이 제시되었다. 학교는 상급학년^{중등과정}을 갖춘 하나의 학교와 서로 연결된 예비과정 학교들로 구성하고, 상급과정 학교는 전주에 두고, 나머지 학교들은 각 스테이션에 두기로 했다. 기관위원회 Institutional Committee 가 학교에 대한 전반적인 감독을 하지만, 학교운영은 학교 책임자가 맡고 선교회는 이들을 통해 학교를 감독하며, 학교의 책임자들이 선교회에 조언하도록 하였다. 학생들이 수용인원보다 많이 지원하면 크리스천을 우선적으로 선발하는 것을 원칙으로 하였다. 교육과정은 한국에서 "유용한 기독교 시민"이 되는데 적합한 과목들로 구성하며, 모든 학교에서 성경을 가르치고, 모든 학생들이 성경을 배우는 것을 원칙으로 하였다. 교육과정은 각 스테이션의 대표들로 구성된 교육과정위원회에서 마련하여 선교회가 승인하도록 하였다. 또한 가급적 각 스테이션에 실업과를 두도록 권고하였다. 교과서는 선교회가 승인한 것만을 사용하고, 미션스쿨 교사의 채용은 선교회의 승인을 받도록 하였다.[45] 학교운영은 전적으로 선교회가 자율적으로 하였고, 실업과를 두어 가난한 학생들이 자급의 원칙에 따라 스스로 학비를 마련하여 공부할 수 있도록 배려하였다. 이는 북장로회와 남장로회의 공통적인 정책이었다.

1907년 연례회의에 제출된 교육과정 위원회의 보고서에 첨부된 남장로회 학교의 교과과정은 아래 표와 같다.

[표 1] 1907년 남장로회 쇼학교 과정[46]

일년급	성경	십계명 습독, 쥬긔도문 습독, 요절 습독
	국문	초학언문, 셩경문답
	한문	초등소학 일권, 몽학　경 초편상, 혹류합
	습자	

44　Brown, "A History of the Korea Mission," 225-26.
45　"Evangelistic Committee's Report: Educational Methods and Policy," *Minutes of Sixteenth Annual Meeting* (1907), 20-21.
46　"Report of Committee on Curriculum," 위의 글, 30.

이년급	성경	산상보훈 습독, 요절 습독
	국문	턴로지귀, 국문독본, 국문자고져
	한문	초등소학 이권, 몽학　경 이편샹, 심샹쇼학 일이삼권
	습자	
	산학	획자
삼년급	성경	마가복음, 요절 습독
	국문	훈아진언, 구세진전, 국문자고져
	한문	초등쇼학 삼권, 몽학　경 이편하, 삼자경
	디리	오쥬사양형편
	습자	작문
	산학	합, 감법
사년급	성경	마태복음, 요절 습독
	국문	복음요사, 인가귀도, 국문자고져
	한문	초등[쇼학], 회도몽학과본 슈집, 유몽천자 일권, 흑삼요록
	디리	아서아각국산천, 대한디도
	습자	작문
	산학	승, 쇼분법, 굴산
오년급	성경	누가복음, 요절 습독, 사도신경
	국문	쟝원샹론, 예수행　, 구셰론, 국문자고져
	한문	고등쇼학, 소박물학, 회도몽학과본 이집, 유몽천자 이권
	디리	디지
	습자	작문
	셔격	간식
	산학	대분, 제등법, 굴산
육년급	성경	요한복음, 요절 습독
	국문	성경도셜, 국문자고져
	한문	유몽천자 삼권, 회도몽학과본 삼집, 덕혜입문, 항심수도

디리	대한디지, 사민필지시작
사긔	동국력사
습자	초셔
작문	
셔격	간식
산학	긔공성수, 쇼공배수, 굴산
격치	전례공용문답 혹 위성

[표 2] 1907년 남장로회 중등과정^{Academy} 교과과정[47]

	예비과정	1학년	2학년	3학년
성경	마가, 누가, 사도행전	창세기, 갈라디아서	고린도전후서, 잠언, 출애굽기, 여호수아	디모데전후서, 사무엘상하, 열왕기상하
역사	한국사 1권	Sheffield's Universal Hist, 1 권, 2권	Universal Hist, 1권, 2권, 3권	한국사 2권
수학	산수	산수	산수	기하 및 부기
과학	생리학 및 지리	기초심리학, 위생, 자연지리	지문학(지리특정)	자연지리
기독교 도서	*Gate of Wisdom*	*Pilgrim's Progress*	*Faber's Christian Civilization*	*Martin's Evidenc- es of Christianity*
한자와 한글고전	한자와 한글고전	한글고전	한자고전 및 한글문 법	한자 및 한글고전
작문	작문	글쓰기와 비평	원작 글쓰기	창작과 비평
음악과 미술	음악과 미술	음악과 미술	음악과 미술	음악과 미술

　　각 스테이션에 설립된 미션스쿨은 책임자와 학교건물이 생겨나면서 본
격적으로 발전해 나갔다. 목포의 영흥학교는 프레스톤 선교사가 1907년 안

47　위의 글, 31. 영어로 된 교과과정을 우리말로 번역함. 번역은 필자의 것이다.

식년 기간 중에 사우스캐롤라이나 스팔탄버그 제일장로교회로부터 후원을 받아 1908년 11월에 학교건물을 건립하였고, 학교의 영문 이름을 담임목사의 이름을 따서 존 왓킨스 아카데미 John Watkins Academy 라고 하였다. 학교건물은 남장로회가 한국에 세운 최초의 근대식 학교건물이었다. 또한 교육선교사 베너블이 교장을 맡고, 이후 평양신학교 최초의 한국인 교수가 되는 남궁혁을 교사로 맞아 학교발전의 토대가 마련되었다.[48] 목포 정명여학교도 교장 줄리아 마틴 Julia A. Martin 선교사가 건축비를 마련하여 1912년 1월에 학교건물을 준공하였다.[49]

전주의 신흥학교는 교육선교사 니스벳 John Samuel Nisbet, 유서백 부부가 1907년에 내한하여 학교를 맡으면서 크게 발전했다. 처음에는 학교 건물도 없이 한국인의 집에서 가르치다가 니스벳 선교사가 사택 인근 학교부지에 사비로 학교로 사용할 집을 지어 신흥학교라는 이름을 붙였고, 1908년에는 미국 사업가 그래함 C. E. Graham 의 1만 달러 후원으로 1909년에 벽돌로 된 2층짜리 학교건물을 건립하였다. 1910년에는 초등과정 6년을 졸업한 14명의 졸업자가 배출되어 중등과정을 시작하였고, 1910년 말에는 183명이 재학하는 학교로 성장하였다.[50] 대한제국이 일제에 강제병합된 1910년에 니스벳 부인은 "미래의 일꾼을 길러내는 기관이면서 복음화의 직접적 수단"이라고 평가하고, "이 학교에서 길러진 학생들이 앞으로 한국의 미래에 어떠한 영향을 끼칠지 누가 알겠는가?"라고 말하면서, 학생들이 "이 나라를 이끌어 가는 지도자"가 될 것이라는 기대감을 드러냈다.[51] 교회의 일꾼을 길러내는 교육선교의 목표는 한국의 미래 지도자를 길러내는 시대적 요구와 중첩되어 있었다. 전주의 여학교는 1907년에 넬리 랭킨 Nellie B. Rankin 선교사가 내한하여 교장을 맡으며 발전하였고, 1908년에 전킨 선교사의 사망 이후에 유족들의 후원을 받아 "기

---

48   J. F. Preston, "Mokpo Station Report," *The Korea Mission Field,* vol. 5, no. 4 (April 1909), 54-55; J. F. Preston, "Personal Report of J. F. Preston to Mokpo Station," *Korea Mission Field,* vol. 5, no. 10 (October 1909), 177-8; "Rev. J. F. Preston," *The Missionary* (February 1909), 78.

49   목포정명여자중·고등학교 100년사 편찬위원회, 『정명 100년사, 1903-2003』(목포: 목포정명여자중·고등학교, 2003), 80-81.

50   Anabel Major Nisbet, "Some of Korea's Future Leaders," *The Missionary* (December 1910), 603-605; Brown, "A History of the Korea Mission," 228.

51   Nisbet, "Some of Korea's Future Leaders," 605.

전여학교" Junkin Memorial School for Girls 라고 명명되었다. 1909년에 2,500달러의 후원을 받아 2층 규모의 벽돌로 학교건물을 건립하였고, 초등과정에서 점차 중등과정으로 발전하였다.[52] 1914년에 기존의 5학년에 6학년이 추가되었고, 일제 당국으로부터 4년과정의 고등과로 승인을 받았다.[53]

군산의 남학교영명학교는 1904년에 전킨의 노력으로 500달러의 예산으로 첫 학교건물을 건립하였고, 전킨이 목포로 이동하고, 목포의 해리슨이 군산으로 와서 교장을 맡았다.[54] 해리슨은 군산의 영명학교를 "중등과정 학교로 발전시키기 위해 특별한 노력"을 기울였다.[55] 그러다가 1909년에 안식년에서 복귀한 후 해리슨은 목포로 이임되었고, 목포의 베너블이 군산으로 와서 학교발전을 이끌었다. 1910년에 윌리엄 불의 주도로 학교건물 신축이 시작되어,[56] 1912년에 "궁궐같이 생긴" 서양식 본관과 기숙사와 과학관 및 체육관이 준공되었다.[57] 이 시기에 영명학교는 4년제 중등과정고등과과 2년제 특별과를 갖춘 중등학교로 성장하였고, 한국교회가 선교회에 운영권을 넘긴 초등과정까지 갖춘 학교가 되었다.[58] 군산의 여학교는 불 부인이 1908년에 안식년 기간 중 버지니아 렉싱턴장로교회 여선교회의 헌금으로 건축 기금을 마련하였고, 인근 스탠톤Staunton의 휘슨 부인Mrs. A. M. Howison의 노력으로 건축비용의 대부분이 충당되었다. 후원자들의 요청에 따라 스탠톤의 메리볼드윈여자대학Mary Baldwin Seminary의 이름을 따서 멜볼딘여학교로 정하였고, 안식년으로 미국에 머물던 포사이드 선교사의 강연 이후 메리볼드윈대학 교수와 학생들이 매년 후원금1천 달러을 약정하여 멜볼딘여학교에 보내며 큰 도움을 주

52 Brown, "A History of the Korea Mission," 228; 기전80년사 편찬위원회, 『기전 80년사』(전주: 기전여자중학교, 기전여자고등학교, 기전여자전문대학, 1982), 132-51.
53 기전여학교에 중등과정(고등과)가 설치된 시기에 대한 문제가 있다. 앞의 『기전 80년사』에서는 1909년에 고등과가 설치되었고, 일제 당국으로부터 1912년에 인가를 받은 것으로 기술하고 있으나 근거사료를 제시하지 않고 있다. 그러나 선교회 자료에 따르면, 1914년에 5학년에서 6학년으로 늘어났고, 4년 과정의 고등과가 당국의 승인을 받았다고 밝히고 있다. Janet Crane, "Junkin Memorial School, Chunju, Korea," (unpublished paper, n.d.), 1.
54 "Yung Myung School for Boys" (1935), 1.
55 "General Report of the Evangelistic Committee," *Minutes and Reports of Committees of the Southern Presbyterian Mission in Korea* (1904), 61.
56 "Yung Myung School for Boys" (1935), 2.
57 W. A. Venable, "Kunsan Boy's Academy," *The Korea Mission Field,* vol. 8, no. 6 (June 1912), 166.
58 "Yung Myung School for Boys" (1935), 2.

었다.[59] 불 부인은 이 대학 출신으로 메리볼드윈대학과 군산 멜볼딘여학교 사이에 연결고리 역할을 하였다.

광주에서 교육선교는 1908년에 유진 벨 선교사 부부가 자신의 집에서 세 명의 학생을 가르치면서 시작되었다. 1909년에 목포에서 광주로 내려온 프레스톤^{변요한} 선교사는 광주 남학교^{숭일학교} 교장을 맡았고, 1910년에 남장로회의 후원자인 켄터키의 알렉산더의 지원으로 설계와 감독을 맡으며 학교건물을 건축하였다.[60] 또한 프레스톤은 광주 여학교 건물을 건축하는 일을 도왔다.[61] 광주 여학교^{수피아여학교}는 엘라 그래함^{Ella Graham, 엄언라} 선교사가 교장을 맡으며 선교회 학교가 되었고,[62] 1910년에 애나 맥퀸^{Anna McQueen, 구애라} 선교사가 교장을 맡으며 성장하였다.[63] 1911년에는 북장로회의 스턴스 여사^{Mrs. M. L. Sterns}가 여동생 제니 스피어^{Jennie Speer}를 추모하여 5천 달러를 기탁함으로써 2층 회색 벽돌로 수피아홀^{Speer Hall}을 신축하였고, 교명을 수피아여학교라고 정하였다.[64]

순천의 학교들은 일제강점기 남장로회 학교들 가운데 가장 늦게 개교하였다. 순천 스테이션은 프레스톤 선교사가 1911년-1912년에 안식년 기간 중 미국에서 "한국선교캠페인"^{The Korea Campaign}을 벌이며 선교헌금과 신임선교사를 대거 모집하면서 1912년에 개설되었다.[65] 선교회는 1912년 제21차 연례회의에서 프레스톤의 공헌에 공식적으로 감사를 표했다.[66] 특히 듀크대학교 의과대학과 간호대학 설립에 커다란 공헌을 한 노스캐롤라이나 더램의 사업가

---

59 "Mary Baldwin School, Kunsan, Korea" (1935), 2.

60 J. F. Preston to Father and Mother, November 12, 1910.

61 *The Minutes of Eighteenth Annual Meeting* (1909), 26; *The Minutes of Nineteenth Annual Meeting* (1910), 22.

62 "Apportionment of Work: Kwangju," *Minutes of the Seventh Annual Meeting* (1909), 36-37.

63 *The Minutes of Nineteenth Annual Meeting of the Southern Presbyterian Mission in Korea* (1910), 22.

64 Anna McQueen, *Jennie Speer School, Kwangju, Korea* (Executive Committee of Foreign Missions of Presbyterian Church in the U. S., Educational Department, n. d.), 6; 최영근, "일제강점기 미국 남장로회 여성선교사 유화례(Florence E. Root)의 교육선교, 1927-1937," 『대학과 선교』 53집 (2022), 22.

65 최영근, "미국남장로교 선교사 존 페어맨 프레스톤(John Fairman Preston, Sr.)의 전남지역 선교에 관한 연구," 『장신논단』 48-1 (2016), 98. "한국선교캠페인(The Korea Campaign)"과 관련하여 J. F. Preston to Father, March 24, 1911; J. F. Preston to Father, April 1, 1911; "The Korea Campaign," J. F. Preston to Father and Mother, February 26, 1912; "The Korea Campaign," J. F. Preston to Father, July 3, 1912 참조.

66 *The Minutes of Twenty-first Annual Meeting* (1912), 12-13.

조지 와츠 George W. Watts 는 순천 스테이션 설립에 커다란 재정적 기여를 했다.[67]

　순천의 남학교와 여학교도 조지 와츠의 후원금으로 설립되면서 영문 교명을 The Watts School for Boys/Girls 라고 하였다. 남학교는 1913년 가을에, 여학교는 1914년에 시작되었으나, 학교건물은 여학교가 1913년에, 남학교 건물은 1914년에 선교회로부터 건축승인을 받았다.[68] 여학교 건물은 1915년에, 남학교 건물은 1916년에 완공되었다.[69] 남학교의 교장은 코이트 Robert T. Coit, 고라복, 크레인 John C. Crane, 구례인, 프레스톤이 맡았고, 여학교는 프레스톤 부인과 더피 Lavalette Dupuy, 두애란이 맡았다.[70] 순천의 학교는 일제가 1911년에 사립학교규칙을 제정한 이후에 설립되었으므로, 당국에 학교인가를 신청한 후 미인가로 운영되고 있었지만, 교육과정에 종교과목 개설과 종교활동을 금지하는 사립학교규칙 개정안이 1915년 3월 24일에 공포되면서, 미인가 상태였던 순천의 선교학교는 교과과정에 종교교육을 포함시켜서 규정위반으로 당국의 명령에 따라 폐교하였다. 선교회는 사숙私塾의 형태로 계속 운영의 허락을 요청했지만,[71] 거부되었고, 1916년에 폐교되었다.[72] 그러나 사립학교규칙이 1920년 3월 1일에 다시 개정되면서, 순천의 미션스쿨은 1921년 4월 15일에 재개교하였다.[73]

　1906년까지 남장로회는 스테이션 중 한 곳에 중심학교를 세울 계획을

67　최영근, "존 페어맨 프레스톤(John Fairman Preston, Sr.)의 전남지역 선교에 관한 연구," 98-99.
68　"Report of the Educational Committee," *The Minutes of Twenty-second Annual Meeting* (1913), 58-59; "Report of Business Committee," *The Minutes of Twenty-third Annual Meeting* (1914), 42. 한규무는 "순천매산학교," 인돈학술원 편, 『미국 남장로회 교육선교 연구』, 157-58에서 매산고등학교와 매산여자고등학교 홈페이지를 인용하여 학교의 설립을 1910년이라고 소개하였으나, 선교회 공식 기록에 따르면 여학교는 1913년, 남학교는 1914년에 설립되었다.
69　Brown, "A History of the Korea Mission," 331-32.
70　*The Minutes of Twenty-second Annual Meeting* (1913), 37; *The Minutes of Twenty-third Annual Meeting* (1914), 36; *The Minutes of Twenty-fourth Annual Meeting* (1915), 38.
71　"Report of the Educational Committee," *The Minutes of Twenty-fourth Annual Meeting* (1915), 60-62.
72　최영근, "존 페어맨 프레스톤(John Fairman Preston, Sr.)의 전남지역 선교에 관한 연구," 98-99; J. F. Preston, "Southern Presbyterian Mission in Korea: Workers Needed," *The Korea Mission Field*, vol. 17, no. 4 (April 1921), 78. 한규무는 "순천매산학교," 인돈학술원 편, 『미국 남장로회 교육선교 연구』, 159에서 순천의 학교(은성학교)가 당국의 인가를 받아 정식 개교했다고 하였으나, 선교회 기록에 따르면 인가신청을 내고 미인가 상태에서 운영하다가 1915년의 개정사립학교규칙이 적용되어 폐교되었다. 이에 대하여, "Report of the Educational Committee," *The Minutes of Twenty-fourth Annual Meeting* (1915), 61-62.
73　"Report of the Educational Committee," *The Minutes of Twenty-ninth Annual Meeting* (1920), 33; Brown, "A History of the Korea Mission," 409.

가지고 있었으나 1910년에 이르면 각 스테이션에서 선교회 학교들이 중등과 정까지 갖춘 미션스쿨academy로 발전하였다. 남장로회는 북장로회와 마찬가 지로 초등과정은 한국교회에 맡기고, 중등과정을 책임지는 방향으로 나갔다. 여러 재한선교회가 운영하는 학교들은 일제의 공립학교를 제외하고 당시 한 국에서 서양식 근대교육을 제공하는 유일한 교육기관이었다.[74] 학교가 부족 했던 일제강점기 한국사회에서 미션스쿨은 빠르게 성장할 수밖에 없었다. 미션스쿨은 기독교 지도자 양성이라는 분명한 교육목표를 가지고 있었지만, 근대교육을 열망하는 한국사회의 열악한 교육환경에서 대안적 교육기관으 로 중요한 역할을 했다. 한국에서 교육사업을 두고 일제와 선교회가 상충하 여 복잡한 관계로 얽힌 것도 이러한 맥락에서 이해되어야 한다.

　1910년 일제의 식민통치가 시작되면서 선교회가 자율적으로 운영하였 던 미션스쿨은 일제의 통제와 감독 아래 놓였고, 미션스쿨도 예외없이 그들 의 식민교육 정책과 규정에 맞추어야 했다. 이러한 상황에서 1911년 남장로 회 연례회의에서는 중등과정 미션스쿨을 선택적으로 발전시키는 안이 제출 되었다. 1904년에 처음 제기된 중심학교central academy 정책을 발전시키며 한정 된 인원과 예산으로 교육선교를 효율적으로 추진하기 위한 방안이었다. 여 학교는 광주와 전주의 학교를 중등과정 학교academy로 발전시키고, 다른 스테 이션의 학교들은 초등과정만 운영하는 방안이었다. 남학교는 전북에 한 곳, 전남에 한곳을 중등과정 학교로 두고, 1912년 가을까지 군산과 광주를 중등 과정 학교로 완성시킨다는 계획이었다. 나머지 학교들은 중등과정 2학년까 지 운영하고, 그곳의 교육선교사들은 하프타임half-time으로만 학교에서 일하 도록 했다.[75] 실제로는 남장로회 미션스쿨은 계속 성장하였고, 모든 미션스쿨 이 중등과정 학교로 발전하였다. 하지만 남장로회의 "중심학교" 정책은 다른 모습으로 계속 이어졌다.

74　Brown, "A History of the Korea Mission," 231-32.

75　"Report of the Joint; Institutional and Evangelical Committees," *The Minutes of Twentieth Annual Meeting* (1911), 57. "Report of Institutional Committee Recommendations," 위의 글, 53.

Ⅲ. 제1차 조선교육령과 1915년 사립학교규칙 개정에 따른 선교회의 대응

  앞선 장에서는 북장로회와 남장로회의 교육선교의 목표와 전개과정을 대략적으로 살폈다. 이들의 교육선교는 교회 지도자 양성을 위한 목표가 분명하였더라도 한국인을 대상으로 하는 교육이었기 때문에, 일제의 통제와 규제 아래서, 한국인들과 상호관계 속에서 이루어졌다.

  일제는 네 차례에 걸쳐서 조선교육령을 개정하였다. 조선교육령이 개정된 시점은 일제의 식민통치의 방식이 크게 변동되었던 시기와 맞물린다. 제1차 조선교육령 1911년-1922년은 일제가 대한제국을 강제병합 후 1911년 8월 22일에 초대총독 데라우치에 의해 칙령제229호으로 공포되었다. 제2차 조선교육령 1922년-1938년은 "내지연장주의"에 입각하여 식민통치 방식을 수정하고, 사이토 총독이 부임하여 소위 "문화정치"로 전환한 후 1922년 2월 4일에 공포칙령 제19호되었다. 제3차 조선교육령 1938년-1943년은 일제가 제국주의 확장 전쟁을 위한 전시체제에 들어가면서 "황민화 정책"을 학교교육에서 뒷받침하기 위해 1938년 3월 3일에 공포칙령 제103호되었다. 제4차 조선교육령 1943년-1945년은 1943년 3월 8일에 공포칙령 제113호되었는데, 일제가 태평양전쟁을 일으키며 수세에 몰린 전황을 타개하기 위한 "전시비상조치"로서 학교교육을 국방체제로 전환하여 수업연한을 줄이고 전쟁에 필요한 인적, 물적 자원을 원활하게 동원하기 위한 기반을 만드는 것이 골자였다.[76] 이로 보건대, 일제강점기 한국에서 교육을 지배하는 식민교육제도와 학교규칙의 근간이었던 조선교육령은 일제의 식민통치와 제국주의 확장전쟁의 정책과 연동되었고, 식민통치 이념을 교육에 구현하여 조선을 일제에 동화시키고, 제국주의 시책에 동원하기 위한 목적으로 제정 및 개정되었다.[77]

---

76 제1차에서 제4차에 이르는 조선교육령 개정의 배경과 핵심내용에 대하여, 강명숙, 이명실, 이윤미, 조문숙, 박영미 편역, 『교육정책(1): 교육칙어와 조선교육령』(서울: 동북아역사재단, 2021), 104-109.

77 Soon-Yong Pak and Keumjoong Hwang, "Assimilation and Segregation of Imperial Subjects: 'Educating' the Colonised during the 1910-1945 Japanese Colonial Rule of Korea," *Paedagogica Historia*, vol. 47, no. 3 (June 2011), 377.

제1차 조선교육령은 제2조에서 "교육은 교육에 관한 칙어의 취지에 바탕하여 충량^{忠良}한 국민을 육성하는 것을 본의^{本義}로 한다"고 규정하였다.[78] 그것은 1890년 교육에 관한 칙어^{勅語}에 기반하여 천황에 대한 충성심을 배양하는 것을 조선에서 교육의 근본 목적이라고 표명한 것이다. 일제강점기 식민교육은 천황제 국가 이데올로기를 뒷받침하고 일제의 식민통치를 원활하게 하기 위한 방편이었다.[79] 이 법령에는 일본인과 조선인에 대한 교육을 구분하고, 한국인에 대한 교육을 차별하여 낮은 단계에 두려는 의도가 명확했다. 제3조에서 "교육은 시세와 민도에 적합하게 한다"고 규정하였고, 제4조에서 조선에서 교육은 "보통교육, 실업교육, 및 전문교육"으로 한정하였다. 수업연한도 제9조에서 보통학교^{초등과정}는 4년으로, 제12조에서 고등보통학교^{중등과정}는 4년, 제16조에서 여자고등보통학교는 3년으로 규정하였다.[80] 학교에 대한 명칭과 학제도, 일본은 소학교, 중학교, 고등여학교로 달랐고, 수업연한도 소학교 6년, 중학교 5년, 고등여학교 4년으로, 조선인의 보통학교 4년, 고등보통학교 4년, 여자고등보통학교 3년에 비하여 1-2년이 더 많았다.[81] 한국에서는 실업교육이 강조되었고, 무엇보다 고등교육은 전문학교로 제한되었다. 조선에서 대학교육은 1922년 제2차 조선교육령에서 대학교육에 관한 조항이 마련될 때까지 불허되었다.

조선총독부가 한국에서 실업교육을 강조한 배경은 "공리공론을 말하며 실행을 소홀히 하고, 근로를 싫어하여 안일함으로 흐르는" 것을 경계한다고 하였으나, 실상은 "시세와 민도에 적응하게 하여 선량한 효과를 거두도록 노력해야 한다"는 저의^{底意}가 깔려 있었다.[82] 이러한 의도는 "금일 조선에서는 고상한 학문은 아직 서둘러야 할 정도로 나아가지 못했기 때문에, 금일은 비근한 보통교육을 실시하여 한 사람으로서 일할 수 있는 인간을 만드는 것을 주안점으로" 두어야 한다는 데라우치 총독의 강조에서 확인된다.[83] 고등교육

78 조선총독부, "칙령(勅令)," 『조선총독부관보』 제304호 (명치 44년[1911년] 9월 1일), 1.
79 Soon-Yong Pak and Keumjoong Hwang, "Assimilation and Segregation of Imperial Subjects," 382.
80 조선총독부, "칙령(勅令)," 『조선총독부관보』 제304호 (1911), 1-2.
81 안홍선, 『일제강점기 중등교육정책』, 42-43.
82 데라우치 마사타케(寺內正毅), "조선교육령 공포에 관한 유고" (명치 44년[1911년] 11월 1일); 강명숙 외, 『교육정책(1): 교육칙어와 조선교육령』, 168.

은 사실상 접근이 어려웠고, 초등교육은 일본어 습득과 식민지인으로서 의
무감을 배양하고, 중등교육은 직업교육을 통해 농업, 상업, 산업분야에서 숙
련된 노동자 양성에 집중되었다. 이러한 식민교육정책은 심각한 차별이었고,
수준 높은 교육은 조선인을 숙련된 일군과 충성스러운 식민지인으로 기르려
는 목적에 부적절하다는 총독부 관료들의 인식이 반영된 것이었다.[84]

　일제는 조선교육령을 제정하면서 사립학교에 대한 감독과 통제를 위해
1911년 10월 20일에 "사립학교규칙"을 제정하였다. 사립학교 설립은 "조선
총독의 인가"를 받는 것으로 규정하였고 조선총독이 사립학교에 대한 감독
권을 갖도록 했다. 조선 총독은 인가 취소, 학교장과 교원에 대한 해고, 사립
학교의 폐쇄의 막강한 권한을 가졌다. 사립학교 설립인가 취소에 해당하는
위반사항으로 설립자가 "성행이 불량하다고 인정되는" 조항도 포함되어 있
어서 조선총독의 자의적 판단이 가능하였다. 사립학교 폐쇄명령은 "법령의
규정에 위반", "안녕과 질서를 문란하게 하거나 또는 풍속을 교란할 우려가
있을 때"로 규정하여 적용범위가 넓었다.[85]

　일제가 사립학교를 통제할 수밖에 없었던 이유는 구한말 이래로 장로교
와 감리교 선교회를 중심으로 미션스쿨이 조선에서 교육사업의 중요한 부분
을 차지했기 때문이다. 1910년 일제가 파악한 사립학교의 수는 2,197개였고,
이 가운데 종교계 학교는 755[34.3%]개였다. 같은 시기에 관공립학교는 82개에
불과하였다.[86] 당시 일제는 학교교육에서 독점적, 지배적인 위치에 있지 못하
였다. 조선에서 일제의 교육은 조선의 근대화를 앞세워 식민교육제도에 조
선인을 편입시켜 식민통치를 지속가능하게 하기 위해 조선인을 이데올로기
적으로, 문화적으로 지배하고 동화시키는 것이었다. 그러나 일제의 학교교육
은 근대화가 수반하는 "세계관, 태도, 관습의 변혁"과는 거리가 멀었고, 오히

83　데라우치 마사타케(寺內正毅), "각도내무부장에 대한 훈시"; 안홍선, 『일제강점기 중등교육정책』, 41에
　　서 재인용.

84　Soon-Yong Pak and Keumjoong Hwang, "Assimilation and Segregation of Imperial Subjects," 381-82.

85　조선총독부, "朝鮮總督府令 第114號 私立學校規則,"『조선총독부관보』호외 (명치 44년[1911년] 10월
　　20일), 14-15.

86　구마모토 시게키치(隈本繁吉), "學政に關する意見"(1910); 강명숙 외, 『교육정책(1): 교육칙어와 조선교
　　육령』, 157-58의 비교표 참조.

려 유교윤리를 유사종교화한 가부장적인 천황제에 기반하는 권위주의적이
고 차별적인 교육이었기 때문에 조선인들의 저항감이 심했다. 이에 반해 선
교회가 설립한 미션스쿨은 선교를 목적으로 하였으나 구한말 이래 서양식
근대교육을 통해 조선인들의 근대화에 대한 욕구를 실제적으로 충족시켜주
었기 때문에 일제 당국이 추구하는 문화 식민지화 작업에 걸림돌이 되었
다.[87] 조선총독부는 사립학교에 대한 의견에서 "설립의 동기가 반도의 상황
에 대해 분개하고 교육의 힘으로 상황을 타파하기 위해서인 학교가 매우 많
다"고 우려하면서, "교육과 정치를 혼동하고 정부가 금하는 불량한 도서를
사용하고 불온한 창가를 소리 높여 부르며 … 사이비 애국심을 고취하는 등
교육의 본령을 잃어버린 정도가 심하다"고 비판하였다.[88] 사립학교의 민족주
의 성향을 우려하며 통제의 필요성을 강조하였던 것이다. 종교계 학교, 특히
미션스쿨에 대해서는 "학교를 유지 경영하는 자산을 가지고 교원을 자체적
으로 양성하고 … 교과서 역시 정한 규칙에 따라서 자체 편찬한 것을 사용"
하기 때문에 일반 공립학교처럼 규제하기 어려운 점이 있다고 토로하였다.
그들은 민족주의계 사학보다는 덜하지만 계속적인 지도와 감독의 필요성을
느끼고 있었다.[89] 따라서 그들의 식민교육이념을 실현하기 위해서 일제는 기
독교계 학교와 사립학교들을 식민교육제도 아래서 감독하고 통제해야 했다.

1915년 3월 24일에 조선총독부는 사립학교에 대한 통제와 감독을 강화
하기 위하여 사립학교규칙을 개정하였다. 사립학교 설립과 운영 조건을 더
욱 까다롭게 하고, 교원에 대한 자격 조건과 교과과정 편성 조건을 제한하여
서 사립학교의 자율성을 규제하고, 교육과 종교를 분리시킴으로써 미션스쿨
에 대한 통제를 강화하는 것이 핵심내용이었다. 제6조에서 사립학교의 교과
과정은 이에 상응하는 학교규칙 보통학교, 고등보통학교, 여자고등보통학교, 실업학교, 전문학교 규칙에
준하여 정한다고 규정하였다. 이전 사립학교규칙에는 없었던 교과과정 편성

87 Soon-Yong Pak and Keumjoong Hwang, "Assimilation and Segregation of Imperial Subjects," 383-84 참조. 일제와 미션스쿨과 한국인들의 교육에 대한 목적과 동기에 대하여, Yoonmi Lee, "Religion, Modernity and Politics: Colonial Education and the Australian Mission in Korea, 1910-1941," *Paedagogica Historica*, vol. 52, no. 6 (2016), 596-613 참조.

88 구마모토 시게키치(隈本繁吉), "學政に關する意見"(1910); 강명숙 외, 『교육정책(1): 교육칙어와 조선교육령』, 158.

89 위의 책, 162.

규정을 명시하여 일제의 공립학교 규칙에 맞추도록 규제하면서, 각 학교규칙에서 규정한 "이외 교과과정"以外敎科課程을 덧붙이는 것을 불허한다고 강조했다. 또한 제10조에서 2항을 신설하며 사립학교의 교원은 國語일본어에 통달하고 "當該學校의 程度에 應할 學力이 있는 자"로 규정하면서, 교사의 자격은 "자격시험에 합격한 자, 교원면허장이 있는 자, 조선총독이 지정한 학교를 졸업한 자"로 제한하였다. 일제의 교육제도 아래서 양성된 교사로 교원자격을 제한하여 선교회가 자체적으로 길러낸 교사들을 퇴출시키려는 의도를 드러냈다. 부칙에서 현재 인가를 받아 운영하고 있는 사립학교에 한하여 대정14년[1925년] 3월 31일까지 개정된 규정을 미적용하는 유예기간을 주었다.[90] 조선총독 데라우치寺內正毅는 개정안의 요지에 대하여 일제의 교육정책은 "국민교육을 종교 밖에 세우는 것을 주의로 한다"고 말하며 "관공립학교는 물론 법령으로써 一般히 學科課程을 규정한 학교에 在하야는 종교상의 교육을 施하고 又는 基儀式을 행함을 不許함을 宣明히 하니라"고 선언하였다.[91] 그의 말은 천황제 국가이념 외의 종교나 이념을 원천적으로 차단하여 "국민교육의 통일"을 이루겠다는 의지를 밝힌 것이다.

조선총독부는 1915년 사립학교규칙으로 미션스쿨의 학교운영 전반에 대한 관리감독, 교과과정, 교원의 자격에 대한 규정을 강화함으로써 직접적인 규제와 통제의 법적 근거를 만들었다. 1911년 보통학교규칙초등과정에 따르면, 교과목은 "수신, 국어, 조선어 및 한문, 산술, 이과, 창가, 체조, 도화, 수공, 재봉 및 수예, 농업초보, 상업초보"로 정했고,[92] 고등보통학교규칙중등과정은 교과목을 "수신, 국어, 조선어 및 한문, 외국어, 역사, 지리, 수학, 이과, 실업 및 법제·경제, 습자, 도화, 수공, 창가, 체조, 영어"로 규정했다.[93] 1915년에 개정된 사립학교규칙에 따라 미션스쿨은 사립학교임에도 총독부의 교과과정에 따라야 하고, 이외의 과목을 추가할 수 없었다. 이러한 법조항은 재한선교회

---

90   조선총독부, "府令: 朝鮮總督府令 第24號,"『조선총독부관보』제789호 (대정4년[1915년] 3월 24일), 325. 우리말 번역이 첨부되어 있다.

91   조선총독 백작 사내정의(寺內正毅), "朝鮮總督府訓令 第16號," 위의 책, 327.

92   조선총독부, "朝鮮總督府令 第110號 普通學校規則,"『조선총독부관보』호외 (명치 44년[1911년] 10월 20일), 1. 제6조 참조.

93   조선총독부, "朝鮮總督府令 第111號 高等普通學校規則," 위의 책, 4.

의 미션스쿨의 교육목적과 교육내용 뿐만 아니라 학교 정체성에 심각한 문제를 야기하였다. 재한선교회가 운영하는 미션스쿨은 성경교육과 채플과 예배를 금지하는 총독부의 제도적 규제로 인하여 존폐의 위기에 직면하였고, 이에 대응방법을 모색할 수밖에 없었다.

재한선교회는 일제의 조선교육령 체제 아래서 교육선교를 위한 협력과 공동대응을 강화할 필요를 느끼며, 1911년 6월 11일에 선교연합공의회 Federal Council 안에 교육평의회 Educational Senate 를 구성한 바 있었다. 교육평의회는 각 선교회가 파송한 대표들로 구성되며 한국에서 기독교 교육에 관하여 전권을 행사하였다.[94] 교육평의회는 재한선교회의 교육제도를 지도하고, 교육의 동일한 표준을 확보하고, 총독부에 교육선교의 목적과 주장을 대변하는 역할을 했다. 북장로회 아담스 James E. Adams, 안의와 가 사무총장으로 선임되었으며, 남장로회는 베너블, 니스벳, 애나 맥퀸이 대표로 참여하였다.[95] 사립학교규칙에 따라 미션스쿨은 수업연한, 교과목, 교과과정, 교과서를 비롯하여, 학교의 기본재산과 유지방법과 기부금과 관련한 사항, 그리고 설립자, 교장, 교원의 신상에 대하여 교육당국에 보고하여 인가를 받아야 했고, 법령을 위반할 때는 조선총독이 폐쇄를 명령할 수 있었다. 재한선교회는 교육평의회를 통해 미션스쿨의 교육제도와 관련하여 공동대응하며 단일한 목소리를 내었다.

그러나 교육평의회를 통한 재한선교회의 공동대응은 지속되지 못했다. 균열의 시작은 1915년에 개정된 사립학교규칙이었다. 교육평의회는 조선총독부가 교육의 문제를 규제하는 것은 당연한 권리라고 인정하면서 모든 규정에 순응하기로 결의하였지만, 종교교육을 금하는 것에 대하여는 이의를 제기하였다. 총독부와 교섭하며 이러한 법령이 결국엔 미션스쿨의 폐교를 야기하거나 막대한 지장을 초래할 수 있다는 점을 지적하였다. 선교연합공의회는 이에 대하여 입장을 밝혔다.

---

94   William P. Parker, "Educational Work in Korea," *The Missionary Survey*, vol. 2, no. 12 (October 1913), 919.

95   Brown, "A History of the Korea Mission," 338; "Senators for Educational Federation," *The Minutes of Twenty-first Annual Meeting* (1912), 7. 당시 애나 맥퀸 선교사는 자문위원으로서 남장로회 여학교를 대변하였다.

1915년에 개정된 교육법령 제24호와 같이 총독이 다른 변화들 가운데 종
교교육과 종교예식을 조선에 있는 교회와 선교회가 설립하여 운영하는 수
백 개의 학교를 포함하여 모든 사립학교로부터 배제하라고 하는 것에 대하
여 개신교복음주의선교연합공의회는 모국 교회의 이해관계, 이 땅에 거주
하는 그 회원들의 목적, 이 학교를 유지하기 위해 헌금이 사용되는 목표들
에 비추어 보았을 때 제안된 조건들이 우리 학교들을 완전히 폐교하거나 그
렇지 않으면 심각한 지장을 초래할 것이라고 단언한다. 우리는 제안된 법령
이 기독교 학교에서 성경교육의 자유에 대하여 정부가 확답을 주었던 사실
에 어긋나며 일본의 국민교육제도가 사립학교에서 종교교육의 자유를 보장
하는 사실에 어긋난다는 점에 당국자들이 주의를 기울여 줄 것을 정중히 요
청한다. 그러므로 이미 설립된 학교에 부여한 10년의 유예라는 조건 아래서
기간이 만료될 때까지 어느 정도 수정이 이루어지기를 희망하며 우리는 학
교를 계속 운영할 것이다.[96]

교육평의회 사무총장 아담스는 미션스쿨이 일제의 통치 아래 처음 인가
를 받았을 때 당국이 종교의 자유를 보장한다는 점을 미국 영사를 통해 확약
하여 학교가 운영되고 있는 상황에서 개정된 법령은 종교의 자유에 위배된
다는 사실을 지적하였다. 그리고 일본에서도 정부인가를 받아 특혜를 누리
는 일반학교와 종교교육을 유지하면서 인가를 받지 않고 불이익을 감수하면
서 운영되는 두 종류의 학교가 있다는 점을 지적하며 이러한 내용으로 총독
부와 교섭하였다는 사실을 밝혔다. 그러나 일제의 강경한 태도로 인하여 협
상은 답보상태에 빠졌고, 결국 "순응하거나 아니면 폐교하거나"의 선택지만
남았다고 보았다. 이후 교육평의회는 교과과정을 일제의 법령에 맞출 수밖
에 없으나 법령이 금지하는 종교교육에 대하여는 10년의 유예기간이 있으므
로 그때까지는 유지하고, 그 후에도 성경교육 문제에 대하여 진전이 없으면
미션스쿨을 포기할 수밖에 없을 것이라고 전망하였다.[97] 남장로회는 일제 당

96   *Minutes of Fourth Annual Meeting of the Federal Council of Missions* (1915), Underwood, *Modern Education in Korea*, 202에서 재인용. 번역은 필자의 것이다.
97   "The Educational Situation in Korea," *The Missionary Survey*, vol. 5, no. 11 (November 1915), 833-34.

국자들이 종교를 교육에서 배제하는 조치가 어리석은 일이라는 점을 깨닫고 10년 안에 문제가 해결되기를 바라면서,[98] 사립학교의 교과과정에서 성경을 가르칠 권리를 부정하는 현행 법령 아래서는 학교의 인가를 취득하지 않기로 결정하였다. 또한 10년 유예기간 동안 학교를 운영하고 그때까지 종교교육을 금하는 규정이 개정되지 않으면 폐교한다는 대응방침을 지지하였다.[99]

그러나 교육평의회 안에는 일제의 강경한 태도 앞에서 대응방식에 차이가 있었다. 현실론을 주장하는 이들은 종교교육을 고집하다가 결국엔 폐교하게 되므로 순응하는 것이 타당하다고 여겼고, 원칙론을 주장하는 그룹은 어떤 상황에서도 순응해서는 안 된다고 주장했다. 정규수업이 아닌 시간에 학생들의 자발적인 참여로 채플을 하거나 방과 후에 학생들이 자발적으로 성경공부에 참여하는 방식으로 종교교육을 이어갈 수 있다는 타협안에 대하여 결국엔 눈속임이고 일제 당국자의 눈치를 보며 그들의 손에 학교운명을 맡기는 격이라고 비판하였다. 이러한 입장차는 결국 교육평의회를 분열시켰고, 북감리교와 남감리교 선교회는 종교교육을 형식적으로 유지하는 것보다 학교의 존립과 교육의 효율성이 더 중요하다고 판단하면서 일제의 법령에 순응하여 인가를 추진하였다. 이들은 교육평의회가 자신들의 학교와 정부 사이에 중재를 이루어낼 수 없다고 판단하면서, 1916년에 북감리교가 제일 먼저 교육평의회를 탈퇴하고 배재학당이 고등보통학교로 인가를 받았다. 이어 남감리교 한영서원송도학교도 1917년에 인가를 받았고, 뒤이어 다른 학교들도 인가를 받았다. 이들 학교에서는 채플이 학교 밖 건물이나 인근 교회에서 이루어졌고 자발적 성경공부가 오후나 저녁시간에 이루어졌다.[100] 장로교 선교회 가운데 캐나다장로회는 학교 인가를 받기로 결정하였지만, 남장로회를 필두로 북장로회와 호주장로회는 원칙을 고수하며 유예기간 동안 학교를 유지하며 일제의 교육정책이 바뀌기를 기다리는 방식을 택하였다. 결국 교육평의회는 1917년 11월 20일에 해소되었다.[101]

---

98   위의 글, 833.

99   "Report of the Educational Committee," *The Minutes of Twenty-fourth Annual Meeting* (1915), 60-61.

100   Underwood, *Modern Education in Korea*, 203-204.

101   Brown, "A History of the Korea Mission," 340-41; Harry A. Rhodes, *History of the Korea Mission*

앞서 언급한 북장로회 선천 스테이션의 보성여학교는 조선총독부의 사
립학교규칙에 반대하여 자발적으로 폐교를 단행하였다. 이와 유사하게 남장
로회 순천 스테이션의 미션스쿨도 폐교를 당했다. 남장로회는 1913년에 시
작한 순천의 학교에 대하여 인가를 신청하였지만, 1915년 개정된 사립학교
규칙에 따라 순천의 학교가 성경교육과 예배를 정규교과로 운영하는 한 당
국의 인가를 받기는 어려웠다. 남장로회 순천 스테이션은 성경교육과 예배
를 교육선교의 목적과 미션스쿨의 정체성과 관련하여 타협 불가능한 문제라
고 여겼기 때문에, 교육당국에 양해를 구하면서, 이것을 제외한 다른 모든 것
은 총독부의 요구사항에 순응할 것임을 약속하고 학교운영의 허락을 요청하
는 서신을 보냈다.

> 순천의 남학교를 운영함에 있어서 우리는 **교과과정에서 성경과 종교교육을
> 뺄 수 없기 때문에 그것을 제외하고는** 정부의 모든 요구사항에 **완벽하게 순
> 응**할 것입니다. 우리가 2년 전에 인가를 요청한 이래로 앞서 말한 인가를 계
> 속 요청해왔고 새로운 법령이 시행되기까지 인가를 받지 못했습니다. 우리
> 가 새로운 법령 아래서 인가가 거부되기 때문에, 일본에서 이런 경우에 허
> 용되는 예대로 정부의 특혜를 받지 않고 비인가 학교로 운영할 수 있도록
> 허락해주시기를 요망합니다. 우리는 학교에서 종교예식과 성경교육을 시행
> 하는 것을 제외하고는 다른 모든 점에서는 우리 학교가 정부의 모든 기준과
> 요구사항에 따르기로 동의합니다.[102]

남장로회는 순응과 저항의 태도를 동시에 보여주었다. 다른 모든 기준과
요구사항은 일제 교육당국이 법령으로 규정하는 대로 "완벽하게 순응"하겠
지만, 미션스쿨의 정체성과 목적에 해당하는 성경교육과 예배는 양보할 수
없고, 비록 불이익을 받을지라도 목적과 원칙은 포기할 수 없다는 입장이었

Presbyterian Church U.S.A., vol. 1: 1884-1934, 최재건 역, 『미국 북장로교 한국 선교회사』(서울: 연세대
학교출판부, 2009), 405-406.

102 "Report of the Educational Committee," *The Minutes of Twenty-fourth Annual Meeting* (1915), 61-62.
서신의 내용이 교육위원회 보고서에 첨부되어 있다. 번역과 강조는 필자의 것이다.

다. 순천의 학교는 결국 총독부 명령으로 1916년에 폐교되었다. 애나 맥퀸은 남장로회가 교육선교의 원칙을 지킨 것을 이렇게 평하였다.

> 나는 여러분들의 선교회가 "교회가 설립한 학교에서 성경을 가르칠 권리를 포기하느니 차라리 학교를 그만 두겠습니다"라고 말하면서 하나로 단단히 결합된 채로 훌륭한 우리 장로회 선조들의 원칙을 진실하게 지키고 있는 것이 자랑스럽습니다.[103]

IV. 제2차 조선교육령과 지정학교 제도에 따른 선교회의 대응

일제의 강경한 교육정책은 삼일운동 이후에 수정되었다. 먼저 1920년 3월 1일에 개정된 사립학교규칙이 공포되면서 기존의 규제사항이 완화되었다. 제6조에서 "교과목 중 修身, 國語를 缺함을 不得함"이라고 하였다.[104] 각 학교규칙이 정한 교과과정 이외의 교과목을 추가할 수 없다는 조항을 삭제하고, 수신, 국어 과목을 반드시 포함시켜야 한다고 물러났다. 이로써 미션스쿨의 성경과목 개설과 종교교육을 금지하는 독소조항이 사라졌다. 10년의 유예기간을 활용하여 교육선교의 원칙을 지키려고 했던 장로교 미션스쿨은 기사회생하였다. 폐교되었던 남장로회 순천남학교와 여학교는 매산학교로 재개교하였고,[105] 북장로회 보성여학교도 재개교하였다.

일제의 식민교육정책의 변화는 일본 내각에서 식민통치 방식이 "내지연장주의"로 전환되고, 조선에서도 사이토 마코토齋藤實 총독이 "일시동인"一視同仁을 표방하며 문화정치를 시행하는 맥락에서 이루어졌다. 이에 따라 제2차

---

103 Anna McQueen, "Recognized Schools," *The Missionary Survey* (October 1923), 767.

104 조선총독부, "朝鮮總督令 第21號 私立學校規則,"『조선총독부관보』2263호 (대정 9년[1920년] 3월 1일), 15.

105 "Report of the Educational Committee," *The Minutes of Twenty-ninth Annual Meeting* (1920), 33; George Thompson Brown, "A History of the Korea Mission," 409.

조선교육령이 1922년 2월 4일에 칙령 제19호로 공포되었다.[106] 조선총독 사이토는 "사범교육 및 대학교육을 더하고 보통교육, 실업교육 및 전문교육의 정도를 진전하여 내선 공통의 정신에 기초한 동일 제도 아래 실시의 완정完整을 기하기에 이른" 것이라고 핵심 요강에 대하여 설명하였다. 그는 "교육의 보급 철저를 기하고 민중으로 하여 한층 문명의 혜택을 받아 그 복지를 증진하게 하는 취지"라고 역설하였다.[107] 그동안 없었던 대학교육 규정제12조이 마련되었고, 소학교와 보통학교 교원양성을 위한 사범교육규정도 신설되었다. 그동안 일본인에 비하여 짧았던 수업연한도 조정되어 보통학교는 4년에서 6년으로, 고등보통학교는 4년에서 5년으로, 여자고등보통학교는 3년에서 4-5년으로 연장되었다.[108] 이로써 일본과 식민지 조선의 교육제도 사이에 형식상 통일을 이루었다.

　　그러나 "동일제도"라는 미명 아래 차별은 사라지지 않았다. 제2조와 제3조에 "국어를 상용하는 자"와 "국어를 상용하지 않는 자"를 구분하여, 일본인과 조선인을 구별하고, 각각 소학교-중학교-고등여학교의 교육제도와 보통학교-고등보통학교-여자고등보통학교의 교육제도로 구별하였다.[109] 조선인과 일본인에 대한 교육을 분리해야 한다는 차별의식과 조선인과 공학共學에 대한 총독부 관료들의 거부감이 반영되었다. 일제는 대만에서는 고등보통교육에서 공학을 시행하였지만 조선에서는 일본어 능력의 차이와 역사와 관습과 사상에 대한 차이, 조선인과 일본인의 민도가 달라 수업연한을 일률적으로 할 수 없다는 이유, 조선인과 일본인 모두 공학을 바라지 않는 경향 등을 들면서 공학시행에 부정적이었다.[110] 조선총독부 학무국장은 "국어력에 차이가 있고 사상, 습속 등이 같지 않기 때문에 현실에서는 별학의 제도를 채택하는 것"이 어쩔 수 없다고 하였다. 그는 보통학교의 수학연한은 6년이지만 학

106　조선총독부, "勅令 第19號 朝鮮敎育令,"『조선총독부관보』호외 (대정 11년[1922년] 2월 6일), 1-8 (일본어 원문 및 우리말 번역문).

107　조선총독 남작 사이토 마코토(齋藤實), "諭告, 四大要綱" (대정 11년[1922년] 2월 6일); 강명숙 외,『교육정책(1): 교육칙어와 조선교육령』, 279-80.

108　조선총독부, "勅令 第19號 朝鮮敎育令," 5.

109　위의 책.

110　추밀원 의장 공작 야마가타 아리토모(山縣有朋), "樞密院 審査報告" (1922년 1월 15일); 강명숙 외,『교육정책(1): 교육칙어와 조선교육령』, 256.

교 보급 촉진을 위해서 4-5년으로 단축하는 방도를 두어야 한다고 말했다.[111]

차별은 여전했지만, 문화정치를 전면에 내세우며 교육과 기회의 평등을 선전하는 분위기 속에 조선인의 교육에 대한 열망이 분출되었다. 이러한 상황을 반영하듯이 학교의 등록률이 높아졌다. 1915년에는 도시지역이 17.7%, 농촌지역이 2.6%였지만, 1926년에는 도시지역이 33.8%, 농촌지역이 16.2%로 증가하였다.[112] 또한 조선인의 중등교육 취학규모를 보면 1915년에는 4,628명 인구 1만 명당 재학생 수 2.9명에 불과하였으나, 1925년에는 18,694명 인구 1만 명당 10.1명, 1935년에는 39,238명 인구 1만 명당 18.5명으로 급성장하였다.[113]

학생 수 증가는 일제가 교육여건을 개선하고 교육의 수준을 높인다는 주장을 앞세워 민족감정을 달래고, 식민교육확대를 통해 지배력을 강화하기 위해 학교보급을 촉진한 노력의 영향도 있었다. 또한 문화정치 상황에서 일본과 조선이 형식상으로는 통일된 학제로 연결되면서 교육열, 향학열로 증폭된 측면도 있었다. 이와 더불어 선교사들이 운영하는 미션스쿨에서 서구식 근대교육을 경험하면서 교육제도는 신분과 한계를 뛰어넘어 상급교육을 받거나 안정된 직업을 찾는데 필수적인 수단이라고 인식하는 한국의 필요에도 영향을 받았다. 당장 독립과 같은 정치적 해결은 어려워도 현실적으로 조선인의 사회적, 경제적 필요를 채우고, 더 나아가 민족의 힘을 기르는 현실적 대안을 교육에서 찾아야 한다는 주장이 거셌다.[114] 또한 삼일운동 이후에 민족의 실력을 양성하는 것이 일제의 통치를 극복하고 민족공동체를 재건하는 실제적 대안이라는 문화민족주의 계열의 실력양성론도 교육열을 강화하는 요인이 되었다.[115] 이 시기 주요 민족신문은 개인과 민족공동체 차원에서 교육에 대한 필요와 열망을 표출하였다.[116]

이러한 교육에 대한 열망은 미션스쿨에는 오히려 역작용으로 나타났다.

111　학무국장 시바타 젠자부로(柴田善三郎), "新敎育令に就て"(1922년); 강명숙 외, 『교육정책(1): 교육칙어와 조선교육령』, 285.

112　Soon-Yong Pak and Keumjoong Hwang, "Assimilation and Segregation of Imperial Subjects," 386.

113　『朝鮮總督府統計年報』; 안홍선, 『일제강점기 중등교육정책』, 87 표 참조.

114　안홍선, 『일제강점기 중등교육정책』, 55-61.

115　Soon-Yong Pak and Keumjoong Hwang, "Assimilation and Segregation of Imperial Subjects," 386-7.

116　대표적으로 동아일보가 민족공동체의 위기를 타계하는 방안을 제시하는 논설, "민족적 경륜(1)-(5)," 『동아일보』, 1924년 1월 2일-6일; "교육상 일문제," 『조선일보』, 1926년 1월 21일 참조.

제2차 조선교육령은 인가받은 사립 정규학교와 미인가 사립 각종학교를 구별하고 사립 각종학교 졸업자에게 상급학교 진학과 취업의 불이익을 줌으로써 차별하였다. 북장로회와 남장로회를 비롯한 장로교계 미션스쿨은 교육선교의 목적을 지키기 위해 성경과목과 예배를 정규과목으로 편성함으로써 정규학교에 편입되기를 거부하고 "사립 각종학교"에 머무르고 있었다. 전문학교 이상의 상급학교 입학 자격과 교사 및 공무원 등의 취업의 자격은 인가받은 정규학교 졸업생들에게만 주어졌기 때문에, 사립 각종학교 졸업자들은 불이익을 당할 수밖에 없었다. 학력을 인정받지 못하는 학생들은 정규학교 승격을 요구하며 동맹휴학을 일으켰고, 미션스쿨과 학생 사이에 갈등이 커졌다.[117]

　　미션스쿨이 정규 사립학교로 전환하려면 사립학교규정에 따라 인가를 받아야 하고, 교과과정과 교과목을 비롯하여 정규학교_{보통학교, 고등보통학교, 여자고등보통학교}의 규칙을 따라야 했다. 그러나 인가를 받지 않고 사립 각종학교로 남아 있으면 성경교육과 예배를 비롯하여 교과과정과 교과목의 자율성은 지킬 수 있으나, 졸업자들이 학력을 인정받지 못하기 때문에 학교의 존립이 어려웠고, 유망한 학생들을 유치하기 어려웠다. 또한 기독교 지도자가 될 유능한 학생들이 교육상 불이익을 피하여 지역의 공립학교를 선택할 수밖에 없기 때문에 기독교 지도자 양성을 위한 교육선교의 실효성에 대하여 문제의식을 가질 수밖에 없었다.[118] 장로교 선교회는 교육선교의 목적과 사회적 요구 사이에, 미션스쿨의 정체성과 학생들의 필요 사이에, 교육의 원칙과 실효성 사이에서 딜레마에 빠졌다.

　　이러한 가운데 조선총독부가 1923년 4월부터 시행한 "전문학교입학자 검정규정"은 선교회의 새로운 활로가 되었다. 이 제도는 4월 25일에 조선총독부가 "부령 제72호"로 공포한 법령이었다.[119] 제8조는 전문학교 입학에 관하여 조선총독이 "중학교나 수업연한 4년의 고등여학교 졸업자와 동등이상

117　"문제되는 교회학교: 양로파 미순회에 진정까지," 『동아일보』, 1922년 6월 30일; "숭의여교생 맹휴: 학교승격과 기숙사 규측 개명등 조건을 제명하고 동맹휴학," 『동아일보』, 1923년 10월 18일.

118　William A. Linton, "Educational Work in Korea," *The Presbyterian Survey* (June 1925), 371.

119　조선총독부, "朝鮮總督府令 第72號 專門學校入學者檢定規程," 『조선총독부관보』 2609호 (대정 10년 [1921년] 4월 25일), 301.

의 학력이 있는 자로 지정한 자"는 무시험검정을 받을 수 있다고 규정하였다. 사실 이 제도는 일본에서 오래 전부터 시행하고 있는 전문학교입학자검정제도를 제2차 조선교육령 이후 조선에 도입하여 전문학교 입학자격이 없는 각종학교 졸업자와 독학자에게 제한적으로 입학기회를 주는 조치였다.[120] 이로써 정규학교가 아닌 사립 각종학교 졸업자들도 검정제도를 통하여 전문학교 입학과 취업에 불이익을 피할 수 있는 길이 열렸던 것이다.

1925년 4월 20일에 조선총독부령 제49호로 공포된 개정된 "전문학교입학자검정규정" 제11조에 따르면 무시험검정을 받을 수 있는 자는 중학교 또는 수업연한 4년의 고등여학교 졸업자와 동등 이상의 학력이 있을 때 조선총독에게 "지정"指定되는 자로 한정하며, "지정에 관한 규정"은 따로 정한다고 밝혔다.[121] 1928년 5월 21일에 조선총독부령 제26호로 공포된 "전문학교입학자검정규정 제11조 규정規定에 따른 지정指定에 관한 규정規程" 제1조는 "중학교 또는 수업연한 4년 이상의 고등여학교 졸업자와 동등이상의 학력을 가진 사람으로 하여금 조선총독의 지정을 받으려는 경우에" 학교설립자가 지정학교 신청을 위해 구비해야 할 준비사항을 다음과 같이 규정하였다. "1. 목적, 2. 명칭, 3. 위치, 4. 학교연혁, 5. 학칙, 6. 생도정원, 7. 교지校地, 교사校舍, 기숙사 등의 평면도 및 음식수飲食水의 정성분석표, 8. 설립자 이력재단법인이 있다면 기부행위, 9. 학교장 이력과 교원의 성명, 자격, 학업경력, 담임학과 및 전임 겸임의 구별, 10. 현재생도의 학년 및 학급별 인원수, 11. 졸업자의 인원수 및 졸업 후의 상황, 12. 경비 및 유지의 방법, 13. 교과서 목록, 14. 참고서와 교수용 기구, 기계, 모형 및 표본의 목록, 15. 학교의 자산목록."[122] 전문학교 입학을 위한 검정제도가 지정학교제도로 확장된 것이다. 개정된 "전문학교입학자검정규정"에 근거하여 "지정指定에 관한 규정規程"에 따라 사립각종학교가 조선총독에게 구비서류를 준비하여 신청하면 총독부가 서류를 검토한 후 학생들을 대상으로 학력검증 시험을 치르고, 종합적인 결과에 따라 지정학교로 승인

120 김자중, "일제 식민지기 전문학교입학자검정제도에 관한 시론," 『교육문제연구』 71집 (2019), 59.

121 조선총독부, "朝鮮總督府令 第49號 專門學校入學者檢定規程左ノ通改定ス," 『조선총독부관보』 3801호 (대정 14년[1925년] 4월 20일), 247.

122 조선총독부, "朝鮮總督府令 第二十六號 專門學校入學者檢定規程 第十一條ノ規定ニ依ル指定ニ關スル 規程左通定ム," 『조선총독부관보』 416호 (소화 3년[1928년] 5월 21일), 209.

을 받을 수 있었다.[123] 정규학교로 전환하지 않고 사립 각종학교로 남아 있는 장로교 미션스쿨은 지정학교 제도를 활용하여 졸업생들의 진학과 취업의 불이익을 피하고 학교의 존립과 발전을 이어갈 수 있었고, 조선총독부는 미션스쿨을 교육제도 안으로 편입시켜 통제와 관리감독을 용이하게 할 수 있었다.

1923년 이후 전문학교입학을 위한 검정규정이 비인가 사립 각종학교에 대한 지정제도로 확대되는 상황 속에서,[124] 광주여학교 수피아여학교의 교장을 맡고 있었던 애나 맥퀸은 남장로회가 지정학교 제도를 추진하기로 결정한 배경과 과정에 대하여 이렇게 설명하였다.

이제 우리 미션스쿨에게 분명히 유익한 새로운 법이 공포되었습니다! 이 법에 따르면 "입학자격, 기관, 시설, 교원, 교과목, 교과과정, 학생들의 출석과 학력, 졸업생 수와 이후 기록 등을 철저하게 조사한 후에" 교과과정에서 성경을 가르치는 미션스쿨도 인가를 받아서 졸업생들이 "조선의 정규학교제도 아래서 고등교육기관에 입학할 자격을 부여받을 수" 있습니다. 그들은 공무원이 될 자격도 갖게 될 것이며 정부 학교들의 졸업자들이 갖는 모든 특권을 실질적으로 받을 수 있습니다.

6월의 선교회 연례회의에서 전주의 남학교와 광주의 여학교를 지정학교로 추진하기로 결정했습니다. 다른 스테이션의 학교들은 서로 긴밀하게 연결되어 학생들이 예비 과정을 마치고 나면 "지정" 학교로 쉽게 입학하여 졸업 전에 마지막 몇 년을 공부할 수 있습니다. … 현재 학교 건물과 시설로는 모든 학교가 정부의 지정을 받는 것이 불가능합니다.[125]

1923년 6월의 남장로회 연례회의에서 교육위원회는 막대한 재정이 소요되고 자격을 갖춘 교원확보가 어려운 상황에서 10개 미션스쿨 중에서 남학교 하나와 여학교 하나를 지정학교로 인가 받는 계획을 추진하기로 결정하

123 권영배, "일제하 사립각종학교의 지정학교 승격에 관한 일연구," 『조선사연구』 제13집 (2004), 222-23.
124 "專門學校入學指定規則," 『동아일보』, 1923년 4월 21일.
125 McQueen, "Recognized Schools," 768.

였고,[126] 표결로 남학교는 전주 신흥학교와 여학교는 광주 수피아여학교로 결정하였다.[127] 선교회는 지정학교로 추진하는 두 학교만 고등과정 상급반[3-4학년]을 운영하고, 나머지 학교는 고등과정 하급반[1-2학년]을 마친 학생들을 신흥과 수피아로 전학 보내어 고등과정을 마치도록 했다.

그러나 지정학교 추진과 관련하여 남장로회 내부에 갈등이 있었다. 목포의 여학교[정명여학교]와 군산의 남학교[영명학교] 역시 지정학교로 추진되기에 손색이 없었기 때문이다. 지정학교로 추진하는 중심학교 선정을 다시 해야 한다는 청원이 지역노회와 스테이션에서 올라왔고, 남장로회의 미국 선교본부도 대표[기독교교육위원회 사무총장] Dr. Henry Sweets를 파견하여 이 문제를 중재했다. 이와 함께 지정학교 추진을 위해 많은 재정이 필요하고, 미션스쿨의 운영은 결국 한국교회가 운영에 동참해야 한다는 인식 속에서 선교회와 한국교회가 동수로 참여하여 미션스쿨을 공동으로 운영하는 연합이사회를 추진하는 방안이 모색되었다. 미국에서 스위츠 박사가 내한하여 당시 교육상황과 문제점을 종합적으로 논의하고 1925년 10월 14일에 최종결론을 담은 "교육협의회 보고서"를 채택하였다.

이 보고서의 결정사항은 크게 세 가지였다.[128] 첫째, 지정학교 추진을 위한 중심학교는 1923년에 결정한 원안대로, 남학교는 전주 신흥학교, 여학교는 광주 수피아학교로 최종 확정하였다. 두 학교는 남장로회 미션스쿨들을 긴밀하게 연결시키고 교육선교의 역량을 집중시키는 "중심학교"central school로 육성하기로 결정하였다. 중심학교 개념은 남장로회가 교육선교를 시작했던 초창기부터 고려한 개념이었는데, 지정학교 인가를 추진하는 배경에서 현실화되었다. 남장로회는 "한국에서 오랫동안 교육선교를 수행하면서 한국교회 지도자 양성을 위해 훨씬 더 높은 차원의 교육을 감당해야 한다"고 인식하였다. 교육선교의 중요성과 의미에 대하여 "교회를 오류로부터 보존하고, 교회의 나아갈 길을 바르게 인도하고, 근대교육을 간절하게 추구하는 다음 세대의 필요를 충족시키고, 젊은이들을 교회의 미래 지도자로 잘 훈련하

---

126 "Report of Educational Committee," *Minutes of the Thirty Second Annual Meeting* (1923), 40-41.

127 *Minutes of the Thirty Second Annual Meeting* (1923), 20.

128 "Report of the Educational Association," *Minutes of the Thirty-fifth Annual Meeting* (1926), 65-68.

고 발전시키기 위해서 선교회의 교육기관을 발전시키는 것이 시급하고 중요한 문제"라고 강조했다.[129] 지정학교 추진은 이러한 점에서 매우 중요한 과제였다.

둘째, 미션스쿨의 효율적 운영을 위해서 한국교회[지역노회]와 선교회가 협력하여 연합이사회를 구성하고, 미션스쿨을 관리 감독하고, 선교회 지역의 모든 미션스쿨과 교회운영 학교를 관할하기로 하였다. 교회운영 학교들의 교육방법, 교육이념, 교과과정을 감독하여 선교회가 설립 및 운영하는 미션스쿨과 긴밀한 상호관계를 유지하도록 하였다. 이러한 배경에서 남장로회 "미션스쿨 연합이사회 정관"이 1926년 선교회 연례회의에서 채택되었다.[130]

셋째, 남장로회 교육선교를 전담할 사무총장을 교육협의회에서 임명하여 모든 학교와 관련된 정보를 일제 당국으로부터 확보하고, 동아시아에서 이루어지고 있는 모든 남장로교 교육사업에 관한 정보를 모으고, 선교회의 모든 미션스쿨의 목적을 하나의 제도 안에서 연결하고, 한국교회와 교육선교를 위해 협력하는 위원회 의장으로 일하게 하였다. 이에 따라 교육선교 사무총장에 다니엘 커밍[D. J. Cumming, 김아각] 선교사가 임명되었다.[131]

남장로회는 한정된 예산으로 중심학교 개념을 도입하여 전주의 남학교와 광주의 여학교만을 지정학교로 추진하였으나, 북장로회는 중등학교 유지의 필요성과 확신을 가지고 1925년 3월 선교회 연례회의에서 "중등교육 프로그램"을 결의하면서, 본부에 매년 2천 달러의 예산 증액과 시설기금으로 5년간 총 1만 5천 달러를 요청하기로 하였다. 안식년으로 귀국한 선교사들이 미국에서 적극적인 모금활동을 하였고, 미국 북장로회 해외선교본부의 지원으로 북장로회 미션스쿨 전체에 대하여 지정학교를 추진하였다. 예산확보의 어려움이 있었지만, 1923년 11월에 서울의 남학교[경신학교]를 시작으로, 1928년 5월에 평양의 남학교[숭실학교], 1930년 3월에 선천의 남학교[신성학교], 1931년 12월

---

129 위의 책, 65.

130 "Southern Presbyterian Mission School Boards of Directors Tentative Constitution," 위의 책, 29-30. 미션스쿨 연합이사회 정관의 자세한 내용에 대하여, 최영근, "일제강점기 미국 남장로회 교육선교에 관한 연구: 군산과 전주스테이션의 인돈(William A. Linton)을 중심으로, 19111-1940," 『대학과 선교』 제50집 (2021), 108-110.

131 "Assignment of Workers," *Minutes of the Thirty-fifth Annual Meeting* (1926), vii; "Minutes of the Called Meeting of the Southern Presbyterian Mission in Korea, October 1925," 위의 책, 58.

에 평양의 여학교숭의여학교, 1933년 4월에 대구의 남학교계성학교가 지정을 받았다. 서울의 여학교정신여학교는 우여곡절 끝에 1935년 9월에 지정을 받았다. 선천의 여학교보성여학교는 1935년 5월에 지정인가를 받았다. 대구의 여학교신명여학교만 지정학교 신청을 마쳤으나, 일제의 신사참배 요구가 불거지는 상황에서 결국 지정인가를 받지 못했다.[132]

호주장로회는 마산의 남학교 창신학교 D. M. Lyall Memorial School 와 부산의 여학교 일신학교 J. B. Harper Memorial School 를 지정학교로 추진하기로 결의하고 많은 노력을 기울였으나 1933년에 일신여학교만 지정학교 인가를 받았다. 창신학교 학생들은 학력 인정을 받지 못하는 상태에서 지정학교가 아니라 정규학교 인가를 받을 것을 요구하며 여러 차례 동맹휴학을 일으키거나 집단으로 자퇴했다.[133] 창신학교는 지정학교 추진 중에 학교운영 상의 문제로 1925년 3월에 폐교하였다가 그해 11월에 호신학교로 재개교하였다. 그러나 끝내 지정학교로 인가를 받지 못했고, 선교회는 학교를 더 이상 운영하기 어렵다고 판단하고 1932년에 학교를 폐교하였다.[134]

남장로회의 지정학교 추진은 학교시설 확충과 조선총독부의 기준을 충족하는 교원의 확보가 관건이었다. 무엇보다 예산확보가 쉽지 않았기 때문에 미국교회의 후원을 요청하며 모금하는데 많은 노력을 기울였다. 또한 지정 인가 여부의 판단이 전적으로 조선총독부와 지방 교육당국에 있었고, 이들의 평가가 자의적이었기 때문에, 이들과 우호적인 관계를 유지하고 긴밀하게 협의하며 지정학교 인가 요건을 맞추는 일에 매달렸다. 남장로회는 전주와 광주의 중심학교에 예산을 집중적으로 투입하였고, 지정학교 추진에 대한 책임을 위해 전주에 윌리엄 린튼William A. Linton, 인돈을 1926년에 신흥학교에 임시교장1930년 이후 교장으로 임명하였다.[135] 1928년에 플로렌스 루트Florence E.

---

132 북장로회 미션스쿨 지정학교 인가에 대하여, Harry A. Rhodes, 『미국 북장로교 한국 선교회사』, 491-95; 이성전, 『미국 선교사와 한국 근대교육』, 216-25; 안홍선, 『일제강점기 중등교육정책』, 111-16.

133 "昇格無望으로 自進退學, 마산창신학교생도 사십삼 명," 『동아일보』, 1923년 2월 9일.

134 호주장로회 미션스쿨 지정학교 인가와 관련하여, Yoonmi Lee, "Religion, Modernity, and Politics," 606; 정병준, 『호주장로회 선교사들의 신학사상과 한국선교, 1889-1942』(서울: 한국기독교역사연구소, 2007), 255.

135 "Report of the Educational Committee," *Minutes of the Thirty-fifth Annual Meeting* (1926), 26-7. 1927-28년 교육예산에 따르면 전주 남학교(신흥학교)는 12,000엔으로 다른 남학교들(7천-8천엔)의 약 2배였

Root, 유화례를 수피아여학교에 투입하고, 1931년에 교장으로 임명했다.[136] 광주에서 수피아여학교 지정학교 인가를 도운 인물은 미국 아그네스스캇대학과 컬럼비아대학교에서 교육학을 전공하고 교감으로 일했던 김필례였다.

　　미국교회의 재정후원은 지정학교 인가를 추진하는 과정에서 큰 도움이 되었다. 수피아여학교 윈스보로홀을 건립하는데 미국 남장로교 여성조력회가 생일헌금 58,875달러를 모아 지원했다.[137] 신흥학교는 1928년에 리차드슨 부인의 후원으로 리차드슨홀을 건립하였다.[138] 이들 리차드슨 가족의 후원은 1934년에도 이어져 강당과 체육관을 건립하였다.[139]

　　남장로회 교육선교의 지정학교 추진을 이끌던 인돈은 지정학교 인가가 일제 교육제도 아래서 교육선교의 목적과 원칙을 지키면서도 한국에서 유능한 기독교 지도자를 양성하는 대안이라고 강조하였다. 그의 말 속에서 교육선교의 목적을 지키기 위해 타협을 거부하면서도 일제의 교육제도 아래서 존립하고 발전하기 위해 순응해야 하는 현실이 당시 여건에서는 모순이 아니라 변증법적으로 연결되어 있음을 발견한다. 먼저 순응의 논리는 이러했다. "우리가 일본의 교육의 목적이나 교육제도에 동의하지 않는다고 할지라도 … 우리가 한국에서 학교를 운영하려면 그들의 기준에 따라야 한다." 이어서 저항의 논리도 분명했다. "당국은 어떠한 조건에서도 '인가'학교에서 종교를 가르치는 것을 철저히 금한다고 말한다. 우리의 최우선 목적이 그리스도를 모든 이에게 전하는 것이므로 그러한 규칙에 동의할 수 없다." 이 둘을 아우르는 변증법은 지정학교 인가 추진에서 나온다.

　　학교가 적절한 건물과 적합한 시설을 보유하고, 교사진이 당국의 기준을 충족하고, 학생들이 인가학교 수준에 이를 때 지정학교가 될 수 있다. 지정학

　　고, 광주여학교(수피아)는 1만 엔으로 다른 여학교들(4,500-5,500엔)의 2배였다.

136　Florence E. Root, September 27, 1928; "Report of the Apportionment Committee," *Minutes of the Thirty-Ninth Annual Meeting* (1930), 20.

137　Brown, "A History of the Korea Mission," 411-17; 수피아100년사간행위원회, 『수피아백년사, 1908-2008』(광주: 수피아여자중고등학교, 2008), 262-67.

138　"Report of the Finance Committee," *Minutes of the Thirty-Seventh Annual Meeting* (1928), 32-3.

139　Brown, "A History of the Korea Mission," 416.

교는 성경과 종교를 가르칠 수 있다. … 지정인가를 받지 못한다면 한국교
회의 남녀학생들은 기독교교육을 받지 못하고 … 한국교회는 기독교 지도
자를 기르기 위해 공립학교에 의지해야 할 것이다. 한국의 교육상황은 우리
에게 도전을 준다. 우리는 어떻게 응답해야 할 것인가?[140]

불리한 교육여건 속에서 교육선교의 목적과 원칙을 훼손하지 않고 학교
의 발전을 도모하면서 유능한 학생들이 훌륭한 시설에서 최고의 교육을 받
아 한국교회를 이끌어 나가는 지도자가 될 수 있도록 노력해야 한다는 주장
이었다.

미국 경제공황의 여파 속에 선교예산이 삭감되는 상황에서도 꾸준한 노
력을 기울여서 신흥학교는 마침내 1933년 4월에 총독부로부터 지정인가를
받았다.[141] 수피아여학교는 동일한 노력에도 불구하고 남장로회가 폐교를 결
정한 1936년까지 지정인가를 받지 못했다. 수피아여학교가 여러 차례 지정
인가 신청을 하고, 당국자들의 긍정적인 평가와 약속에도 불구하고 지정학
교 인가를 받지 못한 중요한 이유는 총독부가 요구하는 자격을 갖춘 교사를
확보하지 못했기 때문이다.[142] 똑같은 문제로 여러 차례 심사에 탈락하면서
도, 미션스쿨의 정체성을 위해서 크리스천 교사만을 채용한다는 선교회의
기준을 양보하지 않았다. 인돈은 남장로회 교육선교의 원리를 설명하면서
기독교인 학생들이 학교의 주류가 되는 것도 중요하고, 학교에서 성경과 기
독교 과목을 가르치며 예배를 정규교과에 포함시키는 것도 중요하지만, 무
엇보다 크리스천 교사가 중요한 요소라고 강조한 바 있었다.[143] 이로 보건대,
일제는 각종학교로 남아 있었던 장로교계 미션스쿨을 지정학교 제도로 유인
하여 각종 기준과 조건을 내세우며 미션스쿨을 통제하였다. 남장로회는 일
제 교육당국이 제시하는 기준에 맞추려고 노력하면서도, 그들이 처음부터

---

140 William A. Linton, "Our Educational Situation," *The Presbyterian Survey* (November 1928), 697.

141 *Minutes of the Forty-Second Annual Meeting* (1933), 3.

142 수피아여학교 지정학교 탈락에 관하여, 최영근, "일제강점기 미국 남장로회 여성선교사 유화례(Flor-
ence E. Root)의 교육선교, 1927-1937," 『대학과 선교』 제53집 (2022), 28-31.

143 William A. Linton, "The Place of the Industrial Department Korea Mission Boys' School," *The Presby-
terian Survey* (June 1929), 361.

강조한 교육선교의 목적과 정체성을 지키려는 노력을 멈추지 않았다.

　이성전은 북장로회의 지정학교화에 대하여 "미션스쿨의 식민지 교육체제에의 편입"이라고 평가하면서, "성서교육, 종교행사의 자유를 얻어내는 것에 성공했지만, 반면 성서 이외의 교과목에 관해서는 총독부의 학교와 같게 되었다"고 지적하였다. 이를 가리켜 "결과적으로 북장로교 선교부는 식민지 교육의 저류에 흐르는 동화교육의 협동자로 바뀐 것"이라고 비판하였다. 그리고 이러한 바탕에서 일제의 황민화정책의 강제가 가능하였다고 해석하였다. 동시에 그는 "끝까지 사수한 종교교육의 자유가 황민화정책 시기에 신사참배 강요에 대한 저항의 근거로 기능하였다"는 다소 상반된 평가를 내렸다.[144] 그러나 북장로회와 남장로회가 지정학교 제도를 채택한 것은 "동화교육의 협력"이 아니라 일제 교육제도의 규제와 불이익에 대응하여 미션스쿨의 교육목적과 교육적 실효를 확보하기 위한 노력이었다는 점을 간과해서는 안 된다.

V. 신사참배 강요에 따른 선교회의 대응

　일제의 식민통치 방식의 변화는 미나미 지로南次郎 조선총독이 1936년 8월 5일에 취임하면서 본격적으로 시작되었다. 미나미 총독은 조선통치의 목표가 "참된 황국신민으로서의 본질에 철저토록 하고 … 내선일체와 동아의 일을 대처하게 하는 데 있다"고 말하였다. 그는 일본정신의 배양과 신동아건설을 역설하면서 "국체명징, 내선일체, 인고단련"을 3대 교육방침으로 정하고, "국민으로서의 지조, 신념의 연성練成"을 강조하였다.[145] 조선의 식민통치를 위한 황민화정책의 기조와 정책방향을 제시하며, 천황숭배로 조선인들의 정신을 무장하여 제국주의 확장 전쟁에 동원하겠다는 속내를 드러냈다. 조

144   이성전, 『미국 선교사와 한국 근대교육』, 228.
145   조선총독 미나미 지로(南次郎), "諭告," 『조선총독부관보』 호외 (소화 13년[1938년] 3월 4일), 2.

선의 교육은 황국신민을 "연성"練成하기 위한 도구였다. 이러한 통치이념과 방침이 1938년 3월 3일에 칙령 제103호로 공포된 제3차 조선교육령에 담겼다. 기존에 국어를 상용하는 자와 국어를 상용하지 않는 자를 구별한 교육을 폐지하고 제2조에서 소학교, 중학교, 고등여학교로 일원화시켰다.[146] 제3차 조선교육령 개정을 위한 사전 논의에서 황국신민을 육성하기 위해서 "1. 황도주의, 2. 내선일체 즉 동화, 3. 인고단련"을 강조하고, "황국신민의 서사를 제정하여 기회가 있을 때 반복 낭송"하는 방책을 세웠다. 또한 국어일본어를 전용하며 조선어 시수를 점차 줄이고, 젊은이들을 군대로 징병하기 위한 단계로 청년훈련소를 확대보급하고 입소연령을 줄여서 교육을 강화하는 것을 강조하였다. 특히 "국체관념을 명료하게 하고 확고한 국민적 신념을 체득"시키는 방법으로 "신사신사"神社神祠를 조영하고, 기독교계 학교에 대하여 "황국신민 연성 상 유감스러운 점이 적지 않은 실정을 고려하여 그것을 공립학교 또는 확실한 사립학교로 접수시켜야 한다"고 강조하였다. 미션스쿨에 대한 신사참배 강요는 이러한 맥락 안에 진행되었다.

일제 말기 신사참배 문제로 총독부와 선교회 사이에서 갈등이 심화되기 시작한 것은 1935년 11월 14일에 평안남도 중등학교 교장회의 시작 전에 신사참배를 요구받자, 북장로회 숭실학교 교장 맥큔George S. McCune, 윤산온이 이를 단호하게 거부한 것이 계기가 되었다. 신사참배를 요구하는 평양지사의 계속적인 압력에도 굴하지 않자 선교회와 조선총독부 간 충돌로 비화되었다. 결국 맥큔은 12월 18일에 숭실학교 교장에서 파면당하였고, 1월 20일에 숭실전문 교장직도 파면되었다. 숭의여학교도 신사참배 거부의사를 밝혔고, 1월 22일에 교장 스누크Velma Snook가 파면되었다.[147] 곧이어 1936년에 일제 교육당국은 모든 미션스쿨의 교직원과 학생들에게 신사참배를 명령하면서, 신사참배 문제는 전면적으로 확대되었다.[148]

평양을 중심으로 북장로회 주류는 신사참배 문제에 있어서 기독교 신앙의 차원에서 타협할 수 없는 문제로 여기고 단호한 대응을 이어갔다. 그러나

---

146 조선총독부, "勅令 第103號 朝鮮敎育令," 위의 책, 1.
147 이성전, 『미국 선교사와 한국 근대교육』, 237-40.
148 Brown, "A History of the Korea Mission," 502.

북장로회 내부에는 신사참배 문제를 개인의 양심의 문제로 두고 판단하지
말자는 입장과 신사참배를 국민의례로 수용할 수 있다는 입장도 있었다. 대
표적으로 원한경은 총독부 요구에 따라 서울의 경신, 정신, 연희전문 학생들
이 신사참배하여 "탈모, 경례, 배례 등 요구되는 대로 … 경의를 표하도록"
했다.[149] 그는 "개인의 양심과 신념에 반한다면 참배를 거부해도 되지만 내
개인의 의견으로서는 하나님의 명령을 등지지 않으면서 의식에 참석하여 경
의를 표해도 된다."라고 말했다.[150] 원한경은 신사참배를 반대하여 학교가 폐
교된다면 결국 기독교인들이 기독교적 교육을 받을 기회를 상실하게 될 것
을 우려하였다.[151] 그럼에도 불구하고 1936년 5월 9일 북장로회는 선교회 차
원에서 신사참배를 반대하고, 신사참배를 피할 수 있는 최선의 노력을 기울
인 후에도 총독부로부터 계속적인 강요를 받는 경우에는 학교를 폐교하기로
입장을 정했다. 그러나 원한경은 5월 13일에 이 결정에 반대하는 서울 스테
이션의 항의서를 채택하여 선교회에 제출하였다. 그러나 북장로회 한국선교
회는 7월 1일에 "세속교육의 영역으로부터의 인퇴정책引退政策을 승인한다"는
"교육철수 권고안"을 69:16으로 통과시키고 최종적으로 확정하였다. 이 결
정에 대하여 원한경과 서울 스테이션을 중심으로 하는 그룹은 고등교육연희전
문은 "인퇴"결정에서 제외하고, 선교회가 교육사업에서 물러나더라도 창학정
신을 가장 잘 유지할 수 있는 개인이나 단체에 학교운영을 넘기는 방안을 대
안으로 제시하는 진정서를 제출했다. 그러나 이 역시도 북장로회 선교회 안
에서 부결되어서, 사실상 평양을 중심으로 하는 다수의 입장이 관철되었
다.[152] 결과적으로 북장로회는 선교회 내부의 입장 차와 이후 선교본부 간 이
견異見으로 갈등과 혼선을 빚었고, 신사참배 대응에 있어서 강력한 단일대오
를 이루지 못했다.
　　반면에 남장로회는 신사참배 문제에 대하여 일사분란하게 대응했다.

149　이성전, 『미국 선교사와 한국 근대교육』, 246.
150　H. H. Underwood to McAfee, February 5, 1936, 이성전, 『미국 선교사와 한국 근대교육』, 246에서 재
　　인용.
151　이성전, 『미국 선교사와 한국 근대교육』, 247-48.
152　위의 책, 249-51.

1935년 11월 5일에 임시위원회를 소집하여 미션스쿨의 신사참배 참여 문제
에 대응하는 위원회를 구성하였다. 인돈, 김아각D. J. Cumming, 변요한, 노라복
Robert Knox, 유화례가 위원으로 임명되어 남장로회 미션스쿨의 공식입장과 대
응책을 모색했다.[153] 신사참배 문제에 대하여 북장로회 평양 스테이션 선교
사들 못지않게 보수적인 입장을 가지고 있었던 남장로회는 신사참배 문제가
기독교 신앙의 원리에 어긋나는 행위라는 점에 있어서 일치된 의견을 가졌
다. 그들은 신사참배 문제와 관련된 주변적인 요소, 예를 들어 학교의 계속
운영이나 한국교회 관계 등을 고려한 것이 아니라 신사참배 문제가 근본적
으로 기독교 신앙에 어긋난다는 점에 집중했다.[154] 그러나 신사참배 문제 앞
에서 미션스쿨을 어떻게 처리해야하는가에 대하여는 선교회 안에 다양한 의
견이 존재하였다. 한국교회가 미션스쿨 연합이사회에 참여하였기 때문에 학
교 유지를 요구하는 한국교회의 입장이 선교회에 전달되었지만, 신사참배
문제에 대한 최종입장이 수렴되고 결정되는 과정에서 남장로회는 선교회와
본부 차원에서 불협화음이 없이 이 문제를 정리했다.[155] 미국 남장로회 2대
일본선교사 출신으로 미국 해외선교본부 총무를 맡고 있었던 다비 풀턴C.
Darby Fulton의 리더십과 중재가 결정적인 역할을 한 것도 남장로회가 일치된
의견으로 입장을 정리할 수 있었던 중요한 요인이었다.

　　남장로회의 입장은 1936년 11월 4일 전주에서 열린 임시위원회 회의에
서 결정되었다. 이 회의에서 채택된 결의문은 "예전처럼 교육사업을 수행하
는 것이 불가능한 현 상황으로 인하여 교육선교를 포기할 수밖에 없다"는 내
용이었다. "매우 심각한 결정이고 매우 유감스럽게 생각하지만 다른 선택은
할 수 없다"는 단호한 의지를 표명했다. 여기에 더하여 총독부와 협의하여
교육사업을 정리하는 위원회를 구성하고, "어떤 스테이션도 이 위원회의 권
위에 반하여 독자적으로 행동해서는 안 된다"고 경고까지 하였다.[156] 학교폐

153　"Minutes of Ad Interim Committee, Mokpo, Korea, Nov. 5-6, 1935," *Minutes of the Forty-Fifth Annual Meeting* (1936), 37.

154　C. Darby Fulton, *Star in the East* (Richmond, VA: Presbyterian Committee of Publication, 1938), 210.

155　신사참배 문제에 대한 남장로회 한국선교회의 입장과 이해에 대하여, George Thompson Brown, "A History of the Korea Mission," 512-17.

156　"Minutes Ad Interim Committee, Chunju, Nov. 4-5, 1936," *Minutes of the Forty-Sixth Annual Meeting*

교를 반대하는 학생들과 교사들, 그리고 한국교회의 강력한 요구와 비판에 직면할 것을 예상하고, 그것이 선교회에 초래할 커다란 부담과 갈등을 인지하면서, 교육선교의 원칙이 훼손되는 모든 가능성을 사전에 차단하기 위한 조치였다. 일제당국은 남장로회가 오랫동안 동거동락한 학생들과 교직원, 그리고 한국교회의 비판과 압박을 받아 스스로 굴복하고 일제의 시책에 복종하기를 바라고 있었다.[157] 그러나 이 결의문은 선교회가 단일대오를 형성하여 어떠한 상황에서도 신사참배 문제에 타협하지 않겠다는 의지를 드러냈다.

　1937년 2월 2일에 해외선교부 총무 풀턴은 한국선교회의 간곡한 요청을 받고 교육선교에 대한 입장을 최종정리하기 위해서 내한하였다. 선교회 결정에 반대하는 전방위 압박으로 인하여 선교회가 커다란 어려움에 직면해 있었기 때문에 선교사들은 본부가 최종적으로 이 사안의 결론을 내려주기를 원했다. 풀턴 박사가 내한하였을 때 학생, 학부모, 동문, 한국교회 지도자들과 일제 당국자들까지 그에게 영향력을 행사하여 선교회의 결정을 뒤집으려 시도했다. 심지어 일본 형사가 그를 따라다니기도 했다.[158] 풀턴은 1937년 2월 24일 전주에서 열린 남장로회 임시위원회에 참석하여, 선교회의 입장과 한국교회 대표들의 입장을 청취했다. 이어진 임시위원회는 풀턴이 직접 작성한 "한국의 학교에 대한 정책" 성명서를 해외선교본부 훈령으로 직접 전달받았다. 이것이 남장로회의 선교본부와 한국선교회의 최종입장으로 정리되었다. 풀턴은 1936년 11월에 선교회가 정한 학교폐교의 입장을 공식 지지하고, 최종 승인하였다.[159] 성명서의 핵심은 1937년 4월부터 신입생을 받지 않고, 재학생들이 졸업할 때까지 학교를 운영하겠지만, 일제 당국이 신사참배를 강요한다면 지체 없이 폐교한다는 것이었다. 또한 폐교 이후의 학교건물이나 자산은 다른 기관에 증여, 임대, 대여, 매각 등의 방법으로 양도하는 것을 불허함으로써 한국교회나 제3자가 학교를 운영하는 것도 차단하였다. 동

(1937), 36-37.

157　유화례, "수피아와 나 (5)," 『전남매일신문』, 1975년 5월 12일.

158　Fulton, Star in the East, 189-92; Brown, "A History of the Korea Mission," 519-20.

159　"Minutes of Ad Interim Committee, Chunju, Korea, Feb. 24, 1937," Minutes of the Forty-Sixth Annual Meeting (1937), 39-42.

일한 상황에서는 누가 이어가든지 교육선교의 목적을 상실하고 창학정신이
훼손당할 것이므로 원래의 목적대로 학교를 운영할 수 있는 환경이 조성될
때까지 전면 중단하겠다는 의지였다.[160] 교육선교의 목적과 원칙은 본질적인
부분이므로 타협이나 양보를 하지 않겠고, 더 이상 지킬 수 없다면 중단하겠
다는 자세였다. 물론 이것이 일제에 대한 항일抗日이나 반일反日의 적극적 저
항과는 거리가 멀었다. 그러나 실제로는 기독교 신앙과 양심에 따라 일제가
요구하는 신사참배와 천황제 국가 우상화에 참여하지 않겠다는 단호한 반대
였다. 일제의 식민교육제도와 그것의 모태인 천황제 국가주의의 우상성을
정면으로 거부하는 근본적 저항이었다.

　　남장로회 안에는 최종결정이 내려지기까지 폐교와 처리방안에 대한 몇
가지 입장들이 있었다. 첫째, 신사참배를 공개적으로 반대하며 당국에 의해
강제로 폐교가 될 때까지 학교를 운영하는 방안. 그러나 이런 방안은 한국인
교직원의 신상에 위협이 될 뿐만 아니라 선교회가 일제와 정면으로 충돌하
는 모습을 보이기 때문에 받아들여지지 못했다. 둘째, 학교부지, 건물, 시설
을 한국교회에 인계하고, 현행 법령 아래서 가능한 범위 안에서 운영하도록
하는 방안. 한국교회의 많은 지도자들이 이 방안을 선호하였고, 일부 선교사
들도 긍정적으로 여겼다. 북장로회는 선교회 내부 및 본부와의 갈등 끝에 결
국 이러한 방식을 따랐고, 호주장로회도 이러한 방식을 선택했다. 그러나 남
장로회는 신사참배를 반대하는 것이 신앙 양심의 문제라면 한국교회가 같은
일을 하도록 학교운영권을 넘기는 것은 정의롭지 않다고 여겼다. 자신들은
안 되고 한국인들은 된다는 것은 위선적이라는 것이다. 셋째, 학교를 비기독
교인에게 매각하여 한국인들을 위해 학교를 운영하도록 하는 방안. 그러나
이것 역시 사실상의 굴복이라고 여겼다. 원칙상 해서는 안 되는 일을 다른 모
습으로 하는 것은 속임수라고 보았다. 넷째, 교육사업에서 완전히 철수하고
곧바로 학교를 폐교하는 방안. 이것이 그들의 원칙을 지키는 최선의 길이라
고 판단하였고, 최종입장으로 결정되었다.[161] 이러한 원칙에 따라 남장로회

160　"Policy Regarding Schools in Korea," 위의 책, 43-46.
161　Brown, "A History of the Korea Mission," 520-22.

미션스쿨은 1937년 9월에 전면 폐교되었다.

재한선교회는 신사참배가 종교의식인가 국민의례인가에 대한 입장이 나뉘었다. 감리교와 캐나다 연합교회 선교회는 신사참배 문제는 한국교회가 결정할 문제라는 입장을 취하며 한발 물러섰고, 신사참배를 수용하며 학교 운영을 이어갔다. 북장로회와 호주장로회는 신사참배 문제로 선교회가 내부적으로 갈등을 빚었다. 북장로회는 일부의 반대에도 불구하고 1936년 7월 1일에 교육철수권고안을 결의하였고, 이에 반대하는 서울스테이션 선교사들과 소수파는 진정서를 제출하면서 설립정신을 이어갈 수 있는 단체에 학교를 양도할 것을 주장하였다.[162] 북장로회 해외선교본부는 학교를 이어나가야 한다는 주장을 수용하였고, 폐교된 학교의 자산이 학교를 운영해온 이사회와 한국교회에 매각되거나 혹은 개인이나 단체에 매각되어 운영되었다. 이러한 문제로 북장로회는 내부적으로 심각한 혼란과 갈등을 겪었다.[163]

호주장로회는 기독교 신앙이 훼손되지 않는 범위에서 일제 당국의 요구를 가급적 수용하는 것을 원칙으로 하였고, 미션스쿨 차원에서는 참배하지 않았지만, 개인의 참여를 문제시 하지는 않았다. 그러나 1936년 2월 7일에 신사참배가 신앙의 근본 원리에 어긋나므로 신사참배를 거부하기로 결의하였다. 이에 따라 선교회 안에서 정치적인 국민의례라는 입장과 종교적인 면이 섞여 있다고 보는 입장 사이에 논쟁이 일어났다. 결국엔 신사참배를 거부하고 학교를 폐교하기로 결정했다. 폐교 이후 학교는 일반에 매각되거나 공립으로 전환되어 운영되었다.[164]

재한선교회 가운데 남장로회는 신사참배 문제에 대하여 가장 강력하게, 일사분란하게 입장을 정리하고 학교폐교를 조직적으로 진행하였다. 이러한 비타협적 태도에 대하여 "원리원칙적인 입장을 고수"하면서 학생들의 학습권을 고려하지 않고 무책임하게 학교폐쇄를 결정하였다고 비판하는 주장도 있다.[165] 이러한 입장은 당시 학생과 학부모, 한국교회 지도자들의 비판이기

---

162 이성전, 『미국 선교사와 한국 근대교육』, 237-40.

163 Brown, "A History of the Korea Mission," 505-509.

164 Yoonmi Lee, "Religion, Modernity and Politics," 608-10.

165 안홍선, 『일제강점기 중등교육정책』, 394-95.

도 했다. 목포 영흥학교와 정명학교 학생들이 폐교조치에 분개하며 단식투
쟁을 하였고, 광주 수피아여학교에서도 학생들이 반발하며 교장 유화례 선
교사를 감금하고 일부 교사들의 선동으로 집단행동을 하였다.[166] 교육의 기
회가 좌절된 학생과 학부모 입장에서, 신사참배를 수용하더라도 자녀들을
계속 교육시키기를 바라는 한국교회의 입장에서는 선교회의 결정이 무책임
하고 편협하다고 여길 수 있었다. 그러나 이후 전시체제기에 황국신민화라
는 이념 아래 학교와 교육이 전쟁동원의 수단이 되어서 수업연한을 단축하
고 학생들을 근로보국과 교육활동의 이름으로 군수공장이나 방공호 건설현
장에서 노동인력으로 동원하고, 심지어 학도병이나 징병으로 동원하는 상황
을 고려할 때 학생들의 학습권을 고려한 학교의 유지가 최선의 방안이었다
고 단정하기는[167] 어렵다.

VI. 해방 이후 교육선교 정책과 활동

1. 북장로회 기독교 고등교육 사업

북장로회 선교사들은 해방 후 1946년부터 복귀하였다. 선교본부는 한국
선교회를 재조직하기까지 전권을 가진 비상실행위원회 Emergency Executive Com-
mittee 를 구성하였고, 선교회와 논의하여 현장대표 Field Representative 를 임명했
다.[168] 비상실행위원회가 선교사들 복귀 이전에 한국선교회의 기능을 수행하
였다. 비상실행위원회 위원으로는 안두화 Edward A. Adams, 고언 Roscoe C. Coen, 플
레처 Archibald G. Fletcher, 램프 H. W. Lampe, 노해리 H. A. Rhodes, 옥호열 Harold Voelkel 이었
다.[169] 선교회를 대표하는 현장대표는 안두화 1948-1957, 베어드 Richard H. Baird,

---

166 『조선일보』, 1937년 3월 4일, 3월 9일; 유화례, "수피아와 나 (6)," 『전남매일신문』, 1975년 5월 13일.
167 안홍선, 『일제강점기 중등교육정책』, 80-82.
168 Harry A. Rhodes and Archibald Campbell, eds., *History of the Korea Mission Presbyterian Churcn in the U. S. A.* Vol. II: 1935-1959 (Commission on Ecumenical Mission and Relations, The United Presbyterian Church in the U. S. A., 1964), 70.

1957-1960, 마삼락 S. H. Moffett, 1960-1964 였고, 권세열 Francis Kinsler 이 부분적으로 1951-1952, 1957 역할을 수행했다.[170]

북장로회는 교육선교를 위해 중등학교의 재건을 지원하였다. 서울의 경신학교와 정신여학교는 동문들에 의해 재개교되면서 선교회와 협력관계를 갖추었다. 선교회는 재건기금으로 학교건물을 새롭게 건축하는 것을 지원하였다. 또한 서울에 피난 온 숭실학교 동문들이 1948년에 학교를 재건하는 운동을 시작하며 선교회의 재건기금 사용을 청원했고, 선교회는 1956년부터 학교를 지원했다. 숭의여학교 보성여학교도 서울에서 개교하였고, 선교회는 두 학교에도 재정을 지원했다.[171] 지방에서도 재건되는 중등과정 학교와 새로 설립되는 학교에 선교회가 재정지원을 했다. 청주의 세광고가 충북노회에 의해 설립될 때 선교회는 1950년에 학교부지를 확보하는 기금을 지원했다.[172] 안동의 경안고가 1954년에 설립될 때 선교회와 한국교회가 절반씩 기금을 모았고, 미군대한원조 AFAK 프로그램[173]의 현물지원으로 1955년에 2층 벽돌 건물이 건립되었다.[174] 대구의 신명여학교는 동문들의 주도로 학교를 운영하면서 선교사들의 복귀 이후 사라진 미션스쿨의 기독교 전통을 되살리기 위한 노력을 기울였다. 1956년 학교는 미국교회 여성들의 감사헌금으로 채플실과 강의실 건립 기금을 확보하였고, 1957년에 건물이 완공되었다. 대구의 계성학교는 한국전쟁 중에 군병원으로 사용되었고, 전쟁 후 반환되었다. 1959년에 미국연합장로교회 남선교회 후원으로 4층짜리 새로운 건물을

---

169 "Emergency Executive Committee Meeting, Korea Mission, Presbyterian Church, U. S. A., Seoul, Korea, October 2-5, 1946," *Minutes, Actions and Reports of the Korea(Chosen) Mission of the Presbyterian Church in the U. S. A. from August 1941 to June 1948* (n.p., n.d.), 18.

170 Rhodes and Campbell, *History of the Korea Mission Presbyterian Churcn in the U. S. A.* Vol. II: 1935-1959, 70.

171 위의 책, 121-25.

172 위의 책, 133-34.

173 미군대한원조(Armed Forces Assistance to Korea) 프로그램은 6·25 전쟁 복구를 위해서 미군 부대 단위로 진행된 사업이었다. "한국사회를 지원하는데 관심있는 부대가 지역 당국과 합동으로 사업을 선정"하고, 승인 후 사업을 지원하였다. 관할부대 군인들의 자원봉사와 할당된 자금을 활용하고, 획득이 어려운 자재를 공사에 배정했다. 이와 관련하여, 서일수, "6·25 전쟁 복구사업과 미군대한원조(AFAK) 프로그램," 『기록인』 21 (Winter 2012), 101-105.

174 Rhodes and Campbell, *History of the Korea Mission Presbyterian Churcn in the U. S. A.* Vol. II: 1935-1959, 153.

건립하였다.[175]

중등학교의 재건과 설립에도 선교회는 재정을 지원했지만, 해방 이후 북장로회 이후 연합장로회의 교육선교는 고등교육 기관의 설립 지원과 운영 참여에 집중되었다. 대구의 계명기독대학 Keimyung Christian College, 계명대학교 전신은 해방 후 한국교회 지도자들의 요청과 노력에 북장로회가 협력하여 재건기금을 대거 투입하여 설립한 대학이었다. 대구 스테이션의 첫 상주 선교사였던 안의와 James E. Adams는 한국 남부지역에 대학설립의 비전을 가지고 있었으나 당시 선교본부는 숭실과 연희에 이은 제3의 대학을 승인하지 않았다. 해방 후 대구의 기독교 지도자들은 기독교 대학 설립의 필요를 느꼈고, 선교회를 통해 대학설립 청원을 하였으나 북장로회 선교본부의 승인을 얻지 못했다. 이에 따라 1953년에 자체적으로 대학설립 계획을 추진하기로 결정하고, 학교정관을 만들고, 대구 스테이션의 선교사 2명과 안동 스테이션의 선교사 1명의 참여를 요청하여 이사회를 구성하였다. 안두화 Edward Adams가 이사장으로 선임되었고, 대학은 4년제 대학에 준하는 학관으로 정부의 인가를 받았다. 감부열 Archibald Campbell이 이사회에서 학장으로 선임되었으나 선교본부는 승인을 거부하다가 임시적으로 허락하였다. 대학은 1954년 4월에 개교하였고, 대구 스테이션은 안의와의 사택을 대학이 사용하도록 허락했다. 또한 한국전쟁 당시 대구에 내려와 있다가 1953년에 서울로 올라간 장로회신학교를 위해 지은 강의실, 기숙사, 교수사택을 대학이 사용하도록 허락했다. 북장로회 선교본부 총무 스미스 John C. Smith가 내한하여 한국교회 지도자들의 요청을 받아들여 선교본부 자금지원과 기관에 대한 승인을 허락하였다. 북장로회 선교본부 재건기금에서 초기 설립자금 125,000 달러가 지원되었지만, 서울에 숭실대학을 재건하는 비용에 일부 지원하라는 단서조항이 달려 있었다. 1956년부터 북장로회는 예장총회와 모든 선교사업을 합동으로 진행하기 위한 협의체를 만들기 위해 선교회-교회협의회 Mission-Church Conference를 구성하였고, 여기서 서울에 숭실대학 건립을 위해 35,000 달러를 재건기금에서 사용하고, 계명대학에는 9만 달러를 배정하여 건물, 시설, 5년간의 경상비로 사용하도

---

175 위의 책, 169-71.

록 결정했다. 감부열 학장은 부족한 금액을 다른 곳에서 모금하였고, 미군으로부터 31,000 달러에 달하는 건축자재를 확보했다. 대학본관 건축공사가 1955년 2월 8일에 시작되었고, 안두화 박사가 대학의 정초석을 놓았다. 봉헌식은 1955년 12월 5일에 거행되었다. 감부열의 뒤를 이어 2대 총장으로 안두화 박사가 압도적인 지지를 받아 선임되었고, 학장직을 수행하면서 총장공관, 여자기숙사, 상주 선교사 사택, 22동의 교수사택을 건립했다.[176]

평양의 숭실대학은 공산당이 북한을 점령한 이후 공산당 양성학교 건물로 사용되었다. 1950년 한국전쟁 당시 일부 선교사들이 연합군을 따라 평양을 방문할 때까지 학교 건물에 큰 손상은 없었으나 이후 중공군 개입 시 미군 공습으로 파괴되었다. 숭실대학의 재건논의는 이북에서 월남한 동문들을 중심으로 추진되었다. 1952년에 과거 숭실전문 이사였던 고한규는 북장로회에 학교재건을 위한 지원을 요청하였다.[177] 북장로회는 1952년 회의에서 안두화위원장와 권세열에게 일임하여 선교본부에 5만 불 지원을 대학설립 자금으로 요청하기로 했다는 결의사항을 대학재건을 주도하는 영락교회 한경직 목사에게 알렸다.[178] "숭실재건기성회"는 1953년 12월 17일 영락교회에서 개최되었고, 이 회의는 숭실재건을 위한 공식적인 최초의 모임이었다. 회장은 한경직, 서기는 김양선이었다.[179] 숭실대학의 공식적인 시작은 영락교회에서 이루어졌고, 영락교회 건물을 사용하여 대학수업이 이루어졌다. 대학 이사회에는 북장로회와 남장로회가 참여하여 운영되었다.[180] 1956년 북장로회 선교회는 대학의 정관을 심사하여 학교설립을 승인하고, 약속한 설립기금을 승인하며 공식적으로 학교운영에 참여하였다. 학교이름은 예전에 사용하던 영문교명 Union Christian College 는 더 이상 사용하지 않고, 한글이름 숭실대학만을 사

---

176 위의 책, 171-75.

177 숭실대학교120년사편찬위원회 편, 『민족과 함께 한 숭실 120년』(서울: 숭실대학교, 2017), 230-31.

178 Rhodes and Campbell, *History of the Korea Mission Presbyterian Churcn in the U. S. A.* Vol. II: 1935-1959, 277-78.

179 숭실대학교120년사편찬위원회 편, 『민족과 함께 한 숭실 120년』, 231.

180 1954년 1월 이사회규정을 수정하여 확대된 이사회에 안두화(북장로회)와 인돈(남장로회)이 이사로 선정되었다. 그러나 1957년 이사회에서는 남장로회는 대전에 대전대학(한남대학교 전신)을 설립하여 운영하면서 숭실 이사회에서 빠지고 북장로회 인사들이 2명 참여하는 것으로 변경되었다. 1960년 이사회에 리처드 베어드가 명예이사로 추대되었고, 마삼락과 옥호열이 이사로 참여하였다. 이에 대하여, 위의 책, 232-35.

용하기로 했다. 대학설립 기금은 재건기금에서 35,000 달러가 지원되었고, 부족한 비용은 이북출신 기독교인들의 모금으로 채워졌다. 한경직의 뒤를 이어 미국 LA의 김성락 목사가 새로 건립된 숭실대학 학장으로 일하였다. 다섯 개 학과영문, 철학, 사학, 법학, 경제학로 출발하였고, 서울에 재건된 이후 첫 졸업생은 1958년에 배출되었다.[181]

북장로회는 재한선교회 연합의과대학Union Medical College인 세브란스 의과대학의 재건에도 주도적 역할을 했다. 해방 후 선교회가 복귀하자 세브란스 학장 최동Paul Choy 박사가 선교회의 협력을 요청하였고, 1948년에 북장로회 한국선교회가 재조직되면서 세브란스와 협력을 재개했다. 북장로회 플레처 박사가 선교회 파송으로 세브란스에 머물면서 병원 재건을 도왔다. 1948년부터 세브란스 의대 학장을 맡은 이용설 박사는 연희대학과 세브란스의과대학이 함께 가야 한다는 구상을 구체화시키고 있었고 연희대학 인근에 구입한 새로운 부지로 이전할 계획을 세웠다. 주한 미8군은 한국주둔 기념으로 외과병동을 건립하여 세브란스에 기증하기로 했고, 40만 달러 상당의 건축자재와 7만 달러 상당의 시설을 제공하기로 했다. 북장로회는 최대 50만 달러에서 36만 달러를 지원하고 400병상 이상의 병원을 건립하기로 했다.[182] 북장로회는 연희대학의 재건에도 관여하였다. 미군정은 유억겸으로 하여금 대학을 재건하도록 하였고, 곧이어 그가 미군정 문교부장으로 옮기자 백낙준이 학장이 되어 학교재건을 이끌었다. 해방 이전에도 북장로회 선교사들은 학교 교수진으로 참여하였고, 해방 이후에도 원한경 부부와 원한경의 아들 원일한H. G. Underwood이 교수로 활동했다. 1955년에 연희대학과 세브란스의과대학 이사회가 연합하였고, 백낙준이 연합이사회 이사장이 되었다. 1957년에 연세대학교로 새롭게 출발하게 되었고, 백낙준이 초대 총장이 되었다.[183]

북장로회는 1956년에 예장총회와 협의회를 구성하면서 5개년 계획을 수립하였는데, 장로회 여자대학을 설립하는 것이 시급한 문제라는 것에 동의

---

181 Rhodes and Campbell, *History of the Korea Mission Presbyterian Churcn in the U. S. A. Vol. II: 1935-1959*, 276-80.
182 위의 책, 282-90.
183 위의 책, 291-300.

했다. 당시 예장총회 직영의 총회신학교가 과밀한 상황에서 교회에서 요청하는 풀타임으로 사역할 여성사역자들을 양성할 수 있는 교육기관이 절대적으로 필요했고, 또한 장로교 여성들을 위한 고등교육기관이 시대적으로 요청되는 상황이었다. 해방 이전에는 이화여전이 장로교 여성들을 위한 고등교육기관으로도 활용되었으나 이화여대가 기독교 사역자 양성보다는 사회적 경력을 위한 여성들을 길러내는 방향으로 발전하는 상황에서 신학과 성경을 철저히 가르치는 학과를 갖춘 장로회 여자대학 설립이 강력히 요청되었다. 이러한 인식에 따라 1960년에 설립된 장로회 여자대학이 서울여대였다. 예장총회에서 위원회가 구성되어 계획안이 만들어졌고, 정관이 채택되고, 담당자들이 선정되었다. 미국장로회 여성지도자 더글라스^{J. M. Douglas} 부인, 앳킨스^{Margaret Atkins} 부인, 모저^{Paul Moser} 부인이 방한하면서 미국교회 여성들의 헌금 8만 달러 후원을 약정했고, 정신여고 교장 김필례가 상당한 자금을 모았다. 이사회는 고황경 박사를 학장으로 임명하였고, 정관을 만드는 작업이 진행되었다. 북장로회 한국대표 리처드 베어드, 진 델마터^{Jean Delmarter}, 권세열 부인, 앤 버그맨^{Ann Bergman}이 북장로회 파송 이사로 이사진에 참여하였다. 1958년에 미국에서 펀드가 답지하였고, 주선애가 미국에서 유학을 마치고 돌아와 학교 홍보를 맡아 전국교회와 노회와 여전도회에 학교설립의 필요성을 역설하였다. 1959년에 장로회신학교로 사용하기 위해 육군사관학교로부터 사들인 부지에 서울여대가 자리를 잡았고, 1959년에 첫 번째 대학 건물 건축이 시작되었으며, 1960년 4월에 개교하였다.[184]

2. 남장로회 고등교육 기관 설립과 운영

　해방 후 남장로교 해외선교부는 한국의 상황을 조사하는 위원회를 조직하였는데, 위원으로는 인돈과 함께 크레인, 김아각, 하퍼, 우월손^{Robert M. Wilson}이 임명되었다. 한국에 도착하여 상황을 점검하던 인돈은 한국인 교인들의

---

[184] 위의 책, 302-303.

열렬한 환영을 받았고, 무엇보다도 교육사업의 재개에 대한 강력한 요청을 받았다. 학교가 폐쇄되기 이전의 교육목적을 회복하고 인돈이 남학교^{신흥학교}와 여학교^{기전여학교}의 교장이 되어 당장 개교해야 할 것을 요청하였다.[185] 그리하여 신흥학교와 기전여학교는 1946년 11월에 재개교하였다.[186] 폐교된 남장로교 선교학교들은 속속 개교되었다.

해방 이후 한국에서는 대학설립에 대한 요청이 꾸준히 있어 왔고 남장로회도 이에 대한 논의가 있었다. 남장로회 선교지역의 기독교학교에서 배출된 학생들을 교육하기 위한 대학의 필요성이 요청되었던 것이다. 해방 이전에는 연합사업의 일환으로 숭실전문이나 세브란스 의전 운영에 참여하여 고등교육을 해왔다면, 해방 이후에는 독자적인 남장로회 대학의 필요를 느끼며 설립을 추진하였다. 남장로회가 고려하는 대학은 그들이 미션스쿨에서 길러낸 학생들을 교육하는데 필요한 소규모 대학이면 충분하였다. 이에 1948년 2월 24일-25일에 순천에서 열린 임시위원회는 고등교육을 위하여 3명의 선교사를 충원해 줄 것을 해외선교본부 실행위원회에 청원하였고, 남장로교 선교회의 교육 센터로 활용하기 위해 대전에 새로운 선교지부를 설치할 타당성에 대해 논의하자는 동의안이 통과되었다. 그리고 예장총회에 남장로회가 고등교육^{대학}의 문제를 고려하고 있다는 사실을 정식으로 알리자는 동의안이 통과되었다.[187] 이로써 남장로회의 대학설립안이 본격화되기 시작하였다.

해방 후 제2차 선교사 연례모임은 같은 해 5월 27일-6월 4일에 전주에 있는 인돈의 사택에서 열렸는데, 인돈이 의장으로 선임되었다. 이 회의에서는 여러 가지 문제들 외에도 대학설립에 관한 문제가 집중적으로 다루어졌다. 5월 28일 오전 회의에서는 정기환 목사가 장로교대학 설립의 문제를 제기하였고, 그가 대변하는 전북노회는 선교회가 전북노회와 협력하여 전주에 기독교대학을 설립해 줄 것을 제안하였다. 또한 순천노회의 대표들인 김상

---

185 Charlotte B. Linton to Folks, August 2, 1946.

186 Brown, 『한국선교이야기』, 252-53.

187 "Ad Interim Committee Meetings, Sunchon, February 24-25, 1948," *Minutes of Korea Mission, 1946-1948*, 30.

권, 나덕환, 김형모 목사가 선교회에 인사하였고, 김상권 목사는 순천에 대학을 설립해 줄 것을 요청하였다. 5월 29일 오전모임에서는 증경 총회장 배은희 목사가 다른 요청사항들과 함께 대학설립을 요청하였다. 6월 3일 오전모임에는 네 명의 전남노회 대표들이 인사하면서 광주에 대학을 세워달라는 청원을 하였다.[188] 대학설립과 관련하여 남장로회 산하 교육위원회는 다음의 사항들을 청원하였다.

- 우리는 인문대학 College of Liberal Arts 을 한국의 서남부에 설립할 것을 청원하며, 그 대학의 분명한 목적은 기독교 지도자와 교사와 미래의 목사 preacher 를 길러내는 것이다.
- 우리는 녹스 박사, 인돈, 하퍼 박사, 크레인 박사 구바울 로 구성된 위원회를 설립하여 위의 청원을 실행하게 할 것을 청원한다.
- 우리는 다섯 노회에서 파송한 위원회의 제안에 따라 당분간 대학의 감독권을 선교회가 보유하도록 하지만, 우리 선교회의 실행위원회는 관계된 노회에서 온 대표위원과 협의하도록 지시할 것을 청원한다.[189]

이러한 교육위원회의 청원을 채택하면서 선교회는 몇 가지 내용을 결정하였다. 위에서 언급한 실행위원회를 대학위원회 the College Committee 라고 부르면서, 이 위원회가 본국의 해외선교본부 실행위원회와 대학설립 예산안을 논의할 권한을 위임하였다. 대학설립을 위한 예산 $25,000 이 추가되었고, 대학설립의 위치는 광주에 적합한 장소가 있다면 광주로 하고, 그렇지 않을 경우에는 전주에 설치하기로 의견을 모았다.[190] 초기에 대학설립의 장소로 대전은 전혀 고려의 대상이 아니었다. 또한 대학의 교육이념은 일제강점기에도 유지된 남장로회의 교육목적이 그대로 계승되었다. 대학의 목적은 기독교지도자의 양성으로서, 단지 목사와 교역자만을 길러내는데 목적이 있지 않았

188 *Minutes of the Second Postwar Annual Meeting of the Korea Presbyterian Church of the U.S. in Minutes of Korea Mission, 1946-1948*, 33-41.
189 "Report of the Educational Committee," 위의 책, 46.
190 위의 책, 41.

고, 인문학과 순수과학을 포괄하는 인문과학liberal arts을 전공한 지도자를 의
미하였다. 한국교회를 이끌어 갈 목회자, 미션스쿨에서 가르칠 교사, 선교병
원에서 일할 의사, 기독교적 정신으로 교회와 사회에 봉사할 기독교 인재를
양성하는 목표를 지향하였다.

그러나 한국전쟁의 발발로 대학설립 추진은 뒤로 미루어질 수밖에 없었
다. 이후 1954년 5월 6일-15일에 전주에서 열린 연례회의에서 인돈이 의장으
로 선임되었고 이 회의에서 대학설립에 관한 중요한 문제들이 확정되었
다.[191] 5월 10일 저녁회의에서 대학설립 후보지로 대전, 광주, 전주, 순천을 놓
고 열띤 토론이 있은 후에 비밀투표를 진행하여 두 개의 지역만을 남기고 탈
락시켰다. 순천과 함께 유력한 후보지 전주가 탈락하였다. 서의필John N. Somer-
ville의 회고에 따르면 사실 전주는 인돈이 대학설립을 원하던 지역이었다. 신
흥학교를 중심으로 남장로회 교육선교가 깊게 뿌리내린 곳이었고, 선교병원
예수병원과의 연관성까지 생각해 본다면 대학설립 장소로 적합하다고 여겼
다.[192] 대학설립의 최종 후보지는 광주와 대전 사이에서 결정되어야 했다. 5
월 11일 오전에 속개된 회의에서 비밀투표를 통해 대전이 대학설립지로 최
종 결정되었다. 5월 12일 회의에서 선교회는 인돈이 대전에 설립할 기독교대
학을 이끌어 나가야 하며 그가 대학위원회를 구성하여 대학설립을 추진할
것을 결의하였다.[193] 대전이 대학설립지로 결정된 것은 새로 마련된 대전 스
테이션이 다른 지역에 비하여 매우 넓은 장소를 확보하고 있었기 때문에 대
학을 설립하기에 적합하다고 판단하였고, 다른 교파 선교회들과 연합으로
교육사업의 요충지로 발전시키려는 계획이 있었기 때문이라고 사료된다.

토지매입과 선교사 사택건축을 시작으로 본격적으로 대학설립과 대전
스테이션 개척이 동시에 진행되었고 대학건물 건축설계와 교과과정작업, 그
리고 교수요원 확보 등의 작업이 이루어졌다. 1955년 11월에는 인돈이 전주
에서 대전으로 옮겨왔고, 대학설립인가 신청을 하였다. 그러나 시설미흡 등

---

191 *The Minutes of the Eighth Annual Post War Meeting of the Korea Mission.* 이 회의록에는 페이지수가 생
략되어 표시할 수가 없다.
192 최영근, 『인돈의 생애와 기독교정신: 미국 남장로회 선교사 윌리엄 A. 린튼(William A. Linton) 전
기』(서울: 한교총, 2022), 214-16.
193 *The Minutes of the Eighth Annual Post War Meeting of the Korea Mission.*

을 이유로 4년제 대학보다는 정규대학에 준하는 "대전기독학관"으로 시작하고 건축 중인 학교건물이 완성되면 대학설립인가를 곧바로 추진하기로 하였다. 그리하여 1956년 2월 5일에 성문과, 영문과, 화학과의 3개 학과로 대전기독학관 설립 인가 신청을 하였고 3월 13일에 인가를 받았다. 그리하여 4월 10일에 대전기독학관Taejon Presbyterian College이 개교하였다.[194] 인돈과 김기수Keith R. Crim가 학교의 설립과 운영에 주도적인 역할을 하고 있었다. 신입생 81명과 전임교수 6명으로 시작한 작은 대학이었다. 신학교와 같은 분위기로 전교생이 세례교인이었고 날마다 경건의 시간으로 일과가 시작되었다. 교수와 강사들이 인도하는 묵상과 간증의 시간이었다. 매주 목요일에는 목사가 인도하는 예배가 열렸다.[195] 인돈의 부인 인사례Charlotte B. Linton는 대전기독학관이 비록 학생 수와 교수 수는 적지만 끈끈한 관계와 협력의 훌륭한 정신이 있는 학교이며 성경과 과학과 수학의 좋은 과목들이 있는 작은 기독교 인문과학 대학으로서 한국사회에 기여할 것이라고 내다봤다.[196]

　대전기독학관이 개교한지 얼마 되지 않은 1956년 12월 23일에 성문과, 영문과, 화학과, 수물학과 네 개 학과의 입학정원 480명의 4년제 정규대학 인가 신청서를 제출하였지만 시설미비를 이유로 인가가 불허되었다. 그러나 꾸준히 대학발전 자금을 모금하고 시설확충과 교수확보의 노력에 힘을 쏟으며 정규 대학인가를 받기 위한 노력을 기울여 마침내 1959년 2월 26일에 대전대학 설립 인가를 받았다.[197]

---

194 최영근, 『인돈의 생애와 기독교정신』, 233-37.
195 한남대학교40년사편찬위원회, 『한남대학교40년사』 (대전: 한남대학교, 1996), 68-75.
196 Charlotte B. Linton to Friends, Nashville, Tennessee, April 23, 1958.
197 『한남대학교40년사』, 82-9. 대전대학(Taejon Presbyterian College)은 1970년 숭실대학과 합병하여 숭전대학이 되었다가, 이후 1982년에 분리되어 한남대학교가 되었다.

VII. 나가는 말

이 연구는 140주년 미국장로회의 한국선교 역사를 교육선교의 맥락에서
살펴보며, 그들의 교육선교의 정체성과 목적이 변화된 시대적 상황에서 구
현되는 과정을 조명하였다. 북장로회와 남장로회를 아우르는 공통적 교육선
교의 목적과 정체성은 한국교회 발전을 이끌어 나갈 기독교 지도자 양성이
며, 이를 위해 철저한 기독교적 신념과 교육내용에 기반하여, 기독교 교사가
기독교인 학생들을 기독교적 원리로 가르치는 학교의 본질과 특징을 유지하
는 것이었다. 구한말, 일제강점기, 해방 이후 한국사회에서 한국교회를 이끌
어 나갈 지도자와 기독교 인재를 양성하기 위해서 기독교적 정체성과 교육
목적을 유지하며 교육선교를 이어갔다. 선교초기 초등교육에서 시작하여 중
등교육에 집중하고, 더 나아가 고등교육으로 발전시키며 체계적으로 교육선
교를 이어나갔고, 교회학교, 미션스쿨, 기독교대학의 체계적인 기독교 교육
의 체제 안에서 서구의 근대교육과 민주적 가치를 심화시키며 한국사회를
이끌어 나갈 시민계층과 지도자를 배출하였다. 특히 일제강점기 한국사회에
서 선교회가 발전시킨 기독교 학교는 근대적 지식과 민주적 시민의식과 더
불어 무너진 민족-국가를 재건하는데 필요한 기독교 민족의식을 불어넣는
교육의 공간으로도 작용하였다. 한국교회와 기독교 공동체를 위한 인재 양
성이라는 본질적 목적 외에도 선교회의 교육목적에 동의하는 비기독교인 학
생을 받아들여 교육하면서 다른 방법으로는 서구적 근대 교육을 제공받을
수 없었던 당시 한국사회에서 미션스쿨과 기독교 학교는 한국의 근대교육
발전에 결정적 기여를 했다. 교육을 통해서 근대 한국사회가 형성되고, 일제
식민통치를 극복하며 민주국가를 건설하는 기반이 되었기 때문에, 미국장로
회 북장로회와 남장로회를 비롯하여 재한선교회의 교육선교는 전도와 의료를 포함한
그 어떤 선교영역보다 한국사회에 발전에 결정적 공헌을 했다고 평가할 수
있다.

기독교 학교와 미션스쿨에서 기독교 신앙과 가치를 체득한 기독교적 인
재를 양성한 것은 일제강점기와 해방 이후 혼란과 한국전쟁의 참화라는 어

두운 한국의 역사를 뚫고 자유롭고 정의로운 사회를 건설하는 동력을 제공했을 뿐만 아니라 이들이 한국교회 지도자로서 교회발전을 이끌었다는 점에서 지속가능한 한국기독교 발전과 한국교회 성장에 결정적인 기여를 했다고 평가할 수 있다. 대한제국의 멸망과 해방 후 대한민국 정부수립 사이에 끼여 있는 일제강점기는 나라의 독립을 무너뜨리고 민족공동체를 근본적으로 해체시킬만한 파괴적인 시기였다. 일제의 식민교육은 근대화를 표방하였지만, 차별과 서열화를 통해 식민체제의 권위에 복종하고 제국주의 확장의 필요에 유용한 사람으로 길러내는 식민지배의 도구였다. 그러나 미션스쿨은 구한말과 대한제국 시기부터 한국인들의 근대화의 열망을 충족시키고 근대사회를 형성하는 중요한 기제機制였다. 미션스쿨의 기독교적 교육은 한국의 복음화와 한국교회 발전에 기여하는 기독교적 인재 양성이라는 선교적 목표를 가지고 있었지만, 기독교적 정신과 더불어 민주적, 근대적 교육을 얻을 수 있는 기회를 제공하였다. 선교회 학교가 제공하는 대안적 교육은 당시 식민지 조선과 조선인에게 서구적 근대교육의 유일한 통로였다. 따라서 사립학교와 미션스쿨의 기세氣勢를 꺾지 않고는 식민교육이념을 달성하는 것이 불가능했던 일제는 법과 제도를 통해 기독교학교를 압박하며 식민교육제도 아래 두고 통제하였고, 제도권 밖의 기독교 교육은 철저히 고사枯死시키는 정책을 사용하지 않을 수 없었다. 조선교육령과 사립학교규칙과 지정학교제도는 그들이 한국에서 교육제도를 독점적으로 지배하고 사립학교를 규제하고 통제함으로써 식민교육이념을 달성하기 위한 법적, 제도적 장치였다. 1915년 사립학교규칙의 개정으로 종교교육을 금지하여 미션스쿨의 전향과 굴복을 의도했던 것과, 1936년 신사참배를 앞세워 기독교 학교를 일제 천황제 국가체제에 굴복시키려고 했던 것도 같은 맥락이었다.

일제의 엄혹한 식민통치와 천황의 철저한 신봉자를 길러내는 일제 식민교육제도 아래서, 선교회가 운영하는 미션스쿨이 기독교적 교육의 정체성과 목적을 끝까지 지켜내면서 투철한 기독교 신앙과 건강한 민족의식을 갖춘 인재들을 양성한 것은 어두운 시대를 가로질러 한국사회에 밝은 내일을 열어가는 초석礎石이 되었다. 일제강점기 미국 남장로회 교육선교를 이끌었고 해방 이후 남장로회 고등교육을 주도한 인돈 선교사가 한국에서 선교회가

할 수 있는 최고의 봉사가 교육이라고 지적한 것은 의미심장하다. 한국인을 철저한 천황의 숭배자로 길러내는 식민지 교육, 물질주의와 이데올로기의 노예로 길들이는 세속적 교육이 아니라 그리스도의 사람으로 건강한 인성을 갖추고, 교회와 사회와 민족을 위해 봉사하는 섬김의 지도자를 길러내는 진정한 기독교적 교육이야말로 한국교회와 한국사회의 축복이라고 여겼던 것이다. 그것은 단지 인돈 한 사람의 비전이 아니라 평양 숭실을 시작한 배위량, 그 학교를 이끌어 나간 마포삼열과 윤산온, 그리고 서울에서 연희전문을 시작하고 복음의 사회적 확장을 추구한 언더우드, 대구의 기독교대학의 비전을 품은 안의와, 안두화를 비롯한 수많은 선교사들의 교육선교의 비전이기도 했다.

구한말, 일제강점기와 마찬가지로 해방 이후 기독교가 사회에 영향을 끼칠 수 있었던 가장 중요한 기여 가운데 하나는 기독교 학교를 설립하고 기독교적, 근대적 교육으로 한국교회와 사회가 필요로 하는 인재를 양성한 교육선교라고 평가할 수 있다. 무너진 한국사회를 다시 일으켜 세우는 과정에서 국가와 사회와 교회의 발전을 위해 가장 절실했던 고등교육기관 설립과 운영에 미국장로회 한국선교회가 기여함으로써 교회와 사회에 항구적인 영향을 끼쳤다.

한국과 미국의 장로교회 정치
― 비교와 과제

서 원 모
장로회신학대학교 교수, 역사신학

I. 들어가는 말

명성교회 담임목사직 세습과 관련된 총회의 조치는 우리 교단 안에 교단 헌법과 장로정치의 원리와 실제에 대한 분명한 이해가 있는지 의문을 품게 한다. 결국 장로정치와 교단 헌법을 가르칠 책임은 신학교에 있다고 할 때, 그동안 우리 학교는 개혁신학과 장로정치에 대해 제대로 가르쳐왔는가 하는 뼈아픈 반성을 하게 된다.

역설적이긴 해도 필자는 장로정치에 대한 자부심과 장로교 목사에 대한 정체성을 미국장로교PCUSA를 통해 배웠다. 특히 목사고시를 치르면서 신앙 고백서와 교회정치, 예배모범, 권징 등 교단 헌법이 현실 목회와 어떻게 연관되고, 목회 현장에서 일어나는 문제에 응답하는데 어떻게 도움을 주는지 알게 된 것은 하나님의 섭리라고까지 느껴진다. 목회 현장에서 제기되는 질문에 응답할 때, 신학적 역량theological competency과 목회적 민감성pastoral sensitivity,

---

* 　이 글은 서원모, "한국 장로교회 정치 원리와 실제 – 1922년 헌법을 중심으로," 『장신논단』 45-1 (2013), 63-91, "하나님나라와 지역교회: 교회정치와 정관," 공적신학과 교회연구소 편, 『하나님나라와 지역교회』(서울: 킹덤북스, 2015), "교회정치의 원리와 실제," 『좋은교회 Good Church Report』(2011년 3월), 6-8; "한국교회의 직제 개선을 위한 제안," 조석민, 조성돈, 이형기와 공동 작업 (2011년 5월 18일, 바른 교회아카데미 기자 간담회)등의 글을 참조하여 작성되었다.

두 차원을 고려해야 하며, 교회에서 일어나는 여러 가지 사안에 대해서 헌법의 규정된 원리와 절차에 따라 관련된 당사자와 함께 풀어가야 한다는 것을 실질적으로 배울 수 있었기 때문이다.

이 글은 이제 우리 교단에서도 장로정치와 교단 헌법에 대해 본격적으로 논의할 때가 왔다는 전제로 앞으로의 논의를 위한 문제 제기의 성격으로 작성되었다. 이 글은 크게 세 부분으로 나뉜다. 첫 부분은 우리나라에서 완전한 의미의 장로정치를 법제화한 1922년 장로교 헌법의 형성 과정과 내용을 분석하고, 둘째 부분은 현재 미국장로교^{PCUSA}의 장로교 헌법과 정치원리를 소개하고 1922년 헌법과 비교할 것이다. 이는 한국장로교와 미국장로교는 공동의 유산을 갖고 있으며, 장로정치 원리를 더욱 발전시킨 미국장로교의 헌법을 우리 교단의 장로정치를 개혁하는데 참고 자료로 삼을 수 있다고 확신하기 때문이다. 마지막 셋째 부분에선 장로정치 원리에 따라 교단 헌법과 정치를 개혁하고자 할 때 과제들을 정리하고자 한다.

II. 한국장로정치의 형성과 내용
— 1922년 장로교 헌법을 중심으로

1. 초기 장로교회 제도의 형성(1893-1921)

한국 장로교회의 발전과정은 장로회공의회 이전 시기⁻¹⁸⁹², 선교사로만 조직한 공의회^{선교사공의회} 시기 ¹⁸⁹³⁻¹⁹⁰⁰, 선교사와 한국인 총대로 구성된 합동공의회^{조선예수교장로회공의회} 시기 ¹⁹⁰¹⁻¹⁹⁰⁶, 독노회 시기 ¹⁹⁰⁷⁻¹⁹¹¹, 총회 성립 이후의 시기¹⁹¹²⁻ 로 구분할 수 있다.[1] 이러한 역사적 과정을 거쳐 1922년 헌법은 한국 장로교회가 새롭게 도약하는 계기를 마련해 주었다. 여기서는 1922년 헌법 이전에 한국 장로교회의 정치 제도가 어떻게 형성되었는지를 간단히 고

---

1   곽안련, 『長老敎會史典彙集』 (京城: 朝鮮耶蘇敎書會, 大正七年 [1918]), 8.

찰하고자 한다.

1) 선교사공의회

1876년 한일수호조약, 1882년 한미수호조약이 체결되어 조선의 문이 열리자 1884년 의료선교사 알렌으로부터 시작해서 개신교 선교가 본격적으로 시작되었다. 알렌과 함께 시작된 미국 북장로교회의 선교는 언더우드, 의료선교사 헤론 부부[1885], 마펫[1890], 베어드[1891], 리, 스왈른 부부, 밀러 부부[1892], 아담스 부부[1895]의 입국을 통해 본격화되었다. 1889년에는 데이비스 목사와 그 여동생 메리 데이비스가 한국에 도착하여 호주 장로교회의 선교가 시작되었고, 미국 남장로교회에 소속된 테이트, 레이놀즈, 전킨과 여선교사 매티 테이트와 린니 데이비스는 1892년에 한국에 들어왔으며, 캐나다 장로교회에서 파송한 그리어슨 의사, 맥레이, 푸트는 1898년 한국에 도착했다. 이로써 1884년부터 1898년까지 미국 남장로교회와 북장로교회, 호주 장로교회, 캐나다 장로교회 등 네 장로교회 선교사들이 한국에 들어와 활동하기 시작했다.

한국에 정착한 선교사들은 협의기관이 필요했다. 우선 알렌과 언더우드, 헤론은 미국북장로회선교부를 구성하고, 1889년에는 호주 장로교회와 연합하여 "선교연합공의회" The United Council of Presbyterian Missions 를 조직하였다.[2] 이 공의회는 3-4차례 모여 몇 가지 일을 의논하였지만, 1890년 데이비스의 사망으로 자연 폐지되었다. 1892년에 미국남장로교회 선교사들이 입국하자 남북장로교회 선교사들은 서울 빈튼 선교사의 집에서 "장로교회 정치를 쓰는 선교공의회" The Council of Missions Holding the Presbyterian Form of Government 라는 모임을 조직하였다. 1891년에는 호주 장로교회로부터 5명의 선교사가 들어오고 1898년에는 캐나다 장로교회 소속 선교사가 입국하면서 이 선교공의회는 네 장로교회 선교회의 연합기관으로 자리 잡았다.

이 공의회는 개혁 신앙과 장로교 정치를 사용하는 단일한 교회를 세우는

---

2   위의 책, 14-15. 곽안련은 "장로회공의회"라는 표현도 사용한다. 곽안련, 『長老敎會史典彙集』 8, 14.

것을 목표로 삼았다.[3] 이 공의회에는 관할권이 없었고, 선교사들이 매사를 서로 의논하고 권고하고 친목하기 위해 모였다. 선교사들에 대한 치리권은 각 선교회에 있었으며,[4] 각 선교회에 대해서는 권고권만 있었다. 하지만 선교사 공의회는 선교사들이 관할하는 전국 교회에 대해서는 전권으로 치리하는 상회가 되었다.[5] 이 공의회는 각 도에 당회권을 지닌 위원회 sessional committees 를 조직하여 활동하게 했으며, 관할 지역이 넓기 때문에 하부 조직 일종의 대리회 으로 공의회위원회 committees of the council 를 두었다.[6] 1901년까지는 황해도와 평안남북도에 있는 목사가 속한 평양공의회위원회와 나머지 지역의 목사가 속한 경성공의회위원회, 두 개의 공의회위원회만 존재했으며, 1901년에는 전라공의회위원회와 경상공의회위원회가 추가되었고 1902년에는 함경공의회위원회가 추가되었다. 당회위원회는 공의회위원회의 감독 하에, 세례후보자를 심사하고 성례를 계획하고 권징을 시행하고 장로 선거를 준비하는 등 당회의 기능을 수행했다.[7] 모든 장로 선거는 공의회위원회의 허락을 받아 이루어지는 것이 원칙이었는데, 한국 교회에서는 1900년부터 이루어져 1904년까지 25명의 장로가 세워졌다.[8]

2) 조선예수교장로회공의회

1900년까지 선교사공의회는 선교사들로만 구성되어 있었고 특별한 권한이 없어 아무런 규칙도 제정하지 않았다.[9] 1900년 선교사공의회는 이듬해부터 한국인 총대를 공의회에 참여시켜 공의회의 반은 영어, 반은 한국어를 사용하기로 결의하였다.[10] 이리하여 1901년에는 선교사와 한국인 총대가 함

3　곽안련, 『長老敎會史典彙集』, 15; Charles A. Clark, *Korean Church and Nevius Methods* (New York: Fleming H. Revell Company, 1930), 93.

4　곽안련, 『長老敎會史典彙集』, 15.

5　위의 책, 15-16; *Korean Church and Nevius Methods*, 93.

6　곽안련, 『長老敎會史典彙集』, 16

7　위의 책, 16, 21; *Korean Church and Nevius Methods*, 94.

8　Clark, *Korean Church and Nevius Methods*, 94-95; 장로들의 명단은 『長老敎會史典彙集』, 19-20을 참조하라.

9　곽안련, 『長老敎會史典彙集』, 17.

께 참여하는 연합공의회가 만들어졌고, 그 이름을 "조선예수교장로회공의
회"라고 정하였다.[11] 조선예수교장로회공의회는 전국지회가 한 자리에 모여
의논하는 회의체로, 앞으로 탄생할 노회의 근간이 되며, 노회를 거쳐 대회,
총회 등 장로교회 치리체제를 완성하는 것을 희망하며 조직되었다.[12]

　　1907년 독노회가 조직되기까지 조선예수교장로회공의회는 한국인 지도
자를 훈련하는 역할을 담당했다. 한국인 총대는 아직 교회 일에 익숙하지 못
하고 한국인 목사가 배출되지 못하고 한국인 장로의 수도 적었기 때문에 치
리권은 영어를 사용하는 회의에 있었으며, 한국어를 사용하는 회의는 한국
인 총대가 친목을 도모하고 교회 일을 처리하는 규칙을 배우며, 교회 일을 어
떻게 처리해야 할지 실습하고 토론하는 장이 되었다.[13]

　　1904년에는 조선예수교장로회공의회의 규칙이 처음으로 채택되었다.
이 규칙은 개혁신앙을 인정하고 장로정치를 사용하는 독립적인 교회를 한국
에 세우는 것이 공의회의 목적이라고 밝혔다. 이전에 존재했던 공의회위원
회는 노회위원회 小會, Presbyterial committees 로 개편되었다. 노회위원회는 당회록을
검사하고, 장로와 집사를 임직하고, 목사후보자를 시취하여 양성하지만, 목
사안수는 금지되었다. 또한 특별한 경우에 노회위원회는 한국인 조사에게
그 지역 관할 선교사의 감독 아래 원입교인을 문답하여 교회로 받아들일 수
있는 권한을 부여할 수 있었다.[14] 1907년에는 황해노회위원회와 평북노회위
원회가 설립되어 노회위원회는 모두 7개가 되었다.[15]

　　조선예수교공의회의 가장 중요한 일은 한국 장로교회를 세워나가기 위
한 절차를 밟아나가는 것이었다. 우선 신앙의 표준을 확립하는 결의가 이루
어졌다. 공의회는 1904년에 웨스트민스터 소요리문답 5천부를 간행하기로
결정했고,[16] 1905년에는 교회헌법준비위원회가 1904년 인도 장로교회에서

10　위의 책, 17.

11　위의 책, 18.

12　위의 책, 213-14.

13　위의 책, 18.

14　위의 책, 34-35; Clark, *Korean Church and Nevius Methods*, 128.

15　곽안련, 『長老教會史典彙集』, 47.

16　위의 책, 38.

제정한 이른바 "12신조"를 한국 교회의 신조로 제안했다. 12신조는 1907년 노회에 제출되어 1년간 임시 채택되었다가 1908년에 완전히 채택되었다.[17]

하지만 정치 형태에 대해서는 보다 많은 논의가 있었다. 1905년 공의회 에서는 한국 장로교회를 어떠한 형태로 조직할 것인지를 논의하고, 모든 정 치형태의 기본이 되는 원리를 간추린 연합언약조문과 노회든, 대회든, 총회 든 상회에 적용할 정치에 대한 보고서가 제출되었지만 결정이 미뤄졌다.[18] 1906년에는 이 두 안건을 재론하였고, 웨스트민스터 정치모범대로 제정한 완전한 형태의 정치가 제출되었지만, 공의회는 1년간 더 연구하기로 하였다. 1907년에 노회 창립 전에 잔무를 처리하기 위한 마지막 공의회에서는 웨스 트민스터 정치를 번역하여 인쇄한 문건이 제시되었다. 하지만 공의회는 웨 스트민스터 정치는 아직 연약한 한국 장로교회가 감당하기 어렵다고 판단하 고 세계장로교회의 일반적인 원리에 기초하여 간략하게 제정된 정치를 사용 하다가 수년 후에 교회가 성장하여 장로교 교리에 친숙하게 된 다음에 형편 에 맞는 정치를 제정하는 것이 좋겠다고 결의하였다. 이러한 결정에 따라 노 회 창립 때에는 보다 간단한 형태의 정치가 제출되었다.[19]

노회가 조직되면 이전에 공의회가 주관하던 대부분의 일이 노회로 이관 될 것이기 때문에 공의회는 1906년에 잔무처리규칙제정위원회를 조직하였 다.[20] 또한 한국어를 말하는 공의회는 노회가 설립된 다음에는 폐지되고, 노 회 총대는 목사, 장로에게만 인정하며, 이들에게는 발언권과 투표권을 부여 하기로 결정했다.[21] 1907년 공의회는 노회 전에 모여 전국 교회의 치리권을 노회에 모두 위임하고, 영어를 사용하는 공의회는 계속 유지하되 신학교관 리, 찬송가 발간, 일본인과 중국인에게 전도하는 일, 사전 발간과 신문 발행 등 연합선교사들과 관련된 사건만 다루기로 하고 이름을 "長老會미슌合衆 會"라고 정하였다.[22]

---

17 위의 책, 42-43, 82-83; *Korean Church and Nevius Methods*, 129.

18 곽안련,『長老敎會史典彙集』, 41.

19 위의 책, 44; *Korean Church and Nevius Methods*, 131.

20 곽안련,『長老敎會史典彙集』, 45.

21 위의 책, 44.

22 위의 책, 46.

3) 독노회와 1907년 정치규칙

1907년 9월 29일 "朝鮮全國獨老會"가 평양에서 조직되어 한국 장로교의 본격적인 역사가 시작되었는데, 정치와 관련된 주요 사항을 간추리면 다음과 같다. 1907년 노회는 지금까지 존재했던 노회위원회를 대리위원회 Sub-presbyteries 로 변경하고 그 구역은 전과 같이 정했으며 피택장로와 목사후보자의 시취 및 목사 위임 installation 을 각 대리위원회에 위임했다. 이것은 목회 임직권만을 제외하고 대리위원회가 거의 노회처럼 기능하도록 인정한 것이다.[23] 더욱 중요한 것은 독노회가 조선예수교장로회공의회에서 제안한 신경과 정치를 채택한 일이다. 1907년에 독노회는 웨스트민스터 소요리문답과 12신조를 한국 장로교회의 헌법으로 보고를 받고 임시로 1년 동안 채택하며 검토하기로 결정하였으며,[24] 이듬해인 1908년에는 특별위원인 한석진, 마펫의 보고에 의지하여 12신조와 소요리문답을 완전히 채택하였다.[25] 신경과 함께 정치규칙도 똑같은 절차를 통해 채택되었다.[26] 이 정치규칙은 제1회 노회록에 "대한예수교장로회 규칙"이라는 제목으로 첨부되었는데,[27] 이는 1907년 조선예수교장로회공의회가 웨스트민스터 정치 대신에 노회에 제안한 규칙으로, 1922년 새로운 헌법으로 대체될 때까지 존속되었다.[28]

이제 1907년 정치규칙의 내용을 살펴보기로 하자. 이 정치규칙은 전문 5조 14항과 세칙 7조로 이루어져있는데, 제1조는 교회, 제2조는 예배절차, 제3

23   위의 책, 50; Clark, *Korean Church and Nevius Methods*, 146.

24   한석진 편, 『대한예수교장로회회록』(京城: 耶蘇教書會, 大正二年 (1913)), 8.

25   곽안련, 『長老教會史典彙集』, 50-51, 83. 하지만 곽안련은 서기가 이를 회의록에 기록하지 않았다고 지적하며, 소요리문답은 따로 간행하여 1908년 회의록에 기록하지 않았다고 쓴다.

26   『대한예수교장로회회록』, 8; 곽안련에 의하면 제2회 노회에서 완전히 채택했지만 서기가 회의록에 기록하지 않았다. 곽안련, 『長老教會史典彙集』, 50-51, 84.

27   위의 책, 31-41; 1910년 제4회 회록에는 신경과 정치규칙이 다시 첨부되었다.

28   12신조와 달리 1907년에 채택된 이 정치규칙에 대해서는 곽안련이나 노회록에 별다른 언급이 없다. 최근에는 12신조처럼 이 정치규칙도 1904년 인도장로교회의 정치규칙을 약간 수정한 것이라는 주장이 나왔다 [황재범, "대한예수교장로회(독노회) 설립과정," 297-98]. 이 정치규칙은 노회록에 수록되어 있으며, 곽안련은 *The Korean Church and the Nevius Methods*의 부록(248-262쪽)에 영어 본문을 수록하고, 『長老教會史典彙集』에서는 이 규칙의 각 조항이 이후 노회나 총회에서 어떻게 다루어졌는지를 보여주는데, 이는 이 정치규칙이 실제로 어떻게 적용되었는지를 일목요연하게 보여주는 중요한 자료가 된다. 곽안련, 『長老教會史典彙集』, 84-116.

조는 직원, 제4조는 교회의 치리, 제5조는 규칙 개정에 대해 다룬다. 우선 이 정치규칙에는 먼저 미국장로교헌법 정치편 서문으로 나오는 장로교 정치의 8가지 원리가 나타나지 않는다는 점을 주목해야 한다. 곽안련은 이 근본 원리에 대해서 한국 장로교회는 아무런 결정도 내린 바 없다고 지적하는데,[29] 이 8가지 원리는 1922년 헌법에 나타난다.

여기서는 1907년 정치규칙을 세밀하게 다루기보다는 한국 장로교회 정치제도의 역사와 전통에 비추어 중요한 특징만을 언급하고 한다. 첫째 교회론에서 1907년 정치규칙은 삼위일체론적 특징을 보여주며, 제도적인 면을 강조한다. 교회론을 다루는 제1조는 먼저 교회에 대한 정의를 내리고[제1항], 지교회에 대해 서술한다[제2항]. 교회는 하나님께서 온 세계에서 택한 무리로, "살아계신 하느님의 몸 예수의 몸이오 셩신의 뎐"이라고 정의된다. 또 교회에는 보이지 않는 교회와 보이는 교회가 있는데, 전자는 하나님께만 알려져 있다면, 후자는 온 세상에 설립되어 그리스도인이라고 스스로를 부르며, 성부와 성자와 성령, 삼위일체 되신 하나님을 공경한다고 말한다.

이렇게 교회에 대한 일반적인 정의를 내린 다음, 제2항에서는 "예수교인" 몇 사람이 모여 한 규칙을 따르고 하나의 형식으로 하나님을 섬기며 행위가 거룩하고, 성경의 계명을 따르고, 예수의 나라 확장을 위해 힘쓰며, 때를 정해 함께 모여 예배하는 것을 교회라고 일컫는다고 서술한다. 영어에서는 뜻이 보다 분명하다. "지교회는 하나님의 예배, 성경에 따르는 거룩한 삶, 그리스도의 나라의 확장을 위해 하나의 정치 형태로 연합하고 공예배를 위해 정기적으로 모이는 다수의 예수 그리스도의 제자들로 이루어진다."[30] 여기서는 교회가 하나의 규칙과 형식[정치 형태]를 지니며, 예배와 거룩한 삶과 하나님 나라의 확장을 목적으로 하며, 정기적으로 공예배를 드린다는 것이 강조된다. 둘째, 1907년 정치규칙은 기본적으로 장로와 집사의 이중직을 강조하며, 이것은 1922년 헌법을 거쳐 한국 장로교회 정치원리의 중요한 요소가 된다. 1907년 정치규칙 제3조에서는 교회의 직원에 대해 논의하는데, 직원의

---

29 곽안련, 『長老敎會史典彙集』, 84.
30 Clark, *Korean Church and Nevius Methods*, 248.

종류제1항, 장로의 두 종류제2항, 목사제3항, 장로제4항, 집사제5항, 강도인제6항 등 여섯 주제를 다룬다. 제1항에선 직원이 두 종류로 장로와 집사로 이루어진다고 하고, 제2항에서는 장로는 두 종류로 강도와 치리를 겸한 자를 목사라 부르며, 치리만 하는 자를 장로라 부른다고 정의한다. 이렇게 장로와 집사라는 이중직의 관점에서 교회의 직제를 정의하고 있다는 점이 주목할 만하다.

셋째, 1907년 정치규칙은 노회 안에 시찰위원회를 두는데제4조 제3항 [ㄷ] 이는 한국 장로교회에서 특별히 발전된 고유한 정치 제도이다. 시찰위원회는 당회와 지교회와 아직 지교회로 조직되지 않은 못한 교인을 시찰하여, 목사 청빙, 목사가 없는 경우 설교자의 제공 및 다른 모든 일에 대해 의논한다. 시찰위원회 혹은 노회에서 임명한 특별위원회는 청빙서, 목사와 강도인의 배치, 사례비, 기타 노회가 언급한 문제를 심의하며, 노회에 보고한다. 또한 임시목사minister ad interim 와 임시강도인licentiates ad interim 의 임명권은 시찰위원회에게 주어진다. 1922년 헌법에서는 이 시찰위원회의 규정이 상당히 강화되는데, 이는 미국장로교 헌법에서는 찾아볼 수 없는 내용이다.

넷째, 1907년 정치규칙은 항존직의 피선권을 남성에게만 제한한다. 제3조 제2항에서는 장로의 두 종류를 논하면서 목사와 장로는 성찬에 참여하는 남자만 될 수 있다고 하고, 제5항에서는 집사도 성찬에 참여하는 남자에게만 자격이 주어진다고 쓴다. 이렇게 여성의 피선권을 제한한 규정은 1788년 최초의 미국장로교 헌법에서부터 나타나 20세기 초까지 계속 유지되었다. 다만 미국장로교 헌법에서는 직원 선거를 다루면서 다루어지는데 1907년 정치규칙과 1922년 헌법에서는 목사와 장로와 집사를 언급하면서 중첩적으로 다루어지기 때문에 남녀의 차별이 더욱 강화되고 있다는 느낌을 준다.

마지막으로 1907년 규칙은 세칙을 통해 이 규칙에 규정되지 않은 사항은 선교사를 파송한 교회the parent churches 에서 현재 사용하는 절차와 형식을 사용할 수 있다고 길을 열어주었다세칙 제6항. 이것은 우선 직원의 안수와 성례 집행에 관련된 세부적인 절차와 형식과 관련된다. 예배모범이 노회 헌법으로 채택하지 않은 상태에서 우선은 파송 교회에서 사용하는 예식 절차와 형식을 따를 수 있다는 것을 명문화한 것이라고 보인다. 비록 이 조항은 권징조례에 대해서는 언급하지 않지만, 곽안련은 이 조항이 권징조례에도 적용된다고 쓴다.[31] 이상의 내용에 비추어보면 1907년 정치규칙은 완전한 것이 아니며 장로교회 정치와 예배와 권징을 상세히 규정한 보다 완전한 헌법이 필요하다는 인식을 심어 주었다.

1907년 정치규칙은 12신조와 소요리문답과 함께 독로회에서 채택된 규칙으로 장로교 체제의 기본적인 틀을 규정했다. 앞에서 이야기했듯이, 이 정치규칙은 교회를 삼위일체론적으로 정의하고 교회의 직원을 기본적으로 장로와 집사의 이중직으로 규정하고 시찰위원회를 두고 선교사를 노회원으로 인정하는 점에서 중요한 특징을 보여준다. 이러한 내용은 1922년 새로운 헌법에도 그대로 나타난다는 점에서 1907년 정치규칙은 한국 교회정치의 고유한 틀을 마련해주었다고 말할 수 있다.

4) 총회 조직과 새 헌법의 준비

1912년 총회가 조직되었지만, 1907년 신경과 소요리문답과 정치규칙은 그대로 존속되었다. 하지만 총회 헌법을 "웨스트민스터" 표준에 따라 개정하려는 시도가 일어났다. 사실 1907년의 헌법에는 권징조례와 예배모범이 빠져 있지만, 정치규칙 세칙 제6항은 목사안수식과 성례 집행에 대한 세부적인 규정이 마련될 때까지는 선교사 파송 교회에서 사용하는 절차와 예식을 사용할 수 있다고 규정함으로써 예배모범에 대한 필요성을 암시했고, 곽안련은 이 조항이 권징조례까지 확대될 수 있다고 보았다. 또한 1907년 잔무처리를 위한 마지막 예수교장로회공의회에서는 "웨스트민스터" 표준에 따른 정치규례가 번역·출판되어 제출되었지만, 공의회는 이 규례가 갓 태어난 한국 장로교회에게는 오히려 부담이 될 것이라고 판단하고, "간단한 정치"를 새로 조직될 노회에 제출했다.[32] 이렇게 볼 때, 초기 한국 장로교회 지도자들과 선교사들이 1907년의 헌법에 만족하지 않고, "웨스트민스터" 표준에 걸맞은 새로운 헌법을 제정하려고 노력한 것은 자연스러운 일이라고 말할 수

31　곽안련, 『長老敎會史典彙集』, 116. 곽안련은 독노회 시대와 총회 시대에 권징과 관련된 사건을 웨스트민스터 권징조례와 연결시켜 소개한다.

32　곽안련, 『長老敎會史典彙集』, 44.

있겠다.

　1915년 총회는 교회정치편집위원회를 구성하여 새로운 헌법을 만들 조직을 만들었다. 1916년에는 정치편집위원회와 정치위원회를 연합하여 정치와 기타 정치와 관련되는 헌법을 완전히 편술하도록 했다. 1917년에는 정치편집위원회가 "웨스트민스터" 정치와 당시 사용하던 정치규칙을 대조·편집하여 각 위원이 함께 살펴보고 있으며, 완전하다고 판단되는 문서가 만들어지면 인쇄하여 총회에 제출하겠다고 보고하였다. 또 권징조례와 예배모범에 대해서는 개정번역 작업이 끝났으므로 출판하여 이듬해 5월까지 수정사항에 대한 건의를 받겠다고 보고하여 승인을 얻었다. 1920년에는 교회정치의 초안이 완성되어 전국 목회자에게 배부하여 검토를 받았으며, 이는 1922년 총회에서 최종적으로 채택되었다.

　이러한 헌법개정작업에서 곽안련 선교사의 활동을 주목할 필요가 있다. 이 시기에 그는 『長老敎會史典彙集』_Digest of the Presbyterian Church of Chosen, 1918_,[33] 하지 J. Aspinwall Hodge 의 책을 번역한 『耶蘇敎長老會政治問答條例』[1919][34] 등 역작을 출판했다. 또한 그는 1922년 새 헌법의 정치규례의 모체가 되는 『朝鮮長老敎會政治』_Church Government of the Presbyterian Church of Chosen, 1919_를 편술·발행했으며,[35] 1919년부터 1925년 사이에 『神學指南』에 신경, 교회정치, 권징조례와 헌법에 대한 많은 글을 기고했고[36] 조선예수교장로회 헌법을 편집·출간하였

33　곽안련, 『長老敎會史典彙集 (1935 Digest of the Presbyterian Church of Chosen)』. 이외에도 그의 박사학위 논문을 출판한 *The Korean Church and the Nevius Methods* 도 초기 한국 교회를 이해하는데 중요한 자료가 된다.

34　곽안련, 『耶蘇敎長老會政治問答條例』(京城, 平壤: 耶蘇敎書會, 大正六年 [1917]).

35　곽안련, 『朝鮮長老敎會政治 (Church Government of the Presbyterian Church of Chosen)』(京城: 朝鮮耶蘇敎書會, 大正八年 [1919]).

36　곽안련, "朝鮮耶蘇敎長老會信經論(조선예수교장로회신경론)," 『神學指南』제2권 1호, 통권 제5호 (1919. 4), 71-83, "朝鮮耶蘇敎長老會憲法(조선예수교장로회헌법)," 『神學指南』제2권 2호, 통권 제6호 (1919. 7), 70-76, "本長老敎會新憲法 (본장로교회신헌법)," 『神學指南』제2권 3호, 통권 제7호 (1919.10), 89-104, "勸懲條例註釋(권징됴례주석)," 『神學指南』제3권 1호, 통권 제9호 (1920. 4), 81-99, "勸懲條例註釋(권징됴례쥬석)," 『神學指南』제3권 2호 통권 제10호 (1920. 7), 251-64, "勸懲條例註釋 (續)," 『神學指南』제3권 4호, 통권 제12호 (1921. 5), 495-506, "勸懲條例註釋 (第三卷第四號續)," 『神學指南』제4권 2호, 통권 제14호 (1922. 1), 96-110, "勸懲條例," 『神學指南』제4권 4호, 통권 제16호 (1922. 9), 122-37, "勸懲條例," 『神學指南』제5권 1호 통권 제17호 (1923. 1), 127-38, "敎會政治議論," 『神學指南』제7권 2호, 통권 제26호 (1925. 4), 158-164; "敎會政治에對한問答," 『神學指南』제7권 3호, 통권 제27호 (1925. 7), 150-53, 그 후에도 교회정치에 대한 두 글이 있다: "無任牧師를治理長老로視務케함이어떨까," 『神學指南』제18권 3호, 통권 제87호 (1936.5), 74-75, "長老投票時 其票가 갈리는 境遇에 엇떠케할가," 『神學指南』제18권 4호, 통권 제88호 (1936. 7), 82-83.

다.[37] 필자는 1922년 헌법 정치의 주요 내용은 곽안련에 의해 기초되었다고
보아도 무리가 없다고 보며, 그를 "한국교회강단의 아버지"[38]와 함께 "한국
장로교헌법과 교회정치의 아버지"라고 부를 수 있다고 확신한다.

곽안련은 『長老敎會史典彙集』과 『耶蘇敎長老會政治問答條例』를 헌법
외에 교역자가 참고할 두 가지 책으로 공식 추천했다.[39] 『長老敎會史典彙集』
은 조선예수교장로회창설 이후 각 회의 약사와 교회헌법과 각 규례와 예식
과 인사의 변화와 각 해의 통계를 수집하여 편집한 책으로 총회의 역사, 교회
헌법, 총회 규칙, 총회 각 위원과 각국의 역사, 선교사와 한국인 목사 명부,
33년간의 통계 등 6개의 장으로 이루어져 있다. 『長老敎會史典彙集』은 역사
를 서술할 때에도 교회정치규례의 발전을 중심으로 회의록을 기초로 하여
어떤 일을 의논하고 어떻게 결정했는지를 밝히는데 목적이 있으며, 특히 제2
장의 정치휘집은 웨스트민스터 헌법의 구분과 제목에 따라 내용을 편성했
다.[40] 특히 정치휘집의 경우 1907년 정치규칙을 소개하면서 각 항목과 관련
된 노회나 총회의 결의를 주제별로 정리하여 수록하여 헌법이 실제 치리회
의 결정에 어떻게 관련되는지를 일목요연하게 보여준다.

『耶蘇敎長老會政治問答條例』는 하지의 *What is Presbyterian Law as
Defined by the Church Courts?*[1903]를 간추려 번역한 책이다.[41] 곽안련은
본서를 미국장로교에서 사용하는 웨스트민스터 정치에 대한 해석을 수집하
여 편집한 책으로 소개하고, 정치에 대한 근본적인 해석을 알고자 할 때 이
책 외에는 다른 책에서 도움을 받을 수 없다고 역설한다.[42] 또한 그는 한국 교

37 곽안련, 『朝鮮예수敎長老敎會憲法(Constitution of the Presbyterian Church of Chosen)』(京城: 朝鮮耶蘇
    敎書會, 大正十一年 [1922]); 『朝鮮예수敎長老敎會憲法 一九三四年修正委員訂正再版 (Constitution of
    the Presbyterian Church of Chosen 1934 Edition with Revised Creed and Catechism)』(서울: 朝鮮耶蘇敎
    書會, 1930), 9판 (1950).
38 Joo Seung Joong, "The Early Protestant Missionaries' preaching in the Korean Church, 1884-1934,"
    (Th. M. Thesis, Columbia Theological Seminary, GA, 1991), 35.
39 곽안련, "朝鮮耶蘇敎長老會憲法 (조선예수교장로회헌법)," 75.
40 곽안련, 『長老敎會史典彙集』, 5-6.
41 하지의 원본에는 없지만 이 책은 각 질문에 일련번호를 매겨 모두 651문의 질문을 수록했다. 하지만
    448문이 중복되어 실제로는 652문이 된다. 곽안련의 번역은 박병진에 의해 현대말로 다듬어져서 『교
    회정치문답조례』(서울: 성광문화사, 1968)로 출판되었고(개역판, 1980), 김종대 편저, 『교회정치』(서울:
    대한예수장로회총회교육부, 1982), 283-558에도 옛 표현만 현대어로 옮겨 국한문혼용으로 실려 있다.
42 곽안련, "朝鮮耶蘇敎長老會憲法(조선예수교장로회헌법)," 75-76.

회가 어떤 주제에 대한 세부적인 절차와 규칙을 정할 때까지 선교사 파송 교회의 규칙을 적용할 수 있다고 정한 1907년 정치규칙 세칙 제6항을 언급하면서 본서가 모교회의 정치가 어떠한지를 잘 보여준다고 소개한다.[43] 1919년 총회는 이 책을 교회정치에 대한 참고서로 사용하도록 결의했다.[44]

또한 1919년 곽안련은 『朝鮮長老敎會政治』를 편술·발행했다. 이 책은 1915년부터 총회에서 정치편집위원회의 14명의 위원이 3년간 숙고하여 작성한 책으로 1922년 헌법에는 제18장 선교사회에 대한 규정만 추가되고 약간의 자구 수정을 거쳐 채택되었다. 그는 이 정치서는 1907년 정치규칙과는 매우 다르며 웨스트민스터 정치를 기초로 하여 캐나다와 호주 장로교회, 미국남장로교회와 일본 장로교회^{그리스도 교회}와 미국북장로교회에서 사용하던 정치 가운데 중요한 것을 택하여 편집하였다고 설명한다.[45] 아울러 그는 이 헌법이 성경에 부합되게 제정된 것이요, 사도시대에 행한 규례에도 부합하며, 한국 장로교회의 성격과 역사에도 적합한 것으로 다른 사람에게 가르칠 만한 것이라고 확신한다.

곽안련은 『朝鮮長老敎會政治』에 표현된 교회정치의 일곱 원리가 있다고 밝히며 이 원리가 모두 성경에 기초하고 있다고 역설하고, 성경에 기초하여 이 원리들을 논증한다.[46] 이 일곱 원리는 다음과 같다: 1) 교인들이 직원을 택한다; 2) 감독의 직분과 장로의 직분이 동일하며 계급이 없다; 3) 각 지교회 안에 다수의 감독 혹은 장로가 있어야 한다; 4) 임직^{장립}은 개인의 일이 아니요 노회의 일이다; 5) 치리회는 계급적이다; 6) 하회에서 상회로의 상고할 권이 있다; 7) 교황이나 다른 수장은 허용될 수 없고 교회의 머리는 오직 예수 그리스도이며 우리는 다 같은 형제다. 필자가 보기에 이 일곱 원리 중에 가장 특징적인 원리는 두 번째 원리이다. 이것은 1907년의 정치규칙과 1922년 헌법의 이중직적인 직제가 곽안련의 뿌리 깊은 신념에서 나온 것이라는 것을 잘 보여준다. 그는 이 원리를 성경을 통해 논증하는 데, 성경에는 감독이라는

---

43   곽안련, 『耶蘇敎長老會政治問答條例』, iv (권말영어서문).

44   곽안련, 『長老敎會史典彙集』(1935), 20.

45   곽안련, "朝鮮耶蘇敎長老會憲法(죠선예수교장로회헌법)," 74-75.

46   교회정치의 7가지 원리는 곽안련, "本長老敎會新憲法(본장로교회신헌법)," 89-116에 나타나 있다.

말이 나오는 곳이 있고^{빌 1:1}, 장로라는 말이 나오는 곳이 있는데^{약 5:14}, 디도서
1:5-7,⁴⁷ 요한일서 2:1,⁴⁸ 사도행전 20:17-28⁴⁹을 볼 때 이 두 직분은 같은 직분
이라는 것이다.

곽안련은 이 일곱 원리를 따르는 교회는 하나님의 뜻대로 행하는 교회이
며, 『朝鮮長老敎會政治』는 이 일곱 원리에 기초하여 저술되었다고 확신한다.
여기서 곽안련의 성경 해석이 올바른지 혹은 그의 교회정치이론이 정당한지
를 따질 필요는 없다. 다만 1922년 새 헌법, 특히 정치가 바로 이러한 이론적
기초 위에 작성되었으며, 당시 한국 장로교회에서는 이러한 원리에 따라 장로
교회 정치가 설명되고 해석되고 가르쳐졌다는 것을 이해하는 것이 중요하다.

2. 1922년 헌법

『朝鮮長老敎會政治』와 이에 기초한 1922년 헌법은 "완전한" 형태의 장
로교 정치를 명문화했다는 점에서 한국 장로정치 역사의 결정적인 중요성을
지니고 있다. 1922년 헌법은 양면성을 지니고 있다. 1922년 헌법은 미국장로
교회의 헌법의 정치형태 Forms of Government 를 상당 부분 그대로 가져왔지만,⁵⁰
동시에 한국 장로교회의 고유한 특징을 발전시켰으며 어떤 면에서는 더 발
전된 형태를 보여준다.

1) 1922년 헌법과 미국 장로교회 헌법과의 관계

17세기 미국 식민지시대 초기부터 장로교 배경을 가진 정착민들이 동부
해안으로 이주하면서 미국 장로교회의 역사는 시작되었다. 초기 장로교 정
착민 중에 가장 잘 알려진 자는 프랜시스 메이크미 목사^{1708년 사망}인데, 그는

---

47 5절에서는 장로, 7절에서는 감독이 언급되었다.
48 요한은 사도이면서 자신을 장로라고 부른다.
49 바울은 에베소교회 장로들을 불러 권면하는데 28절에서는 그 사람들을 감독이라고 부른다.
50 곽안련도 이 사실을 인정했다. Clark, *Korean Church and Nevius Methods*, 177.

1706년에 필라델피아에서 미국 최초의 노회를 세웠다. 유럽에서 정착민이 계속 유입되면서 장로교인의 수도 늘어나 1716년에는 필라델피아 대회가 세워졌다. 이 대회는 네 개의 노회 — 필라델피아, 뉴캐슬, 롱아일랜드, 스노우 힐 — 로 분할되었지만, 마지막 노회는 실제로 세워지지는 않았다.[51] 미국 장로교 초기 역사에서 중요한 사건은 1729년 대회이다. 이 대회에서는 웨스트민스터 신앙고백과 요리문답을 신앙의 표준으로 받아들였으며, 모든 대회원과 앞으로 대회에 속하게 될 자들이 서명이나 구두로 그 "필수적이고 본질적인 조항을" 받아들일 것을 요구했다. 1729년 대회는 미국 장로교회가 신앙고백적 교회가 되었다는 것을 잘 보여준다. 미국 장로교는 1789년 총회가 세워지기까지 1729년의 "채택 결의"The Adopting Act를 계속 고수해왔다.[52]

1788년 뉴욕과 필라델피아 대회는 필라델피아에 모여 총회를 창립하기로 결의했다. 이 대회는 교리적인 표준과 공예배와 정치와 권징에 대한 규례를 제시하는 헌법을 채택했으며, 이 헌법이 총회에서 받아들여졌다. 교리적인 표준으로는 웨스트민스터 신앙고백서와 소요리문답과 대요리문답이 약간의 수정을 거쳐 채용되었다.[53] 또 그때까지 사용했던 1640년대의 예배모범 대신 새로운 예배모범이 만들어졌다. 새로운 예배모범은 형식과 자유를 인정했으며, 설교와 기도, 찬양의 균형을 요구하며, 주의 만찬을 자주 행할 것을 권하고, 시편찬양뿐만 아니라 아이삭 왓츠Isaac Watts의 찬양을 허용했다. 예배뿐만 아니라 정치와 권징에서도 『치리와 권징의 형태』The Form of Government and Discipline와 『본 교회의 재판 절차의 형태』Forms of Process in the Judicatories of this Church라는 새로운 문서가 채택되었다. 이는 미국 장로교회의 헌법이 웨스트민스터의 틀을 따르면서도 이를 미국의 상황에 맞게 변용시켜 사용했다는 것을 잘 보여준다.[54]

51 James H. Smylie, *A Brief History of the Presbyterians* (Louisville: Geneva Press, 1996), 39-45.
52 David W. Hall and Joseph H. Hall, *Paradigms in Polity: Classic Readings in Reformed and Presbyterian Church Government* (Grand Rapids: Eerdmans Publishing Company, 1994), 348-64.
53 수정된 조항에선 교회는 정부의 간섭으로부터 해방될 권리를 지닌다고 선언했으며, 양심에 따라 하나님을 예배할 수 있도록 정부의 보호를 요청했다. 동시에 이 헌법은 교회는 특별한 경우나 양심을 위해서가 아니면 정치에 관여해서는 안 된다고 선언했다.
54 Smylie, *A Brief Histpry of the Presbyterians*, 62-64.

다음 표는 영국의 웨스트민스터 정치모범과 미국장로정치[1788, 1916년]와 한국장로교회의 새 헌법[1922년]을 비교한 것이다. 이 표를 통해 우리는 우리나라에 소개된 이른바 "웨스트민스터" 정치는 실제로는 원래의 웨스트민스터 정치모범[1645년]에 대한 미국장로교회의 해석이요, 보다 구체적으로는 미국장로교회 헌법의 정치였다는 것을 잘 알 수 있다.

[표 1] 정치규례 비교

웨스트민스터(1645)	미국장로교헌법(1788)	미국장로교헌법(1916)	한국장로교헌법(1922)
서문			
	원리	I. 원리	I. 원리
교회	I. 교회	II. 교회	II. 교회
교회의 직원	II. 교회의 직원	III. 교회의 직원	III. 교회직임
목사	III. 감독 혹은 목사	IV. 감독 혹은 목사	IV. 목사
교사			
치리장로	IV. 치리장로	V. 치리장로	V. 치리장로
집사	V. 집사	VI. 집사	VI. 집사
	VI. 지교회의 율례	VII. 지교회의 율례	VII. 교회예의와 율례
치리회의 종류	VII. 치리회	VIII. 치리회	VIII. 교회정치와 치리
지교회			
지교회의 율례			
지교회의 직원			
당회	VIII. 당회	IX. 당회	IX. 당회
노회	IX. 노회	X. 노회	X. 노회
대회	X. 대회	XI. 대회	XI. 대회
총회	XI. 총회	XII. 총회	XII. 총회
계급적 치리회			
권징모범			
- 회개하는 경우 - 출교 절차 - 죄사함 절차			

	XII. 장로·집사 선거	XIII. 장로·집사 선거와 임직	XIII. 장로·집사 선거와 임직
	XIII. 강도사	XIV. 강도사	XIV. 목사보조자와 강도사
목사 임직 - 임직의 능력 - 임직의 교리적 부분 - 임직 모범 - 임직 규칙	XIV. 감독/목사 선거와 임직	XV. 감독/목사 선거와 임직	XV. 목사와 선교사 임직
	XV. 목사이임	XVI. 목사이임	XVI. 목사이임
	XVI. 목사사직	XVII. 목사사직	XVII. 목사사직
	XVII. 선교사회	XVIII. 선교사회	XVIII. 선교사회
	XVIII. 회장	XIX. 회장	XIX. 회장
	XIX. 특권		
	XX. 서기	XX. 서기	XX. 서기
	XXI. 허위교회	XXI. 허위교회	XXI. 허위교회예배
	XXII. 총회총대	XXII. 총회총대	XXII. 총회총대
		XXIII. 교회소속각회의 권리와 책임	XXIII. 교회소속각회의 권리와 책임
		XXIV. 헌법개정	XXIV. 헌법개정
		XXV. 집사회	
		XXVI. 전권위원회	부록: 시찰위원특별심방문답례

2) 1922년 헌법의 특징

이제 "1922년 헌법의 정치" 이하 1922년 정치를 그 모범이 되는 미국 장로교 헌법과 비교하며 분석해보자. 여기서는 한 조항 한 조항 세밀하게 비교하긴 어렵다고 판단하여 1922년 정치의 주요한 특징을 가려내어 이를 중심으로 분석하고자 한다.

미국 장로교 헌법과 비교할 때 나타나는 두드러진 특징은 교육적인 성격이다. 1922년 정치는 단순히 법규를 제시하는 것을 목적으로 하지 않고 장로회 정치의 이론과 원리뿐만 아니라 교회 운영과 관련되는 중요한 내용을 제시하여 교회 정치와 운영의 교본manual으로 삼고자 하는 교육적 관점에서 작성되었다.

물론 이러한 성격은 미국 헌법에도 나타난다. 예를 들면 미국 헌법은 무엇보다도 먼저 장로회 정치의 8가지 원리를 제시한다^{Ch. I}. 이 8가지 원리는 뉴욕과 필라델피아, 양 대회가 총회를 위해 새로운 헌법을 준비하면서 정치규례의 토대로 채택한 원리로 오늘날까지 미국장로교 헌법에서 존속되고 있다. 양심의 자유, 교회의 자유권, 교회의 직원과 그 책임, 진리와 행위의 관계, 직원과 자격, 직원의 선거권, 치리권, 권징으로 표현되는 이 8가지 원리는 장로정치의 핵심을 표현하고 있으며 1922년 정치는 이를 그대로 받아들였다^{제1항}.

미국장로교 헌법의 치리회의 성격에 대한 규정도 교육적인 관점에서 이해할 수 있다^{Ch. VIII.2}. 치리회는 국정을 간섭하거나 국법상의 형벌을 부과할 수 없으며, 그 권력은 오직 도덕적이며 영적이며, 봉사적이고 선언적인 성격만 지닌다.[55] 여기서는 국가와 교회의 분리를 분명히 선언하고, 교회의 치리와 권징은 물리적인 힘을 지니지 못하고 도덕적이고 영적인 권한만 가진다는 미국장로교의 기본 원칙이 뚜렷하게 표현된다. 치리회의 권한은 교인이 그리스도의 법을 순종하게 하며, 불복하고 부정한 자가 교인의 특권을 향유하지 못하게 하는 것이요, 최고의 벌은 패역하고 회개하지 않는 자를 교회에서 추방하는 것이다.

1922년 정치는 이러한 미국 헌법의 교육적 성격을 더욱 강화시켰다. 예를 들면 1922년 정치는 치리회를 다룰 때, 미국 헌법을 상당히 보완한다. 우선 교회를 치리할 때는 정치가 있어야 하는데, 교회를 치리하는 것이 개인에게 있지 않고 당회, 노회, 총회와 같은 치리회에 있다는 것이 사리에 적합하고 성경이 가르치고 사도시대 교회가 행하던 바라고 밝힌다^{제8장 제1항}. 여기서 "事理에 適合혼 것"이나 치리권이 개인에게 있지 않고 치리회에 있다는 것은 미국 헌법에는 나타나 있지 않다. 1922년 정치는 장로교회의 집단 지도 원리를 보다 분명하게 밝히며, 이 원리가 성경과 사도시대 교회의 관행을 따르는 것일 뿐만 아니라 합리적이라는 것도 강조한다.

55　이 부분은 1922년 헌법의 내용이 불분명하다. 영어로는 "Their power is wholly moral or spiritual, and that only ministerial and declarative"라고 되어 있는데, 한글로는 "오직 道德上 神靈上 事에 對하야 하노님의 命令대로 奉行ᄒ며 宣傳ᄒ 것뿐이니라"라고 되어 있다.

그 다음에는 치리회의 성질과 관할에 대한 항목이 나오는데[제8장 제2항], 이는 미국 헌법에는 없는 항목이다. 치리회는 위계적이지만 각 치리회의 회원은 장로뿐이므로 노회적 성질이 있으며, 동일한 자격으로 조직되었으므로 동일한 권리와 권력을 지닌다. 신경이나 정치에 대해 일어나는 논쟁은 상회에 상고할 수 있으며, 각 치리회는 사건을 적법하게 처리하기 위해 관할의 범위를 정해야 하며, 특정 사건에 대해 관할권을 지니지만 상회의 검사와 관할을 받는다. 따라서 치리회는 자립자전하는 회가 아니요 서로 연결되며, 무슨 일을 처리하든 법대로 대표가 된 치리회를 통해 행해야 하며, 이는 온 교회의 결정이 된다. 이 내용은 장로회 정치가 관계적 성격을 지니고 있다는 것을 잘 보여주며, 대의주의, 집단지도주의가 분명하게 표현되어 있다.

1922년 정치는 목사와 장로와 집사의 직무와 권한을 규정할 때에도 교육적인 성격이 나타난다. 미국 헌법에서는 목사가 교회에서 으뜸가는 직분이요, 성경에서는 그 다양한 의무에 맞게 여러 가지 이름으로 불려왔다고만 기록되어 있다. 1922년 정치는 이러한 내용에 앞서 목사는 노회의 안수로 임직되어 그리스도의 복음 전파, 성례 집행, 교회를 치리한다는 1907년 정치규칙의 내용을 기록한다[제4장 제1항]. 그 다음에는 두 항에 걸쳐 목사의 자격[제2항]과 직무[제3항]를 서술하는데, 이는 미국 헌법에는 없는 내용이다. 목사는 학식[신학, 과학]이 풍부하고 행실이 선량하고 믿음이 진실하고 잘 가르치는 자로, 모든 행위가 복음에 합당하고 모든 일에 아낌과 거룩함을 나타내고 가정을 잘 다스리며 다른 사람에게 아름다운 증거를 받는 자가 되어야 한다. 목사의 직무는 지교회 목사, 학교와 신학교의 교사, 선교목사, 신문과 서적을 만드는 목사, 네 가지가 있다고 서술한다.

목사뿐만 아니라 치리장로의 직무와 권한을 다룰 때도 이러한 교육적 성격이 잘 나타난다[제5장]. 미국 헌법과 비교할 때 장로와 집사에 대한 조항은 상당히 강화되었다. 장로는 추후에 다루어지기 때문에 여기서는 집사에 대한 조항만 살펴보겠다. 먼저 집사는 지교회 교인들에게 택함을 받고 목사에게 안수로 임직을 받은 자로 항존직에 해당되며 무흠한 남자 교인만 집사가 될 수 있다고 서술되며[제1항], 자격은 선한 명예, 진실한 신앙과 지혜, 분별의 능력이 있으며 언어가 복음에 적합하고 행위가 다른 사람의 모범이 되는 것이라

고 규정된다^{제2항}. 이 두 가지 항은 미국 헌법에는 없는 내용이다. 특히 제직회
에 대한 항에서는 구제와 경비는 개인이 아니라 회의로 처리해야 하며, 금전
지출과 연보수합하는 일에 대해서는 가부로 결정하고 회계는 제직회의 명령
대로만 금전을 출납하되 영수증을 사용해야 하며, 매년 공동처리회^{공동의회}에
제직회가 경과를 보고하고 수입지출회계와 예산표를 작성하여 보고하되 회
계는 장부를 제출해야 한다고 규정하는 등 실제적인 운영 원리를 자세히 가
르쳐준다^{제4항}. 이와 같이 1922년 정치에선 교육적 성격이 두드러진다.

이제 미국 장로교 헌법과 차별되는 1922년 정치의 특징을 살펴보겠다.
첫째, 1922년 정치는 교회를 삼위일체론적으로 이해하며 선교와 전도를 강
조하며 교회정치의 중요성을 밝힌다. 1922년 정치의 제2장 교회론은 4항으
로 이루어져있다. 처음 두 항에서는 미국 헌법대신 1907년 정치규칙을 가져
왔는데, 삼위일체론적 관점으로 교회를 정의하고, 보이지 않은 교회와 보이
는 교회를 구별하는 내용이 그대로 나타난다. 다음 두 항은 대체로 미국 장로
교 헌법을 따른다. 다만 마지막 항인 지교회의 정의에서 "예수의國^{나라}을擴張^{확장}키
위ㅎ야聖經^{성경}에敎訓^{교훈}호模範^{모범}대로聯合^{련합}하며"가 덧붙여져 미국 장로교 헌법보다
선교와 연합에 강조점이 두어진다. 또한 미국장로교 헌법을 따르기 때문에
1907년 정치규칙과 달리 여기서는 신자의 자녀도 교회에 포함되며, "特別^{특별}히
酌定^{작정}한바政治^{정치}를服從^{복종}"한다는 점이 명시되었다.

둘째, 1922년 정치는 1907년 정치규칙처럼 이중직제를 제시하며 치리장
로를 영적 지도자로 강조했다. 교회직임을 다루는 1922년 정치의 제3장은 대
체로 미국장로교 헌법을 따르지만, 이와는 달리 이중직제를 제시한다. 미국
장로교 헌법은 감독 혹은 목사, 보통 치리장로라고 일컬어지는 교인의 대표
자와 집사_{Bishops or Pastors; the representatives of the people, usually styled Ruling Elders; and Deacons}
를 항존직으로 제시하지만, 1922년 정치는 "長老^{장로} (監督^{감독})(行廿ㅇ十七,廿八,
提前三ㅇ一)執事^{집사}"라고 정한다^{제2항}. 1907년 정치규칙에는 장로와 집사로만
되어 있지만, 1922년 정치엔 감독을 괄호 안에 넣었다. 그럼에도 1922년 정
치가 기본적으로 이중직을 제시하고 있다는 것은 성경인용을 통해서도 분명
히 나타난다. 디모데전서 3장 1절은 미국장로교 헌법에도 각주로 인용되어
있지만, 장로와 감독을 일치시키는 사도행전 20장 17절과 28절은 미국장로

교 헌법에는 나타나지 않는다.

　미국장로교 헌법에선 직제를 삼중직으로 보았기 때문에 장로를 두 종류로 구분할 필요가 없었다. 또한 곽안련이 교회정치의 참고서로 번역한 하지의 『耶蘇敎長老會政治問答條例』도 목사, 장로, 집사의 삼중직을 가르친다.[56] 하지만 1907년 정치규칙과 1922년 정치에선 직제를 이중직으로 보았기 때문에 바로 다음에 장로를 두 종류로 구분하여 설교와 치리를 겸한 자를 목사라고 하고 치리만 하는 자는 장로라고 서술한다. 1922년 정치에는 1907년 정치규칙이나 미국장로교 헌법에 없는 한 조항이 붙임 조항[附]으로 덧붙여졌다. 강도사는 노회로부터 설교할 인허를 받고 노회의 지도대로 사역하되 치리할 권리는 없다는 것이다. 이것은 기본적으로 이중직제 틀 안에서 나오는 설명으로 이해할 수 있다. 장로는 둘로 나뉘는데, 설교와 치리를 겸한 자는 목사, 치리만 하는 자는 치리장로라고 부른다. 그렇다면 설교만 하는 강도사는 치리를 하지 않기 때문에 장로가 아니다. 하지만 강도사는 장로처럼 개교회에 속하지 않고 목사처럼 노회에 속한다.

　이러한 이중직제 이해는 장로의 영적인 역할을 강조하는 데에서도 확인될 수 있다. 제5장은 네 항으로 이루어지는데, 미국 장로교 헌법보다 훨씬 자세하게 장로의 설립, 권한, 자격, 직무를 서술한다. 율법시대뿐만 아니라 복음시대에도 교회를 치리하는 자를 택하여 세웠는데, 이들이 바로 치리장로이다[제1항]. 장로는 설교하고 가르치는 책임은 없지만, 각 치리회에서 목사와 동일한 권한으로 사무를 처리한다[제2항]. 장로는 행위가 선량하고 신앙이 진실하고 지혜와 분별력이 있으며 언행이 거룩하여 온 교회의 모범이 되는 자라야 한다[제3항]. 이 모든 내용이 미국장로교 헌법에는 없다.

　또한 장로의 직무에 대해서도 상당히 상세하게 규정되어 있다[제4항]. 우선 치리장로는 교인의 택함을 받아 대표자가 되어 목사들과 협동하여 치리와 권징의 일을 담당한다고 밝히는데, 이는 미국장로교 헌법에도 나온다. 하지만 1922년 정치는 여기서 더 나아가서 장로는 지교회나 전국 교회의 영적인 관계를 통솔하고 당회로든 개인으로든 양무리를 지켜 교리의 오해나 신덕의

56　Hodge, 『耶蘇敎長老會政治問答條例』, 42 (제55-56문).

부패에 이르지 않도록 하며, 회개하지 않는 자는 당회에 보고하고, 교인들, 특히 병자와 상喪을 당한 자를 심방하고 위로하며, 무식한 자와 교회 내의 어린이를 양육하고 간호하며, 교인과 함께 기도하고 교인을 위해 기도하며, 교인 가운데 설교로 인해 일어나는 결과를 살피며, 질병과 슬픔을 당한 자, 회개하는 자, 특별히 구원받을 자가 있을 때에 목사에게 보고해야 한다고 규정한다.

요약하면, 1922년 정치에서는 장로의 역할과 직무가 매우 강화되어 있으며 이는 당시 미국 장로교 헌법을 훨씬 능가한다. 제4항에 나오는 한 구절은 매우 의미심장하다: "大槪平信徒라도愛의法을當行할諸般本分이잇거든況且 長老는身分上義務와職務上本分으로宜當히實行할거시니라." 이것은 장로가 평신도라기보다는 목사와 버금가는 직무와 책임을 가진 직임이라는 것을 잘 보여주며, 목사와 장로를 동등하게 이해하는 이중직제 원리와도 긴밀히 연결된다.

셋째, 1922년 정치는 한국 교회의 고유한 정치제도에 대한 규정을 마련했다. 우선 제직회를 들 수 있다. 제직회는 제6장 집사를 다루면서 나오는데, "執事會의 代辦"이라고 소개된다제4항. 위 표에 있듯이 1916년 미국 장로교 헌법에선 집사회라는 항목이 있다Ch. XXV. 하지만 1922년 정치는 집사회 대신 제직회를 한국 장로교회의 근간으로 삼았다. 제직회는 지교회의 온 당회와 집사들이 연합하여 조직하며 회장은 목사가 겸임하며, 서기와 회계를 선정하여 모인다. 당회는 일시적으로 형편에 따라 제직회 사무를 처리하기 위해 서리집사와 조사와 영수에게 제직회원의 권리를 줄 수도 있으며, 미조직교회의 경우에는 목사, 조사, 영수, 서리집사가 제직회의 일을 임시로 행할 수 있다.

이와 관련된 여집사에 대한 규정제6장 제5항도 중요하다. 1922년 정치는 1907년 정치규칙처럼 여자의 피선권을 제한한다. 제3장 교회직임을 다룰 때, 1907년 정치규칙 제3조 제2항을 그대로 가져와 장로목사와 치리장로는 성찬에 참여할 수 있는 남자만 피선권이 있다고 규정한다제3장 제2항 제2속. 또한 집사의 직임에 대해 말하면서 미국 헌법에는 나오지 않은 무흠한 남자교인이란 말을 첨가하였고제6장 제1항, 치리장로와 집사 선거를 규정할 때에는 미국장로교 헌법을 따라^{Ch. XIII. 2} 성찬에 참여하는 남자로 제한한다고 밝힌다^{제13장 1항}. 하지만 여성들의 활동이 활발한 한국 선교지의 상황을 완전히 무시할 수는 없어, 1922년 정치는 여집사에 대한 규정을 두었다. 여집사는 당회에 의해 선임되는데, 그 직무는 환자와 죄수, 과부, 고아 및 환란 당한 자를 위로하고 보살피는 일로 당회 감독 하에 사역하도록 규정한다. 또한 여집사 선거에 대한 별도의 규정도 존재한다^{제13장 제9항}. 여기서는 여집사를 선임할 필요가 있을 때 당회는 선거를 거치지 않고 직접 임명할 수 있으며, 기도로 임직하되 안수는 하지 않는다고 규정한다. 미국 장로교회에는 서리집사 제도가 없으므로 집사회는 안수집사의 회의이며 남성으로만 구성되었다. 하지만 한국에서는 이러한 여집사와 제직회에 대한 규정이 마련되어, 여성이 교회 일에 참여할 수 있는 제도적 기반이 마련되었다.

또 하나 중요한 제도는 시찰위원회이다. 이미 1907년 정치규칙에 시찰위원회가 언급되었는데, 1922년 정치에는 이보다 한층 더 상세하게 시찰위원회가 규정된다^{제10장. 제5항}. 노회는 교회를 감독하는 치리권을 행사하기 위해 노회 소속 목사와 장로 가운데 시찰위원회를 선택하여 지교회와 미조직교회를 순찰하고 모든 사항을 협의한다. 시찰위원회는 치리회가 아니므로 목사 청빙을 수령하거나 목사에게 전달하지 못하며 노회 기간이 아닌 경우에는 임시목사를 세울 권리가 없다. 하지만 목사가 없는 교회 "허위[虛位]교회," the vacant church의 당회가 설교할 목사를 청하려 할 때 함께 의논하고, 그 지역 목사와 강도사가 사역할 장소와 사례비에 대해 노회에 보고할 수 있다. 노회는 노회 기간이 아닐 때에 시찰위원회에게 목사가 없는 교회를 돌아보고 임시로 사역할 목사나 임시당회장을 정하게 할 수 있다. 시찰위원회의 목적은 각 교회와 당회를 돌아보고 노회를 위해 시찰하는 것이며, 3년에 한 번 각 목사의 교회를 시찰하여 영적인 상태, 재정 형편, 전도 상황, 주일학교와 지역교회 소속 각 회의 상태를 살피도록 규정한다. 특히 1922년 정치 부록에는 시찰위원회가 방문해서 목사, 장로, 당회, 제직회로부터 확인할 사항이 질문 형태로 상세하게 적혀 있다.

곽안련은 시찰위원회가 장로교회 법과 절차에서 상대적으로 새로운 것이라고 인정한다.[57] 그는 시찰위원회가 캐나다와 호주 교회에선 헌법으로 규정되어 있으며, 종교개혁 시대 초기에 독일에서 이러한 명칭의 위원회가 널리 사용되었지만, 한국의 시찰위원회는 이 모든 위원회를 넘어서는 책임과 기능을 가지고 있다고 강조한다. 당시 한국 장로교회의 노회는 10-40여 교회를 지닌 몇 개의 시찰로 나뉘고, 이 시찰에 속한 장로와 목사 중 5-9명으로 구성된 시찰위원회가 조직되어 ^{선교사 포함} 경내에 있는 모든 교회를 살핀다. 1년에 한번 시찰 안에 있는 모든 직원 ^{목사, 장로, 집사, 조사, 강도사 등}이 모여 목사를 제외한 모든 사역자가 연례 보고를 하며, 안수 받지 않은 사역자는 이듬해 사역지를 배정받는다. 교회 분규가 일어날 때 시찰위원이나 위원회 전체가 중재할 수 있고, 장로 선거나 신학생 추천에서 당회는 시찰위원회와 협의할 수 있다. 곽안련은 시찰위원회가 한국 교회의 과거의 성공 비결이며, 미래에도 더욱 중요해질 것이라고 평가한다.[58] 이러한 점에서 1922년 정치에 시찰위원회에 대한 상세한 규정이 나타나는 것은 놀라운 일이 아니다.

　　마지막으로 미국 헌법에 나타나고 1922년 정치에도 반영되었지만, 그동안 한국 장로교회에서는 크게 주목받지 못했던 내용이 있다. 바로 장로와 집사의 시무연한제도이다. 장로와 집사의 선거와 임직을 다룰 때 미국 헌법과 1922년 정치는 "視務班次^{시무반차}" 제도를 언급한다^{Ch. XIII.8; 제13장 제8항}. 치리장로와 집사는 종신직이므로 본인이 마음대로 사임하거나 면직 이외의 다른 방식으로 직임을 박탈할 수 없다^{Ch. XIII.6; 제13장 제5항}. 하지만 어떤 교회든지 세례교인의 과반수의 투표로 장로와 집사의 시무기간과 반차를 둘 수 있는데, 시무기한은 3년으로 하고, 반차는 셋을 두어 매년 한 반차씩 교체할 수 있다. 이미 임직한 장로는 시무기한이 만료되어 다시 시무하지 못할지라도 장로직은 계속 유지되며 당회 혹은 노회의 결의에 의해 총대로 일할 수 있다^{Ch. XIII.8; 제13장 제8항}. 이러한 시무연한제는 이미 『耶蘇敎長老會政治問答條例』에서 소개되었다.[59] 곽안련은 1922년 이 조항에 대해 여러 차례 질문을 받았으며 『神學指南』을 통해 대답했다.[60]

57　Clark, *Korean Church and Nevius Methods,* 178-82. 곽안련은 이 책에서 1922년 정치의 시찰위원회 항목을 영어로 번역해서 소개한다(178-179쪽).

58　위의 책, 182.

59　Hodge, 『耶蘇敎長老會政治問答條例』, 280-282, [제491-496문 (원본에는 제490-495)].

치리장로와 집사의 시무연한제가 한국 장로교회의 역사 초기에 소개되고 헌법에 명문화되었다는 것은 매우 흥미로운 사실이다. 시무연한제가 오늘날 한국 장로교회의 제도의 개선방향으로 제시되고 있다는 것을 생각하면 이러한 사실이 놀라울 뿐이다. 아마도 곽안련이 언급한 것처럼 초기 한국 장로교회에서는 교회 직분자로 자원하는 사람이 드물어 많은 어려움을 겪었고, 이러한 맥락에서 교회의 직분이 종신직이라는 것을 강조되어, 지금은 시무연한제가 한국 장로교회 헌법에 포함되었다는 사실조차 잊어버린 것이 아닌가 생각한다.[61]

1922년 정치는 한국 장로교회의 정치와 직제의 골격을 마련했다는 점에서 매우 중요하다. 1922년 정치는 기본적으로 당시 미국 장로교 헌법의 정치를 따르면서도 고유한 특징을 발전시켰다. 이중직적 직제 개념, 장로의 역할 강화, 제직회와 여집사 제도, 시찰위원회는 미국 장로교 헌법에는 없는 한국 장로교회의 고유한 특징으로 오늘날까지도 그대로 유지되고 있다.

Ⅲ. 미국장로교(PCUSA)의 헌법

1922년 정치는 미국 장로교회가 해석한 웨스트민스터 정치모범이 완전한 형태로 한국 장로교회에 전해지고 채택되고 가르쳐지고 전파되었다는 것을 잘 보여준다. 1922년 정치에 표현된 "웨스트민스터" 정치는 그 정신과 원리에서는 오늘날 미국 장로교회의 헌법에도 기초와 토대를 이루고 있다. 1983년 미국연합장로교회 [UPCUSA]와 미국장로교회 [PCUS]가 연합하여 미국장로

---

60 "敎會政治議論"『神學指南』제7권 2호, 통권 제26호 (1925. 4), 158-64(여기서는 158-62); "敎會政治에 對호問答,"『神學指南』제7권 3호, 통권 제27호 (1925. 7), 150-53. 치리장로와 집사의 시무연한제가 한국 장로교회의 역사 초기에 소개되고 헌법에 명문화되었다는 것은 매우 흥미로운 사실이다. 시무연한제가 오늘날 한국 장로교회의 제도의 개선방향으로 제시되고 있다는 것을 생각하면 이러한 사실이 놀라울 뿐이다. 아마도 곽안련이 언급한 것처럼 초기 한국 장로교회에서는 교회 직분자로 자원하는 사람이 드물어 많은 어려움을 겪었고, 이러한 맥락에서 교회의 직분이 종신직이라는 것이 강조되어, 지금은 시무연한제가 한국 장로교회 헌법에 포함되었다는 사실조차 잊어버린 것이 아닌가 생각한다. Clark, *Korean Church and Nevius Methods*, 117.

61 Clark, *Korean Church and Nevius Methods*, 117.

교회 PCUSA가 세워지면서 교회 정치에 대한 논의가 활발하게 전개되었다. 새로운 총회는 『규례서』 Book of Order를 개정하기 시작했으며, 1788년의 역사적인 원리와 교회 구조에 대한 신학적인 근원을 검토하고, 교회 정치가 성서적이고 신학적인 기초를 가져야 한다는 것을 재확인하면서 현대 상황에 맞는 새로운 구조를 세우려고 노력했다. 그 주요한 특징으로는 장로와 목사의 동등성을 강조한 이중직 직제개념과 교인과 직원 구성에서 다양성에 대한 강조와 치리회나 각 기관의 대의적 성격의 강화를 들 수 있다. 2010년 미국장로교 총회는 교회정치를 완전히 새롭게 개정한 새로운 『규례서』를 채택하기로 결의하여 2011년 노회의 수의를 얻었다. 이 새 『규례서』는 완전히 다른 체제로 개정되었지만, 교회 정치원리와 직제에서는 이전의 규례서와 동일한 내용을 지니고 있다.

여기서 필자는 현행 미국장로교 헌법의 『규례서』 Book of Order에서 장로정치에 관련된 부분을 소개하고자 한다.[62] 한국장로교와 공동 유산을 지니고 있지만, 미국장로교는 사회의 변화에 따라 장로정치의 원리를 더욱 발전시켜 규례서 안에 담아 미국장로교 헌법은 앞으로 한국의 장로정치를 개혁하고 갱신하는 데 좋은 자료가 될 수 있다고 확신하기 때문이다.[63]

1. 정치제도의 기초

미국장로교의 헌법은 크게 『신앙고백서』 Book of Confessions와 『규례서』 Book of Order 두 권으로 이루어져 있는데, 『규례서』는 다시 〈장로교 정치제도의 기초〉 The Foundations of Presbyterian Polity, 〈정치형태〉 Form of Government, 〈예배모범〉 Directory for Worship, 〈권징조례〉 Rules of Discipline의 네 부분으로 나뉜다. 2010년 개정되기

---

[62] Presbyterian Church of USA, *Book of Order 2017-2019: The Constitution of the Presbyterian Church (U.S.A.) Part II* (Louiville: The Office of the General Assembly, 2017); 한글판, 『미국장로교 헌법 제II부: 규례서』 큰활자판 (Louisville: 총회사무국, 2017). 미국장로교홈페이지에서 다운로드가 가능하다. (http://oga.pcusa.org/section/mid-council-ministries/constitutional-services/constitution/#boo).

[63] Joan S. Gray and Joyce C. Tucker, *Presbyterian Polity for Church Officers*, Second edition (Louisville: Westminster/John Knox Press, 1990)를 참조하라.

전에는 첫 부분인 〈장로교 정치제도의 기초〉가 〈정치형태〉에 포함되었는데, 장로정치의 원리와 기초를 독립된 주제로 구분한 것이 새 헌법의 특징이라고 할 수 있다.

〈장로교 정치제도의 기초〉이하 〈기초〉는 세 개의 장으로 이루어지는데, 교회의 선교를 가장 먼저 다루고제1장, 그 다음에는 교회와 신앙고백의 관계를 제시하고제2장, 장로교 규례와 정치 원리를 규정한다제3장. 미국장로교 첫 헌법 1788년과 이를 계승한 한국장로교헌법 1922년, 새롭게 개정된 미국장로교헌법 2010년 이후은 모두 교육적인 성격이 강하다. 특히 미국장로교 새 헌법에서는 〈기초〉를 독립적으로 다루어, 교회의 사명과 본질, 개혁교회의 특징, 장로정치의 원리를 분명하게 제시하였다. 미국장로교 헌법인 『신앙고백서』와 『규례서』가 모두 교인과 제직 교육의 중요한 교본manual이 된다는 점을 생각한다면, 장로교회의 정체성과 정치 원리를 정의한 〈기초〉는 모든 교육의 핵심적인 내용이라고 말할 수 있다.

〈기초〉는 먼저 교회의 선교를 다룬다제1장. 이 장은 하나님의 선교로 시작하는데 "인간에게는 이제부터 영원까지 하나님을 영화롭게 하고, 그분 한 분으로 즐거워하며, 하나님과 더불어 교제하는 언약 안에서 살면서 하나님의 선교에 참여하는 것보다 더 높은 삶의 목적은 없다"고 서술한다F-1.01. 그 다음에는 그리스도가 교회의 머리이심을 선언하고F-1.02, 다섯 항목, 그리스도의 몸으로서 믿음의 공동체, 소망의 공동체, 사랑의 공동체, 증거의 공동체를 이루어야 하며F-1.0301, 하나의 거룩하고 보편적이고 사도적인 교회라는 니케아-콘스탄티노플 신조381년의 교회의 네 가지 표지를 이루며F-1.0302, 말씀의 선포, 성례전의 올바른 집행, 교회권징이라는 세 가지 개혁교회의 특징F-1.0303과 교회의 큰 목적F-1.0304을 제시하면서 교회의 사명F-1.03을 서술한다.

제1장의 마지막 항은 "성령의 인도하심에의 개방성"이라는 제목을 가지고 있다F-1.04. 여기서는 연속성과 변화F-1.0401, 에큐메니시티F-1.0402, 다양성 속의 일치F-1.0403, 개방성F-1.0404, 네 항목이 다루어지는데, "미국장로교 헌법의 장로교 정치제도는 성경에 비추어 세워진 것이지만, 이것은 기독교 교회의 존재에 본질적이라거나, 모든 기독교인에게 요구되는 것이라고 간주하지는 않는다."는 에큐메니시티에 대한 선언F-0402과 그리스도에 대한 더 철저한

순종과 더 기쁨에 찬 예배와 사역, 나이와 인종과 민족, 계층을 넘어서는 하나의 공동체, 장로교 제도의 갱신, 효과적인 선교의 도구가 되도록 에큐메니칼 교회의 개혁을 추구한다는 개방성에 대한 선언이 인상적이다[F-0404].

제2장은 교회와 신앙고백이라는 제목을 지니고 있는데, 신앙고백서의 역할과 성격을 규정한다. 현재 우리 교단에는 6개의 신앙고백서가 있지만, 교회에서는 물론 신학교에서도 거의 가르쳐지지 않는다. 미국장로교는 현재 모두 12개의 신앙고백을 지니고 있는데, 보편교회의 신조로는 니케아 신경[381년]과 사도신경, 개혁교회의 신조로는 스코틀랜드 신앙고백, 하이델베르크 요리문답, 제2스위스 신앙고백, 웨스트민스터 신앙고백, 소요리문답, 대요리문답, 현대적 신앙고백으로 바르멘신학선언[1934년], 1967년 신앙고백, 벨하 신앙고백[남아프리카공화국, 1986년], 간추린 신앙고백[1991년]이 포함되었는데, 『신앙고백서』의 서문에서는 이렇게 다수의 신앙고백서를 사용하는 의미와 방식에 대해 지침을 준다. 미국장로교에서는 임직 교육과 선서에서 신앙고백서가 중요한 내용이 되며 '간추린 신앙고백'은 예배에서도 종종 사용된다.

〈기초〉에 따르면 신앙고백서는 "교인과 세상을 향해 이 교회는 누구이며, 무엇을 믿으며, 무슨 일을 하려고 결심하는가"를 선언하며, 정체성을 확실하게 해주며, 성경을 연구하고 해석하는 지침서이며, 개혁교회 전통의 본질을 요약하고, 교회가 건전한 교리를 유지하도록 지도하고, 복음선포의 사역을 위해 교회를 준비시키며 개인적인 헌신과 신자들의 공동체의 삶과 증거를 강화시켜 주는 역할을 한다[F-2.01]. 신앙고백서는 "교회의 부차적인 표준"이지만 그럼에도 신앙의 표준이므로 "무시되거나 경솔히 다루어져서는 안" 되며, 신앙고백서에 표현된 신앙을 심각하게 거부하는 안수 받은 제직은 가르침과 상담과 징계를 받을 수 있다[F-2.02].

이어서 〈기초〉 제2장은 미국장로교의 신앙고백서가 보편교회[F-2.03], 개신교회[F-2.04], 개혁교회[F-2.05]의 신앙적 유산을 계승하고 있다고 서술하는데, 개혁신학의 특징을 하나님의 절대적 주권, 구원과 섬김을 위한 하나님의 선택, 언약의 삶, 청지기직, 사회변혁을 위한 노력이라고 제시한다[F-2.05].

제3장은 "규례와 정치의 원리"라는 제목을 지니고 있는데, 먼저 1788년 미국장로교 헌법에 나오고 한국장로교 1922년 정치에도 포함된 장로교 규례

의 여덟 가지 원리를 제시한다F-3.01. 이 여덟 원리는 직원과 자격제1장 제5항, 직원의 선거권제6항을 제외하고 그 기본 내용이 현재 대한예수교장로회통합 헌법에도 존속되어 있다. 이어서 보다 분명하게 장로교 정치의 원리가 9개의 항목으로 천명되는데 이를 정리하면 다음과 같다F-3.02.

1) 하나의 교회: 교단의 모든 교회는 미국장로교라고 부르는 하나의 교회를 이룬다.
2) 장로 치리: 장로(치리장로와 말씀과 성례의 목사)에 의해 치리된다.
3) 공의회(치리회)[64]로 모임: 모든 치리회는 하나로 연합되며, 책임과 권리와 권한을 공유한다. 상위 치리회는 하위 치리회를 다스린다.
4) 그리스도의 뜻을 구하고 대표: 장로는 교인의 의사를 반영하지 않고 그리스도의 뜻을 찾고 대표한다.
5) 과반수: 치리회의 의사결정은 토의와 분별 후 투표로 하고 과반수로 한다.
6) 검토와 감독: 상위 치리회는 하위 치리회를 검열하고 통제할 권리를 지니며 논란에 대해 결정할 권한을 지닌다.
7) 공의회(치리회)에 의한 안수: 장로(치리장로와 말씀과 성례의 목사)와 집사는 치리회에 의해서만 안수를 받는다.
8) 공유된 권한, 공동 행사: 교회 관할권은 공유된 권한이며 치리회에 모인 장로들에 의해 공동으로 행사되어야 한다.
9) 공의회의 권위: 공의회는 헌법이 정한 의무와 권한의 발효에 필요한 행정적 권위를 가진다. 각 공의회의 관할권은 헌법의 명시적인 조항에 의해 제한된다.

여덟 가지 원리와 아홉 항목의 장로교 정치 원리는 장로정치가 어떠한 것이고 어떻게 운영되는 것인지 분명히 밝혀준다. 비록 1922년 한국장로교 헌법에서는 아홉 항목의 장로교 정치 원리는 나와 있지 않지만, 이는 곽안련

---

64 미국장로교 규례서에서는 치리회에 해당되는 단어가 council이며, 따라서 한글판에서는 공의회로 번역했다. 여기선 혼돈을 피하기 위해 직접 인용을 제외하곤 일관적으로 치리회라는 단어를 사용하겠다.

선교사가 가르친 장로교 원리와 동일하다고 볼 수 있다.

이어서 나오는 "기초선언문"도 중요하다^{F-3.03}. 여기서는 "헌법의 모든 부분의 모든 조항들은 전체 헌법에 비추어 해석되어야" 하며, "*규례서*의 어느 조항도 저절로 어떤 다른 조항을 무효화시킬 수 없"고, "조항들 사이에 긴장과 모호성이 있을 때, 모든 조항에 효력을 줄 수 있는 그러한 방법으로 해결하는 것이 공의회와 사법전권위원회의 임무"라고 밝힌다. 만약 이 조항이 우리 교단 헌법에도 있었더라면, 세습방지 조항^{⟨정치⟩ 제28조 제6항}이 정치 원리인 양심의 자유나 교회의 자유에 어긋나서 수정, 보완, 삭제되어야 한다는 주장은 나올 수 없었을 것이다.

2. 정치 형태

⟨기초⟩와 ⟨정치형태⟩를 분리시킨 것은 ⟨기초⟩에 나타난 장로정치의 원리가 ⟨정치형태⟩에 나오는 세부적인 규정에서 적용되고 반영된다는 것을 분명하게 보여준다. ⟨정치형태⟩ 곳곳에는 장로정치의 원리를 구체적으로 실현하려는 의지를 엿볼 수 있는데, 여기선 한국장로교 1922년 정치와 비교하면서 주제별로 논의하고자 한다.

앞에서 곽안련이 1922년 헌법을 만들면서 제시한 장로정치의 일곱 원리를 언급했는데, 이를 오늘날의 관점으로 정리하면 장로정치는 입헌주의, 대의주의, 집단지도주의, 관계주의 등의 네 가지 특징을 지니고 있다고 말할 수 있다.[65]

---

65   곽안련의 일곱 원리는 교인들이 직원을 택한다는 대의주의, 각 지교회 안에 다수의 감독 혹은 장로가 있어야 한다와 임직(장립)은 개인의 일이 아니요 노회의 일이라는 것은 집단지도주의, 치리회는 계급적이며, 하회에서 상회로의 상고할 권이 있다는 것은 관계주의로 구분할 수 있다. 장로와 감독의 직분과 장로의 직분이 동일하며 계급이 없다는 것은 장로와 목사의 동등성을 말하는데, 이는 집단지도주의에서 다뤄질 수 있다. 무엇보다 헌법이나 규례 등 미리 정해진 규범에 따라 교회를 운영한다는 것은 입헌주의에 해당한다.

1) 입헌주의

입헌주의는 장로교회는 헌법에 따라 다스려진다는 뜻으로, 회중에 의해 선출되어 권한을 위임받은 제직과 각종 치리회는 헌법에서 규정된 범위 안에서 권한을 행사해야 한다는 뜻이다. 1922년 정치에 따르면 개인이나 집단이 마음대로 법을 만들 때 일어나는 위험이 이미 만들어지고 신앙을 고백하는 모든 사람들에게 적용되는 법에 따라 행동할 때 일어나는 위험보다 더 크다제1장 제7항. 따라서 1922년 정치는 목사, 장로, 집사의 권한과 직무, 당회, 노회, 총회와 같은 치리회의 권한과 직무를 상세하게 규정하였다. 더 나아가서 1922년 헌법은 "웨스트민스터" 표준에 따라 신경과 소요리문답 등 신앙고백서와 예배모범, 권징조례, 정치 등 규례서를 모두 갖추고 있었다. 이는 헌법에 규정된 대로 믿고 가르치고 행하며 정치와 예배와 권징이 이루어져야 한다는 입헌주의의 원리를 잘 보여준다.

현재 미국장로교 헌법은 입헌주의의 원리를 보다 명백하게 이해하는데 도움을 준다. 치리회는 신앙고백서에 표현된 신앙을 심각하게 거부하는 제직을 상담하고 가르치고 징계할 수 있다F-2.02. 치리회는 헌법의 명시적인 조항에 의해 제한된다F-3.0209. 또한 〈정치형태〉 제2장에서는 "양심의 자유"라는 흥미로운 항목이 있다G-2.0105.

> 직제사역에서 교회를 섬기는 사람은 본 헌법에 명시된 개혁 신앙과 정치 체제의 본질에 충실해야 하는데 이는 교회의 순결성과 건전성을 위해 필요한 일이다. 이런 표준에서 심각하게 이탈하지 않고 타인의 권리와 의견을 침해하지 않으며 또한 본 교단의 헌법적 관할을 어기지 않는 한, 성경해석에 관하여 양심의 자유가 유지되어야 한다. 그렇지만 미국장로교의 직제사역에 참여한다는 것은 자신의 양심의 자유를 특정 범위 내에서만 행사할 것을 선택하는 사실을 인정해야 한다. 그러나 그녀가 직제사역을 추구하거나 계속 봉사하는 동안에는, 그들의 양심은 교회의 제표준에 해석된 대로의 하나님의 말씀에 예속된다. 개혁신앙과 정치체제의 본질로부터 떠났는지의 결정은 먼저 관계된 개인이 하지만, 궁극적으로 그 결정의 책임은 그이나 그녀

가 회원으로 있는 공의회[치리회]에 있다.

이 규정은 교회 제직은 신앙고백서에서 표현된 신앙이나 규례서에 제시된 장로정치에 심각하게 어긋날 때에는 치리회에 의해 치리를 받을 수 있다는 것을 잘 보여주며 양심의 자유 원리를 보완한다.

이러한 치리의 근거는 임직 서약이라고 말할 수 있다. 이미 한국장로교 1922년 정치의 임직서약에는 장로교회 신경과 요리문답, 정치와 권징을 받아들일 것이냐는 내용이 포함되어 있으며^{제13장 제3항[치리장로와 집사]; 제15장 제12항[목사와 선교사]}, 이 조항은 현재 우리 교단 헌법에서는 빠져 있고 〈예배모범〉에서도 임직 서약에 대한 내용은 나타나지 않는다. 물론 이러한 내용의 임직 서약은 현재 우리 교단 모든 임직 예식에서 사용되고 있다. 다만 임직 서약이 헌법으로 규정되는 것이 입헌주의의 원리를 분명히 표현하는 방법이 될 것이다.

현재 미국장로교 헌법에서는 〈예배모범〉에서 '헌법 질문'이라는 제목으로 임직 서약을 보다 세부적으로 제시한다^{W-4.0404}. 여기에는 모두 아홉 가지 질문이 있는데, 직제의 특정한 직무와 관련되는 마지막 질문을 제외하곤 집사, 치리장로, 목사 등 모든 직제의 안수, 위임, 파송예식에 똑같이 적용된다. 아홉 개 중 세 개는 신앙고백서와 규례서와 관련된 질문에 해당된다. 하나는 교단 신앙고백서에 표현된 개혁신앙의 기본 교리가 성경의 확실하고 믿을 만한 해설서로 받아들이고 회중을 인도할 때 신앙고백서에 의해 가르침을 받겠는지를 묻고, 또 하나는 성경의 권위 하에서 예수 그리스도에게 순종하여 주어진 사역을 완수하고 신앙고백서에 의해 계속 지도받겠는지를 묻고, 또 다른 하나는 교단 정치에 순응하며 권징을 따르고 목회동역자와 친구가 되어 함께 일하면서 하나님의 말씀과 성령의 명령에 순종하겠는지를 묻는다. 이렇게 임직서약이 헌법에 분명히 제시될 때 임직 교육에서 신앙고백서와 규례서를 가르치는 의미가 분명해질 것이다.

2) 대의주의

대의주의는 장로교회는 교인에 의해 선출된 직원에 의해 운영된다는 것을 말한다1922년 헌법 제1장 제6항; 미국장로교 F-3.0105. 교인들이 항존직 직원을 선출할 수 있는 권리를 지닌다는 것은 장로교회에서는 변경될 수 없는 정치 원리이다미국장로교 G-2.0102. 곽안련은 이 원리가 성경에 기초하고 있다는 것을 강조한다.[66] 위임목사를 선출할 때 공동의회의 선거를 받는 것이나1922년 헌법 제15장 제1-4항 장로나 안수집사가 세례교인의 선거로 선출되는 것은1922년 헌법 제13장 제1항 이 원리에 근거한다. 또한 하급회의가 상급회의로 파송하는 총대를 선거를 통해서 선출하는 것도 대의주의 원리를 표현한다.

1916년 미국장로교 헌법과 한국장로교 1922년 정치에는 시무연한제가 나타난다. 당시 시무연한제가 어떤 배경에서 제안되었는지는 더 연구해보아야겠지만, 오늘날 미국장로교에서는 이 시무연한제가 대의주의를 강화하는 방향으로 활용되고 있다. 치리장로나 안수집사의 경우 3년 임기로 시무하고, 다시 선거를 거쳐야 시무할 수 있으며, 6년 연속 시무하면 1년 동안은 시무하지 못하도록 규정한다미국장로교 G-2.0404. 하지만 노회는 서면 요청과 과반수 투표에 의해 임기 제한 면제를 개체교회에 허용할 수 있도록 열어놓는다.

중요한 것은 시무와 임직을 구분해야 한다는 점이다. 이미 1922년 정치에서 이 원리가 표명되고 있다. 치리장로와 집사는 종신직으로 마음대로 사임하거나 면직 이외 다른 방식으로 직임을 박탈할 수 없다제13장 제5항. 하지만 장로와 집사의 시무기간과 반차를 둘 수는 있으며, 시무기한이 만료되어 다시 시무하지 못할지라도 장로직은 유지되며, 총대로 일할 수 있다제13장 제5항. 미국장로교는 시무를 하지 않더라도 안수 사역의 책임은 지속된다고 규정한다미국장로교 G-2.0404.

1922년 헌법은 당시의 미국 장로교회의 헌법과 마찬가지로 여성에게는 직원 피선거권을 인정하지 않으므로, 오늘날의 대의주의 관점에서 볼 때에 취약점을 가지고 있다1922년 헌법 제3장 제2항 제2속[목사와 치리장로]; 제6장 제1항[집사]; 제13장 1항[장로·집사 임직과 선거]. 미국에서 1920년에 보통선거가 시작되었다는 것을 감안하면 이것은 그 시대의 산물로 받아들일 수 있다. 1922년 정치의 여집사에 대한 규

---

66 곽안련은 사도행전에선 목사와 동일한 감독(1:13-26)과 치리장로(14:23)와 집사(6:5)가 교인들에 의해 택해졌으며 사도에 의해 임명되지 않았다는 점을 강조하며 성경에선 직원들을 택하는 권리가 마땅히 교인들에게 있다고 알려준다고 강조한다. 곽안련, "本長老教會新憲法(본장로교회신헌법)," 95-96.

정 제6장 제5항; 제13장 제9항 이나 제직회에 대한 규정 제6장 제4항은 당시 미국 헌법보다 더 진보적이지만, 오늘날의 관점에서는 여전히 부족하다.

현재 미국장로교는 치리회의 교회 직원이 가능하면, 성, 나이, 지역, 신념 등에서 회중 전체의 구성과 일치되도록 하는 공정대표 fair representation 의 원칙을 강조하고, "참여와 대표성" full participation and representation 혹은 "포괄성" inclusiveness 이라는 표현으로 이를 실현하려고 하는데, 그 구체적인 조항을 찾아보면 다음과 같다.

1) 다양성 속의 일치(F-1.0403): 그리스도 안에서 신자들의 일치는 교인들의 다양성에 반영되어 있으므로 교회 생활에서는 누구도 차별할 수 없으며, 장로교 회원권을 지닌 모든 사람에게 예배, 정치, 새로 나타나는 삶에 완전한 참여와 대표성을 보장해야 한다.

2) 치리장로와 집사의 선출(G-2.0401): 치리장로와 집사의 공천과 선출에 교인들의 풍부한 다양성이 반영되어야 하며, 참여와 포괄성이 보장되어야 한다. 여기서 중요한 것은 공천위원회인데, 이는 교인을 대표하고 회중이 선출한 위원회로서 최소한 3인의 활동교인과 최소한 1명의 시무장로를 포함해야 한다. 담임목사는 직무상 위원으로 투표권은 없다. 또 선거가 개시되었을 때 공동의회 현장에서 공천할 수 있는 기회가 주어져야 한다.

3) 참여와 대표성(G-3.0103): 치리회는 교회 회원의 풍부한 다양성을 온전히 반영해야 하며, 의사결정과 고용에 완전한 참여와 대표성에의 접근을 제공해야 한다. 치리회는 포용성과 대표성에 대한 헌신을 증진하고 검토할 수 있는 절차와 체제를 계발해야 한다.

4) 대표위원회(committee on representation, G-3.0103): 당회 이상의 교회 공의회에선 대표위원회를 두어 일치와 다양성의 원리에 대해 공의회에 조언하고, 지도력의 다양성을 옹호하고 〈기초〉 F-1.0403에 표현된 일치와 다양성의 원리에 따라 인사채용에 대해 공의회에 자문해야 하도록 한다. 치리회가 다양하고 포괄적인 참여를 보장할 수 있도록 자문하도록 하며, 또한 공천위원회는 대표위원회의 조언을 받아 다양한 집단에서 후

보자를 공천할 수 있도록 노력한다.

5) 총대 선출: 당회의 노회로 장로 파송(G-30202b), 노회의 장로 총대 인원 배정(G-3.0301), 대회의 총회 총대 선출(G-3.0401)는 참여와 대표성의 원리에 따라 이루어져야 한다.

참여와 포용성의 원리, 다양성의 추구는 미국장로교에서 장로정치의 대의주의를 강화하는 핵심 내용이며, 시무연한제, 공천위원회, 대표위원회란 제도를 통해 이를 실현하고자 한다.

3) 집단지도주의와 치리장로와 목사의 동등성

장로정치는 집단지도를 추구한다. 한국장로교 1922년 정치는 교회를 치리하는 것이 개인에게 있지 않고 치리회에 있다는 것은 합리적이며 성경적이며 사도시대의 관행을 따르는 것이라고 서술한다제8장 제1항. 목사나 장로 혹은 어느 개인의 결정이 아니라 치리회라는 집단지도체제를 통해 교회를 운영한다는 것이 장로회 정치의 기본 신념이다. 이는 집단적인 결정이 잘못될 수 없다거나 완전히 하나님의 뜻을 반영한다는 것을 뜻하는 것이 아니라 한 개인이나 특정 집단이 임의로 결정하는 것보다 더 위험이 적다고 판단했기 때문이다.

이러한 집단지도주의는 장로 동등의 원리parity, 다시 말하면 목사와 치리장로의 동등의 원리와 연결될 수 있다. 이것은 우선 노회가 임직한 목사와 교인의 대표인 치리장로가 함께 모여 치리회를 조직하도록 한 규정과 관련된다. 치리회는 목사와 장로가 모두 있어야 조직되며 목사와 장로가 모두 출석해야 성수가 된다. 1922년 정치에 따르면 당회는 장로 2명이 있으면 장로 1명, 목사 1명이 출석해야 하며, 3명 이상이면 장로 2명, 목사 1명이 출석해야 한다제9장 제2항. 노회는 노회 소속 목사 5명 이상과 각 당회에서 1명씩 파송한 치리장로로 구성되며, 노회소속 목사 3명 이상, 장로 2명이 모이면 개회할 성수가 된다제10장. 제2항. 제6항. 총회는 각 노회에서 파송한 목사와 장로로서 조직하되 목사와 장로는 그 수를 같게 한다제12장 제1항.

그런데 1922년 헌법은 여기서 한걸음 더 나아가서 목사와 치리장로의 동등성을 당시 미국 헌법보다 더 강조했다. 치리회의 구성원은 장로뿐이며, 노회적 성질이 있으며 동일한 자격으로 조직되었으므로 동일한 권리와 권한을 지니고 있다^{제8장 제2항}. 각급 치리회에서 치리장로는 목사와 동일한 권한으로 모든 사무를 처리한다^{제5장 제1항}. 더 나아가서 항존직은 목사, 장로, 집사의 삼중직이 아니라 장로와 집사의 이중직이며, 장로 안에서 가르침과 치리를 겸하는 목사와 치리만 하는 장로가 구별된다^{제3장 제1장. 제2장}. 또한 치리장로가 교인들을 목양하고 돌보도록 규정하여 영적 지도자로서의 장로의 역할을 강화한 것도 이러한 맥락에서 이해될 수 있다^{제5장 제4항}. 이 모든 내용이 한국장로교 헌법이 모범으로 삼았던 20세기 초의 미국 장로교 헌법에선 나타나지 않는다. 1922년 정치가 당시 미국 헌법보다 더 진보적으로 이러한 장로 동등의 원리를 제시했다는 것은 매우 흥미롭다. 또한 집단지도주의는 치리회에 한정되지 않고 교회에 속하는 모든 회와 단체에도 적용될 수 있다. 1922년 정치에선 제직회에 대해 구제와 경비는 개인이 아니라 회의로 처리해야 한다고 규정한다^{제6장 제4항}.

현재 미국 장로교 헌법에선 집단지도주의와 장로와 집사의 동등성을 다음과 같이 규정하고 있다.

1) 장로 치리(F-3.0202, G-3,0101): 미국장로교는 회중에 의해 선출 받은 장로들^{치리장로와 목사}로 구성된 공의회에 의해 다스려진다.

2) 치리회에 의한 안수(F-3.0207): 장로와 집사는 치리회에 의해서만 안수를 받는다.

3) 공유된 권한(F-3.0208): 교회 관할권은 공유된 권한이며 치리회에 모인 장로들에 의해 공동으로 행사되어야 한다.

4) 직제사역(G-2.0102): 직제사역은 집사와 장로(말씀과 성례의 목사와 치리장로)로 구분되어 이중직으로 표현된다.

5) 치리장로(G-2.03): 치리장로는 "분별과 다스림의 사역"으로 목사와 더불어 "지도력을 발휘하고 다스림과 영적 분별을 하며 규율을 실행하고" "에큐메니칼 관계를 포함하여 전체교회와 더불어 개체교회의 삶을 책임

진다." 치리장로는 개체교회에서 선출될 때, 당회원으로 섬기며, 상위공
의회에 총대로 선출될 때 "목사와 동일한 권위"로 "참여하고 투표하며
어떤 직책에도 피선될 자격이 있다."
　6) 대회와 총회: 대회와 총회는 동수의 치리장로와 목사로 구성된다(G-
　　3.0401, G-3.0501).

4) 관계주의

　관계주의는 교회가 하나라는 성경적 원리에 기초한 것이다. 장로교회는
모든 그리스도인은 한 주님, 한 믿음, 한 세례, 한 하나님을 지니고 있으며엡
4:5-6, 그리스도의 한 몸을 이룬다고전 12장고 믿는다. 민족과 인종과 시대를 초
월하여 예수 그리스도를 주요 구주라고 믿고 고백하는 모든 신자와 그 자녀
를 보편교회라고 말한다면, 지역교회는 이 보편교회의 지역적 표현이라고
말할 수 있다.
　보다 구체적으로 장로정치는 교회가 하나라는 성경적 원리를 다음과 같
이 실현하고자 한다. 우선 장로교회는 교단에 속한 여러 지교회가 모여 집합
적으로 "한 교회"를 이룬다고 믿는다미국장로교 F-30201. 장로교인이 된다는 것은
다른 지교회와의 연결망 안에 들어가며 노회의 권위 안에 있다는 것을 의미
하므로, 독립된 장로교회는 존재할 수 없다. 장로교회는 본질적으로 더 큰 교
회의 음성을 듣고 그 사역을 지원하고 치리회의 심의에 참여하도록 부름을
받는다.
　장로교회의 관계적 성격은 당회, 노회, 총회로 이루어지는 치리회의 조
직에서 잘 나타난다. 이는 이미 한국장로교 1922년 헌법에서 분명하게 제시
되었다. 1922년 헌법은 미국 헌법에는 없지만 치리회의 성질과 관할을 상세
히 서술한다제8장 제2항. 치리회는 자급자전하는 회가 아니요 서로 연결되며, 무
슨 일을 처리하든 법대로 대표가 된 치리회를 통해야 하며, 각 치리회의 관할
과 직무는 헌법에 규정된다. 치리회는 위계적이며 각 치리회는 관할의 범위
가 정해져 있다. 당회가 지교회를 다스린다면, 노회는 한 지역의 교회와 사역
자를 다스리며, 총회는 교단 소속 모든 교회의 공통된 관심사가 되는 문제에

대한 관할권을 지니고 있다. 또한 상급회의가 하급회의를 다스리며, 하급회의는 상회의 검사와 관할을 받으며, 전체를 대표하는 기구가 각 부분 또는 그 부분의 총화에 대해 다스리고 결정한다는 것이 장로회 정치 원리이다.

IV. 교회정치와 직제를 위한 제언

입헌주의, 대의주의, 집단지도주의, 관계주의는 장로정치의 골격을 이룬다고 말할 수 있다. 필자는 미국장로교의 정치를 공부하면서 미국 민주주의의 뿌리는 미국장로교라고 생각한 적이 있다. 미국장로교의 헌법은 교회가 누구이며 무엇을 믿고 무엇을 하려고 하는지신앙고백서 뿐만 아니라 교회를 어떻게 다스리고 운영할 것인지규례서에 대한 신학 선언이라고 말할 수 있다. 필자는 장로정치의 원리와 내용을 알게 되면서 장로정치에 대한 자부심과 애착이 더 강해지는 것을 느꼈다. 장로정치는 민주주의의 토대이며 성숙한 민주시민을 기층 차원에서 양성하는 정리 원리라고 확신했고, 한국 교회에 장로정치가 도입되면서 우리나라에 민주주의가 일상적인 차원에서 뿌리내리게 되었다고까지 생각하고 있다.

명성교회의 담임목사직 세습 사태는 대형교회와 교회성장주의가 장로정치를 근본적으로 무너뜨릴 수 있다는 것을 보여주었다. 그동안 교회정치가 신학이나 성경에 비해 부수적인 것으로 여겨졌던 것은 사실이다. 4차 산업혁명 시대와 포스트모던 시대에 교단과 장로정치 자체가 시대에 뒤떨어졌다고 느껴질 수 있다. 미국 교회에서는 주류 교단이 쇠퇴의 길을 밟고 있고, 한국 교회도 예외가 아닐 것이라는 전망도 있다. 이러한 상황에서 교단의 의미는 무엇이고 장로정치에 미래가 있을까 질문할 수도 있다. 하지만 필자는 장로정치가 여러 제도 중 하나이고 기독교의 본질은 아니지만, 4차 산업혁명과 미래사회에서도 하나님의 선교를 수행하고 사회를 선도할 수 있는 탁월한 정치제도라고 확신한다. 장로정치는 대의민주주의의 기초를 마련했고, 미래사회에도 잘 부합되는 민주적인 제도이다.

하지만 지금의 한국 장로교회는 장로정치에서 상당히 멀어져 있으며, 장로정치의 가장 폐단적인 요소만 남아있다고 느낄 때가 많다. 이제 한국 장로교가 장로정치의 원리와 실제에 대해 깊이 성찰하고, 장로정치의 원리대로 교회를 개혁하고 변화시킬 때이다. 여기에선 장로정치를 한국 교회에 적용할 때 일어나는 몇 가지 쟁점과 제언을 정리하고자 한다.

1. 교단 헌법의 교육 기능 강화

현재 우리 교단 헌법은 지역교회 차원에서는 거의 사문화되어 있다. 교인들은 교단 헌법에 대해서 알지 못하며, 교단 헌법은 임직 교육이나 제직 교육에서도 잘 다뤄지지 않는다. 심지어 신학교에서도 신앙고백서와 규례서, 예배모범, 권징의 기본적인 내용을 잘 가르치지 않는다. 법의 세부적인 내용이 아니라 원리도 제대로 가르치지 않고 원리대로 교회를 운영하고자 하는 노력과 시도가 없다는 것이 문제다.

또한 현재 우리 교단 헌법이 교인과 제직을 교육하기 위한 좋은 교본이 될 수 있는지도 질문할 수 있다. 한국장로교 1922년 헌법이나 미국장로교 헌법은 교육적 성격이 강하지만, 현재 우리 교단 헌법은 편의적인 성격이 강하고 장로정치의 원리도 분명하게 제시하지 못하고 있다고 여겨진다. 교단 헌법이 임직과 제직 교육의 핵심이 되며, 지교회부터 총회 운영까지 모든 교회 운영에 교단 헌법을 토대로 삼을 수 있다면, 장로교회로서의 정체성과 일치를 효과적으로 구현할 수 있을 것이다.

이를 위해서는 교단 헌법이 단지 형식적인 요건이 아니라 신학적인 내용을 지니고 있으며, 교단의 이념과 비전을 담고 교회 개혁의 목표와 방법을 제시할 수 있는 개혁적이고 미래지향적인 성격을 지녀야 한다. 교회 정치는 메시야 공동체의 운영원리이며 하나님나라의 현존을 경험할 수 있는 통로이며, 사회적으로도 성숙한 민주시민을 양성하는 훈련소가 될 수 있다는 확신을 가지고, 교단 헌법을 신학교육과 교회교육에서 적극적으로 활용하고 구체적으로 실천할 필요가 있다.

2. 교인의 권리와 의무

장로정치, 특히 대의주의가 뿌리내리기 위해서는 교인들의 민주의식이 성숙되어야 한다. 정실이나 인정에 치우치지 않고 지도자를 바르게 선출해야 공동체가 발전할 수 있다는 의식이 분명해야 한다. 이를 위해서는 선거권과 피선거권을 지닌 교인에 대한 정의가 분명해져야 하고 공동의회를 강화할 필요가 있다.

우리 교단 헌법에서는 교인에 대한 규정이 상당히 미흡한 편이다. 교인의 분류원입교인, 유아세례교인, 세례교인[입교인]와 의무와 권리만 간단하게 규정되어 있을 뿐, 어떻게 지역교회의 교인 가입이 되는지에 대한 규정은 없다. 일반적으로 우리나라에서는 일정 기간의 교회출석, 소정의 교육, (당회의 심사), 교회등록교인카드 제출, 교인 명부 기재의 과정을 거쳐 교인가입이 이루어진다.

이에 대해서는 미국장로교의 헌법과 관행이 도움이 된다고 생각한다. 여기서는 공적인 신앙고백, 이명, 신앙의 재확인을 통해 지역교회 활동교인이 된다고 규정한다G-1.0303 공적인 신앙고백이란 세례문답을 통한 신앙고백이고, 신앙의 재확인이란 이렇게 세례를 받고 공적인 신앙고백입교 포함을 한 사람이 세례 때 받은 신앙을 재확인하는 절차를 말한다. 예배모범에서는 이명이나 신앙의 재확인을 통해 입교하려는 교인들은 "당회의 심사를 받고 영접이 끝난 후 공예배에서 세례 때의 결심을 재확인하고 예수 그리스도를 주님과 구주로 모시는 신앙고백을 다시 공적으로 하여, 교회의 예배와 선교에 적극 참여할 의도를 표시하"도록 규정한다W-4.2004. 이러한 규정을 참조하여, 교회에 참여하기를 원하는 자는 원입교인으로 등록하고, 원입교인 중 세례를 받지 않은 자는 세례교육을 거치고, 세례를 받은 자는 교회의 비전과 운영원리 등을 소개하는 신입교우 교육과정을 거치게 한 다음, 공예배 때에 세례언약, 신앙고백과 제자직으로의 결단을 일깨우는 예식을 통해 교인 전체가 공적으로 받아들임으로써 입교가 이루어지도록 하는 것이 바람직하다고 본다.

또한 교인의 의무도 공동예배 출석과 봉헌과 교회 치리에 복종하는 정도에 그치지 않고, 미국장로교 헌법처럼 언행으로 복음 선포, 공동생활과 예배 참여, 기도와 상호 관심과 적극적인 지원으로 서로를 세워줌, 성경과 기독교 신앙과 삶에 대한 공부, 물질과 시간과 재능으로 목회사역 지원, 교회 안에서, 또 교회를 통해 새로운 삶의 질을 나타냄, 섬김을 통해 세상 속에서 하나님 활동에 응답함, 개인·가족·직업·정치·문화·사회의 삶의 관계에서 책임 있게 살아감, 평화·정의·자유·인간 성취를 위해 세상에서 사역, 하나님의 피조물을 돌보는 일, 교회 치리 책임에 참여, 자신의 신실성에 대해 검토 평가 등 포괄적으로 제시하는 것이 바람직하다[G-1.0304].

　　교인의 권리는 성찬 참례권과 공동의회 회원권인데, 이 공동의회 회원권은 일반적으로 18세 이상으로 규정된다. 우리 교단 헌법에서 직원 선거권과 피선거권은 명시적으로 나타나있지 않지만 암묵적으로 전제되어 있다. 교회개혁실천연대의 모범정관은 "교인은 교회의 주체로서 교회 회무에 참여하며 교회 정관이 규정한 바에 따라 각종 회의의 의결권과 선거권 및 피선거권을 가진다."고 규정하는데 매우 적절한 표현이라고 보인다.[67]

　　교회 분쟁 상황에서 사회법은 정관의 변경, 교회 재산의 처분이 공동의회의 권한이라고 보기 때문에, 회원권을 가진 교인명부가 결정적인 중요성을 지닌다. 특히 2006년 대법원 판결에서 교인의 2/3 이상의 다수파에게 교회재산을 귀속시키는 기준을 제시하면서 교인의 자격과 정의에 대한 규정이 중요해졌다. 따라서 입교 절차와 마찬가지로, 교인 자격 상실과 정지 절차도 명확하게 규정될 필요가 있다.

3. 공동의회

　　대의정치와 민주주의를 온전히 구현하기 위해서는 공동의회가 보다 활성화될 필요가 있다. 교단 헌법에는 제직회가 서리집사까지 포함하므로 한국 교회의 관행상 제직회와 공동의회의 구성원이 실제적으로는 크게 다르지 않을 수 있다. 그럼에도 공동의회의 고유한 권한과 기능이 확립되어야 할 것

67　교회개혁실천연대 뉴스앤조이 취재팀, 『건강한 교회의 기본: 모범정관』, 21, 37.

이다. 교단 헌법에는 공동의회의 결의사항으로 직원 선거, 예산과 결산 등이 포함된다〈정치〉 제13장 제90조 제5항. 또한 여기에 목사의 청빙, 목회자의 청빙 조건 검토특히 사례비 및 교회 정관의 제정과 개정이 공동의회의 결의사항으로 명시될 필요가 있다. 사회법으로는 공동의회가 최고의사결정기구로 인정되며, 특히 교회 재산의 취득과 처분에 대한 권한이 공동의회에 속한다고 본다. 하지만 부동산 처분에 대한 권한은 교단 헌법마다 다른데,[68] 부동산 취득, 매매, 저당을 공동의회의 결의사항으로 교단 헌법을 개정하는 것이 바람직하다.

4. 목회관계

　　교단 헌법에서는 공동의회의 결의사항으로 명시적으로 포함되지 않았지만, 목사의 청빙, 목회자의 청빙 조건 검토가 공동의회의 결의사항이라는 것이 강조될 필요가 있다. 이를 위해서는 "목회관계"pastoral relationship의 개념을 이해하는 것이 중요하다. 목회관계란 목사는 지역교회 목회자로서 직무를 다하며, 교인들은 그를 목회자로 받아들여 개인의 신앙과 삶, 교회 공동체의 삶의 지도자로 인정하고 받아들이며 생활을 보장하는 목사와 지역교회 간의 언약관계를 말한다. 목회관계는 일차적으로는 교인 전체와 목사의 언약관계라는 것을 생각하면, 목사가 교회 제직과의 관계에서 어려움을 겪더라도 교인들이 지지하면 계속 목회관계를 유지할 수 있고, 또 제직과의 관계가 좋더라도 교인 전체와의 관계가 어려워지면 목회관계를 유지하기 어렵다고 말할 수 있다.

　　목회관계의 또 다른 당사자는 노회이며, 목회관계의 수립과 해소는 모두 노회의 승인을 얻어야 한다. 미국장로교는 목사 청빙에서도 노회의 지도와 허락을 받도록 규정한다G-2.0801. 목사청빙위원회는 공동의회에 보고하기 전에 노회의 절차에 따라 청빙 고려 대상자들의 장점과 적합성과 청빙 수락 가능성에 대해 노회의 자문을 받고 이를 숙고해야 한다G-2.0803. 청빙 조건사례비와

68　예장 합동에선 노회에 있고, 예장 통합에선 부동산 매매가 제직회, 기장에선 공동의회의 결의사항이다.

연금, 의료 혜택 등 포함은 노회의 최소 요구사항을 충족하거나 능가해야 한다G-2.0804. 지역교회와 노회와 목사가 모두 청빙에 동의하면 노회는 위임예식을 준비하고 청빙절차를 완료한다G-20805. 노회가 목회관계를 수립하고 해소할 권한을 가진다는 것은 지역교회를 넘어선 제도적 틀 안에서 지역교회의 목회관계를 보장하려는 장치라고 이해할 수 있다.

목회관계가 목사와 지역교회 간의 언약관계라면, 목회관계의 수립과 해소는 공동의회의 결의사항이 되는 것이 논리적이다. 그런데 목회관계 해소에서 우리 교단은 권고 사임은 공동의회의 결의를 거치지만〈정치〉 제5장 제35조 제2항, 자의사임의 경우는 노회에 사임서를 제출하고 당회의 결의와 노회의 허락을 받도록 규정되어 있다〈정치〉 제5장 제35조 제2항. 반면 미국장로교에선 목사나 회중이나 노회 중 누구에 의해 주도되든 항상 공동의회가 소집되어 이 사안을 고려하고 목회관계 해소에 동의하거나 거부해야 한다고 정한다G-2.0901. 목사가 목회관계의 해소를 원하지만 공동의회가 이를 승인하지 않을 때, 또 공동의회가 해소를 원하지만 목사가 이를 인정하지 않을 때 노회는 전자의 경우 회중 대표를 만나고, 후자의 경우는 목사를 만나 이유를 듣고G-2.0902, G-2.0903, 목사와 당회, 지역교회와 협의한 후에 말씀 아래 있는 교회의 선교가 이를 요청한다고 발견할 때 목회관계를 해소할 수 있다G-2.0904.

5. 담임목사와 부목사 제도의 보완

미국장로교에선 목회관계는 두 가지로 나눠진다. 하나는 공식 청빙과 위임절차를 거치는 위임목회관계이고, 다른 하나는 담임목사가 없거나 담임목사가 그 직분을 수행할 수 없을 때 12개월을 넘지 않는 특정 기간 동안 초청되는 임시목회관계이다G-2.0504a,b. 흥미로운 것은 담임목사senior pastor 뿐만 아니라 부목사도 위임목회관계에 포함되는데, 이러한 이유에서인지 위임목회관계는 무기한 임기도 있고, 지역교회와 협의하여 노회가 결정하고 청빙에 명시된 지정된 기간의 임기도 있다G-2.0504a.

수년 전 기독교윤리실천운동 주최로 열린 한국 교회 부교역자에 대한 심포지엄이 보여주듯 부교역자의 사역현황과 현실은 참담하다. 또 장로정치의 대의주의를 엄밀하게 적용한다면, 공동의회의 선출을 받지 않은 부목사가 당회에 참여할 수 있냐는 문제도 제기될 수 있다.[69] 이러한 점에서 부목사가 고유한 권한과 책임을 가지고 담임목사를 도와 목회할 수 있도록 공동의회를 통해 청빙이 이루어지고, 비록 기간은 정해져있지만 위임절차를 통해 목회관계를 수립하는 것이 개선안이 될 수 있다고 본다.

또한 우리 교단에는 노회의 허락을 받아 임시로 시무하는 담임목사 미국장로교의 담임목사와는 다름가 있고 시무 기간은 3년이다〈정치〉 제5장 제27조 2항. 이는 미국장로교의 임시목회관계에 해당하는데, 우리 교단에선 위임목회관계는 무기한 임기만 인정하고 정해진 기간의 임기는 인정하지 않는다고 볼 수 있다. 담임목사는 일반적으로 미조직교회에 적용된다고 여겨지는데, 담임목사 연임청원에는 "당회의 결의와 제직회 출석회원 과반수의 찬성을 얻어야 한다."고 나와 있어, 당회가 있지만 노회의 청빙조건을 충족시킬 수 없는 미자립교회에도 적용된다고 보인다〈정치〉 제5장 제28조 3항. 당회가 있다면 청빙조건을 탄력적으로 운영하여 노회가 주관하여 공식적인 위임절차를 밟는 것이 낫지 않을까 생각해본다.

6. 시무연한제와 참여와 포괄성의 원칙

대의주의가 강화되기 위해서는 미국장로교처럼 참여와 포괄성의 원칙이 강조되어야 한다. 미국장로교는 나이와 인종과 민족, 계층을 넘어서는 공동체를 이루고 F-0402, 치리회는 교인의 풍부한 다양성을 온전히 반영하고 의사결정과 고용에 완전한 참여와 대표로의 접근을 보장하도록 노력한다 G-3.0103. 쉽게 말하면 여성, 청년, 장애우와 기타 소수자들이 교회 직원이 되고 치리회에 참여할 수 있도록 보장하는 것이 미국장로교의 정신이다. 우리 교단도 이

---

69 미국장로교 헌법은 이에 대해 명시적으로 규정한다: "본 교회의 정치는 대의정치이며, 장로들과 집사들을 선출하는 일은 하나님의 백성에게 부여된 영도할 수 없는 권리이다. 그러므로 어떤 사람도 그 조직의 선출을 받지 아니하고는 개체교회의 직제사역이나 공의회에서 직분을 받지 못한다."(G-2.0102).

를 장로정치의 원리로 삼고 실현하고자 노력한다면, 하나님나라의 표지가
될 수 있을 것이다.

참여와 포괄성의 원리를 실현하기 위해서 미국장로교의 공천위원회, 대
표위원회 제도를 참고할 수 있고, 무엇보다 시무연한제가 정착되어야 한다
고 본다. 시무연한제는 이미 한국장로교 1922년 정치에 존재했으며, 현재 미
국장로교에서는 대의주의를 실천하는 중요한 요소가 된다. 참여와 포괄성의
원리에 따라 대의주의를 실현하려면, 시무연한제가 매우 효과적인 제도가
될 것이다.

7. 목사와 장로 관계

한국 장로교와 현재의 미국장로교나 모두 장로와 집사의 이중직의 틀 안
에서 목사와 치리장로를 구분하는 제도를 택하고 있다. 한국 장로교가 미국
장로교의 체제를 따르면서도 이 면에선 미국장로교보다 앞섰다는 것이 흥미
롭다. 1907년 처음 정치 규칙이 만들어질 때부터 한국 장로교는 목사와 치리
장로의 동등성을 원리로 삼았다.

그런데 오늘날 지역교회뿐만 아니라 노회 차원에서도 목사와 치리장로
의 갈등이 격화되어 노회도 소집되지 못하고 파행을 겪고 있는 것은 참으로
안타까운 일이다. 먼저 목사의 인식이 달라져야 한다. 미국장로교는 목회관
계 속에서 말씀과 성례의 목사가 수행하는 직무를 다음과 같이 규정하는데
G-2.0504, 목사직에 대한 이러한 이해가 우리에게는 새롭게 다가온다.

그들은 모든 사람에게 복음을 권하고 복음의 기쁨과 정의를 알리는 삶의 질
과 관계에 책임을 져야 한다. 그들은 말씀을 연구하고 가르치고 전파하며,
세례와 주님의 만찬을 거행하고, 회중과 더불어 그리고 그들을 위하여 기도
할 책임이 있다. 그들은 사역장로(장로)와 더불어, 교인들에게 하나님을 예
배하고 섬기도록 고무하고; 교회 내에서 그들의 과제와 세상에서 그들의 선
교적 사명을 수행할 수 있게 그들을 준비시키며; 가난한 자, 병든 자, 어려움

에 부닥친 자, 죽어가는 자들에게 특별한 관심을 쏟음으로써 목회적 보살핌을 수행하고; 개체교회의 의사결정에서 참여와 포용성의 원칙을 수행할 회중의 지도력을 세우며, 관심과 봉사정신으로 전체 인간 공동체의 삶에 미치는 과제를 포함한 제반 다스리는 책임에 참여해야 한다. 그들은 집사들과 더불어 연민과 증거와 섬김의 사역을 함께 나누어야 한다. 이러한 목회적 임무에 더하여, 그들은 당회보다 상위인 공의회[치리회]에서와 에큐메니컬 관계에서도 교회의 사역을 함께 나눌 책임이 있다.

여기서는 지역교회에서 목회하는 목사는 고유한 직무말씀 설교와 성례와 교인을 위한 기도와 치리장로와 동역하는 직무교인 권면, 훈련, 목회적 돌봄, 지도력을 세움, 치리, 집사와 동역하는 직무긍휼과 증거와 섬김를 맡는다고 나온다. 말씀 설교와 성례 집행, 기도의 고유한 직무를 제외하면 나머지는 치리장로와 집사와 더불어 직무를 수행한다. 또한 목사는 집단지도원리에 따라 치리장로와 함께 당회를 구성하여 교회를 운영하고 다스리므로, 교회의 지도력의 문제는 목사의 카리스마의 문제라기보다는 당회의 문제라고 볼 수 있다. 시무연한제와 참여와 포괄성의 원리는 당회의 대표성을 보장하고 지도력의 파행을 막는 방법이 될 수 있다.

1922년 정치와 현재 미국장로교 헌법은 치리장로의 직무를 상당히 강화했다. 미국장로교에선 장로는 목사와 더불어 지도력을 발휘하고 다스림과 영적 분별을 하며 규율을 실행하고 전체 교회와 더불어 지역교회의 삶을 책임지며, 당회원으로 섬길 뿐만 아니라 당위 위의 치리회에 총대로 선출되고 목사와 동일한 권위로 참여하고 투표하며 어떤 직책도 피선될 수 있다고 규정한다G-2.0301. 장로교에선 평신도 지도력이라 할 때, 장로가 되어 목사와 동등하게 모든 치리회에서 교회를 다스리는 것을 목표로 한다고 볼 수 있다. 또한 목사가 지역교회에서 교인 권면, 훈련, 목회적 돌봄, 지도력을 세움, 치리에서 장로와 협력한다고 규정한 것G-2.0504은 장로가 회중 위에 군림하기 위해서가 아니라 교회가 하나님 말씀에 신실한지를 분별하고 교회의 신앙과 삶을 강화하고 양육하기 위해 선출된다G-2.0301는 의미를 구체적으로 밝혀준다. 시무연한제는 이렇게 무거운 직무의 부담을 덜어주고 보다 많은 사람들을 치리장로 직무에 맞게 훈련하고 계발하는 제도가 될 수 있다.

8. 제직회와 권사회

장로정치의 원리를 실현한다고 할 때, 한국장로교의 고유한 제도인 제직회와 권사직에 대한 심도 깊은 논의가 필요하다고 보인다. 제직회는 1922년 정치에서 규정되어 현재까지 유지되고 있으며, 권사직은 여집사에 대한 규정에서 시작되어, 지금은 안수직으로 자리 잡았다.

1922년에 제직회가 만들어진 것은 복합적인 요인이 있었다고 보인다. 제직회는 미국장로교의 집사회를 본 뜬 것이지만, 장로도 참여하고, 경우에 따라서는 서리집사, 영수, 조사도 참여한다는 점에서 상당히 다른 성격을 지니고 있다. 현재 우리 교단은 제직회 회원은 시무 목사, 장로, 집사, 권사, 전도사, 서리집사로 구성된다〈정치〉제13장, 제91조 제1항. 제직회는 재정 집행, 재정에 관한 일반수지 예산 및 결산, 구제비의 수입, 지출 및 특별 헌금 지급, 부동산 매매 등을 결의한다〈정치〉제13장 제91조 제5항. 현재 미국장로교 헌법에는 집사가 집사회로 조직될 수 있다는 것을 인정했지만, 집사회에 대한 규정은 없고, 지역교회가 과반수 결의에 의해 집사의 직제사역을 두지 않기로 결정할 수 있다고 나온다G-2.0202.[70] 이는 장로와 집사가 위계적으로 이해되거나 당회와 집사회의 갈등이 일어나는 것을 막기 위한 조치라고 여겨진다.

1922년에는 서리집사에 대한 언급이 있을 뿐 자세한 내용은 없다. 현재 우리 교단 헌법에선 서리집사는 당회의 결의를 거쳐 당회장이 임명한다고 나오는데 임기는 명시되지 않는다〈정치〉제8장 제59조. 서리집사는 선출직이 아니고 안수도 받지 않지만 제직회에 참여한다. 차라리 서리집사 제도를 없애고 공동의회의 선출과 임직 교육, 임직 예배를 거쳐 교회 직원으로서 책임과 의무와 권한을 철저하게 교육시키는 한편, 시무연한제를 적용하여 대표성을 확보하는 것이 더 바람직하다고 생각된다.

권사직은 여성의 지도력을 보장하기 위한 방법이었다고 여겨지지만, 집사안수집사와 별도 직책이 아니라 편의상 혹은 호칭상의 구분이라는 것을 강조해야 한다. 권사직은 참여와 포괄성의 원리에 따라 집사란 직책에 남자와 여

---

70   이 경우에 집사의 직무는 목사나 치리장로가 담당하도록 규정한다.

자가 동등하게 참여하는 것을 보장하는 방편으로 이해되어야 하며, 여성 장로 선출을 조금이라도 가로막는 수단이 되지 않아야 한다.

V. 나가는 말

교회정치와 직제 문제가 오늘날 한국 교회의 주요한 문제 중 하나라는 것은 분명하다. 교회정치와 직제는 하나님의 나라와 선교를 위한 도구이며, 시대에 맞게 계속적으로 변화되어야 하지만, 어느덧 권력과 명예를 추구하는 수단으로 전락했고 폐쇄성과 경직성과 당파성으로 신음하고 있다. 한국교회는 교회정치의 근본은 예수 그리스도에게 복종하는 것이요 직제는 결국 교회를 섬기기 위한 것이라는 근본 정신을 다시 찾아야 할 것이다. 이러한 갱신노력은 장로정치의 원리와 실제를 명확히 하는 것으로부터 출발해야 한다.

이 글은 한국장로교 1922년 헌법을 중심으로 장로정치의 수용과 정착 과정 및 실제적인 내용을 정리한 것이다. 1922년 헌법은 미국 장로교회에서 해석한 웨스트민스터 정치모범이 완전한 형태로 한국 장로교에 전해지고 채택되고 가르쳐지고 전파되었으며, 목사와 치리장로의 동등성과 치리장로의 역할 강화, 여집사 제도와 제직회를 여성 사역의 강조 등 당시 미국 장로교 헌법을 넘어서는 진보적인 면을 지니고 있었다는 것을 잘 보여준다.

같은 웨스트민스터 정치를 모태로 했지만, 현재 미국장로교 규례서는 여러 가지 측면에서 우리보다 더 발전된 측면을 보여준다. 필자는 미국장로교 규례서를 통해 미국장로교나 한국장로교나 장로정치의 기본 원리는 동일하다는 것을 확인하고, 미국장로교는 교육적 성격을 그대로 유지하고 더 강화했지만, 우리 교단의 헌법은 이 점에서 1922년 정치보다 상당히 후퇴했다고 지적했다. 또한 미국장로교는 시무연한제와 참여와 포괄성의 원리, 공천위원회와 대표위원회 등 대의주의를 강화시킨 점이 두드러진 특징이라고 밝혔다.

필자는 우리 교단의 정치 분야의 개혁은 장로정치를 더욱더 철저하게 적용하는 것이며 이것이 4차 산업혁명과 포스트모던 사회로 특징지어지는 미래의 사회에도 잘 부합하리라 확신한다. 이러한 관점에서 우리 교단 교회정치 개혁에 대한 몇 가지 쟁점과 제언을 정리하여 제안했는데, 이러한 제안이 얼마나 우리 교회 실정에 맞고 실제적인 개혁 방안이 될 수 있는지 앞으로 열띤 토론이 일어나길 기대한다.

마지막으로 아무리 제도를 개혁하더라도 결국 제도를 운영하는 사람이 문제라는 것을 강조하고 싶다. 교회 지도자와 교인의 의식이 바뀌지 않는다면, 또한 하나님의 선교에 동참한다는 확신으로 장로정치의 이념을 고수하고 실천하고 가르치는 사람이 없다면, 제도 개혁과 헌법 개정은 모두 헛수고가 될 것이다. 명성교회 담임목사직 세습 사안은 우리가 당연시 여겼던 전제와 전통도 한순간에 무너질 수 있다는 것을 알려주었다. 이번 총회를 통해 큰 파국을 막고 헌법과 교단을 수호할 수 있었지만, 여기서 만족할 것이 아니라 근본적으로 교단을 새롭게 할 수 있는 담론을 만들고 교단 개혁과 갱신에 힘을 모아야 한다. 우리 모두 '선교가 교회 구조를 결정한다'는 기본 명제를 재확인하고 장로정치 원리에 따라 교회를 개혁하면서 새로운 시대에 맞는 교회 구조를 만들어내는 이 시대의 부름에 힘을 다해 응답하도록 하자.

잊혀진 종교개혁자
마르틴 부처(Martin Bucer, 1491-1551)의
성서해석방법론

최 윤 배

장로회신학대학교 은퇴/객원교수, 조직신학

I. 들어가는 말

일반적으로 마르틴 루터 Martin Luther, 1483-1546 는 16세기 종교개혁 창시자로 널리 알려져 있고, 츠빙글리 H. Zwingli, 1484-1531 와 특히 칼뱅 깔뱅, 칼빈, Jean Calvin, 1509-1564 은 개혁교회의 창시자로 잘 알려져 있다. 그러나 사실상 개혁교회의 세 가지 표지 말씀선포, 성찬집례, 치리/권징시행 와 개혁교회의 4중직 목사, 교사, 장로, 집사과 치리 권징 및 개혁교회 예배 등을 창시한 사람은 마르틴 부처이기 때문에, 마르틴 부처가 개혁교회의 원조元祖 내지 창시자로 불러지는 것이 역사적으로 큰 무리는 아니다. 그러나 칼뱅에게 신앙적으로 그리고 신학적으로 가장 강력한 영향을 미친 사람이 바로 "잊혀진 종교개혁자 마르틴 부처"라는 사실은 지금까지 잘 알려지지 않았다. 스트라스부르 Strasbourg; 스트라스부르크, Straßburg 의 총감독 목사인 동시에 칼뱅보다 18년 선배 목회자로서의 마르틴 부처는 제네바 시市로부터 추방당하여 백수생활을 하던 칼뱅을 스트라스부르에 초청하여 칼뱅이 프랑스이민교회에서 목회자로서 목회할 수 있는 동시에 스트라스부르대학에서 교수로서 가르칠 수 있게 직접 주선해 주었다. 칼뱅이 마르틴 부처로부터 지대한 영향을 받았기에 칼뱅의 사상과 마르틴 부처의 사상은 매우 유사하다는 사실이 최근 역사적, 신학적 연구를 통해 점점 더 분명하게 밝혀지고 있다.

우리나라에는 칼뱅을 전문적으로 연구하는 신학자들이 최근 상당히 많아졌으나, 루터나 츠빙글리를 전문적으로 연구한 신학자들은 흔하지 않다. 특히 마르틴 부처를 전문적으로 연구한 국내 최초 신학자는 필자이며, 그 뒤를 잇는 두 번째 연구자가 황대우이다. 1996년에 네덜란드 유학을 마치고 귀국한 후, 필자는 어느 학회에 참석했다. 신진학자 소개시간에 필자가 칼뱅과 마르틴 부처의 성령론을 비교한 신학박사 학위논문에 대해 연급하자, 흥미로운 반응들이 있었다. 칼뱅과 마르틴 부처의 성령론을 비교했다는 말을 듣고 어떤 학자는 마르틴 부처를 불교佛敎의 창시자인 "부처" Buddha로 잘못 알아듣고서, 불교에도 "성령"聖靈이 있느냐고 질문하는가하면, 어떤 신학자는 마르틴 부처를 유대교 하시딤주의 Hasidism 종교 철학자인 마르틴 부버 Martin Buber로 잘못 알아듣고서 개혁교회의 창시자인 칼뱅의 사상과 마르틴 부버의 유대주의 철학사상이 어떤 관계가 있느냐고 질문했다. 1996년 10월 당시 국내 유명한 신학자들의 마르틴 부처에 대한 이해 순주이 이 정도였다면, 그 당시 일반 교회와 성도들은 물론 신학생들과 목회자들의 마르틴 부처에 대한 이해 수준은 어떠했을지 짐작할 수 있을 것이다.

전해져 내려오는 소문에 의하면, 한국장로교회의 어느 교단에서 목사강도사고시에 "대표 종교개혁자 3명을 쓰시오."라는 문제가 출제되었다. 어느 탁월한 수험생이 "루터, 칼뱅, 부처"라고 답안지를 작성했는데, 그 수험생의 답안지를 채점하던 어느 채점자께서 대표 종교개혁자 "부처"를 불교佛敎의 창시자인 "부처"로 이해하고, 그 수험생을 "반기독교적이고도 경거망동한" 수험생으로 오해하여 고시考試 사정회에서 자신이 채점한 과목은 물론 그 수험생의 모든 과목들을 낙제점으로 처리하는 황당한 일이 발생했다고 한다.

마르틴 부처는 우리나라에서만 "잊혀진 종교개혁자"일 뿐만 아니라, 서양교회와 신학에서도 "잊혀진 종교개혁자"였다. 루터는 독일에서 영웅대접을 받고, 칼뱅은 제네바는 물론 그의 전통을 잇고 있는 다양한 국가나 도시에서도 개혁교회의 창시자와 원조元祖로 존경받고, 츠빙글리는 취리히와 스위스에서 국부國父로 추앙되고, 존 녹스잔 녹스, John Knox는 스코틀랜드에서 장로교회의 창시자와 청교도의 조상祖上으로서 큰 추앙을 받아왔다. 그러나 마르틴 부처는 그의 사후死後 어느 도시에서도 어느 나라에서도 추앙을 받지 못하고 교회와 역사로부터 완전히 잊혀졌다. 왜냐하면 그가 그곳에서 태어나고 또 거의 25년 동안 목회사역을 하고, 신앙적, 신학적 유산을 남겨둔 스트라스부르는 독일 영토일 때는 루터파 신학자들에 의해 계승되어 파괴되고, 프랑스 영토일 때는 로마천주교회에 예속되어 버려졌기 때문이다.

마르틴 "부처"의 이름이 불교의 부처와의 혼동을 방지하기 위해, 국내에서 "부써", "부쳐", "부커" 등으로 번역되나, 라틴어 표기 Bucer의 원래 이름은 16세기 남부독일어 Butzer로부터 파생되었기 때문에, 이런 혼동에도 불구하고, 필자는 원어 발음에 가깝게 "부처"라고 번역하여 사용하기를 원한다.[1]

II. 마르틴 부처의 생애

마르틴 부처는 1491년 11월 11일에 알자스로렌 지방에 있는 쉴레트쉬타트 Schlettstadt, Sélestat 에서 태어났다. 그는 그의 고향에 있는 라틴어 학교에서 "현대경건" devotio moderna 운동과 인문주의의 영향 하에 공부했다. 우리에게 잘 알려진 토마스 아 켐피스 Thomas à Kempis 가 쓴 『그리스도를 본받아』 Imitatio Christi 라는 작품은 "현대경건" 사상이 담긴 대표작이고, 16세기 당시 대표적 인문주의자는 네덜란드 출신 에라스무스 Desiderius Erasmus, 1380-1471 이며, 그의 『우신예찬愚神禮讚』 Moriae Encomium; Stultitiae Laus 은 유명하다.

마르틴 부처는 15세 때 도미니칸 수도원에 수도사로 들어갔다. 여기서 그는 그의 『신학대전』 Summa Theologiae 으로 유명한 신학자 토마스 아퀴나스 Thomas Aquinas, 1225/1226-1274 의 사상을 심도 있게 공부했다. 마르틴 부처는 1515년 말경 쉴레트쉬타트에 있는 이 도미니칸 수도원을 떠나 하이델베르크에 있는 도미니칸 수도원으로 옮겼다.

"맹모삼천지교"라는 교훈이 있듯이, 마르틴 부처가 그의 고향을 떠나 그

1　최윤배, "한국에서 마르틴 부처(Martin Bucer)에 대한 연구사," 『한국조직신학논총』 제51집 (2018. 6), 159-99.

당시에 유명한 종교개혁 도시들 중에 하나인 하이델베르크 Heidelberg 로 이사한 것은 마르틴 부처를 장차 위대한 종교개혁자로 만들기 위한 하나님의 큰 섭리가 있었다고 볼 수 있다. 그는 하이델베르크에 있는 도미니칸 수도원에서도 자신의 고향에 있는 도미니칸 수도원에서 열심히 공부했던 인문주의에 계속적으로 몰두했다. 그러나 마침내 마르틴 부처에게 결정적인 사건이 일어났다. 이미 종교개혁자가 된 마르틴 루터는 독일의 유명한 곳곳에서 16세기 로마천주교회의 대표 학자들과 신학논쟁을 벌였다. 그런데 루터가 1518년 4월에 하이델베르크에서 로마천주교회의 아우구스티누스파들과 논쟁을 벌인다는 소식을 들은 마르틴 부처는 루터의 하이델베르크 신학토론회논쟁에 참석하여 양측의 말을 열심히 경청했다. 마르틴 부처는 루터의 하이델베르크 신학논쟁에 큰 감동을 받고 루터처럼 장차 종교개혁자가 되기로 결심했다. 인문주의자인 에라스무스의 제자였던 마르틴 부처는 이때부터 루터의 『갈라디아서 주석』 등에 심취하여 제2의 루터가 되었다. 후대의 학자들은 루터와 부처의 이름이 마르틴Martin 이기 때문에, 루터와 부처를 편리 상 "두 마르틴"이라고도 부르고, "'마르틴'이 '마르틴'이 되었다"고 비유적으로 표현한다.

　　루터를 통해 종교개혁자로 전향한 마르틴 부처는 로마천주교회와 결별을 선언하기 위해 자신의 고향에 있는 도미니칸 수도원에서 행했던 수도원 맹세서약를 교황이 해제해 줄 것을 1521년에 요청했다. 교황은 1521년 4월에 부처의 수도원 서약을 해제해 주었다. 마르틴 부처는 1522년 여름에 과거에 수녀였던 엘리자베스 질버라이젠 Elisabeth Silbereisen 과 결혼한 후, 1522년 겨울 내내 바이센부르크Weissenburg 라는 도시에서 종교개혁 사상이 담긴 복음적 설교를 열정적으로 했다.

　　마르틴 부처는 1523년에 드디어 자신의 고향 도시이며, 부모님이 살고 있는 스트라스부르에 돌아왔다. 1523년에 스트라스부르 도시가 로마천주교회를 벗어나 종교개혁 진영으로 변화되려는 조짐을 목격한 마르틴 부처는 스트라스부르를 종교개혁 도시로 변화시키는 큰 사명감을 가지고 종교개혁 운동을 시작했다.

　　마르틴 부처는 1523년에 그의 최초의 작품에 해당되는 『어떤 사람도 자

기 자신을 위해서 살 것이 아니라, 우리 모두는 다른 사람들을 위해서 살아야
한다. 어떻게 우리가 이 목표에 도달할 수 있을까?』*Das ym selb,* 1523를 출판했
다. 16세기 당시의 책 제목은 일반적으로 2-3줄 정도로 매우 길게 붙여졌다.
마르틴 부처의 이 최초 작품은 황대우에 의해 한글로 번역되었다.[2]

앞에서 이미 말했다시피, 마르틴 부처는 그의 대부분의 생애를 스트라스
부르에서1523-1549 스트라스부르의 교회 "감독"스트라스부르 시의 수석목사이 되어, 스
트라스부르 시당국과 긴밀한 협조 하에 교회에 대한 특별한 관심과 사랑을
보여 주면서, 스트라스부르의 교회와 시당국은 물론 유럽 종교개혁 진영 전
체를 인도하는 강력한 영적 지도자가 되었다. 종교개혁자가 되기 이전에 칼
뱅이 1532년 9월 4일로 추정되는 마르틴 부처에게 보낸 편지에서 마르틴 부
처를 "스트라스부르의 감독"이라고 부를 정도로, 종교개혁자로서의 마르틴
부처의 명성과 위상은 유럽 전역에 이미 알려졌다.

마르틴 부처는 독일의 헤센Hessen 지방의 재세례파의 종교개혁, 울름Ulm
지방의 종교개혁, 루터파의 종교개혁, 츠빙글리 진영의 종교개혁, 쾰른Köln에
서 헤르만 폰 비트Hermann von Wied 로마천주교회의 지도 고문역할을 하면서,
재세례파들을 종교개혁 진영으로 돌아오게 하는데 성공하였고, 로마천주교
회 조차도 종교개혁진영으로 돌아오도록 설득시켰고, 루터와 츠빙글리 사이
를 화해시키려고 무척 노력했다. 그는 참된 의미에서 화해와 교회일치와 연
합을 위해 온 몸을 바쳤다. 그러므로 그는 종교개혁 진영 속에서의 연합운동
과정에서 타협자라는 오해도 많이 받았다.

종교개혁진영의 관점에서 스트라스부르에 역사적으로 비참하고도 불행
한 상황이 발생했다. 로마천주교회 진영 국가와 종교개혁 진영 국가 간의 전
쟁의 결과 스트라스부르가 속했던 종교개혁 진영의 "쉬말칼텐 동맹"이 패배
함으로써, 스트라스부르는 로마천주교회 진영 국가의 손에 넘어가게 되었다.
로마천주교회 국가 진영과 종교개혁 진영 국가 사이에 『아우구스부르크 임
시안』*Augsburger Interim,* 1548이 채결되었는데, 이 채결 내용에는 스트라스부르에
서 더 이상 종교개혁 운동이 완전히 금지되었고, 로마천주교회의 미사가 회

2   황대우 편역, 『삶, 나 아닌 남을 위하여』(서울: SFC, 2007).

복되어, 스트라스부르는 완전히 로마천주교회 진영의 소유가 되었다. 마르틴 부처에게 양자택일을 해야 할 상황이 발생했다. 마르틴 부처는 스트라스부르에 남아서 다시 로마천주교회 진영으로 돌아가든지, 아니면, 로마천주교회에 의해서 추방당할 수밖에 없게 되었다. 마르틴 부처는 이런 상황에서도 강력하게 로마천주교회와 미사를 비판하고, 종교개혁 관점에서 예배를 드림으로써, 그 당시 독일 땅이던 스트라스부르와 독일에서 다른 나라로 망명할 수밖에 없었다.

결국 『아우크스부르크 임시안』의 결과로 남부독일 지방의 종교개혁은 로마천주교회의 개입으로 위기에 봉착했고, 스트라스부르가 속했던 "쉬말칼텐 동맹"의 패배는 애석하게도 스트라스부르의 종교개혁의 '황금시대'에 종지부를 찍게 만들었다. 이 『아우크스부르크 임시안』은 내용적으로, 본질적으로 종교개혁 신앙과 정반대되었기 때문에. 마르틴 부처는 이 문서의 증인으로 나서기를 거부했다. 스트라스부르 시市 당국의 노력에도 불구하고, 황제와 로마천주교회의 주교들이 함께 연합한 힘은 결국 마르틴 부처를 영국으로 추방시키는 결과를 낳았다.

마르틴 부처가 처한 상황을 알게 된 여러 나라로부터 그에게 망명요청이 왔는데, 마르틴 부처는 영국으로의 망명을 선택했다. 그는 1549년 4월 6일에 조국 독일, 고향과 사역지였던 스트라스부르를 떠나 영국을 향해 출발하여 4월 25일에 그곳에 도착하여 영국 왕 에드워드 6세의 환영을 받은 뒤, 캠브리지 Cambridge 왕립대학의 국왕 직속 명예교수가 되어 영국의 종교개혁을 도왔다. 그는 특별히 영국교회를 위해 『공동기도문』 The Book of Common Prayer, 1552 에 영향을 미쳤고, 어린 왕 에드워드 6세에게 헌정한 『그리스도 왕국론』 De regno Christi, 1550 은 너무나도 유명하다. 이 책은 필자에 의해 한글로 번역되었다.[3]

프랑스인 칼뱅 Jean Calvin, 1509-1564 이 고국에 돌아가지 못하고, 타국 스위스에서 묻혔듯이, 마르틴 부처 역시 타국 영국에서 1551년 2월 28일에 하나님의 품에 안기고, 영국에서 묻혔다. 마르틴 부처 사후死後에 로마천주교회의 신봉자로서 악명 높았던 메리 여왕이 영국의 다른 종교개혁자들의 무덤은 물

---

3   Wilhelm Pauck ed., *Melanchthon and Bucer*, 최윤배, 이은선 공역, 『멜란히톤과 부처』(서울: 두란노아 카데미, 2011).

론 마르틴 부처의 무덤을 파헤쳐 그들의 유골을 광장 마당에서 소각하여 그 재를 광장에 뿌려 마르틴 부처를 부관참시 剖棺斬屍를 통해 두 번 죽였다. 악독한 메리 여왕을 이어 받은 엘리자베스 여왕은 메리 여왕과는 정반대로, 종교개혁 신앙을 옹호하고, 장려하여 영국의 종교개혁의 꽃을 피웠는데, 그녀는 마르틴 부처의 무덤을 원래 위치에 복귀시키고, 그의 명예를 회복시키는 비문도 세웠다.

Ⅲ. 마르틴 부처의 성서해석방법론[4]

칼뱅은 그의 『시편주석』 1557 의 "서문"에 다음과 같이 회고하고 있다.

내 자신이 이 주석을 쓰면서 발전을 한만큼이나 나의 이 주석을 읽는 것이 하나님의 교회에 많은 유익을 준다면, 나는 이 저서를 시작했다는 것에 대해서 후회할 이유가 없을 것이다. 약 3년 전 여기 우리의 작은 학교에서 시편을 해설했을 때, 나는 이것을 통해서 나의 의무를 충분하게 수행했으며, 내가 나 자신의 그룹의 동료들에게 친근하게 가르쳤던 그 세계를 출판하지 않기로 결심했다. 그리고 내가 나의 강의에서 이 책을 해설하기를 시작하기 전에 사실상 나는 무엇이 진실이며, 내가 이 주제로부터 멀리 떨어져 있었다(시편주석에 대한 작업을 할 마음이 없다)고 말했다. 왜냐하면 하나님의 교회의 가장 신실한 교사이신 마르틴 부처가 독보적인 학식과 근면과 신뢰성과 성공을 가지고 이 분야에서 노력을 기울였기에, 내가 이 작품에 손을 댈 큰 필요성이 없기 때문이었다.[5]

---

4   참고, 최윤배, "마르틴 부처(Martin Bucer)의 성서주석들에 나타난 해석학적 관점들에 대한 연구," 『한국조직신학논총』 제24집 (2009. 9), 7-33에 게재된 글; 최윤배, 『잊혀진 종교개혁자 마르틴 부처』(서울: 대한기독교서회, 2014), 85-112.

5   Jean Calvin, *Calvini Opera*(= CO) XXXI, 13.

개신교의 요람搖籃으로 'an seiner Wiege',[6] 개혁교회의 원조元祖로, 칼뱅의 "영적 아버지"로 불릴 만큼 부처는 개신교와 개혁교회 전통에서 신학적으로 중요한 위치를 차지한다. 그러므로 부처에 대한 연구는 개신교신학과 개혁신학의 유산의 재발견에 기여할 뿐만 아니라, 한 걸음' 더 나아가 부처의 해석학에 대한 이해는 종교개혁과 개혁신학의 해석학 연구에도 지름길을 제공할 것이다. 우리는 본고에서 부처의 대표적인 성서주석들을 중심으로 그의 성서해석학적 관점들을 살펴볼 것이다.

우리가 연구하고자하는 부처의 1차 자료에 대해서 언급하면 다음과 같다. 다양한 종류의 다른 저서들을 통틀어 부처는 성경을 광범위하게 취급했을지라도, 본고에서 중요한 위치를 차지하는 것은 성경에 대한 부처 자신의 주석서이다. 예를 들면, 『마태, 마가, 누가복음 주석』[1527, Stupperich, no. 14; 마태복음의 경우 두 공관복음의 차이점과 첨가된 내용을 담고 있다], 『요한복음 주석』[1528, no. 20], 개정판 『4복음서 주석』[1530, no. 28], 개정증보판 『4복음서 주석』[1536, 28a], 바쿠스의 편집 『요한복음 주석』[1528, 1530, 1536], 『에베소서 주석』[1527, no. 17], 캠브리지 대학에서 『에베소서 강의』[1550-1551; 유고작품으로 개정되지 않은 채로 1562년에 출판됨 no. 112], 『스바냐 주석』[1528, no. 22], 『시편 주석』[1529, no. 25], 부분개정 및 증보판 『시편 주석』[1532, no. 25b], 바울서신 전체를 주석하기 위한 기획의 첫 번째 시도로서 『로마서 주석』[1536, no. 55], 『사사기 주석』[1544], 약간의 선택적인 『사사기 주석』[1554, no. 101], 마지막으로 크로와동Croydon에서 주해한 『마태복음 1-8장』[1549] 등이 있다. 부처는 크랜머Thomas Cranmer 의 손님이었다. 크랜머에 의한 도움으로 편집된 것들을 포그트H. Vogt가 1972년에 처음으로 편집했다.[7] 이 편집들 중에서 가장 중요한 것은 필연적으로 복음서와 로마서와 시편에 대한 주석서이다.

---

6   August Lang, ed., *Der Evangelienkommentar Martin Butzers und die Grundzüge seiner Theologie* (Leipzig: Dietrich, 1900), 9.

7   Martin Bucer and Thomas Cranmer, *Annatationes in Octo priora capita Evangelii secundum Matthaeum*, ed. Herbert Vogt (Frankfurt am Main: Athenäum Verslag, 1972).

1. 부처의 알레고리적 성서해석방법에 대한 거부

비록 부처는 분명히 한 번 이상 성경의 해석에 대한 글을 쓰려고 생각했
지만, 그는 그것을 결코 쓰지는 않았다. 그가 1531년에 그의 친구를 위해서
썼던 회고록*Memorandum*의 제목은 『설교에서 성경이 취급되어져야하는 방법
에 대한 가르침』[1531]인데, 이것은 매우 중요한 내용을 담고 있는 것은 아니
나, 이 책에서 부처는 주석할 책의 선택과 배열순서에 대한 논의와 함께, 주
석방법에 대해서더 언급한다. 교육받지 않은 청중들에게 복음서들 사이에
존재하는 불일치들에 대해 가르치는 것에 대해서 경고한 뒤에 부처는 알레
고리적 방법을 강력하게 비판했다.

> "내가 보기에, 알레고리주의의 오용은 고대에도 있었고, 오늘날도 알레고리
> 주의가 학식이 있으면 서도 잘 체계화된 사람들에 의해서 지나칠 정도로 무
> 절제하게 인기 중에 사용되고 있을지라도, 알레고리주의는 우리를 진리와
> 실천적인 가르침과 그리스도의 모범들로부터 떠나게 하여, 열매 없는 인간
> 적 발명들 속으로 유인하는 성령에 대한 뻔뻔스런 모독이며, 사탄의 교활한
> 가해라는 사실을 나는 조금도 의심하지 않는다."[8]

요한 크리소스토무스*John Chrysostom*를 제외하고 복음서에 대한 고대의 주
석가들 모두는 소위 알레고리와 신비주의적 주해에 지나칠 정도로 탐닉하는
동안, 성서의 이야기들 안에 있는 너무나도 많은 내용들을 보다 최근의 저술
가들에 의해서 사악하게 왜곡되었다. 그러므로 "그리스도의 거룩한 신비들
이" 잘못된 해석들로부터 자유롭게 되어야 한다. 에라스무스의 『관주』*Phrases*
만큼 신뢰할만하고 완성된 저서는 오늘날 복음서 주석을 쓴 저술가들의 저
서 속에서도 발견되지 않는다. 그러나 성서에 능통하지 않는 사람들은 관주
형태*ratio paraphraseon*보다도 더 자세하게 설명된 작품이 필요했다.

8　Martin Bucer, *Quomodo S. Literae pro Concionibus Tractandae sint Instructio*, 1531, Stupperich No.
　33, edited by Pierre Scherding and François Wendel, "Un traité d'exégèse pratique de Bucer," *Revue
　d'Histoire et de Philosophie Religieuses* (RHPR) 26 (1946), 56.

부처는 특별히 알레고리들의 사변적인 성격을 공격한다. 사람들은 얼마든지 버질 Virgil과 호머 Homer로부터도 똑같은 것을 얻을 수 있다. 1530년에 그는 다음의 내용을 첨가했다. "교회 안에서 하나님의 확실한 말씀 외에 어떤 것도 말해져서는 안 된다. 하나님의 말씀 안에서 인간의 정신은 참으로 모든 의심으로부터 자유하게 될 수 있다." 알레고리들은 성서를 마음대로 해석하게 만들어 nasus caereus 버린다. 부처는 알레고리를 "괴물과 같은 것"이라고 올바르게 지적했다. 왜냐하면, 알레고리는 성경 속에서도 알려지지 않은 것일 뿐만 아니라, 언어 수사학적으로 "유비"나 "전도" inversio와도 아무런 관계가 없기 때문이다. 알레고리의 경우, 여기서는 이런 뜻을 갖게 되고, 저기서는 다른 뜻을 갖게 된다. 그리스도께서 바리새인들의 "누룩"에 대해서 경고하셨을 때, 그는 그것을 그들이 가르치는 교훈을 의도하셨다. "만약 너의 눈이 너를 상하게 하면, 그것을 뽑아서 내버리라"고 그리스도께서 말씀하셨을 때, 그것은 하나의 비유였다.[9]

알레고리적 방법으로 인하여, "은혜, 율법, 만족, 기도, 축제들, 교역자들, 교회, 결혼, 하늘나라의 열쇠"와 같은 중요한 단어들과 이름들의 참된 의미가 상실되어 버린다. 이런 내용들은 성령이 사용하셨던 뜻과는 알레고리적 방법에 의하여 전혀 다른 방향으로 왜곡되어 버린다. 게다가 부처가 상세하게 설명하고 있는 거짓된 알레고리주의의 저주가 있다. 알레고리들이 신앙과 관계하여 끼치게 될 해악을 잘 알면서도 특별히 가르치기는커녕 도리어 성서의 새로운 면을 드러내는 가운데서 불확실하고도 괴물과 같은 알레고리들과 함께 유희를 하고 있는 어떤 현대 저술가들에 대해 부처는 경악을 금치 못한다. 그들은 바울이 사용한 갈라디아서 4장 24절에 있는 "알레고리"라는 말을 근거로 알레고리적 방법을 정당화하고 있지만, 바울이 이해한 성서의 이야기들과 성서 속에 있는 하나님의 심판들을 따르고 있다는 사실을 간과하고 있다.[10]

신앙의 유비의 기준에 따라 부처는 오리게네스 Origenes와 제롬 Jerome과 다

---

9   Lang, *Der Evangelienkommentar Martin Butzers und die Grundzüge seiner Theologie*, 382, fol. 6a-b.

10   위의 책, 380-81, fol. 5a-b.

른 교부들의 알레고리화에 대한 허용을 비난한다. 그들의 오류들을 피하기 위해서 우리는 역사서와 예언서와 율법서 가운데 있는 성경을 다르게 취급해야만 한다. 이 성경들 각각은 차례대로 부처의 주의를 사로잡는다. 역사서는 사건들과 다른 인물들과 마찬가지로 그리스도의 유형들인 구약의 인물들을 감싸고 있다. 규칙은 가나안에서 하늘의 나라로 이동하듯이 유사한 것으로부터 유사한 것으로, 더 적은 것으로부터 더 큰 것으로, 외적인 것으로부터 내적인 것으로 이동해야만 한다. 이 같은 종류의 변천들은 신비적영적 해석들, 즉 고양高揚, subductiones 들이다. 이것들에 의해서 정신은 보다 낮은 곳으로부터 보다 높은 곳으로 고양된다. 그러나 아무것도 "확실하고도 분명하게 어울리지 않는" 그리스도 또는 그의 교회로 변화되어서는 안 된다.[11]

2. 선택적 텍스트읽기lectio divina 가 아니라 연속적 텍스트읽기lectio cintinua

부처는 어떤 경우 그리고 어떤 점에서 에라스무스와 다르게 복음서들을 읽었다. 부처는 "필적할 수 없는 학식의 이 사람"은 실수하지 않을 것이라고 확신했다. 다른 사람들은 공통 주제들loci communes, 말하자면, 신학적 주제들에 대한 일반적인 논의과 함께 설명들을 덧붙이지만, 이 설명들로부터 선택된 발췌들은 학식이 모자라는 독자들에게 다른 절들과 구절들에 대한 거짓된 위조僞造로 나타났다. 이 경우 미사Mass 일과에만 주해를 하고, 가끔 복음서들의 나머지 부분들에 대해서는 무지한 교회의 많은 사람들에게 알려지지 않은 복음서들과 서신서들로부터 비전문적으로 발췌하였던 사람들도 있게 된다. 중세의 '발췌읽기' lectio divina 와 정반대로 '연속적 읽기' lectio continua 에 기초하여 부처는 연속적으로 복음서 전체를 설교하기로 굳게 결심했다.[12] 그는 그의 복음서 주석들을 통해서 그의 주요 목적을 이루어 나간다.

---

11 Martin Bucer, "Enarratio in Evangelion Iohannis," *Opera Latina*, vol. 2, ed. Irena Backus, (Leiden: E. J. Brill, 1988), 147-49.

12 August Lang, *Der Evangelienkommentar Martin Butzers und die Grundzüge seiner Theologie*, 379-80, fol. 4a-b.

경험이 없는 형제들, (특히 프랑스와 이탈리아에 있는) 형제들을 도와주고
… 그리스도의 말씀들과 행위들 각각을 이해하도록 하기 위해서 가능한 한
이것들의 원래의 순서대로 자연스런 의미 속에서 여기에 대한 설명을 보존
하기 위해서 그리스도의 말씀들과 행위들은 오래된 본문 이탈과 부적절한
해석을 통해서 하나님의 말씀을 왜곡시키지 않을 것이며, 차라리 하나님의
성령에 의해서 기록된 것처럼 모든 것이 담긴 믿을 만한 포괄적인 내용을
가지고, 신앙과 사랑 안에서 교회의 굳건한 구축을 위해서 모든 교회들에게
해설할 수 있을 것이다.[13]

3. 단순성을 가진 실천적, 변증적 성서해석방법

부처에 의하면, 복음서는 평범한 사람들을 위해서 기록된 것이지, 지적
인 사람들을 위해서 기록된 것이 아니기 때문에, 복음서는 가능한 한 단순하
게 해석되어야 한다. 어떤 구절이나 어떤 책은 성서 전체 속에서 그 일차적인
요소가 그것의 목적 또는 의도*scopus* 로서 고려되어야만 한다. 복음서의 목적
은 "우리가 그리스도를 믿을 때, 영생을 얻는다고 말씀하신 그리스도의 탄
생, 생애, 가르침을 이같이 설명하는 것이다."[14] 이 같은 내용은 복음서로부터
주어져야만 하는 주석의 모든 내용을 형성해야만 한다. 성서를 다루는 부처
의 실천적인 경향이 위의 회고록으로부터 분명히 나타난다.

그러나 이 내용은 사실 우리에게 새로운 것은 아니다. 보다 더 새로운 내
용은 1520년대 후반 부처의 주석서들 속에서 성경을 해석하는 과제에 대한
토론 속에서 나타난다. 『공관복음서 주석』1527: 1530년 개정판에는 부분적으로만 수정됨 서
문에서 부처는 스트라스부르에서 그가 구두口頭로 행했던 강해가 포함되어
출판된 작품의 창세기를 설명했다. 그는 강해들이 출판형태로 주어지는 것
이 많은 사람들에게 매우 유용한 가치가 있다는 결론을 내렸다.

13　위의 책, 380, fol. 5a.

14　Scherding and Wendel, ed., "Un traité d'exégèse pratique de Bucer," 58.

1530년에 부처는 또한 다음의 내용을 첨가한다. "다른 사람들처럼 거룩한 저술가들이 많은 것들을 비유적으로 *translatis verbis* 말하는 것과 마찬가지로 그들은 동시에 다른 것들에 대해서 말하는 것이 아니라, 오직 한 가지 의미만을 표현한다. 그들이 문자적으로나 비유적으로 말할 때, 그들이 표현하는 의미는 더 단순하다 *simpliciter*."[15]

하나님께서 인간에게 이성을 가지고 태어나게 하셨다는 사실을 강조함으로써 서론을 말한 뒤에, 부처는 지금 비로소 저자에 대해서 참고하면서 주석하는 성서에서 변증학과 루돌프 아그리콜라의 변증학의 가치를 추천한다. 복음서의 저자는 복음전도자이며 한 걸음 더 나아가서 그리스도를 선포하는 자이기 때문에, 교사는 다음의 사실을 기억해야한다. 주님은 그를 구세주로 믿고 다른 사람들을 사랑하는 가운데서 그의 모범을 따르는 그의 청중들을 가르치시기를 어디서든지 원하셨다. 주석가는 그리스도께서 복음서 속에서 말씀하셨던 다양한 사람들도 알아야한다. 그리고 주석가는 "비록 믿음과 사랑의 본질이 아름답고도 투명하게 성서 속의 어디에선가 기록되어 있을지라도, 믿음과 사랑에 대한 인격적 경험이 없이는 아무도 믿음과 사랑의 본질에 대해서 능숙하게 설명하지 못한다는 사실을" 알아야 한다.[16]

4. "신앙유비"*analogia fidei* 와 유형론적類型論的, typological 성서해석방법

부처는 제롬, 아우구스티누스Aurelius Augustinus, 그리고 다른 존경할만한 교부들과 감히 동의하지 않는 것처럼 보이는 사람들로부터 가끔씩 의견을 달리할 권리가 있다고 주장한다. 만약 부처의 독자들이 "신앙의 유비"*analogia fidei* 의 관점에서 고려한 뒤에 그것이 단지 인간적인 내용이라는 결론에 도달할 경우, 그들은 부처가 쓴 것을 거부할 자유가 있어야만 한다. 부처는 복음서 주석들 속에 많은 공통된 부분들을 포함시켰을지라도, 그는 "성경에 대한 단

15 Lang, *Der Evangelienkommentar Martin Butzers und die Grundzüge seiner Theologie*, 382.
16 Scherding and Wendel, ed., "Un traité d'exégèse pratique de Bucer," 62.

순한 신앙"에 봉사하는 것만을 추구했다.[17]

『에베소서 주석』[1527] 안에 "성경을 해석할 때 준수해야할 규칙"이라는 제목이 붙여져 있고, 에베소서 5장 22-23절의 "신비"에 의해서 주의를 환기시킨 부록에서 부처는 구약성서의 유형類型, type 들에 대해서 논의했다. 이 유형들의 교육적 목적은 다음과 같다. "그리스도 안에 거의 모든 신비"에 대해 미리 암시를 줌으로써 그리고 직접적으로 드러난 것 너머에 있는 그것들의 중요성을 알림으로써, "경건한 정신이 숨어 있는 신적 실재성을 반영함으로써 소생되고, 불결한 정신이 거룩한 것의 영역으로부터 제거되도록 하기 위해서" 하나님께서 구약성서의 유형들을 통해서 말씀 속에서 뿐만 아니라, 행동과 사건 속에서 우리들을 교육하신다.[18]

부처는 사무엘하 7장대상 17장: 시 87편과 132편 안에 있는 다윗에 대한 하나님의 약속으로부터 그림을 그리고 있다. "만약 그가 죄를 범하면"삼하 7:14 이라는 구절이 증거하다시피, 이것이 그리스도에 관계된다는 사실이 모든 사람들에 의해서 동의되지만, 그것은 또한 솔로몬에게도 완전히 "적용된다."quadrare "나는 그 나라 위를 영원히 견고케 하리라"삼하 7:13와 같은 다른 요소들은 솔로몬의 성공들을 능가한다. 그리스도의 나라가 솔로몬에게 왜곡되게 적용되는 것을 막기 위해서 하나님의 섭리를 통해서 솔로몬의 나라는 몰락되었다. "그러므로 다른 하늘의 솔로몬이 다윗의 아들인 솔로몬 안에서 인식되어야만 한다. 솔로몬은 그리스도의 유형이며, 여기서 참으로 중요한 일들에 적합한 내용은 다름 아닌 바로 그리스도 자신이다."[19] 부처에 의하면, 우리는 이것을 그리스도에 대한 다른 예언들과 똑같이 취급해야만 한다. 부처는 에베소서 5장으로 다시 돌아간다. 창세기 2장 24절은 명백하게 결혼에 대해서 언급하고 있는데, 바울은 여기서 그리스도와 그의 교회 사이의 결혼을 어떻게 해석할 수 있는가에 관심을 갖고 있다.

17　Lang, *Der Evangelienkommentar Martin Butzers und die Grundzüge seiner Theologie*, 384, fol. 7b.

18　Bucer, *Commentary on the Epistle to the Ephesians* (1527), 101 recto(= r).

19　위의 책, 101 verso(= v).

왜냐하면, 결혼 *coniugiung* 은 교회와 그리스도 사이의 하나됨 *coniunctio* 에 대한 유형이며, 자신의 아내에 대한 남편의 사랑은 자신의 교회에 대한 그리스도의 사랑의 표상이기 때문이다. 게다가 (창세기의) 말씀은 남편과 아내 사이에 분명하게 존재하는 보다 고양된 *augustior* 하나됨과 사랑에 대해서 말씀하고 있는 이유는 결혼한 배우자들 상호 간에 '한 몸'을 이루고 전체적으로 한 인격을 이루어 살아가는 그와 같은 정신과 마음의 하나됨이 존재하기 때문이 아닌가? 그러므로, 인간들이 경험하는 보다 완전한 결혼은 여기서 두 가지의 유형과 말에 의해서 표현되어 지고 있다.[20]

엠마오로 가는 도상에서 그리스도는 구약성서를 그의 제자들로 하여금 이해할 수 있게 하셨다 눅 24:25-27 .

그러나 하나님의 독생자이신 그리스도께서 인간으로 태어나시고, 죽으시고, 삼일 만에 죽은 자로부터 부활하셔야만 한다는 그와 같은 내용을 당신은 모세오경 중에서 어디에서 발견할 수 있는가? … 그러나 누가복음서에서 그리스도께서 그 같은 내용이 기록되었다는 사실을 말씀하셨다. 내가 이미 말했다시피, 여기서 유형들에 대한 숨김이 없지 않지는 않다. 의심할 것 없이 요나의 이야기는 여기에 대한 구절들 중에 하나이지만, 하나님의 아들로서 그리스도가 죽으시고 무덤에 장사지낸바 되었다가 삼일 만에 부활하실 것이라는 내용이 요나서 전체 속에서 어디에 기록되어 있는가? 그럼에도 불구하고, 그리스도 자신은 이 사실을 요나서로부터 도출하셨다.[21]

부처의 초판 『요한복음주석』 1528 은 요한복음 3장 14절에 대해서 "성경적 유형들과 어떤 유비들 또는 영적 신비적 해석들에 관한 주석에 관하여"라는 긴 부록을 포함시키고 있다. 부처의 출발점은 놀랄만할 정도로 근본적이다. 왜냐하면, 모든 것이 신적인 말씀에 의해서 만들어졌고, 회복될 것이기 때문

---

20   위의 책, 102 r.
21   위의 책, 102 v.

이다. 자신의 방법으로 세계 안에 존재하고 일어나고 있는 모든 것은 말씀에
대한 지식을 산출할 수 있도록 하기 위해서 절대적으로 말씀을 운반하고*refert*
성령에 의해서 고무된 경건한 정신을 위한 잠재력을 포함하고 있다." 이스라
엘의 경험들은 "말씀에 대한 보다 많고 확실한 표상을" 그려주고 있지만, 말
씀의 표상은 각 종류의 일 안에 있는 보다 세상적인 것은 보다 숨겨진 것에
대한 지식의 닮음과 유비에 의해서 인도되는 인류의 본성 속에 있다. 따라서
영적인 것은 육체적인 것으로부터 이해되어지고, 하나님의 섬세하고도 가시
적인 일들로부터 더 위대하게 비가시적으로 확인되어 진다.[22] 부처는 성서를
그와 같은 "은유隱喩들"의 완전함으로 간주한다. "태양"과 "날"과 같은 것들
이 이미 여기에 대한 하나의 예증들이다.[23]

　　부처는 그리스도, 아담, 노아, 멜기세덱 그리고 아브라함의 유형들을 개
관하고, 아브라함과 함께 교회의 유형으로서 사라에 대해서 언급한다.

　　　구약성서의 성도들에게 부여된 축복들 안에서 우리는 그리스도 안에 있는
　　　우리에게 확실하게 수여된 확실한 닮음과 그림자를 볼 수 있다. 전달에 의
　　　해서*per translationem* [갈 4:24] 그들의 것에 대해서 기록된 것이 우리의 것으로
　　　유비적으로*cum proportione* 적용될 수 있다. 다시 말하면,그것은 모형적으로 그
　　　리고 비유적으로 읽혀진다.[24]

　　부처는 평행과 유비*proportio*가 분명해져야 하며, 신앙의 의미가 확실하게
두드러지게 나타나야 한다는 사실을 주장한다.[25] 어떤 예언서들은 너무나도
직접적이어서 어떤 변화도 요구되지 않는다. 먼저 그리스도의 유형들에게
다음으로 그리스도 자신에게 적당하게 관계되는 사무엘하 7장 같은 것들은
너무나도 많다. 여기서 부처는 그의 에베소서 주석 안에 있는 자신의 논의로
되돌아가 관련시키고 있다.[26]

22　Bucer, "Enarratio in Evangelion Iohannis," 142.
23　위의 책, 143.
24　위의 책, 145.
25　위의 책, 145.

또한 율법서*praecepta*의 범주 안에서 어떤 것은 너무나도 직접적으로 경건을 스며들게 하여 어떤 신비적*영적* 해석도 요구되지 않는다. 부처는 "경건에 보조적인" 율법들, 즉 의식*儀式*적 율법, 시민적 또는 사법적 율법에 집중한다. 비록 참된 정의*aequitas*가 우리로부터 요구되고, 우리가 이스라엘의 입법의 정확한 용어들에 얽매이지 않을지라도, 그는 시민적 또는 사법적 율법에 대해서만 설명하고자 한다. "그러나, 내가 생각하기에 다른 법들보다 하나님의 법들을 따르는 것이 더 못할 경우는 거의 없다."[27]

희생제사법들에 대해서 부처는 반복적으로 눈에 띄지 않게 히브리서를 관련시킨다. 그러나 부처는 그리스도와 교회를 모세의 수많은 예법과 의식법*儀式法*에 적용시키려는 시도는 어리석을 수도 있다는 점을 강조한다. 부처의 종교개혁 당시에 의식들이 교황과 수도원의 예배의식서의 "신뢰할 수 없는 변조들" 안에서 증식되었듯이, 이것은 저 이스라엘의 옛 백성의 미성숙함*ruditas*으로 인해서 그들에게는 필요했다. 이 두 경우에 부처는 영적인 유아기 수준을 인식했다. 예언자들도 사도들도 각각 그리고 모든 의식*儀式*의 신비적인 의미들을 전해주지 않았다. 참으로 바울은 의식법을 준수하려고 애쓰는 거짓 사도들과 논쟁할 때 외에는 이 같은 유형들을 매우 인색하게 인용했다. 무엇보다도 우리는 교회 안에 있는 건전한 가르침을 주는 사역 안에서 사도들로부터 모든 시민적 의식적 율법들 안에서 하나님께서 오직 한 가지만을 요구하셨다는 사실을 배워야만 한다. 그것은 곧, "우리는 하나님을 두려워하고 사랑하며, 그를 전적으로 의뢰하며, 순전한 진정성 안에서 그리고 의무적인 사랑 속에서 우리의 형제들과 자매들과 함께 사는 것"이다.[28]

5. 구속사적 · 삼위일체론적 성서해석방법

부처의 성경해석의 중요한 관점들 중에 하나는 구속사적·삼위일체론적

---

26   위의 책, 149-50.
27   위의 책, 151.
28   위의 책, 153.

방법이다. 약속의 본질은 하나님께서 우리의 하나님이 되고, 우리를 보호하시고, 우리에게 영생에 이르기까지 모든 구원을 주실 것이라는 내용이다. 이같은 약속은 구약과 신약에서 정확하게 동일한다. 내용적으로 아무것도 변화된 것이 없다. 계약의 일반적인 전제조건인 죄의 용서가 이 약속 속에 포함되어 있다. 계약의 하나됨은 하나님의 하나됨 속에 있다. 하나님과 인간 사이에 한 분 하나님이 계시고, 한 분 중보자가 계신다. 이 중보자는 어제나 오늘이나 영원토록 동일하신 분이시다. 이 한 분 중보자를 통해서 하나님은 구약의 이스라엘의 백성들뿐만 아니라, 오늘날 우리들과 화해하시고, 계약을 맺으셨다. 그러므로 계약의 일치성은 그 한 분 중보자와 그의 사역 속에 있다. 이 세상의 죄를 위한 오직 한 화목제물로서 예수 그리스도의 고난이 있다. 구약의 아브라함은 그리스도의 보혈을 통하여, 성령의 능력으로 속죄의 은혜에 참여하였고, 그 후에 많은 사람들은 칭의된 아브라함의 뒤를 좇아 믿음의 발자취를 따르게 된 것이다. 계약의 하나됨은 삼위일체 하나님의 사역의 연속성 속에, 하나님의 은혜의 효과적 현존 속에, 하나님께서 영원토록 구원을 분배하시는 성령의 능력 속에 있다. 계약의 하나됨은 구원의 한 시혜 속에, 경건의 지식의 하나됨 속에 있다. 경건의 지식에서 중요한 것은 하나님과 이웃에 대한 사랑과 약속의 하나님에 대한 올바른 믿음과 신뢰이다. 계약의 본질과 관련해서 구약과 신약 사이에 상호 일치가 있고, 하나님의 경륜과 시혜의 방법과 관련해서 구약과 신약 사이에 차이가 존재한다.[29]

부처에 의하면, 구약과 마찬가지로 신약 속에서도, 동일한 하나님, 동일한 그리스도, 동일한 성령, 동일한 믿음, 동일한 은혜가 적용된다. 그러나 구속사적으로 신약이 구약보다 상대적으로, 부처의 표현을 빌리면, "비교법적으로" 그리고 "정도면에서" 더 발전되었다.

---

29 W. P. Stephens, *The Holy Spirit in the Theology of Martin Bucer* (Cambridge: Cambridge University Press, 1970), 109-21.

IV. 나가는 말

비록 마르틴 부처는 개신교의 요람, 개혁교회의 원조, 칼뱅의 영적 아버지로 불릴 만큼 개신교회와 개혁교회와 장로교회의 전통에서 큰 비중을 차지하지만, 부처에 대한 연구의 빈약은 교회사적으로 그리고 신학적으로 큰 아쉬움으로 남는다. 특히 성서와 성서연구를 중요시하는 개신교와 개혁신학 발전을 위해 개혁파 종교개혁자 부처의 성서해석학의 대한 연구는 매우 중요하다 하겠다.

무엇보다도 부처는 성서를 선택적으로 인용하여 사용하던 중세의 "렉치오 디비나"*lectio divina*에 반대하여, 츠빙글리와 칼뱅처럼 성서의 "연속적 읽기"*lectio continua*를 선택하여, 각 성서와 성서의 각 구절을 언어, 문법적으로 중요시하면서도 성서 전체의 맥락에서 참된 의미를 찾으려 노력했다.

그는 히브리 성서 텍스트를 중요시하고, 히브리어의 중요성을 강조하여, 각 나라의 자국어로 성서 번역의 필요성을 역설하고, 성서번역은 가능하면 저자의 의도에 일치하게 번역하는데 주안점을 두었다. 그는 중세에 유행하던 알레고리*allegorical* 방법에 의한 주석을 강력하게 비판하고, 성서의 문법적, 역사적 방법에 근거한 성서언어 연구와 역사적 배경에 대한 연구를 성서주석의 근본적인 기초와 출발점으로 삼으면서도, 성해석학聖解釋學; the holy hermeneutics을 지향했다. 성서해석에서 하나님의 구속사救贖史에 관심을 두어, 성서를 기독론적으로, 성령론적으로, 그리고 삼위일체론적 방법을 사용할 것을 특히 강조하였다. 부처에 의하면, 성서는 그리스도인의 경건의 삶을 위한 보고寶庫이므로, 우리가 성서를 읽거나 주석할 때, 신앙과 경건에 큰 관심을 기울여야 한다.

오늘날 21세기에 성서주석에 대한 두 가지 입장이 신학계에서 첨예하기 대립되어 있음을 보게 된다. 한 가지는 성서주석을 위하여 순전히 역사비평적 방법*historical criticism*만을 사용할 것을 고수하는 경우이고, 다른 하나는 알레고리적 방법은 물론 성서를 순전히 영적으로, 신비적으로 읽어가는 경우이다. 그러나 우리는 성서를 읽거나 주석할 때, 언어 연구나 역사적 배경을 비롯하여 문법적, 역사적 방법과 아울러 신앙을 가지고 기도로 성령의 역사를 기대하면서 구속사적으로 성서를 읽고 주석하는 데까지 나아가야 할 것이다.

바로 이 점에서 개신교의 요람이요, 개혁전통의 원조로 불리는 부처의 성서해석학은 21세기 오늘날에도 여전히 교회와 신학을 위하여 그 적절성과 의의를 가지고 있다고 판단된다. 부처의 성서해석학의 탁월성은 인문주의적 방법과 히브리적·랍비적 방법을 수용하면서도 그것의 결정적인 약점을 뛰어넘을 수 있는 성해석학聖解釋學을 강조하여 성서를 통합적intergitas으로 주석하려고 노력했다는 점이다. 다시 말하면, 성서 텍스트가 갖는 언어적, 문법적, 역사적 성격을 전제한 부처는 구속사적 큰 틀 속에서 성서를 기독론적으로, 성령론적으로, 삼위일체론적으로 해석하면서, 그리스도인의 삶과 경건에 대한 시각을 놓치지 않고 주석을 진행하고 있다는 점이다.

개혁교회의 목회신학
— 칼뱅을 중심으로

김 선 권
장로회신학대학교 객원교수, 조직신학

Ⅰ. 서론*

칼뱅신학은 신적 주권과 하나님 영광을 강조한다. 칼뱅^{John Calvin}에 의하면 하나님은 인간 역사에 목적을 두고 그것을 실행하신다. 이 목적은 영혼 구원뿐만 아니라, 거룩한 공동체의 설립 그리고 온 세상에서 그의 이름이 찬미를 받는 것이다. 신적 목적의 방향은 개인 구원에서부터 공동체 그리고 세상을 향한다. 이 점에서 제네바 도시에 대한 칼뱅의 의도는 영혼 구원을 기초로 한 하나님 말씀에 의한 도시의 개혁에 있었다. 레이스^{J. Leith}가 말한 것처럼, 칼뱅은 개인 구원에 관심을 가졌을 뿐만 아니라, 이 구원을 교회 안팎에서 예수 그리스도의 통치와 결합시켰다.[1] 칼뱅의 관점에서 이러한 잘 정돈된 교회와 하나님의 영광을 드러내는 잘 정돈된 세상을 위해 직분자의 역할, 특히 목사의 역할은 중요했다.

---

*   이 글은 김선권, "개혁교회의 목회와 신학 - 칼뱅을 중심으로," 『장신논단』 55-3 (2023. 9), 95-130쪽에 게재된 논문이다.

1   John H. Leith, "The Ethos of the Reformed Tradition," *Major Themes in the Reformed Tradition*, edited by Donald K. McKim (Grand Rapids: W. B. Eerdmans, 1992), 15.

칼뱅은 『기독교 강요』라는 기념비적인 신학 작품을 저술한 신학자였지만, 스트라스부르와 제네바 교회에서 27년 동안 목회 사역을 감당했던 목사이기도 했다 그는 생애 절반을 목사로 살았다. 브느와 J. Benoît 는 사람들이 칼뱅을 가리켜 제네바의 종교개혁자라고 지칭하지만 제네바 교회의 목사라 부르는 것이 더 적합하다 했다. 그에 따르면 칼뱅은 영혼을 돌보는 목사였고 종교개혁자로서 그의 개혁 작업은 많은 점에서 목회 활동의 연장이요 결과였다. "칼뱅은 언제나, 어디서나, 다른 무엇보다 목사였다."[2] 칼뱅에게 신학은 그 자체 목적이 아닌 목적목회에 이르는 수단이었다. 그러므로 신학자와 목회자의 정체성은 결합된다.

이 글은 목사로서 칼뱅과 그의 목회에 대한 이해와 실천을 다룬다. 목회자가 누구이고 어떤 사역을 하는지를 신학적으로 연구하는 분야를 목회학 또는 목회신학pastoral theology 이라 부른다. 목회신학이란 문자적으로 목회 일반에 관한 신학 연구 분야이다. 래플리 J. Lapsley 는 목회신학을 "신학 연구의 맥락에서 다른 신학 분야들의 내용을 가지고 교회 성도들의 목양의 모든 측면을 연구하는 것"이라고 정의했다.[3] 힐트너 S. Hiltner 역시 목회신학을 "목양의 관점에서 교회나 목사의 모든 활동과 기능을 보며, 거기서 한 신학적인 결론을 내리는 신학적 지식이나 연구의 한 가지이다"라고 주장했다.[4] 이들 정의에 따르면 목회신학은 양성도을 돌보는 목양의 관점에서 행해지는 목회 활동에 대한 신학적 연구이다. 『칼뱅의 목회신학』을 저술한 안은찬은 목회신학을 "하나님의 말씀을 교인들과 사람들에게 적용하기 위하여 지교회에서 실천하는

---

2   Jean-Daniel Benoît, *Calvin: directeur d'âmes* (Strasbourg: Éditions Oberlin, 1947), 11, 18. 물론 우리는 칼뱅이 목사로서 활동하던 시대(16세기)와 우리 시대(21세기)의 간격, 말하자면 교회와 국가의 관계가 서로 다른 맥락에 있음을 인정해야 한다. 16세기 유럽 전체와 마찬가지로 칼뱅이 목사로서 활동했던 제네바 도시는 교회와 사회가 긴밀하게 연결되어 있었다. 제네바 시민이 교회 일원이었고, 교회와 직분자는 제네바 도시 일상에 적극적으로 개입하며 설교와 권징을 통해 제네바 시민의 삶을 도덕화시키려 힘썼다. 반대로 제네바 당국은 목사의 임직과 사역에 개입할 수 있었다. 칼뱅이 작성한 교회 법령에 따르면, 교리상의 불일치가 있을 때는 먼저 목회자와 교회가 그것을 해결하고 그래도 해결이 안 될 때, 시 당국이 위임한 자들과 장로들을 통해 분쟁을 완화해야 했다. 그럼에도 해결되지 않는 경우는 위정자에게 넘겨 소송에 의해 결정하도록 했다. Jean Calvin, *Ordonnances ecclésiastiques de 1561*, CO 19, 96.

3   James N. Lapsely, "Pastoral Theology Past and Present," ed. W. B. Oglesby, *The New Shape of Pastoral Theology* (Nashville: Abindon, 1969), 43

4   Seward Hilter, *Preface to pastoral theology*, 민경배 역, 『목회신학원론』(서울: 대한기독교서회, 1968), 21.

목사의 정체성과 사역을 연구하는 학문이다"라고 정의했다.[5] 세븐M. Serven에 의하면, "목회신학은 교회 구성원의 영적, 정서적, 신체적 욕구에 대한 교회 의 실천적 관심목회을 신학적으로 접근하며 평가한다. 목회신학은 목사의 자 격과 사역을 연구하며 후자와 관련해서 크게 세 가지 영역으로 나누어져 구 성된다. 설교케리그마, 교육디다케, 목양포이메노이다."[6]

칼뱅이 그의 작품에서 목회신학이란 용어를 사용하지 않았지만, 목회신 학이라 여겨질 내용은 여러 차원에 존재했다. 칼뱅은 목회직에 해당하는 라 틴어 *pastorale munus*를 프랑스어로 '목사직' office des pasteurs 으로 번역했다. 목회 사역은 장로, 집사, 교사의 사역을 배제하지 않지만, 원칙적으로 목사의 사역이었다. 칼뱅이 추구한 교회는 질서와 규율이 행해지는 잘 정돈된 교회 였다. 질서와 규율의 회복으로 교회를 세우는 목적에서 사역과 목회자의 개 념을 발전시켰다.[7]

칼뱅에게 목회신학은 무엇이며, 목회신학에 기초한 목회활동은 구체적 으로 무엇인가?[8] 신앙의 영역과 성도의 삶의 자리를 전방위적으로 확대시키 는 비전을 가졌던 칼뱅의 목회 활동은 제네바 사람들 모두가 찬성했던 것은 아니었다. 칼뱅이 제네바로 돌아온 후 그의 목회 역량이 확대되는 것을 거부 했던 사람은 여전히 있었다. 그뤼에J. Gruet는 "목사는 복음 외에는 말하지 말 아야 한다. 복음을 나머지 세상적인 것과 섞지 말아야 한다"고 주장하면서

5   안은찬, 『칼뱅의 목회신학』(서울: CLC, 2007), 25.
6   Marcus J. Serven, "Seeking the Old Paths: Towards a Recovery of John Calvin's Pastoral Theology Amongst Reformed and Presbyterian Pastors Today," (unpublished D. Min. Dissertation, Covenant Theological Seminary, 2011), 11.
7   Pierre-Luigi Dubied, "Pasteur," *Encyclopédie du protestantisme*, ed. Pierre Gisel (Genève: Labor et fides, 2009), 1043.
8   칼뱅의 목회신학 혹은 목사와 관계된 연구는 다음과 같다. Mark Ryan, "The Pastoral Theology of John Calvin," *The Burning Bush* 6-1 (2000.1), 32-47. Shawn D. Wright, "John Calvin as Pastor," *The Southern Baptist Journal of Theology* 13-4 (2009), 4-17. Alexandre Ganoczy, *Calvin: théologien de l'Eglise et du Ministère* (Paris: Cerf, 1964). Lepold Schümmer, *Le Ministère dans l'Institution chrétienne de Calvin à la lumière du troisième sacrement* (Wiesbaden: Fr. Steiner, 1965). Jean-Jacques von Allmen, *Le saint ministère selon la conviction et la volonté des réformés du XVIe siècle* (Neuchâtel: Delachaux et Niestlé, 1968). Tucker Craig. "Calvin and the Call to Ministry," *Reformed Theological Review* 76-2 (2017), 101-110. Stanford Reid, "John Calvin, Pastoral Theologian," The Reformed Theological Review 42 (1982), 65-73. Alain Perrot, *Le visage humain de Jean Calvin* (Genève: Labor et fides, 1986), 57-83. Elsie A. McKee, *Calvin: A Sixteenth-Century Portrait*, 이정숙 역, 『칼뱅의 목회 신학』(서울: 두란노아카데미, 2011). 박경수, "칼뱅을 통해 본 목회자의 역할과 임무," 『칼빈연구』 10 (2013), 33-61.

목회 활동이 설교와 성례전을 넘어서는 것에 반대했다.[9]

    칼뱅의 목회 사역이나 목사로서 칼뱅을 연구할 때, 이전 연구들은 제네바 치리회 또는 목사회 중심으로 연구가 되었고[10] 네 직분론 안에서 목사직을 연구했고[11], 실제적인 목회실천 영역인 예배와 설교 중심으로 연구가 되었다.[12] 이 글은 선행 연구를 기초로 하되 다음과 같은 주제를 연구한다. 먼저는 칼뱅의 목회신학의 목적과 원리를 다루고 이와 관련하여 목사는 누구이고 무엇을 하는 사람인가를 다룬다Ⅱ. 계속해서 칼뱅의 목회신학 영역에 해당하는 설교, 성례, 권징, 교육, 심방 등을 그가 어떻게 이해하였고, 구체적으로 어떻게 실천했는지를 다룬다Ⅲ. 마지막으로 칼뱅의 목회신학이 오늘 우리의 교회와 목회 현장에서 어떻게 현재화될 수 있는지를 살피는 것으로 연구를 마친다Ⅳ.

Ⅱ. 칼뱅의 목회신학

1. 목회신학의 목적과 원리

    칼뱅은 『기독교 강요』와 성경 주석, 여러 신학 작품, 편지[13]에서 그의 글을 접하는 독자들에게 신학자로서뿐만 아니라, 영혼을 책임지는 목사로서 자신을 드러냈다. 『기독교 강요』에서 신학복음이 실천의 교리가 되어야 한다

---

9   Berriot François, "Un procès d'athéisme à Genève: l'affaire Gruet (1547-1550)," *Bulletin de la société de l'histoire du protestantisme français* 125-4 (1979), 583.

10   이정숙, "제네바 컨시스토리-칼빈의 신학과 목회의 접목,"『한국기독교신학논총』18 (2000. 9), 159-85. Scott Manetsch, *Calvin's Company of Pastors*, 신호섭 역,『칼빈의 제네바 목사회의 활동과 역사』(서울: 부흥과 개혁사, 2019).

11   김선권, "교회의 정치체제 및 교회법에 대한 연구,"『한국조직신학논총』47 (2017. 6), 7-48.

12   김운용, "'하나님의 교회의 재건을 위해 온전히 쓰임 받은 제네바의 위대한 빛' 장 칼뱅의 목회 사역에 대한 연구-예배와 설교 사역을 중심으로,"『신학과 실천』38 (2014. 3), 191-217. 최진봉, "성화의 공동체적 수행으로서 개혁교회 예배에 관한 연구 -『스트라스부르그 예배(The Form of Church Prayers, 1545년)』를 중심으로,"『장신논단』54-5 (2022. 12), 211-36.

13   알랭 페로에 따르면, 칼뱅이 보냈던 편지들은 그의 목회 사역을 일상생활에서 구현함으로써 그가 목회를 수행하는 방식을 특징적으로 보여주었다고 하였다. Perrot, *Le visage humain de Jean Calvin*, 60.

고 했는데, 이 점에서 신학은 궁극적으로 목양을 위한 것이었다. 『사돌레토에게 보낸 서신』은 로마 가톨릭 사상에 오염될 위험에 처해 있는 제네바 도시와 교회를 위한 것이었고, 『점성술에 대한 경고』는 점성술에 미혹되어 별자리가 인생을 주도할 수 있다고 생각하는 사람들을 바로 세우기 위한 것이었고, 『스켄들론』은 신자들을 여러 차원에서 복음의 걸림돌이 되게 하는 것을 막기 위한 것이었다.

칼뱅의 관점에서 목회는 분명한 목적을 가져야 했다. 『제네바 요리문답』에서 인생의 주요한 목적은 하나님을 아는 것이며 하나님의 지식은 하나님의 영광을 위해 삶을 영위하는 것이었다.[14] 칼뱅에게 하나님의 영광을 위한 삶은 그리스도인의 목적일뿐만 아니라, 목회에서도 마찬가지였다. 목회란 목사의 영혼에 대한 관심, 특별히 영혼 구원에 대한 관심과 실천이지만, 궁극적으로 교회와 신자의 삶을 통해 하나님의 영광을 드러내는 것을 목적으로 해야 한다. 이런 의미에서 라야M. Raya는 제네바 교회의 성도들의 삶 속에서 영혼의 구원과 하나님의 영광이 실현되는 것에 칼뱅의 목회 사역의 초점이 맞춰져 있다고 말하였다.[15] 칼뱅이 행한 권징과 수찬정지와 같은 목회 활동은 비신자들이 그리스도의 교회를 비웃는 신도들의 추문에 맞서기 위한 것이었고, 결국 하나님의 영광을 드러내는 목적에 있던 것이었다.[16] 목회직의 섬김의 목적은 성도들의 구원과 교회를 세움, 이로 인한 하나님의 영광에 있었던 것이다.[17]

칼뱅이 제시하는 목회신학의 목적이 하나님께 영광이라면, 이것의 원리는 그리스도인의 삶의 원리와 마찬가지로 하나님의 말씀을 규범으로 따르는 것이었다. 그는 언제나 원리에서 내려와 실제적 적용에 이르렀다. 교회의 직분, 예배, 심방, 설교 등 목회 영역이 각자의 견해에 의해 혹은 상황에 따라

14 Calvin, *Le catéchisme de l'église de Genève*, CO 6, 9.
15 Ryan, "The Pastoral Theology of John Calvin," 39.
16 Marc Lienhard, "L'Eglise et le ministère pastoral: l'actualité de Calvin," *Positions luthériennes* 57-3 (2009), 224-25.
17 Calvin, *Commentaire sur l'épître aux Colosiens* 1,25. Raymond Potgieter이 말한 것처럼, 칼뱅에게 있어 교리는 명백히 전인격을 거룩한 삶으로 변화를 시키는 것이다. 어떤 지침이나 원칙이 적용되든, 기독교 상담은 하나님의 영광을 마음에 새기려고 노력해야 한다. Raymond Potgieter, "Discerning Calvin's pastoral care from his letters," *In die Skriflig* 48-1 (2014), 8.

서가 아니라, 하나님의 말씀이 제시하는 규범에 따라 행해져야 하는 것이었다.

    칼뱅은 먼저 목회자의 목양 권위를 특별하게 내세우면서도 이것이 하나님의 말씀에 종속되어야 함을 호소한다. 목회자의 권위가 말씀에 종속된다는 것은 교회의 모든 사역자와 성도가 자기 자리를 지키며 하나님만을 높이는 것을 말한다.[18] 로마 교회의 신품성사 사제성사를 비판할 때, 칼뱅은 가톨릭교회가 그들 교회법에 따라 교회 신품 혹은 교회 계급을 일곱 가지로 나누는 것을 보고 하나님께 속한 사안을 하나님 말씀 없이 행하는 방식이라며 반박했다.[19] 즉, 하나님 말씀을 기준으로 하지 않는 목회신학은 오류에 빠지는 것이다. 그리하여 칼뱅은 『기독교 강요』에서 교회 직분을 다룰 때, 성경 말씀인 에베소서 4장 11-13절에 근거를 두고 전개한 것이다.

    그리스도가 목사뿐만 아니라 다른 직분을 세워 교회를 통치하는 방식에 있어서도 칼뱅은 그 근거를 성경에서 찾고자 했다. 맥그래스 A. McGrath에 의하면, 루터는 교회 직분을 신학적 처방이 필요로 하지 않는 역사적 연속성의 문제로 보았지만, 칼뱅은 그것의 분명한 형태를 성경의 규정에서 찾았다.[20] 그러므로 칼뱅의 강조는 "하나님의 말씀이 지시하는 것으로서의 교회의 정치질서"였다.[21] 같은 차원에서 예전도 성경이 규정하는 대로 행해지기를 원했다. "주님은 자기가 하신 말씀들 가운데, 참된 의의 전체 요체, 자신의 신성에 드려지는 모든 영역의 예배, 구원에 필요한 모든 것을 신실하게 포함시키셨으며 분명히 풀어서 설명하셨다. 그러므로 이런 것들을 통하여서 우리는 유일하신 선생이신 그의 말씀을 들어야 한다."[22] 칼뱅은 교회개혁의 필요성에서도 하나님의 말씀을 도외시하고 만든 모든 예배는 인정될 수 없다 하였다.[23] 칼뱅이 예배 때 시편 찬송을 도입한 것은 시편이 하나님을 경외하고 사

---

18   Calvin, *Commentaire sur l'Evangile de Jean* 7,47.

19   Calvin, *IRC* Ⅳ. xix. 22.

20   Alister McGrath, *Reformation thought,* 최재건 역, 『종교개혁 사상』(서울: CLC, 2006), 323.

21   Calvin, 3Ⅳ. iv. 1.

22   위의 책, x. 30.

23   Jean Calvin, *Recueil des opuscules de Jean Calvin 1532-1544*, 박건택 편역, 『칼뱅 소품집1』(서울: 크리스천 르네상스, 2016), 651.

랑하고 영화롭게 하는 목적으로 지어졌기 때문이다.

2. 목사는 누구이고 무엇을 하는 사람인가?

로마 교회는 목회자를 가리켜 희생제사를 드리는 제사장이라는 뜻에서 '사제'라고 불렀다. 4세기 말부터 시작하여 후에 사제 계급은 로마 교회의 핵심 규범이 되었다. 반면 루터 Martin Luther 는 교회의 머리이신 그리스도의 지상 대리자로 여겼던 교황에 의해 명령된 위계적 기구의 전통을 신분과 사역을 구별하며 깨뜨렸다. 루터에 따르면 모든 그리스도인은 사제이다. 세례는 '만인 사제직'으로의 소명이었다. 이 점에서 세례받은 자들은 모두 '사제들' sacerdotes 이며 오직 목사들만이 '목회자들' ministri 이었다.[24]

칼뱅도 루터의 만인 사제직을 수용했다. "그리스도 안에서 우리는 모두 제사장들이다."[25] "아론의 사제직이 그리스도에게 전이되었으므로 이 덕분에 일부 사제만이 아니라 모든 믿는 자들이 예외 없이 왕 같은 사제직에 받아들여지게 되었다."[26] 칼뱅은 만인 사제직 혹은 신자들의 사제직을 계시록 1장 6절 우리를 나라와 제사장으로 삼으신 말씀과 함께 기독론적 근거에서 수용했다. "우리가 그리스도 안에서는 오염되었으나 그리스도 자신 안에서는 제사장들이 되어 우리 자신과 우리에게 속한 모든 것을 하나님께 바치게끔 하실 뿐만 아닐, 우리가 바치는 기도와 찬미의 희생제물들이 하나님께 가닿아 그의 눈앞에서 받을 만하고 향기로운 것들이 되도록 우리가 하늘 성소로 자유롭게 들어가게 하신 것이다."[27]

칼뱅은 모든 신자는 사제이지만, 목자이신 그리스도의 목양 직분을 받은 사람을 가리켜 목사라고 불렀다. 목회자를 목사라고 부르는 것은 목자장이

24   Bernhard Lohse, *Eine Einführung in sein Leben und sein Werk*, 박일영 역, 『루터 입문』(서울: 복있는사람, 2019), 259.
25   Calvin, *CO* 1, 184. "per Christum sumus omnes sacerdotes." *CO* 42, 552-53.
26   Calvin, 『칼뱅 소품집1』, 479
27   Calvin, *IRC* II. xv. 6.

신 그리스도의 목양 직분을 보조적으로 이어받아 그 직분을 수행하는 자로서 세워졌기 때문이다. 칼뱅은 이 부분을 요한복음 10장 10절을 주석하면서 다음과 같이 말하였다.

> 왜냐하면 그리스도는 그들 사역을 사용하시기는 하지만, 자신의 능력으로 목사 직분을 수행하시는 것을 멈추고 계시는 것이 아닌 까닭에, 그들은 목자장으로서의 그리스도 권위를 가로막지 않는 방식으로 가르치는 자의 직무를 행하는 것이기 때문이다. 요컨대, 목자라는 명칭이 사람들에게 적용될 때는 보조적인 의미를 지닌다. 즉, 그리스도는 목자들과 양들, 이 두 부류의 신자들 전체의 유일한 목자이신 가운데에, 목자로서의 자신의 존귀를 자신의 사역자들인 목사들에게도 나누어 주시는 것이다.

위 텍스트는 무엇을 말하는가? 그리스도만이 유일한 목자이고 교회 안에서 목사와 양들도 결국 양이라는 것이다. 그리스도만이 목자牧師이지만 자신의 가르침을 전하는 자들에게는 목사라는 이름을 나누어 갖게 하셨다. 그러므로 목사는 그리스도의 말씀 사역을 이어받아 그 말씀으로 양들을 양육하는 한에서 목사이다.

칼뱅은 『기독교 강요』와 『교회법령』 등에서 교회의 직제를 다룰 때, 목사가 누구이고 무엇을 하는 사람인지를 규정한다. 칼뱅이 루터를 이어받아 모든 그리스도인이 사제라고 주장하였지만, 교육과 훈련을 받지 못한 사람이 목회직을 감당하는 것은 합당한 일이 아니었다. 만인이 사제이지만 목사는 기능으로서 사제직을 이어받기 때문이다. 하지만 이는 로마 교회가 주장하는 것처럼 사람들을 하나님과 화목하기 위하여 성체성사를 위해 그리스도를 제물로 드리기 때문이 아니라, 사람들을 하나님께 복음에 순종하는 제물로 드리기 때문이다.[28]

칼뱅은 만인사제직에 근거하여 직분의 평등성을 주장하면서 소명에 따라 직분을 구별하였으며 목사란 특별한 양떼를 책임지는 사람으로서 각자

---

28   Calvin, *Commentaire sur l'épître aux Romains* 15,16.

맡겨진 교회에 소속된다고 하였다.[29] 『기독교 강요』에서 목사가 하는 역할을 다음과 같이 말한다. "그리스도의 교리로 회중을 교육시켜 참된 경건에 이르게 하고, 거룩한 성례들을 시행하며, 바른 권징을 존속시키고 시행한다."[30] 『교회법령』에서는 다음과 같이 규정한다. "목사들에 대해서 성경은 때로 감독과 장로 그리고 목회자로 명명하는데, 이들의 직무는 하나님의 말씀을 선포하며, 교육하고, 훈계하며, 권면하고, 공적으로나 사적으로 책망하며, 성례를 시행하고 장로 또는 정부 대표들과 함께 우애 있는 징계를 하는 것이다."[31] 요약하면 목사란 첫째, 하나님 말씀을 선포하며 둘째, 성례를 집례하며 셋째, 교회의 질서를 위해 치리를 행하는 사람이다.

목사의 직무를 규정한 칼뱅은 교회가 존속되는 데 있어서 목회 직무보다 더 필요한 것은 없다고 말할 정도로 이 직분의 중요성을 강하게 호소했다.[32] 목사가 가진 직분은 교회에 반드시 필요한 사역이기에, 그 권위는 인정받아 마땅하다. 하지만 칼뱅은 이 직분이 가진 성격을 규정함으로써 어떻게 이를 행사해야 하는지도 밝힌다. "주님은 결코 목사들에게 통치권은 주시지 않았다. 다만 보살피도록 하셔서 자신의 권리가 손상됨이 없이 존속하도록 하셨다."[33]

이 점에서 칼뱅의 목회신학에서 목회직은 다음과 같은 두 가지 특징이 두드러진다.[34] 첫째는 목회직은 디아코니아, 즉 봉사직이다는 사실이다. 칼뱅은 목회직을 포함하여 교회의 모든 직분을 봉사로 보았다. 물론 칼뱅은 가난하고 병든 사람을 돌보는 교회의 직분으로서 집사를 말하지만, 모든 직분이 가진 성격 자체가 집사, 곧 섬김이다.[35]

29 김선권, "칼뱅의 교회정치와 협의체," 『영산신학저널』 51 (2020. 3), 105.
30 Calvin, *IRC* IV. iii. 6.
31 Calvin, 『교회법령』; 『칼뱅소품집 1』, 593.
32 Calvin, *IRC* IV. iii. 2.
33 Calvin, *Commentaire sur la première épître de Pierre* 5,3.
34 Ganoczy, *Calvin: théologien de l'Eglise et du ministère*, 223-43.
35 "일반적으로 교회의 모든 직분은 집사(Diaconies) 곧 사역 혹은 봉사라 불리는 것이 사실이다. 왜냐하면 목사는 다스리라고 선택되고 임명이 된 것이 아니고 신자들을 섬기기 위함이기 때문이다. 기록된 것처럼(고전4:1), 사람이 마땅히 우리를 예수 그리스도의 일꾼이요 하나님의 백성과 양 떼를 섬기는 자로 여겨야 할 것이다. 그러므로 목사로 여겨지기를 바라는 사람은 누구도 거만해서는 안 되며 그 반대로 자신에게 맡겨진 이들을 섬기는 일에 온 정성을 다해야 한다. 왜냐하면 하나님의 백성을 섬기는 것

　　칼뱅은 목회직이 섬김으로서만 주어진 직분이며, 그런 방식으로만 그리스도를 섬길 수 있다고 호소한다. 이것은 이 직분이 가진 영예와 존귀를 부정하는 것이 아니라, 직분자 자신을 지극히 낮춤으로써 그리스도만이 홀로 높임을 받아야 함을 말한다. 하지만 이런 직분의 낮춤이 성도가 목회자를 낮추고 멸시하는 것이 아닌, 더욱 존귀한 직분을 감당하는 자로 여겨야 함을 말한다.[36]

　　둘째는 목회직은 그리스도 중심의 협력직이다. 칼뱅에게 교회 봉사는 근본적으로 협력적이다. 이 봉사가 그리스도 몸의 신비에 뿌리를 두고 있기 때문이다. 칼뱅은 하나님이 은혜를 분배하는 방식을 주목한다. 하나님은 교회에 다양한 은사를 주시지만, 이 다양성은 일치를 지향한다. 교회 직분은 은사 없이 행할 수 없기에 직분은 은사와 필연적으로 결합한다. 직분은 승천하신 그리스도가 택하고 일으키신 것이다. 다양하고 또 조화로운 교회의 사역 체계를 제정하시는 분은 그리스도이다. 따라서 모든 것은 그리스도에게 집중된다. 만일 그리스도가 어떤 이에게는 이 직분을, 다른 이에게는 다른 직분을 주신 것은 몸이 다양한 지체를 품고 있기 때문이다. 그리고 이 다양성이 완전성을 만든다. "그리스도는 어떤 사람에게는 한 가지 이름과 직분을, 또 다른 사람에게는 또 다른 이름과 직분을 준다. 그러므로 누구도 자신에게 주어진 은사를 개인적 방식으로 이해해서는 안 된다. 이것은 항상 전체 몸의 보존통합을 구성하는 지체들의 다양성을 나타낸다. 이것은 항상 이 지체들의 다양성을 통해 전체 몸이 온전하여지는 것을 말한다."[37] 그러므로 은사는 사유재산이 될 수 없으며 은사들 사이에는 경쟁심, 시기심, 야망을 좇는 형태로 존재할 수 없다. 은사들은 공적으로 또 공동체적으로 사용되어야 한다. "바울은 각 사람에게 주어진 은사는 어떤 것이 되었든지 자기 자신만을 위해 주어진 것이 아니라 다 함께 공동으로 주어진 것이다고 말한다."[38] 다양한 은사의

　　없이는 하나님을 섬길 수 없기 때문이다." Calvin, *24e Sermon sur la première à Timothée 3,6-7 CO* 53, 289.

36　Calvin, *Commentaire sur deuxième épître aux Corinthiens* 4,5

37　Calvin, *Commentaire sur l'épître aux éphésiens* 4,11.

38　위의 책, 4,11.

공동체적 사용은 조화와 통일을 위한 보증인 것이다.

계속해서 칼뱅은 교회의 직분의 문제를 다루면서 로마 교황이 그리스도를 대리하여 머리로서의 권한을 가지려는 '수위권'을 비판한다. "바울은 그리스도에게만 이 우월성을 부여하면서 모든 사도와 목사가 오직 그리스도에게 예속되어 있다고 말할 때 사람들에 의해 날조된 이 수위권을 분명하게 타도한다. 그러므로 이 직분을 가진 자들은 함께 동료가 되는 것이다."[39] 그리스도만이 유일한 감독직을 가지기에, 여기에 참여하는 모든 다른 직분들은 기능적이고 공동체적일 수밖에 없다. "개개인에 의해서 선택되어진 것을 총괄한 유일한 감독직이 있다. 또한 이 감독직은 오직 그리스도를 위한 것이라고 한다. 그는 그 직책을 개개인에게 분담시켰고 다른 사람보다 자기를 더 높이지 못하도록 천거하도록 했다."[40] 이렇듯 칼뱅은 그리스도를 중심으로 하는 협력 사역을 역설한 것이다. "우리의 참되고 올바른 온전함은 우리 모두가 그리스도와 연합하고 그의 몸에 접붙여지는 데에 있다. 그리스도는 말씀의 사역자들을 명하실 때 그 사역의 결과를 말씀하심으로써 더 귀하게 여기신다. 그리스도의 교회가 잘 세워지고 정돈되는 것보다 더 중요한 것이 무엇이 있겠는가?"[41]

칼뱅이 한편에서 로마 교황청의 수위권을 비판했다면, 다른 한편에서 재세례파의 열광주의적 환상에 대해서도 경고했다. 왜냐하면 후자는 성령의 은밀한 계시를 추구하고, 공동체의 설교보다 개인이 성경을 읽는 것으로 충분하다고 여기는 개인주의적 완전을 꿈꾸기 때문이다. 다른 말로 하면, 그리스도의 몸인 교회를 세우기 위한 하나님이 제정하신 일반적인 봉사의 필요성을 부인한 것이다. 칼뱅은 직분과 같은 은혜의 수단 없이 그리스도 안에서 온전해질 수 있다는 생각에 대해서 분개했다. 온전함엡 4:12 은 개별적이거나 은밀한 계시에 의해서 아니라 외적이고 가시적인 직분과 같은 공통 사역을 통해서 이루어지기 때문이다. 이는 높은 사람, 낮은 사람 할 것 없이 누구에게나 미치는 보편적인 법칙이다. "교회는 왕이든 평민이든 주님 안에서 태어

---

39 위의 책, 4,11.
40 위의 책, 4,11.
41 위의 책, 4,12.

나고 자라며 다스리는 모든 경건한 사람들의 공통된 믿는 자들의 어머니이
다."⁴² 열광주의자들은 이 질서와 수단으로서의 봉사사역는 우리가 그리스도
에게로 인도되는 즉시 무익하게 된다고 주장했지만, 칼뱅은 신자가 세상에
서 사는 한 영구적으로 필요한 것이라고 주장했다.

Ⅲ. 목회신학의 영역과 실천

1. 설교

파티C. Partee 는 "종교개혁은 교회 역사상 설교가 만든 가장 위대한 부흥
이었다"라고 말하였고⁴³, 드 폴P. De Pol은 "종교개혁은 강단"이라 말하면서
"종교개혁이 천주교의 제단을 강단으로 대체했다" 하였다.⁴⁴ 제네바에서의
설교는 개혁파 신도가 될 사람을 양육하고 틀을 잡아 주는 가장 훌륭한 도구
였다. 개혁교회는 미사의 중심에 있던 천주교의 매일의 성체성사를 성경대
로 그 의미를 회복하면서 횟수를 1년 4차례로 축소하였다. 반면 이전에 거의
존재하지 않았던 설교는 주일은 물론 주중에도 행하게 했다.⁴⁵ 주일에 4차례
설교가 있었고 주중에는 월,수,금 설교가 있었다.

칼뱅이 규정한 목사의 설교, 성례, 권징 3가지 기능 중 가장 주요한 것은
하나님 말씀의 선포인 설교였다. 더구나 이 3가지 사역은 궁극적으로 말씀
사역으로 수렴되어서 다시 개별 사역으로 확장된다. "전적으로 목회자의 모
든 기능은 하나님 말씀의 사역으로, 그들의 모든 지혜는 그의 말씀을 아는 지
식으로, 모든 구변은 선포로 제한해서 고려해야 한다."⁴⁶ 여기서 칼뱅은 목회

---

42 위의 책, 4,12.

43 Chales Partee, *The Theology of John Calvin* (Louisville: Westminster John Knox Press, 2008), 43.

44 Philippe de Pol, "Calvin, prédicateur de la Bible," *Théologie Evangélique* 10-3 (2011), 284.

45 위의 논문, 284. 칼뱅은 당시 로마 교회의 설교 부재 현상을 신랄하게 비판했다. "감독들이나 그 밖의
다른 성직자 중에서 일평생 단 한 번만이라도 강단에 올라 본 사람들이 거의 없거나 혹은 백 명 중 한
사람도 있을까 말까 하는 현실"을 간과하지 않았다. Calvin, *IRC* IV. v. 12.

자의 모든*totam* 기능이 하나님 말씀의 사역이라고 할 때, 배타적 의미보다 포괄적 의미로 말하였다. 즉, 실제로 말씀의 봉사는 복음의 부록과 같은 성례전 집례와 복음이 규정한 질서인 권징의 적용을 포함한다. 이에 대해 갸녹지A. Ganoczy는 목사가 하는 모든 일사역은 그들에게 주어진 말씀의 능력으로 하는 것이라고 하였다. 따라서 하나님 말씀의 선포는 다른 사역을 포괄하는 주요한 목회의 기능이다.[47] "목사들은 그들을 관리자로 세운 하나님의 말씀을 통해 담대히 모든 것을 감행하여 … 이 말씀에 따라 모든 사람에게 명령권을 가지며 그리스도의 집을 세우며 … 이 모든 것을 하나님의 말씀으로 한다."[48]

　　하나님 말씀의 선포에서 핵심은, 인간이 첨가하여 섞어버린 말씀은 더 이상 말씀이 아니라는 것이다. 이 점에서 로마 교회의 죄 중에 가장 큰 죄는 복음을 잠식시키고 하나님의 진리를 질식시키는 교리의 날조였다. 말씀이 더 이상 없으면 교회가 세워지는 일도 없다. 칼뱅은 설교를 천국의 열쇠 곧, '매고 푸는 것'으로 보았다. "목사들의 목회직이 이론의 여지가 없는 확고부동한 직책이 되도록 목사들에게는 매기도 하고 풀기도 할 수 있는 권한이 부여되었다. … 성경에서 목사들에게 부여된 권세는 전적으로 말씀의 사역에 국한되어 있다."[49] 이것은 다른 말로 하면, 말씀을 듣는 자에게는 천국의 문이 열리고, 듣지 않는 자에게는 천국의 문이 닫히는 것이다. 설교는 구원 사역에 관계한다.

　　다른 관점에서 '매고 푸는' 설교 권세는 선한 뜻을 가진 신자의 경우는 그들 죄의 족쇄를 목회적으로 제거하는 것이며 반대로 복음을 거부하고 적대하는 자의 경우는 그것을 더 속박하는 것으로 보았다. 이것이 목사가 설교를 통해서 하는 목회이다. "목사들이 교회를 교화할 수 있는 유일한 경우는, 오직 그들이 온순한 자들을 도와 그리스도께 인도하는 경우와 또한 하나님의 일을 방해하려 하는 자들의 음모를 격퇴할 수 있는 무장을 갖추는 경우이다."[50] 이를 칼뱅은 설교자의 '이중 음성'double voix 교리로 전개했다.

46　Calvin, *CO* 1, 216.

47　Ganoczy, *Calvin: théologien de l'Eglise et du ministère*, 327.

48　Calvin, *IRC* IV. viii. 9.

49　Calvin, *CO* 5, 352.

그러므로 우리에게 이중의 목소리가 필요하다. 가르침을 쉽게 받아들이는 자들을 위해 권면하고 그들을 옳은 길로 이끄는 부드러운 음성을 내야 하고, 생명의 초장인 하나님의 순수한 교리를 소리내어 이리와 도적을 쳐서 그들을 양 떼에서 쫓아내는 또 다른 음성을 내야 한다.[51]

이와 동일한 관점에서 『사돌레토에게 쓴 답신』에서도 칼뱅은 목사가 말씀으로 행하는 역할을 다음과 같이 규정하였다.

목회자는 유순한 영혼들의 손을 잡고 정성껏 그리고 침착하게 그리스도께로 인도하는 것과 더불어, 하나님의 일을 훼방하려고 하는 사람들의 간계를 격퇴할 준비가 되어 있을 그때에만 비로소 교회를 유익하게 하는 것이기 때문입니다.[52]

칼뱅은 이중 목소리의 사역에서 본질은 열쇠의 권세란 사람 자체가 아닌, 복음을 선포하는 사역에 있는 것이었다. 그리스도는 이 권세를 사람이 아닌, 말씀의 사역자들로 삼으셔서 하신 그의 말씀에 주셨다.[53] 앞서 직분이 봉사의 특성을 가진다 했는데, 이것은 단지 수사적 표현은 아니었다. 목사가 가진 위엄은 그 직분을 수용할 때 어떤 특질이 주어졌기 때문이 아니라, 그리스도의 도구로서 복음 증언을 담고 있기 때문이다.[54] "즉 성경에 의하면 자격이나 권위에 대해, 사도들과 그 후계자들에게와 마찬가지로 옛 율법의 선지자들과 제사장들에게 주어진 모든 것은 그들 자신에게서가 아니라, 그들이 세움받은 직무와 직분에, 더욱 간단하게 말하면, 그들이 부르심을 받은 하나님 말씀의 관리에 주어졌다는 것이다."[55]

50   C. Tr., vol. I, 29, Ronald S. Wallace, Calvin, Geneva and the Reformation, 박성민 옮김, 『칼빈의 사회 개혁 사상』(서울: 기독교문서선교회, 1995), 232에서 재인용.

51   Calvin, Sermon sur la première à Timothée 3,1-4, CO 53, 265.

52   Calvin, Calvin: Theological Treatises, 황정욱, 박경수 옮김, 『신학논문들』(서울: 도서출판 두란노, 2011), 269.

53   Calvin, IRC IV. xi. 1.

54   Fritz Lienhard, "L'Eglise et le ministère pastoral: l'actualité de Calvin," 228.

55   Calvin, CO 1, 205-206. "이것으로부터 우리는 그리스도께서 그 자신에게 합당한 존귀와 영광을 사람

칼뱅에 의하면 그리스도는 그의 복음이 크고 분명하게 전파되기를 원하
시며 그의 교회에서 그가 목사로 임명한 사람들이 나팔과 같이 되기를 원하
셨다. 그는 "오늘날 교회의 목사 직분을 맡은 사람은 예수 그리스도에 관하
여 아는 선지자와 같은 정도이다. 복음은 율법보다 더 높고 더 아름다운 선언
이며" "영구적이고 지속적인 직분"이라 여기며 목회직이 가진 중요성을 높
였다.[56]

다른 한편에서 칼뱅에게 설교의 본질은 무엇인가? 설교는 기독론적 기
능을 가진다. 이는 목사의 역할이 유일한 중보자의 역할과 관계된다는 의미
에서 그리스도는 단번에 죽으셨지만, 그 수난의 열매가 복음을 통하여 날마
다 우리에게 제시된다는 것을 말한다. 그리스도의 구속 은총의 적용이 중재
의 역할을 하는 목사 직무인 것이다.[57] 그리스도의 중재 역할로서의 목사의
설교는 그 자체에서 그리스도를 현존하게 할 수 있다. "그리스도는 복음 선
포 곧 설교 안에 임재하여 계신다."[58] "하나님의 말씀이 우리에게 신실하게
전해질 때 우리는 하나님이 우리 가운데 계신다는 것과 우리 주 예수 그리스
도께서 임재하고 계시며 지체로서 머리이신 그에게 연합되어 있다는 것을
알게 된다."[59] 칼뱅이 말하는 설교에서 기독론적 현존과 관련해서 리엔하르
트 F. Lienhart 는 설교는 정보를 전달하는 수준을 넘어서 그리스도를 성도에게
나타내고 하나님 앞에서 인간의 실존을 변혁하는 것이라고 주장했다. 설교
에서 그리스도의 현존이 개혁이고 변혁의 원천인 것이다.[60] 이런 사실은 무
엇을 말하는가? 설교는 설교자의 행위보다는 하나님의 행위인 것이다.

칼뱅에게서 설교가 그리스도를 나타내고 현존하게 하는 역할을 하면서
도 이 사역은 철저히 성령의 사역에 근거한다. "하나님이 그들을 도구로 사

들에게 넘기신 것이 아니라, 단지 그러한 존귀와 영광이 그의 말씀으로부터 분리될 수 없다고 말씀하
신 것임을 알게 된다." Calvin, *Commentaire sur l'Evangile de Luc* 10,16.

56 "그리스도가 사도들을 보내서서 복음을 전파하게 하셨을 뿐만 아니라, 교회에 목회자들을 세워서 신
자들로 하여금 매일매일 복음을 듣고 배우며 실천하게 하라 명하셨다." Calvin, *Commentaire sur les
Actes des Apôtres* 14,23.

57 Ganoczy, *Calvin: théologien de l'Eglise et du ministère*, 331.

58 Calvin, *Commentaire sur l'Evangile de Jean* 3,14.

59 Calvin, *Sermon sur la première à Timothée* 3,1-4, CO 53, 264.

60 Fritz Lienhard, "Le langage et la Cène," *Recherches de science religieuse* 91 (2003), 175.

용하시기 때문에, 사도들은 성령의 능력으로 설교한다."[61] "주께서 그들의 수
고에 복을 주시기를 기뻐하실 때마다 성령의 능력으로 그들의 가르침을 효
과 있게 하신다. 그 자체로는 죽을 수밖에 없는 인간의 목소리를 영생을 전달
하는 도구와 기관이 되게 하신다."[62]

칼뱅은 설교가 목회에서 차지하는 비중과 본질을 정확하게 꿰뚫었을 뿐
만 아니라 그는 실제로 설교하는 목사였고, 그 설교를 통해서 교회를 세우고
그리스도의 나라를 확장시키는 사역을 행하였다. 칼뱅에게 하나님 말씀의
선포인 설교는 목회자의 근본 의무이며, 교구생활을 재구성하는 힘은 설교
에서 나왔다.[63] 칼뱅은 무엇보다, 누구보다 설교자였다. 칼뱅은 제네바 1차 체
류 때 설교하였고, 스트라스부르 3년 동안 목사로서 설교하였고 제네바에 다
시 와서 생을 마감한 1564년까지 설교하였다. 스트라스부르에서 제네바로
돌아왔을 때 그는 제네바에서 추방당하기 전에 했던 설교를 이어간다고 말
하며 다시 설교를 시작했다. 칼뱅은 오직 성경의 구호뿐만 아니라, 전체 성경
tota scriptura의 중요성을 인식했기에, 연속적 읽기lectio continua 방식의 설교를 선
호했다. 칼뱅은 한 달에 20회 정도, 일 년에 약 250회 정도 설교를 했다. 그가
제네바에서 목사로서 사역하는 동안 총 4천 회 혹은 5천 회 이상의 설교를
했을 것으로 추정한다.[64]

칼뱅은 설교란 교회의 주요한 힘과 영혼 그 자체라고 하였다. 따라서 목
사와 설교가 없어진다면 어떻게 될까? 그는 다음과 같이 말한다. "더 이상 백
성을 가르칠 목사가 없다면 어떻게 될까? 끔찍한 혼돈과 지옥문이 열리고 이
세상의 모든 것이 흩어지지 않는다면 무엇이 있겠는가? 그것은 교회의 목을
베고 모든 것을 황폐하게 하는 것이다."[65]

---

61 Calvin, *IRC* IV. xiv. 11.

62 Calvin, *Commentaire sur la première épître de Pierre* 1,25.

63 Manetsch, 『칼빈의 제네바 목사회의 활동과 역사』, 279.

64 베네딕트(Benedict)는 칼뱅이 총 4000회 정도의 설교를, 히그만(Higman)은 5000회 정도의 설교를 했
    다고 주장한다. Philippe de Pol, "Calvin, prédicateur de la Bible," 288.

65 Calvin, *CO* 27, 27-28. 반면에 이 설교 직분을 신실하게 감당하지 못한다면 하나님과 천사 앞에서 보
    고되어 더욱 무겁고 무서운 정죄를 받게 된다. Jean Calvin *45e sermon sur le livre de Daniel, CO* 42,
    142

2. 성례

목사의 두 번째 역할은 성례의 집례이다. 칼뱅은 성례를 다음과 같이 정의한다. "성례는 우리의 연약한 믿음을 유지하려고 주님께서 우리에 대한 자신의 선하신 뜻의 약속들을 우리의 양심에 인치시는 외적인 표시이며 또한 우리 편에서는 주님과 그의 천사들과 사람들 앞에서 주님을 향한 우리의 경건을 입증하는 표시라고 말할 수 있을 것이다. … 좀 더 간단히 정의한다면 성례는 우리에게 향하신 신적인 은혜에 대한 증거를 외형적인 표징으로 확증하는 것이며 동시에 주님을 향한 우리의 경건을 입증하는 것이라고 말할 수 있다."[66] 텍스트에 의하면, 성례가 한편에서는 주님이 제정하신 것으로서 그의 말씀을 양심에 인치는 하나님의 행위라며 다른 한편에서는 거기에 참여하는 자들의 경건을 입증하는 행위이다. 성찬에 참여함으로써 신앙을 고백하며 믿음을 증거하는 방식으로 자신의 경건을 입증한다. 즉, 성례에는 하나님의 행위와 인간의 행위가 동시에 결합하여 나타난다.

칼뱅은 성례를 가리켜 복음^{말씀}의 '부록' appendices 이라고 칭하였다. 칼뱅의 언어에서 부록이라는 표현은 부정적 뜻을 가지지 않는다. 말씀 자체로 충분하지만, 복음을 수용하는 자의 연약함 때문에, 보이지 않는 은혜의 가시적 표시인 성례가 필요한 것이다. 말씀을 확정하기 위해서 성례가 주어진 것이 아니라, 그 말씀을 믿는 자의 믿음을 세우기 위해 부록으로 주어진 것이다.[67] 즉, 말씀 자체는 보강이 필요 없지만, 연약한 신자의 믿음은 보강이 필요한 것이다. 칼뱅은 하나님 말씀의 기초에 세워진 믿음은 성례라는 기둥 위에 더욱 견고하게 세워진다고 말하면서, 성례를 거울이라고도 불렀다. 즉, 성례는 하나님이 후히 베풀어 주시는 은혜의 풍성함을 볼 수 있는 거울이다.[68] 성례가 말씀의 보완물로서 첨가된 부록이라는 것은 성례가 말씀에 결합되어 있으면서도 말씀에 의존하여 있음, 곧 종속되어 있음을 말한다. 그러므로 성례가 말씀을 만드는 것이 아니라, 말씀이 성례를 만든다. 말씀이 없는 성례는

66　Calvin, *IRC* IV. xiv. 1.
67　Calvin, *IRC* IV. xiv. 3.
68　Calvin, *IRC* IV. xiv. 6.

아무 소용이 없다.

칼뱅에 따르면 설교가 원칙적으로 목사의 주요한 사역인 것처럼 세례 성례와 성찬 성례도 목사가 집례를 해야 하는 사역이다. 세례를 사적으로 시행하는 것은 잘못이며 여성이나 평신도가 세례를 주어서는 안 됐다. 세례는 오직 설교 시간에 반드시 목사에 의해서만 시행되어야 한다.[69] 이에 대한 칼뱅의 논리는 이렇다. 교회 역사 안에서 일반적인 관례로 죽음의 위험에 처해 있는 자에게 사역자가 없는 경우 평신도가 대신 세례를 주기도 했지만 이를 변호할 논리는 어디에서도 찾을 수 없다. 그는 어거스틴 Augustine of Hippo 의 "만약 평신도가 필히 요구되지도 않는데 세례를 준다면, 이는 다른 사람의 직무를 강탈하는 것이 될 것이다"는 말을 인용하였다. 또한 "카르타고 회의에서는 여자들은 누구나 할 것 없이 세례를 줄 엄두도 내서는 안 된다는 교령이 확정되었다"는 말을 긍정적으로 인용한다. 더욱이 칼뱅은 병든 자가 세례를 받지 않고 죽으면 구원을 받지 못할 것이라는 논리를 찬성하지 않는다. 구원은 이미 말씀에 담겨 있기 때문이다.[70]

다른 한편 『교회법령』에서 성찬식에서 빵을 분배하는 일은 목사의 일이고, 잔을 분배하는 일은 장로와 집사의 일로 제한했다. 칼뱅은 1554년에 프랑스 신도들에게 썼던 편지에서 "우리 주 예수 그리스도의 성찬을 시여하는 사람이 있으려면 먼저 일치된 마음으로 당신들이 택하여 선출할 목사가 있어야 한다. … 목사의 직분에 부름을 받은 적합한 사람이 당신들 중에 있을 때, 그가 합당하게 성례전의 사역자가 되는 것이다."[71] 『제네바 요리문답』에서 칼뱅은 세례를 베푸는 것과 성찬을 집례하는 일 둘 다 목사의 직무로 못 박는다. "세례와 성찬의 집례는 교회 안에서 가르치도록 공적으로 직무를 맡은 사람들에게 속한 일이다. 말씀을 선포하는 일과 성례를 분배하는 일은 서로 밀접하게 결합되어 있기 때문이다."[72]

그렇다면 칼뱅은 세례 성례와 성찬 성례를 목회 현장에서 어떻게 실천하

69   Calvin, 『교회 법령』, 『칼뱅 소품집 1』, 600.
70   Calvin, *IRC* IV. xv. 20-21.
71   Calvin, *CO* 15, 174.
72   Calvin, *Le Catéchisme de l'église de Genève, CO* 6, 131-32.

였는가? 중세 교회에서는 세례가 구원에 있어서 필수적인 것이라 여겼기에, 비상 상황에서 평신도가 교회 밖에서 세례를 베풀어도 합법적인 것으로 받아들였지만, 칼뱅은 세례 전에 중생의 역사는 얼마든지 가능한 것으로 여겼기 때문에, 교회 밖에서 평신도의 세례를 금하고, 대신 반드시 모든 성도가 참석한 공예배 시간에 설교 사역과 함께 베풀어야 한다고 규정했다.[73] 중세 말에 로마 교회의 세례는 쓸데없는 제식 행위와 예전 행위로 세례를 복잡하게 진행했다. 이에 대한 반기를 든 칼뱅은 세례의 단순함을 추구했다.[74] 사제가 어린아이로부터 악귀를 쫓아내는 행위, 믿음의 보존을 위해 소금을 사용하는 행위, 유아가 하나님의 말씀을 잘 받아들일 수 있도록 귀와 코에 침을 바르고 만지는 의식, 세례 후에 순진무구한 흰색 옷을 입고 기름을 바르고 켜진 촛불을 선물로 받는 것 등의 복잡한 제식과 의식을 비판했다. "기름과 소금, 침과 양초 같은 것들을 세례에 더하는 것은 그리스도가 원래 제정하신 순전한 세례 의식을 타락시키는 더럽고 가증스러운 것들인데도, 그들은 그런 것들이 세례에 권위와 위엄을 더해 준다고 생각한다."[75] 더구나 칼뱅은 당시 부모가 성인의 보호를 받기를 기대하는 마음으로 성인의 이름으로 세례명을 받았던 미신을 제거하며 대신 성경 인물의 세례명을 주게 했다.[76]

칼뱅이 작성한 제네바 교회의 세례 예식서는 세례의 의미를 충분히 설명하는 권면의 말씀으로 시작한다. 그 핵심은 이중 은혜와 유익double grace et bene-fice이다. 그리스도의 피가 죄 용서를, 그의 죽으심과 부활이 새롭게 하심을 가져온다. 곧 죄 용서의 은혜와 삶을 거룩하게 하는 성화의 은혜이다. 이런 은혜와 유익이 물이라는 수단 그 자체를 통해 파생하지 않고, 그리스도가 그의 말씀으로 이중 은혜를 우리에게 전달해 주시는 것처럼, 그리스도는 성례를 통해 그것을 나누어 주신다. 주체는 물이 아닌 그리스도이다. 본질은 세례

---

73 Calvin, *La forme d'admninister la baptesme, CO* 6, 185.
74 Calvin, *Commentaire sur les Actes des Apôtres* 10,47.
75 위의 책, 10,47
76 1536년에 성인 이름의 세례명을 절반의 비율로 받았다면, 1560년 대에는 40명 중 한 명으로 줄어들었다. 96퍼센트의 아이는 성경 인물의 이름의 세례명을 받았다. Herman J. Selderhuis, *John Calvin*, 조숭희 옮김, 『칼빈』(서울: 대성, 2009), 214-16.

의 능력과 실체가 그리스도와 말씀 안에 포함되어 있다는 사실이다.[77] 제네바 교회의 세례식은 세례를 받는 사람은 물론 회중까지 세례 신학을 가르칠 수 있는 교육적 기능으로서 역할을 하였다.[78]

    제네바 교회의 세례식이 단순하고 간소해진 것처럼, 교회의 성찬식도 마찬가지였다. 스캇 마네치 Scott Manetsch 는 "성찬상에서 칼빈과 그의 동료들은 미사에서 경험할 수 있는 행렬과 향과 촛대와 종과 화려한 성직예복이라는 감각적 축연 없이 그의 회중에게 떡과 포도주를 제공했고, 그 나라 방언으로 된 하나님의 말씀을 전했다"라고 하였고[79] "목사는 회중을 향해 등을 돌리는 대신 회중을 마주한다. 목사는 라틴어 대신 프랑스어로 성례 예전을 낭독한다. 신자들은 떡뿐 아니라 포도주에도 참여한다. 성례의 초점은 축성된 떡과 포도주에 그리스도의 몸이 임재하는 데 있지 않고 떡과 포도주의 표지를 통해 선언되는 구원의 말씀에 있다"[80]라며 칼빈이 실제로 행한 성찬식의 방식을 천주교의 복잡한 것과 대조했다.

    칼빈의 세례와 성찬의 성례는 말씀 사역을 강화하고 확증하는 역할을 하기에, 말씀 사역과 떨어져 존재할 수 없다. 따라서 그가 작성한『교회법령』에 세례반과 성찬상이 강대상에 가까이 놓여 있어야 한다는 규정은 이와 같은 뜻을 담고 있다고 할 수 있다.『교회법령』에서 "세례의 신비와 그 용도를 낭송하는 것이 보다 잘 들리도록, 돌이나 세례 수반은 설교단 근처에 놓아둔다." "성찬 상은 설교단 가까이 있어야 하는데, 이는 이 신비 성찬 예식 가 상 가까이에서보다 잘, 그리고 보다 분명하게 드러날 수 있게 하기 위함이다."[81] 이러한 규정의 의미는 당시 교회에서 설교의 직무가 소홀히 되어왔고, 성례전도 거의 기계적 방식으로 집행된 사실을 칼빈이 주목하면서 말씀에 기초로 한 올바른 성례에 대한 교육과 참여를 기획했던 것을 반영하고 있는 것이다.[82]

---

77   Calvin, *La forme d'admninister la baptesme,* CO 6, 187.

78   Manetsch,『칼빈의 제네바 목사회의 활동과 역사』, 487.

79   위의 책, 516.

80   위의 책, 518.

81   André Biéler, *Liturgie et architecture et le temps des chrétiens* (Genève: Labor et Fides, 1961), 117에서 재인용.

82   Ganoczy, *Calvin: théologien de l'Eglise et du ministère,* 338.

3. 권징

스트라스부르에서 프랑스 피난민 대상으로 목회를 할 때, 칼뱅은 제네바 의회로부터 제네바의 종교개혁자로 돌아오라는 부름을 받았다. 이때 그가 내건 조건은 신앙교육과 권징의 시행 권한이었다. 칼뱅은 만약 이것이 받아 들여지지 않는다면, 제네바로 돌아가지 않았을 것이라 하였다.[83] 그가 이렇게 생각했던 이유는 사도행전 주석[3:1]에 말한 것처럼, 확실한 규율이 없이는 교회가 제대로 설 수 없다는 생각 때문이다. 요한복음 주석[10:11]에서도 교회는 선하고 열심 있는 목사가 있어야 할 뿐만 아니라, 선한 질서規律도 있어야 함을 주장했다.

더구나 훈련된 삶을 특별히 제한된 장소에서 실천하는 수도원 삶에 반대했던 칼뱅은 사회로부터 분리를 반대하며 훈련된 삶의 터전을 온 세상으로 확장했다. 하나님 안에 삶의 목적이 있다는 것은 이 세상에서 신적 대의大義를 추구하는 목표를 가지는 것이었다. 이러한 결과는 제네바 교회는 물론이요, 제네바 도시의 변화를 가져왔다.

칼뱅은 권징의 중요성과 필요성을 잘 알았지만, 교회의 표지를 말씀과 성례전 두 가지로 제한하여, 권징을 교회의 표지로 두지는 않았다. 하지만 성도의 표지를 '신앙고백', '선한 모범적인 삶', '성례의 참여'로 보았다. 교회의 표지인 말씀을 성도의 표지인 신앙고백으로, 교회의 표지인 성례를 성도의 표지인 성례의 참여로 연결했다. 교회의 표지에 대한 상응으로 성도의 반응이 성도의 표지이다. 하지만 그가 권징을 교회의 표지로 두지 않았던 이유는 킹던R. Kingdon이 말한 것처럼, 권징의 포함이 재세례파의 교회 개념인 완전한 교회를 지향할 위험을 칼뱅이 우려했을 수 있기 때문이다.[84]

칼뱅에 의하면 교리말씀는 교회를 살아 있게 하는 교회의 영혼이라면 범법한 모든 신자에 대한 권징과 교정은 그리스도의 몸을 힘 있고 건강하게 유

83　Jean Calvin, "Discours D'adieu aux ministres," avil 1564, in *Joannis Calvini Opera quae supersunt omnia*, ed. G. Baum, E. Cunitz et E. Reuss, Brunswick, t. IX, 894.

84　Robert Kingdon, "La discipline ecclésiastique vue de Zurich et Genève au temps de la Réformation: l'usage de Matthieu 18,15-17 par Réformateurs," *Revue de théologie et de philosophie* 133 (2001), 353.

지하는 힘줄^{근육}과 같았다. "그리스도의 구원 교리가 교회의 영혼이듯이, 그
곳의 힘줄을 대신하여 권징이 있다."[85] "교회의 권징을 제거하거나 그 회복을
방해하는 자는 궁극적으로 교회의 붕괴를 초래하는 일에 원인을 제공하는
것이 된다."[86] 칼뱅은 목사의 직무는 "주의 성찬이 더러운 삶을 사는 사람들
에 의해 오염되지 않도록 감시하는 일을 하는 것이다" 하였다.[87] 칼뱅은 가시
적 교회와 비가시적 교회를 구별하였는데, 후자가 하나님만이 아시는 선택
된 자녀들이라면, 전자는 법과 질서, 직분과 같은 사역 구조와 권징이 실천되
는 성도들의 공동체였다. 가시적 교회 안에는 양자 됨의 은혜를 입은 하나님
의 자녀들이자 성령의 거룩하게 하심을 입은 그리스도의 참된 지체들이 있
지만, 또한 그리스도와 관계없이 그저 이름과 외양뿐인 위선자들이 뒤섞여
있다. 선택받은 자와 위선자는 죽을 때에만 나뉜다. 고든이 바르게 말한 것처
럼, "심판 날까지 교회는 우상숭배와 타락으로부터 예배를 지키는 수고를 해
야 한다. 이를 위해 교회에는 제도와 법, 치리가 필요하다."[88]

칼뱅은『기독교 강요』4권에서 교회론을 다룰 때, 교회의 권위를 교리적
권위^{8-9장}, 입법적 권위^{10장}, 사법적 권위^{11장} 세 가지로 구분하고 권징은 사법
적 권위에 해당한다고 하였다. 그리스도는 열쇠의 권세를 제자들과 교회에
주었는데, 이 열쇠의 권세는 매고 푸는 권세였다. 매고 푸는 권세는 한편에서
하나님 말씀을 증거하는 목사에게 주어진 권세이며, 다른 한편에서는 권징
을 시행하는 교회에 주어진 권세이다.[89] 치리회는 목사들과 장로들이 함께
제네바 교회의 신자들에 대한 도덕과 행실을 살피고 감독했다. 목사와 장로
는 개인적 칼의 힘에서가 아니라, 말씀에 따른 합법적인 회합에 의해서 치리
를 시행해야 한다.[90]

칼뱅의 교회 개념에서 핵심은 바울의 "모든 것을 품위 있게 하고 질서 있게
하라"^{고전 14:40}였다. 교회의 질서에 해당하는 것을 칼뱅은 두 가지 제도^{police}에

85   Calvin, *IRC* IV. xii. 1.
86   Calvin, *IRC* IV. xii. 1.
87   Calvin, *CO* 13, 76.
88   Bruce Godon, *Calvin*, 이재근 옮김,『칼뱅』(서울: IVP, 2018), 236.
89   Calvin, *IRC* IV. xi. 2. Scott Manetsch,『칼빈의 제네바 목사회의 활동과 역사』, 357.
90   Calvin, *IRC* IV. xi. 5.

서 찾았다. 첫째는 예전에 관한 제도이며 두 번째는 신앙 문제에 대한 영적 질서에 관한 제도이다. "질서 있게 하라는 공공기도와 설교와 성례를 위해 정해진 시간을 가지는 것이다. 그것을 위해 정한 장소, 찬송이나 시편 송을 가지는 것이다. … 특별히 권징을 유지하는 규범을 이 질서에 넣어야 한다. 요리문답, 교회 견책, 출교, 금식, 그 밖의 이런 부류의 행위들이 여기에 속한다."[91] 이러한 제도와 규율을 갖춘 교회야 말로 질서정연한 상태로 평화와 화합을 유지할 수 있었다.

칼뱅의 권징론의 핵심은 성경의 원칙고후 10:8을 따라 무너뜨리는 것이 아니라, 세우는 데에 있었다. 권징의 목적은 첫째, 송영적 목적으로 하나님을 존귀하게 하기 위함이다. 마치 교회가 악인들과 잘못 살아가는 사람들의 거처라도 되는 양, 하나님의 커다란 수치를 동반하는 나쁜 행실을 갖는 사람들이 그리스도인의 무리로 계산되지 않도록 하는 데 있다. 둘째, 교회를 순결하게 보존하기 위한 교회론적 목적이다. 선인이 악인과의 교제로 부패되지 않도록 하는 데 있다. 셋째, 회개와 개선을 위한 치유적 목적이다. 출교로 처벌받는 자들이 그들의 수치로 괴로워서 회개하고 그 회개를 통해서 개선의 자리로 나오게 하는 것이다. 그들의 구원을 위해서도 그들의 악행이 처벌됨으로써 그들이 교회의 회초리로 경고를 받아 과오를 인정하도록 하는 것이다. 만약 이 과오들이 부드럽게 처리된다면 그들은 그것들을 계속 마음에 품고 완악해지는 것이다.[92]

칼뱅은 1541년 10월 21일 권징을 실제로 행사할 수 있는 치리회consistoire 라는 교회 기관을 세웠다. 마태복음 18장 17절에서 "만일 그들의 말도 듣지 않거든 교회에 말하라"라는 그리스도의 말씀은 제네바에서는 "consistoire에 말하라"에 해당하였다. 치리 문제는 교파에 따라 '주교'나 '사법당국'magistrat 혹은 전체 교회 회중에 해당하는 것으로 여겼다.[93] 칼뱅은 천주교적인 주교, 국가 관리에 해당하는 사법당국, 전 교인이 관여하는 회중주의와 구별된 목

91 Calvin, *IRC* IV. x. 29.
92 Calvin, *IRC* IV. xii. 15.
93 Robert Kingdon, "La discipline ecclésiastique vue de Zurich et Genève au temps de la Réformation: l'usage de Matthieu 18,15-17 par Réformateurs," *Revue de théologie et de philosophie* 133 (2001), 349. Scott Manetsch, 『칼빈의 제네바 목사회의 활동과 역사』, 356.

회자와 평신도의 회합에 구성된 치리회를 세웠다. 제네바 치리회 구성원은 제네바 소의회에서 2명, 60인 의회에서 4명, 200인 의회에서 6명의 12명의 장로가 보내어져 제네바 교회의 모든 목사와 함께 일주일 1회씩 모여 성도들의 도덕과 행실의 문제를 취급했다. 치리회의 소속 목사나 장로는 교구민의 삶을 관찰하고 분쟁을 해결하여야 하지만, 조정이 되지 않을 때 치리회로 소환하여, 심문과 판결을 받게 했다. 가벼운 판결인 훈계와 질책부터 배상이나, 금지, 구금의 처분을 받기도 했다.

흔히 오정보를 수용하여 편견을 가지는 것처럼, 칼뱅은 제네바 도시를 독재자로서 성직통치 hierocracy 를 했다는 주장은 역사적 사실이 아니다. 제네바 치리회 속기록을 보면, 실제로 치리회에 소환되어 재판을 받은 후 출교를 당한 사람들의 비율은 매우 적었다. 당시 대부분 사람은 구두로 징계를 받았다. 치리회는 시정부와 협력하여 음주, 춤 외설적인 춤, 카드놀이, 성적 문란 간통, 매춘부, 헌담, 신성모독 등의 문제를 풀어갔다. 술집에서 마실 수 있는 술의 양은 제한되었고, 술집에는 성경을 비치해야 했다. 의복도 규제했다. 하지만 이런 제재는 제네바에서만 특별하게 도입된 것이 아니라, 중세 시대부터 이미 도입됐던 것이었지만, 실질적 집행이 이루어지지 않았던 반면에, 제네바에 새롭게 도입한 요소도 있지만 칼뱅은 법을 규정대로 집행하려고 진지하게 노력했던 것이다. 가벼운 범죄는 치리회의 재판에서 해결을 봤지만, 중범죄의 경우는 제네바 의회로 이관하여 처리했다.[94]

치리회는 처벌이 목적이 아니었다. 처벌을 하기에 앞서 교육과 상담, 권면으로 교정하는 것이 목적이었다. 따라서 킹던의 표현처럼, 치리회는 의무적 목회 상담 서비스였다.[95] 제네바 교회 치리회는 권징을 실천하는 목적을 가지지만, 형벌이 목적이 아니라, 교정과 치료가 목적이었다.

---

94   Robert Godfrey, *John Calvin: Pilgrim and Pastor*, 김석원 옮김, 『칼빈: 순례자와 목회자』(서울: 부흥과 개혁사, 2009), 180.

95   Robert M. Kingdon, "Calvin and the Family: The Work of the Consistory in Geneva," in *Calvin's Work in Geneva*, ed. R. D. Gamble (New York: Garland, 1992), 96.

4. 교육

칼뱅은 갑작스런 회심을 하였다. 회심 후 그 주변으로 성경 지식이 부족한 연약한 신앙인이 모여들기 시작했다. 칼뱅이 펜을 들어 『기독교 강요』를 쓰게 된 동기가 여기에 있었다. 신앙교육이 저술의 동기였다. "특히 제가 이 일에 땀을 흘리며 애쓴 것은 제가 목도한 그리스도를 향한 배고픔과 목마름을 지닌 수많은 모국 프랑스인을 위해서였습니다. 그들 중에 단지 소수만이 그리스도를 아는 지식에 조금 젖어 있을 뿐입니다. 이 책 자체가 말하는 바와 같이 저의 저술 의도는 간단한 그리고 말하자면 소박한 가르침의 형식을 제시함에 있습니다."[96] 이렇듯 『기독교 강요』는 프랑스 신도를 위한 교육용으로 저술되었고, 그 목적은 성경에 정통하지 못한 사람이 거기에서 무엇을 찾아야 할지 알려주는 것이었다. 즉, 모든 하나님의 자녀에게 성경을 바르게 이해할 통로를 제공하는 것이다.

칼뱅은 목회의 일환으로 교회교육의 중요성을 피력했다. 칼뱅이 스트라스부르에서 제네바로 돌아오자마자 크게 세 가지 일_{교회법령 제정, 기도와 찬양 예식서 작성, 요리문답 발간}을 했는데, 신앙교육은 "우리 자녀들에게 황폐한 교회를 남겨두지 않도록 장래를 위한 씨를 뿌리는" 말하자면 개혁교회의 미래 세대를 위해 가장 중요한 요소였다. 칼뱅은 『제네바 요리문답』을 작성하여 어린이와 청소년 신앙교육을 힘썼으며, 목사 계속 교육을 목적으로 한 '목회세미나'_{congrégation}와 목사 후보자 양성 교육, 공교육의 시행을 실천했다. 목사는 한 번 임직으로 교육이 끝나는 것이 아니라, 교리를 순수하게 지키고 목회자 간의 교리적 일치를 위해, 목사회를 설립하여 일주일에 한 번 의무적으로 교육에 참여해야 했다. 또한 목사 후보자 양성을 위해 후에 제네바 아카데미라 불리는 교육기관을 세우도록 규정하였고 또 거기에서 신학생을 가르칠 교사 직분도 교회 직분으로 세웠다. 『교회법령』은 아이들은 주일 정오에 신앙교육을 받으러 와야 했고, 이러한 목적에서 요리문답이 있어야 한다고 규정했다.[97] 요리문답

---

96 Jean Calvin, *Institutio Christianae Religionis*, 문병호 옮김, 『기독교 강요』(서울: 생명의 말씀사, 2009), 2.

97 Calvin, 『교회법령』; 『칼뱅 소품집1』, 602

은 교리 교육을 위한 목적으로 가장 기본적인 신앙 주제인 사도신경, 십계명, 주기도문, 성례를 가르쳤다. 이는 신앙 지식과 이해가 깊어진 어린이와 청소년이 성찬식에 참여할 수 있도록 하기 위함이었다.

칼뱅은 성인에 대한 신앙교육도 실천했다. 성인 신자의 교육은 교리 교육으로서 교회의 가장 근본적이고 핵심 사상을 평생에 걸쳐서 교육하는 것이었다. 이를 위해 칼뱅은 공적으로 설교를 통해서, 또 사적으로 권면을 통해서 교육했다.[98] 제네바 목사회는 회의 시작 전에 목회세미나를 먼저 열었는데, 주로 성경에 대한 주해 형태로 진행되었다. 여기에 목사들뿐만 아니라 평신도도 참여할 수 있었다. 전체 참여 인원 중 일반 성도가 60퍼센트 정도였다. 높은 수준의 신앙교육에 평신도가 참석할 수 있었던 것이다.

칼뱅은 교회가 영적 신생아로 태어난 신자가 장성한 사람이 되기까지 곧 천국 백성이 되기 전까지 어머니로서 돌보고, 교육하고, 정화하는 역할을 한다고 보았다. 어머니로서 교회의 실제적 역할을 주문한 것이다. 이러한 모성적 교회 이해는 어떤 성도도 그리스도의 학교에 입학한 학생은 언제나 배움의 길에 있지, 결코 졸업할 수 없다는 것을 보여준다. 1541년 요리문답에서 목사가 어린이를 교육할 때 일생의 교육이 되어야 함을 분명하게 천명했다.

> 목사들로부터 한 번 가르침을 받은 것으로 충분한가, 아니면 그 가르침은 계속되어야 하는가? 만일 우리가 그것을 계속하여 꾸준히 행치 않는다면 아무런 소용이 없습니다. 왜냐하면 우리의 삶이 끝나는 그날까지 예수 그리스도의 제자로서 머물러 있는 것이 마땅하기 때문이다. 주님이 교회의 목회자들을 세우신 것은 당신의 이름으로 우리를 가르치시기 위함인 것입니다.[99]

칼뱅의 교육 실천에 있어서 제네바 아카데미는 빼놓을 수 없다. 칼뱅은 미래의 목회자뿐만 아니라 제네바 시민 사회 지도자를 양성하는 중요성을 알았기에, 교회에서 신앙교육을 시키는 것에 만족하지 않고, 교회 밖에서도 교

---

98   Calvin, *IRC* Ⅳ. iii. 6.
99   Calvin, *Le Catéchisme de l'église de Genève, CO* 6, 111.

육 기관을 세워 그들을 위한 교육과 신학교육을 시행하는 계획 1541년 『교회법령』에 명시을 먼저 세웠다. 즉 양금희가 말한 것처럼, 제네바 아카데미는 다음 세대를 준비하여 국가에서 필요로 하는 인재를 양성하여, 자녀들이 "목회직" ministry 과 국가의 "행정직" magistracy 에서 일할 수 있도록 준비시키는 목적으로 설립됐다.[100] 하지만 이것이 실제로 현실화되는 데에는 18년 후인 1559년에 제네바 아카데미가 설립될 때이다. 칼뱅이 스트라스부르 에콜 장 스트룸에서 신약교수로 재직했던 곳이 현재의 스트라스부르 대학이 된 것처럼, 칼뱅이 세웠던 제네바 아카데미는 현재의 제네바 대학이 되었다.

제네바 아카데미의 구호는 "우리에게 통나무를 보내라. 우리가 화살을 만들어 되돌려 보내겠다" Envoyez-nous du bois et nous vous renverrons des flèches 였다. 제네바 아카데미는 제네바 교회의 목회자 양성은 물론이요 이를 넘어 프랑스와 유럽 전역의 목회자 양성소로 발돋움했다. 1559년 6월 5일 학교가 처음 개교했을 때, 600명의 학생이 등록했으며 지속적으로 외국인 학생이 유입되었다. 칼뱅이 죽던 1564년에는 초, 중, 고생들은 약 1,200명, 대학에는 300명의 학생이 등록하였다. 제네바 아카데미의 교육은 신학은 물론이요 인문학과 언어, 교양을 포괄했다. 하나님 계시의 이중적 특징을 여기에 적용한 것이다. 곧 일반계시인 세상 학문과 특별 계시인 성경을 통해 하나님 계시가 나타난다고 보았기 때문에, 인문학 자체를 부정하거나 배제하지 않고 그 가치를 인정하면서도 일반학문이 스스로 우월한 지위에 빠지는 것은 경계했다.[101]

5. 심방

셀더르하위스 H. Selderhuis 가 말한 것처럼, 심방은 개혁교회의 특징이었다.[102] 칼뱅에 따르면 설교는 천국 문을 여는 가장 귀한 사역이지만 그것만으

---

100 양금희, "종교개혁기의 학교, 교회, 그리고 국가의 관계에 관한 연구," 『장신논단』 44-4 (2012. 12), 361.
101 백충현, "칼뱅의 제네바 아카데미의 신학적 인문학 교육에 관한 고찰," 『칼빈연구』 10 (2013), 137-38.
      김선권, 『칼뱅의 신학적 인간론』 (서울: 한들출판사, 2020), 74.
102 Herman Selderhuis, 『칼빈』, 346.

로 모든 것이 자동으로 해결되는 것은 아니었다. 실제로 그가 제네바 교회에 처음 왔을 때, 설교가 있었지만, 그것이 전부였으며 개혁은 아직 없었다고 하였다.[103] 강단에서 선포된 하나님의 말씀이 성도 각 개인에게 적용되어 실제적인 삶의 열매로 나타나고 있는지를 점검하는 것까지 이어져야 했다. 칼뱅은 회중이 교회에서 선포되는 하나님의 말씀을 듣는 청중으로 머물게 하지 않고 그 성도를 통해 하나님의 말씀이 세상 곳곳에 있기를 원했다. 이를 위해 칼뱅은 목회의 일환으로 규칙적인 가정 방문 곧 심방을 권면했다. 설교가 가정 방문으로 보완되어야 한다고 여긴 것이다.[104] "그들의 역할은 단지 회중에게 말씀을 풀어서 전하는 것에 그치지 않고 일반적인 가르침으로는 효과가 없을 때는 모든 집에 찾아가서 경고와 훈계하는 일을 해야 한다."[105]

심방의 근거는 개인과 가족에 대한 목회적 돌봄에 대한 성경 규정의 준수에 있었다. 칼뱅은 심방 사역에 대한 성경적 근거로 사도 바울이 에베소에서 사역할 때, "공중 앞에서 집에서나" 가르쳤다행 20:20는 바울의 심방 사역을 주장한다. 이 구절을 다음과 같이 주석한다. "그리스도는 회중 전체를 대상으로 공적인 강단에서만 가르치라고 목사를 세운 것이 아니었다. 거기에는 양 무리 하나하나를 개별적으로 돌보라는 의미도 담겨 있었다. 즉, 목회자들에게는 길을 잃고 방황하는 양은 우리 안으로 모아들이고, 다치고 상한 양은 싸매어주고, 병든 양은 고쳐 주며, 연약한 양은 강하게 해야 할 책무가 있다는 것이다. 왜냐하면 개인적인 권면이 밑받침되지 않는 경우에는 전체를 대상으로 한 가르침은 냉랭한 것으로 그쳐 버리는 경우가 흔하기 때문이다." 칼뱅은 교회에서만 하나님의 말씀을 선포하며 나머지 시간을 태평하게 보내는 것은 목회자의 직무태만이며 이는 하나님의 말씀을 오직 성전에 가두는 일이 된다고 여겼다.

칼뱅에게 심방은 성경의 규정이라는 근거와 함께 또 다른 신학적 근거를 가지고 있었다. 심방이 가톨릭교회의 고해성사를 대체하는 것이다. 칼뱅은

103　Calvin, *CO* 9, 891.

104　"만일 그가 필요할 때마다 기회가 될 때마다 개별적 가르침을 곁들이지 않는다면, 목사가 강단에서 모든 사람을 한꺼번에 가르치는 것만으로는 충분하지 않다." Calvin, *Commentaire sur la première épître aux Thessaloniciens* 2, 11.

105　Calvin, *IRC* IV. xii. 2.

사제에게 개별적으로 죄를 고백하는 고해를 성례사로 여겼던 것을 반대하면서 이것을 목회자의 심방으로 갈음했다. "나는 양들이 성찬에 참여하기 전에 목사 앞에 나타나는 것을 반대하지 않는다. 오히려 나는 이것이 모든 곳에서 행해지기를 바란다. 왜냐하면 고통받는 양심을 가진 사람들은 위로를 얻기 위한 도움을 받을 수 있고, 목사는 그를 필요로 하는 사람에게 미신에 억압되거나 굴복하지 않도록 권면할 기회와 수단을 가질 수 있기 때문이다."[106] 목사가 심방을 제대로 해야 고해성사가 사라지는 것이다.

심방은 성례가 아니고 신자들이 말씀에 따라 사는지 점검하는 목회적 돌봄의 실천이었다. 로마 가톨릭교회는 고해성사를 포함한 다른 성례에 외적으로 충실하게 참여하면, 은혜가 영혼 안에 작동한다고 보았다. 이로 인해 성경이 권장하던 가정 심방 사역은 점점 무시되고 자취를 감추었다. 칼뱅은 이를 다시 살려서 목회의 전면에 내세웠다. 또한 이러한 칼뱅의 심방 사역은 개혁교회에 영향을 주어 후에 심방은 교회마다 잘 정착되었다.[107]

심방의 목적은 성도를 개별적으로 방문하여 하나님의 말씀을 전하고 위로하고 상담함으로써 성도를 영적으로 성장시키는 것이었다. 성도들의 영적 성장을 위해 목사는 공적으로나 사적으로나 복음 진리를 가르쳐야 했다. "자기의 짐을 덜기 위해서는 무엇보다 자기 목사 앞에 털어놓아야 한다. 왜냐하면 목사의 직무는 복음의 진리를 가지고 공적으로나 사적으로나 하나님의 백성을 위로하는 데 있기 때문이다."[108]

심방이 영적 성장이라는 것을 목표로 한다는 점에서 심방의 목적은 감찰신앙에 대한 심사을 포함한다. 목사는 성도와의 거룩한 대화를 통해 기독교 신앙을 교훈할 뿐만 아니라, 죄악된 행실을 교정하는 역할을 해야 한다. 즉, 심방이 권징 실천의 장으로서 역할을 하는 것이다. 이런 이유에서 심방에서 치리회 회원인 장로도 목사와 함께 가정 방문을 했다.[109] 칼뱅은 심방과 교회 규율 사

---

106 Calvin, *IRC* IV. iii. 13.

107 Peter Y. De Jong, *Taking heed to the Flock*, 조계광 역, 『개혁교회의 가정 심방』(서울: 개혁된실천사, 2019), 35-41.

108 Calvin, *IRC* III. iv. 12.

109 Manetsch, 『칼빈의 제네바 목사회의 활동과 역사』, 528-29.

이의 명확한 연관성을 본 것이다. 심방을 교회의 권징을 행사하는 효과적 수단으로 여겼다. 가정 방문에서 목사와 장로는 그 집의 가정생활이 조화롭고 평화로운지, 이웃과의 다툼은 없는지, 술에 취한 것은 아닌지, 교회 출석과 관련하여 과실이나 게으름이 있는지 살피는 것이다. 상황이 형편없을 때는 가족은 교회법정에 출두해서 재판받아야 했으며 중한 죄를 지은 사람은 성찬에 참여할 수 없었다.

제네바 『교회법령』에는 환자 심방과 구치소 심방을 규정했다. 목회자들의 교회 직무에서 환자 심방을 빠뜨리지 말아야 할 것을 말한 것이다. 왜냐하면 환자는 다른 어느 때보다 구원에 유익한 권면이나 교훈을 들어야 할 때이기 때문이다. 환자가 병상에 있을 때는 삼일 안에 목회자에게 알려서 심방을 받을 수 있어야 한다. 목사의 심방을 통해 환자가 위로를 받아야 하고, 구원에 있어서 유익한 권면이나 약속을 듣지 못하고 임종하는 일은 없어야 했다.[110] 구치소 심방은 죄수들을 훈계하고 권면하고 위로 하기 위함이다. 목사들은 죄수들과 함께 교수대로 가서 그들에게 삶의 마지막 순간에 회개와 믿음을 요청했다.

Ⅳ. 나가는 말

1. 요약

종교개혁은 다섯 가지 오직 *sola* 과 같은 교리개혁에서 시작되었다. 목회개혁은 상대적으로 주목받지 못한 주제였다. 하지만 교리개혁은 궁극적으로 목회개혁으로 적용되며 거기서 꽃을 피웠다. 목회개혁은 목회에 대한 새로운 이해를 가져왔고 목회영역의 확대를 가져왔다. 성체성사는 성찬으로, 견진성사는 요리문답 교육으로, 고해성사는 가정 심방으로, 종부성사는 환자

---

110   Calvin, 『1541 교회법령』, 601.

심방으로, 유아세례는 세례명의 사용 변화^{성자들의 이름에서 성경 인물들로}로, 신품성사
는 4가지 직분 중에 하나인 목사 임직으로 목회개혁을 단행한 것이다. 비성
경적인 것을 제거하고, 모든 것을 하나님의 영광과 성경의 기준에 따라 본래
의 자리로 되돌려놓았다.

칼뱅의 목회신학은 하나님의 영광이라는 목적과 더불어 성경의 규범에
따라서 목회 활동의 형식과 내용을 규정하는 데 있었다. 칼뱅은 신학자였지
만, 훨씬 더 영혼의 목회자였다. 그의 모든 사역의 통일성과 활동 전체 영역
을 풍요롭게 하는 근원은 목사로서의 목회 활동이다. 그의 저술은 목양적 관
점에서 이루어진 산물이었으며, 종교개혁자로서 그의 활동은 목회자로서의
사역의 결과였다. 칼뱅에게 사제에서 목사로의 호칭의 변화와 목사가 가진
의미는 중요하다. 목사는 사역의 기원을 교회를 통치하기 위해 인간 사역을
사용하시는 주님 외에는 찾을 수가 없으며 주님이 세우신 보조적 역할을 하
는 하위 목자라는 의미에서 목사이다. 칼뱅에게 말씀 사역에 헌신한다는 것
은 말씀이 선포되는 사람에게 헌신하는 것과 상응하며 이 점에서 목회란 성
도의 실제 생활에 스며들어 세상을 향해 신앙적 증언을 하는 것을 목적으로
한다.

칼뱅의 목회신학의 영역과 실천은 설교, 성례전, 권징, 교육, 심방 이렇게
다섯 가지 중심으로 이루어졌다.[111] 그는 설교를 목회의 가장 본질적이고 중
요한 것으로 여기면서도 다른 목회 영역들을 강조하여 통전적인 목회 활동
을 이루었다. 칼뱅에게 교회개혁은 하나님의 백성이 교리와 목회와 개인적
행실에 있어서 참으로 개혁되는 것이었다. 칼뱅은 제네바 교회의 한 기구로
치리회를 세웠는데, 치리회의 존재 이유는 칼뱅의 예정론이나 칭의론이 내
세우는 구원의 조건에서 선행이 배제되면서도 도덕폐기론이나 도덕무용론
에 빠지지 않게 하기 위함이었다. 당시 천주교의 사제와 성례전 중심의 목회

---

111 지면 관계상 또 이미 훌륭한 연구가 되어 있기에, 이 논문에서 다루지 않았지만, 상담은 칼뱅의 목회에
서도 중요한 역할을 차지한다. 박경수 교수는 특별히 1,200여 통의 편지는 성도들을 권면하고 상담하
는 중요한 수단으로 칼뱅이 적극적으로 활용하였음을 밝혔다. 박경수, "칼뱅을 통해 본 목회자의 역할
과 임무,"『칼빈연구』10 (2013), 36, 51-57. "칼뱅에게 편지는 개인의 문제에 집중하면서 그 혹은 그녀
가 처한 상황에서 복음적 원칙에 따라 처신하도록 조언하고 격려하는 목회적 수단이다." 박경수, "르
네 드 프랑스, 로마가톨릭 자유주의자인가 프로테스탄트 개혁자인가?,"『장신논단』54-5 (2022. 12), 42.

가 칼뱅을 통하여 목회신학의 바른 이해와 영역의 확대를 가져왔으며, 무엇보다 통전적인 목회를 우리에게 제시하였다고 평가할 수 있다.

2. 한계와 현재성

칼뱅의 목회신학이 가진 한계와 목회 현장에서의 현실화를 모색하며 이 글을 맺는다. 칼뱅의 한계는 그 시대가 가진 한계이며, 현재화는 그 시대를 넘어서서 적용할 수 있는 정신이다.

1. 칼뱅은 여성 목사를 금했지만, 그가 살았던 시대는 여성 목사가 허용되지 않는 남성 목사만 존재했던 시대였다. 그것을 영구적인 규칙으로 적용하는 것은 16세기를 벗어나지 못하는 것이다.

2. 칼뱅의 교회개혁은 시정부의 지나친 간섭을 원하지 않으면서도 또 거기에 많이 의존했다. 제네바의 종교개혁은 도시종교개혁이었고 이 점에서 정부와 교회의 분리는 불분명했다. 지금 우리 시대에 국가의 강제적 도움을 받는 칼뱅적 권징 실현은 교회가 공권력을 사용할 수 없기에 현실적으로 불가능하다. 수찬 정지와 출교를 제외하고 벌금, 구금, 추방 등은 교회에서 할 수 있는 권징의 내용이 아니다.

3. 16세기 제네바에서 목회는 지교회와 교구라는 틀 안에서만 수행되었다. 하지만 우리 시대의 목회는 지교회와 교구를 넘어 다양한 기독교 공동체나 기관 또 지역 교회의 틀을 넘어 전문 목회 사역이 가능하다. 더구나 목사를 임명하고 교리적 차이를 중재하며 관리하는 일은 개교회 당회 혹은 노회나 총회를 통해 결정된다. 제네바라는 지역적 특수성에서 전국 대회총회는 없었다.

4. 칼뱅은 시편찬송가를 도입했지만, 교회 찬송이 시편에만 국한되는 것은 아니다. 성경 전체와 신앙 경험과 간증을 찬송에 얼마든지 도입할 수 있다.

5. 칼뱅은 교회 직분을 네 가지로 두었지만, 그것이 불변하는 성경적 직분은 아니다. 우리는 목사, 집사, 장로의 직분뿐만 아니라 전도사, 권사 직분

을 인정하고 있으며 칼뱅이 제시한 교사 직분은 직분보다는 ^{교회학교 교사와 같은 혹은} ^{신학대학 교수} 사역으로 존재한다.

칼뱅의 목회신학의 현재성은 그것이 가진 정신과 관계된다.

1. 칼뱅은 다른 인간 공동체와 마찬가지로 교회가 존재하기 위해 직분과 법이 필요함을 피력했다. 이는 직분과 법과 같은 구조 자체가 중요한 것이 아니라, 은혜의 수단으로서 중요했다. 하나님은 그것 없이도 교회를 이끌어가실 수 있으며 거기에 매이지 않으시지만, 그럼에도 불구하고 그것을 사용하신다. 교회 구조에 대한 칼뱅의 관심의 초점은 목회적 돌봄과 영혼의 치유, 성도의 영적 성장에 있었다.

2. 칼뱅은 목사를 포함한 네 가지 직분론을 제시했다. 이것이 성경에 기초를 두고 있는지 아닌지보다 중요한 것은 직분이 성직자에게 국한되지 않도록 직분의 다양성을 주장했던 것이며, 하나의 사역이 다른 사역과의 조화를 이루도록 부름받았다는 것이며 궁극적으로 모든 사역은 봉사가 본질이며 서로 동등한 권위를 가진다는 사실이다. 직분을 승진이나 신앙생활의 보상처럼 여기는 것은 개혁 정신이 아니다.

3. 목사의 설교는 중요하지만, 설교가 목회의 모든 것은 아니다. 세례와 성찬과 같은 성례전은 그 의미와 실천이 더욱 강화되어야 한다. 미래 세대를 위한 교회 교육은 교회의 생명과 같다. 칼뱅의 전방위적 목회 활동은 성도의 신앙과 삶을 더 풍성하게 했다.

4. 칼뱅이 제네바에 설립한 치리회는 심방을 통해서 하나님의 말씀이 교회를 넘어서 세상으로 뻗어나는 목적을 가진다. 곧, 세상에서 활동하는 신앙이다. 현재 교회의 치리에서 강제는 현저하게 약해졌을지라도 그 정신은 그대로 반영하고 실천되어야 한다.

5. 칼뱅은 심방에서 성도의 집을 상담과 감찰의 관점으로 방문하게 했을 뿐 아니라 병자와 죄수의 심방도 규제했다. 이는 목사의 도움이 절실한 연약하고 소외된 사람 중심으로 심방이 실천되어야 함을 말하는 것이다. 코로나 이후에 심방 사역이 다소 약화하였지만, 소외된 곳으로의 심방은 여전히 필요하고 강조되어야 할 것이다.

현대사회 속에서 개혁신학의 공적책임에 관하여

박 성 규

장로회신학대학교 객원교수, 조직신학

Ⅰ. 들어가는 말

현대 사회는 다원주의와 지구화로 인해 전례 없는 도전에 직면하고 있다. 다양한 가치관, 종교, 문화가 공존하는 상황에서 개혁신학은 여전히 시대적 소명을 다할 수 있는가라는 물음에 직면해 있다. 개혁신학은 단순히 과거의 유산을 보존하는 신학이 아니라 끊임없이 갱신하며 공적 책임을 다하는 신학적 전통이다. 이러한 공적 책임은 단지 교회 내부에 머무르지 않고, 사회와 국가, 더 나아가 전 세계의 공공선에 기여하는 신학적 실천을 의미한다.

본 논문은 개혁신학의 핵심 정체성인 **그리스도 중심성**, **갱신의 신학**, 그리고 **공적 책임**을 중심으로, 다원화되고 지구화된 현대 사회에서 개혁신학이 어떻게 신앙과 사회적 실천을 통합하며 방향성을 제시할 수 있을지 고찰한다. 특히, 칼빈의 교회론과 그의 시민정부에 대한 통찰을 통해, 교회가 사회적 책임을 다하고 지속 가능한 공동체를 형성하는 데 필요한 신학적 기반을 탐구한다.

개혁신학은 교회와 사회의 분리를 주장하는 동시에, 각 영역의 고유한 기능과 책임을 인정하며, 공공 영역에서 신앙적 가치와 정의를 구현하는 데

앞장서 왔다. 이는 단순한 종교적 의무를 넘어, 모든 인간이 하나님의 형상으로서 존엄성과 평등을 누릴 수 있도록 하는 사회적 윤리로 이어진다. 따라서 본 연구는 개혁신학이 어떻게 현대 사회의 갈등과 불의에 맞서 공적 신앙을 실천할 수 있는지를 논의하며, 교회가 자기중심적 경건을 넘어 사회를 변혁하는 능동적 공동체로 자리매김할 수 있는 방향을 제시하고자 한다.

　　이러한 논의를 통해, 개혁교회의 전통과 신학적 원리가 오늘날 다원주의와 지구화의 도전 속에서도 여전히 유효하며, 신앙과 사회적 책임을 통합하는 대안적 비전을 제공할 수 있음을 확인하고자 한다.

II. 개혁신학의 정체성에 대한 탐구

　　현대 신학에서 개혁신학의 정체성을 규명하는 작업은 결코 단순하지 않다. 독일 괴팅엔 대학교 신학부의 개혁신학자였던 에버하르트 부쉬Eberhard Busch는 "개혁신학의 스펙트럼이 그만큼 넓기 때문만이 아니라, 개혁신학은 태생부터가 어떤 하나의 교파를 형성하고자 했던 의도가 전혀 없었기 때문"[1]이라고 지적한다.

　　개혁교회는 "우선 그리스도 중심적인 성격을 지닌다."[2] 특히 개혁교회는 "그저 그리스도의 교회이면 족했고, 또 그리스도의 교회라는 신앙고백이 다른 모든 신앙고백이나 제도를 결정할 만큼 중요한 것"[3]이다. 20세기 독일에 개혁신학을 도입하여 현대적으로 적용하였던 칼 바르트는 교회가 서고 넘어지는 신앙고백 조항이 "칭의론 그 자체가 아니라, 칭의론의 근거요 그 핵심이라 할 수 있는 예수 그리스도에 대한 고백이며, 예수 그리스도 안에 지혜와 지식의 모든 보화가 감춰져 있다."[4]고 강조했다.

1　Eberhard Busch, *Reformiert: Profil einer Konfession* (Zürich: TVZ, 2007), 12. 본고에서는 부쉬가 제시하는 세 가지 개혁교회 또는 개혁신학의 특성을 중심으로 소개한다.

2　위의 책.

3　위의 책.

개혁신학의 두 번째 핵심 특징은 지속적인 갱신이다. "한 번 개혁된 교회는 항상 개혁되어야 한다" ecclesia reformata semper reformanda 는 명제는 개혁교회의 기본 원칙이다. 여기서 '갱신'은 "단순히 현대화를 의미하는 것도 아니며 임의적인 개방성을 의미하는 것도 아니며"[5], "변화된 시대상황 속에서도 성서에 증언된 대로 하나님의 말씀으로 새롭게 돌아가는 것"[6]을 의미한다. 몰트만은 이러한 개혁신학의 전통을 더욱 급진적으로 발전시킨다. 그의 주장에 따르면, "개혁신학이란 개혁된 신학을 의미하지 않는다. 다시 말해서 단순히 개혁교회의 전통을 따르고 있다고 해서 개혁신학이 되는 것은 아니다."[7] 오히려 "개혁신학이란 개혁하는 신학"[8]이다.

개혁신학의 본질은 "삶 전반의 개혁"에 있다.[9] 16세기 유럽의 종교개혁은 크게 두 단계로 진행되었는데, 첫 번째 단계가 "교리의 개혁"이었다면, 그로부터 약 10년 후에 일어난 제2종교개혁은 "삶의 개혁"을 중점적으로 추구했다.[10] "삶의 개혁"이란 교회와 사회의 모든 영역을 하나님의 말씀이라는 기준 아래 두는 것을 의미한다. 이는 구체적으로 교회의 법과 예배 규정을 세속적 권위인 국가나 지방정부가 아닌, 복음의 권위 아래 두는 것으로 실현되었다. 이러한 변화를 통해 교회법은 국가법으로부터 독립하여 교회 고유의 영역으로 자리잡게 되었다.

이러한 특징은 개혁신학의 핵심적 정체성을 보여준다. 개혁교회는 신앙고백과 교회법의 일치성을 강조하며, 신앙의 표현을 단순히 신앙고백문에

4　K. Barth, *KD* IV/1, 588

5　Busch, *Reformiert: Profil einer Konfession*, 16.

6　위의 책.

7　위의 책.

8　위의 책.

9　Michael Welker and David Willis, eds., *Zur Zukunft der Reformierten Theologie: Aufgaben - Themen - Traditionen* (Neukirchen-Vluyn: Neukirchener Verlag, 1998), 158. "루터는 그의 사회적·종교적 개혁 프로그램에서 이신칭의 교리가 핵심적인 중요성을 가진다고 확신했던 반면, 초기의 개혁파 신학자들은 이신칭의 교리는 말할 것도 없이, 교리에 관심을 적게 갖고 있었다. 그들의 개혁 프로그램은 제도적·사회적·윤리적이었으며, 여러 면에서 인문주의 운동으로부터 개혁에의 요구가 생겨난 점이 비슷했다." 40쪽: "루터는 칭의의 교리에 각별한 관심을 가지고 있었으며, 이로써 그의 종교사상의 중심을 형성하고 있었다. 루터파 종교개혁은 시초에 학문적인 운동이었고, 비텐베르크대학교에서 신학적 가르침을 개혁하는 데 일차적으로 관심을 기울이고 있었다." Alister Mcgrath, Reformation Thought: An Introduction, 최재건, 조호영 역, 『종교개혁사상』(서울: 기독교문서선교회, 2017), 42.

10　위의 책.

국한하지 않고 실제적인 삶의 방식을 통해서도 구현하고자 했다. 즉, 개혁교
회는 교리적 신념과 실천적 삶의 통합을 추구했다고 할 수 있다.

부쉬 Eberhard Busch 는 개혁교회의 마지막 특징으로 "성서에서 하나님이 우
리에게 계시하신 것을 어떻게 고유하게 인식하느냐"[11] 하는 점을 지적한다.
이는 단순한 교리적 해석을 넘어 근본적인 신앙의 본질을 추구하는 접근방
식이다. 부쉬는 "개혁교회라는 말이 나올 때마다 개혁신학에서 원칙적으로
강조되는 고유한 성서적 진리이해가 몇 가지 있다"[12]고 주장하며, 이러한 접
근의 핵심은 특정 전통이나 교파적 틀에 얽매이지 않는 독특한 인식에 있다.
개혁교회는 "독립적인 교회를 이루든 아니면 다른 교파와 연합하든 상관없
이 개혁교회 신앙고백의 독특성을 보존하는 편에 선다."[13] 이러한 태도는 교
파적 배타성이 아니라 복음의 본질을 추구하는 개방적이면서도 정체성을 견
지하는 균형 잡힌 접근을 의미한다. 부쉬는 이러한 관계의 이상적인 형태를
"다른 교파와의 독단적인 분리의 형태도 아니고, 무비판적인 융화의 형태도
아닌, 다른 교회와의 교회공동체 Kirchengemeinschaft 를 형성하는 것"[14]이라고 설
명한다.

이러한 접근은 "개혁교회의 성서적인 복음 인식과 그에 일치하는 실천
적인 교회 생활 방식이 보존될 수 있을 것이고, 또 기독교 교회 전체의 에큐
메니즘의 발전에 기여할 수 있을 것"[15]이라는 궁극적인 목표를 지향한다. 즉,
개혁교회의 신앙 인식은 단순한 교리의 고수가 아니라 복음의 본질을 추구
하면서 동시에 다른 교파와의 대화와 이해를 통해 기독교의 보편성을 실현
하고자 하는 포괄적인 접근법을 보여준다.

---

11   Busch, *Reformiert: Profil einer Konfession*, 18.

12   위의 책.

13   위의 책.

14   Welker and Willis, eds., *Zur Zukunft der Reformierten Theologie*, 159.

15   위의 책.

Ⅲ. 개혁신학의 시대적 단계와 주요 강조점의 변화

몰트만Jürgen Moltmann은 근대 개혁신학의 형태를 역사적으로 네 단계로 구분하였다. 그 첫 단계가 인간 주체에 대한 발견이며, 두 번째가 계약 사상이며, 세 번째가 슐라이어마허로 대변되는 "절대의존의 감정"이고, 그 네 번째 단계가 "하나님의 말씀"의 신학이다. 그리고 개혁신학은 각 시대마다 근대의 인권과 시민권, 저항권, 인간학적인 해석, 그리고 현대의 위기에 대한 하나님의 말씀의 권위 회복이라는 과제를 수행했다고 보고 있다.

또한 몰트만은 현대 개혁신학의 중점사항을 크게 네 가지로 구분한다. 1) 하나님의 나라, 2) 성서의 통일성, 3) 이스라엘과의 연합, 4) 창조의 신적인 비밀이다. 몰트만에 따르면 대표적인 개혁신학자들이 나름대로 자신의 신학을 "기독교 종교"의 기능칼뱅, "신앙"의 기능슐라이어마허 Jürgen Moltmann, 그리고 "교회"의 기능바르트 Karl Barth으로 보고 있지만, 이러한 신학이해는 신학의 기능의 협소화를 초래하거나 환원주의에 빠질 우려가 있다고 보고, 개혁신학은 한마디로 말해서 바로 그러한 기독교 종교의 신학, 신앙의 신학, 교회의 신학으로서 "하나님 나라의 신학"이어야 한다고 주장한다.[16] 개혁신학은 하나님의 나라에 대한 기대를 향하여 열려 있는 신학이며, 따라서 종말론적인 신학이다. 이러한 보편적이면서도 종말론적인 방향설정은 칼뱅 신학의 고유한 특성이었다. 따라서 토렌스Thomas Torrance는 칼뱅을 종교개혁자들 중에서 "희망의 신학자"로 평가한다. 하나님 나라의 차원에서 볼 때, 교회는 이스라엘, 열방 민족들, 문화, 자연 생태계와 관련을 중요하게 여기게 되며, 그러한 모든 것들이 성화되어야 할 대상으로 여기게 된다. 교회와 함께 하시는 하나님에게는 교회보다 더 많은 것이 관심의 대상이다. 따라서 개혁교회가 지향해온 모든 형태의 교회신학, 신앙신학, 해방신학은 포괄적인 하나님 나라의 신학 안으로 수렴될 수 있다고 본다.

다음으로 개혁교회는 루터신학의 "율법과 복음"이라는 근본적 구분으로

---

16 위의 책, 169.

부터 출발하지 않는다. 오히려 개혁신학은 하나님의 통치 ^{그리스도 통치설}와 하나님과 인간 사이에 맺어진 하나의 영원한 계약으로부터 출반한다. 따라서 개혁신학은 루터신학과는 달리 구약성서에 대한 긍정적인 관계를 발견했고 이를 잘 유지해왔다. 개혁신학은 율법 안의 삶이 고통스러운 것이 아니라 기쁜 일이라는 것을 가르친다. 개혁신학은 하나님의 율법을 계약으로부터 분리시키지 않는다. 율법의 제3의 용법 ^{tertius usus legis}이 율법의 본래적 용법이다. 율법의 제3의 용법이란 중생한 그리스도인이 어떻게 살아야할지를 알려주는 삶의 지침과 같은 용법을 말한다. 결과적으로 바르트에게 있어서 하나님의 율법은 정말로 "복음의 한 형태"로 여겨지며, "율법도 복음이다." 율법도 신앙적 삶의 형태이다. 그러나 몰트만은 바르트보다 한걸음 더 나아간다. 몰트만에 따르면, 개혁신학은 구약성서의 약속의 역사를 그리스도나 교회 또는 기독교 왕국에 연결시키지 않고, 오히려 아직 오지 않은 하나님의 나라와 관련짓는다. 하나님의 나라의 관점에서 보면 구약과 신약은 하나님의 미래에 대한 기대로 인해 앞뒤로 서있지 않고 나란히 서있다.

다음으로 개혁신학의 구약과의 친밀성은 유대교와의 친밀감으로 연결된다. 1951년 네덜란드 개혁교회의 신앙고백은 특별히 "이스라엘과의 대화"를 통한 선교를 강조하고 있다. 여기서 이스라엘과의 "대화"는 이방 민족들에 대한 복음의 "선교" 개념과는 분명하게 구별된다. 마틴 부버 ^{Martin Buber}가 말했듯이 하나의 책과 하나의 희망이 교회와 이스라엘을 연결시킨다. 이는 교회와 이스라엘 사이의 관계를 교회와 이방 민족 사이의 관계와 분명하게 구별시켜주는 표현이었으며, 그 전에는 전혀 없던 새로운 고백이었다. 따라서 대화 속에서 신앙을 증언하는 것이 이스라엘과의 관계에서 이루어지는 것이고, "이방선교"의 한 부분으로서 "유대인 선교"는 있을 수 없다. 나치의 유대인 학살 이후 개혁교회가 이 문제에 잘 대처할 수 있었던 것도, 바로 개혁교회의 이러한 신학적 전통의 덕분이었다.

다음으로 개혁신학은 생태계의 재난을 직시하면서 신학적으로 집중적이며 새로운 창조론의 시급함을 인식한다. 지금까지 개혁신학이 하나님의 주권을 강조한 결과 하나님을 초월적인 관점에서 일방적으로 이해했다고 몰트만은 반성하고 있다.[17] 그리고 개혁신학은 성상금지와 우상숭배에 대한 비판

으로 인해 또한 현대의 "탈마술화"Marx Weber 와 자연의 세속화에 기여했다고
몰트만은 보고 있다. 만일 하나님이 홀로 초월적인 주님이시라면, 자연은 그
신적인 비밀을 잃게 된다는 것이다. 그러나 몰트만에 의하면 개혁신학 전통
에는 그러한 전통만 있는 것이 아니라, 그와 반대되는 전통도 있다. 예를 들
어 칼뱅은 피조세계에 대한 하나님의 초월성만 가르쳤던 것이 아니라, 피조
물 속에 존재하는 하나님의 영의 내재성에 대해서도 가르쳤다.[18] "왜냐하면
성령은 무소부재로 현재하시며, 하늘과 온 땅의 만물을 유지하시고 먹이시
고 살리시기 때문이다."[19] "생명의 근원"으로서의 성령은 모든 생명체에 부
어졌으며, 스스로가 피조물의 생명의 비밀이다. 이러한 사상은 슈바이처의
"생명에 대한 외경"으로 이어지게 된다. 개혁신학이 그렇게 강조했던 인간의
성화된 삶은 모든 생명체의 생명의 거룩함에 대한 인정도 포함한다. 몰트만
에 의하면 피조세계 안에서 하나님을 발견하고 모든 생명체 속에서 성령을
발견하는 것은 인간의 자연에 대한 변화된 관계를 이끌어 낼 수 있으며, 세계
에 대한 생태학적 개혁의 시도가 될 것이다.[20]

IV. 칼뱅의 사회적 공동체로서의 교회

종교개혁가들 가운데 칼뱅만큼 교회의 공적인 책임을 강조한 인물은 찾
아보기 어렵다. 다른 종교개혁가들과는 달리 칼뱅은 교회의 공적책임에 관
한 문제와 철저히 씨름하였다. 오직 믿음으로 의롭다함을 얻는다는 신념에
바탕을 두고 있는 그리스도교적인 삶이 어떻게 교회 안에서 구체적으로 구

17 위의 책, 171.
18 위의 책.
19 Calvin, *Institutio*. I,13,14. 이 논문을 위해서 다음의 독일어 역본 『기독교강요』가 사용되었다: Johannes Calvin, *Unterricht in der christlichen Religion*, trans. by O. Weber (Neukirchen-Vluyn: Neukirchener Verlag, 1988). 『기독교강요』 라틴어 원본으로는 John Calvin, *Joannis Calvini Opera Selecta*, ed. Peter Barth and Wilhelm Niesel (Munich: C. Kaiser, 1926-1952)가 사용됨. 『기독교강요』는 *Institutio*로 줄여서 표기될 것이고, 라틴어 원본은 OS로 표기될 것이다.
20 Welker and Willis, eds., *Zur Zukunft der Reformierten Theologie*, 172.

현될 수 있을까 하는 문제로 칼뱅은 고심하였다. 새로운 의로부터 시작되는 새로운 삶이 이제 여러 가지 갈등으로 가득한 사회 속에서 어떻게 지속적으로 유지될 수 있을까 하는 신학적 과제를 칼뱅은 집중적으로 다루고 있다. 칼뱅의 그러한 공적신학의 특성들은 그의 고유한 교회론에서 찾아 볼 수 있다.

칼뱅은 자신의 교회론에서 교회를 "성도들의 공동체"로 규정짓고 있다. 흔히들 "성도들의 공동체"Sanctorum Communio 로서 교회를 정의하는 기원을 본회퍼 D. Bonhoeffer에게서 찾는 경우가 많을 뿐만 아니라, "성도들의 공동체"를 본회퍼의 고유한 개념정의로 여기는 경향이 있다. 그러나 실제로는 본회퍼 훨씬 이전에 이미 칼뱅이 '사도신경'의 신앙고백을 따라 교회를 "성도들의 공동체"communio sanctorum 로 명명하고 있다. 칼뱅은 자신의 『기독교강요』 초판 1536에서 사도신경에 나타난 "성도들의 공동체"를 종교개혁적인 관점에서 철저히 신학적이며 기독론적으로 정의한다. 그에 따르면 "성도들의 공동체"로서의 교회란 오직 예수 안에서 하나님의 택하심으로 말미암아 생명으로 부름받은 공동체이며, 교회의 "머리"요 "인도자" 되시는 예수 그리스도를 중심으로 모여든 공동체로서 그리스도의 "몸"에 참여하게 된 공동체이다. 좀 더 구체적으로 칼뱅은 『기독교강요』에서 다음과 같이 기술하고 있다.

> 우리는 먼저 거룩하고 보편적인 교회를 믿는다. 이는 곧 선택받은 모든 자들, 곧 죽은 자들이든 산 자들이든, 그들이 어떤 나라에서 살든 상관없이 하나님의 택하심을 입은 자들을 믿는다는 뜻이다. 우리는 하나님의 유일한 공동체가 존재하며, 이 공동체는 동지요 백성임을 믿는다. 이 백성의 지도자이자 왕이며, 또한 한 몸의 머리는 그리스도이시다. 이 거룩한 공동체는 세상의 기초가 놓이기 전에 하나님의 자비로 말미암아 선택받은 자들이 그리스도 안에서 연합하도록 예정된 것이다. 그러므로 하나님의 선택받은 자들은 모두 그리스도 안에서 결합되고 연합하여, 한 머리이신 그리스도께 의존함으로써 한 몸으로 자라가게 된다.
> 하나님의 택하심을 입은 자들이 거룩한 이유는, 그들이 하나님의 영원한 섭리에 따라 이 공동체의 지체로 결합되기 위해 선택되었으며, 주님에 의해 거룩함을 입었기 때문이다. 이와 같이, 거룩한 보편적 교회는 예외 없이 모

든 지체가 주님의 성화로 말미암아 거룩하게 된다.

아울러 우리는 성도들의 공동체를 믿는다. 이는 보편적 교회 안에 진실로 하나님을 믿는 자들이 존재하며, 그들 모두가 선택의 결과로 서로의 교제 안에서 모든 재화에 참여할 수 있음을 의미한다. 성도들의 공동체의 목표는 단 하나다. 그 목표는 모든 지체가 영과 육의 모든 선한 재화를 허용되는 한도 내에서, 그리고 각자의 필요에 따라 선한 의지와 사랑으로 나누는 데 있다. 이는 곧 성도들이 빚진 자로서 서로를 섬기며, 모든 선한 것을 함께 나누는 공동체를 이루는 것이다.[21]

칼뱅은 성령 공동체이자 종말론적 공동체로서 "원시공산제 사회"로 기능했던 초대교회의 성도의 공동체 전통을 계승하고 있다고 볼 수 있다. 동시에, 그는 니케아-콘스탄티노플 공의회에서 확립된 교회의 본질, 즉 "하나의, 거룩한, 보편적, 사도적 교회"라는 정의를 그대로 따르고 있음을 보여준다. 그러나 칼뱅은 단순히 니케아-콘스탄티노플 신조에 규정된 교회의 본질을 반복하는 데 그치지 않는다. 오히려 그는 "성도들의 공동체"라는 본질적 교회의 목표를 설정하는 과정에서 개혁신학의 독특한 신학적 관점을 차별적으로 드러낸다. 칼뱅에 따르면, 성도들의 공동체의 궁극적 목표는 단순한 신앙적 연합을 넘어선다. 그것은 "영적이며 육적인 재산을 서로 나누는" 사회적 공동체의 건설에 있다. 이러한 목표를 통해 칼뱅은 본질적인 교회론과 현실적 구현의 조화를 꾀하며, 개혁신학의 실천적 성격을 구체적으로 제시한다.

이 글에서 다루고자 하는 주제 또한 단순히 개혁교회의 교회론을 피력하는데 있는 것이 아니다, 오히려 다원화되고 지구화를 이룬 복합적인 현대 사회 속에서 또는 포스트모던 사회 속에서 어떻게 개혁교회와 개혁신학이 공적책임을 제시할 수 있는가에 있다고 본다. 앞서 간략히 언급한 바와 같이 칼뱅의 교회론의 강점이자 특성은 "성도들의 공동체"로서의 교회가 무엇보다 공적인 현실세계의 공동생활 속에서도 그대로 유지되며 실현되는 데 있다. 그에 걸맞게 칼뱅에게 있어서 교회법의 총체적인 목표는 "사회적" 공동체의

---

21 Johannes Calvin. *Christliche Glaubenslehre nach der ältesten Ausgabe vom Jahre 1536 ins Deutsche übersetzt von Bernhard Spieß*(Zürich: Theologischer Verlag, 1985), 100f., 109 (OS I, 86, 91).

지지와 유지에 있다. 칼뱅은 1543년판 『기독교강요』에서 그러한 교회법의
목표를 분명히 제시하고 있다.

> 권징 disciplina 없이는 그 어떤 교회도 올바로 유지될 수 없다면, 그러한 권징
> 은 교회 안에서 분명 필연적이다. … 그리스도의 구원을 주는 가르침이 교
> 회의 영혼인 것처럼, 교회 안에서 권징은 동격의 위치에 있다: 즉, 권징은 몸
> 의 지체들이 각자 자신의 자리에서 서로 연결되어 살도록 작용한다.[22]

"그리스도의 몸"이라는 교회론적인 기본 은유는 다음과 같은 생각을 파
생시켰다: 즉, "성도들의 공동체"로서 교회 속에서 칼뱅이 요구했던 "삶의 증
거"에는 가시적 구속력이 있는 "교회법"도 포함된다는 생각이다. 그 당시 제
네바에서 시의회 의원들과 목사들로 구성되었던 "콘시스토리움"의 신학적
근거가 되었던 생각도 바로 이러한 것이었다. 콘시스토리움의 과제는 다음
아닌 바로 법질서의 구현이었다. 왜냐하면 당시 제네바 시민들에게는 그리
스도교적이며 "영적인" 공동생활이 필요하다고 보았기 때문이다. 그러한 질
서의 구현이 초기 근대의 사회문화적 협력 가운데 일어났다는 사실은 전혀
놀라운 일이 아니다. 이는 법과 그 법의 구현 차원뿐만 아니라 도덕적 차원에
서도 그리고 "개인적"인 삶과 "공적인" 삶 사이의 관계정립의 차원에서도 필
수적인 것이었기 때문이다.

기독교 의원들과 교회를 통하여 시민들을 도덕적으로 교육하겠다는 생
각은 그들에게 당연시 여겨졌고, 이는 제네바 시의회와 콘시스토리움의 회
의록에 분명이 나타나 있다. 그러나 교회의 권징으로부터 칼뱅이 의도했던
목표는 단순히 시민들에게 법의 적용을 강요하는 것이 아니라, 의식적인 태
도의 변화였다. 비록 "재갈", "박차", "아버지의 채찍"과 같은 칼뱅의 어법들
이[23] 너무도 쉽게 자주 오해를 불러일으키기는 하지만, 칼뱅의 권징이 원래
의도했던 것은 겉으로 드러나는 인간의 "육체"를 통제하고자 함이 아니었다.

---

22 *Institutio* Ⅳ 12,1(*OS* Ⅴ, 212,21-27).
23 *Institutio* Ⅳ 12,1(*OS* Ⅴ, 212,34-213,5).

오히려 칼뱅의 권징은 "그리스도교적인" 삶을 살겠다고 고백한 사람의 정신과 의지에 호소하는 것이었다. 따라서 얼마든지 실수할 가능성이 있는 교회의 지체들에게 "경고"와 "권면"을 주는 과정도 마태복음 18장의 공동체 규율에 따라 단계별로 진행되었던 것을 볼 수 있다. 그 단계별 "권면"의 최종단계는 다름 아닌 바로 "수찬정지"였으며, 이는 전체 공동체를 대표하여 콘시스토리움에서 선포하였는데, 이에 대한 성서적 근거는 마태복음 18장 15-17절과 고린도전서 5장 5절과 11절을 종합하여 마련하고 있다. 그러한 단계를 밟는 목적은 다름 아닌 해당된 사람의 견해를 존중하고 그가 다시 공동체 안으로 들어올 수 있도록 돕는 것이라고 분명히 밝히고 있다.

그러나 칼뱅의 이러한 의도와는 달리 콘시스토리움은 칼뱅이 기대했던 대로 진행되지 못하였다. 물론 이는 칼뱅의 직접적인 의도는 아니었으나, 시민적 관리들과 비교적 독립적인 교회 사이의 협력이라는 칼뱅의 생각의 결과라고 할 수 있을 것이다. 다시 말해서 콘시스토리움은 곧 도시수비의 임무도 이행해야 하는 "장교"를 배치하게 된다. 비록 칼뱅은 권면을 하고 "영적인" 징벌을 주는 것으로 콘시스토리움의 권한을 국한시켰지만, 실제로는 자주 시민법에 따라 처벌을 할 수 있는 조사위원회의 역할도 수행하게 되었다. 그리하여 처음에는 수찬정지가 최고 단계의 징벌이었지만, 후에는 일 년간에 걸친 수찬정지와 심지어 도시로부터의 추방까지 시행하게 된다. 제네바의 그리스도 공동체와 시민공동체의 일치의 논리적 결과는 제네바 목사들과 그들의 가르침의 명예가 무너지는 것이었으며, 이는 결국 시의회가 주도한 형사 소추에까지 이르게 되었다. 그럼으로써 그리스도교적인 관리들의 권위와 교회가 내린 조치의 합법성이 의심을 사게 되는 결과를 낳고 말았다.

이러한 조치들은 후대 계몽주의적 관점에서 구조적이고 교회 실천적인 모순으로 보일 수 있었지만, 근대 초기에는 그 당시의 사회적 맥락에서 나름의 논리적 타당성을 가지고 있었다. 종교개혁은 단순한 종교적 변화를 넘어서 근본적인 '종교적-문화적 대전환'으로 이해될 수 있으며, 이는 사회의 총체적 재편성을 의미했다. 막스 베버 Max Weber 에 따르면, 그리스도교적 권위에 기반한 "징계"와 "사회감독"의 발전 단계는 "공동사회형성" Vergemeinschaftung 을 위한 필수적인 조치였다.[24] 특히 종교개혁은 기존의 종교적 질서를 근본적으로 변화시키면서 사회 전반의 제도와 가치체계를 재구성하는 대전환점이 되었다. 초기근대 도시들에서 이러한 공동사회형성은 광범위하게 수용되었으며, 그리스도교-시민적 관리들에게 시급한 과제로 인식되었다. 도시마다 세부적인 차이는 있었지만, 조정, 정의, 그리고 실제 법 집행을 통해 도시공동체를 유지하고 강화하는 것은 중요한 목표였다.

칼뱅의 궁극적인 목표는 이러한 법적 조치들을 넘어서, 자발적이고 규율 있는 그리스도교 공동체를 건설하는 것이었다. 이는 종교개혁의 근본적인 정신을 반영하는 것으로, 개인의 내적 변화와 사회적 질서의 재편을 동시에 추구하는 총체적 접근이었다. 이러한 맥락과 같이하여 칼뱅에게 콘시스토리움의 핵심 기능도 "화해"reconciliatio였다.[25] 당시 콘시스토리움의 회의록을 분석해보면, 그들의 중요한 업무 중 하나는 갈등 중인 정당들에게 '그리스도교적 공생'을 권면하고 경고하는 것이었음을 알 수 있다. 칼뱅의 관점에 따르면, 실수와 갈등으로 상처받은 공동체는 ― 물론 부부 관계이든 이웃 공동체이든 ― 반드시 회복되어야 한다. 특히 제네바에서는 분기별로 거행되는 "성도들의 교제"의 축제로 거행된 성만찬 직전에 화해 의식이 중요하게 진행되었다. 교회는 투쟁하는 정당들 사이의 화해 과정을 주도적으로 이끌었으며, 이는 단순한 형식적 화해가 아닌 진정성 있는 화해를 추구했다. 칼뱅에 따르면, 진정한 화해는 각 당사자가 자신의 불의를 진심으로 고백할 때만 가능하다.[26] 형식적이고 피상적인 화해는 오히려 위선에 불과하며, 실질적인 회복과 화해를 위해서는 내적 성찰과 진정한 회개가 선행되어야 한다.

제네바의 "도시공화국" 맥락에서 교회의 "내적" 사안은 동시에 정치-사회적 공동체와 불가분의 관계를 이루고 있었다. "그리스도의 몸"이라는 교회 개념에서 파생된 사회적 "공동체형성" 과정은 칼뱅의 사회윤리 사상과 실천에 근본적으로 각인되어 있다. 특히 칼뱅의 설교는 이러한 사회윤리적 접근

---

24 참고, Robert W. Scribner, "Sozialkontrolle und die Möglichkeit einer städtischen Reformation," in *Stadt und Kirche im 16. Jahrhundert*, ed. Bernd Moeller (Gütersloh: Gütersloher Verlagshaus, 1978), 57-65.

25 참고, Robert M. Kingdon, *Adultery and Divorce in Calvin's Geneva* (Cambridge, MA: Harvard University Press, 1995).

26 비교, *CO* 21, 418; *Calvins Brief an Farel vom 21. August 1547, CO* 12, 580f.

의 풍부한 증거를 제공한다. 여기서 핵심적인 윤리 개념은 "인간성"humanitas
과 "평등"aequitas 이었다. 그런 반면에, 한국 개혁교회는 칼뱅의 사상 중 교의
학적 가르침, 목회자, 설교자로서의 측면에 주로 관심을 집중시키는 경향을
보인다. 칼뱅의 이러한 개념들은 "하나님의 형상"으로서의 동료인간에 대한
관계를 재해석하는 그리스도교적 윤리적 접근을 대변한다. 제네바의 시민들
과 난민들 사이의 복잡한 관계를 칼뱅은 진정한 그리스도교적 교회 - 성만찬
에서 그리스도의 몸에 대한 일치를 고백하는 공동체 -의 시금석으로 간주했
다. 칼뱅은 외국인에 대한 환대를 그리스도인의 근본적 의무로 보았으며, 특
히 목사들이 이에 대한 모범을 보여야 한다고 강조했다. 실제로 1만 명 규모
였던 제네바 시는 1538-1539년 한 해 동안 약 1만 명의 외국인을 구빈원에서
임시 수용했다.[27] 그러나 칼뱅의 관점은 단순한 환대에 그치지 않았다. 그는
외국인들에게도 공동체에 대한 책임을 동시에 요구했다. 이는 오늘날 우리
가 직면한 난민 문제에 대한 개혁교회의 근본적인 접근 방식을 시사한다. 나
아가 칼뱅은 부자와 가난한 자 사이의 관계를 중세의 시혜적 구제 방식과는
다른 관점에서 접근했다. 그의 "인간성" 개념은 개인적 차원의 자선적 행위
를 넘어, 하나님의 형상을 지닌 모든 개인이 공동체 앞에서 가질 수 있는 근
본적인 권리를 의미했다. 이러한 접근은 단순한 사회복지적 관점을 넘어, 모
든 인간의 존엄성과 평등을 근본적으로 인정하는 그리스도교적 사회윤리의
혁신적인 이해를 보여준다.

　　칼뱅의 사상은 교회사적 관점에서 개혁교회의 근본적인 뿌리와 핵심을
형성하고 있다. 특히 "그리스도의 몸" 사상을 사회-정치적 "시민적" 공동체
로 확장하려는 그의 시도는 개혁교회의 '신앙과 삶' 전통, 즉 '기도하라 그리
고 실천하라' ora et labora 는 전통의 본질적 기반을 이루고 있다. 칼뱅의 접근은
"보편적 인간성"과 "하나님의 형상"에 근거한 모든 인간의 근본적 권리를 추
구했다. "인간성"과 "평등"을 강조하는 그의 사회윤리 사상은 개혁교회의 공
적 책임의 본질적 특성을 구성한다. 이는 단순한 이론적 접근이 아니라, 실천
적 신앙의 구체적 표현이었다. 개혁교회가 사회 속에서 방향제시적 공적 책

27　Christoph Strohm, *Johannes Calvin: Leben und Werk des Reformators* (München: C. H. Beck, 2009), 67.

임을 수행하는 것은 칼뱅의 그리스도론적 교회론에 그 깊은 뿌리를 두고 있
다. 이러한 전통은 오늘날의 다원주의 사회와 글로벌화된 사회 맥락에서도
여전히 중요하고 지속적으로 발전되어야 할 핵심 유산으로 인식된다.

구체적으로, 칼뱅의 사상은 다음과 같은 핵심 특징을 가진다:

1. 신앙과 사회적 실천의 통합: 영적 신념과 사회적 책임의 불가분의 연
   결
2. 보편적 인간 존엄성: 모든 인간의 평등하고 존엄한 가치에 대한 근본
   적 인식
3. 공동체적 책임: 개인과 공동체의 상호 연대성에 대한 강조
4. 지속적인 사회적 변혁의 잠재력: 현상유지가 아닌 끊임없는 개선과
   발전에 대한 관점

이러한 유산은 단순히 역사적 유물이 아니라, 급변하는 현대 사회에서
여전히 유효하고 실천적으로 적용 가능한 중요한 신학적, 사회적 원칙으로
이해되어야 한다.

V. 현대사회 속에서 개혁교회의 방향제시
   — 칼뱅의 "시민정부"를 중심으로

지금까지 칼뱅 연구는 주로 성서주석과 중요 교리에 집중되어 왔다. 그
러나 칼뱅의 진정한 공헌은 이를 훨씬 넘어서는 것이었다. 그는 다른 종교개
혁가들과 정치 지도자들과 함께 "초기근대의 자유의 역사"에 결정적인 기여
를 한 인물로 평가받고 있다. 칼뱅의 영향력은 광범위하고 혁신적이었다. 현
대 학문의 발전, 역사-비평적 성서해석, 저항권에 대한 논의, 법적-정치적 권
력 분배를 위한 투쟁, 그리고 근대 민주주의의 초석 마련 등 다양한 영역에서
그의 사상이 깊은 영향을 미쳤다. 『기독교강요』 Ⅱ권부터 칼뱅은 "영적 정
부"와 "시민적 정부"를 명확히 구분했다. 이는 당시로서는 혁신적인 정치-신
학적 접근이었다. 칼뱅의 정부 개념에 대한 이론적 접근은 영적 정부와 시민

적 정부의 차별적 기능과 목적을 명확히 구분하면서, 동시에 인간 공동체의 총체적 발전을 추구하는 혁신적인 접근을 보여준다. 영적 정부는 본질적으로 인간의 내면적 영성을 다루며, 하나님에 대한 경건과 양심의 영역에 집중한다. 구체적으로 이는 개인의 영혼과 내면적 삶을 통해 신성한 질서와 경건함을 추구하는 것을 목적으로 한다. 반면 시민적 정부는 외부적이고 실천적인 차원에서 인간 공동체의 질서와 규범을 형성한다. 이는 인간성의 기본적 의무와 시민으로서의 책임을 교육하고 실현하는 데 초점을 맞춘다. 시민적 정부의 관할 영역은 현재의 외형적 삶과 사회적 관습을 포함하며, 공동체의 실질적인 윤리와 규범을 구현하는 데 그 목적이 있다.[28]

　이러한 구분은 종교와 정치의 영역을 분리하면서도 상호 보완적 관계를 보장하는 획기적인 접근이었다. 칼뱅은 각 영역의 고유한 기능과 책임을 인정하면서, 동시에 인간 공동체의 총체적 발전을 추구했다.[29] 이는 단순한 이론적 구분이 아니라, 당시 사회의 근본적 변화를 모색하는 실천적 사유였다. 영적 자유와 시민적 자유의 조화를 추구함으로써, 칼뱅은 근대 사회의 핵심적 가치인 개인의 자유와 책임에 대한 새로운 패러다임을 제시했다.

　칼뱅의 영적 정부와 시민적 정부에 대한 이론적 접근은 종교와 정치의 영역을 분리하면서도 상호 보완적 관계를 모색하는 혁신적인 시도였다.[30] 그의 이론은 각 영역의 고유한 기능과 책임을 인정함과 동시에, 인간 공동체의 총체적 발전을 지향하는 통합적 관점을 제시했다.

　이러한 구분은 단순한 이론적 추상화가 아니라, 당대 사회의 근본적 변화를 추구하는 실천적 사유의 표현이었다. 칼뱅은 영적 자유와 시민적 자유의 조화를 통해 개인의 자유와 책임에 대한 새로운 패러다임을 모색했으며, 이는 근대 사회의 핵심적 가치를 형성하는 데 결정적인 기여를 했다.

　구체적으로, 그의 정부 이론은 다음과 같은 인식론적 특징을 내포한다:

28　*Institutio*, III 19,15.

29　앞서 언급한 아브라함 카이퍼의 "영역 주권" 개념과의 유사성을 확인할 수 있다. 카이퍼는 칼뱅의 공적신학 개념을 계승 발전한 것으로 볼 수 있다.

30　참고, 류영모 외, 『공적 복음과 공공신학』(용인: 킹덤북스, 2021), 122. "칼뱅은 종교만 개혁한 것이 아니라 사회, 문화, 정치도 함께 개혁하려고 노력했다. 이런 개혁이 가능했던 것은 칼뱅이 세상을 교회와 구별하되 분리하지 않았기 때문이다."

첫째, 종교적 영역과 정치적 영역의 상호 독립성 인정한다. 둘째, 각 영역의 고유한 기능적 특수성 존중한다. 셋째, 개인의 내적 자유와 외적 자유의 변증법적 통합한다. 넷째, 인간 공동체의 총체적 발전을 위한 통합적 접근이다.

이러한 관점은 중세적 사유의 이분법적 구조를 근본적으로 전복하고, 근대 민주주의의 인식론적 기반을 형성하는 데 결정적인 이론적 토대를 제공했다는 점에서 역사적 의의를 찾을 수 있다.

칼뱅은 이러한 두 가지 영역의 통치에 대하여 균형 있는 시각을 제시해 준다. 칼뱅의 『기독교강요』 마지막 장에서 야만적으로 세상의 외적인 질서를 전복하려는 사람들과 오직 세상 권력의 외적인 질서만을 신뢰하려는 사람들에 대항하여 신앙을 수호하고자 한다.[31] 칼뱅에 의하면 양쪽 태도 모두 시민 정부도 하나님에 의하여 주어진 것이라는 사실을 망각하고 있다. 그리고 양쪽 태도 모두가 "신앙의 순수성"[32]을 헤치며 파괴하고 있다. 여기서 칼뱅은 그리스도 안에 선물로 주어진 자유를 분명하게 인식하지 못하는 위험성과 심지어 그러한 자유를 제거하려는 노력이 엉뚱하게도 영적인 자유에 잘못 근거하고 있는 위험성을 본 것이다.

따라서 칼뱅의 『기독교강요』 마지막 장을 읽는 독자는 칼뱅이 공적인 질서를 전복하기 위하여 이루어지는 모든 류의 대중적인 폭력시도를 철저히 거부하고 있다는 인상을 빠르게 얻게 된다. 그러므로 한 사람에게 주어진 통치권이 "모든 사람들에게는 가장 적게 허용되어" 있다는 바로 그 이유 때문에 성서는 "왕을 공경하라"[벧전 2:17]고 특별히 명령하고 있다는[33] 칼뱅의 말만 끌어오면 칼뱅은 무정부주의를 극력하게 거부하는 대신에 독재에 대하여는 관대하게 열려있다는 그런 피상적인 인상을 너무 쉽게 키울 수 있다. 칼뱅은 『기독교강요』 20장을 분배할 때, 가장 먼저 관리를 다루고, 그런 다음 법률 그리고 마지막으로 국민과 국민의 관리에 대한 "복종"을 다루고 있는 것을 보면[34] 이러한 잘못된 인상을 다시 한 번 강하게 심어 줄 수 있다. 그러나 그

---

31   참고, 위의 책.
32   *Institutio* IV 20,1.
33   *Institutio* IV, 20,7.
34   *Institutio* IV, 20,3.

렇게 함으로써 시민정부에 대한 칼뱅의 가르침이 지니고 있는 섬세함과 철저성을 전혀 인식하지 못하게 된다.

오히려 여기에서 칼뱅은 "독재적이며 불의한 정부에 대하여 저항의 권리와 저항의 의무에 관한 가르침"을 가장 성공적으로 전개하고 있다. 이 때 칼뱅은 한편으로는 무정부주의의 "악마적인 오만"에 대하여 지속적이면서도 강력하게 경고하고 있다. 그러나 다른 한편으로 칼뱅은 부드러운 어조이기는 하지만 강경하게 국민에 의해 선택된 공적인 책임자들, 예를 들어 영주의 조언자들은 "왕의 야만적인 횡포에 의무적으로" 저항하여야 한다고 강조하고 있다. 왜냐하면 만일 그들이 "과도하게 분노하면서 자기 치하의 백성에게 고통을 주는 왕에 대하여 눈감는다면" 그들은 "비열한 기만 속에서 백성의 자유를" 팔아넘기는 것이기 때문이다. 칼뱅에 따르면, 폭군적인 통치자에 대하여 적극적인 저항을 할 수 있는 사람들은 하나님으로부터 그런 일에 자격을 부여받은 사람들 manifestie vindices 로 제한된다. 그들은 "백성의 자유를 보호하라고 하나님의 명령을 받고"[35] 임명된 사람들이기 때문이다. 칼뱅은 소위 그러한 "시민당국"의 다양한 형태, 즉 저항을 계획적이고 책임적으로 조직하는 그러한 기관들을 구상할 수 있었다. 칼뱅에게 특별히 중요한 것은 이러한 저항 조직과 저항의 기관화였다. 즉, 처음부터 저항의 책임을 인수인계할 형식들을 발전시키는 일이었다. 그 목표는 새로운 질서의 합법화여야만 한다. 아마도 이 때 주요관건은 실패한 봉기들에 대한 다양한 대안들을 찾는 일이었을 것이다. 그러나 칼뱅에게 있어서 무엇보다 결정적인 것은 하나님의 인간역사적 세계통치에 관한 포괄적인 신학적 관점이었다.

시민정부에 대한 칼뱅의 진술들에서 확고부동한 것은 사도행전 5장 29절의 "우리는 사람보다 하나님께 더 순종하여야 한다."였다. 칼뱅은 분명하고도 명확하게 확정한다. 만일 관리들이 어떤 형태로든 하나님을 대적하는 명령을 내리면 "그에게는 그 어떤 자리도 주어져서는 안된다. 그리고 그 관리가 지니고 있는 존엄성은 전혀 고려하지 않아도 된다. 왜냐하면 만일 그들이 유일하며 진정으로 높은 하나님의 힘에 비교하여 자신에게 주어진 자리

---

35 *Institutio* IV, 20,5; 20,31.

에 집착한다면, 이들에게 저항하는 저항하는 것은 그 어떤 불의도 아니기 때문이다."[36] 왕에 대한 순종거부와 왕에 대한 저항에 대하여 칼뱅은 다양한 성서적 근거들을 제시한다. 칼뱅은 한편으로는 저항하는 자들에게 나타날 위험성을 보고 있다. "'왕의 격노는 죽음의 사자들과 같다'라고 솔로몬은 말하고 있다잠16:14. 그러나 칼뱅은 또한 사람들이 "공직"도 없이 하나님을 대신하려는 위험성을 보고 있다. 뻔뻔스러운 왕들의 피의 지팡이를 꺾으시고 견딜 수 없는 수많은 통치권을 망하게 하시는 바로 그 하나님을 '공직' 없이 대신하는 위험성을 칼뱅은 직시하고 있다. 이 말씀을 영주들이 들어야 하고 그리고 그에 대하여 두려워해야 할 것이다."[37]

칼뱅에게 있어서 주요관건은 "하나님의 세계통치 아래 인간의 책임적인 삶을 인식하는 것"이다. 여기에서 칼뱅은 의도적으로 공동의 삶과 사회공동체적인 삶을 주시하고 있다. 칼뱅에 따르면 우리는 단지 한 나라, 오직 하나의 정부형태, 그리고 오직 하나의 논란의 소지가 있는 문제에만 우리의 시각을 고정하지 말아야 한다. 우리는 하나님의 세계통치를 고려하지 않은채 관료들의 권력을 다루는 일이 결코 있어서는 안 된다. 또 다른 한편으로 우리는 하나님의 나라와 세상 통치를 서로 혼돈하거나 혼합하지 말아야 한다.

VI. 현대사회의 공적신학으로서의 개혁신학

엄밀히 말하자면 '공적신학'이 아닌 신학은 없다. 현대에 와서 '공적신학'의 중요성이 강조되고 있지만, 실제로는 모든 신학이 '공적신학'이며 또한 공적신학이어야 한다. 사실 공적신학이 아닌 신학이 어떻게 가능하겠는가? 모든 이데올로기와 정치적 당파를 뛰어넘어 하나님의 의를 증거하며 전파하는 기독교신학으로서 모든 신학은 '공적인 것'이다. 그런 맥락에서 칼뱅은 하

---

36   *Institutio* IV 20,32.
37   *Institutio* IV 20,32; 20,31

나님을 예배하는 것이 "모든 의의 가장 근본"이라고 정의한다. 하나님 경배가 무너지면 "모든 다른 의의 요소도 마치 건물이 무너지듯 무너지고 말 것이다"라고 한다.[38] 따라서 그는 십계명의 제1계명이 사회 공동체 속에도 그대로 적용되어야 한다고 보았다. 이는 칼 바르트가 독일 나치주의의 독재자 히틀러 Adolf Hitler 에게 편지하면서 "당신은 십계명의 제1계명을 기억하시오"라고 경고했던 것과 맥락을 같이한다. 그러나 실제로 칼 바르트는 나치 정부 자체보다도 교회가 나치의 정부에 남김없이 동의했다는 사실에 더 경악했다. 그리하여 바르트는 "제1계명에 따라 하나님과 다른 권세들 사이에서 마음을 둘로 나누지 말아야 할 것"을 요청하였고, 국가의 권세들을 "계시의 척도에 따라 해석해야지, 계시를 그러한 권세들에 의해" 해석해서는 안된다고 선언하였다.[39] 칼 바르트의 이 경고가 히틀러의 양심에 가장 무거운 경고로 들렸을 것이다. 왜냐하면 2차세계대전이 종전된 후 독일비밀경찰게쉬타포의 1급 비밀문서에 의하면 칼 바르트는 '독일 내의 가장 요주의 인물'로 기록되어 있었기 때문이다. 칼뱅은 "하나님 경배" cultus Dei 를 "의의 원천이요 정신"이라고 보았는데[40], 인간은 하나님을 의와 불의의 심판자로 경배할 때에만 정의롭고 악행 없이 사는 법을 배우게 될 것이이 때문이다.[41]

칼뱅은 복음을 단순히 "믿는 사람들을 구원시키는" 능력으로 이해하는데 그치지 않고, 더 나아가 공적이고도 일반적인 사회의 훼손을 구원하는 수단으로도 이해할 수 있었다. 칼뱅은 자신의 이러한 신학사상의 근거를 성서에서 찾는다. 1537년『제네바 요리문답』에서 그는 위정자들의 통치의 권위를 '하나님의 법'에 근거짓고 있다. 로마서 13장 1-7절에 근거하여 그는 통치자들을 "하나님의 종들"이라고 부른다.[42] 하나님으로부터 통치를 위탁받은 자들이라는 뜻이다. 여기서 칼뱅의 신학적 의도에 주목해야 한다. 칼뱅의 의

38 *Institutio* II, 8,11(OS III, 352, 16-18).
39 참고, Eberhart Busch, *Die Grosse Leidenschaft. Einführung in die Theologie Karl Barths*, 박성규 역,『위대한 열정』(서울: 새물결플러스, 2017), 73.
40 위의 책(OS III, 352, 29-30).
41 비교, 위의 책(OS III, 352, 33-35).
42 Johannes Calvin, "Genfer Katechismus und Glaubensbekenntnis"(1537), in *Calvin-Studienausgabe*, ed. by Eberhard Busch, vol. I,1 (Göttingen: Vandenhoeck & Ruprecht, 1993), 205에서 재인용.

도는 통치자들의 권위에 절대성을 부여하는데 있는 것이 아니다. 오히려 시의회 의원들이 "자신들의 직위로 누구를 섬기고 있는가에 답변할 수 있어야 하며, 또한 하나님의 종으로서 그리고 하나님의 통치의 대리자로서 자신들의 신분에 부적합한 일을 하지 않아야"[43] 한다는 것이 칼뱅의 의도였다. 칼뱅에 따르면, "공의는 무고한 사람들을 보호하고 후원하며, 자유케 하는데 있다. 정의는 악한 자들의 무도함에 맞서서 폭력을 방지하고 범죄자들을 처벌하는 데에 있다."[44]

인간의 자유에 대해서도 칼뱅은 '정의'와 같은 맥락에서 이해한다. 칼뱅은 후에 '정의'에 대한 관심으로부터 '자유'에 대한 관심으로 확장해 나가는데, 이 때 '자유'란 신앙적인 '그리스도인의 자유'를 말하는 것이 아니라, 정치적으로 이해된 자유에 관하여 말한다. 『기독교강요』 1543년 판에서 칼빙는 시의회 의원들의 의무를 규정하고 있다. 시의원들은 "자신들이 수호해야 할 소명이 있는 '자유'가 훼손되는 것은 물론 조금이라도 축소되는 일이 허용되지 않도록 최선의 경주를 다해야 한다; 만일 이 이일에 느긋하거나 소홀히 한다면 그들은 자신들의 직위에 불성실할 것이며, 자신들의 조국에 배신자가 되는 것이다."[45] 실제로 칼뱅은 이러한 자유가 보존되도록 하기 위하여 사부와엥Savoyen 공작의 권력욕으로부터 제네바와 제네바 시민의 자유를 지키고자 노력하였다. 또한 1536년에 "국민의 자유"libertas populi[46]에 관한 글에서도 "왕의 야만적인 무절제"에 대항하여 시민들의 '자유'를 옹호하고자 하였다. "만일 왕이 과도하게 분노하여 낮은 백성을 핍박하는 것을 세 명의 공직자가 묵인한다면, 하나님께서 백성의 자유를 수호하라고 세우신 그들이 오히려 백성의 자유를 배반하고 있는 것이다."[47]

예수 그리스도의 생애를 우리는 '공생애'public life라고 부른다. 하나님 나

---

43   위의 책. 205, 34-36. 참고, 윤철호, 『한국교회와 하나님 나라를 위한 공적신학』(서울: 새물결플러스, 2019), 407.

44   비교, 위의 책. 40-46.

45   *Institutio* IV, 20,8(*OS* V, 479, 12-16), 박성규, "칼뱅의 정치윤리," 『장신논단』 41 (2011), 175에서 재인용.

46   *Institutio*, IV, 20, 31(*OS* V, 501, 26),

47   참고, *Institutio*, 20, 31(OS V, 501, 20-27).

7장. 현대사회 속에서 개혁신학의 공적책임에 관하여 | 박성규 **243**

라의 사역을 시작한 그의 생애가 곧 '공적 생애'의 시작이었다. 예수 그리스
도의 '공생'는 모든 공공신학의 가장 근원적인 근거요 모델이다.[48] 모든 '공적
신학' 또는 '공공신학'은 하나님 나라 신학이라는 의미에서 '공적신학'이다.[49]
그런 의미에서 신학은 자신의 본연의 과제에 가장 충실할 때 가장 공적인 신
학이 된다. 예수 그리스도의 공생애에서 설파된 '하나님 나라'는 교회 안의
삶으로 국한되지 않는다. 예수 그리스도의 본을 받아 교회는 하나님의 말씀
과 하나님 나라에 봉사할 때 본연의 사명을 다하는 것이다. 개혁교회의 공적
신학의 정신에 비추어 볼 때, 교회가 기준이 아니라 하나님의 의와 하나님의
나라가 공적신학의 기준이 되어야 할 것이다. 교회도 하나님 나라의 봉사자
이다. 칼 바르트의 지적처럼 교회가 자기영광을 추구할 때, 교회는 "자기 지
향적인 과잉의 교회"가 되며 자신의 소명에 "게으른 교회"가 된다. 반면에 교
회가 세상에서 자신의 존재의 근거를 확보하고 할 때, 세상에서 자신의 정체
성을 확보하고자 할 때, 교회는 자신의 "본질에 낯설 존재"가 되며세속화, "결
함있는 교회"가 된다.[50] 교회는 하나님 나라의 전위대로서의 자신의 공적인
사명에 게으르지도 않으면서, 동시에 자기 스스로를 영화롭게 하지도 않는
다.

　따라서 공공신학으로서 개혁신학은 교회의 범위를 넘어선다. 이는 앞서
살펴본 칼뱅의 개혁신학의 정신과도 일치한다. 칼뱅은 그의 '그리스도 통치
설'에 근거하여 그리스도인이 하나님 나라와 세상의 왕국 두 나라의 시민으
로서 "한 쪽에서는 내적-영적으로 다스리는 통치 법에 따라 살고, 다른 한 쪽
에서는 외적-육적으로 다스리는 통치자의 법에 따라 사는 것"을 의도하지 않
았다.[51] 오히려 개혁신학적인 입장에서 "그리스도인은 상호 구분되는 두 세
계에 동시적으로 사는 것이 아니라, 이 세상의 다양한 영역에서 모든 것을 포

48　Seounggyu Park, "Seeking Possibilities for Public Theology in Korean Church and Society," *Asia-Pacific Journal of Theological Studies*, Vol. 3 (2015), 174.

49　"공적신학의 신학적 근거는 무엇보다도 예수 그리스도가 선포하고 실천한 하나님 나라다." [윤철호, 『한국교회와 하나님 나라를 위한 공적신학』, 335].

50　Karl Barth, *Das Christliche Leben, Die Kirchliche Dogmatik IV/4, Fragmente aus dem Nachlass 1959–1961* (Zürich: TVZ, 1999), 224, 227. in: Hans-Anton Drewe, Eberhard Jüngel. ed. *Karl Barth-Gesamtausgabe*, Band 7/Abt. II 3. Aufl. (Zürich: TVZ, 1999).

51　박성규, "칼뱅의 정치윤리," 『장신논단』 제41집 (2011), 169에서 재인용.

괄하는 그리스도의 통치 아래 산다."[52]

이와 맥락을 같이하여 칼뱅은 정체세계로부터 그리스도인이 단절되는 것을 결코 생각하지 않았다. 칼뱅은 그리스도인 정치에 무관심한 태도를 보이는 것은 '사탄의 생각'이라고 주장한다. "의와 도덕이 강하게 되고 신앙이 꽃피기 위하여 우리가 왕을 위해 기도해야 한다는 의견과 명분뿐만 아니라, 전 정치영역이 신앙과 무관하다는 의견 사이에는 얼마나 큰 괴리감이 있는가! 그러나 첫 번째 의견의 창시자를 우리는 성령으로 보기 때문에 두 번째 생각은 사탄으로부터 오는 것임에 틀림 없다."[53] 칼뱅에게 있어서 '시민의 권력' civilis potestas 은 단지 하나님 앞에서만 거룩하거나 정당한 것 sancta et legitima 이 아니라, "세상의 모든 … 삶 가운데서도 최고로 성별되고 가장 명예로운"[54] 소명 vocatio 이었다.

개혁신학의 관점에서 영적인 통치와 정치적 통치, 영적이며 영원한 삶과 현재적이며 무상한 삶 모두 하나님의 통치 아래 있다. 이러한 칼뱅의 공공신학을 현대에 계승하여 발전시킨 현대의 대표적인 사례 중의 하나를 우리는 네덜란드 개혁신학자 아브라함 카이퍼 Abraham Kuyer, 1837-1920 가 주창한 공공신학에서 찾을 수 있다. 자신의 "칼뱅주의 강연" Lectures on Calvinism 에서 카이퍼는 "우리 인간 존재의 전 영역에서 만물의 주권자 되시는 그리스도께서 '나의 것이다'라고 외치지 않으시는 단 한 치의 공간도 공간도 없다."라는 명제를 통해 개혁신학의 공공신학으로서의 특성을 명확히 드러내고 있다.[55] 특히 그의 '영역주권' Sphere Sovereignty 이론은 개혁신학의 특성을 잘 반영하고 있다. '영역주권'은 하나님이 창조하신 세계가 다양한 '영역' Sphere 으로 구성되어 있으며, 각 영역은 고유한 주권을 가지고 독립적으로 작동해야 한다는 원리를 강조한다. 이는 영역 주권의 기초는 하나님이 만물의 주권자이시며, 모든 영역은 하나님의 창조질서 안에서 존재한다는 믿음이다. 하나님은 각 영역을 창조하시고, 그 영역에 고유한 역할과 책임을 부여하셨다. 따라서 세계는 가정,

---

52 Jürgen Moltmann, *Politische Theologie-Politische Ethik* (München: Gründewald, 1984), 138.

53 Calvin, *Kommentar zu 1.Tim. 2,2.*

54 *Instituio* IV, 20, 4(*OS* v, 475, 28-31).

55 James D. Bratt, ed., *Abrahm Kuyper: A Central Reader* (Wm. B. Eerdmans-Lightning Source, 1998), 488.

교회, 국가, 학문, 예술 등의 여러 영역으로 구성되어 있으며, 각 영역은 독립적으로 작동한다.

　각 영역은 하나님이 부여하신 목적과 법칙에 따라 기능하며, 다른 영역이 이를 침해하거나 간섭해서는 안된다. 예를 들어 교회는 신앙의 영역에서 주권을 가지지만, 정치는 법과 질서를 다스리는 영역에서 주권을 가진다. 그러나 각 영역이 독립성을 가지지만 분리되는 것은 아니다. 각 영역은 상호협력과 조화를 통해 하나님의 뜻을 이루어야 한다. 이는 각 영역이 하나님의 영광을 위한 공통된 목적을 지향하도록 설정된 질서이다. 각 영역에서 개인의 책임도 간과되지 않는다. 모든 개인은 여러 영역에 속하며 각 영역에서 자신의 역할과 책임을 충실히 다해야 한다. 예를 들어, 개인은 시민으로서 국가에, 신자로서 교회에, 가족으로서 가정에 소속되어 각자의 책임을 감당해야 한다. 카이퍼는 '영역 주권'을 하나의 이론으로 제시하는데 그치지 않고, 실천적으로 적용하고자 한다. 그는 '영역 주권' 개념을 바탕으로 기독교 세계관을 사회의 모든 영역에 적용하려고 하였다.

　예를 들어, 기독교적 가치관을 기반으로 한 언론, 학교, 정당네덜란드 개혁당을 설립하여 하나님의 주권을 구체적으로 드러내고자 하였다. 또한 교육을 독립된 영역으로 보고, 국가나 교회의 간섭을 받지 않고 부모와 학문 공동체의 책임하에 이루어져야 한다고 보았다. 이를 기반으로 그는 "자유대학교"Free University of Amsterdam을 설립하였다. 카이퍼는 영역 주권을 통해 그리스도인들이 사회 모든 영역에서 하나님의 주권을 구현하고 변혁을 추구해야 함을 강조했다. 이는 '모든 삶은 하나님의 주권 아래 있다'는 그의 신학적 원리에 기초하고 있다. 카이퍼의 '영역 주권'이 이론적으로는 이상적이지만 실제로 각 영역의 경계가 모호할 때 갈등이 발생할 수 있다는 비판이 제기되고 있다. 또한 교회의 역할을 지나치게 제한한다고 비판받기도 한다. 또한 카이퍼의 사상이 다원주의 사회를 지지하므로 기독교적 가치관을 어떻게 사회 전체에 적용할 것인지 논쟁을 불러 일으키기도 하였다. 그럼에도 불구하고 카이퍼의 '영역 주권'은 하나님의 창조질서를 기반으로 한 사회적이며 신학적인 구조를 제안하며, 오늘날에도 신학과 공공역역에서 중요한 논의의 시도가 되고 있다. 이와 같은 맥락에서 개혁신학은 하나님의 하나님 되심을 언제나 신적인 통치 theokratisch 에서 찾았으며, 따라서 보편적인 것으로 이해하고 있음을 알 수 있다. 개혁신학의 입장에서 "하나님의 말씀에 따라" 개혁되는 것은 특정한 삶의 영역으로 제한될 수 없다는 것을 잘 보여준다.

현대의 개혁신학자 몰트만은 개혁신학의 주요 특징 가운데 하나를 "세상의 개혁"에서 찾는다. 몰트만에 따르면 개혁신학의 주요 관건은 "세상의 개혁"이다.[56] "세상의 개혁" reformatio mundi 이라는 표현은 원래 17세기에 아모스 코메니우스 Amos Comenius 에게서 유래한 것이다. 이 개념은 개혁신학이 국가, 사회, 문화, 그리고 자연에 관해 다룰 때 개혁신학의 특성을 가장 잘 표현해 준다. 하나님의 창조하시고, 해방시키시고, 구원하시는 말씀에 따라 "개혁되는" 것은 단순히 교회의 선포나 교회의 제도 또는 그리스도인의 삶으로 제한될 수 없다. 오히려 모든 삶의 영역이 이에 해당된다. 왜냐하면 하나님의 하나님 되심은 무제한적이고 만유적인 것이기 때문이다.

이로써 개혁신학의 공공신학으로서의 가능성은 만유의 주되신 하나님 자신에게 있음을 알 수 있다. 모든 삶의 영역에서 하나님의 주권자되심을 인정하고, 하나님의 의와 하나님의 나라에 가장 충실할 때 가장 공적인 신학이 가능하게 된다. 이는 개혁신학이 지향해 온 방향과 일치한다.

20세기에 이를 입증해준 가장 대표적인 신학적 사례로 우리는 칼 바르트가 작성했던 "바르멘 신학선언"를 언급하지 않을 수 없다. 잘 알려져 있듯이 "바르멘 신학선언"은 '정치선언'이 아니라 "신학선언"이었다. 따라서 일차적으로 이 선언은 '독일 그리스도인 연맹' Deutsche Christen 을 겨냥했을 뿐만 아니라 '독일 교회의 지도자들'의 신학적 사고에 대한 비판적 선언이었다. 이런 맥락에서 바르트는 "독일 목회자들의 위기"와 "독일 설교자들의 위기"를 선언한 것이다. 그런 이유로 바르트가 좀 더 적극적으로 정치적 현실에 대한 비판을 하지 못하였다는 비판들이 다수의 신학자들에 의해 제기되었던 것도 사실이다. 그러나 이러한 비판들은 당시의 신학적 위기의 긴급성에 대한 바르트의 위기의식을 다소 간과한 후대 신학자들의 느긋한 신학적 사유에 불과하다는 역비판을 면하기 어려울 것으로 보인다. 교회와 교회 지도자들이

---

56   Welker and Willis, eds., *Zur Zukunft der Reformierten Theologie*, 159.

자신들의 본질적인 과제도 수행하지 못하는 상황에서 누구를 먼저 비판할 수 있겠는가를 생각한다면 충분히 이해할 수 있는 일이다. 그러나 바르멘 신학선언이 '신학선언'이어야 했던 명분은 지금까지 살펴본 개혁신학의 공공성에서 찾을 수 있을 것이다. 바르멘 신학선언 안에서 개혁교회의 "그리스도 집중성", "하나님의 주권사상", "신앙과 삶의 일치성", "고백과 실천의 불가분의 관계", "복음과 율법의 통일성", "그리스도 공동체와 시민공동체의 불가분의 관계성" 즉, "교회와 국가의 상관성" 등이 모두 나타난다.[57]

신학선언이었음에도 불구하고 바르멘 신학선언이 미친 정치적 사회적 파급효과는 그 어떤 정치선언보다 큰 것이었다고 할 수 있다. 왜냐하면 "바르멘 신학선언의 고백이 국가에 미치는 결과를 보여주기 시작" 했기 때문이다.[58] 바르트는 자신의 신념에 따라 히틀러에 대한 충성서약하일 히틀러를 거부하였다. 특이한 사실은 바로 이 이유로 독일국가에 대한 충성을 지지하던 독일의 고백교회와 칼 바르트 사이에 갈등이 일어났다는 것이다. 1934년 11월 바르트는 교수직을 박탈 당했고, 쾰른의 법정에서 '국가반역의 흉계'를 꾸몄다는 죄명으로 유죄선고를 받았으며, 그 증거로 '유대인 인종차별에 대한 바르트의 비판'을 제시했다. 스위스로 추방된 이후에도 바르트는 바르멘 신학선언의 노선 위에 굳게 서서 흔들리지 않았다. 스위스에 독일 고백교회를 위한 "협력기구"를 창설하였고, 협력기구를 통하여 '인종차별'의 억압을 받던 피난민들을 수용하여 돕도록 하였다. 이러한 인식은 1938년 정치적으로 적용되어 "정치예배"라는 용어로 확장되었고, 더 나아가 "칭의와 정의"Rechtfertigung und Recht라는 논문에서는 "복음에는 민주정치의 법치국가가 상응하며, 이를 거스르는 위험에 대한 저항은 정당하다"[59]고 주장한다. '크리스탈의 밤' 1938년 11월 9일, 나치 당원이 유대인의 회당, 상점, 주택을 무차별 공격하여 파괴하고 거리에서 유대인을 때려 죽인 날 이후에는 히틀러를 반유대주의자라는 이유로 '적그리스도'라고 공식 선언한다. 더 나아가 바르트는 히틀러의 권력에 대항하여 군사력을 동원해서라도 저항해야 한다고 주장하며, 실제로 독일군에 저항하는 전쟁을 지원하는 활

---

57 참고. 윤철호, 『한국교회와 하나님 나라를 위한 공적신학』, 409-420.
58 Busch, 『위대한 열정』, 73.
59 Karl Barth, *Rechtfertigung und Recht* (Zollikon: Evangelische Buchhandlung, 1938), 42f.

동을 하였다. 바르트가 말년에 실제로 '군입대'함으로써 히틀러에 대한 저항을 몸으로 상징하기도 하였던 것은 잘 알려진 사실이다.

'바르멘 신학선언'은 신앙고백이다. 독일의 개혁교회는 이 선언문을 공식적인 신앙고백으로 수용하여 선언하였다. 신앙고백이 곧 공적신학의 핵심임을 잘 보여주는 사례이다. 바르트의 이러한 사상은 이미 그의 초기 변증법적 신학기에서도 찾아 볼 수 있다. "그러므로 중요한 것은 무엇보다도 … 우리가 하나님을 하나님으로 다시 한 번 전적으로 인정하는 것이다. … 이것이 우리의 중심적 과제이며, 그 외에 모든 문화적, 사회적, 국가적 과제들, 그리고 모든 윤리적-종교적인 노력들은 애들 놀이에 불과하다." 관건은 우리가 "하나님과 함께 새롭게 시작하는 것"이다.[60]

바르멘 신학선언은 '교회투쟁'이었다. 교회를 바로 세우고자 하는 싸움이었다. 바르멘 신학선언의 연장선 있는 1938년의 "칭의와 정의" Rechtfertigung und Recht 에서 바르트는 "우리가 사나 죽으나 듣고 믿고 순종해야할 유일한 말씀"이신 그리스도 계시의 절대성과 배타성에 근거하여 독일 히틀러를 통해 이루어질 계시의 가능성을 주장하던 '독일 그리스도인 연맹'에 대항하였다.[61] 그러나 바르트는 더 나아가 1946년 "그리스도인 공동체와 시민공동체"에서는 "복음이자 하나님 나라이신 그리스도로부터 시민 공동체인 국가 속에 구현" 될 수 있는 '유비'를 언급하기 시작한다.[62] 바르트는 예수 그리스도의 성육신에 근거하여 국가의 모든 법과 질서가 인간을 위한 것이어야 한다고 주장한다. 더 나아가 "예수 그리스도의 칭의 사건에서 세상 속에서 실천해야할 법과 정의를 찾았다."[63] 바르트는 그리스도인 공동체인 교회와 시민공동체인 국가의 관계를 동심원적 구조의 내원과 외원의 관계에 비유한다. 즉, "외원을 형성하는 시민공동체"는 "내원을 형성하는 그리스도인 공동체"의 세상 속에서의 유비여야 한다고 보았다. 그리하여 국가의 질서가 '자연법'에

---

60 Karl Barth, *Das Wort Gottes und die Theologie. Gesammelte Vorträge*, 1 (München: Kaiser, 1924), 14f.

61 참고, 김명용, "칼 바르트 신학에 있어서의 교회와 국가," 이형기 외, 『공적신학과 공적교회』 (용인: 킹덤북스, 2010), 231ff.

62 위의 책. 238.

63 위의 책.

근거되어서는 안되고 동심원의 중심이 되는 그리스도에 근거를 두어야 한다고 주장한다.

한가지 더 주목해야 할 사실은 바르멘 신학선언은 에큐메니컬 연합에도 기여하고 있다는 점이다. 잘 알려져 있지 않지만, 바르멘 신학선언은 교파별로 분열되었던 호주교회가 1997년 마침내 3개 교단이 연합하여 호주연합교회를 결성하는데 든든한 신학적 기초가 되었다.[64]

바르멘 신학선언은 교회가 신학 본연의 사명에 충실할 때 공적기능을 가장 잘 수행하게 된다는 사실을 역설적으로 증명하고 있다.

VII. 나가는 말

본 연구는 현대 사회의 다원주의와 지구화 맥락에서 개혁신학의 공적 책임에 대해 고찰했다. 특히 칼뱅의 신학과 제네바에서의 실천을 중심으로 개혁신학의 공적 책임의 역사적 뿌리와 현대적 의미를 탐구했다. 연구 결과 다음과 같은 결론에 도달하였다.

첫째, 개혁신학은 본질적으로 공적 신학의 성격을 지닌다. 칼뱅의 신학에서 확인할 수 있듯이, 개혁신학은 단순히 개인의 구원이나 교회 내부의 문제에 한정되지 않고 사회 전체의 개혁과 변화를 추구했다. 특히 "성도들의 공동체"로서의 교회 이해는 영적 차원을 넘어 사회적 책임으로 확장되었다.

둘째, 칼뱅의 "영적 정부"와 "시민적 정부" 개념은 현대 사회에서 종교와 정치의 관계를 설정하는 중요한 통찰을 제공한다. 두 영역의 구분과 상호보완적 관계에 대한 그의 이해는 현대 민주주의 사회에서 교회의 공적 역할을 정립하는 데 여전히 유효한 기준이 된다.

셋째, 개혁신학의 "인간성" humanitas 과 "평등" aequitas 개념은 현대 사회의

---

64   Günter Thomas, Rinse H. Reeling Brouwer, and Bruce McCormack, eds., *Dogmatics after Barth: Facing Challenges in Church, Society and the Academy* (Leipzig: CreateSpace Independent Publishing Platform, 2012), 56.

불평등과 인권 문제에 대응하는 중요한 윤리적 기준을 제시한다. 이는 단순한 이론적 원칙이 아니라, 제네바에서 실천된 것처럼 구체적인 사회적 실천으로 이어져야 한다.

　넷째, 카이퍼의 '영역주권' 개념이 보여주듯, 개혁신학은 모든 삶의 영역에서 하나님의 주권을 인정하면서도 각 영역의 고유성을 존중하는 균형 잡힌 접근을 추구한다. 이는 현대의 다원화된 사회에서 종교의 공적 역할을 정립하는 데 중요한 시사점을 제공한다.

　다섯째, 개혁신학의 "계속되는 개혁" 원칙은 현대 사회의 도전에 대응하는 역동적인 실천을 가능하게 한다. 이는 단순한 교회 내부의 개혁이 아니라, 사회 전체의 지속적인 갱신을 추구하는 원동력이 된다.

　이러한 개혁신학의 전통과 원리들은 현대 사회의 다원주의와 지구화가 제기하는 도전들에 대해 여전히 유효한 응답을 제공한다. 특히 개인주의와 물질주의가 지배하는 현대 사회에서, 개혁신학의 공적 책임에 대한 강조는 교회가 자기중심적 종교성을 넘어 사회 전체의 공공선을 위해 봉사하도록 하는 중요한 지침이 된다.

　향후 과제는 이러한 개혁신학의 통찰들을 현대의 구체적 상황에서 어떻게 실천할 것인가에 있다. 특히 경제적 불평등, 생태계 위기, 난민 문제 등 현대 사회의 핵심적 문제들에 대해 개혁신학의 관점에서 어떠한 구체적 대안을 제시할 수 있을지에 대한 후속 연구가 필요하다.

'율법과 복음'론과 '두 정부'론의 상관성과 사회윤리적 함의 탐색
― 루터, 칼뱅, 바르트를 중심으로

이 창 호

장로회신학대학교 교수, 기독교와문화

I. 들어가는 말

개신교 구원론은 기본적으로 개인적^{혹은 사적}이다. 하나님과 개별 신자 사이의 개인적인 영적 관계의 관점에서 구원이 논의된다는 뜻에서 그렇다. 이 개인적 구원에 관한 교리적 논의에서 '율법과 복음'은 근본적이다. 일반적으로 말해서 율법을 통해 죄를 인식·고백하고 복음에로 인도되며, 믿음으로 예수 그리스도의 복음을 수용함으로써 신적 의인義認의 은총을 받게 되는 것이 이신칭의以信稱義 구원론의 요체이다. 그렇다면 율법과 복음은 개인의 구원에 대해서만 하나님의 뜻과 계획을 알리는 계시의 통로로 간주되어야 하는가? 그렇지 않다. 종교개혁가 루터와 칼뱅은 공히 율법의 시민적^{혹은 사회적} 기능을 말하는데, 여기서 율법은 정치사회 공동체를 규율하는 법적 제도적 질서의 근본 토대가 된다. 아울러 율법의 제3사용으로 알려진 칼뱅의 율법 이해에 따르면 율법은 구원 받은 신자들의 교회 안팎의 삶^{혹은 성과 속의 삶}의 자리에서 그들의 윤리적 실천과 삶의 양식을 규율하고 안내하는 규범적 기준으로서 작용한다. 요컨대, 율법과 복음은 이신칭의 구원의 계시적 중추中樞일 뿐 아니라 신앙 공동체와 정치사회 공동체를 포괄하는 전체 삶의 영역에서 신자들의 윤리적 실천과 정체성을 구성하는 규범적 토대가 되는 것이다.

　이러한 율법과 복음의 사회윤리적 함의를 생각할 때, '율법과 복음'론을 사회윤리적 관점에서 검토하고 성찰하는 것은 기독교 사회윤리 담론의 성숙을 위해 의미 있는 작업이 될 것이다. 특별히 기독교 사회윤리 담론의 역사에서 기독교회와 신자들의 사회윤리적 삶을 논하는 가장 중요한 이론으로서 '두 정부'론_{혹은 '두 왕국'론}을 '율법과 복음'론과의 관계성의 관점에서 논구하는 작업 곧 두 이론 사이에 본질적인 연속성이 존재한다는 점, 후자가 전자의 이론적 토대가 된다는 점 등을 밝히는 작업은 구원의 삶의 개인적 차원과 사회적 차원을 통전적으로 해명하고 기독교 사회윤리를 성서 계시의 총체적 기반 위에 구축하는 데 의미 있는 기여를 할 것이다.

　기독교 역사에서 이러한 연속성을 가장 두드러지게 탐색할 수 있는 대표적인 신학자들로는 루터, 칼뱅, 바르트 등을 생각할 수 있다. 나중에 상술하겠지만, 루터는 두 이론 사이의 연속성에 대한 분명한 인식을 가지고 있는데, 특별히 '두 정부'론을 '율법과 복음'론과의 유비_{혹은 연속성}의 관점에서 또 성경을 근거로 하여 해명하려고 한다.[1] 칼뱅은 정치사회 공동체의 법적 체제적 토대를 율법과 복음을 포괄하는 하나님의 말씀에 두고 영적 정부와 세속 정부가 그 말씀의 규율과 방향제시를 따라 '거룩한 연방'을 향해 협력·전진해야 한다는 점을 역설하면서, '율법과 복음'론과 '두 정부'론을 긴밀히 연결시킨다. 바르트는 루터와 칼뱅과 마찬가지로 두 이론의 연속성에 대한 관념을 기본적으로 공유하면서도, 한 걸음 더 나아가 그리스도·중심적으로 율법과 복음 그리고 영적 정부와 세속 정부의 통일성을 강화하는 방향을 취한다. 바르트의 신학적 기획 안에서 한편으로 율법과 복음은 그리스도의 구속에 내포된 은혜와 선의_{善意}의 원리를 중심으로 해서 '은혜의 말씀'으로서의 통전성을 확보하며 다른 한편으로 영적 정부와 세속 정부는 그리스도 안에서 또 그리스도에 뿌리를 두고 그리스도를 공동의 중심으로 삼는 동심원적 일체성을 형성하며 공동의 목적인 하나님 나라를 함께 지향한다.

　본 장의 목적은 '율법과 복음'론과 '두 정부'론의 상관성을 논구하고 거

1　William H. Lazareth, *Christians in Society: Luther, the Bible, and Social Ethics* (Minneapolis: Fortress, 2001); 손규태, 『마르틴 루터의 신학사상과 윤리』(서울: 대한기독교서회, 2004), 182-85, 362-69.

기에 담긴 사회윤리적 함의를 탐색하는 것이다. 이 목적을 이루기 위해 루터, 칼뱅, 바르트의 '율법과 복음'론과 '두 정부'론을 각각 다루고 이 두 이론 사이의 관계성을 유비 혹은 유사성의 관점에서 주로 해명할 것이다. 또한 세 학자를 비교·평가하면서 본 장에서 추구하는 담론의 넓이와 깊이를 심화하고자 한다. 이러한 탐구의 과정을 통해 기독교 사회윤리의 중요한 규범적 실천적 통찰이 제시될 것이다. 마지막으로 몇 가지 윤리적 제안을 할 것인데, 이 제안들이 기독교회와 신자들의 윤리적 삶을 통전적으로 진술하고 기독교 사회윤리를 성서 계시의 총체적 기반 위에 세우는 데 의미 있는 기여를 할 것으로 기대한다.

II. 루터(Martin Luther)

1. '율법과 복음'론

1) 신적 기원과 율법과 복음의 구원론적 통전성

"기독교인의 자유"에서, 루터는 성경을 두 부분으로 나눈다. 곧 명령과 약속 혹은 율법과 복음이다. 율법은 우리가 무엇을 해야 하는지를 가르친다. 다시 말해, 인간의 삶에서 선한 것이 무엇인지를 가르친다. 그러나 율법의 이러한 가르침의 기능은 우리가 추구하고 행해야 할 '선한 것'을 실천할 수 있는 '능력'의 제공을 동반하지는 않는다. 오히려 율법은 선을 행할 수 없는 우리의 무능력과 무기력함을 일깨워준다. 바로 이 지점에서 하나님의 약속 곧 복음이 진정한 의미를 찾는다. 율법의 요구를 행함으로 얻을 수 없는 바를 하나님의 약속이 우리로 하여금 믿음을 통하여 이루고 또 얻게 해 준다. 하나님은 모든 것을 믿음에 의존하게 하셔서 믿음이 있는 이는 모든 것을 가질 수 있게 되지만, 믿음이 없는 이는 그러지 못하게 될 것이다. 그리하여 하나님의 약속은 "하나님의 계명들이 요구하는 바를 허락하고 또 율법이 요구하는 바를 이루게 한다. 그래서 모든 것이 오직 하나님께 속하게 될 것이다. … 하나님 홀로 명령하시고 또 홀로 이루신다."[2] 여기서 루터는 성경을 각각의 목적에 따라 두 부분으로 나누어 생각하지만, 계명이 주어지고 또 하나님의 약속 안에서 계명을 이루는 것, 이 두 가지는 모두 오직 하나님의 주권에 달려 있다는 점을 역설하고 있다. 이런 맥락에서 율법과 복음 사이의 통일성혹은 연속성은 하나님 말씀의 전체로서의 통일성에 달려 있으며, 전체로서 말씀은 오직 하나님으로부터 왔고 또 하나님께 기름부음 받았다는 것이 루터의 인식인 것이다.

이러한 통일성은 이신칭의의 은혜에 이르기 위해서는 율법과 복음 모두를 설교해야 한다고 강조한 루터의 가르침에서도 찾을 수 있다. 세례 요한과는 달리 예수 그리스도는 회개를 요청하는 율법 말씀만 설교하지 않았다. 그와 함께 복음 말씀도 설교하였다. 그러므로 예수 그리스도의 선포 양식을 따라, 설교자들은 둘 중에 하나만 전해서는 안 된다고 루터는 가르친다. "인간은 하나님의 율법의 위협과 두려움에 의해 자신을 발견하고 또 겸손하게 된 이후에 약속 안에서 믿음으로 위로받고 구원에 이를 수 있게 된다."[3] 하나님 말씀 수용을 통한 이신칭의의 과정은 하나님의 동일한 말씀으로서의 율법과 복음의 통전성에 상응한다. 이 둘은 서로 묶여 있어 떼어 놓을 수 없으며 율법의 작용과 더불어 복음의 역사를 총체적으로 고려하면서 구원론을 전개해야 한다는 것이다. 그러므로 믿음으로 말미암는 '하나님의 의롭다 하심'은 오직 율법에 의해서라기보다는 율법으로부터 촉발된 죄인식과 회개 그리고 복음 수용을 통한 용서와 칭의의 체험이라는 '율법과 복음의 통전적 작용'의 결과라 할 수 있는 것이다.

2) 율법과 복음의 기능 이해

『갈라디아서 주석』에서 루터는 율법에는 두 가지 기능이 있다고 말한다.

---

2 Martin Luther, "Freedom of a Christian," in *Martin Luther: Selections from His Writings*, ed. John Dillenberger (New York: Anchor Books, 1962), 57-58.

3 위의 글, 72-73.

하나는 '시민적' 기능이고 다른 하나는 '신학적 혹은 영적' 기능이다. 전자는 죄악된 세상에서 범법과 악행을 제어하는 기능을 가리킨다. 하나님은 정치 지도자들이나 부모, 교사, 법률의 수행 등을 통해서 이를 실현하신다. 이러한 시민적 기능은 한편으로 기본적인 사회질서와 평화와 같은 인간 공동체의 필수적 생존의 조건들을 확보하는 데 필수적이기에 중요하며, 다른 한편으로 복음의 진보가 인간의 악행에 의해 방해 받아서는 안 되기 때문에 중요하다.[4]

루터에 따르면, 율법의 신학적 혹은 영적 기능은 참되고 순전하다. 율법은 죄악됨을 드러내고 또 "범법을 증가시킨다 increase transgressions ." 이는 끊임없이 우리를 고소하고 또 하나님의 진노, 하나님의 심판, 하나님의 영벌 선고에 이르게 한다. 그야말로 죄인들에게 율법이란 "죽음의 망치요 지옥의 천둥과 신적 진노의 번개로 역사해서 모든 교만과 무지를 산산조각 내는" 하나님의 말씀인 것이다. 그러기에 죄인을 위한 하나님의 구원이라는 관점에서 율법은 매우 유익하고 필수적이라는 것이 루터의 확고한 신념이다.[5]

복음과 율법 사이의 차이를 강조하면서, 루터는 복음의 본질에 대해 역설한다. 복음은 죄인과 가장 무익한 이들에 대한 하나님의 자비이다. 하나님의 자비로 부름 받은 이들은 그리스도의 죽음으로 죄와 영원한 죽음에서 구원함을 받았고 또 십자가의 승리로 값없이 하나님의 선물 곧 은혜, 죄의 용서, 의로움과 영생 등을 받게 되었음을 굳게 믿는다.[6] 율법과 복음의 근본적 차이는 무엇인가? 율법의 '이중 기능'의 관점에서 생각해 보아야 한다. 첫째, 율법의 시민적 기능의 관점에서, 율법은 시민적 공적 영역에 관계한다. 복음은 인간 삶의 공적혹은 외적 토대에 관계하지 않고, 구원이나 하나님과의 사귐에 관계하는 영혼혹은 내면의 문제를 관장한다. 둘째, 신학적 기능의 관점에서, 율법은 우리가 누구인지를 밝혀 주는데, 특별히 우리의 죄성과 유한성을 적나라하게 드러내 준다. 복음은 죄용서와 칭의의 은총을 가져다준다. 율법 자

4   Martin Luther, *Commentary on Galatians, in Martin Luther: Selections from His Writings*, ed. John Dillenberger (New York: Anchor Books, 1962), 139-40.
5   위의 책, 140-41.
6   위의 책, 144-45.

체에는 그 어떤 치유와 구원의 능력이 없다. 복음이 역사할 때, 구원에 이르게 되는 것이다. 요컨대, 예수 그리스도를 통한 하나님의 은혜의 역사의 전체성 안에서 율법과 복음은 각각의 기능에 따라 다르게 역사한다.

2. '두 정부'론

루터는 정치적 권위로서의 세속 왕국혹은 세속 정부과 영적 권위로서의 그리스도 왕국영적 정부을 선명하게 구분한다. 세속 왕국은 창조 질서에 속하는 것으로 하나님이 친히 세우신 것이다. 다시 말해, 세속 왕국의 기원은 신적 위임에 있다. "이러한 형벌적인 법적 통치 penal law 는 이 세계의 시작으로부터 존재했다. 가인이 그의 동생을 살해했을 때 자신도 죽임을 당할 수 있다는 극도의 공포에 사로잡혀 있었고, 하나님은 특별히 그러한 일을 금지시켰고 칼을 쓰는 것을 막아 그의 생명을 보존코자 하셨던 것이다창 4:14 이하. 만일 살인자들이 그들도 죽임을 당할 수 있다는 사실을 아담으로부터 보고 듣지 않았다면 그들은 이러한 공포를 갖지 못했을 것이다."[7] 이 세상이 오직 참된 신자들 곧 그리스도 왕국에 속한 이들로만 구성된다면 하나님은 다른 왕국혹은 통치적 권위을 생각하실 필요가 없었을 것이다. 그러나 이 세상에 참된 신자들은 참으로 드물기에, 하나님은 신자들을 포함하여 이 땅을 살아가는 인간 존재들을 위한 다른 왕국 곧 세속 왕국을 마련해 주신 것이다.[8] 이런 맥락에서 루터는 세속 왕국을 세속의 법이 아닌 복음으로 다스리려 하다 보면 악의 세력이 준동하여 사회를 무질서와 혼란에 빠질 수 있고 또 복음이 오용될 수 있는 위험이 있다고 경고한다. 그래서 하나님은 이 왕국 안에서 사람들이 법과 권위에 복종하게 하여 악행과 범법을 제어하시고 생존에 필요한 평화와 질서를 확보하게 하신다.[9] 다시 말해, 세속 정부는 죄의 치유와 정의로운 사회 질서

7　　Martin Luther, "Secular Authority: To What Extent It Should Be Obeyed," in *Martin Luther: Selections from His Writings*, ed. John Dillenberger (New York: Anchor Books, 1962), 366.

8　　위의 글, 370.

9　　위의 글.

의 회복을 위해 하나님이 세우신 정치사회적 체제이며 이를 통해 하나님은 인간과 인간 공동체를 향한 신적인 섭리의 사랑을 구현하신다.[10]

그리스도 왕국 역시 그 기원은 하나님의 위임에 있다. 다시 말해, 영적 정부도 하나님의 주권적 질서에 속하는 것이다. 그리스도 왕국은 참된 신자들로 이루어진다. 그리스도 왕국은 영적 정부를 가리키는데, 이 정부는 참된 신자들의 영혼을 다스리며 또 개별 신자들의 경건을 성숙시키는 것을 주된 목적으로 삼는다. 이는 정치사회적 관점에서의 어떤 기구는 아니다. 오히려 개별 영혼을 관계하며 세속 영역 속에서 살아간다. 말씀과 성례의 형태로 나타나는 성령의 임재와 역사에 의해 세워지고 또 유지된다. 정치적 권위가 강제력으로 인간과 인간 공동체를 다스린다면 영적 권위인 그리스도 왕국은 참된 신자들을 하나님의 말씀으로 다스리는데, 말씀에 비추어 죄를 깨닫게 하게 회개하여 복음을 수용하게 하며 더 나아가 그리스도의 말씀에 철저하게 순종하게 한다.[11] 그리스도 왕국의 사람들은 예수 그리스도의 철저한 사랑의 명령 곧 이타적 자기희생과 무저항 비폭력의 사랑의 명령을 온전히 구현할 수 있는데, 성령께서 예수 그리스도의 윤리적 가르침을 신자들에게 선명하게 인식하게 하실 뿐 아니라 그 명령에 온전히 순종할 수 있는 능력도 허락하시기 때문이다.[12]

그리스도 왕국 백성들은 세속 왕국에 속하지 않지만 세속 왕국에 살고 있다는 점을 감안하면서, 루터는 그리스도 왕국 백성들이 세속 정부의 공공선에 이바지하도록 부름 받았다고 가르친다. 이는 세속 정부를 위해 일하는 것은 결국 그리스도 왕국에 대한 헌신에 그 뿌리를 두고 있다는 루터의 신념을 반영한다. 다만 세속 정부가 그들의 이웃들의 삶에 유익한 한에서 세속 정부에 참여할 수 있으며, 기독교인들이 세속 정부에 참여하는 것은 이웃 사랑의 동기에 의한 것이어야 한다. 다시 말해 신자들이 세속 정부의 공적 과업에 참여할 수 있고 또 그렇게 해야 하는데, 이러한 참여는 자기애적[自己愛的] 동기에 의한 것이 아니라 정치사회 공동체의 다른 구성원들의 유익을 위한 것이

---

10   H. Lazareth, *Christians in Society*, 44.

11   손규태, 『마르틴 루터의 신학사상과 윤리』, 183.

12   Luther, "Secular Authority," 369.

어야 한다는 것이다.[13] 이런 맥락에서 기독교인들에게 세속법과 강제력의 사용이 이웃을 섬길 수 있는 길이 된다면 일종의 사랑 실천의 도구가 될 수 있다. "강제력 혹은 칼은 온 세상에 유익할 수 있는데, 평화를 유지하고 죄를 징벌하며 또 악행을 막기 위해서이다. 그리하여 강제력의 사용을 기꺼이 받아들이며 세금을 내고 정치적 권위를 존중한다. 또한 세속 정부를 섬기고 도우며 발전시킬 수 있는 모든 것을 하고자 한다."[14]

루터는 세속 권위의 한계를 논하면서, 통치 영역의 관점에서 두 정부의 분명한 차이를 밝힌다. 세속 정부는 인간으로서의 생존과 정치사회적 실존을 위한 외적 물리적 요건을 마련하기 위해 기능해야지, 오직 그리스도가 관장하시는 영적 정부의 일 곧 그리스도를 자발적으로 섬기고자 하는 이들과 그들의 영적 혹은 내적 삶에 개입해서는 결코 안 된다. 이에 관한 루터의 경고를 들어보자. "만일 세속 권력이 영혼의 문제에 법을 근거한 개입을 시도한다면 이것은 하나님의 영역을 침범하는 것이요 결국 영혼을 파괴하는 결과를 낳을 것이다."[15] 다만 루터는 세속 권력이 신앙의 문제에 부당하게 혹은 부적절하게 개입하는 것에 대해서는 분명하게 반대하지만, 동시에 영혼의 일을 관장해야 할 영적 정부가 정치적 권력을 추구하거나 종교적 영향력을 세속적으로 혹은 정치적으로 활용하려고 하는 시도에 대해서도 단호하게 거부한다는 점을 지적해 두어야 하겠다. 다시 말해, 정치권력의 교회의 고유한 영적 영역에 대한 부당한 개입도 문제이지만, 교회의 정치적 세속화와 세속 권력의 추구도 엄격하게 제한되어야 할 문제로 보고 있는 것이다.

3. 두 이론의 상관성 모색

이제 두 이론 사이에 유비 혹은 유사성이 존재함을 밝히면서 이 둘의 상관성을 탐색하고자 한다. 여기서 상관성은 둘 사이의 이론적 연속성을 내포

---

13   위의 글, 373.
14   위의 글, 372-73.
15   위의 글, 382-83.

하며, 특별히 '두 정부'론으로 전개되는 루터의 정치윤리는 '율법과 복음'론에 그 중요한 토대를 갖고 있다는 점을 드러내고자 하는 것이다. 율법과 복음의 통일성의 원천적 근거는 하나님이 말씀의 유일한 기원이 되신다는 점이듯이, 두 정부의 통일성은 이 둘을 기름 부어 세우신 궁극적 주체가 하나님이시라는 점에 기인한다. 곧 이 두 경우 모두에 있어, 신적 기원과 위임이 연속성을 결정하는 요인이 된다는 말이다. 또한, 영역의 관점에서 유사성이 있다. 우리가 본 대로, 한편으로 율법의 시민적 기능은 정치사회 영역에서의 생존을 위한 외적 요건들과 관련이 있으며, 다른 한편으로 복음은 개인적 차원에서 신자의 영적 내면적 부분에 관계한다. 이는 '두 정부'론에도 적용된다. 한편으로 그리스도 왕국^{혹은 영적 정부}은 인간의 내적·영적 영역을 관장하며, 다른한편으로 세속 왕국^{혹은 세속 정부}은 인간 실존의 외적 요건들 곧 생존을 위한 물질적 기반, 사회적 실존을 위한 기본적 질서와 평화 등의 요건의 확보와 증진을 위해 존재한다.

한 가지 더 생각한다면, 구원과 사회적 삶과 연관된 기독교인의 '정체성'의 관점이다. 기독교인의 정체성과 실존이 율법과 복음 모두를 통해 결정되듯이, 기독교인의 역사적 사회적 실존은 그리스도 왕국의 권위 뿐 아니라 세속 정부의 권위 아래에서 형성되고 유지된다. 인간은 율법을 경험하지 않는다면 복음을 듣고자 하는 욕구를 가질 수 없다. 율법 없이 우리의 죄성을 인식·인정할 수 없으며, 더 나아가 구원을 위한 그리스도의 역사를 받아들일 수 없다. 하나님의 구원에 이르기 위해, 기독교인들에게 율법과 복음은 둘 다 필수불가결한 요건이다. 마찬가지로, 기독교인의 삶은 두 정부 모두를 필요로 한다. 두 정부는 구별되지만, 이 세상 속에서 이 둘은 모두 현존하며 다른한 쪽이 없이는 충분하게 그 본래적 기능과 목적을 이룰 수 없다. 오직 그리스도의 왕국만이 통치한다면, "악에게 고삐를 풀어 주는 꼴이 되고 온갖 악행을 저지를 수 있는 빗장을 푸는 셈이 될 것"[이며], "세상은 영적인 일들을 받아들일 수도 없고 이해할 수도 없게" 될 것이다.[16] 그러기에 세속 정부는 필요하다. 더욱이 기독교인들은 이웃을 사랑하기 위해 세속 정부를 사용할

---

16   위의 글, 372.

수 있다는 루터의 권고를 여기서 주목할 필요가 있겠다. 이와 대비적으로, 세속 정부만이 정치적 권위를 행사한다면 '하나님 말씀에 순종함이 없는' 위선에 빠지고 말 것이다. 그러기에 교회는 세속 정부가 하나님의 뜻을 따라 그 공적 책무를 온전히 수행할 수 있도록 공적 지도자들과 봉사자들에게 말씀을 선포하고 가르쳐야 한다고 루터는 강조한다.

Ⅲ. 칼뱅(Jean Calvin)

1. '율법과 복음'론

1) 신적 계시로서의 율법과 복음 말씀의 절대적 필요성

칼뱅의 인간 이해의 핵심에는 인간의 깨어짐과 부패가 자리 잡고 있다. 타락을 통하여 인간은 하나님으로부터 소외되고 그리하여 하나님의 형상이 상당한 수준으로 손상을 입게 되었다. 물론 완전히 파괴된 것은 아니지만 말이다. 우리의 자기 인식은 다름 아닌 죄성에 대한 인식이다. 칼뱅은 이러한 인식을 시편 51편 5절에 나오는 다윗의 죄 고백의 관점에서 설명한다. "[다윗은] 거기서 아버지와 어머니를 그들의 죄를 들어 비난하는 것이 아니다. 오히려 자신을 향한 하나님의 선하심을 칭송하는데 자신의 범죄를 고백하는 데로 이끈 자신의 인식에 이르게 한 것이다."[17] 다른 곳에서 칼뱅은 인간 삶을 지배하는 죄의 힘을 강조한다. "인간의 마음은 완전히 하나님의 의로부터 이탈되어 있다. … 마음이 죄의 독에 흠뻑 절여 있어서 역겨운 악취 외에는 아무것도 숨 쉴 수가 없다."[18] 여기서 칼뱅은 인간에게 선한 것이 아무 것도 남지 않았다는 것을 말하는 것이 아니라, 우리 인격의 모든 부분이 죄의 영향

---

17   Jean Calvin, *Institutes of the Christian Religion*, ed. John T. McNeill and trans. Ford Lewis Battles (Philadelphia: The Westminster Press, 1960), Ⅱ. 1. 5.

18   위의 책, Ⅱ. 5. 19.

을 받고 있다는 점을 말하고 있는 것이다. 이러한 죄의 전방위적 영향력을 인
정할 때, 인간은 그리스도에 온전히 의존할 수밖에 없게 된다.[19]

　인간이 죄에 사로잡힘으로써 하나님에 대한 지식이 심각하게 왜곡되었
다. 칼뱅은 인간 이성은 완전히 능력을 상실한 것은 아니라고 주장하는데,[20]
물론 그것이 온전히 선하거나 질서 있게 작용하는 것은 아니라는 점을 확인
하면서 말이다.[21] 인간은 그런대로 이성적으로 혹은 합리적으로 살 수 없을 만큼 어
두워진 것은 아니다. 그러나 이러한 긍정적인 측면을 감안하고서라도, 인간
은 인간 지성을 통하여 하나님과 하나님 사랑에 대한 참다운 지식에 이를 수
없다. "영적 통찰은 크게 세 가지 영역에 있다: 하나님을 알기; 거기에 우리
의 구원이 있는 바, 우리를 위한 하나님의 아버지로서 사랑을 알기; 하나님의
법을 따라 우리 삶을 어떻게 구성해야 하는지 알기. 첫 번째와 두 번째의 경
우 – 특히 두 번째 – 위대한 천재도 두더지 보다 더 어둡다."[22] 인간이 하나님
을 알 수 있는 능력을 갖추고 있지 못하다는 점을 고려하면서, 칼뱅은 하나님
에 대한 참된 지식의 추구는 하나님과 떨어져서는 가능하지 않다는 점을 강
조한다. 그러므로 예수 그리스도 안에서 주어진 바로서의 하나님의 은혜는
인간이 하나님과 관계를 회복하고 또 참된 하나님의 지식에 이르는 데 필수
적이다.

　칼뱅은 『기독교강요』를 다음과 같이 시작한다. "우리가 소유하는 거의
모든 지식 곧 참되고 건전한 지혜는 두 부분으로 되어 있다. 곧 하나님의 지
식과 우리 자신에 대한 지식이다."[23] 인생의 궁극적 목적은 하나님을 아는 것
이다. 모든 참된 지식은 오직 하나님으로부터 온다. 기독교인의 삶은 하나님
의 지식 없이 현실적으로 불가능하다. 어떻게 인간이 하나님 지식을 획득할
수 있는가? 앞에서 본 대로, 칼뱅은 이 지식에 관한 인간의 능력에 대해 부정
적이다. "우리가 하나님에 대해 생각하는 것이 무엇이든, 어리석고 또 무엇

19　William J. Bouwsma, "The Spirituality of John Calvin," in *Christian Spirituality: High Middle Ages and Reformation*, ed. Jill Raitt (New York: The Crossroad Publishing Company, 1987), 326.

20　Calvin, *Institutes of the Christian Religion*, II. 2. 12-16.

21　위의 책, II. 2. 24.

22　위의 책, II. 2. 18.

23　위의 책, I. 1. 1.

을 말하든 얼빠진 소리다."[24] 인간의 마음은 너무나 연약하여 하나님을 이해
할 수 없고, 오직 "하나님의 거룩한 말씀이 도와 주셔야 한다."[25] 그러므로 우
리가 하나님을 탐구하고 또 알기를 원한다면, 우리는 하나님의 인도하심을
받아야 한다. "성경의 제자가 되지 않는다면, 바르고 건전한 교리 가운데 털
끝만큼도" 제대로 인식할 수 없다.[26] 그러므로 "십자가의 설교가 인간의 본능
과 부합되지 않는다 하더라도, 창조자이시오 주관자가 되시는 하나님께로
돌아가서,··· 다시 하나님의 아들딸이 되기를 원한다면 우리는 겸손하게 [그
말씀을] 받아들여야 할 것이다[롬 1:16; 고전 1:24 비교]."[27] 이런 맥락에서,
칼뱅은 구원을 위한 하나님 지식에 이르기 위해 신적 계시 곧 성경 말씀은
필수불가결한 요소가 된다는 점을 역설하고 있는 것이다.

2) 율법 말씀의 세 가지 기능

칼뱅은 율법 말씀의 세 가지 기능을 말한다. 첫째, 시민법적 혹은 사회적 기능
이다. 시민법은 비유하자면 정치사회 공동체라는 몸을 구성하는 가장 강력
한 근육과도 같다. 모든 시민법은 자연법에 기원이 있다고 보는데, 칼뱅에게
자연법은 인간의 마음속에 하나님이 심겨 놓으신 것으로서 '공평의 지배'rule
of equity 이다. 모든 시민법은 도덕법 곧 십계명을 기준으로 판단해야 하는데,
도덕법의 핵심은 '영원한 사랑의 지배'이다. "도덕법이라 일컫는 하나님의
법은 다름 아닌 자연법과 양심의 증언이다. 이 공평의 지배는 인간의 양심에
새겨져 있다. 그리하여 이 사랑의 영원한 지배 혹은 공평의 지배가 모든 법의
목적이요 규율이어야 한다."[28] 하나님이 이를 주신 이유는 타락 이후 인간의
악행과 범법을 제어하여 인간 공동체에 평화와 질서를 확보해 주기 위함이
다.

---

24 위의 책, I. 13. 3.
25 위의 책, I. 6. 4.
26 위의 책, I. 6. 2.
27 위의 책, II. 6. 1.
28 위의 책, IV. 20. 16.

사람들이 공동체를 이루어 살아가면서 사회적 생존을 위해 필요한 평화와 질서를 확보하고 또 유지하기 위해 공동체 구성원들이 존중하고 또 준수해야 할 윤리적 합의와 법적 제도적 체제가 있다. 그런데 이것을 어기고 무력화한다. 범법과 악행을 저지르는 이들이 존재하는 것이다. 그대로 내버려 두면 평화와 질서에 큰 타격을 줄 수 있고 공동체적 실존이 불가능한 혼란과 무질서에 빠질 수 있기 때문에, 이러한 범법과 악행을 '율법'을 통해 통제하고 제어해야 하는 것이다.

둘째, 신학적 기능이다. 율법 말씀은 죄와 악함을 드러내고 회개와 구원에 이르게 한다. 비유하자면, 거울과 같은 기능이다. 우리의 있는 그대로의 모습을 보게 한다. 특히 거룩한 말씀에 비추어 나의 존재와 행위의 거룩하지 못함과 죄악됨을 드러나게 하고 또 인정하게 한다. 다시 말해 영적 가난, 연약함, 불의, 죄악됨 등을 직시하게 하고 더 나아가 연약함과 죄악됨을 인정하고 고백하게 한다. 믿지 않는 이들을 끊임없이 고발하고 하나님의 심판의 자리에 이르게 한다. 그런데 율법의 신학적 기능은 저주와 심판으로 끝나지 않는다. 유한하고 죄악된 모습을 적나라하게 드러내주어 예수 그리스도의 구속의 은총 없이는 구원받을 수 없음을 인정하게 할 뿐 아니라 복음 말씀 곧 구원의 복음에로 인도하는 역할을 하는 것이다. 갈라디아서 표현을 빌리자면, 복음에로 이끄는 '초등교사'로서 기능하는 것이다.

셋째, 율법의 제3사용이다. 칼뱅에 따르면, 이것은 율법의 가장 중요한 기능으로서, 신자들이 하나님 뜻의 본질을 선명하게 이해할 수 있도록 하며 또 지속적으로 그 뜻을 행하도록 권고하고 자극한다. 복음 말씀을 수용하여 신자가 되고 또 하나님의 백성이 된 사람들이 어떻게 살아야 하는지에 대한 응답으로서 규범적 방향성과 기준을 제시하는 것이다. 다시 말해, 여기서 율법은 신자들의 도덕적 판단과 선택 그리고 행동을 규율하고 안내하는 궁극적 규범으로서 작용한다.

율법의 제3사용의 문제는 칼뱅의 성화론과 연계해서 논구할 필요가 있다. 쿠엔호벤 Jesse Couenhoven 는 칼뱅이 칭의와 성화 사이에 균형을 맞추길 원하지만 후자를 좀 더 강조한다고 보면서, 그 중요한 이유로서 "『기독교강요』에서 칭의 보다 성화에 대해 더 먼저 또 더 길게 다룬" 점을 든다.[29] 칼뱅의 성

화에 대한 강조는 율법의 제3사용에 대한 그의 강조와 연결된다. 칼뱅에게
이것은 율법의 주된 용법인데, 이는 신자들로 "매일 주의 뜻을 더 철저하게
배우도록" 한다.[30] 성경은 끊임없이 신자들로 하여금 그들의 삶을 하나님의
뜻에 맞추도록 도전하는데, 그 뜻이란 신자들이 그들의 삶에서 표현해야 할
예수 그리스도의 본本인 것이다.[31] 다만 율법에 입각한 삶의 변화 추구를 인
간·주도적 행위로 이해하지 않는다. 오히려 이는 성령의 역사의 결과이다.[32]
칭의와 성화는 은혜 안에서 주어지는 바로서, 믿음의 이중적 열매 곧 삶의 갱
생과 의의 전가이다. 기독교인들은 의롭다 함을 받으며 은혜 가운데 선행의
열매를 맺는다. 그리하여 칼뱅은 '선행의 은혜' grace of good works 를 말한다. "하
나님의 모든 은사가 우리에게 주어질 때…. 그것들은 하나님의 얼굴의 광채
와 같다. 그 광채가 우리를 조명하여 그 선함의 지고의 빛을 묵상하고 깨닫게
돕는다. 이것은 선행의 은혜에서도 마찬가지이다. 이 [선행의 은혜]는 양자의
영이 우리에게 주어짐을 증거한다."[33]

3) 자연법과 율법 그리고 복음의 연속성

칼뱅에 따르면, 자연법과 모세의 율법 사이에 큰 차이는 없다. 새로운 내
용이 후자에 첨가되지 않았다는 것이다. 무지와 교만으로 어두워져 이성과
양심이 자연법 인식에 문제가 생겼기에, 하나님은 모세의 율법과 같은 성문
법을 주셔서 자연법의 내용에 좀 더 충실히 접근할 수 있게 하신 것이다. 더
나아가 예수 그리스도가 주신 말씀보다 모세의 율법이 열등하다고 보아서는
안 된다고 칼뱅은 주장한다. 후자가 뭔가 부족하기에 예수가 무언가를 덧붙
여 더 주신 것이 아니라는 말이다. 달리 말해, 그리스도는 율법을 통해서도
율법 말씀의 수용자들에게 드러나셨으나 복음 안에서 더 분명하게 알려지신

---

29 Jesse Couenhoven, "Grace as Pardon and Power: Pictures of the Christian Life in Luther, Calvin, and Barth," *Journal of Religious Ethics* 28 (2000), 72.

30 Calvin, *Institutes of the Christian Religion*, II.7.12.

31 위의 책, III.6.2-3.

32 위의 책, III.2.11.

33 위의 책, III.14.18.

다는 것이 칼뱅의 이해인 것이다.

> 율법은 경건한 사람들이 그리스도의 재림을 기다리며 믿음을 견지하는 데
> 유익하지만, 그가 임하실 때 더 큰 빛을 보게 될 것을 소망해야만 한다. 이런
> 이유로 베드로는 '이 구원에 대하여는 너희에게 임할 은혜를 예언하던 선지
> 자들이 연구하고 부지런히 살펴서'벧전 1:10라고 말했다. 또한 '이 섬긴 바가
> 자기를 [혹은 이 세대를] 위한 것이 아니요' 복음을 통하여 '이제 너희에게
> 알린 것이다벧전 1:12.' 이것들[이제 너희에게 알린 것]을 듣게 되는 것이 고
> 대인들에게 무익하거나 심지어 선지자들에게 아무 가치가 없는 것이 아니
> 라, 오히려 하나님이 그들을 통해 우리에게 전수해 준 보물을 그들이 소유
> 하지 못했을 뿐이다! 그들이 증언한 그 은혜가 오늘 우리 눈앞에 놓여 있다.
> 그들은 그 은혜의 한 부분을 조금 맛보았을 뿐이지만 우리는 좀 더 넉넉하
> 게 즐길 수 있게 되었다. 그러므로 그리스도께서 모세가 자기를 증언했다고
> 선언하시면서도요 5:46, 우리가 유대인들보다 더 많이 그 은혜를 받았기에,
> 그 은혜의 크기를 칭송하셨다.[34]

최윤배는 칼뱅 당시 사람들이 율법은 '행위를 통한 공로'의 관점에서 그
리고 복음은 '은혜로 전가된 의'의 관점에서 이분법적으로 이해한 것에 대해
칼뱅이 비판한 점을 들어, 이 둘 사이에는 '내용적으로 상대적 차이'만 존재
한다는 점을 밝힌다.[35] 하나님의 법을 전체로 볼 때, 복음의 법이 갖고 있는
차별성은 '드러남의 선명성'이라는 것이다. 다시 말해, 율법과 복음의 차이는
'계시의 명료도'의 차이라는 것이 칼뱅의 인식인 것이다.[36] 요컨대, 복음은 구
약의 율법을 능가하지 않는다. 그러나 모세의 율법이 자연법을 더 분명하게
해석하는 것처럼, 복음은 율법을 더욱 분명하게 이해할 수 있게 한다. '최상
의 해석자'이며 '완전함으로 회복하신 분'이신 그리스도는 복음을 통해 율법
의 내용을 선명하게 드러내신다.

---

34   위의 책, II.9.1.

35   최윤배, 『칼뱅신학 입문』(서울: 장로회신학대학교출판부, 2012), 149.

36   Calvin, *Institutes of the Christian Religion*, II.9.4.; 최윤배, 『칼뱅신학 입문』, 149.

2. '두 정부'론

루터와 마찬가지로, 칼뱅은 기본적으로 교회와 국가혹은 영적 정부와 정치적 정부 사이의 구분을 견지한다. 전자는 사람의 내면혹은 영혼을 다스림의 영역으로 상정하고 후자는 시민적 기구들과 행동에 대한 외적 규율에 관계한다. 한편으로 국가는 불법을 제어하기 위해 강제력을 동반하는 형벌을 가할 수 있다. 국가의 지도자들은 '신들'로 일컬어지기도 하는데, 왜냐하면 "그들이 하나님으로부터 임무를 받았고 권위의 근원이 하나님이시기에" 그렇다.[37] 다른 한편으로 내적혹은 영적 삶은 오직 영적 정부에 의해서 규율될 수 있으며, 특별히 이런 이유로 영적 정부는 정치적 정부와는 독립적으로 운영되어야 한다. 달리 표현한다면, 세속 정부는 오직 시민들의 외적 삶의 영역만 관장해야 하는데, '영혼의 삶' 곧 내면적 의도와 동기에 대한 것이어서는 안 된다. 이 둘 사이의 간격을 인정하지 못한다면, 영적 정부든 세속 정부든 잘못된 길로 가게 될 것이다. 정치적 정부는 신앙의 고백적 일들에 대해서는 이방인이 되어야 하는 반면, 영적 정부는 정치권력을 지향하는 시도를 멀리해야 한다. 교회는 "군주에게 주어진 과업을 감당하려 해서는 안 되고, 반대로 군주는 교회의 일을 관장하려 해서는 안 된다."[38]

최윤배는 이 '두 정부'를 '이중 통치'로 번역하며, 기독교인의 자유의 관점에서 그 의미를 밝힌다. "[칼뱅]은 인간에게 주어진 이중 통치를 그리스도인의 자유와 관련시키고, 이 이중 통치는 그리스도인의 자유를 해치는 것이 아니라, 오히려 그 반대로 하나님께서 인간에게 주신 유익한 외적 수단이라는 것이다."[39] 여기서 두 정부 사이의 구분은 기독교인의 자유 보장과 신장을 위해 중요한 의미가 있다고 하겠는데, 국가 권력과 같은 외부의 강제나 권위가 개인의 자유, 특히 신앙의 자유에 부적절하게 개입할 수 없다는 점을 내포하기 때문이다. 다만 두 정부 사이의 구분과 이와 연관된 '자유'와 '강제' 사이의 구분에 관한 칼뱅의 신념을 존중하지만 칼뱅의 사회윤리 사상을 전체

37 Calvin, *Institutes of the Christian Religion*, IV. 20. 4.
38 위의 책, IV. 11. 3.
39 최윤배, 『칼뱅신학 입문』, 599.

적으로 검토할 때 여전히 모호함과 긴장의 요소가 존재한다는 점을 지적해 두어야 하겠다.

칼뱅의 사회윤리적 가르침 가운데 이러한 '모호함과 긴장'의 단초가 될 수 있는 가장 두드러지는 지점이 있다. 그것은 세속 권력이 "하나님 예배의 외적 측면을 보호하고 건전한 교리와 교회의 입지를 변호하는 등"의 공적 과 업을 수행할 수 있는 여지를 열어 둔 것이다.[40] 여기서 우리는 세속 정부의 역 할이 인간 행동의 외적 측면에만 머무는 것이 아니라, 내면적 영적 삶에도 미 칠 수 있다는 점을 추론할 수 있다. 다시 말해, 칼뱅에게 국가의 임무는 십계 명의 두 번째 부분5-10계명만이 아니라 첫 번째 부분1-4계명에도 미칠 수 있음을 보여 주는 것이다. 정치적 권위는 "사람들 가운데 우상숭배, 신성모독, 진리 에 대한 비방 그리고 다른 신앙에 대한 공격이 없도록" 하는 데 이바지할 책 무를 가진다.[41] 그러므로 정치적 정부는 이중 사랑의 계명을 완수하도록 부 름 받았는데 곧 '진실한 믿음과 경건으로 하나님을 예배하는 것'과 '신실한 마음으로 사람들을 품는 것'을 목적으로 삼는다. 오직 성령의 역사를 통해서 만 정당화될 수 있는 순전하게 영적인 문제들에 대해서는 국가가 개입할 수 없겠지만, 예배나 교리와 같은 신앙 실천의 외적 측면에 있어서는 국가가 일 정 정도 역할을 감당하는 것에 대한 여지는 남겨 두고 있는 것이다. 여기서 우리는 국가가 단순히 사람들이 외적인 생존의 조건들만 관장하는 것이 아 니라 신앙적인 부분도 통제할 가능성이 있다는 점을 유추할 수 있다. 정치권 력이 건전한 교리와 교회의 입지를 적극적으로 변호하기 위한 시도의 연장 선에서, 국가적 차원에서 신앙의 통일을 추구하는 데까지 힘쓸 수 있다는 것 이다.

앞에서 살핀 대로, 칼뱅은 세속 정부는 법적 체제적 질서를 통해 운영되 며, 그러한 질서의 토대가 되는 규범적 원리는 자연법이라고 주장한다. 정치 사회 공동체를 운영하는 기본적인 규범적 원리는 자연법에서 찾을 수 있다 는 말이다. 다만 여기서 자연법의 지위는 독립적이지 않고 파생적이라는 점

40   Calvin, *Institutes of the Christian Religion*, IV. 20. 2.
41   위의 책, IV. 20. 3.

에 주목할 필요가 있다. 자연법의 지위가 파생적이라 함은 자연법은 그 뿌리
가 되는 원천으로부터 따로 떨어져서 온전히 작용할 수 없다는 점을 내포한
다. 그 원천은 무엇인가? 칼뱅에 따르면 그것은 사랑의 법 곧 성경 계시 전체
를 통해 하나님이 드러내시는 모든 법적 윤리적 원리들의 요점이요 토대로
서의 사랑의 법 혹은 영원한 사랑의 통치이다.[42] 다시 말해, 칼뱅에게 세속 정부의 법적
체제적 질서의 기원과 목적은 역사와 세계에 대한 하나님의 애정 어린 주권
적 섭리이며 그 사랑의 주권 실현에 동참하는 것이다.[43] 요컨대, 칼뱅은 한편
으로 영적 정부와 세속 정부 모두 하나님 말씀으로서 율법과 복음의 통전적
체제 안에 있어야 한다는 점을 밝히면서 둘 사이의 연속성을 강조하고, 다른
한편으로 정치사회적 체제와 질서의 기초적 운영 원리로서의 자연법을 성서
계시 전체를 통해 드러난 규범적 토대에 종속시킨다. 따라서 세속 정부는 그
자체를 위해 존재하지 않고, 성과 속이 전체적으로 지향해야 할 궁극적 목적
으로서 '거룩한 연방'을 위한 도구로 적절하게 기능할 때 그 참된 가치를 확
인할 수 있는 것이다.[44]

3. 두 이론의 상관성 모색

루터와 마찬가지로, 칼뱅에게 율법과 복음의 통일성 그리고 두 정부 사
이의 통일성의 원천적 근거는 하나님이 유일한 기원과 위임의 근원이 되신
다는 점이다. 다만 칼뱅은 한편으로 율법과 복음을 관통하는 내용적 토대로
서 영원한 사랑의 통치를 강조하고, 다른 한편으로 세속 정부와 영적 정부 사
이의 통일성을 그러한 통치의 일관성에 근거 지움으로써 두 정부 사이의 구
분 보다 연속성에 좀 더 큰 비중을 허용한다.

다음으로, 통치 영역의 관점에서 상관성을 탐색해 보자. 대별하여 정리

---

42 David Little, "Calvin and the Prospects for a Christian Theory of Natural Law," in *Norm and Context in Christian Ethics*, ed. Gene Outka and Paul Ramsey (New York: Scribner, 1968), 183.

43 Calvin, *Institutes of the Christian Religion*, IV. 20. 16.

44 이창호, "교회의 공공성에 관한 신학적 윤리적 탐구," 『기독교사회윤리』 29 (2015), 154-55.

한다면, 한편으로 율법은 교회 밖 정치사회 영역에서 도덕적 사회적 삶을 규율하는 규범적 토대로 작용하며 다른 한편으로 복음은 개별 신자의 영혼을 규율한다. 칼뱅은 루터의 접근과 유사하게 둘 사이의 구분으로부터 출발하지만 '연속성'에 더 큰 비중을 두고 해석될 수 있는 여지를 남긴다. 율법의 제3사용이라는 개념을 통해 율법-복음-율법의 구도로 신자의 영적 삶을 통전적으로 해명함으로써 칼뱅은 율법 말씀을 시민적 차원뿐 아니라 개별 신자의 영적 차원에서도 주목한다. '두 정부'론에서도 이와 유사한 양상을 탐색할 수 있다. 루터와 마찬가지로, 칼뱅은 기본적으로 영적 정부는 인간의 영혼의 삶을 다스리는 반면 세속 정부는 구성원들의 시민적 정치사회적 삶을 관장한다는 의미에서 둘 사이의 구분을 말한다. 그러나 칼뱅은 구분을 넘어서 연속성의 관점에서 두 정부 사이의 관계성을 이해할 수 있는 여지를 많이 남겨둔다. 세속 정부의 운영의 법적 제도적 토대는 그 심층에 이르면 율법과 복음을 포괄하는 하나님 말씀이 있다. 시민적 용법으로서의 율법은 범법과 악행을 응징하는 정의의 구현을 기본으로 하지만, 칼뱅의 '두 정부'론은 복음의 '사랑'의 정신을 반영할 규범적 공간을 마련한다. 법적 제도적 질서는 궁극적으로 영원한 사랑의 통치를 반영해야 한다는 칼뱅의 가르침을 여기서 주목해야 한다. 또한 율법이 개별 신자의 삶에서 죄에 대한 경고와 심판의 기능을 수행함으로 복음에로 이끄는 작용을 하는 것에 그치지 않고 복음 수용 이후 거룩한 존재로의 변화를 견인하는 기준과 동력의 장치로 작동하는 것에 상응하여, 그것이 사회적 시민적 용법의 관점에서 정치사회적 생존의 요건 마련과 증진을 위해 기능할 뿐 아니라 성과 속을 포괄하는 전체 사회의 거룩한 연방에로의 전진과 변화를 위한 사회윤리적 동력과 기준으로서 작용할 수 있는 여지를 칼뱅은 마련해 둔다.

마지막으로, 칼뱅은 루터와 마찬가지로 기독교인의 영적인 삶은 율법과 복음의 총체적인 역사에 기초하며 기독교인의 정치사회적 실존은 영적 정부와 세속 정부 모두의 권위 아래서 구성된다는 점을 견지한다. 그러나 루터와 달리, 칼뱅은 기독교인의 영적이면서 정치사회적인 실존을 구성하는데 있어 율법과 복음 그리고 세속 정부와 영적 정부가 좀 더 긴밀한 연관을 가지고 작용해야 함을 강조한다. 율법이 심판과 정죄의 장치로서 죄인을 복음으로 인도하는 초등교사의 역할을 감당하는 데 머물지 않고 복음 수용을 통해 칭의의 은혜를 받은 신자들이 성화^{혹은 거룩함}에 이르게 하는 '희망의 계시'로 작용해야 한다고 강조함으로써 칼뱅은 기독교인의 영적인 정체성 형성이 복음만이 아니라 율법의 역사를 통해 이루어져야 한다는 하나의 '총체적' 관점을 견지한다. 이에 상응하여, 세속 정부는 영적 정부인 교회의 입지와 건전한 신앙을 강화하는 데 기여함을 통해서 또 영적 정부는 세속 정부가 율법의 규범적 원리와 방향성을 온전히 구현하도록 돕는 안내자의 역할을 감당함을 통해서 하나님의 주권이 '총체적으로' 구현되는 거룩한 공동체를 지향해야 한다는 '희망적인 사회적 기획'을 칼뱅은 역설한다.

Ⅳ. 바르트(Karl Barth)

1. '율법과 복음'론

1) 하나님의 구원론적 결의의 관점에서 본 바르트의 율법과 복음 이해

바르트에 따르면, 예수 그리스도의 복음은 '태초에' 성부 하나님의 영원한 결의^{eternal decree}에 기원을 둔다. 바르트에게 있어 이 하나님의 결의는 예수 그리스도와 예수 그리스도가 선포한 복음의 결정적인 토대이다.[45] 이 결의는 삼위일체 하나님의 '밖을 향한' *ad extra* 〈아드 엑스트라〉 신적 행위들의 기초가 될 뿐 아니라 인간과 피조세계를 향한 하나님의 자유롭고 또 한결같은 은혜의 표현이기도 하다. 그러므로 이 결의 안에서 하나님은 예수 그리스도를 통해 인류의 죄악됨과 그 결과를 감당하시기로 또 예수 그리스도 안에서 죄악된 인간을 선택하여 하나님의 구원의 영광에 참여케 하시기로 스스로 선택·결정하신 것이다.[46] 그러므로 이 결의의 관점에서 복음의 메시지를 평가할 때, 예

---

45   Karl Barth, *Church Dogmatics*, II/2 (Edinburgh: T.&T. Clark, 1956-75), 94-195.

수 그리스도의 복음은 오직 기쁨의 복음 곧 구원과 은혜의 신적 '선의'善意만
을 내포하는 복음이 되는 것이다.

이런 맥락에서 바르트의 죄론은 하나님의 영원한 결의의 관점에서 적절
하게 이해될 수 있다. 하나님은 왜 인간의 죄와 악의 실재를 허용하시는가?
바르트는 하나님의 자유에 근거하여 응답한다. 하나님은 창조 이전 자유로
운 신적 의지의 결정 안에서 죄와 악이 존재하도록 허용하셨다. 관계적 실존
을 신적 본질로 하시는 하나님은 삼위일체 하나님의 밖을 향한 핵심적 활동
으로서 피조물 인간과 언약의 관계를 맺고자 하시는데, 그 언약의 대상인 인
간이 죄인이기에 하나님은 예수 그리스도 안에서 스스로 인간의 죄와 악을
감당하기로 결정하신 것이다.[47] 뿐만 아니라 영원 전부터 하나님은 언약의
파트너인 인간을 위하여 복과 생명과 구원을 선사하기로 결정하셨다. 하나
님의 죄 허용은 바로 하나님의 이러한 자유로운 선택혹은 결정의 관점에서 이해
되어야 한다. "하나님의 긍정적 의지와 선택은 오직 그의 영광의 넘쳐남이며
인간의 복과 영생이다. 유혹과 타락에 인간이 쉽게 넘어지도록 허용하신 것
조차도 심지어 죄를 허용하신 것도 언제나 하나님이 의지적으로 뜻하신 것이다…. 하나
님은 그의 영광의 빛을 자신에게만 비추는 것이 아니라 자신 밖을 향해서도
비추도록 의지적으로 결단하셨기에, 인간을 이 영광의 증언자로 세우기로
의지적으로 결단하셨기에, 오직 이런 까닭에 악을 의지적으로 허용하신
다."[48] 그러므로 하나님은 하나님의 신적 명령에 대한 인간의 자유로운 복종
과 예수 그리스도 안에서 주어지는 구원의 은총에 대한 자유로운 응답을 보
장하기 위해 죄와 악을 허용하셨다고 볼 수 있다.[49] 바르트가 분명하게 밝히
고 있는 대로, 하나님의 구원을 향한 긍정적 의지가 지배적이고 하나님의 죄
의 허용은 종속적이다.[50]

여기서 복음과 율법의 관계성을 검토할 필요가 있다. 바르트에게 인간을

---

46   위의 책, 94.
47   위의 책, 168-85.
48   위의 책, 170.
49   Herbert Hartwell, *The Theology of Karl Barth: An Introduction* (London: Duckworth, 1964), 122.
50   위의 책, 172.

비롯한 피조세계의 구원을 위한 하나님의 선의가 지배적이라는 점에 상응하여, 복음은 율법에 대하여 주도적 입지를 갖는다. 다시 말해, 율법의 의미와 기능은 복음과의 관계성 속에서만 바로 이해될 수 있다는 것이다. 율법의 의미는 '지배적인' 하나님의 긍정적인 의지를 요체로 하는 복음의 빛 안에서 해명되어야 한다. 율법은 하나님의 구원을 현실화하는 데 기여하는 방향에서 그 본질적 의미와 기능을 찾을 수 있고 또 그렇게 되어야 한다. 루터와 칼뱅의 언어로 표현한다면, 율법은 예수 그리스도 안에서 결정적으로 드러난 바대로 '의롭다 인정하는 은혜의 복음'만이 죄사함과 구원의 길을 열어 줄 수 있다는 점을 필연적으로 인식하고 또 수용하게 하는 데 기여할 때 그 존재 의미가 있는 것이다. 바르트는 율법은 복음과 별개로 독립적 지위를 보유할 수 있는 성격의 말씀이 아니라 복음과의 연관성 속에서만 그 지위와 의미를 온전히 파악하고 또 설명할 수 있다는 점을 역설하고 있는 것이다. "율법은 복음이 아닌 것처럼, 복음은 율법이 아니다. 율법은 복음 안에서 주어졌으며 처음부터 끝까지 복음과 함께 전개되기 때문에 우리는 율법을 알기 위해 무엇보다도 먼저 복음을 알아야 한다."[51] 이런 맥락에서 바르트는 율법과 복음 사이의 구분혹은 차이 보다는 연속성혹은 단일성에 비중을 두고 해석하는 것이 더 적절하다고 본다. 다시 말해, 율법과 복음은 모두 은혜의 말씀이라는 관념의 빛 아래서 볼 때 동일한 하나님의 말씀으로서 '단일체적으로' 해석하는 것이 더 타당하다고 강조하는 것이다.

바르트에게 복음은 예수 그리스도를 통해 결정적으로 드러난 하나님 사랑의 계시이며 그 본질은 한 마디로 '은혜'이다. 복음의 빛으로부터 율법을 이해한다면 율법의 본질 역시 은혜요 예수 그리스도를 지향한다. 은혜의 말씀으로서 율법과 복음은 총체적으로 예수 그리스도를 증거하며, 영원한 신적 결의 곧 영원 전에 예수 그리스도 안에서 인간과 구원의 언약을 맺기로 결정하신 하나님의 자발적인 은혜의 결의에 달려 있다. 이런 맥락에서 율법은 구속사적 질서 곧 창조-화해-구속의 질서 안에서 은혜의 말씀으로 이해되는데, '예수 그리스도의 복음 수용을 통한 구속의 성취까지의 과정'의 관점에

---

51   Karl Barth, *Evangelium und Gesetz*, 5, Robert E. Willis, *The Ethics of Karl Barth* (Leiden: E. J. Brill, 1971), 152에서 재인용.

서 율법은 하나님의 은혜의 역사의 과정적 총체성을 구성하는 본질적 요소
가 된다는 말이다.[52]

2) '칭의와 성화'론의 관점에서 본 율법과 복음 이해

바르트는 율법주의와 율법폐기론 혹은 무규범주의의 위험을 피하기 위해서 신
중하게 칭의와 성화 사이의 균형을 맞추려 한다. 둘 사이의 구분과 연속성을
견지하면서 자신의 '균형'론을 전개한다. 먼저 구분으로 시작한다. 바르트에
게 칭의와 성화는 원천적인 구원의 사건의 다른 두 양상이다. 바르트는 예수
그리스도가 이루신 구원 사건의 동일성을 견지하면서 그분의 인격과 사역의
관점에서 이 둘을 구분한다.[53] "예수 그리스도가 한 인격 안에서 참 하나님이
요 참 인간이라는 점은 그의 참된 신성과 그의 참된 인간성이 동일한 것이라
는 것을 의미하거나 이 둘이 서로 호환될 수 있다는 것을 의미하는 것이 아
니다. 마찬가지로, 피조물 인간의 자리까지 자신을 낮추신 하나님의 아들 예
수 그리스도의 현실과 하나님과의 교제의 자리로 높임 받은 사람의 아들은
한 분이지만, 그 낮춤과 높임 받음은 동일한 것은 아니다."[54] 여기에서 우리는
칭의와 성화는 동일하지 않으며 어느 한쪽으로 포섭되거나 혼합될 수 없다
는 점을 추론할 수 있다.[55] 한편으로, 구분이 견지되지 않고 성화가 칭의를 포
섭하여 종속의 관계가 되면 칭의의 교리는 율법주의에 빠질 위험이 있다. 다
른 한편으로, 칭의가 성화를 완전히 지배하여 성화마저도 법정적 의미에서
의 의의 전가로만 이해된다면 성화의 교리는 그리스도의 거룩함을 향한 변
화의 동기와 동력을 잃게 될 것이다.

다음으로 바르트는 이 둘 사이의 연속성을 말한다. 이 둘 사이의 상호연
관성을 포착하지 못한다면, 한편으로 기독교 구원론은 이른바 '값싼 은혜' 신

---

52   Willis, *The Ethics of Karl Barth*, 152-53.

53   이창호, "하나님의 사랑과 인간의 사랑, 그 같음과 다름에 관한 신학적·윤리적 연구," 『기독교사회윤
      리』 22 (2011), 279.

54   Barth, *Church Dogmatics*, IV/2, 503.

55   위의 책.

앙과 이에 연관된 정적주의에 빠지게 될 것이고 다른 한편으로 하나님의 은
혜로부터 완전히 분리된 잘못된 행동주의로 귀결될 위험이 있다고 우려한
다.[56] 이런 맥락에서 "그 안에서 이 둘이 함께 발생하고 효력을 발생하는 바,
살아계신 예수 그리스도가 동시에 참 하나님이며 또 참 인간이듯이",[57] 칭의
와 성화는 별개의 양상으로 발생하는 것이 아니라 '동시에 그리고 함께' 발
생한다. 이 점에서 바르트의 견해를 루터와 칼뱅 사이의 어떤 지점에 위치시
킬 수 있다. 균형을 맞추고자 하지만, 바르트는 율법주의를 좀 더 경계하는
것으로 보이고 또 성화보다는 칭의에 좀 더 비중을 두고 있는 듯하다. 칭의
받은 신자들의 거룩한 변화도 철저하게 하나님의 은혜의 맥락에서 통전적으
로 이해하고자 하는 바르트의 강조점을 감지할 수 있는 대목이다. 바르트는
성화의 과정에서 인간의 행위와 하나님의 행위를 동일시하는 것을 경계한
다. 다시 말해, 성화는 인간의 힘으로는 도무지 다다를 수 없는 목적이기에,
하나님의 구원의 은총에 철저하게 의존해야 한다는 것이다.[58]

　칭의와 성화의 관계성의 관점에서 바르트의 '율법과 복음'론을 검토할
때 우리는 이 이론에 대한 좀 더 온전한 이해에 이를 수 있다. 칭의와 성화의
연속성을 견지하듯이 바르트는 율법과 복음의 연속성을 강조하는데, 무엇보
다도 구원론적 맥락 안에서 복음 안에 계시된 하나님의 구원의 긍정적 의도
가 지배적이기 때문이다. 그럼에도 일치^{혹은 연속성}만을 강조했을 때 칭의·일변
도의 구원론과 도덕적 영적 변화를 배제하는 기독교윤리로 귀결될 수 있다
는 점을 감지하면서, 바르트는 '율법 없는 복음'의 이론이 '값싼 은혜'론의 굳
건한 토대가 되는 것을 막기 위해 율법과 복음 사이의 차이를 존중하고자 한
다.

　앞에서 살핀 대로, 율법은 구속사적 질서와 복음과의 총체성 안에서 자
기 의를 목적으로 하는 공로주의적 율법 수행의 무의미성을 밝히고 결국 예
수 그리스도만이 구원의 길이라는 진실을 받아들이게 함으로써 완성된다.
특별히 복음과의 연관성 속에서의 율법의 완성이라는 주제는 '성자 예수를

56　위의 책. 505.

57　위의 책. 507.

58　이창호, "하나님의 사랑과 인간의 사랑, 그 같음과 다름에 관한 신학적·윤리적 연구," 280-81,

통한 성부 하나님의 구원의 역사'의 관점에서 정확하게 해명된다. 하나님은 율법을 제정하시고 명령하시는 분일 뿐 아니라 스스로 그 율법을 완수하신 분이시다. 율법의 제정자와 완수자로서의 하나님에 대한 신앙이 율법의 정 당성의 근거가 되는 것이다. 하나님이 이렇게 율법을 완수하심으로써 인간 은 율법의 굴레 곧 하나님과의 단절 상태에서 율법을 수행함으로써 저주와 죽음에 이르게 되는 자기애적^{自己愛的} 율법 추구의 굴레로부터 해방되는 길을 얻게 되었으며, 이 길을 따라감으로써 인간은 이제 자발적으로^{혹은 참된 자유 가운데} 하나님의 주권을 인정하며 율법에 계시된 하나님의 의에 봉사하게 되는 것 이다.[59]

2. '두 정부'론

바르트의 두 정부론 곧 교회와 국가^{혹은 영적 정부와 세속 정부}에 관한 이론의 초 기 단계를 탐색할 수 있는 대표적인 문헌은 『로마서 강해』 제2판이다. 여기 서 우리는 국가에 대한 아우구스티누스적^的 이해의 흔적을 찾을 수 있다. 아 우구스티누스가 세속 도성으로 칭하는 세속 정부는 악이다. 선으로서의 하 나님의 도성과 대립적 관계에 있는 정부인 것이다. 다만 미묘한 차이는 존재 한다. 아우구스티누스는 역사적 정치사회적 제도로서의 국가를 세속 도성과 동일시하지 않으며 국가 공동체 안에 신의 도성의 사람들도 함께 존재한다 는 점을 들어 국가라는 정치사회 공동체를 그 자체로 악으로 규정하지 않는 반면, 바르트는 악으로 규정한다. 악으로서의 국가는 하나님의 심판의 도구 로서 그 본질적 기능을 수행한다. 하나님은 "[국가권력이라는] 질서가 인간 의 악한 행동^{인간 행동 가운데 그 어떤 것이 악이 아닌 것이 있는가?}을 하나님의 심판 아래 세워 놓[으며], 이것을 위해 그 질서가 '세워짐을 받은 것이다.'"[60] 하나님은 국가 를 도구로 삼아 죄악으로 점철된 인간의 역사를 심판하시는 것이다. 바르트 의 이러한 관념은 제1차 세계대전에 대한 비극적 경험을 통해 강화되었다고

---

59   Willis, *The Ethics of Karl Barth*, 154-55.

60   Karl Barth, *Der Römerbrief*, 조남홍 역, 『로마서 강해』(서울: 한들, 1997), 748.

평가할 수 있다. 인류와 세계 문명의 본질이 죄악됨에 있으며, 그 죄악됨이 역사적으로 첨예하게 그리고 광범위하게 현실화되어 폭발한 것이 세계대전이라는 것이다. 인류 공동체와 세계문명의 악으로의 경도에 대해 하나님이 역사적으로 심판을 행하신 것이며, 국가를 그 심판의 도구로 삼으신다고 바르트는 생각한다.[61] 이 때 국가권력과 그 공적 권력의 수행자들은 "악한 것을 행하는 사람들에게 진노를 집행하는 자로서의 하나님의 일꾼"으로 작용한다.[62] 여기서 바르트는 전체 창조 세계와 인류를 향하신 하나님의 애정 어린 섭리를 구현하는 통로로서 정치권력이 사회적 질서와 평화, 생존의 물적 기반 등을 마련한다는 목적론적 의미에서 국가의 정치사회적 순기능을 상정하지 않는다. 뿐만 아니라, 신학적 관점에서 국가와 같은 정치사회 공동체가 순기능적으로 하나님 나라 건설에 이바지할 여지를 전혀 허용하지 않는다.

교회는 그 존재론적 본질에 있어서 국가와 매우 흡사하다. 교회는 여느 정치사회 공동체들과 마찬가지로 하나님 나라 건설에 의미 있는 기여를 하도록 부름 받은 신적 도구가 아니다. 오히려 죄악된 인류의 역사와 현실을 여실히 드러내는 존재일 뿐이다. 김명용은 이 점을 적시한다. "인간들의 공동체인 교회 역시 신의 무덤에 불과하다. 국가이든 교회이든 하나님께서 사용하는 하나님 나라의 도구는 없다. 왜냐하면 그 모든 것들은 시간의 세계에 속하는 인간적인 도구에 불과하기 때문이다. 시간과 영원이 부딪히는 접점의 순간에 하나님의 나라를 경험할 수는 있어도, 시간의 세계 속에 계속적으로 존재하는 하나님 나라의 도구는 『로마서 강해』 제2판에 의하면 존재하지 않는다. … 교회 역시 하나님의 나라를 매개하는 도구가 아니다. 국가와 마찬가지로 교회 역시 하나님의 심판 아래 있는 인간적 세계의 상징들일 뿐이다."[63] 이렇게 볼 때, 『로마서 강해』에 드러나는 바르트 정치윤리에서 교회와 국가혹은 영적 정부와 세속 정부 사이의 경계는 흐릿해진다. 특별히 인간과 인간 공동체를 사로잡고 있는 악의 현실을 반영한다는 점에서 둘 사이에 분명한 연속성이 존

---

61 김명용, "칼 바르트 신학에 있어서의 교회와 국가," 이형기 외, 『공적신학과 공적교회』(용인: 킹덤북스, 2010), 228.

62 Barth, 『로마서 강해』, 751.

63 김명용, "칼 바르트 신학에 있어서의 교회와 국가," 229-30.

재한다. 다만 국가권력은 하나님의 심판의 도구로서 작용한다는 점에서 기능론적 차이가 있다는 점을 밝혀 두어야 하겠다.

그러나 이러한 이해가 교회와 국가에 관한 바르트의 이론을 전체적으로 드러내는 것이라고 결론지어서는 안 된다. 『로마서 강해』 제2판 이후 바르트의 저작들에서 탐색할 수 있는 좀 더 발전적으로 전개된 개념과 사상들을 종합적으로 분석·평가하는 작업이 절실히 요청된다. 특별히 주목할 문헌은 "교회와 국가"1938와 "그리스도인 공동체와 시민 공동체"1946이다. "교회와 국가"에서 탐지할 수 있는 바르트의 이해는 『로마서 강해』 제2판과는 달리 국가의 정치사회적 순기능의 가능성을 허용한다. 크게 두 가지 국가의 순기능을 주목할 필요가 있다. 먼저 정치사회 공동체 안에서의 국가의 공적 책무에 관한 것이다. 국가권력은 상대적 독립성을 가지고 그 권위와 목적을 실현해 나갈 수 있지만, '원천적으로 또 궁극적으로' 예수 그리스도에 속해 있으며 또 그분의 인격과 사역에 이바지할 수 있어야 한다. 만약 국가권력이 예수 그리스도에의 소속됨과 본래적인 존재 목적을 망각하고 권력을 신비화한다거나 우상화한다면, 그 국가는 '악마적' 권력으로 퇴락하게 될 것이다. 다만 여기서 우리는 바르트가 국가권력이 늘 언제나 악마화할 것이라고 주장하지는 않는다는 점에 주목해야 한다.[64] 그에 따르면 국가의 악마적 퇴락은 필연적인 것은 아니다. 국가가 존재론적 기능적 본질에 충실하여 통치의 대상이 되는 정치사회 공동체 안에서 '정의로 통치적 기능을 수행하고 또 법적 체제와 질서를 온전히 유지·보존한다면' 그러한 악마화를 막을 수 있고, 더 나아가 한편으로 예수 그리스도의 존재와 사역에 기여하고 다른 한편으로 정치사회 공동체 구성원들을 유익하게 하는 순기능을 발휘할 수 있다고 바르트는 강조한다.[65] 이러한 국가의 순기능에 대한 이해는 루터적的이라 할 수 있는데, 곧 인간과 인간 공동체가 역사적 정치사회적 현실에서 직면하는 악과 폭력의 현실 속에서 인간으로서의 기본적인 존엄을 유지하며 살아갈 수 있는 필수적 토대가 되는 요소로서의 정의와 평화를 확보하고 유지하는 것이 국가

---

64 Karl Barth, "Church and State," in *Community, State, and Church*, ed. Will Herberg (Eugene, OR: Wipf and Stock, 2004), 118.

65 위의 논문, 118-19.

의 책무라는 인식이 깔려 있다는 점에서 그렇다.

또한 바르트는 교회와의 관계성이라는 관점에서 국가권력이 수행해야 할 일종의 영적 책무를 말한다. 하나님 나라 전파와 확산의 매개체로서 교회가 복음의 사명을 감당하기 위해 필요한 사회적 요건이 있다. 이러한 요건을 마련하기 위해 국가는 긍정적인 기여를 할 수 있고 또 그렇게 해야 한다는 것이 바르트의 생각인 것이다. 바르트는 '임금들과 높은 지위에 있는 모든 사람'이 필요하고 또 기독교인들이 그들을 위해 기도해야 하는 까닭이 '모든 경건과 단정함으로 고요하고 평안한 생활'을 영위하기 위해서라는 디모데전서 2장 2절의 증언을 언급하면서, 그 표현으로 다시 중요한 질문을 던진다. 왜 기독교 신자들의 공동체는 그러한 삶을 살아야 하는가? 바르트는 자유라고 답한다. 어떤 자유인가? '만인을 위한 역할 수행을 위한 자유'이다. 이 자유를 위해 '임금들과 높은 지위에 있는 모든 사람'로 대표되는 세속 정부혹은 국가가 필요한 것이다. 교회의 본질적 사명 수행을 위한 사회적 여건 마련에 국가가 긍정적으로 기능해야 하며 또 그렇게 할 수 있다는 것이 바르트의 인식이다. 여기서 국가의 본질적 기능은 구성원들이 평화로운 관계를 형성하며 함께 공존하는 공동체를 만들어가는 것이다.[66]

이와 대비적으로, 바르트에 따르면 교회는 하나님 나라 복음의 전파와 확산이라는 영적 사명의 관점에서 고유한 책무를 부여 받은 공동체이다. 이러한 책무는 국가가 감당할 수 없는 과업인 것이다.[67] 교회의 본질과 사명을 하나님 나라와 연관성 속에서 이해하는 바르트의 교회론의 기초는 그의 말씀의 신학에 있다. 이 말씀의 신학은 하나님 말씀의 삼중 형태 곧 성육하신 예수 그리스도, 기록된 말씀으로서의 성경, 그리고 교회의 신앙적 신학적 가르침의 총화로서의 교의 등을 근간으로 한다. 특별히 하나님 나라의 관점에서 세 번째 형태는 교회론적으로 또 사회윤리적으로 중요한 의미가 있다. 교회는 예수 그리스도와 성경을 토대로 형성하고 축적한 교의적 가르침을 전수·교육·실천함으로써 교회 안팎에서 하나님 나라를 드러낼 수 있고 또 그

---

66 위의 논문, 128-29.
67 위의 논문, 135-48.

렇게 해야 한다는 것이 바르트의 주장이다. 다시 말해, 교회는 고유한 말씀 사역을 통해 이 세상 속에서 하나님 나라를 반영하는혹은 반사하는 영적 공동체 인 것이다. 강제력을 통해 정의와 평화를 실현해야 하는 국가와 달리, 교회의 내적 삶과 외적 사명을 지배하는 동력과 원리는 힘이 아니라 사랑과 용서이 다. 하나님 나라 복음에 내포된 핵심적 가치로서 '사랑'을 구현하도록 부름 받은 역사적 공동체가 교회인 것이다.

여기서 바르트는 교회와 국가영적 정부와 세속 정부의 구분을 견지한다. 각각 고 유한 공적 책무를 부여 받았고 또 그 소명에 충실해야 한다. 국가는 교회의 복음 사명 실천을 위한 사회적 여건 마련에 힘써야 한다는 점, 교회는 국가권 력을 존중하고 국가의 고유한 정치사회적 책무의 온전한 수행을 위해 기도 하고 협력해야 한다는 점 등을 고려할 때 둘 사이의 협력의 가능성을 배제할 수 없지만 바르트는 둘이 섞이는 것에 대해 좀 더 우려하는 것으로 보인다. 한편으로 국가권력이 교회의 고유한 영역에 침해하거나 관여하는 것을 경계 하고, 다른 한편으로 교회가 정치적 권력혹은 권위을 획득하려고 시도하는 것에 부정적이다.[68]

바르트의 후기 입장을 드러내는 대표적인 저작은 "그리스도인 공동체와 시민 공동체"이다. 여기서도 바르트는 복음 전파라는 영적 책무는 교회에게 돌리고 그리고 인간과 인간 공동체의 생존을 위한 정치사회적 조건 마련이 라는 공적 책무는 국가에게 돌림으로써, 교회와 국가의 구분을 견지하고자 한다. 그러나 이전의 저작들에서 드러나는 입장과 달리, "그리스도인 공동체 와 시민 공동체"에서는 구분과 동시에 둘 사이의 연속성 혹은 일치를 강조하 는 입장을 탐지할 수 있는데 이것은 바르트의 후기 입장혹은 완숙한 입장을 반영하 는 것이다. 이 둘 사이의 연속성을 주장하는 바르트의 입장의 핵심적 근거는 예수 그리스도이다. 바르트는 교회는 안쪽의 원the inner circle 그리고 국가는 바 깥쪽의 원the outer or wider circle에 위치시키면서, 이 두 원의 중심은 예수 그리스 도라는 점을 강조한다. 영적 정부와 세속 정부의 연속성의 근원적 토대는 원 의 중심이신 예수 그리스도, 말씀 자체이신 예수 그리스도이시라는 말이

---

68   김명용, "칼 바르트 신학에 있어서의 교회와 국가," 231-36.

다.[69]

이 점에서 바르트의 '두 정부'론은 그의 율법과 복음 이해와 긴밀하게 연동되어 있다고 평가할 수 있다. 다시 말해, '율법과 복음'론이 '교회와 국가'론 형성과 전개에 중요한 영향을 미쳤다는 것이다. 율법의 형벌적 사용을 통해 법률적 심판의 도구로 작동하는 정치체제로서 국가를 이해하는 국가론과 달리, 율법과 복음이 공히 기독론적 질서 안에 있듯이 교회와 국가도 기독론적 질서 안에 있다는 것이 후기 바르트의 전형적 이해라는 것이다.[70] 루터와 칼뱅의 정치신학의 핵심 질문은 정치사회 영역을 규율하는 규범적 기반으로서의 율법의 본성을 밝히는 것이다. 한편으로 루터는 율법의 정치사회적 기능을 십계명의 두 번째 부분에 제한하며, 다른 한편으로 칼뱅은 루터보다는 율법 안에서 예수 그리스도 복음의 자취를 좀 더 찾으려 하지만 정치사회적 삶의 규범적 기반으로서 복음이 아닌 율법에 우선순위를 두는 것은 분명하다. 이와 대비적으로 율법은 복음을 들을 때에만 바로 이해할 수 있다는 점, 복음이 율법을 이끌어야 한다는 점 등을 강조하는 바르트에게 그리스도는 정치사회 영역의 주제요 목적이어야 하며, 율법 제정의 주관적 객관적 기초이어야 한다.

여기에 담긴 함의를 몇 가지 관점에서 살펴보자. 먼저 각 정부의 통치의 규범적 기반이라는 관점이다. 이전의 저작들에서 바르트는 국가의 구성하는 법과 제도의 인식론적 규범적 뿌리를 이성과 자연법에서 찾은 반면, "그리스도인 공동체와 시민 공동체"에서는 그 궁극적인 기반을 말씀이신 예수 그리스도에 둔다. 통치와 통치의 정당화의 근거를 이성과 자연법에 두는 입장을 완전히 철회한 것은 아니지만 말씀으로서의 예수 그리스도를 최종적 궁극적 정당화의 근거로 설정함으로써 예수 그리스도의 빛 안에서 이성과 자연법을 비판적으로 평가하고자 하며 하나님 나라를 지향하는 기독론·중심적 견해를 피력하고 있는 것이다. 교회와 국가의 공동의 중심인 예수 그리스도에 근거를 두고 있지 않으며 또 그리스도를 궁극적으로 지향하지 않는 '자연법에 근

---

69 Karl Barth, "The Christian Community and the Civil Community," in *Community, State, and Church*, ed. Will Herberg (Eugene, OR: Wipf and Stock, 2004), 154-60.

70 Barth, "Church and State," 120-21.

거한 정치사회적 체제와 질서'는 온전치 못하며, 그러기에 자연법은 가장 깊고 중요한 뿌리를 예수 그리스도께 둘 때 비로소 온전하게 작용할 수 있다는 것이 바르트의 생각이다.[71]

다음으로 영적 정부와 세속 정부의 기능과 목적의 관점이다. 바르트는 둘 사이의 구분을 강조할 때 기본적으로 목적혹은 기능의 관점에서 둘 사이의 구분을 강조하는 것을 보았다. 곧 사회적 정의와 평화의 실현과 유지를 목적으로 하는 세속 정부와 복음 전파를 통한 하나님 나라의 구현을 목적으로 하는 영적 정부의 구분이 그것이다. 그러나 "그리스도인 공동체와 시민 공동체"를 기점으로 바르트의 입장은 동일한 목적을 설정함으로써 둘 사이의 연속성을 허용하는 방향으로 전환하게 되는데, 그 목적은 바로 하나님 나라이다. 교회도 국가도 궁극적으로 하나님 나라를 지향한다. 다만 하나님 나라 구현의 도구로서 교회와 국가의 '쓰임'의 방식은 다르다. 교회를 하나님 나라 건설을 위한 일차적인 도구라고 한다면, 국가는 이차적 혹은 간접적 도구라고 할 수 있을 것이다. 교회는 하나님 나라의 복음을 직접적으로 증거함을 통해서 하나님 나라 확장에 헌신하며, 국가는 인간의 역사적 공동체의 형성과 존속을 위해 '외적이며 상대적이며 또 임시적인' 정치사회적 목적 구현과 교회의 직접적 증언의 사회적 토대 마련에 기여함으로써 하나님 나라 실현에 참여한다.[72]

마지막으로, 하나님 나라의 도구로서 국가의 기능 수행에 있어서의 교회의 역할이라는 관점이다. 국가의 본질적 기능은 복음 전파가 아니며, 사실 국가는 복음에 대해 무지하다는 것이 바르트의 기본 인식이다. 국가는 하나님 나라의 도구라는 점 또한 스스로 인지하지 못하고 있다. 그러기에 교회는 국가의 이러한 무지를 벗겨 주어야 한다. 하나님 나라 구현을 위한 의미 있는 도구가 될 수 있다는 점을 인식할 수 있도록 도와야 한다는 것이다.[73] 이러한 이해의 근본적 토대 역시 율법과 복음 이해이다. 바르트에 따르면, 복음은 인간 역사에 존재하는 모든 형태의 법적 체제와 질서를 위한 유일하게 참된 규

---

71   Barth, "The Christian Community and the Civil Community," 163-65.

72   위의 논문, 154-55, 157-60.

73   위의 논문, 167-68.

범적 근거이기 때문에,[74] 복음에 교회론적 본질을 두는 교회의 정치적 활동은 기독교 신앙의 공적 증언이어야 한다고 바르트는 강조한다. "교회의 정치적 활동을 그러므로 기독교 신앙의 공적 고백이 된다. 교회는 이러한 정치적 활동을 통해서 국가공동체가 중립성, 무지 그리고 이교주의로부터 하나님 앞에서의 공동 책임 수행에 매진하도록 이끌어가며, 그리하여 고유한 사명에 충실하게 되는 것이다. 국가를 하나님 나라를 닮게 하고 또 그리하여 국가의 의로운 목적들을 완수하게 하는 역사적 과정을 현실화한다."[75] 요컨대, 바르트는 자신의 좀 더 완숙한 형태의 '교회와 국가'론에서 두 정부 모두 동일하게 예수 그리스도의 주권 아래 있으며 규범적으로 말씀이신 그리스도에 근거한다는 관념을 드러낸다. 또한 교회 뿐 아니라 국가도 간접적인 혹은 유비적인 방식이긴 하지만 하나님 나라를 지향하고 있다는 점을 강조한다.

3. 두 이론의 상관성 모색

바르트가 율법과 복음을 은혜의 말씀으로서 기독론적 총체성 안에서 통합적으로 이해하려 한다는 점, 율법은 "구속사적 질서와 복음과의 총체성 안에서 자기 의를 목적으로 하는 공로주의적 율법 수행의 무의미성을 밝히고 결국 예수 그리스도만이 구원의 길이라는 진실을 받아들이게 함으로써 완성된다."고 주장한 점 등을 고려할 때 율법과 복음은 오직 한 가지 지향점 곧 예수 그리스도를 지향점으로 삼는다는 의미에서 견고한 통일성 안에서 이해되어야 한다. 앞에서 살핀 대로, 바르트의 '두 정부'론은 '율법과 복음'론과 깊은 연관성을 가진다. 후자와의 연관성 속에서 전자에 대한 좀 더 온전한 이해에 이를 수 있다고 말할 수 있을 것인데, 이 점에서 바르트는 루터와 칼뱅의 견해와 다르다. 한편으로, 바르트는 칼뱅의 '두 정부'론이 그리스도의 총체적 주권론에 근거하면서 두 정부 사이의 연속성에 더 큰 비중을 두는 것은

---

74   Barth, "Church and State," 126-30.

75   Barth, "The Christian Community and the Civil Community," 171.

긍정하지만 세속 정부의 존재론적 기능론적 기반이 복음 보다는 율법에 설정될 가능성이 높아짐으로써 국가가 하나님 나라를 지향하는 은혜의 복음의 도구로서보다는 법적 제도적 체제와 질서를 통한 심판과 규율의 장치로서 더 비중 있게 작용하게 될 것이라는 점을 우려한다. 다른 한편으로, 루터에게서 탐지할 수 있는 대로 율법과 복음 그리고 세속 정부와 영적 정부 사이의 구분혹은분리의 강조가 히틀러와 나치즘이라는 비극적 역사로 귀결된 것이 아닌가 하는 엄중한 평가를 내린다.[76] 바르트는 복음으로부터 율법을 분리시키는 것을 경계하듯이, 세속 정부를 영적 정부로부터 떨어뜨려 놓은 것을 단호하게 반대한다. 『로마서 강해』 제2판 등 초기 입장을 살필 수 있는 문헌들에서 둘 사이의 구분을 말하기도 하지만, 후기의 완숙한 입장에서 바르트는 영적 정부와 세속 정부의 관계를 단일체적 구도 안에서 이해하려 하며 그러한 단일성혹은통일성의 기반은 은혜의 복음, 복음의 말씀 자체이신 예수 그리스도임을 역설한다.

바르트는 영적 정부는 인간의 영혼의 삶을 그리고 세속 정부는 구성원들의 시민적 도덕적 삶을 관장한다는 식ㅊ의 이원론적 이해를 경계한다. 오히려 두 정부의 존재와 기능을 목적론적으로 설명할 때 하나님 나라를 공동의 목적으로 설정해야 한다는 것이 바르트의 확고한 신념이다. 앞에서 본 대로, 하나의 중심을 공유하는 동심원들로서, 안과 밖에 위치한다. 하나님 나라를 향하며 하나님 나라 안에 있으며 하나님 나라를 이루기 위해 존재하는 것이다. 하나님 나라를 위해 각각의 역할을 감당하며 또 협력한다. 다만 '쓰임'의 형태가 다르다. 교회는 일차적혹은직접적 도구이며 국가는 간접적 도구이다.

신자들은 두 정부 안에 역사적 실존의 터전을 마련하고 있으며, 이 두 영역 안에서 신자로서의 책임을 성실히 수행해야 한다. 이 두 정부가 공동의 궁극적 목적으로 삼고 있는 '하나님 나라를 향한 지향성'이라는 관점에서 신자들은 이 둘이 공적 사명을 온전히 감당할 수 있는 방향에서 긍정적 역할을 할 수 있고 또 그렇게 해야 한다. 특별히 세속 정부의 공적 사명이 하나님 나라 구현에 있다는 점과 하나님 나라의 원천적 토대는 예수 그리스도이시라

76 Karl Barth, "First Letter to the French Protestants," in *Letter to Great Britain from Switzerland*, ed. Alec R. Vidler (London: The Sheldon Press, 1941), 31-34.

는 점을 일깨워 주기 위해 정치사회적 영역에서도 하나님 나라를 위한 공적 참여를 일관성 있게 수행해야 하는 것이다. 이 점에서 바르트는 루터보다 칼뱅에 더 가깝다. 세속 정부는 영적 정부와 함께 거룩한 연방을 이루기 위해 매진해야 한다는 칼뱅의 가르침은 하나님 나라를 향한 두 정부의 단일체적인 공적 책무 수행에 관한 바르트의 견해와 연속성이 있다고 하겠다. 다만 칼뱅은 세속 정부는 그 규범적 제도적 토대로서의 율법에 상응하여 적절하게 기능한다는 점을 강조한 반면,[77] 바르트는 국가는 궁극적으로 복음 말씀에 그 존재와 기능의 기반을 두어야 한다고 역설한다. 율법은 복음을 들을 때에만 바로 이해할 수 있다는 점, 복음이 율법을 이끌어야 한다는 점 등을 강조하는 바르트에게 예수 그리스도는 정치사회 영역의 주제요 목적이어야 한다는 것이다.

V. 나가는 말

지금까지 루터, 칼뱅, 바르트의 '두 정부'론과 '율법과 복음'론을 살피고 이 두 이론 사이에 유비 혹은 유사성가 존재함을 밝히면서 이 둘의 상관성을 탐색하였다. 여기서 상관성은 둘 사이의 이론적 연속성을 내포하며, '두 정부'론을 통해 중요하게 전개되는 이 세 신학자의 사회윤리는 '율법과 복음'론에 그 중요한 토대를 갖고 있다는 점을 드러내고자 하였다. 이제 필자는 이상의 탐구를 기반으로 하여 몇 가지 윤리적 제안을 할 것인데, 이 제안들은 구원의 삶의 개인적 차원과 사회적 차원을 통전적으로 해명하고 기독교 사회윤리를 성서 계시의 총체적 기반 위에 이론적으로 또 실천적으로 구축하는 데 의미 있는 기여를 할 것으로 기대한다.

첫째, 율법과 복음의 통전성에 상응하는 영적 정부와 세속 정부의 연속

77　다만 세속 정부를 규율하고 안내하는 법적 제도적 토대의 심층에는 율법과 복음을 포함하는 하나님 말씀 전체를 관통하는 원리 곧 '영원한 사랑의 통치'의 원리가 있다는 점을 다시금 지적해 두어야 하겠다.

성의 관점에서의 제안이다. 율법과 복음의 관계성에 대한 인식에서 루터, 칼뱅, 바르트 사이에 차이가 존재하지만 기본적으로 율법과 복음을 통전적으로 보고자 하는 신학적 경향을 이 세 신학자에게서 공통적으로 찾을 수 있었다. 그러한 통전성의 기반은 신적 기원과 위임에 있다. 마찬가지로, 두 정부 사이에 견지되어야 할 구분혹은 차이이 존재하지만 그럼에도 둘 사이에 연속성이 있으며 또 그러한 연속성의 핵심적 근거는 두 정부를 세우시고 궁극적으로 주관하시는 분이 하나님이시라는 점을 주목할 필요가 있다. 여기에서 우리는 중요한 사회윤리적 함의를 탐색할 수 있다. 하나님은 영적 정부에만 섭리적 애정과 주권적 뜻을 두시는 것이 아니라 세속 정부에 대해서도 깊은 애정과 섭리적 뜻으로 궁극적 주권을 드러내신다는 점이다. 세속 정부에 대한 하나님의 주권은 인간의 정치사회적 실존을 위한 요건 마련, 영적 정부의 영적 순례를 위한 기반 형성에의 기여, 하나님 나라 구현을 위한 적극적 참여 등의 목적 실현을 위한 세속 정부의 공적 수행을 통해 현실화된다. 이러한 하나님의 주권에 상응하여, 기독교회와 신자들은 세속 정부에 대한 하나님의 궁극적 주권을 존중하면서 세속 정부의 공적 수행을 격려하고 또 적절하게 협력·참여해야 할 것이다. 이 점에서 율법과 복음의 엄격한 분리를 경계하듯이 두 정부의 극단적 분리를 단호히 반대하는 바르트의 입장은 사회윤리적으로 긍정적인 평가를 받아야 할 것이라고 필자는 생각한다. 기독교회의 사명이 세속 영역으로 기독교제국적 Christendom 구도로 좌지우지하는 것이 되어서는 안 되겠지만 그 영역으로부터 도피하거나 분리되어 세속 정부에 대한 하나님의 주권을 소홀히 여기거나 그것과 무관한 삶을 사는 것도 정당화되어서는 안 될 것이다. 오히려 기독교회와 신자들은 신적 기원과 위임의 관점에서 세속 정부와 영적 정부 사이의 연속성에 대한 분명한 인식을 가지고 세속 영역에 대한 애정 어린 섭리적 관심과 손길을 결코 거두지 않으시는 하나님의 주권에 건설적으로 응답해야 할 것이다.

둘째, 율법과 복음의 구분과 두 정부의 통치 영역의 고유성의 관점에서의 제안이다. 앞에서 본 대로, 루터, 칼뱅, 바르트는 신적 기원과 위임의 빛으로부터 율법과 복음의 통전성과 두 정부의 연속성을 견지하고자 한다. 다만 세 신학자 사이에 정도와 방식의 차이가 있음을 보았다. 대략적으로 정리한다면, 칼뱅과 바르트는 구분보다는 연속성 혹은 통일성에 더 큰 비중을 두는 반면, 루터는 둘 사이에 적절한 구분이 견지되어야 함을 강조한다. 세속 정부는 정치사회적 실존의 기반 마련과 강화라는 공적 책무에 충실해야 할 뿐 아니라 영적 정부와 더불어 거룩한 연방^{칼뱅} 혹은 하나님 나라^{바르트}의 실현에 이바지할 때 그 본래적 존재 가치를 구현할 수 있다는 사회윤리적 구상도 존중되어야 할 것이다. 그러나 동시에 둘 사이의 일치나 연속성의 지나친 강조로 인해 생길 수 있는 부정적 결과 곧 교회의 정치권력화나 세속 권력의 영적 영역에 대한 부당한 침해 등의 결과를 고려할 때 영적 정부와 세속 정부의 구분도 적절하게 유지되어야 한다는 루터의 사회윤리적 조언에 귀 기울일 필요가 있다. 한편으로 기독교회가 세속 영역에 대한 종교적 지배의 함정에 빠져서는 안 될 것이며 다른 한편으로 개별 신자와 교회 공동체의 신앙적 자유와 고유한 영적 권한에 대한 국가권력의 부적절한 개입을 방지하기 위해 둘 사이의 구분을 견지해야 할 것이다.

세 번째 제안은 기독교 구원론과 사회적 삶의 연관성의 빛에서 본 기독교인의 정체성에 관한 것이다. 기독교인의 구원론적 정체성은 율법과 복음 중 어느 하나의 작용으로만 형성되는 것이 아니라 율법과 복음이 함께 총체적으로 작용할 때 온전히 이루어진다는 것을 루터, 칼뱅, 바르트를 통해 우리는 공통적으로 확인할 수 있었다. 물론 세 신학자 사이에 미묘한 차이가 있음을 보았다. 칼뱅은 이신칭의의 복음을 수용하고 구원의 백성으로 부름 받은 이들이 거룩한 변화 곧 성화에 이르러야 한다는 점에서 율법의 중요성을 좀더 강조하는 반면, 루터는 성화를 칭의의 자동적인 결과로 보는 인식에 상응하여 복음 안에서의 의롭다 함을 받는 경험을 성화의 원천으로 강조함으로써 복음의 역사에 좀 더 큰 비중을 허용한다. 바르트는 율법과 복음이 총체적으로 은혜와 예수 그리스도를 지향한다는 일체론적 이해에 근거하여 그리스도·중심적 정체성 이론을 두드러지게 전개한다. 구원 받은 이로서의 정체성을 획득한 신자들의 삶의 영역은 영적 정부에 제한되지 않는다. 오히려 세속 정부도 그들의 본질적인 삶의 자리이며, 그들의 정체성은 영적 정부 안에서의 실존을 통해서만이 아니라 세속 정부 안에서의 삶을 통해서도 형성된다. 율법의 시민적^{혹은 사회적} 기능의 관점에서 기독교인들의 공적 영역에서의 실존을 위해 '율법'의 정신과 규범적 지향을 내포하는 정치사회적 법적 체제와 질서를 존중해야 한다. 다시 말해, 기독교인들의 정치사회적 실존을 위해서 정치사회적 규범과 법의 존중과 그것의 근간이 되는 시대정신과 규범적 지향의 내면화가 요구된다. 여기서 우리는 기독교인들의 사회적 정체성 형성은 세속 정부의 작용을 통해서도 이루어진다는 점을 추론할 수 있다. 특별히 영적 정부와 세속 정부가 공동의 '사회적' 목적을 위해 기능하고 협력해야 한다는 칼뱅과 바르트의 사회적 이상을 고려할 때, 거룩한 연방이나 하나님 나라를 위해 존재하는 세속 정부 안에서의 기독교인들의 삶과 실천은 그들의 '신자'로서의 정체성 형성과 무관하다고 할 수 없다. 다만 오늘의 세계는 칼뱅과 바르트가 호흡하며 살았던 세계와는 다른 것이라는 점을 분명하게 인식할 필요가 있겠다. 성과 속을 포괄하는 거룩한 공동체를 '현실적으로' 추구했던 칼뱅의 제네바 공동체도 아니고, 세속 정부도 하나님 나라의 도구여야 한다는 사회적 신조를 역설하고 또 그 신조를 세속 영역에서 구현할 수 있다는 구체적 가능성을 상정할 수 있었던 바르트의 세계와도 다르다. 대략적으로 말해, 성과 속혹은 영적 정부와 세속 정부의 적절한 구분이 존중되고 종교적으로 다원적 현상을 당연한 것으로 받아들여야 하는, 그래서 다원성 인정이 사회적 실존을 위해 필연적 조건이 되어 가는 시대적 상황을 고려한다면, 칼뱅과 바르트의 사회적 이상을 그야말로 '이상적인' 이론으로 머물 수밖에 없지 않느냐 하는 비관적 전망이 나옴직하다. 그러나 이러한 현실주의적 진단과 평가를 소홀히 여길 수 없다 하더라도, 기독교 사회윤리 구상에 있어서 여전히 존중해야 할 사회적 '이상'이라는 점을 간과해서는 안 될 것이다. 율법과 복음이 한 하나님으로부터 온 것이듯이, 영적 정부와 세속 정부의 궁극적 주권은 하나님께 있으며 그 주권은 임의성과 우연을 특징으로 하는 것이 아니라 분명한 목적과 뜻을 내포하는 것이라고 한다면, 기독교회와 신자들은 세속 정부의 정체성과 기능을 논할 때 세속 정부에 대한 하나님의 주권 그리고 그 주권의 목적성을 분명하게 인식할 필요가 있다고 필자는 생각한다.

16세기 프로테스탄트 교리문답에 대한 비교 연구
— 후프마이어, 루터, 칼뱅의 교리문답을 중심으로*

박 경 수

장로회신학대학교 교수, 역사신학

I. 들어가는 말

왜 교리문답이 중요한가?[1] 첫째로 교리문답은 그 시대의 가장 탁월한 신학자 혹은 공동체에 의해 작성된 것으로 복음의 진수를 담고 있기 때문이다. 교리문답 작성자는 가장 중요한 신학적 사상을 누구나 이해할 수 있는 언어로 풀어내야만 한다. 또한 무엇이 모든 신자들이 알아야 할 본질적인 것인지를 결정해야만 한다. 따라서 교리문답을 읽는 것은 그가 어떤 교리를 기본적이며 본질적이라고 생각하는지를 알게 해준다. 둘째로 교리문답은 그 시대 평범한 신자들의 종교의식을 볼 수 있는 창문이기 때문이다. 어느 교리문답이 널리 통용되었다면 그 시대의 신자들의 종교심을 잘 반영했기 때문이라

---

*   이 글은 박경수, 『인물로 보는 종교개혁사』(장로회신학대학교출판부, 2016), 317-45에 수록된 글임을 밝힌다.

1   Catechism이라는 용어는 현재 교리문답, 요리문답, 신앙교육서 등으로 번역되어 사용되고 있다, 이 글에서는 교리문답이라는 용어를 택하였다. 모든 Catechism이 문답의 형태를 가진 것은 아니기 때문에 신앙교육서라는 용어가 보다 넓은 개념이긴 하지만, 신앙교육서라는 표현은 Catechism만이 아니라 다른 종류의 교육을 위한 자료들까지 지칭할 수 있기 때문에 지나치게 포괄적이라 여겨진다. 또한 본고에서 분석하는 세 가지 Catechism은 모두 문답의 형식을 취하고 있기 때문에 전통적으로 사용해 온 교리문답이란 용어를 선택하였다.

할 수 있을 것이다. 이처럼 교리문답은 엘리트의 신학적 사고와 대중의 종교의식 사이를 중개하는 것이다. 따라서 교리문답을 읽는 것은 신학자의 신학적 사유와 평신도의 경건의 표현, 종교의 사상과 실천 모두를 들여다보는 것이다.[2] 따라서 프로테스탄트 교리문답에 대한 연구는 16세기 프로테스탄트 종교개혁의 성격과 특징을 비춰보는 거울의 역할을 할 수 있을 것이다.

오늘 한국교회의 교회교육이 무너졌다는 말이 들린다. 교회학교 학생들의 숫자가 줄어들면서 어린이부서와 청소년부서가 통합되거나 폐지되기까지 한다. 이런 위기의식이 반영되어 각 교단 총회에서는 '다음 세대'를 총회의 주요한 관심사로 정하여 노력을 기울이고 있다. 아이들을 다시 교회로 돌아오게 하기 위해서는 아마도 다양한 노력들이 필요할 것이다. 그 노력들 가운데 우리가 오랫동안 가지고 있었으나 지금은 거의 잃어버린 보물인 교리문답을 되찾고 그 교리문답을 가르치는 일도 반드시 포함되어야 한다고 믿는다. 필자는 교리문답 교육의 회복이 교회교육 위기에 하나의 돌파구를 마련해 줄 것이라는 기대와 소망을 가지고 있다.

이 글에서는 16세기 프로테스탄트 신앙을 담고 있는 세 교리문답을 비교연구한다. 후프마이어에 의해 작성된 재세례파의 교리문답, 루터의 소교리문답, 칼뱅의 제네바교리문답의 비교를 통해 프로테스탄트 신앙의 공통점이 무엇인지, 또한 프로테스탄트 내의 다양한 입장들 사이의 차이점이 무엇인지를 밝히고자 한다. 출판 시기에 따라 후프마이어의 교리문답, 루터의 소교리문답을 다루고, 그런 다음에 칼뱅의 제네바교리문답을 소개하였다. 각 교리문답은 동기와 배경, 내용, 의미와 영향력이라는 제목 하에 정리하였다. 이런 제목이 굳이 필요하지는 않겠지만 이해를 보다 쉽게 하도록 돕기 위해 이틀을 따라서 정리하였다.

---

2   Denis Janz, "Introduction," *Three Reformation Catechisms: Catholic, Anabaptist, Lutheran*, ed. Denis Janz (New York and Toronto: The Edwin Mellen Press, 1982), 3-6.

II. 후프마이어의 교리문답(1527)

1. 동기와 배경

로마가톨릭교회의 부패를 비판하면서 시작된 16세기 교회개혁은 결코 단선적이거나 획일적인 운동이 아니었다. 오히려 매우 복잡하고 다양한 성격을 지닌 운동이었다. 루터파, 개혁파, 재세례파, 성공회 등이 각자 저마다의 개혁을 주창하고 나섰다. 그 중에서도 재세례파라 불리던 일단의 사람들은 비록 소수였기는 하지만 나름의 개혁 원칙과 원리를 내세우며 독특한 방식의 개혁을 지향하였다. 비록 재세례파 안에도 서로 간에 차이가 있긴 하지만, 재세례파 신학을 대표할 만한 인물이 바로 발타자르 후프마이어 Balthasar Hubmaier, 1480/85-1528. 3.10. 이다.[3]

후프마이어는 1480년 혹은 1485년에 태어나 프라이부르크와 잉골슈타트 대학에서 공부하였고, 1512년 잉골슈타트 대학에서 루터의 적대자 중 한 명이었던 요하네스 에크 Johannes Eck 로부터 탁월한 학생으로 인정을 받고 박사학위를 받았다. 그는 급진 종교개혁자들 가운데 공식 교육을 끝까지 받은 몇 안 되는 사람 중 한 사람이다. 그 후 그는 레겐스부르크와 발트슈트에서 설교자로 섬겼으며, 1523년에는 츠빙글리와 함께 취리히에서 벌어진 논쟁에 참여하기도 하였다. 후프마이어가 1524년 출판한 "18개 조항"은 로마가톨릭과의 분명한 결별을 보여주고 있다. 같은 해 그는 엘리자베스 휘글리네 Elizabeth Hügline 와 결혼함으로써 자신의 신념을 만천하에 드러내었다. 그는 믿음은 강요 당할 수 없다는 확신을 피력하였으며, 아무리 국가라고 할지라도 종교적 믿음의 차이 때문에 무력을 사용할 권리는 가지고 있지 않다고 주장하였다. "진리는 사라지지 않는다."는 문구는 그의 저작에 언제나 등장하는 모토였다.

---

3   윌리엄 에스텝은 그의 책 *The Anabaptist Story*에서 발타자르 후프마이어를 소개하기 위해 제4장 전체를 할애한다. William R. Estep, *The Anabaptist Story*, 정수영 역, 『재침례교도의 역사』(서울: 요단출판사, 1986), 95-122.

그러나 이즈음 후프마이어는 주류 종교개혁신학과는 다른 생각을 가지기 시작하였고 점차 재세례파 신앙으로 방향을 잡았다. 그는 1525년 1월 16일에 오이콜람파디우스에 보낸 편지에서 유아세례가 실재성이 없다고 비판하면서 신자의 세례를 옹호하고 있다. 그는 세례가 구원의 필수조건은 아니지만, 그리스도의 제자됨에 있어서 그리고 교회 생활에 있어서 필수요건이 된다고 주장했다. 유아세례 문제로 인해 츠빙글리와 후프마이어 사이에는 책자를 통한 논쟁이 벌어지기도 했다.[4] 그는 한때 고문에 굴복하여 자신의 주장을 철회하는 철회문을 작성하기도 했지만 생의 마지막에는 불굴의 의지로 자신의 신앙을 지켰고, 결국 1528년 3월 10일 화형을 당하였다. 윌리엄 에스텝은 "발타자르 후프마이어 박사는 재세례파 창공에서 가장 찬란하게 빛나던 별들 중 하나였다."[5]라고 평가하였다.

후프마이어는 로마가톨릭뿐만 아니라 주류 종교개혁자들과도 다른 재세례파의 '새로운' 신앙과 경건을 가르쳐야 할 필요를 느꼈다. 그러던 중 마침 이전에 니코폴리스Nikopolis의 주교였고, 당시 니콜스부르크Nikolsburg 교회의 회원인 마르틴Martin Goschl으로부터 세례를 받기 전에 가장 먼저 배우고 알아야 할 기본적인 것들에 대해 가르쳐달라는 요청을 받게 되었다. 후프마이어는 이 요구에 응답하기 위해 1526년 말에 교리문답을 작성하였고, 1527년 초에 출간하였다. 후프마이어는 레온하르트Leonhart와 조카 한스Hanns의 대화 형식으로 교리문답을 작성했는데, 이들은 니콜스부르크의 행정관들이었다. 그는 이 교리문답이 신앙의 도리를 알고자 하는 젊은이들을 도울 뿐만 아니라 우리가 빠져 있는 오류와 위선으로부터 벗어나도록 돕는 역할을 하게 되기를 원했다. 이런 동기에서 후프마이어의 교리문답 "그리스도교 교리문답: 세례 받기 전 모두가 알아야 할 것들"이 작성되었다.

---

4   1525년 5월 츠빙글리는 『세례』라는 작품을 통해 재세례파의 분파주의와 혁명적 경향성과 성서이해를 비판하면서 유아세례를 옹호하는 논리를 폈다. 츠빙글리의 작품은 *The library of Christian classics: Zwingli and Bullinger*, 서원모, 김유준 역, 『츠빙글리와 불링거』(서울: 두란노아카데미, 2011), 141-202에 번역 수록되어 있다. 이에 대해 후프마이어는 1525년 7월 『믿는 자의 세례에 관하여』(*On the Christian Baptism of Believers*)라는 작품을 통해 츠빙글리의 논리를 반박함으로써 세례와 유아세례 논쟁에 불을 붙였다. 후프마이어의 작품은 *Balthasar Hubmaier: The Theologian of Anabaptism*, trans. and ed. H. Wayne Pipkin and John H. Yoder (Scottdale, PA: Herald Press, 1989), 95-149에 수록되어 있다.

5   William R. Estep, 『재침례교도의 역사』, 95.

2. 내용

후프마이어의 교리문답 표지에는 그의 모토인 "진리는 파괴될 수 없다" Truth is Indestructible 는 표어가 붙어있고, 발타자르 후프마이어 박사에 의해 1526년 니콜스부르크에서 작성되었으며, 1527년 프로샤우어 Froschauer 라고 알려진 조르크 Simprecht Sorg 에 의해 니콜스부르크에서 인쇄되었음을 밝히고 있다. 그리고 이 교리문답의 작성을 요청한 마르틴에 대한 인사로 시작하고 있다.

교리문답은 크게 두 부분으로 나누어져 있다. 첫 부분에서는 하나님이 어떤 분이신지에 대한 질문과 대답으로부터 시작하여, 죄에 대해, 죄를 알게 해주는 십계명의 율법에 대해, 고백과 기도를 통한 회개에 대해, 주기도문에 대해, 복음에 대해, 죽은 믿음과 산 믿음에 대해, 사도신조에 대해, 성령세례·물세례·피세례에 대해, 특히 왜 유아세례가 잘못된 것인지에 대해, 세례 받은 사람들의 공동체인 교회에 대해, 교회의 권징과 파문에 대해 논하고 있다. 두 번째 부분은 성만찬이란 무엇인가에 대한 질문과 대답으로부터 시작한다. 그리고 로마가톨릭교회의 미사와 화체설, 로마교회와 루터교회의 공간적 임재설을 비판하면서 상징과 표지로서의 성만찬을 옹호한다. 이어서 죄의 고백에 대해, 금식에 대해, 마리아에 대해, 성화상에 대해, 설교와 찬양에 대해, 자유의지에 대해, 종말에 대해, 영생에 대해, 고난에 대해 논하고 있다. 그러면 이제 후프마이어의 교리문답 내용을 좀 더 자세히 들여다보자.

후프마이어는 자신의 교리문답 첫 부분을 하나님의 전능하심과 전지하심과 자비로우심 그리고 이런 하나님의 뜻에 어긋난 인간의 생각과 말과 행동의 죄를 대비시킴으로써 시작한다. 우리는 죄를 율법 특히 십계명을 통해 깨닫게 되며, 고백과 기도 특히 주기도를 통해 죄를 회개하게 된다. 우리 기도를 하나님이 들으신다는 것은 하나님의 약속과 복음의 약속을 통해 알 수 있다. 후프마이어에게 믿음이란 하나님의 말할 수 없는 자비, 은혜로운 호의, 선한 뜻을 인식하는 것이다. 하지만 단지 아는 것에만 그친다면 그것은 죽은 믿음 dead faith 일 뿐이다. 실천을 통한 열매가 있을 때, 사랑으로 역사하는 믿음일 때 그 믿음은 산 믿음 living faith 이다.[6] 후프마이어는 루터의 '오직 믿음으로

의롭게 된다.'는 이신칭의^{以信稱義} 교리를 삶의 실천이 결여된 믿음만을 강조하
는 것으로 간주하고 이런 가르침은 반쪽진리^{half-truth}에 불과하다고 비판하였
다.[7] 그리고 이어서 교회가 전통적으로 고백해 온 믿음의 고백인 사도신조에
대해서 설명하고 있다. 사실상 후프마이어는 자신의 교리문답 첫 부분의 전
반부에서 전통적으로 교리문답이 다루고 있는 십계명, 주기도문, 사도신조를
모두 다루었다.

후프마이어 교리문답의 첫 부분에 등장하는 또 다른 중요한 주제가 바로
세례이다. 먼저 눈에 띄는 것은 후프마이어가 세례의 세 종류를 말하는 것이
다. 그에 따르면 세례에는 성령세례^{요 3:5}, 물세례^{마 28:18 이하, 막 16:15 이하}, 피세례<sup>눅
12:50</sup>가 있다.[8] 물세례는 성령세례의 외적인 표지이며, 이를 통해 교회 공동체
의 일원이 되는 성례이다. 반면 피세례는 죽을 때까지 매일 육체를 죽이는 삶
이다. 더 중요한 것은 믿음 이후에 세례가 있다는 것이다. 재세례파의 신학자
답게 후프마이어는 유아세례는 믿음이 없는 상태에서 받는 세례이기 때문에
세례가 아니며 세례에 대한 왜곡이며 세례라는 이름에도 걸맞지 않다고 비
판한다. 그는 그리스도께서 믿는 자들의 물세례를 제정하셨기 때문에, 믿는
자들, 즉 공개적으로^{openly} 자신의 말로^{verbally} 신앙을 고백하는 자들만 세례를
받아야 한다고 주장한다.

후프마이어에게는 믿고 세례를 받은 사람들의 공동체가 바로 교회이다.
교회에 대한 문답에서 후프마이어는 형제애적 교정^{brotherly correction}, 즉 파문
^{ban}의 권한에 대해 강조하고 있다. 파문은 재세례파 교회가 지속적으로 강조
해 온 가치 중 하나이다. 조지 윌리엄스^{George Williams}가 아나뱁티즘^{anabaptism} 운
동을 아나밴니즘^{anabanism} 운동이라고까지 말한 것도 바로 이런 이유에서이
다. 후프마이어는 교리문답의 첫 부분을 요약하면서 "그리스도가 제정하신
대로 물세례가 시행되지 않는 곳에서는, 누가 형제와 자매인지 알 수가 없으
며, 교회도 없으며, 형제애적 교정이나 권징도, 파문도, 성만찬도, 그리스도교

6   Balthasar Hubmaier, "A Christian Catechism," *Three Reformation Catechisms*, 146. 또는 *Balthasar Hubmaier: The Theologian of Anabaptism*, 348.
7   Balthasar Hubmaier, "Freedom of the Will, I," *Balthasar Hubmaier: The Theologian of Anabaptism*, 428.
8   Hubmaier, "A Christian Catechism," 147-50.

적 존재와 실재도 없다."[9]고 주장한다.

이제 후프마이어 교리문답의 두 번째 부분을 살펴보자. 여기에서 후프마이어는 먼저 성만찬에 대해 묻고 답한다. 그는 다른 종교개혁자들과 마찬가지로 로마가톨릭의 화체설 교리와 포도주는 주지 않고 빵만 주는 일종배찬 one kind distribution을 비판한다. 또한 희생제사로서의 미사 개념을 거부하고, 로마가톨릭과 루터주의의 공간적 임재 개념을 비판한다. 그 후에 성만찬의 의미에 대해서 적극적으로 밝히고 있다. 그에 따르면 성만찬의 빵과 포도주는 "그리스도의 고난과 죽음을 기억하게 하는 표지들commemorative signs"이고, 성만찬은 "사랑의 가장 위대한 표지the greatest sign of love"이고, "형제애적 사랑의 충실한 표지a dutiful sign of brotherly love"이다.[10] 성만찬의 의미에 관해서는 츠빙글리의 입장을 취하고 있음을 알 수 있다.

이어서 후프마이어는 로마가톨릭의 잘못된 가르침에 대해 교정을 하고 있다. 죄의 고백과 관련하여 사제나 수도승에게 고백할 것이 아니라 하나님께 고백하라고 가르치고 있으며, 음식을 대하는 올바른 자세와 금식에 대한 올바른 태도를 가르친다. 마리아에 대해서는 그녀가 순결한 동정녀이고 하나님의 어머니이기에 그녀를 공경하는 것은 마땅하지만, 마리아에게 기도하는 것은 그리스도를 모독하는 것일 뿐만 아니라 마리아도 욕되게 하는 것이라고 주장한다. 후프마이어는 "당신이 정말 마리아를 공경하고 마리아에게 복종하고 싶다면, 그녀나 성인에게 기도하지 말고 마리아의 아들인 그리스도에게 기도하라."[11]고 말한다. 이것이 마리아가 가나의 혼인잔치 집에서 우리에게 부탁한 것이다.

후프마이어는 그리스도인인 우리가 마땅히 하나님의 말씀을 듣고, 믿고, 고백하고, 행하라고 권면한다. 단지 무엇을 믿는다는 것이 중요한 것이 아니라, 어떻게 행하느냐가 중요한 것이다. 메노 시몬스Menno Simons의 말처럼 문제는 믿음faith이 아니라 따름following이다. 후프마이어는 우리에게 이렇게 묻는다. "어떤 이는 하나님의 말씀을 들으려 하질 않는다. 어떤 이는 듣지만 이해

---

9   위의 글, 156.
10   위의 글, 157-58.
11   위의 글, 162.

하지 못한다. 어떤 이는 이해하지만 따르지 않는다. 어떤 이는 열심을 다해 따른다. 이들에게 무슨 일이 일어나는가?"[12] 그리스도를 따르는 제자도야 말로 우리의 길임을 강조하고 있는 것이다. 그는 이 길을 걷기 위해서라면 고난도 기꺼이 받아야 한다고 강조한다.

3. 의미와 영향력

1527년 초에 출판된 후프마이어의 교리문답은 최초의 재세례파 교리문답으로서 초기 재세례파의 영성과 신학을 충실히 담고 있다는 점에서 그 중요성과 의미가 크다고 할 것이다.[13] 후프마이어 1480/85-1528 는 오늘날 재세례파 운동에서 중요한 위치를 차지하고 있는 메노나이트의 아버지인 메노 시몬스 Menno Simons, 1496-1561 보다도 훨씬 초기 재세례파 운동의 입장을 잘 보여 주고 있다. 후프마이어에게는 고난 받는 집단인 재세례파 공동체의 입문자들에게 자신들의 가르침이 얼마나 성서적이고 복음적인지를 가르쳐야 할 절박한 필요성이 있었다. 박해에도 불구하고 재세례파 공동체에 머물러 있어야 할 명백한 이유를 설명해야 했기 때문이다. 후프마이어의 교리문답은 이런 점들에 대한 강조가 담겨있다.

후프마이어의 교리문답이 재세례파의 중요한 가치들을 담고 있으며, 이것은 현재의 재세례파 공동체에게도 그대로 이어지고 있다는 점에서 그 영향력은 현재형이라고 할 것이다. 그의 교리문답에서 두드러지는 특징을 다시 확인해보자. 첫째로 산 믿음 living faith 에 대한 강조이다. 후프마이어는 주류 종교개혁자들의 '믿음만으로' 혹은 '전가된 의'에 만족하지 않는다. 오히려 은총에 의한 구속 과정의 일부분으로서 살아있는 믿음의 열매가 필요함을 주장한다. 둘째로 후프마이어는 세례를 내면적 세례인 성령세례, 외면적 세례인 물세례, 고난의 세례인 피세례로 나누고 있다. 시간적 순서나 중요성에

12　Balthasar Hubmaier, "A Christian Catechism," 173.

13　Arnold Snyder, "Modern Reality and Anabaptist Spirituality: Balthasar Hubmaier's Catechism of 1526," *The Conrad Grebel Review* 9/1 (Winter 1991), 41.

서 가장 앞서는 것은 성령세례이다. 성령의 내면적 세례는 믿음을 낳는다. 믿음에 뒤따르는 것이 외적인 물세례이다. 성령을 통한 내면적 중생과 물의 외면적 증거에 뒤따라오게 되는 것이 고난이라는 피세례이다. 셋째로 제자도에 대한 강조이다. 그리스도인들은 새로운 삶을 향해 부름 받았다. 모든 그리스도인들은 자신의 작은 십자가를 지고 주님을 따라야 한다. 우리는 십자가를 기쁨과 인내로 받아들여야 한다. 안락함은 그릇된 영성이며, 고난이야말로 진정한 영성의 표지이다. 제자도는 재세례파 영성에서 핵심요소이다.

후프마이어의 교리문답은 두 부분으로 나누어져 있다. 첫 부분이 하나님에 대한 믿음에 초점이 있다면, 둘째 부분은 이웃에 대한 사랑에 강조가 있다. 첫 부분이 믿음을 고백한 후 받는 세례에 중점이 있다면, 둘째 부분은 사랑의 교제라고 할 수 있는 성만찬에 중심이 있다. 첫 부분이 교리적 질문들을 주로 다루고 있다면, 둘째 부분은 재세례파의 실천의 특징들을 자세하게 다루고 있다. 후프마이어에게는 하나님과 이웃과의 관계를 바르게 하는 것이 모든 그리스도교 가르침의 요체이고 본질이며, 다른 모든 것들은 이 핵심으로부터 나오는 것이다.

Ⅲ. 루터의 소교리문답(1529)

1. 동기와 배경

마르틴 루터 Martin Luther, 1483-1546 는 1529년 소교리문답과 대교리문답을 동시에 출판하였다. 그는 소교리문답은 일반 신자들이 가정에서 어른과 아이들 모두가 함께 모여서 공부할 수 있도록 의도하였고, 대교리문답은 어른들과 성직자를 염두에 두고 준비하였다. 이처럼 독자층이 달랐기 때문에 분량에 있어서도 차이가 나지만 내용에 있어서도 소교리문답에서는 복잡한 교리적 변증은 다루지 않는다. 본고에서는 분량이 적고 문답형식으로 기술되어 보다 쉽게 이해할 수 있는 그러면서도 대단히 중요한 소교리문답을 중심으

로 살펴볼 것이다. 오즈먼트는 루터의 소교리문답이 "종교개혁을 강화시킨
소책자" 중 하나라고 평가하였다.[14] 사실상 루터는 이 책자가 그렇게 사용되
기를 원했고, 자신의 소교리문답을 다른 어떤 저작보다 더 주의 깊게 작성하
였으며, 이것을 자신의 가장 중요하고 의미 있는 작품 중 하나로 간주하였다.
따라서 루터는 이 교리문답을 공부하기를 거부하거나 경시하는 자들에게는
"음식을 주지 말 뿐만 아니라 개와 같이 쫓기게 하고 배설물을 퍼부어도 마
땅하다."고 단언하였다.[15] 소교리문답은 루터의 신학을 이해하고자 하는 사
람들에게 출발점이 될 것이며, 루터가 무엇을 본질적인 혹은 비본질적인 교
리로 여겼는지를 알기 원하는 사람들에게도 대단히 유용한 자료이다.

　　루터는 서문의 첫머리에서 무엇보다 먼저 자신이 왜 교리문답을 작성하
게 되었는지를 안타까운 마음으로 설명한다. 루터는 1528년 작센 지방의 교
회들을 직접 방문하여 돌아보면서 대부분의 그리스도인들이 심지어 목회자
들까지도 복음의 핵심이 무엇인지를 전혀 깨닫지 못하고 무지 가운데 있는
것을 목격한 후 이들에게 복음의 진리를 쉽고 분명하게 가르칠 필요를 절감
하고 교리문답을 준비하였다. "최근에 내가 여러 지역을 방문하면서 목격한
비참한 상황으로 인해 나는 간결하면서도 쉬운 교리문답, 즉 그리스도교 가
르침에 대한 진술을 준비하게 되었다."[16] 이와 같이 루터의 교리문답은 대단
히 실제적이고 실천적인 동기와 이유에서 시작되었다.

　　일찍이 호세아 선지자는 "무지가 내 백성을 망하게 한다."호세아 4:6 며 한탄
했다. 루터는 작센 지역의 교회들을 돌아보면서 호세아의 탄식을 절감하였
다. 많은 백성들이 십계명도, 사도신조도, 주기도문도 알지 못했다. 더욱이
영적 어두움이 대물림되고 있었다. 충격적이게도 백성들만이 아니라 성직자
들도 별로 다르지 않았다. 교회탐방 보고서에 따르면 어떤 성직자는 십계명
을 모를 뿐만 아니라 6년 동안 책을 한 번도 펴보지도 않았다. 작센 오버라드
라우의 사제는 3년 동안 미사를 한 번도 거행하지 않았다. 또 다른 성직자는

14　Steven Ozment, *The Reformation in the Cities* (New Haven: Yale University Press, 1975), 22.
15　Martin Luther, 지원용 편, "대교리문답서," 『루터선집』 9권 (서울: 컨콜디아사, 1983), 417-418.
16　Luther, "The Small Catechism," *Three Reformation Catechisms*, 181.

화재로 성서를 잃은 후에 26년 동안 성서 없이 지내기도 했다.[17] 강단과 청중석이 마찬가지였다. 루터는 이 무지를 몰아내고자 교리문답을 작성하였다.

특별히 루터는 소교리문답에서 목회자들과 설교자들의 태만과 나태에 대해 강하게 질책한다. "당신이 감독으로서 부끄럽게도 백성들을 방치하고, 당신의 의무를 이처럼 소홀히 하다가, 그리스도 앞에서 그것에 대해 도대체 어떻게 대답하려고 하는가?"[18] "당신이 그와 같은 엄숙한 훈계를 하지 않거나 가증스러운 법을 백성들에게 부과한다면, 그리하여 백성들이 성례를 모독한다면 그것은 당신 자신의 잘못이다. 당신이 책임을 다하지 못하고 침묵하고 있는데, 어떻게 백성들이 태만하지 않을 수 있단 말인가? 그러니 이것은 모두 목회자요 설교자인 당신들에게 달린 문제이다."[19] 루터는 새로운 프로테스탄트 운동의 중심에 서 있는 목회자들은 중세 로마교회의 목회자들보다 훨씬 더 무겁고 어려운 책임을 맡고 있음을 강조하였다. 목회자와 교사들이 올바른 신앙을 분명히 알고 있지 못하면 교회 공동체는 무지에 빠질 수밖에 없으며, 가장家長이 확실한 지식과 신앙을 갖지 못한다면 온 식구들은 엉뚱한 사설에 미혹될 수밖에 없다. 루터는 새로운 종교개혁운동에서 맡은 자의 책임이 얼마나 중한지를 엄중히 말하고 있다.

2. 내용

루터는 1520년 이렇게 말하였다. "누구든지 구원받기를 원한다면 세 가지를 알아야만 한다. 율법은 인간의 질병이 무엇인지 보여준다. 신조는 어디서 약을 구할 수 있는지 알려준다. 주기도문은 그것을 어떻게 찾아 사용해야 하는지를 가르쳐준다."[20] 소교리문답에서 루터는 자신이 말한 이 순서를 따

---

17   Arthur H. Drevlow, "The History, Significance, and Application of Luther's Catechisms," *Concordia Journal* 5/5 (September 1979), 172-173.

18   Luther, "The Small Catechism," 181.

19   Luther, "The Small Catechism," 187.

20   Janz, "Introduction" *Three Reformation Catechisms*, 15.

라 서술하고 있다. 그 후에 세례, 고백, 성만찬의 성례에 대해 말하고 있다.

소교리문답은 먼저 율법의 핵심인 십계명을 다루고 있다. 십계명은 출애
굽기 20장 2-17절^{비교 신 5:6-21}에 근거하여 설명한다. 아마도 개혁교회와 장로
교회 전통에 익숙한 사람들에게는 루터의 십계명 구분이 매우 생소하게 보
일 것이다. 왜냐하면 루터의 소교리문답에 나타난 십계명의 구분이 개혁교
회의 십계명 순서와 차이가 있기 때문이다. 루터교회와 로마가톨릭교회는
출애굽기 20장 3-6절을 첫째 계명으로 간주하고 있으나, 개혁교회는 20장 3
절을 첫째 계명으로 20장 4-6절을 둘째 계명으로 보고 있다. 그리고 루터교
회와 로마가톨릭교회는 개혁교회에서 열 번째 계명으로 여기는 20장 17절을
둘로 나누어 아홉째와 열째 계명으로 구분하여 생각한다. 반면 유대교는 십
계명의 머리말에 해당하는 20장 2절을 첫째 계명으로, 3-6절을 둘째 계명으
로, 17절을 열 번째 계명으로 삼는다. 이처럼 십계명을 구분하는 것에서도 루
터교회, 개혁교회, 유대교가 서로 다른 입장을 지니고 있음을 알 수 있다.

루터는 소교리문답에서 율법의 핵심인 십계명의 뜻이 무엇인지를 문답
형식을 통해 명확하게 전달하고자 하였다. 흥미로운 것은 십계명의 뜻을 묻
는 대답에서 항상 처음에 "우리는 하나님을 두려워하고 사랑해야^{fear and love}
합니다."는 말로 시작한다는 점이다. 이것은 칼뱅이 경건은 하나님에 대한
두려움과 사랑이라고 말한 것과 맥락을 같이 한다.[21] 루터는 특별히 첫 번째
계명에 대한 대답에서만 "우리는 다른 어떤 것보다도 하나님을 두려워하고
사랑하고 신뢰해야^{fear, love, and trust} 합니다."라고 말하여 신뢰를 포함시킨다.

다음으로 사도신조를 다룬다. 소교리문답에서 사도신조는 세 개의 질문
으로 구성되어 있다. 하나님의 창조^{creation}, 예수 그리스도의 구속^{redemption}, 성
령의 성화^{sanctification}에 대한 질문이 주어진다. 세 질문에 대한 대답의 마지막
은 항상 "이것이 진실로 진리입니다."로 끝을 맺는다. 교리문답에서는 핵심
적인 사항들만 간단한 형식으로 다루기 때문에 크게 차이를 느낄 수 없지
만 보다 깊이 들여다보면 신조에 대한 신학적 관점이나 해석도 전통에 따라

---

21 John Calvin, *Institutes of the Christian Religion* (1559), ed. John T. McNeill, trans. Ford L. Battles,
Library of Christian Classics Vols. 20-21 (Philadelphia: The Westminster Press, 1960), I권, 2장, 1절(이
후로는 I, 2, 1로 표기한다).

차이가 난다. 예를 들어 "그리스도가 음부에 내려가셨다"He descended into hell는 구절에 대해 칼뱅은 이것이 그리스도의 마지막 낮아지심에 속하며 영혼의 말할 수 없는 고난이었다고 말하지만, 루터는 이것이 악마를 정복한 그리스도의 승리와 영광의 선포라고 보았다. 칼뱅은 그리스도가 죽은 후 바로 음부에 내려갔다고 했으나, 루터는 그리스도가 살아난 후에 내려갔다고 하였다.[22] 하지만 이와 같은 것이 우리 신앙의 본질적인 내용은 아니기 때문에 교리문답에서는 구체적으로 다루지를 않는다.

그리고 주기도문이 이어진다. 주기도문은 "하늘에 계신 우리 아버지"라는 서론 부분과 뒤이어 나오는 일곱 가지 간구"아버지의 이름이 거룩하게 하시며," "아버지의 나라가 오게 하시며," "아버지의 뜻이 하늘에서와 같이 땅에서도 이루어지게 하소서," "오늘 우리에게 일용할 양식을 주시고," "우리가 우리에게 잘못한 사람을 용서하여 준 것같이 우리 죄를 용서하여 주시고," "우리를 시험에 빠지지 않게 하시고," "악에서 구하소서."와 "나라와 권세와 영광이 영원히 아버지의 것입니다."라는 결론 부분으로 구성되어 있다. 루터는 주기도문에서 구하는 "일용할 양식"에 단지 먹을 것만이 아니라 경건한 배우자와 지도자, 훌륭한 정부, 적당한 기후, 선한 친구, 믿을 만한 이웃까지 포함시킨다. 우리의 삶에 필요한 모든 것이 하나님이 허락하시는 "일용할 양식"인 것이다.

소교리문답은 십계명과 사도신조와 주기도문에 이어서 세례의 성례를 다룬다. 루터는 여기에서 세례의 본성, 세례의 유익, 세례의 효력, 물세례의 의미를 묻고 답한다. 세례란 단순한 물이 아니라 하나님의 말씀과 연관된 하나님의 명령에 따른 물의 세례이다마 28:19. 세례의 유익은 죄의 용서, 죽음과 마귀로부터 구원, 믿는 자들에게 영원한 생명을 준다마 16:16. 세례의 효력은 물이 아니라 하나님의 말씀과 이 말씀에 대한 우리의 신앙이 일으키는 것이다. 말씀이 없으면 물은 물일뿐이지 세례는 아니다. 세례는 은혜로운 생명의 물이며 성령 안에서 중생의 씻음이다딛 3:5-7. 물세례의 의미는 옛 사람은 죽고 새 사람이 사는 것이다롬 6:4. 이처럼 루터는 성서의 가르침에 근거하여 세례의 본성, 유익, 효력, 의미 등을 제시하고 있다.

마지막으로 성만찬의 성례를 다룬다. 성만찬이란 빵과 포도주 아래under

---

22 지원용, "'음부에 내리신 지'에 대하여," 『루터선집』 9권, 405-408.

우리에게 주어진 주 예수 그리스도의 참된 몸과 피이다. 성만찬 안에서 죄의 용서, 생명, 구원이 주어진다. 육체적으로bodily 먹고 마실 때, "너희를 위하여", "너희 죄 사함을 위하여" 주신 것이라는 말씀을 믿는 사람에게는 죄의 용서가 주어지며 바로 이들이 성만찬을 받기에 합당한 사람들이다. 사용되는 단어들에서 루터의 독특한 성만찬 이해가 장황하지는 않지만 함축적으로 표현되어 있음을 알 수 있다.

루터의 소교리문답에는 십계명, 사도신조, 주기도문, 세례와 성만찬 외에도 다른 것들이 첨부되어 있기도 하다. 먼저 세례와 성만찬의 성례 사이에 "죄의 고백과 사면"을 간략하게 다루고 있다. 그리고 뒷부분에는 교리문답을 가지고 가족들을 이끌고 교육해야 할 가장들을 위하여 "가장이 가르쳐야 할 아침기도와 저녁기도," "가장이 가르쳐야 할 식전기도와 식후기도"가 예로써 제시되어 있다. 그리고 마지막에는 다양한 종류의 직분과 직위를 가진 사람들이 지켜야 할 "의무표"table of duties가 제시된다. 이 의무표에는 "감독, 목회자, 설교자의 의무," "교사와 목사에 대한 신자들의 의무", "위정자의 의무", "백성의 의무", "남편, 아내, 부모, 자녀, 주인, 종, 청년, 홀로 된 여인, 신자들의 의무" 등이 제시되어 있다.

3. 의미와 영향력

루터가 소교리문답과 대교리문답을 출판한 해인 1529년은 로마가톨릭과 종교개혁 진영이 첨예하게 대립하던 때였다. 1529년 슈파이어 의회에서 로마교회와 종교개혁 진영의 갈등은 더욱 커졌고 "프로테스탄트"라는 말이 처음 등장한 것도 바로 이 해였다. 뿐만 아니라 1529년 헤센의 필립Philipp of Hessen의 요청으로 열린 종교개혁 진영 사이의 회담인 마르부르크 회의도 별다른 결실 없이 루터주의자들과 츠빙글리주의자들의 차이만을 확인하고 끝났다. 이처럼 혼란스럽던 때에 교리문답의 필요성은 더욱 크고 절실했을 것이다.

그렇지만 교리문답의 작성이 단지 상황 때문에 갑작스레 이루어진 것은

아니다. 루터는 교리문답을 작성한 1529년 이전에 이미 십계명과 사도신조
와 주기도문에 대한 설교를 여러 차례 반복적으로 하였다. 루터의 동료 요하
네스 부겐하겐Johannes Bugenhagen도 1년에 4차례 8회 평일의 설교를 통해 교리
문답을 가르쳤다. 루터는 1528년에만 5월 18-30일, 9월 14-25일, 11월 30
일-12월 19일에 교리문답의 주요 내용들에 관하여 설교하였다.[23] 이것이
1529년 교리문답으로 결실을 맺은 것이다.

　　루터의 소교리문답은 자신의 교구 안에 있는 어린이들을 가르치려는 목
회적 노력의 결과였다. 그는 이 절망적 상태가 개선되려면 변화가 어린이로
부터 시작되어야 한다고 믿었다. 목회자와 설교자들이 자신들에게 주어진
의무를 진지하게 받아들이고, 무지한 상태에 있는 백성들을 긍휼히 여겨야
만 한다. 어린이가 가정에서 그리고 교회에서 올바른 신앙교육을 받지 못한
다면 종교개혁 정신은 대를 이어 연결될 수 없고 결국 하나의 일회적 사건으
로 끝나버리고 말 것이다. 종교개혁의 영속적인 성공을 위해서도 루터에게
교리문답은 너무도 중요하였다. 그렇기 때문에 루터는 『노예의지론』과 더불
어 교리문답을 자신의 가장 중요한 저술이라고 말했다. 그는 자신의 다른 작
품들은 없어지더라도 이 두 가지만은 남기를 바랐다.

IV. 칼뱅의 제네바교리문답
(제1차 1537/1538, 제2차 1542/1545)

1. 동기와 배경

1) 제1차 제네바교리문답이 나오기까지

　　칼뱅Jean Calvin, 1509-1564이 제네바에서 교회개혁을 추구하면서 감당해야만

23　Arthur H. Drevlow, "The History, Significance, and Application of Luther's Catechisms," 174. 그리고
　　Arthur Drevlow, "How Luther Wanted the Catechism Used," *Concordia Journal* 7/4 (July 1981), 153.

했던 여러 가지 중요한 일들 가운데 한 가지가 바로 종교개혁 정신을 계속적으로 이어가기 위한 올바른 교리문답 교육이었다. 칼뱅이 1536년 8월 한여름 제네바에 처음 도착했을 때, 제네바는 막 프로테스탄트 도시로 전환하여 새롭게 출발하고 있었다. 1536년 5월 21일 제네바가 시민총회에서 프로테스탄트 도시가 되기로 천명한 후 그곳에서는 기욤 파렐^{Guillaume Farel}이 제네바 교회 개혁 운동을 이끌고 있었다. 파렐은 바로 이런 시점에 젊은 칼뱅이 제네바에 들린 것이 결코 우연이아니라 여겼고, 칼뱅을 협박하고 회유하여 제네바 교회개혁 운동에 동참하도록 만들었다. 이렇게 하여 제네바는 칼뱅에게 운명의 도시가 되었다.

칼뱅과 파렐은 제네바가 프로테스탄트 신앙에 선 하나님의 도시가 되고, 제네바 교회가 질서 잡힌 교회가 되기 위해서는 세 가지가 필요하다고 생각했다. 첫째는 바른 신앙고백이다. 칼뱅과 파렐은 이전 로마가톨릭교회와는 다른 바른 신앙의 고백이 필요하다고 주장하였고, 그리하여 21개 조항으로 이루어진 제네바신앙고백을 작성하여 1536년 11월 10일 의회에 제출하였다. 그리고 제네바의 시민들이 이 신앙고백에 모두 서명해야 한다고 주장하였다. 상당한 반대가 뒤따랐다. 칼뱅과 파렐이 모두 프랑스인이라는 점을 고려한다면, 스위스 제네바의 토착세력들에게는 이들이 못마땅했을 것이 분명하고, 이들의 요구에 저항하는 사람들이 있었으리라는 것은 충분히 짐작할 수 있다. 논란이 있었지만 신앙고백은 결국 의회의 비준을 받았다.

둘째는 교회헌법이다. 칼뱅은 1537년 1월 16일에 "제네바의 교회와 예배의 조직에 관한 조항들"^{Articles Concerning the Organization of the Church and of Worship at Geneva}을 의회에 제출하였다. 이번에는 이전보다 더 큰 저항에 부딪혔기 때문에, 몇몇 주제들에 대해서는 칼뱅도 타협해야만 했다. 칼뱅은 매주 성만찬을 해야 한다고 요구했으나 거절되었고, 교회가 권징의 권한을 가져야 한다는 요구나 결혼 문제를 다룰 위원회를 설치하자는 요구도 받아들여지지 않았다. 칼뱅이 원하는 내용들은 이후 칼뱅이 다시 제네바로 돌아온 후에 작성된 1541년과 1561년 교회헌법에 반영되었다.

셋째는 교리문답이다. 칼뱅은 교회의 신앙과 생활을 위해서 새로운 프로테스탄트 복음주의 신앙의 간략한 요약이 필요하다고 확신하였다. 칼뱅은 이미 1536년 바젤에서 『기독교강요』 초판을 발행하였다. 하지만 이것은 너무 길고 내용도 다소 어렵기 때문에 평신도들, 특별히 젊은이를 위한 새로운 작업이 필요했다. 따라서 『기독교강요』 초판의 핵심 내용을 요약적으로 정리하여 1537년 초에 제1차 제네바교리문답이 프랑스어로 출판되었다. 그리고 다음해인 1538년에 라틴어로 번역하여 출판하였다. 제1차 제네바교리문답을 라틴어로 번역한 것은 이것이 단지 프랑스나 제네바와 같이 프랑스어를 사용하는 지역에서 뿐만 아니라 보다 폭넓은 지역에서 사용되기를 바라는 마음에서였다. 이것은 제네바교리문답의 라틴어판 제목에도 잘 드러난다. "교리문답 혹은 그리스도교 종교의 강요, 최근 복음으로 새롭게 탄생한 제네바교회의 전적인 승인을 통해 받아들여졌고, 이전에 프랑스어로 출판되었지만 신앙의 진정성이 각처에 있는 다른 교회들에게도 드러나도록 하기 위해 이제 라틴어로 출판됨."[24] 칼뱅은 이 교리문답서 교육을 통해 복음주의 신앙의 핵심이 대를 이어 전달되기를 원했다.

2) 제1차 제네바교리문답에서 제2차 제네바교리문답까지

칼뱅과 파렐의 야심찬 제네바 교회개혁의 청사진은 불행하게도 충분하게 실현되지를 못했다. 오히려 개혁자들을 반대하는 토착세력들의 목소리가 힘을 얻었고, 제네바의 정치적 독립에 영향을 미쳤던 베른의 입김까지 더해져 결국 두 사람은 1538년 4월 제네바에서 쫓겨나고 말았다. 하지만 제네바의 정치적·종교적 상황의 변화로 인해 제네바 의회는 당시 스트라스부르에 머물고 있던 칼뱅을 다시 초청하게 된다. 칼뱅은 제네바로 돌아가기를 꺼렸으나 여러 동료 개혁자들의 간곡한 권유와 제네바 교회를 향한 불타는 마음 때문에 1541년 제네바의 초청을 받아들인다. 제네바로 귀환한 칼뱅은 3년 전에 마무리하지 못했던 사역들, 교회헌법, 새로운 교리문답을 작성하는 일에 곧바로 착수하였다.

---

24 1537년 프랑스어판은 Paul T. Fuhrmann에 의해 *Instruction in Faith*라는 제목으로 영역되었고, 1538년 라틴어판은 Ford L. Battles에 의해 *Catechism or Institute of Christian Religion*이란 제목으로 영역되었다.

칼뱅은 제1차 제네바교리문답^{프랑스어 1537, 라틴어 1538}이 어린이들에게는 여전히 너무 어렵다고 판단했고, 따라서 이번에는 주제별 접근보다는 전통적인 문답 형식을 따라 제2차 제네바교리문답^{프랑스어 1542, 라틴어 1545}을 작성하였다. 그렇다면 제1차 교리문답과 제2차 교리문답의 차이점은 무엇일까? 제1차 교리문답이 33개 주제별 항목으로 제시된 데 반해서, 제2차 교리문답은 55장 373개의 질문과 대답 형식으로 이루어져 있다. 제1차 교리문답은 루터의 소교리문답처럼 율법, 사도신조, 주기도, 성례의 순서를 따르고 있지만, 제2차 교리문답은 사도신조에 근거한 신앙, 율법, 주기도, 성례의 순서로 전개된다. 이것은 『기독교강요』의 구조변화와 관련되어 있다. 제1차 교리문답에는 13번째 항목에서 선택과 예정에 대해 논하고 있지만, 제2차 교리문답에서는 이 교리에 대한 설명이 나타나지 않는다. 또한 제1차 교리문답에서 다루어진 인간^{4항}, 인간적 전통^{31항}, 교회에서의 출교^{32항}, 권력자들^{33항} 등과 같은 신학적 주제들 역시 제2차 교리문답에서는 "배경 속으로 물러나고 거의 언급되지 않는다."[25] 이처럼 제1차와 제2차 교리문답 사이에는 구조적인 측면에서뿐만 아니라 내용적인 면에서도 어느 정도의 차이가 나타난다.

칼뱅에 의해 제2차 제네바교리문답이 작성됨으로 말미암아 제1차 교리문답은 사실상 우리에게 거의 잊혔다. 그러나 오늘날 많은 칼뱅 연구자들은 제1차 교리문답이 나름의 중요한 의의를 가진다고 평가하고 있다. 영어 『기독교강요』의 편집자인 맥닐^{John T. McNeill}은 제1차 교리문답을 "『기독교강요』의 중심적 가르침에 대한 탁월한 요약"이라 말하고, "이 저술은 응축되고 간결하게 표현된 걸작이며, 칼뱅의 가르침의 열쇠로서 탁월하다."고 평가한다.[26] 프랑스어판 교리문답의 영어 번역자인 푸르만^{Paul T. Fuhrmann}도 제1차 교리문답의 가치와 의의에 대해 다음과 같이 강조하고 있다.

---

25   Mattias Freudenberg, "Catechisms," *The Calvin Handbook*, ed. Herman Selderhuis, 김귀탁 역, 『칼빈 핸드북』(서울: 부흥과개혁사, 2013), 421. 그리고 황대우, "하나님의 영광과 인생의 위로: 제2제네바 신앙교육서 1-15문답과 하이델베르크 신앙교육서 1-22문답 비교연구," 『개혁논총』 29 (2014), 245-75도 참고하라.

26   John T. McNeill, *The History and Character of Calvinism* (New York: Oxford University Press, 1954), 140.

제1차 교리문답은 칼뱅을 이해하는데 큰 도움이 된다. 왜냐하면 이것은 그
의 경건의 가장 초기의, 기본적인, 확고한 핵심을 제시하고 있기 때문이다.
이 열쇠를 가지고 우리는 이제 초기 개혁교회의 성소를 열 수 있고, 그 단순
한 아름다움과 강력한 힘을 볼 수 있다. … 더욱이 독자들은 이 교리문답의
사상이 분명하고 명확하다는 것을 알게 될 것이며, 유감스럽지만 오늘날의
프로테스탄트주의에는 결여된 좋은 특성들을 발견하게 될 것이다. 다시 말
해 오늘날의 흐릿하고 냉랭한 신앙과는 대조적으로 그 당시의 프로테스탄
트 신앙은 지성을 밝히고 마음을 뜨겁게 하는 것이었음을 발견하게 될 것이
다.[27]

라틴어판 교리문답의 영어 번역자인 배틀즈Ford. L. Battles에게도 제1차 교
리문답은 이것이 『기독교강요』 초판[1536]과 2판[1539] 사이에 위치하고 있다는
사실 때문에 중요성을 갖는다. 제1차 교리문답은 칼뱅의 사상에 대한 간략하
며, 분명하고, 간명한 요약일 뿐만 아니라, 젊은 칼뱅의 사상의 발전을 추적
할 수 있는 중요한 길잡이가 된다.

그럼에도 불구하고 보다 널리 쓰이고 활용된 칼뱅의 교리문답서는 제2
차 제네바교리문답서이다. 1541년 칼뱅이 스트라스부르에서 제네바로 돌아
왔을 때, 그는 1537년 제1차 교리문답을 보다 확장시키고 문답형식으로 다시
정리하여 1542년[혹은 1541년 말]에 제2차 제네바교리문답을 출판하였다. 주된 목
적은 초대교회의 교리문답 교육을 회복하여, 그 가르침을 10-15세의 어린이
들 눈높이에 맞도록 제시하고, 또한 모든 성도들이 한분 그리스도의 진리 안
에서 연합되어 한 몸과 한 성령 안에서 함께 성장하여 신앙의 핵심을 한 입
으로 고백하도록 하기 위함이었다. 칼뱅은 1545년 보다 많은 교회들이 읽을
수 있도록 이 교리문답을 라틴어로 출판하였는데 각 나라에 흩어져 있는 교
회들 사이에 거룩한 친교를 지키고, 교회들이 신앙에 있어서 일치를 표현할
수 있도록 돕기 위함이었다. 이것은 이후 개혁교회 교리문답 교육의 기초가
되었다.

---

27 I. John Hesselink, *Calvin's First Catechism: A Commentary* (Louisville: Westminster John Knox Press, 1997), 41.

2. 내용

칼뱅은 제네바교리문답의 서문인 "독자들에게 드리는 글"에서 이 글의
작성 동기가 "어린이들을 그리스도교 교리로 올바로 키우는 것"[28]임을 밝히
고 있다. 칼뱅은 이 목표를 달성하기 위해서는 가정, 학교, 교회에서 부지런
히 교리문답을 가르쳐야 한다고 말한다. 또 다른 서문인 "동 프리시아에서
복음의 순수한 가르침을 선포하는 그리스도의 신실한 종들에게"라는 글에서
칼뱅은 이 교리문답의 목적이 "신앙의 일치가 우리 가운데서 빛나도록 하기
위함"[29]이라고 밝힌다. 칼뱅은 "이와 같이 혼란하고 분열된 그리스도교계에
서, 공간적으로는 널리 흩어져 있을지라도 그리스도교 교리에서 일치하는
교회들이 상호 인정할 수 있는 공적 증언을 가지는 것이 유용하다."고 주장
한다.[30] 칼뱅은 동일한 교리문답을 사용하는 것이야말로 "그리스도교 친교의
엄숙한 상징"이라고 말한다.[31] 이처럼 제네바교리문답은 어린이들을 교육할
필요성뿐만 아니라 개혁교회의 보편적 일치를 위해서도 실제적으로 필요한
것이었다.

제2차 제네바교리문답은 전체가 55장 373문항으로 이루어져 있다. 칼뱅
은 한 주에 한 장씩 교리문답을 배우고, 익히고, 암송하도록 구성하였다. 교
리문답은 크게 네 부분으로 나눌 수 있는데, 먼저 신앙에 관한 부분은 21장
130문항까지로 사도신조의 내용을, 율법에 관한 부분은 21장 131문항부터
33장 232문항으로 십계명의 내용을, 기도에 관한 부분은 33장 233문항부터
44장 295문항으로 주기도문의 내용을, 성례전에 관한 부분은 44장 296문항
부터 55장 373문항까지 말씀과 성례전 세례와 성찬의 내용을 다루고 있다.[32]

신앙에 관한 부분에서 칼뱅은 제일 먼저 1항에서 인생의 주된 목적이 무

---

28   "The Catechism of the Church of Geneva," *Calvin: Theological Treatises*, trans. J. K. S. Reid (Philadel-
     phia: Westminster Press, 1954), 88.
29   위의 글, 88.
30   위의 글, 89.
31   위의 글, 90.
32   테오도르 베즈는 마지막 성례전 부분을 나누어서 296문항부터 308문항을 말씀에 관한 부분으로, 309
     문항부터 373문항을 성례전에 관한 부분으로 구분하고 있다.

엇인지를 묻고 창조주 하나님을 아는 것이라고 대답한다. 그리고 2항에서 우리 인간은 하나님의 영광을 위해 사는 것이 마땅하다고 말한다. 칼뱅은 인간이 하나님을 알 때 하나님을 전적으로 신뢰할 수 있다고 말한다. 그리고 하나님을 아는 지식의 요점을 담고 있는 사도신조에 대해 질문과 대답을 이어간다. 하나님, 그리스도, 성령, 교회와 거룩한 은총에 대해 요점적으로 정리하고 있다. 그리고 18-20장에서 믿음과 행위의 관계에 대한 자세한 문답을 덧붙임으로써 프로테스탄트의 이신칭의以信稱義 교리를 옹호한다.

　율법에 관한 부분에서는 십계명을 다루고 있다. 먼저 칼뱅은 십계명을 하나님에 대한 경건의 의무를 규정한 1-4계명과 인간관계의 의무를 규정한 5-10계명으로 구분되어 있음을 밝힌다. 그런 다음 십계명의 핵심적 내용과 의미를 질문과 대답 형식으로 밝히고 있다. 이미 앞에서 언급했듯이 루터의 소교리문답과 비교할 때 내용상의 차이보다는 구조상의 차이가 눈에 띈다. 이런 까닭에 개혁교회는 루터교회와는 다른 십계명의 분류를 갖게 되었다. 칼뱅은 결론적으로 율법이란 하나님 사랑과 이웃 사랑이라고 강조한다. 그리고 율법은 우리가 율법으로부터는 의를 얻을 수 없음을 깨닫고 겸손하게 그리스도 안에서 구원을 구하도록 이끄는 역할을 한다고 덧붙이고 있다.

　기도에 관한 부분에서 칼뱅은 기도는 하나님께만 바칠 수 있는 것이지 천사나 성인들에게 돌려서는 안 된다고 말함으로써 로마가톨릭교회의 천사숭배와 성인숭배를 비판하고 있다. 또한 칼뱅은 기도할 때 자신도 이해할 수 없는 낯선 언어로 기도하는 것은 위선일 뿐만 아니라 하나님을 우롱하는 것이라고 말함으로써 평신도들이 이해할 수 없는 라틴어로 중얼거리는 로마가톨릭의 기도 습관을 비판하고 있다. 그러면서 참된 기도의 모범으로 주기도문을 제시한다. 칼뱅은 주기도문이 여섯 부분으로 나누어져 있으며, 앞의 세 부분은 하나님의 영광과 관계되며, 뒤의 세 부분은 우리의 유익과 관계된다고 가르친다.

　말씀과 성례전세례와 성만찬에 관한 부분에서 하나님의 은총의 방편인 말씀과 성례전에 대해 말하고 있다. 칼뱅은 여기서 재세례파에 반대하여 유아세례를 옹호한다. 그는 믿음이 반드시 세례에 앞서야 하는 것은 아니며, 유아세례를 무조건 반대하는 것은 하나님의 은총을 제한하고 축소하는 것이라고 반박한다. 또한 로마가톨릭의 희생제사로서의 미사에 반대하고, 빵만 주는 일종배찬 one kind distribution 을 비판하고 빵과 포도주 모두를 베푸는 이종배찬 two kinds distribution 을 주장한다. 또한 성만찬에서 성령의 비밀스러운 능력을 강조함 으로써 육체적임재설이 아닌 영적임재설을 옹호한다. 그리고 성만찬은 정당 하게 직무를 위임받은 사람이 집례해야 하며, 모든 그리스도인은 자신을 점 검한 후 합당하게 worthy 성만찬에 참여해야 함을 덧붙인다.

3. 의미와 영향력

칼뱅은 1548년 10월 22일 잉글랜드 서머싯 공작인 에드워드 시모어 Edward Seymour 에게 보내는 편지에서 "각하시여, 하나님의 교회는 교리문답 없이는 결코 보존되지 못하리라는 것을 믿으시기 바랍니다. 왜냐하면 그것은 좋은 알곡이 소멸되지 않고 영원히 번식하도록 지켜주는 종자와 같기 때문입니 다."[33] 라고 말하고 있다. 칼뱅은 교리문답이 참된 교회의 보존과 신앙의 대 잇기를 위한 씨앗과 같다는 사실을 분명하게 알고 있었다. 프로테스탄트 신 앙을 담은 교리문답이 없다면 종교개혁은 그저 일회성 사건으로 끝나 버릴 수도 있다. 프로테스탄트 신앙의 요점이 대를 이어 전해지고 그 신앙에 기초 한 참된 교회가 서기 위해서는 어린이와 청소년들에게 교리문답을 가르치는 것이 절대적으로 필요하였다. 그렇기 때문에 칼뱅은 제네바에 처음 도착했 을 때나 다시 귀환했을 때 가장 먼저 교리문답을 작성하는 일을 했던 것이다. 칼뱅은 1541년과 1561년 제네바 교회헌법 모두에서 어린이들은 매 주일 정 오에 교회에서 교리문답을 배우도록 규정하고 있다.[34]

칼뱅의 제네바교리문답은 이후에 나타나는 다양한 개혁교회의 신앙고백

33 Jules Bonnet ed., *Letters of John Calvin*, Vol. II (New York: Burt Franklin, rep. 1972), 191. "Believe me, Monseigneur, the Church of God will never preserve itself without a Catechism, for it is like the seed to keep the good grain from dying out, and causing it to multiply from age to age."

34 1541년 교회헌법의 규정에 대해서는 John Calvin, *Theological Treatises*, 박경수, 황정욱 역, 『칼뱅: 신학논문들』(서울: 두란노아카데미, 2011), 84를 보고, 1561년 교회헌법의 규정을 위해서는 박건택 역, 『칼뱅작품선집 VII』(서울: 총신대학교출판부, 2011), 670-71을 참고하라.

과 교리문답을 위한 하나의 표준 역할을 하였다. 프랑스, 스코틀랜드, 네덜란드, 독일, 잉글랜드에 이르기까지 개혁전통이 전해지는 곳에는 어디서든지 각자의 상황에 맞는 교리문답이 작성되었는데 그때 가장 중요한 준거가 바로 제네바교리문답이었다. 오늘날 한국에서는 하이델베르크교리문답이나 웨스트민스터교리문답이 더 널리 알려져 있기는 하지만 그 뿌리에는 제네바교리문답이 자리하고 있다.

V. 나가는 말

필자는 16세기 프로테스탄트 종교개혁을 통해 형성된 개신교의 세 흐름을 대표할 만한 세 교리문답을 살펴보았다. 후프마이어의 교리문답, 루터의 소교리문답, 칼뱅의 제네바교리문답은 재세례파, 루터파, 개혁파 전통을 대표하는 신앙교육서이다. 세 교리문답은 모두 로마가톨릭의 잘못된 신학과 영성을 비판한다는 점에서 공통점을 지니지만 서로 간에 차이점도 가지고 있다.

먼저 후프마이어의 교리문답과 루터나 칼뱅의 교리문답은 구조에서 차이가 있다. 루터와 칼뱅은 교리문답의 전통적인 형식을 따라 율법, 사도신조, 주기도, 말씀과 성례를 다루고 있다. 물론 루터와 칼뱅의 교리문답에서 이런 전통적 주제들을 다루는 순서가 약간 차이가 나기는 한다. 루터는 율법, 신조, 기도, 성례의 순서로 다루고 있는 반면, 칼뱅은 제1차 교리문답에서는 루터와 동일하지만 2차 교리문답에서는 신조, 율법, 기도, 말씀과 성례의 순서로 변경이 일어난다. 칼뱅의 제1차와 제2차 교리문답의 순서가 바뀐 것은 자신의 『기독교강요』를 개정하면서 순서를 재배치하는 것과 연관되어 발생한 변경으로 보인다. 그럼에도 불구하고 교리문답에서 다루고 있는 중요한 주제와 형식은 동일하다. 하지만 후프마이어의 교리문답은 전통적인 형식을 따르지 않고 두 부분으로 구성되어 있다. 첫 번째 부분은 후프마이어가 인간과 하나님의 관계에 대한 상징^{신앙}으로서 이해한 세례에 중점을 두고, 두 번째 부분은 후프마이어가 인간과 이웃의 관계에 대한 상징^{사랑}으로서 이해한 성만찬에 중점을 둔다. 그는 교리문답을 통해 재세례파의 신앙과 사랑, 믿음과 실천, 세례와 성만찬의 의미를 가르치고자 하였다.

다음으로 세 교리문답 사이에는 강조점의 차이도 있다. 후프마이어는 믿음의 고백을 한 후에 받는 신자의 세례에 대해 길게 설명하며, 후에 은총, 자유의지, 이웃을 향한 사랑의 실천에 대해서 기술한다. 그에 비해 루터나 칼뱅은 값없이 베푸신 그리스도의 은총을 강조하면서도 동시에 은총과 행위 사이에서 균형을 유지하려고 노력한다. 어쩌면 각자의 신학과 신앙에 따라 강조점이 다르게 표현된 것이다.

그리고 세 교리문답의 내용적 관점에서 후프마이어의 교리문답보다 루터나 칼뱅의 교리문답이 보다 쉽고 더욱 대중적이다. 루터나 칼뱅의 교리문답은 어떤 주제에 대해 후프마이어와 달리 신학적 논쟁을 벌이지 않는다. 루터나 칼뱅의 교리문답은 후프마이어의 교리문답보다 청중인 어린이와 청소년들을 더 염두에 두었다. 하지만 후프마이어의 경우 로마가톨릭과 주류 종교개혁자들의 공격에서 스스로를 변호해야만 하는 상황으로 인해 더 변증적이고 논쟁적일 수밖에 없었을 것이다.

교리문답이란 질문과 대답의 형식을 통해 그리스도교 신앙을 고백하도록 하는 교육법이다. 문답식 교육방식은 이미 소크라테스에 의해 사용되었으며, 그리스도교 전통에서도 아우구스티누스, 안셀무스, 에라스무스와 같은 사람들에 의해 애용되었다. 초대교회 시기에는 교리문답을 담당하여 가르치는 교리문답교사^{catechist}가 따로 있었다. 후프마이어, 루터, 칼뱅, 녹스와 같은 종교개혁자들 또한 교리문답을 만들어서 신앙교육을 실시하였다. 물론 교리문답에는 약점이 있다. 그리스도교 구속사에 있어서 중요한 가르침들을 선택하여 다루고 있기 때문에, 이스라엘의 전체 구속사, 역사적 예수 그리스도의 전체 삶, 오순절 성령세례와 교회의 탄생과 전개과정이라는 하나님의 구속사 과정 전체를 반영하고 있지는 못하다. 자연스럽게 무시되고 간과되는 수많은 이야기들이 생긴다. 자칫하면 단순화^{oversimplification}의 오류나 생략^{omission}의 함정에 빠질 수 있는 것이다. 그렇기 때문에 교리문답만을 신앙교육의 전부로 삼아서는 안 된다. 그렇지만 이러한 교리문답의 약점에도 불구하고 교리문답 교육은 우리에게 꼭 필요할 뿐만 아니라 대단히 유익하다.

프로테스탄트 교리문답은 프로테스탄트 신자들이 자기 정체성을 확립하도록 해주며, 바로 알고 바로 믿고 바로 살도록 인도하는 나침반의 역할을 하고, 교회의 구성원들이 동일한 꿈과 비전을 가진 진정한 공동체가 되도록 결속시켜 준다. 이처럼 교리문답은 그리스도를 위해 군병으로 소집을 받은 신자들이 반드시 갖추어야 할 최소한의 무장이다. 교리문답 교육은 일종의 적응accommodation이다. 하나님께서 인간을 구원하시기 위해 인간의 수준에 맞추어 자신을 적응시키시듯이, 교사는 학생들의 눈높이에 맞추어 교육해야만 한다. 교리문답 교육은 신앙의 대 잇기이다. 종교개혁의 신앙이 대를 이어 연결되기 위해서는 교리문답을 통한 신앙의 전승이 중요하다. 이것이 잘못되면 교회의 미래가 어두워진다. 교리문답 교육은 그리스도인들의 신앙의 일치를 확립하는 수단이다. 동일한 공동체의 지체들이 같은 신앙으로 연결되고 이어지기 위해서 교리문답은 필수적이다. 물론 각 공동체가 각자의 교리문답을 채택할 수 있는 다양성을 충분히 인정해야 하지만 말이다.

이제 우리는 오랫동안 잃어버리고 지냈던 종교개혁 고백의 진수인 교리문답 교육을 회복할 때이다. 급격한 시류의 변화와 거친 탁류가 흐르는 이 시대에 우리 신앙의 순수성을 지키고자 한다면 우리는 교리문답 교육이라는 닻을 내려야 할 것이다. 목회자들도 종교개혁의 유산인 교리문답을 설교로 바꾸어 전하는 도전을 해보고, 교사들도 어린이들의 눈높이에서 교리문답 교육을 실시해 보자. 다시 시작하자면 쉽지는 않겠지만 꾸준히 그리고 차근차근, 일방통행이 아닌 쌍방소통의 방법으로, 말과 노래와 연극과 같은 다양한 방식으로 교리문답 교육을 시도해 볼 것을 제안한다.

Sola scriptura와 21세기 한국의 교회

박 영 호

포항제일교회 담임목사, 신약학

I. 들어가는 말 — 참여와 저항 사이에서

예루살렘이 멸망하고 하나님의 백성이 바벨론의 포로가 될 것이다라는 말은 삼키기 힘든 말이었다. 영속하리라는 보장을 받은 줄 알았던 다윗 왕조가 멸망할 것이라는 말은 당시 유대인들에게 상상하기도 힘든 일이었다. 그러나 예레미야는 몇 걸음 더 나아간다.

만군의 여호와 이스라엘의 하나님께서 예루살렘에서 바벨론으로 사로잡혀 가게 한 모든 포로에게 이와 같이 말씀하시니라. 너희는 집을 짓고 거기에 살며 텃밭을 만들고 그 열매를 먹으라. 아내를 맞이하여 자녀를 낳으며 너희 아들이 아내를 맞이하며 너희 딸이 남편을 맞아 그들로 자녀를 낳게 하여 너희가 거기에서 번성하고 줄어들지 아니하게 하라. 너희는 내가 사로잡혀 가게 한 그 성읍의 평안을 구하고 그를 위하여 여호와께 기도하라 이는 그 성읍이 평안함으로 너희도 평안할 것임이라 렘 29:4-7

바벨론의 포로 생활이 생각보다 길 것이며, 거기서 적응하고 살아야 할 것이다. 그 사회에 적극 참여하고 살 뿐 아니라, 성읍의 평안^{샬롬}을 위하여 노력하고 기도하라는 말은 당시 유대 백성들을 경악하게 하기에 충분했다. 그러나 긴 역사를 보면 이 말씀이 없었다면, 다니엘이나 에스더 같은 인물이 가능했을까? 고대문헌 자료와 함께 고고학적, 비문헌문서 자료들로 시야를 확대해 보면 유대인 디아스포라 공동체들은 배타적인 응집력을 유하면서도, 가는 곳마다 탁월한 적응력을 보여주는 집단이었다. "그 성읍의 평안을 구하라" Seek the Welfare of the City 는 말은 제2의 쉐마라 할 정도로 디아스포라 유대인의 정체성을 규정하는 핵심사상이 되었다. 거주하는 도시의 복지를 구하라는 명령은 공적신학의 강력한 근거가 되기도 한다.

신약학자 부르스 윈터 Bruce Winter 는 이러한 유대인의 전통이 사회학적으로 유사한 모델을 찾기 힘든 초대교회의 독특한 사회적 태도를 형성했다고 분석한다.[1] 종파 sect 운동 등의 모델로 초대교회를 설명하려는 사회학적 접근 sociological approach 은 이 대목에서 한계에 부닥친다. 사회적 현상으로서의 초대교회에 대한 이해를 가지면서도, 유일회적인 역사적 사건에 신중하게 접근하는 사회사적 socio-historical 이해가 요청된다.

선교학자 라민 사네 Bruce Winter 는 예수는 아람어로 말했으나 기독교의 경전은 헬라어로 쓰여졌음에 주목한다. 창시자와 처음 경전의 언어가 일치하지 않는 독특한 종교로서 기독교의 중요한 특성이 번역가능성 Translatability 에 있다는 것이다.[2] 처음 기독교는 사회에 대한 적극적인 참여와 기여, 책임감을 가졌던 강력한 경계의식도 가졌다. 이 또한 구약의 배경에서 찾을 수 있다.

> 우리가 바벨론의 여러 강변 거기에 앉아서 시온을 기억하며 울었도다
> 그 중의 버드나무에 우리가 우리의 수금을 걸었나니
> 이는 우리를 사로잡은 자가 거기서 우리에게 노래를 청하며 우리를 황폐하
> 게 한 자가 기쁨을 청하고 자기들을 위하여 시온의 노래 중 하나를 노래하

---

1   B. W. Winter, *Seek the Welfare of the City: Christians As Benefactors and Citizens* (Grand Rapids, MI: Eerdmans, 1994).

2   L. O. Sanneh, *Translating the Message: The Missionary Impact on Culture* (Maryknoll, NY: Orbis Books: 2009).

라 함이로다

우리가 이방 땅에서 어찌 여호와의 노래를 부를

예루살렘아 내가 너를 잊을진대 내 오른손이 그의 재주를 잊을지로다

내가 예루살렘을 기억하지 아니하거나 내가 가장 즐거워하는 것보다 더 즐

거워하지 아니할진대 내 혀가 내 입천장에 붙을지로다 시 137:1-6

초기 기독교인들의 자의식은 유대교보다 훨씬 강력하게 그들의 지역사회와 긴장을 유지하고 있었다 고전 6:1-4. 3 초기 기독교의 성격을 섹트로 추정할 실마리들이 있는 것이 사실이다. 섹트적 특징은 당시 유대교의 다양한 분파 중에서 쿰란공동체 정도에서 유례를 찾을 수 있을 것이다. 그러나 기독교는 쿰란과 달리 사회로부터 스스로를 격리하지 않았다는 데 그 독특성이 있다.

초기 그리스도인들은 "세상에 있지만, 세상에 속하지 않은" 요 17:16, 이 땅에서 나그네요 거류민 취급을 받지만, 진정으로 이 사회를 위하는 존재로서[4] 출발했다. 그리스도인의 실존은 처음부터 선교적 missional 이었으며, 두 문화를 이해하고 두 문화 사이에 소통하는 이중언어 bilingual 의 감각을 요구받는 삶이었다. 이 지점이 오늘을 살아가는 그리스도인의 과제와 교회의 자기점검이 출발하는 자리이다. 우리는 시대의 언어와 소통하고 있는가? 혹 바벨론의 언어에 동화되어서 본향의 노래를 잃어버리고 있지 않는가?

종교개혁 500여년 이후의 세계교회는 루터와 칼뱅 때와는 판이하게 다른 상황 속에 있다. 서구 교회들도 포스트-크리스텐덤의 교회가 바벨론에 포로된 교회와 같다고 토로한다. 포스트 모더니즘에서 포스트 휴먼까지 한꺼번에 들이닥친 변화에 교회는 갈피를 못 잡고 있다. 종교개혁을 창조적으로 계승해야 할 때인데 그 기본적 정신까지 실종된 난맥상, 모더니즘의 합리성이 확립되지 않는 상태에서 포스트 모더니즘의 상대주의를 맞아야 하는 상황, 크리스텐덤의 과실을 맛 보지 못하고 포스트 크리스텐덤의 쓴 맛은 감당

---

3   박영호, 『에클레시아-에클레시아에 담긴 시민공동체의 유산과 바울의 비전』(서울: 새물결플러스, 2018); David M. Carr, *Holy Resilience: The Bible's Traumatic Origins*, 차준희 역, 『거룩한 회복탄력성 트라우마로 읽는 성경』(서울: 감은사, 2022).

4   참조. 베드로전서, 디오그네투스에게 보내는 편지

해야 하는 처지는 한국교회의 갈 방향을 묻는 질문이 서 있는 자리이다.

Ⅱ. 우리는 본향의 노래를 잃어버리지 않았는가?

기독교의 진리는 우리에게 내러티브의 형태로 전해져 왔다. 창조부터 완성의 기대에 이르는 큰 내러티브 속에서 유대인들과 그리스도인들은 하나님을 이해하고, 자기 삶의 의미와 방향을 찾았다. 이 내러티브는 열린 내러티브이다. 그리스도인들은 창세기부터 시작된 역사를 따라 가다 보면, 그 역사가 자신 앞에 도달해 와 있다는 것을 알게 된다. 히브리성경의 마지막인 역대하의 결말, 사도행전 마지막의 열린 결말이 이런 특징을 선명히 보여준다. 무대에서 연극을 관람하던 관객이 마지막 부분에서 무대 위에 올라와서 연기를 이어 나갈 것을 요청 받는 것이다. 대본은 없다. 그러나 지금까지의 이야기 전개에 귀를 기울였다면, 그 흐름을 이어나갈 수 있을 것이다. 음악으로 치면, 악보는 없지만 음조와 흐름, 분위기는 알고 해 나가는 "즉흥연주"와 같은 것이다. 이 연주는 공동체의 문화를 형성하고 그리스도인의 성품을 빚어간다. 그 공동체가 세상의 빛과 소금이 될 수 있다.

오늘의 신학은 이 내러티브를 잃어 버렸다. 한스 프라이는 실증주의적 엄밀성을 기준으로 삼는 경향이 성서 내러티브의 쇠퇴를 가져 왔다고 보았다.[5] 현대 서구의 신학자들은 신학이 어엿한 학문의 한 분야임을 인정받기 위해 각고의 노력을 기울였고, 나름의 성과를 거두었다. 그러나 그들의 게임에 그들의 언어로 참여한 결과, 신학 본래의 역할을 잃어버렸다. 미로슬라브 볼프는 "삶의 의미"라는 근본적인 질문을 묻는 신학의 본래적 기능은 놓쳐 버렸음을 지적한다.

인문학의 상황 또한 다르지 않다. 학문 제분야가 비약적으로 발전하고, 학문이 분화되면서 통합적 지식을 추구하는 대학의 기능이 상실되었다. 대

---

5   H. W. Frei, *The Eclipse of Biblical Narrative: A Study of Eighteenth and Nineteenth Century Hermeneutics* (New Haven, CT: Yale University Press; 1980).

학의 우선적 기능이 가르침보다는 학술연구로 기울면서, 학자들이 저마다의
아카데미아에서의 직업인으로서의 생존과 학문적명성획득에 명운을 걸게
되고, 인생을 통찰하고 세상을 보는 지혜를 함양하는 대학의 기능과 통합적
지식은 뒤로 밀려나고 말았다.[6] 신학과 인문학의 몰락은 "사람이 떡으로만
살 것이 아니라"는 말씀이 가리키는 지향, 물질주의를 넘어서는 가치의 영역
을 축소시킴으로 이 세계를 더욱 더 경제권력과 정치권력의 손아귀에 밀어
넣고, 경쟁을 심화시키고, 사람들의 삶과 생태계를 파괴하는 쪽으로 가고 있
다.[7]

　　포스트 모더니즘은 또 다른 면에서 기독교 내러티브의 위축을 가져 왔
다. 포스트 모더니즘은 거대 내러티브를 향한 불신이다. 메타 내러티브는 억
압적이고 폭력적이라는 시각이다. 그러나 인간이 자신과 시대를 말해 주는
내러티브 없이 살 수 있는가 하는 의문을 던져 보아야 한다. 포스트 모던 상
대주의가 기존의 메타 내러티브를 의심하는 시대에 한 쪽에서는 '빅 히스토
리'가 인기를 얻고 있다. 유발 하라리 류의, 몇 가지 관찰로 인류 혹은 자연
역사 전체를 이어 보려고 하는 시도들에 대한 수요는 줄지 않고 있다. 이터널
스 같은 영화들은 할리우드가 시도하는 메타 내러티브로, 고대신화를 상기
시키며 과거와 연결하고 미래사회를 상상하게 하면서 큰 역사를 그리려 한
다. "세계관" "내러티브"등의 용어로 영화나 드라마, 소설 뿐 아니라, 게임,
패션, K-pop에서도 흔한 용어가 되었다. 브랜드 마케팅 전문가 애나 안델릭
Ana Andjelic은 "소비자는 상품이 아닌 서사를 산다. 서사의 일부가 되기 위해
돈을 지불하고 있지 않은가"라고 반문한다.[8] 인문학과 신학이 메타 내러티브
로부터 거리를 유지하는 신중함을 견지하며, 객관성의 신화에 사로잡혀 있

6　Anthony T. Kronman, *Education's End: Why Our Colleges and Universities Have Given Up on the Meaning of Life*, 한창호 역, 『교육의 종말: 삶의 의미를 찾는 인문교육의 부활을 꿈꾸며』(서울: 모티브 북, 2009)

7　한국의 신학교는 이에 더해 관료주의적, 성과주의적 대학평가의 틀 아래서 질식하고 있다. 또 다른 한 편으로는 신학의 독립적 공간 필요성에 대한 이해가 부족한 교단정치와 성공 내러티브의 일부라 할 수 있는 대형교회, 유명목사 중심의 흐름에서 신학자들의 목소리는 점점 더 주변으로 밀려나고 있다.

8　"내러티브 전략 필요한 이유? 소비자는 '제품' 아닌 '서사'를 산다 - Interview 美 포브스 선정 '가장 영향 력 있는 CMO' 애나 안델릭," (이코노미조선, 2022.01.29). https://biz.chosun.com/distribution/channel /2022/01/29/TLGNOMJL5ZCOJLOEENUNWYLWXI/ [2022.09.06. 접속].

는 동안 대중문화에서는 메타 내러티브가 성행하고 있는 것이다.

나아가서 모든 메타 내러티브를 거부한다는 포스트 모더니즘 안에 숨겨진 내러티브가 있지는 않은지 의심해 보아야 한다. 리처드 보컴의 말이다.

> 메타내러티브에 대한 이런 불신은 현대 서구사회에서 어떤 설득력을 얻고 있지만, 오히려 그런 불신이 아주 강력한 후기 근대사회의 거대내러티브이자 포스터모던 다원주의를 포섭하는 것을 목표로 삼는 소비주의적 개인주의와 자유시장의 세계화로부터 시선을 앗아갈 수도 있다. 그것은 소비주의 생활양식의 다양한 선택을 장려한다는 점에서 해방을 주는 것 같지만, 훨씬 실제적인 의미에서 보면 오히려 억압적이다. 왜냐하면 '부익부 빈익빈'을 촉진하고 환경을 파괴하기 때문이다. 그런데도 유창한 포스트모던 이론가들은 이런 실상을 쉽게 무시하곤 한다.
>
> 그런 생활양식은 진보를 앞세운 근대의 메타내러티브들이 늘 정당화했던 것과 같은 억압을 이어 간다. 많은 포스트모던 이론이, 의도적이든 아니든, 이런 메타내러티브와 결탁했다는 혐의를 벗기 힘들다. 포스트모던 상대주의의 이런 메타태러티브에 확실히 맞설 만한 설득력 있는 근거를 제시하지 않으며, 소위 경제현실을 모두 아우르고 있다는 이 메타내러티브의 틀에 도전하지 않는다면 결코 다양성의 위협을 가할 수 없을 것이다.
>
> 우리에게는 오히려 메타내러티브의 종언을 선언하는 포스트모던 이야기보다 다시금 보편적 가치들을 강조하면서도 지배 세력이 이런 가치들을 자기 것으로 삼는데 맞서는 이야기가 필요하다.[9]

메타 내러티브를 거부하라는 포스트 모더니즘의 명령에 순복하여 소박하고 작은 이야기로 예를 들면 정서적 힐링 신앙의 영역을 축소하는 것은 삶의 의미를 물어야 할 신학의 책임을 방기하는 것이다. 인간은 끊임없이 삶의 의미를 묻는 존재이며, 스토리를 통해서 자신의 의미를 형성해가는 존재이다. 최근

---

9 Richard Bauckham, "Reading Scripture as a Coherent Story," in *The Art of Reading Scripture*, ed. Richard B. Hays and Ellen F. Davis, 박규태 역, 『성경 읽기는 예술이다』(서울: 성서유니온, 2021), 77-99.

에 파친코, 나의 해방일지, 이상한 변호사 우영우가 교회의 웬만한 설교보다 훨씬 더 깊이 있게 인간과 삶에 질문하고 있다는 말들은 흘려 들을 일이 아니다. 아이돌에서부터 패션, 마케팅에 이르기까지 내러티브와 세계관이라는 말이 범람하고 있다. 신학과 목회가 작은 이야기에 자신을 한정하는 동안, 한국교회의 지배내러티브였던 성공신화의 그림자는 조금도 약해지지 않고 있다. 그 그늘 아래서 성경적 가치를 지향하는 신학자들의 패배주의는 더 짙어지고 있다.

한국사회는 모더니즘적 합리성의 토대없이 포스터모더니즘의 상대성의 물결을 맞고 있다. 한국교회는 이에 신앙적 주관주의와 비합리성의 문제가 더해져 포스터모던 상대주의의 병통을 더욱 깊게 하고 있다.

하나의 단일한 이야기로서 성경의 메타내러티브를 읽고, 그 속에서 우리 시대를 이해하는 시각이 절실하다. "모든 세대가 직면해 온 유혹은, 예수님을 강등시켜 자기 시대의 영웅으로 만드는 것이었다. 지난날 우리는 그분을 현자로, 운동의 지도자로, 정의의 옹호자로, 사랑과 용서로 이루어진 새로운 질서를 지지하는 분으로 만나 왔다."[10] 게리 버지 Gary M. Burge 의 말이다. 문제는 이 모든 이미지가 나름대로 성경의 근거를 갖고 있다는 것이다. 예수에 대한 이해가 일면적이면, 교회에 대한 이해 역시 제각각일 수밖에 없다. "어떤 사람들에게, 교회는 세상에서 학대당하거나 버림받은 사람들이 희망과 치유를 찾을 수 있는 피난 공동체. 어떤 사람들에게 교회는 문화적·전통적 정체성을 유지하고 보호하여 그 구성원들이 세상에 물들지 않게 하는 곳이다. 교회의 유일한 목적은 하나님을 예배하고 영화롭게 하는 것이라고 믿는 사람들도 여전히 존재한다."[11] 이 역시 나름의 성경적 근거를 갖고 있다. 성경을 본래의 맥락에서 분리하여 구체적인 교리나 문화적 주장을 지지해주는 증명본문 proof-text 로 해석하는 데서 탈피하여 성경 전체를 세상을 향한 하나님의 계획이라는 하나님 나라라는 일관된 내러티브로 읽어 낼 필요가 있다.[12]

10　Gary M. Burge, *Seven Sentences that Will Change Your Life*, 이철민 역, 『일곱 문장으로 읽는 신약』(서울: IVP, 2020), 41.

11　위의 책, 133.

12　한스 프라이가 "하나의 하나님 나라 복음 이야기"를 제시했고, 이후 구약과 신약의 주제를 연결하여 읽는 시도들은 정교함을 더해 갔다. 크리스토퍼 라이트는 구약과 신약을 하나님의 선교라는 관점에서

포스트 모더니즘의 지적 앞에서 머뭇거리는 태도를 넘어서 성경의 내러티브에 대한 자신감을 회복할 필요가 있다. 성경은 이집트, 앗시리아, 바벨론, 로마 등의 지배 내러티브에 대한 저항 내러티브의 성격을 갖고 있기에 그 자체로 억압적이지 않을 수 있다. 구약의 지혜 전통은 세속의 내러티브에 대한 폭넓은 수용과 다양한 접점을 보여 주고 있다.

신약성경은 처음부터 예수의 이야기는 다른 네 가지 형태로 전해왔다. 바울서신 뿐 아니라 신학적으로 긴장관계에 있는 공동서신을 나란히 놓음으로 신약의 정경은 다양한 목소리를 포용한다. 구약 성경의 룻기는 남성과 여성, 순혈주의와 포용주의의 긴장을 유지하고 있으며, 요나서는 유대 특수주의에 맞서는 보편주의의 정서를 보여 주고 있다. 아브라함과 이삭 중심의 구속사에 초점을 맞추면서도 하갈과 이스마엘에게도 애정어린 관심을 보내는 것, 남성 중심의 리더십에 희생되는 "입다의 딸"의 이야기를 그대로 전하는 것은 성경의 메타 내러티브가 다원주의의 가치를 향해 열려 있음을 보여 준다.[13]

Ⅲ. 성경해석과 개인주의

종교개혁은 성직자들에게 독점되고 있었던 성경을 평신도들에게 돌려주었다. 성경해석의 권위도 자유로운 개인들에게로 옮겨 갔다. 그러나 이런 자유는 또 다른 쪽에서 짙은 그늘을 만들고 있다. 밴후저 Kevin J. Vanhoozer 는 『들음과 행함』에서 개인주의적 성경해석의 문제를 집중적으로 다루고 있다.

카를로서 에이레 Carlos Eire 는 종교개혁을 탈신성화 과정으로 묘사한다(이 과정을 다르게 표현해서 '세속화'로도 알려져 있다). 왜냐하면 개혁자들이 자

읽는 시각을 제시했고, 신약의 톰 라이트 등의 신학적, 세계관적 접근 그리고 밴후저의 해석학적 안내가 도움이 된다.

13   P. Trible, *Texts of Terror: literary-feminist readings of biblical narratives*, 40th anniversary ed. (Minneapolis, MN: Fortress Press, 2022).

연과 은혜의 관계를 새롭게 개념화하면서, 본문의 의미를 확정하는 데에 문법으로 충분하다고 주장했기 때문이다. 또한 그는 개신교인들이 성도의 교제를 수직적으로(하늘에 있는 성도와의 교제) 깨뜨렸을 뿐 아니라 동시에 수평적으로(지상에 있는 성도와의 교제) 깨뜨렸다고 말한다. 동방정교회 신학자인 게오르기 클로로프스키 Georges Florovsky 는 '오직 성경으로'라는 원리가 "종교개혁의 죄"였다고 지적한다. 종교개혁은 꼭 필요했을지도 모르지만, 성도의 교제를 약화시키고 크리스천 스미스 Christian Smith 가 "만연한 해석의 다원주의"라고 부른 것을 만들어 냈다는 점에서 비극적이었다는 평가를 받는다. 스미스는 다음과 같이 말했다. "중요한 문제에 관해 수많은 상이한 가르침을 야기하는 상황에서 … 본문이 유일하게 권위 있다고 주장하는 것은 논점에서 빗나간 주장이 되고 만다. 비텐베르크여, 우리에게 문제가 있다. 비판자들에 따르면 성경주의의 문제점은 "모든 사람이 자신의 소견에 옳은 대로 읽는다"는 것이다. 이것은 심각한 문제다. 특히 잠언 12:15에서 "미련한 자는 자기 행위를 바른 줄로 여"긴다고 말하기 때문이다.[14]

개신교의 종교개혁이 해석의 다원주의로 귀결되었으며, 그 결과 성경을 듣는 이들이 온갖 종류의 행하는 이들이 되었고, 모든 제자가 자기 소견에 옳은 대로, 곧 성경적이라고 생각하는 대로 행하게 되었다는 비판이다삿 17:6.[15] 개혁자들의 의도에도 불구하고 오늘날 개신교회의 모습을 보면 '바벨탑의 분열을 극복할 성령이 아직도 오지 않으셨다고 결론 내릴 수 있을지도 모른다'고 레이하르트는 말했다.[16]

니버는 인간의 전적인 타락과 뿌리깊은 죄성을 강조하는 프로테스탄트 신학자들이 신학적 논쟁에서 심각한 오만함을 보이는 역설을 지적한다. 루터, 칼뱅, 바르트 등이 그 오만한 신학자들의 예로 등장한다.[17] '전신자 제사

14 Kevin J. Vanhoozer, *Hearers and Doers: A Pastor's Guide to Making Disciples Through Scripture and Doctrine*, 박세혁 역, 『들음과 행함』(서울: 복있는사람, 2020), 223-24.
15 위의 책, 220.
16 위의 책, 226.

장직'이라고 하는 프로테스탄트의 교리가 개인의 자기 신격화an individual self-deification 로 귀착될 수 있다고 한다. 인간의 모든 교만 중에서 영적인 교만이 가장 심각한 악인데, 프로테스탄트의 신학이 이에 취약하다는 것이다. 하우어와스는 개인주의적 성경읽기의 문제점을 신랄하게 지적한다.

> 대부분의 북미 크리스천들은 그들이 성경을 읽을 권리-의무는 아니어도-가 있다고 생각한다. 나는 이 생각에 도전하고자 한다. 북미의 개인 크리스천들의 손에서 성경을 빼앗는 일보다 교회가 해야 할 더 중요한 일은 없다. 3학년이 되면, 혹은 그들이 크리스천으로서의 일정한 성숙에 도달했다고 여겨지는 시점이 되면, 모든 어린이들에게 성경을 선물하는 관행을 없애자. 대신 그 아이들과 부모들에게 말하자. 그들은 스스로 성경을 읽기를 권하는 아주 나쁜 습관에 물들어 있다고 말해 주자. 북미의 크리스천들은 영적인 도덕적 변화 없이도 성경을 읽을 수 있다고 생각하도록 훈련 받았다. 그들은 크리스천으로서, 구별된 백성으로서가 아니라, 그들의 "상식"이 성경을 "이해" 하는데 충분하다고 생각하는 민주시민으로서 성경을 읽는다. 그들은 자신들이 성경이 무엇을 말하는지를 알기에 충분한 "종교적 경험"을 가지고 있다고 가정한다.[18]

COVID-19에 대한 서구사회의 대응은 그간 서구 문화가 전제해 온 서구 개인주의의 문화적 우위의 신화를 흔들어 놓았다. 개인주의의 무책임성이 폭로되는 계기였다. 지적 기득권을 가진 엘리트들, 레거시 미디어의 위상이 흔들리면서 지식의 민주화로 이어지기 보다 "포스트 트루스 시대"라고 하는 혼란을 맞고 있기도 하다.

---

17   Reinhold Niebuhr, *The Nature and Destiny of Man*, 1 (Louisville, KY: Westminster John Knox Press, 1996), 202, 각주 24; 참조. Brad S. Gregory, *The Unintended Reformation: How a Religious Revolution Secularized Society* (Cambridge, MA: Belknap of Harvard University Press, 2012).

18   Stanley Hauerwas, *Unleashing the Scripture: Freeing the Bible from Captivity to America* (Nashville, TN: Abingdon, 2001), 15. 이 주장과 소비자기독교의 관계는 박영호 "성경과 신학," 박영호 외, 『성경을 보는 눈』(서울: 성서유니온, 2017), 40-46을 참조하라.

1. 전통을 성경 중심의 권위체계 아래 적절히 위치시켜야 한다

개신교의 '오직 성경'이라는 말은 전통의 전적인 배제를 의미하지 않는다. 니버의 제안은 성경이 계시의 유일한 원천으로 존중받는 권위체계 속에 전통을 적절하게 위치시켜야 한다는 의미로 받아 들일 수 있다. 실제로 많은 개신교인들은, 특히 보수 교단의 목회자들은 자신의 전통에 배타적으로 집중한다. 2,000년 기독교 역사의 큰 맥락 안에서, 역사를 이끌어 가시는 하나님의 섭리를 보는 시각에서 자신의 전통을 상대화할 줄 알아야 한다.

2. 성경은 함께 읽는 책이다

성경은 처음부터 공동체가 함께 읽는 책이었다.[19] "개신교 종교개혁자들이 발견한 것은 성경을 다른 이들과 읽는 것 자체가 겸손을 배우는 수단이라는 사실이다."[20] 읽는다는 것은 함께 실천한다는 것을 포함한다. 성경읽기가 개인화되면서, 신앙이 개인의 사소한 문제를 해결하는 도구로 전락했다. 개인의 감성이 선포를 받아들이는 잣대가 되었다. 공동체적으로 하나님의 뜻을 분별해 가는 감각도 없고 훈련의 기회도 없다. 무엇보다 교회가 함께 성경을 읽는 공동체가 되어야 한다. 성경을 공동체에 주어진 책으로 읽는 것은 한편으로는 기독교 공동체가 진리를 담지했다는 주장일 수 있지만, 다른 한 편으로는 선험적 보편성을 양보하는 입장으로 포스트 모더니즘의 견해와 대화할 수 있는 여지를 만들기도 한다.[21]

설교와 소그룹 나눔을 같은 본문으로 하는 교회들이 생기고 있는데 "함께 말씀을 읽는 공동체"를 만들어 가는 좋은 방법이다. 큐티를 통한 개인묵

19   Brian J. Wright, *Communal Reading in the Time of Jesus: A Window into Early Christian Reading Practices*, 박규태 역, 『1세기 그리스도인의 공동 읽기: 예수 시대 기독교 전승은 어떻게 형성되고 보존되었는가』(서울: IVP, 2021).

20   Vanhoozer, 『들음과 행함』, 234.

21   Stanley Hauerwas, *The Peaceable Kingdom: a primer in christian ethics* (Notre Dame, IN: University of Notre Dame Press, 2006).

상본문까지 같은 본문으로 시도하거나, 어린이 부서를 포함한 교회 전체가 같은 본문, 혹은 주제의 말씀을 듣고 가정으로까지 나눔의 장을 확대하는 것은 시도 또한 주목할 만하다. 선포되고 나누어지는 말씀이 교회의 실천으로 이어지는 과정은 말씀이 육신이 되는 과정이다. 설교자의 평소 생활에서 성도들과의 소통과 공감이 있어야 하고, 그러한 삶 속에서 전한 설교가 다시 청중 사이에서 반향echo 되는 것에 민감해야 한다. 비공식적인 만남이나 심방과 상담, 성경공부, 함께 하는 기도, 목회자가 파악하는 분위기, 또 공식적 회의 등을 통하여 함께 말씀에 응답하는 과정으로서 교회의 사역과 프로그램이 정해지는 것이다. 더딜지라도 이 과정을 통해 지역의 상황과 구성원들에게 맞는 사역으로 발돋움할 수 있다. 사역은 말씀의 씨앗을 심고 열매를 기다리는 일이다. 선포와 실천, 함께 읽기와 함께 살기의 해석학적 순환이 일어나야 한다. '말씀의 코이노니아'로서의 교회가 세워져가는 과정이다. 교회의 중요 방향을 목회자 개인의 고독한 결단의 선포로만 이어가거나, 신학적 연계가 없는 행정적, 재정적 고려만으로 만들어 가는 것, 혹은 끊임없이 외부에서 가져온 프로그램을 상황에 대한 고민없이 도입하는 것은 공동체가 함께 성령의 음성을 듣는 감수성을 약화시킨다.

개교회는 한국교회라는 큰 교회의 일부이다. 한국교회 전체가 말씀을 함께 읽는 공동체가 되는 꿈을 가져보자는 제안을 한다. 이 공동체에는 개교회의 청중과 설교자, 교단, 신학교, 출판사, 언론 등이 망라되어 있다. 이 구성원들이 한국교회의 소중한 인적자산이다.

한국의 신학자들뿐 아니라, 출판사들의 책 선정, 번역, 편집 등이 놀랄 만큼 발전했다. 함께 말씀을 읽는 공동체를 향한 잠재적 인프라가 든든하게 갖추어져 있는 것이다. 필요한 것은 각 분야를 연결하고, 서로 협력하고, 서로의 상상력을 자극해 주는 것이다.

목회자들이 현장에서 실천할 수 있는 일은 함께 성경을 읽는 모임인 프로페짜이이다. 이는 함께 말씀을 읽는 공동체로서의 한국교회와 개교회를 연결하는 핵심적인 고리이다. 프로페짜이에 참여함으로써 말씀 묵상이 풍성해질 뿐 아니라, 개인화된 말씀 묵상의 폐쇄성을 극복하는 효과도 기대된다. "그리스도의 말씀이 너희 속에 풍성히 거하여 모든 지혜로 피차 가르치며 권면하는"골 3:16 관계를 목회자들이 먼저 맛보는 계기가 되기를 기대한다.

교회의 상황들이 워낙 다양하고, 목회자의 은사와 성향도 다 다르기 때문에 하나의 사역 모델을 전수하고 그대로 도입하기를 기대하는 프로그램 중심의 세미나는 한계가 많다. 스스로 성경을 읽고 찾을 수 있는 실력을 갖춘 목회자들, 말씀을 향한 열정을 간직한 목회자들이 많다는 사실 또한 우리에게 자신감을 갖게 하는 요소이다. 지금은 코로나 때문에 대면모임이 힘든 상태에서 줌 등을 이용한 원격 모임이 오히려 활발하게 이루어지고 있다.

3. 소비주의에 포로된 교회

"나는 소비한다. 고로 나는 존재한다"는 크루그Barbara Kruger의 말처럼 소비는 현대인의 존재양식이다. 장 보드리야르Jean Baudrillard는 『소비의 사회』에서 현대인은 상품 자체의 사용가치보다 그것이 상징하는 위세와 권위를 위해 돈을 지불한다고 한다. 상품은 하나의 "기호"가 되어 자신이 어떤 사람인지 말해 주는, 정체성의 중심이 되고 있다. 바벨론 문화의 핵심인 소비주의는 "소비자 기독교"consumer Christianity를 낳았다. 교회들은 더 나은 종교 서비스의 제공을 놓고 경쟁하는 주체가 되어가고, 복음의 내용은 성공과 물질적 안녕을 보장하는 메시지 뒤로 밀려나고 있다.

한국기독교는 급속한 근대화, 산업화 과정에서 경제성장과 자기계발의 동기를 부여하는 역할을 했다.[22] 긍정적으로 기여한 면이 없지 않으나 탐욕의 문화와 거리 유지에 실패하였다. 지금 한국사회에는 경제적인 가치가 사람들의 삶과 사고를 전일적으로 지배하고 있다. "영끌"이라는 말에서 볼 수 있듯이 모든 것을 끌어 모아 경쟁사회에서 낙오하지 않기 위해서 몸부림치는 오늘의 세대에서 경제 외적인 가치가 숨쉴 공간을 찾기는 힘들다. 한국교회는 물질주의문화 형성의 강력한 동기부여의 주체였는데, 이제는 그 문화의 최대의 피해자가 되고 있다. 이러한 사회에서 그리스도인이 지향해야 할

---

22 이숙진, "자기계발이라는 이름의 종교: 코칭프로그램의 자기테크놀로지를 중심으로," 『종교문화비평』 25(2014), 242-85; 정해윤, 『성공학의 역사』(서울: 살림, 2004), 89

'좋은 삶'은 어떤 것일까? "사람이 떡으로만 살 것이 아니"라는 말은 오늘의 물질주의사회에서 어떻게 적용될 수 있을까?

성경에 나오는 "샬롬"은 삶에 대한 총체적 표현이다. 신학자이자 철학자인 월터스토프 Nicholas Wolterstorff 는 샬롬을 번영 flourishing 으로 번역해야 한다고 제안한다.[23] "네 이웃을 네 몸과 같이 사랑하라"는 말은 당신의 동료 인간들이 삶의 모든 차원에서 번성할 수 있기를 추구한다는 것이다 seeks the flourishing of your fellow human beings in all dimensions.[24] 예레미야의 "그 성읍의 샬롬을 추구하라" Seek the welfare of the city 라는 말과 공명한다. 월터스토포는 이 샬롬의 번역으로 헬라어의 에이레네, 영어의 peace는 부족하다고 주장한다. 샬롬은 모든 면에서 바른 관계를 맺고 그 안에서 기쁨을 누리는 것이다. 이렇게 보면 "샬롬"은 복음의 전부라 할 수 있다.

인간의 경제적 동기를 정면으로 부정하는 것은 바람직하지도 않고, 가능하지도 않다. 경제적 안정을 포함한 포괄적인 샬롬을 지향해야 한다. 미로슬라브 볼프 Miroslav Volf 도 "flourishing"을 위한 종교의 기여가 필요함을 역설한다. 피상적인 전망과는 달리 세계의 종교인구는 21세기 들어서도 계속 늘어나고 있으며 앞으로도 그럴 것이라 예측한다. 전지구화라는 현상과 물질주의의 전일적지배라는 현상이 가속화되는 상황에서 '떡'에 집중하지 않는, '일상적 실재'에 매이지 않는 인간의 진정한 번영을 위한 연대를 종교를 제외하고 생각하기는 힘들다고 한다.[25] 번영 flourishing 이라는 단어는 소위 "번영" prosperity 과 동의어이다. 한국적 상황에서는 번영신학이라는 악명높은 용어와의 경계가 필요하므로, "좋은 삶" good life 라고 부르는 것이 더 나아 보인다.[26]

---

23   Nicholas Wolterstorff, *In This World of Wonders: Memoir of a Life in Learning*, 홍종락 역, 『경이로운 세상에서』 (서울: 복있는사람, 2020), 242-43. Nicholas Wolterstorff, *Until Justice and Peace Embrace* (Grand Rapids: Wm. B. Eerdmans Publishing Co., 1983).

24   https://faithandleadership.com/nicholas-wolterstorff-its-tied-together-shalom

25   Miroslav Volf, *Flourishing: Why We Need Religion in a Globalized World*, 양혜원 역, 『인간의 번영: 지구화 시대, 진정한 번영을 위한 종교의 역할을 묻다』 (서울: IVP, 2017), 50.

26   볼프도 용어에 대한 고민을 많이 했다. '참된 삶(true life)', '좋은 삶(good life),' '살 가치가 있는 삶(life worth living)' '인간의 충만함(human fulness)' '정말로 삶 다운 삶(life that truly is life)'등이 고려하는데, '좋은 삶'에 내포된 사치스러운 소비 이미지 때문에 이를 피했다고 한다. 나는 '보시기에 좋았더라'라고 하는 성경의 이미지를 감안하여 좋은 삶을 선택한다. 아리스토텔레스 전통의 "좋은 삶"(to. eu= zh/n to), 현대의 공동체주의와도 연결이 가능하다.

우리는 "누구든지 나를 따라오려거든 자기를 부인하고 자기 십자가를 지고 나를 따를 것이니라"^{막 8:34}을 중심으로 하는 십자가와 제자도의 신학에 익숙하다. 복음의 삶에서 자기부인의 차원이 반드시 존재해야 하지만, 그 궁극적인 목표가 샬롬^{모든 면에서 좋은 삶}을 향해 있는 것은 분명하다.

자기부인의 명령은 동양 전통의 '멸사봉공'^{滅私奉公}의 이념으로 작용할 때가 있다. 국난극복, 가난탈출을 시대적 사명으로 하던 시대에는 그럭저럭 통하던 이 이념이 시효가 다 했다는 징후는 여러 곳에서 보인다. 재일철학자 김태창은 멸사봉공의 가치를 넘어서는 '활사개공'^{活私開公}을 주장한다. "지금까지의 멸사봉공처럼 한 사람 한 사람의 개인이나 사적인 것이 부정되거나 무시되는 것이 아니라, '사'가 살려지고 존중됨으로써" 공과 사가 함께 활력을 띄는 사회를 지향한다.[27]

> 지금까지 최대의 문제는 '공'이라는 명분을 앞세워 거대하고 강력한 하나의 '사'가 다른 모든 '사'를 탄압, 말소, 부정했다는 것입니다. 모두를 위한다는 것은 '권력자'의 일방적인 생각에 지나지 않습니다. '모두를 위한다'는 것은 실제는 '어느 누구를 위한 것도 아닌' 것이 되고, 그것이 '선'이라는 착각을 동반하기 때문에 복잡해지는 것입니다. '공'과 '사'는 동일논리의 겉과 속, 대와 소, 강과 약이라는 관계로 상호포섭관계라는 실상이 드러나게 되었습니다.[28]

"보시기에 좋았더라"에서 시작되어 만물의 회복으로 끝나는 성경의 메타 네러티브 안에 자리 잡은 개인의 좋은 삶은 "공동선"의 지향과 함께 할 수 있다. 기독교는 전인적인 관점에서 하나님이 주신 인간의 잠재력을 꽃피우는 역할을 감당해야 한다. 무한경쟁의 사회에서 지치고, 미래에 대한 불안에 영혼을 잠식당하는 성도들에게 치유는 여전히 중요한 목회적 과제임을 부인할 수 없다. 그것이 개인적인 치유로 끝나지 않고 사회의 병폐를 고치는 정의

27　김태창(구술), 池本敬子(기록), 『ともに公共哲学する - 日本での対話·共同·改新』, 조성환 역, 『일본에서 일본인들과 나눈 공공철학 대화』(서울: 모시는사람들, 2017), 75.

28　위의 책, 93.

의 차원을 포괄해야 한다. 또한 불안전하고 깨어진 세계 안에서라도 자신의
잠재력을 계발하고 꽃피우는 삶을 살 수 있도록 지원해야 한다. 각각의 가치
를 연결하는 자질은 "저항력" "책임감" "회복탄력성"이라 할 수 있다.

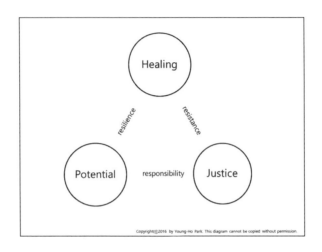

V. 고립의 시대, ESG - 코이노니아

바벨론의 모든 문화가 적대적인 것은 아니다. 최근 기업들 사이에서 가
장 주목을 받는 ESG는 기독교가 샬롬의 관점에서 적극 참여해야 할 방향이
다. 오늘날의 ESG가 세계경제계의 주흐름이 되기까지 기독교의 기여가 적
지 않았다.[29] 기독교는 ESG의 문제의식을 적극적으로 수용하고 참여하면서
그 잠재적인 한계에 대해서도 민감하여 실천해 나가야 할 것이다

교회에 가장 큰 도전이 되는 영역은 가버넌스이다. "지배구조"라는 번역
은 모자랄 뿐 아니라, 오해의 여지가 많다. 신약성경에 나오는 코이노니아는
흔히 "교제"라고 번역되지만, 개인적인 관계뿐 아니라, 정치적인 의사결정과

29　WCC의 Integrity of Creation에 대한 지속적인 문제제기가 큰 영향을 끼쳤다. GDP의 약점을 보완하는
　　ISEW(Index of Sustainable Economic Welfare) 제안을 신학자 존 캅이 주도한 것도 주목할 만한 일이다.

정까지를 포괄하는 개념이다.

아리스토텔레스 Aristotle 는 인간을 "폴리티콘 조온"이라고 했다. 폴리스를 통해서 공적인 삶, 정치에 참여하는 것만이 참 인간의 삶이라는 입장은 그리스의 인간이해의 근저에 자리잡고 있다. 폴리스는 시민들의 코이노니아이다. 그 코이노니아가 일어나는 곳이 에클레시아이다.

현대인은 privacy 를 자유의 조건으로 보지만, 고대 그리스인들은 공적 참여가 없는 사적이기만 한 삶은 '인간의 조건'을 충족시키지 못하는 노예의 삶이었으며, 짐승과 다를 바 없다고 생각했다. '자기만의' one's own 이라는 그리스어 '이디오스'가 영어의 idiot의 어원이다 한나 아렌트 Hannah Arendt. 타인의 다스림을 받는 삶은 노예의 삶이지, 자유인의 삶이 아니다. 민주정치는 모든 시민이 다스리기도 하고, 다스림을 받기도 하는, 인간다운 삶을 가능하게 하는 체제이다. 이는 구체적으로 폴리스의 에클레시아에서 행해지는 코이노니아로 실현된다.

바울이 그리스도인의 공동체를 에클레시아로 부른 것은 이런 정치사회적인 세계 안에서이다. 아리스토텔레스도 자기 시대의 아테네가 참 민주정치를 하기에는 너무 크다고 생각했다. 모든 시민들이 서로가 서로를 알 수 있는 "한 눈에 보이는" εὐσύνοπτος 공동체여야 한다고 했다. 공동체를 이끌 만한 인격과 성품을 가졌는가는 알 수 있다고 생각했다. 그리스 전통이 이상적으로 생각하는 공동체는 덕과 성품을 함양하고, 덕에 따라 리더십을 인정받는 공동체였다. 바울이 말하는 "에클레시아"는 그리스도를 본받는 성품을 함양하고, 그 바탕 위에서 합리적인 토론으로 숙고 민주주의 deliberative democracy 를 시행할 수 있는 공동체였다.[30]

경제학자 노리나 허츠 Noreena Hertz 는 『고립의 시대』에서 팬데믹 보다 더 무서운 전염병으로 고립을 꼽으로 그 정치적 영향에 주의를 환기시킨다. 정치적 포퓰리즘과 극단주의는 고립되었다는 감정에서 온다는 것이다. 최근에 제기되기 시작한 고립과 민주주의 위기라는 두 문제의 해결 가능성이 성경적 코이노니아 안에 이미 결합되어 있었다는 것은 흥미로운 일이다. 신약성

30　박영호, 『에클레시아』; 박영호, "그리스 민주정치의 맥락에서 본 에베소 폭동사건: 사도행전 19:23-41의 에베소 폭동 사건 보도와 초기 그리스도인들의 사회적 정체성," 『신약논단』 21-2 (2014), 213-52.

경은 교회 공동체 안의 코이노니아가 진정으로 공적인 질서의 모범이 될 수 있다고 보았다. 이 코이노니아는 그리스 정치철학의 전통 안에서 파악 가능한 의제이다.

교회가 직접적으로 정치적인 발언을 하는 것보다 공동체의 코이노니아를 통해서 정치적 극단화를 제어하는 역할을 할 수 있다는 점에서 중요한 통찰이다. 김태창 역시 "정치제제로서의 공화제의 공화共和는, 그 작용면에서 보면 다름 아닌 상화相和, 간화間和, 호화互和에 해당" 한다고 했다. 교회가 지역에서 외로움을 치유하는 공동체, 다양한 만남과 참여의 계기를 만들어 가는 것이 로버트 퍼트남^{Robert Putnam} 등 사회학자들이 말하는 사회적 자본^{social capital}을 높이는 역할이 될 수 있다.[31] 공동체의 건강성을 높이며, 위기에 빠진 민주정치를 구하는 공적신학과 선교적 교회의 방향이다. 코이노니아는 교회 내에서의 의견을 모아가는 훈련이기도 하며, 민주시민의 훈련의 장이 될 수 있다. 삼위일체의 코이노니아에 참여하며 그리스도의 성품으로 빚어져 가는 것이다.

> 우리가 보고 들은 바를 너희에게도 전함은 너희로 우리와 사귐이 있게 하려 함이니 우리의 사귐은 아버지와 그의 아들 예수 그리스도와 더불어 누림이 라 요한일서 1:3; 3:2-3 .

사도 바울은 고린도교회의 성찬에서의 무질서를 다루면서 "사적 만찬"의 반대로 "공적 만찬"이 아닌 "주님의 만찬"으로 제시한다.

> 그런즉 너희가 함께 모여서 주의 만찬을 먹을 수 없으니, 이는 먹을 때에 각각 자기의 만찬을 먼저 갖다 먹으므로 어떤 사람은 시장하고 어떤 사람은 취함이라. 너희가 먹고 마실 집이 없느냐 너희가 하나님의 교회를 업신여기고 빈궁한 자들을 부끄럽게 하느냐 내가 너희에게 무슨 말을 하랴 너희를

---

31   R. D. Putnam, *Bowling Alone: The Collapse and Revival of American Community*, 20th anniversary ed. (New York: Simon & Schuster Paperbacks, 2020); Robert D. Putnam, Lewis M. Feldstein, Donald J. Cohen, *Better Together: Restoring the American Community* (New York: Simon & Schuster, 2009).

칭찬하랴 이것으로 칭찬하지 않노라 ^{고전 11:20-23}.

하나님의 주되심이 제대로 구현될 때, 에클레시아의 공적성격은 자연히 따로 온다는 바울의 시각이다. 성찬에서의 그리스도의 현존^{presence}에 대한 인식은 그리스도인들이 세상에서 신실한 현존^{faithful presence}으로 살아갈 수 있는 근거가 된다. 미로슬라브 볼프는 "종교적 배타주의"와 "정치적 다원주의" 가 공존할 수 있는가에 세계종교가 이 세상의 샬롬에 기여할 수 있는지 여부가 달려 있다고 주장한다.[32] 사도 바울의 경우 급진적인 유일신론이 이방선교의 당위성의 강력한 근거로 삼고 있다.

하나님은 다만 유대인의 하나님이시냐 또한 이방인의 하나님은 아니시냐 진실로 이방인의 하나님도 되시느니라 할례자도 믿음으로 말미암아 또한 무할례자도 믿음으로 말미암아 의롭다 하실 하나님은 한 분이시니라 ^{롬 3:29-30}.

1. 겸손한 교회

위에서 성경의 메타 네러티브는 억압적이지 않을 수 있는 가능성을 갖고 있다고 했다. 이에 더하여 종교적 절대주의와 정치적 다원주의의 공존은 겸손한 교회를 요구한다. 제임스 헌터^{James Hunter}는 미국의 기독교가 섣부르게 세상을 변화시키려는 과욕으로 복음적이지 못한 방법을 동원하다가 실패했다고 주장한다. 미국 기독교의 좌파와 우파 운동 모두가 실패했다고 보고, 그 원인을 세상을 변화시키려 나서는 의도가 그 주체를 교만하게 만든다는 데서 찾는다. 이제 교회는 하나님을 예배하고, 서로 사랑하고, 그 사랑을 지역 사회와 나누며, 삶에서 만나는 이들을 긍휼히 여기고, 겸손히 하나님과 동행하며, 하나님 나라의 원리가 몸에 배인 사람들을 길러내야 한다. 교회가 세상

---

32   Miroslav Volf, 『인간의 번영: 지구화 시대, 진정한 번영을 위한 종교의 역할을 묻다』, 175-201.

의 빛인 것은 자신의 존재를 알리려는 횃불이나 네온사인이 아니라, 소박하게 생활할 때 자연스럽게 새어 나오는 빛인 것이다. 우리 가운데 계신 하나님의 임재presence를 증언하는 신실한 현존faithful presence 로 살아가는 것이다. "산 위의 동네가 감추어지지 못할 것이다"라는 말이 그런 뜻이다. 그런 교회를 통해서 하나님께서 세상을 변화시킬 것이다. 그 교회는 무엇보다 겸손한 교회이다. 교회가 이제라도 정신을 차리고 새출발을 하려 한다면, 그 출발점은 겸손한 교회이어야 한다.

VI. Pre-Christendom Text in the Post-Christendom Era

우리는 포스트크리스텐덤을 살고 있다. 루터와 칼뱅이 종교개혁을 이끌던 시대는 크리스텐덤 시대였다. 주위에서 만나는 모든 사람들이 그리스도인인 시대였다. 우리의 상황과 신학적 사유와 성경해석, 선교의 상황이 근본적으로 다르다. 크리스텐덤에서 형성된 신학담론 중 상당수가 재조명되어야 한다. 대표적인 것이 만인제사장론이다.

"프로테스탄트 교회론에 대한 루터의 가장 위대한 기여는 그의 만인제사장직에 대한 교리이다. 그러나 그의 가르침 중 이것만큼 오해되고 있는 것도 없다."[33] "왕 같은 제사장"이라고 번역되는 베드로전서 2장 19절은 출애굽기 19장 6절의 인용이다.

출애굽기 19:6a   ὑμεῖς δὲ ἔσεσθέ μοι βασίλειον ἱεράτευμα καὶ ἔθνος ἅγιον
베드로전서 2:9a   ὑμεῖς δὲ γένος ἐκλεκτόν, βασίλειον ἱεράτευμα, ἔθνος ἅγιον,

여기서 보듯이 똑같은 어구를 출애굽기에서는 "제사장 나라"로 베드로전서에서는 "왕 같은 제사장"royal priesthood로 번역한 것은 불가타의 오역해서

---

33   Timothy George, *Theology of the Reformers* (Nashville: Broadman & Holman, 1988), 95.

연유한 것이다. 출애굽기는 하나님께서 왕이시고 그 백성이 제사장인 "제사장 나라" priestly kingdom 을 말했는데, 베드로전서의 오역은 제사장들이 왕이 되게 만들었다. 출애굽기의 비전을 하나님을 왕으로 섬기는 그 왕국 kingdom 의 백성들이 세상을 향해서 제사장적 사역을 감당하는 것이다. 출애굽기의 이스라엘에는 제사장 직분을 가진 이들이 따로 있었고, 또 그 민족 전체가 세상을 위한 제사장 역할을 했었다. 구약학자 데이비스 John A. Davies 는 아론 혹은 레위 계열에 한정된 제도적 사제직과 이스라엘의 공동체적 제사장됨 사이에 내재적인 긴장은 없었음을 강조한다. 그는 출애굽기의 문학적 구도에 대한 세밀한 분석을 통해 백성 전체의 제사장됨이 전문적 제사장직보다 더 핵심적이라는 점을 논증한다.[34] 맥나마라 Martin McNamara 역시 모든 이스라엘 백성의 보편적 제사장됨이 "아론의 자손들의 사역적 제사장직" the ministering priesthood of the sons of Aaron 과 어떻게 관계되는지는 유대인들의 사고 속에서는 전혀 문제가 되지 않았다고 한다.[35]

　　물론 루터가 중세의 교권적 사제직 이해와 투쟁하는 과정에서 이 구절을 교회 내의 사역의 권리와 관련하여 사용한 것을 우리는 용인할 수 있다. 그러나 베드로전서 "제사장 나라"의 원래 맥락은 세상을 향한 교회 공동체 전체의 사명을 말하는 것이지, 교회 내에서 누가 사역의 주체가 되어야 할 것인가 하는 문제는 아니었다. 루터는 크리스텐덤 속에서 사고했기 때문에 교회의 대사회적 사명에 대하여 고민할 여지가 적었다. "만인제사장"이라는 말 자체가 "모든 사람"이 그리스도인인 것을 전제한다. 이를 "전신자 제사장" priesthood of all believers 라 고쳐 부르자는 의견도 있지만, 제사장으로 부름 받은 것은 교회 공동체라는 의미에서 "제사장적 교회"라고 하는 것이 더 적절하다. 포스트-크리스텐덤 post-Christendom 의 상황은 우리로 하여금 다시 기독교가 소수였던 기독교세계이전 pre-Christendom 의 문서를 본래의 자리에서 읽도록 도와 준다. 제사장적 교회의 현대적 표현은 선교적 교회 missional church 일 수 있다.

34　John A. Davies, *A Royal Priesthood: Literary and Intertextual Perspectives on an Image of Israel in Exodus 19.6* (London: T & T Clark International, 2004).

35　Martin McNamara, *Targum and New Testament* (Tübingen: Mohr Siebeck, 2011), 155; Davies, *A Royal Priesthood*, 189.

뉴비긴은 전체 교회가 왕 같은 제사장으로 부름 받았다는 견고한 전제 위에, 교회 안에서 사제로 부름받은 이들의 중요성을 함께 강조한다. 세속적 영역에서 모든 신자의 제사장의 역할은 중요하지만, "이런 제사장적 일은 그 것을 섬기고, 영양을 공급하고, 유지하고, 안내하는 사역의 제사장직ª ministerial priesthood없이는 수행될 수 없다"는 것이다. 안수받은ordained 사역자로 부름 받은 남녀들은 하나님의 백성들로부터 제사장적 역할을 빼앗기 위해서 안수받은 것이 아니라, 그들의 제사장적 역할을 북돋워주고 유지시켜 주기 위해 세움 받았다는 것이다.

모든 성도는 월요일부터 토요일까지의 삶에서 제사장이고 목회자는 주일의 제사장이다. 성도들이 주중의 제사장 사역을 잘 감당하기 위해서 목회자의 주일의 제사장 사역이 필요하다. 성도들의 제사장됨은 한 번 선언되면 자동적으로 유지되는 것이 아니라, 그리스도의 제사장직과 공동체의 사역과 연결됨으로써 갱신renew되어야 필요가 있기 때문이다. 목회자들은 성도들이 자신의 제사장직을 갱신할 수 있도록 돕는 이들이라는 점에서 중요하다.

목회자들의 교권적 행태에 대한 반사제주의적 문제제기는 필요하다. 그러나 반사제주의적 개혁은 보다 정교화되어야 한다. 공동체에 대한 헌신도, 그리스도인다운 구별된 삶에 대한 의지도 없이 제사장이라는 타이틀만 가진다면, 신앙의 수준을 하향평준화할 수 있다. 왜곡된 평신도 리더십의 대표성 또한 큰 문제이다. 교회 내에서 균형과 견제도 필요하지만, 구성원이 함께 힘을 합쳐 세상을 섬겨야 할 사명이 크다. 베드로전서 2장 9절의 본래적 의도는 후자에 있다. 바벨론의 샬롬을 구하라는 예레미야의 사회적 태도가 여기서도 발견된다.

VII. 나가는 말 — 서로의 상상력을 자극하며

문제를 만날 때 대안을 찾는 것은 중요하다. 그러나 즉각적 해결책instant solution을 구하는 것은 위험하다. 대안을 찾는 과정을 긴 여정의 한 부분으로

인식할 수 있어야 한다. 급변하고 다양화되는 세상 속에서 목회의 하나의 모
델을 찾는 것은 가능하지도 바람직하지도 않다. 서로 돌아보고 서로에게 영
감을 주며 inspiring one another, 서로의 상상력을 자극하는 관계를 맺어가는 것이
필요하다. 신대원 시절에 동료들, 선배들과 이런 대화적 관계의 가능성을 실
험해 보는 것이 좋다. 이 발표가 그 실험의 한 자료가 될 수 있기를 바란다.

개혁교회의 예배관과 목회관 고찰
── 스코틀랜드 교회와 존 녹스를 중심으로 *

유 재 원

장로회신학대학교 교수, 예배설교학

Ⅰ. 들어가는 말

"개혁교회의 예배와 목회"라는 주제는 그 자체로 매우 광범위하다. 개혁교회, 예배, 목회라는 세 가지 핵심 개념만 보더라도 각각에서 파생되는 내용이 방대하기 때문이다. 또한, 예배와 설교에 관련된 종교개혁자 중에서 가장 널리 알려진 신학자는 장 칼뱅 Jean Calvin 이다. 그러나, 장로교 창시자인 존 녹스의 예배와 목회에 대한 연구가 상대적으로 부족한 실정이다. 따라서 이 글에서는 개혁교회의 예배관과 목회관을 고찰하되, 특별히 스코틀랜드 종교개혁의 핵심 인물이자 장로교를 창시한 존 녹스 John Knox 를 중심으로 논의하고자 한다.

역사적으로 개혁교회는 16세기 종교개혁 시대에서 기원한다. 당시 16세기 유럽은 독일의 마르틴 루터 Martin Luther 가 일으킨 종교개혁을 시작으로, 스위스에서 울리히 츠빙글리 Ulrich Zwingli, 요하네스 외콜람파디우스 Johannes Oekol-

---

* 이 글은 유재원, "스코틀랜드의 종교개혁자 존 녹스의 예배 연구," 『신학논단』 제110집 (2022. 12. 31), 119-54에 게재된 논문임을 밝힌다.

ampadius, 칼뱅 등이 일으킨 종교개혁, 그리고, 스위스의 취리히에서 일어난 재세례파 운동과 독일의 토마스 뮌처 Thomas Münzer가 일으킨 좌경화 종교개혁과 로마가톨릭 교회의 반종교개혁 Counter-Reformation 이 있다. 이 중에서 스위스에서 일어난 종교개혁이 개혁교회의 기원이며, 그 전통은 프랑스, 네덜란드, 독일, 폴란드, 스코틀랜드, 영국 등 유럽의 여러 나라로 확산되어 갔다.[1] 특히 스코틀랜드의 경우, 1520년대에 독일의 루터적 종교개혁이 소개되었으나 1525년에 루터의 책이 수입 금지되고, 1528년에는 루터주의자 패트릭 해밀톤 Patrick Hamilton 이 화형을 당하게 된다. 스코틀랜드 국회가 성경읽기와 성경번역을 정식으로 허락한 것은 1543년이 되어서였다. 한편, 스위스에서 개혁신학을 배운 조지 위샤트 George Wishart 는 『제1스위스 신앙고백서』를 영어로 번역하여 소개하면서 활발히 활동하였으나 그 역시 1546년에 화형을 당하였다. 이처럼 해밀톤과 위샤트 그리고 스위스의 종교개혁자 칼뱅의 영향을 크게 받은 존 녹스가 1560년에 제출한 『스코틀랜드 신앙고백서』가 채택되면서 비로소 스코틀랜드는 종교개혁 전통의 나라이자 장로교를 처음으로 확립하는 나라가 되었다. 그러나, 아직도 직제에 있어서는 장로교 체제라고 하기에 미흡한 부분이 많았으며, 심지어 스코틀랜드 교회가 감독 체제 형태로 나아가려는 동향이 있을 때에 앤드류 멜빌 Andrew Melville 을 비롯한 사람들이 장로교 체제를 주장하게 되면서 마침내 1592년이 되어서야 승인을 받게 되었다.[2]

사실상 스코틀랜드 종교개혁을 이해하기 위해서는 먼저 잉글랜드의 종교개혁[3]을 필두로 유럽의 종교개혁 과정과 존 녹스가 직접 경험했던 제네바의 종교개혁 그리고, 장 칼뱅과 마르틴 부처 Martin Bucer 에 관한 내용까지 포함하는 것이 당연하다. 그러나, 여러 한계 상황을 고려하여 여기에서는 배경 상황 설명으로 제한하면서, 먼저 예배학 관점을 중심으로 하여 스코틀랜드의 종교개혁과 존 녹스의 생애를 살펴보게 될 것이다. 그런 다음, 녹스가 남긴

---

1   총회교육자원부 편, 『개혁교회의 역사와 신학』(서울: 한국장로교출판사, 2004), 17-18. 이 중에서 영국의 청교도적 장로교회가 1620년대에 미국으로 건너갔고, 19세기에 한국으로 들어왔다.

2   위의 책, 30.

3   잉글랜드의 종교개혁에 대한 상세한 내용은 박경수, 『박경수 교수의 교회사 클래스-한 권으로 끝내는 베이직 교회사』(서울: 대한기독교서회, 2010), 203-20과 이형기, 『세계교회사 (II)』(서울: 한국장로교출판사, 1994), 148-62를 보라.

중요한 예배 자료와 문서에 근거하여 그의 예배관과 목회관을 고찰하면서, 계속 지켜나가면서 발전시켜야 할 참된 개혁 사상이 무엇인지 알아보고자 한다. 여기에서 언급하는 개혁교회 예배 전통의 위치는 제임스 화이트 James F. White 의 견해에 따라 '중도'에 두었으며, 화이트가 프로테스탄트 예배 전통을 구분하여 정리한 아래 도표를 참고하기 바란다.[4]

[표 1] 프로테스탄트 예배 전통

	Left-wing 좌익		Central 중도	Right-wing 우익
16세기		Anabaptist	Reformed	Anglican Lutheran
17세기	Quaker	Puritan		
18세기			Methodist	
19세기	Frontier			
20세기	Pentecostal			

II. 스코틀랜드 종교개혁과 존 녹스

1. 종교개혁 이전의 스코틀랜드

스코틀랜드의 종교개혁자인 존 녹스를 통해 장로교회가 만들어졌다는 사실 하나만으로도, 장로교회가 우위를 점하고 있는 한국 교회의 현실에 비추어 보건대 그에 대한 연구의 중요성은 아무리 강조해도 지나친 것이 아니라 생각한다. 이 점을 기억하면서, 본격적인 종교개혁의 움직임이 일어나기 이전의 스코틀랜드의 전반적인 상황을 간략하게 살펴보면 다음과 같다.

스코틀랜드는 그레이트 브리튼 Great Britain 섬의 북쪽 지역이며, 산간지대가 많고 토지가 척박하고 기후도 추워서 남부의 잉글랜드와는 확연한 차이

---

4 James F. White, *A Brief History of Christian Worship* (Nashville: Abingdon Press, 1993), 107의 〈Diagram 4 The Protestant Traditions of Worship〉.

가 있는 곳이었다. 북서부의 하이랜드와 남동부의 로우랜드로 구분되며, 인종과 언어, 사회구조 또한 크게 달랐다. 로우랜드인들은 영어를 사용하는 앵글족이었으며, 하이랜드인들은 아일랜드의 언어인 게일어를 사용하는 켈트인이었다. 스코틀랜드라는 이름의 유래는 이러하다. 주후 1세기경 로마제국이 브리튼 섬을 정복할 당시 스코틀랜드 지역을 칼레도니아 Caledonia 로 불렀고, 켈트인을 픽트족 the Picts 이라고 불렀는데, 픽트족은 문자없이 픽트어만 사용하고 있었다. 주후 4-5세기경에 스코틀랜드 서해의 섬과 서해안에 아일랜드에서 건너온 스코트족 the Scots 이 정착했는데, 그들이 기독교를 믿었고, 문자를 가지고 있었기 때문에 픽트족이 그 문화를 받아들이면서 나라 이름을 스코틀랜드로 하였다. 12세기를 기점으로 점차 게일어를 사용하는 하이랜드 중심에서 영어를 사용하는 로우랜드로 그 중심이 옮겨가면서 비단 언어적 분열만이 아니라 사회 구조면에서도 확연하게 차이가 나면서 지속적인 갈등 상황에 처하게 된다.[5] 특히 16세기 전반의 스코틀랜드의 상황을 보면, 내부적으로는 로우랜드와 하이랜드로 구분된 두 개의 국가와도 같았다. 한편, 여러 가지 이유로 무시할 수 없었던 잉글랜드와의 관계 측면에서 보면, 14세기 초 잉글랜드의 침입에 맞서 독립을 쟁취한 이후, 16세기 중반까지 대립을 지속하게 된다.[6]

종교개혁 이전의 스코틀랜드는 로마가톨릭 국가였고, 총 13개의 주교구로 구성되어 있었다.[7] 중세 초기에는 잉글랜드 교회의 지배권 주장으로 독립성을 갖지 못하다가, 14세기 초부터 시작된 스코틀랜드 독립전쟁을 통해 교회 독립을 촉구하던 중, 1472년에 세인트앤드루스 주교구와 1492년에 글래스고 대주교구가 만들어지면서 비로소 독립하게 된다. 16세기 전반에 가장 중요한 교회 직책은 세인트앤드루스 대주교였다.[8]

고든 도날슨 Gordon Donaldson 은 그 당시의 스코틀랜드 교회가 전반적으로

---

5   위의 책, 26-27.

6   위의 책, 31.

7   Aberdeen, Argyll, Brechin, Caithness, Dunblane, Dunkeld, Galloway, Glasgow, Moray, Orkney, Ross, St. Andrews, The Isles이다.

8   김종락, 『스코틀랜드 종교개혁사-존 녹스에서 웨스트민스터 총회까지』(서울: 흑곰북스, 2017), 34.

열악한 상태였다고 기술한다. 교회의 사제들과 추기경 같은 성직자들의 타락과 함께 교구 사제들의 심각한 경제적 위기가 맞물리면서 맡겨진 교구의 교인들에게 제대로 봉사하지 못했다. 특히 하이랜드의 상황이 로우랜드보다 더 심각하여 교구도 제대로 설립되어 있지 못했고, 수도원 같은 다른 기구도 거의 없었다고 한다.[9] 이런 상황에서 교회의 주요 봉사인 성사聖事를 드리지 못함으로, 교회에 대한 교인들의 불만이 급증하게 되면서, 서서히 개혁에 대한 필요성과 열망이 고조되어 나간 것은 당연지사였을 것이다.

2. 스코틀랜드의 종교개혁 과정

학자마다 약간의 이견은 있지만, 스코틀랜드의 종교개혁의 시작은 14세기 말부터 15세기로 본다. 내부적으로 존 위클리프John Wycliffe, 1320-1384의 가르침을 받아 그의 사상을 추종하는 위클리프파Lollards의 활약에 힘입은 바가 크기 때문이다. 이러한 위클리프파의 활동에 위기를 느끼고 위험한 존재로 규명한 로마가톨릭 교회는 이단성을 내세워 고소하면서 제임스 레스비James Resby, 1407, 제임스 1세 때 폴 크로우Paul Craw or Crawar, 1433를 화형시킨다. 이후 제임스 4세 때 소위 '카일Kyle의 위클리프파'로 불리는 사람들이 교회 당국에 반대하는 34개 조항의 고소문을 작성하게 되는데, 그 때 존 녹스가 글라스고우의 등기소에서 복사하여 구체화시켰다고 한다.[10] 이러한 내부적인 것과 맞물려 16세기에 와서는 독일의 마르틴 루터가 일으킨 종교개혁의 영향을 본격적으로 받게 된다. 루터의 사상과 저작물들은 마침내 스코틀랜드에까지 들어와 영향력을 끼치며 확산되어 나갔고, 스코틀랜드 의회가 1525년 7월에 루터 관련 서적 수입을 금지한다는 법률까지 선포했으나 별로 효력이 없었고 프로테스탄트 서적들이 계속 유입되고 있었다.[11]

---

9   Gordon Donaldson, *The Scottish Reformation* (New York: Cambridge University Press, Reissued Edition, 2008), 25. 더 자세한 내용은 이 책의 I 장 Kirks and kirkmen unreformed의 20-28을 보라.

10   황봉환, 『스코틀랜드 종교개혁과 존 녹스의 신학』(서울: 예영커뮤니케이션, 2001), 21-22.

11   위의 책, 23-24.

정치적으로 16세기 초의 스코틀랜드는 유럽의 다른 나라처럼 중앙집권을 옹호하는 왕실과 그러한 왕실을 견제하려는 지방 귀족들 사이에서 고질적인 권력 투쟁을 겪는 중이었다. 14세기 말부터 왕위에 오른 스튜어트 가문은 그때까지도 강력한 왕권을 세우지 못하고 있었다. 하이랜드의 씨족^{Clan}들과 로우랜드 각 지역의 세습 귀족은 계속 왕권을 위협하고 있었다. 게다가 15세기에는 주로 로우랜드의 여러 도시를 기반으로 땅을 소유하고 새로운 지배 계층으로 부상한 젠트리^{Gentry} 계급 또한 정치와 경제의 구조 개편을 요구하는 상황이었다. 그들은 이전의 세습 귀족들과 로마가톨릭의 위계 질서와는 다른, 자신들의 참여가 가능한 새로운 교회 제도를 열망했다. 교육 수준이 높았던 그들은 종교개혁자들이 말하는 성경적 교리와 순수한 예배 형식을 적극 수용하였고, 종교개혁 신앙은 이러한 신진 귀족 세력을 중심으로 확산되어 나가기 시작했다.[12]

이러한 스코틀랜드 종교개혁을 촉발시킨 대표적인 사람으로는 왕족 혈통의 패트릭 해밀턴^{Patrick Hamilton, 1504-1528}과 조지 위샤트^{George Wishart, 1513-1546}를 꼽을 수 있다. 패트릭 해밀턴은 흠없는 인격과 탁월한 지적 능력의 소유자로 인정받았으며, 젊은 나이에 세인트앤드루스 대학교의 교수로 임용되었다. 그는 이신칭의 교리를 이해한 최초의 사람이며 꿋꿋이 루터의 사상을 전파해나가다가 당시 대주교였던 제임스 비튼^{James Beaton}에 의해 화형당한다.[13] 이것은 두고두고 비튼 대주교가 성급하게 처리한 실책으로 회자되고 있는데, 해밀턴이 그가 체포되어 갔을 때 이미 화형시킬 불이 피워져 있었다는 기록까지 남아있을 정도이다.[14] 그리하여, 해밀턴은 1528년 2월 29일 세인트설베이터 교회 앞에서 화형을 당하면서 스코틀랜드 종교개혁의 첫 번째 순교자가 되었다. 후일 스코틀랜드의 저명한 철학자이자 역사가이고 샐리즈버리의 감독이었던 길버트 버넷^{Gilbert Burnet, 1643-1715}은 "스코틀랜드 종교개혁 시기에 첫 번째로 죽음을 당한 사람은 바로 고귀한 혈통을 가진 패트릭 해밀턴이었

12　김요섭, 『존 녹스』(서울: 익투스, 2019), 38-39. 이 시기의 자세한 내용은 Jane E. A. Dawson, *Scotland Re-formed, 1488-1587* (Edinburgh: Edinburgh University Press, 2007), 11-28 참조; 김요섭, 『존 녹스』, 39에서 재인용.

13　위의 책, 24-25.

14　Alec Ryrie, *The Origins of the Scottish Reformation* (Manchester: Manchester University Press, 2010), 32.

다"고 하면서 그를 추모하는 글을 남긴 바 있다.[15] 해밀턴의 죽음을 시작으로, 1545년까지 스코틀랜드에서는 엄청난 박해가 계속되었고, 종교개혁 추종자들이 해외로 흩어지는 계기가 되었지만, 스코틀랜드 내부적으로는 오히려 종교개혁에 대한 열망을 강화시킨 요인으로 작용한 것으로 평가한다.

조지 위샤트는 루터의 개혁보다 더 급진적이라고 평가받는 스위스 종교개혁의 영향을 받았고, 취리히에서 츠빙글리가 시작하고 제네바에서 칼뱅이 완성한 개혁교회 전통을 따라 스코틀랜드 종교개혁을 주도한 인물로 일컬어진다. 그는 파문당하고 범법자가 되어 영국에서 추방된 다음 취리히, 바젤, 스크라스부르그에서 스위스 종교개혁자들과 접촉하였고, 『종교개혁 신앙고백』과 『제1스위스 신앙고백 1536』 The First Helvetic Confession 1536 을 번역하여 스코틀랜드에 소개하였다. 하지만, 그 역시 로마가톨릭에 의해 체포되어 이단으로 정죄를 받아 1546년 3월 1일에 화형을 당하지만, 그의 영향력은 더욱 넓게 확산되었고, 나아가 스코틀랜드 종교개혁의 승리를 촉진시킨 것으로 평가받는다. 존 듀크 John A. Duke 는 이렇게 말한다.

> 패트릭 해밀턴의 영적 고향은 독일이었다. 그러나 조지 위샤트의 영적 고향은 스위스였다. 패트릭 해밀턴이 스위스 종교개혁운동의 첫 단계를 시작하기 위해 루터의 교리를 가져온 반면, 스코틀랜드 종교개혁자들이 츠빙글리에 의해 시작되고 칼뱅에 의해 완성된 패턴(주로 이 당시에 스코틀랜드 교회에서 주장되던 패턴)을 따라 자신들의 신학과 실천을 형성하도록 가르친 것은 조지 위샤트였다."[16]

존 녹스가 위샤트의 설교를 듣고 얼마나 깊이 감명을 받았는지 그의 경호원이자 추종자로 있었으며, 위샤트가 남긴 화형장에서의 기도와 마지막

---

15 David Laing collected and editied. *Works of John Knox Vol. 1* (Edinburgh: The Banner of Truth Trust, 2014 Reprint), 500. 자세한 내용은 "No. III. Patrick Hamilton, Abbot of Ferne," 500-15를 참고하라. 총 6권으로 된 이 중요한 자료집은 1855년에 Edinburgh의 Johnstone and Hunter에서 출판한 IV권을 제외한 나머지 다섯 권은 1846년에 Edinburgh의 Wodrow Society에서 출판하였다. 현재는 여섯 권의 전집 모두 2014 Reprint판이다. 이후 *Works of John Knox*, 권수로 표기하였음.

16 John A. Duke, *History of the Church of Scotland to the Reformation* (Edinburgh and London: Oliver and Boyd, 1937), 180; 황봉환, 『스코틀랜드 종교개혁과 존 녹스의 신학』, 28-29에서 재인용.

연설을 남긴 사실만 봐도 녹스에게 끼친 영향력이 얼마나 컸는지 짐작할 수 있다. 이러한 위샤트의 순교는 프로테스탄트들로 하여금 로마가톨릭에 대한 부조리와 적대감을 키워나가면서 내적으로는 더욱 단합하게 만드는 구심점이자 촉매 역할을 하였다. 녹스 개인에게도 특히 위샤트의 만남과 순교, 이후로 발생한 세인트앤드루스 성媵 점령과 노예 경험들이 합쳐져 후일 스코틀랜드 종교개혁의 중심인물로 성장하는 데 있어 핵심 요인으로 작용한다. 16세기의 스코틀랜드는 프랑스와 동맹 관계에 있었고, 스페인과 친선 관계에 있었던 잉글랜드와는 대척점에 있었다. 스코틀랜드에서는 엘리자베스 1세가 잉글랜드를 통치하는 동안 존 녹스의 주도 아래 종교개혁이 진행되었고, 신학적으로는 칼뱅주의가 고전적 장로회주의로 발전하게 된다.[17]

3. 존 녹스의 생애와 사상: 하나님의 나팔수

이해를 돕기 위해 존 녹스의 생애를 간략하게 연대표로 정리해보면 다음과 같다.[18]

[표 2] 존 녹스 연대표

1514 혹은 1515[19]	스코틀랜드 해딩턴에서 출생
1528. 2. 29.	패트릭 해밀턴이 화형당함
1536 부활절[20]	사제 서품을 받음
1546. 3. 1.	조지 위샤트가 화형당함
1547. 7. 31.-1549. 2.	프랑스 갤리선에서 사슬에 묶인 채 지냄
1549-1554	잉글랜드의 베릭어폰트위드, 뉴캐슬어폰타인에서 목회

17　Justo L. Gonzalez, *A History of Christian Thought* (Nashville: Abingdon Press, 1987), 195; 총회교육자원부 편, 『개혁교회의 예배·예전 및 직제 I』(서울: 한국장로교출판사, 2015), 127에서 재인용.

18　박경수, 『개혁교회, 그 현장을 가다』(서울: 대한기독교서회, 2018), 224.

19　위의 책에는 1513으로 되어 있지만, 필자가 참고한 중요 자료인 Rosalind K. Marshall의 *John Konx*와 Jane E. A. Dawson의 *John Knox*에 근거하여 1514 혹은 1515로 표기하였음. 각주 21), 22) 참고.

20　원래 연도만 나와있으나 Jane E. A. Dawson의 *John Knox*에 근거하여 부활절을 추가하였음.

1554. 1.	잉글랜드를 떠나 스위스 제네바에 도착
1554. 11.	독일 프랑크푸르트의 영국 피난민 교회에 청빙됨
1555. 9.	스코틀랜드로 돌아가 마저리 보우스와 결혼, 두 아들 얻음
1556-1559	제네바에서 체류
1558	『여인들의 괴상한 통치에 반대하는 첫 번째 나팔 소리』 출판
1559. 5. 2.	스코틀랜드에 도착
1559. 10.	『스코틀랜드 종교개혁사』 집필
1560	『스코틀랜드교회 신앙고백서』와 『치리서』가 채택됨으로, 스코틀랜드 장로교회 설립
1561. 8. 19.	기즈의 메리가 스코틀랜드에 도착
1563	마가렛 스튜어트와 재혼하여 세 딸을 얻음
1567. 7. 24.	제임스 6세 대관식 때 설교함
1571. 5. 7.-1572. 8. 23.	세인트앤드루스로 유형
1572. 11. 24.	임종

그의 출생년도는 정확하지 않다. 로잘린드 마샬Rosalind K. Marshall 은 약 1514 년이라고 추정하면서 녹스의 출생일, 출생장소, 학력과 초창기 시절의 연도 가 불확실하다고 말한다.[21] 제인 도슨Jane E. A. Dawson 또한 1514년 혹은 1515년 으로 기록하면서, 당시의 스코틀랜드에서는 출생이나 세례 기록을 정확하게 남길 수 없었던 것이 일반적이었음을 말해준다.[22] 녹스는 스코틀랜드의 동부 로티안의 해딩턴을 가로지르는 타인강 근처에서 태어난 것으로 알려져 있 다. 세인트앤드루스 대학을 다니며 저명한 스콜라 신학자 존 메이저John Mair/ Major 의 가르침을 받았고, [23] 또한 스코틀랜드 종교개혁의 선구자이자 순교자 였던 패트릭 해밀턴과 조지 위샤트의 영향을 받은 것은 분명하다.

목회자로서 녹스는 1536년 에딘버러에서 부제로, 이후 부활절 저녁에 당

---

21   Rosalind K. Marshall, *John Knox* (Edinburgh, UK: Birlinn Limited West Newington House, 2008), 1. 현 재까지도 이에 대한 논쟁이 역사가들 사이에 계속되고 있음을 말한다.

22   Jane E. A. Dawson, *John Knox* (New Haven: Yale University Press, 2016), 11-12.

23   위의 책, 16-17.

시 덤블린의 주교였던 윌리암 치셤으로부터 사제서품을 받는다.[24] 30대인
1540년 중반에 그는 존 라프John Rough와 토마스 길리엠Thomas Gilliem 의 설교를
듣고 이신칭의의 진리를 깨닫게 되었고, 조지 위샤트의 헌신적 추종자이자
경호원으로 활동한다.[25] 위샤트는 스위스의 츠빙글리가 시작하고 칼뱅이 완
성한 개혁교회 전통을 따라 스코틀랜드 종교개혁을 이끈 인물로 평가받지만
그 역시 1545년 화형을 당하면서, 프로테스탄트들이 위샤트를 심문하고 죽
인 로마가톨릭의 데이비드 비튼David Beaton 추기경을 살해하고 세인트앤드루
스 성을 점령한다. 잉글랜드에 도움을 요청하고 대리전 양상을 띠우던 중, 먼
저 도착한 프랑스 함대가 성을 함락하면서 녹스는 체포되어 노예로 잡혀가
프랑스 갤리선에서 19개월 동안1547.7~1549.2 강제 노역을 한 다음 1549년에
풀려나게 된다.[26]

그 후로 녹스는 스코틀랜드의 국경선 남쪽에 위치한 베릭어폰트위드의
육군 군목으로 사역하게 되는데, 그곳에는 다양한 회중들이 있었고 영국의
'이방인'Strangers 회중들과 유사한 자유를 갖고 있었다. 이러한 목회 여건이
녹스에게는 결정적으로 자신만의 예배관을 피력할 수 있는 기회가 되었고,[27]
그 첫 번째 결실이 바로『주의 만찬의 관례』Practice of the Lord's Supper, 1550 이다.
1551년에는 뉴캐슬어폰타인으로 가서 목회를 하던 중, 피의 메리Bloody Mary
시대를 맞아 녹스는 망명자로 유럽을 전전하다가 칼뱅의 추천을 받아 1554
년 프랑크푸르트의 영국 피난민 교회를 맡게 된다. 다시 1555년에 제네바로
망명한 녹스는 그곳에서 영국 피난민들 공동체에서 목사직을 수행하면서 영
어와 라틴어로 발간한 것이 소위 제네바 예식서Genevan Service Book or Genevan Order
of Book 로 알려진『기도 예식서』Form of Prayers, 1556 이다.[28] 이후 1559년에 고국으
로 돌아간 녹스는 당시의 스코틀랜드 기독교인들이 잉글랜드의『공동 기도

---

24 위의 책, 19. 보다 자세한 내용은 19-21을 참고하라.
25 이러한 녹스와 위샤트와의 만남을 칼뱅과 파렐의 만남에 비교하기도 한다. 최선,『존 녹스의 정치사
상』(서울: 그리심, 2008), 67. 제인 도슨에 의하면 그가 얼마나 헌신적인 추종자였는지 개인 경호원으
로서 양손을 사용하는 대검까지 들고 다녔다고 한다.
26 박경수,『개혁교회, 그 현장을 가다』, 219-21.
27 Dawson, *John Knox*, 60-61.
28 혹은 Order of Geneva, John Knox's Liturgy라고 하며, 프랑크 센(Frank C. Senn)은 Genevan Liturgy
로 표기한다.

서』*Book of Common Prayer*, 1552 사용에 익숙한 실정을 보면서 이대로는 안되겠다는 위기의식을 가지게 된다. 그리하여, 당시 새롭게 설립된 스코틀랜드 개혁교회의 주도하에 1562년에 『기도 예식서』*Form of Prayer*를 만들게 되고, 1564년에 최초로 스코틀랜드 교회의 승인을 받고 인정받은 『공동 규범서』*The Book of Common Order*를 발간하기에 이른다.

녹스가 목회한 에딘버러의 세인트자일스 St. Giles 교회는 스코틀랜드 장로교의 어머니 교회로 널리 알려진 곳이다. 녹스는 1559년 7월 7일부터 죽을 때까지 약 13년간 그 교회에서 목회하면서 스코틀랜드 종교개혁 운동을 강력하게 펼쳐나갔으며, 1560년에 『스코틀랜드교회 신앙고백서』*The Confession of Faith of the Kirk of Scotland*[29]와 『치리서』*The Book of Discipline*[30]를 의회가 승인함으로 스코틀랜드 장로교회가 시작되었다. 이로써 녹스는 장로교회의 창시자가 되었고, 나아가 청교도주의의 설립자로까지 평가받는다.[31] 유명한 복음주의 설교가 마틴 로이드 존스 D. Martin Lloyd-Jones도 자신의 책 『존 녹스와 종교개혁』*John Knox and the Reformation*[32]에 토마스 칼라일 Thomas Carlyle이 말한 "녹스는 스코틀랜드와 뉴잉글랜드와 올리버 크롬웰 Oliver Cromwell의 믿음, 곧 청교도주의의 설립자이자 제사장이었다"를 그대로 인용하여 언급하고 있음을 확인할 수 있다.

녹스의 사망연도는 출생연도와는 달리 그 날짜와 시간까지 정확하게 기록으로 남아있다. 1572년 11월 24일 약 오후 5시경 죽음을 앞두고 아내에게 요한복음 17장을 읽어달라고 한 것은 익히 알려져 있다. 하지만, 필자는 정오

---

29 녹스를 포함한 6명의 존 - John Knox, John Winram, John Spottiswoode, John Willock, John Douglas, John Row - 이 작성했다; 박경수, 『개혁교회, 그 현장을 가다』, 230. 그리고, 본 연구에서는 다루지 않지만, 자세한 내용을 알고 싶으면 이광호, 『스코틀랜드 신앙고백서』(서울: 교회와성경, 2015)를 보라. 전체 25장이며 각 장 제목은 제1장 하나님 제2장 인간의 창조 제3장 원죄 제4장 약속의 계시 제5장 교회의 지속, 확장, 보존 제6장 예수 그리스도의 성육신 제7장 중보자가 참 하나님이자 참 사람이어야 하는 이유 제8장 선택 제9장 그리스도의 죽음, 고난, 그리고 장사 제10장 부활 제11장 승천 제12장 성령 안에 존재하는 마음 제13장 선행의 근거 제14장 하나님 앞에서 선한 것으로 인정받는 선행 제15장 율법의 완전성과 인간의 불완전성 제16장 교회 제17장 영혼의 불멸 제18장 참 교회와 거짓 교회가 구별되는 특징과 올바른 교리 표준에 대한 주체 제19장 성경의 권위 제20장 총회의 권세와 권위 및 회집 근거 제21장 성례 제22장 올바른 성례의 시행 제23장 성례에 연관된 자들 제4장 국가 공직자들 제25장 교회에 값없이 주어진 은사들이다.

30 박경수, 『개혁교회, 그 현장을 가다』, 216. 1578년에 발간한 치리서를 『제2치리서』(*The Second Book of Discipline*)라고 하면서 1560년에 발간한 것을 『제1치리서』라고 부른다.

31 위의 책, 233.

32 D. Martin Lloyd-Jones and Iain H. Marray, *John Knox and the Reformation*, 조계광 역, 『존 녹스와 종교개혁』(서울: 지평서원, 2011), 53-54.

쯤에 먼저 읽어달라고 했던 고린도전서 15장 말씀이 '하나님의 나팔수'로 살았던 그의 생애를 오히려 잘 압축시켜 나타내는 것이라 생각하며 적어보았다.[33]

> 나팔 소리가 나매 죽은 자들이 썩지 아니할 것으로 다시 살아나고 우리도 변화되리라
> 이 썩을 것이 반드시 썩지 아니할 것을 입겠고 이 죽을 것이 죽지 아니함을 입으리로다
> 이 썩을 것이 썩지 아니함을 입고 이 죽을 것이 죽지 아니함을 입을 때에는 사망을 삼키고 이기리라고 기록된 말씀이 이루어지리라
> 사망아 너의 승리가 어디 있느냐 사망아 네가 쏘는 것이 어디 있느냐[고전] 15:52-55

　평소 그가 외쳤던 개혁은 공허한 소리로만 흩어진 것이 아니라 그의 삶에 체화되었고, 구체적인 양상으로 지금까지도 실현되고 있다고 해도 과언이 아니다. 그가 얼마나 하나님 앞에서 철저히 낮은 자로 살았는가는 현재 세인트자일스 교회에 남아있는 녹스의 무덤이 모든 것을 대변하고 있다고 말할 수 있다.[34]

　스코틀랜드의 종교개혁은 잉글랜드에 비해서도 거의 25년이나 늦게 시작되었으며, 그 이면에는 잉글랜드와의 미묘한 관계에 기인한 부분이 명확하게 존재한다. 로마가톨릭에서 떨어져나온 잉글랜드가 스코틀랜드 종교개혁에 여러모로 실질적인 도움을 주었지만, 한편으로는 정치에 계속 관여하며 영향력을 행사하려고 애쓴 것 또한 분명한 역사적 사실이기 때문이다. 그 당시 잉글랜드 왕들의 가계도와 종교 통합을 위해 제정한 여러 법령과 예식서 등 만을 봐도 쉽게 해결하기 힘든 여러 가지 복잡한 상황들이 엮어져 있음을 짐작하게 한다. 그럼에도 불구하고, 비록 종교개혁의 시작은 늦었으나

33　Marshall, *John Knox*, 212.

34　필자도 2007년 2월에 세인트자일스교회를 방문하여 녹스의 무덤을 찾았는데, 주차장으로 바뀐 교회 뜰의 23번에 있는 표지판을 보고 잠깐 충격을 받았던 기억이 있다.

스코틀랜드 교회는 자신들의 교회를 일컬어 '가장 잘 개혁된 교회' the Best Re-
formed Church 라고 할 정도로 자부심이 크다. 종교개혁 당시 회의체 교회조직을
채택한 나라가 스위스의 제네바, 프랑스, 네덜란드와 스코틀랜드인데, 그중
장로교회 형태의 치리조직이 가장 잘 발현된 곳이 스코틀랜드이며, 이는
1578년에 채택된 『제2치리서』에 잘 규정되어 있다는 평가를 받고 있다.[35]

Ⅲ. 존 녹스의 예배관 고찰

1. 스코틀랜드의 예배개혁 상황

존 녹스의 예배관을 살펴보기에 앞서 스코틀랜드 예배개혁에 관해 먼저
알아보도록 하겠다. 윌리엄 맥스웰 William D. Maxwell 은 스코틀랜드의 예배개혁
을 매우 급진적이라고 평가한다. 라틴어가 아니라 자국어를 사용하면서, 회
중은 예배에 능동적으로 참여하게 되었고, 방관자나 구경꾼이 아닌, 공동체
의 행위가 되었고 쉽게 학습할 수 있게 되었다. 성경 역시 자국어로 번역되어
쉽게 하나님의 말씀을 접할 수 있었기 때문에 설교가 예배에서 중요한 위치
를 차지하였고, 한 시간의 설교가 정상으로 받아들여졌고, 설교와 강해를 강
조했다. 성찬은 도시의 경우 1년에 4번, 시골에서는 2번 정도 있었다. 이처럼
자주 하지는 못해도 성찬을 자주 하는 것이 좋다는 주장이 팽배하여 이웃 교
구의 성찬에 참석하는 것이 유행하기도 했다. 맥스웰은 성찬 횟수가 비주기
적으로 줄어든 이유는 성찬을 집례할 목회자 수가 부족했다는 것이었고, 더
큰 이유로는 종교개혁 초기에 성찬 횟수가 끼친 부정적인 영향을 꼽는다.[36]
신조들 Creeds 은 신앙의 중심이었기 때문에 모든 예배와 모든 가정예배에
서 가르쳐야 했다. 십계명과 사도신경, 주기도를 가장 중요한 것으로 여겼기

---

35 김종락, 『스코틀랜드 종교개혁사-존 녹스에서 웨스트민스터 총회까지』, 16-17.
36 William D. Maxwell, *A History of Christian Worship: An Outline of Its Development and Forms* (New York: Oxford University Press, 1955), 49-51.

때문에 세례자나 결혼하는 사람들은 반드시 배워야 했으며, 예배에서도 사도신경, 주기도, 십계명, 송영을 중요시 여겼다.[37] 응답은 예배에서 삭제되었으며, 공중기도에서 사람들은 조용하게 하나님께만 경외를 돌리고, 마지막에 아멘으로만 응답하였다.[38]

　　예배는 주일날 아침 8시나 9시에 드렸고, 성찬식은 오후 3시나 4시에 거행하였다. 보통 예배는 3시간 정도 드렸으나 성찬식을 할 때 더 길어져서 때로는 참석자의 숫자에 따라 오후까지 계속되었다. 성찬은 성찬 식탁에 앉아서 받았으며, 사도적 실천으로 여겨서 진지하면서도 엄숙하게 행해졌다. 참석자들을 위해 긴 식탁을 T 또는 U의 형태로 놓았고, 목사는 성찬이 진행되는 동안 앞자리에 앉아있다가 기도하거나 말씀을 전할 때에는 일어나서 하였다. 세례는 '회중 앞에서' 아침 예배 시간에 행해졌고, 주중의 예배 시간에 행해지기도 했다.[39]

　　맥스웰은 1560년에 합법화되기 전에 10년 동안은 스코틀랜드의 개혁이 잉글랜드와 일치된 관계 속에서 이루어진 것은 아니었다고 하면서, 당시 잉글랜드가 로마가톨릭에 반기를 들고 일어난 개혁이 스코틀랜드까지 확산되기를 바라는 이들도 많았다고 한다. 그리고, 이미 두 나라 사이에는 1552년에 영어로 만들어진 잉글랜드왕 에드워드 6세의 『제2기도서』The Second Prayer Book of Edward VI 혹은 공동 기도서 The Book of Common Prayer 가 이미 있었음을 주지시킨다. 그 책은 칼뱅의 영향을 크게 받았고, 특별히 스코틀랜드 북부 지역에서 많이 사용했으며, 녹스 역시 성찬에서 무릎을 꿇는 것에는 반대했지만, 전반적으로 호의적인 입장이었던 것으로 알려져 있다. 기록에 의하면, 1557년에 종교개혁을 지지하는 귀족들이 함께 모여 서약한 다음 에드워드 6세가 만든 예식서를 채택하자는 것이 첫 번째 결의였다는 점만 보더라도 이러한 주장을 뒷받침해줌을 알 수 있다.[40]

37　위의 책, 58.

38　위의 책, 55-56.

39　William D. Maxwell, A History of Christian Worship: An Outline of Its Development and Forms, 정장복 역, 『예배의 발전과 그 형태』 (서울: 쿰란출판사, 1996), 65-66.

40　Maxwell, 『예배의 발전과 그 형태』, 163-64.

2. 존 녹스의 예배관

이제부터는 녹스가 작성한 예배 문건으로 알려진 1550년 『주의 만찬의 관례』, 1556년 『기도 예식서』와 1564년 『공동 규범서』를 중심으로 그의 예배관을 본격적으로 살펴보도록 하겠다. 실제로는 세 개가 아닌 두 개로 보아도 무방한 것이 1556년의 『기도 예식서』와 1564년의 『공동 규범서』를 비교해보면 내용에 있어 약간의 차이가 있을 뿐 예배 순서는 동일하다. 실제로도 1562년에 1556년의 『기도 예식서』와 똑같은 이름으로 발간되었고, 1564년에 스코틀랜드 교회의 승인을 받아 사용하면서 『공동 규범서』라고 명명하였다.

1) 1550년 『주의 만찬의 관례』(Practice of the Lord's Supper)[41]

그의 생애에서 먼저 말한 것처럼, 녹스는 갤리선에서의 노예 생활에서 풀려난 후 베릭어폰트위드에서 목회를 하면서 그 당시 발행된 크랜머의 『공동 기도서』[42]와는 완전히 차별성을 가진 자신만의 예전을 구상할 수 있는 자유와 시간을 가지게 되는데, 그 성과 중의 하나가 바로 『주의 만찬의 관례』이다. 전문全文없이 일부가 남아있는 이 자료를 보면, 그의 초기 예배관과 프랑스 출신의 파렐과 칼뱅이 주장한 예배 형식과의 유사성을 발견할 수 있다.[43] 녹스는 여기에서 로마가톨릭의 오류를 비판하면서 주의 만찬이 주는 유익은 '성령님 덕분'임을 강조한다. 또한 성찬을 받기에 합당하게 자아를 성찰해야 한다는 그의 주장은 "우리 사이에 있는 상호 간의 사랑의 띠"로 표현한 주의 만찬이 매우 중요함을 강조하기에 충분하다. 베릭어폰트위드의 회중 사이에

---

41 *Works of John Knox Vol. 3*, 71-75. *A Summary, According to the Holy Scriptures, of the Sacrament of the Lord's Supper*로 나옴. 필자가 참고한 자료에서는 *The Practice of the Lord's Supper Used in Berwick-Up-on-Tweed by John Knox, Preacher to That Congregation in the Church There*로 나온다. Jonathan Gibson and Mark Earngey, eds. *Reformation Worship: Liturgies from the Past for the Present*, 552.

42 *Book of Common Prayer*이며, 당시 왕의 이름을 넣어 에드워드 6세의 제1예배모범(*The First Prayer Book of King Edward VI*), 성공회 기도문, 공동기도서, 공동예배모범 등 다양하게 번역되었으나 이제는 성공회 기도서가 공식 명칭임.

43 Peter Lorimer, *John Knox and the Church of England* (London: Cornhill & Paternoster Row, 1875), 290-97, Jonathan Gibson and Mark Earngey, eds., *Reformation Worship: Liturgies from the Past for the Present*, 545에서 재인용.

있는 "사랑의 띠"는 주의 식탁 주위에 무릎을 꿇지 않고 앉아있는 것으로 나온다. 이로 인해 녹스는 개혁에 찬성하던 귀족들의 지지와 후원을 받으며 인지도가 올라가게 되었다. 특히 성찬에서 무릎을 꿇는 행위에 반대하여, 잉글랜드의 『공동 기도서』에 소위 '검정색 지문'Black Rubric [44]을 삽입시켜 별지로 인쇄해서 출판한 것으로 인해 녹스는 복음주의 종교개혁의 선구자로 급격하게 성장하여 중요 인물로 부상하게 된다. 이와 관련하여, 당시 녹스가 주도하여 추밀원에 제출한 반대 의견은 다음과 같다.

　　첫째, 성찬을 받을 때 무릎을 꿇는 행위는 경배와 예배를 암시한다. 둘째, 결과적으로 교황주의자들은 자신들과 개신교인들 사이에 실제적인 차이가 없다고 주장할 것이다. 셋째, 그리스도께서도 마지막 만찬 때 끝까지 앉아 계셨으며 그렇다고 이것이 성찬을 모독한 것이라고 볼 수 없다. 넷째, 앉아 있는 것은 두려움의 표현이 아니라 기쁨의 표현이다. 다섯째, 구약에 나타난 '선지자적 교회'Prophetical Church에서 교인들이 서 있었던 것에 비해 성찬에서 교인들이 앉아 있는 것은 그리스도의 사역의 완결성을 표시하는 것이었다.[45]

　　여기에 남아있는 예배순서는 아래와 같으며,[46] 사실상 순서보다도 각 항목의 내용을 읽어보면 녹스가 얼마나 명민하게 깨어 로마가톨릭의 잘못된 미사 폐해를 지적하고 있으며, 성경에 부합되는 성찬의 원래 의미를 되살리기 위해 애썼는지를 잘 알 수 있다.

44　*Works of John Knox Vol. 3*, 80. 일반적으로 예배서나 예식서에 있는 집례자를 위한 지문(地文)은 붉은 색으로 인쇄하는데, 당시 녹스의 의견이 담긴 추가 지문을 검정색으로 인쇄했기 때문에 Black Rubric 이라고 한다. 흑주라고도 번역하나, 필자는 원래의 의미를 살려 "검정색 지문"이라고 함.

45　Peter Lorimer, *John Knox and the Church of England*, 126ff, 김요섭, 『존 녹스-하나님과 역사 앞에 살았던 진리의 나팔수』, 110에서 재인용.

46　Jonathan Gibson and Mark Earngey, eds., *Reformation Worship: Liturgies from the Past for the Present*, 김상구, 배영민 역, 『종교개혁자들의 예배 예전 - 현재를 위한 과거로부터의 예전』(서울: CLC, 2022), 634. 예배 순서와 내용 설명은 용어의 통일성을 위해 번역서를 참고하였으나, 일부 명칭이나 용어는 수정하였음.

[표 3] 1550년 『주의 만찬의 관례』의 예배 순서

성경낭독(Scripture)
설교(Sermon)
삼위일체 하나님께 기원(Trinitarian Invocation)
준비기도(Preparation Prayer)
서신서 낭독, 고전 11:20-31(Epistle, 1 Cor. 11:20-31)
사도들의 정신 선포(Declaration of the Apostle's Mind)
성찬 배제(Excommunication)
죄의 고백(Confession)
사죄 선언(Declaration of Forgiveness)
교회를 위한 기도(Prayer for Church)
여왕을 위한 기도(Prayer for Queen)
성찬(Communion)*

이처럼 존 녹스는 강직하고 꼿꼿한 예배개혁의 신념을 가지고 외견상 괄목할만한 성과를 이루었으나, 자신을 지지했던 에드워드 6세가 단명하고, 로마가톨릭 신봉자인 메리 튜더 Mary Tudor 가 잉글랜드의 왕위에 올라 프로테스탄트에 대한 모진 박해를 가하게 되자 1554년 1월에 망명길에 오른다.

2) 1556년 『기도 예식서』[47]와 1564년 『공동 규범서』[48]

망명자 녹스는 칼뱅의 추천을 받아 1554년 11월에 프랑크푸르트의 영국인 피난민 교회를 맡게 된다. 원래는 발레랑 풀랭 Valérand Poullain 이 프랑스 피난민을 상대로 목회를 하고 있었는데, 영국 피난민이 늘어나게 되어 녹스를 청

---

47   *Works of John Knox Vol. III*, 155-214. 정식 명칭은 *The Form of Prayers and Ministration of the Sacrament, etc., Used in the English Congregation at Geneva, 1556*임. 혹은 여기에 "*and Approved by the Famous and Godly Learned Man, John Calvin*"을 추가하여 말하기도 한다. Jonathan Gibson and Mark Earngey, eds., *Reformation Worship: Liturgies from the Past for the Present*, 557.

48   *Works of John Knox Vol. VI*에 나온 정식 명칭은 *The Book of Common Order: or the Form of Prayers, and Ministration of the Sacraments, etc., Approved and Received by the Church of Scotland, 1564*임.

빙한 것이다. 당시 프랑크푸르트 교회에서는 예배의 형식과 예전을 어떻게 개혁할 것인가라는 문제로 격렬한 논쟁이 일어난다. 소위 공동기도서를 개혁하자는 녹스파Knoxians와 공동기도서의 대부분을 보존하자는 콘스파Coxians로 분열되었는데, 그 때에 녹스는 또 다시 힘든 상황에 처한다. 그가 영국에 있는 신자들에게 직면한 박해에 굳건하게 버틸 것을 요청하는 책자를 간행했던 적이 있었는데 거기에 가톨릭 교도들과 신성로마제국의 카를 5세를 비판한 내용이 있었기 때문이다. 결국 그 문제로 인해 곤경에 처한 프랑크푸르트 의회는 녹스의 거주 자격을 박탈하였고, 녹스는 고별 설교를 하자마자 1555년 3월 26일 밤에 제네바로 갈 수 밖에 없었다. 사실 그 전에 이미 비밀리에 스코틀랜드를 다녀왔던 녹스는 개혁을 격려하는 설교를 하였고, 결혼까지 한 다음에 아내와 함께 제네바로 떠났던 것이다.

한편, 녹스가 제네바에 오기도 전에 그를 추종했던 프랑크푸르트의 종교개혁자들이 제네바에 피난민 공동체를 세우고 그를 목사로 청빙한다. 영국인 피난민 교회는 1555년 11월 1일에 창립되었고, 녹스를 중심으로 만들었던 『기도 예식서』1556를 사용했는데 이미 칼뱅의 공식적인 승인까지 얻은 것이었다.[49] 이것이 존 녹스의 『제네바 예식서』Genevan Service Book라고 하지만, 실제로는 녹스와 그의 동료인 윌리엄 위팅엄William Whittingham, 안토니 길비Anthony Gilby, 토마스 코울Thomas Cole, 존 폭스John Foxe가 함께 만든 것이다.[50]

1554년 프랑크푸르트에서 초안을 만들었지만 사용하지 못했고, 제네바에 와서 개정작업을 거쳐 발간되었다. 서문에는 신자들을 위한 긴 편지로 내용을 소개하고 있으며, 영어로 된 칼뱅의 교리문답과 영어로 된 운율 시편, 개인 기도private prayer들이 책의 말미에 수록되어 있다. 이 책은 1556년 2월 10일에 제네바에서 존 크레스핀John Crespin에 의해 *The Forme of Prayers and Ministration of the Sacraments*라는 제목의 영어판과 라틴어 판인 *Ratio et forma publice orandi Deum*으로 동시에 출판되었다.[51] 주요 내용으로는

---

49   각주 47) 참고.

50   Jonathan Gibson and Mark Earngey, eds., *Reformation Worship: Liturgies from the Past for the Present*, 547-48.

51   William D. Maxwell, 『예배의 발전과 그 형태』, 164-65.

신앙고백, 목사 선발 규범, 목사들의 매주 회합과 성경해석에 대한 규범[52], 다양한 죄의 고백과 일반 기도, 세례와 성찬 집례, 결혼 예식의 형식, 환우 심방, 매장, 교회 권징에 대한 규범, 시편 찬송가, 그리고 칼뱅의 교리 문답을 포함시킴으로 예전의 완전한 개혁을 시도한 것으로 보인다.[53]

바드 톰슨Bard Thompson은 이에 대해, 비록 성찬식의 권면이나 결혼예식과 같은 일부 내용이 잉글랜드 예식을 따르기는 했지만 전반적인 구조와 내용은 스트라스부르그와 제네바의 예전적 전통에 속한 것이며, 무엇보다 여기에 담긴 예전의 정신만큼은 개혁된 것이라 평가한다. 목사는 성령의 감동에 따라 자유롭게 기도할 수 있었고, 예배를 공동체의 행위로 만들기 위한 노력이 가해졌고, 모국어 사용과 함께 모든 교인들은 직접 예배에 참석했다. 시간이 지나면서 형식보다는 단순하면서도 유용한 것들만 남게 되었고, 성스러운 상징물들도 사라지게 되었다. 목사는 화려한 사제복을 벗고 설교했으며[54], 영어 성경이 비치되었고, 읽지 못하는 사람들을 위해 정기적으로 설명을 해주었고, 시편은 회중들이 예배 때 쉽게 따라부를 수 있도록 편곡되었다. 강대상과 성찬 식탁은 예배에서 가장 중요한 상징이 되었고, 주일예배는 성찬을 기반으로 한 것으로, 그 기원은 칼뱅과 부처, 그리고 루터의 독일 미사에까지 거슬러 올라간다고 한다.[55]

한편, 맥스웰에 의하면 1556년의 『기도 예식서』는 영어판이 계속 발간되었고, 예배 순서는 변함이 없었으며, 후기 판으로 갈수록 운율 시편들이 차츰 확대되다가 1564년에 완결된 것으로 본다. 그러면서, 녹스의 『기도 예식서』는 칼뱅의 예식서를 단순히 번역한 것이 아니라 나름대로 독자성을 확보하기 위한 노력이 많았다고 평가한다. 주일 예배와 성찬식 사이의 새로운 중보 기도와 성찬 기도를 보면 문장 내용 자체가 칼뱅의 것과는 확연히 다르며, 특히 1562년 이후로는 칼뱅의 중보 기도와 성찬 기도가 교독식으로 나타난 것

52 츠빙글리가 주창한 목회자들의 설교모임인 프로페짜이(Prophezei)와 유사한 것으로 봄.
53 Jonathan Gibson and Mark Earngey, eds.,『종교개혁자들의 예배 예전-현재를 위한 과거로부터의 예전』, 631.
54 화려한 장식이 달린 이전의 사제복이 아니라 검정색 옷을 입었음
55 Bard Thompson, *Liturgies of Western Church* (Mansfield Centre: Martino Publishing, 2015), 289-90.

이 대표적인 예라고 말한다.[56] 두 책에 실린 예배 순서는 다음과 같으며, 성찬이 없는 예배와 성찬이 있는 예배로 구분하였음을 알 수 있다.[57]

[표 4] 1556년 『기도 예식서』의 예배 순서

말씀 예전(Service of the Word)	성찬 예전(Service of the Lord's Supper)
죄의 고백(Confession)	죄의 고백(Confession)
시편(Psalm)	시편(Psalm)
조명을 위한 기도(Prayer for Illumination)	조명을 위한 기도(Prayer for Illumination)
성경 낭독(Scripture)	성경 낭독(Scripture)
설교(Sermon)	설교(Sermon)
중보기도(Intercession)	중보기도(Intercession)
주기도문(Lord's Prayer)	주기도문(Lord's Prayer)
사도신경(Apostle's Creed)	사도신경(Apostle's Creed)
시편(Psalm)	시편(Psalm)
축도(Benediction)	성찬 제정사(Word of Institution)
	긴 권면(Long Exhortation)
	감사기도(Prayer of Thanksgiving)
	성찬 분배(Distribution)
	성경 낭독(Scripture)
	감사 기도(Prayer of Thanksgiving)
	시편 103편 혹은 유사한 시편
	축도(Benediction)
	해산(Dismissal)

성찬 제정사 이후 긴 권면의 내용을 비교해보면, 확실하게 『공동 규범서』의 양이 현격하게 줄었음이 나타난다. 이것은 스코틀랜드 교회의 권면에

---

56   Maxwell, 『예배의 발전과 그 형태』, 165-66.

57   Gibson and Earngey, eds., *Reformation Worship: Liturgies from the Past for the Present*, 634-35.

따라 조금 더 회중과 목회 현장에서의 사용을 염두에 둔 실용적인 결정을 내린 것으로 보인다.[58] 참고로, 맥스웰과 프랭크 센 Frank Senn 은 1562년 스코틀랜드 예배를 다음과 같이 소개하고 있다.

[표 5] 1562년 스코틀랜드 예배 순서

윌리엄 D. 맥스웰[59]	프랭크 C. 센[60]
말씀 예전	말씀 예전
죄의 고백 용서를 위한 기도 운율 시편송 성령의 조명을 위한 기도 성경 봉독 설교(해설과 권면)	Confession of Sins Prayer for Pardon Metrical Psalm Illumination Lection Sermon
성찬 예전	성찬 예전
헌물 감사기도와 중보기도 주기도문 사도신경 봉헌: 시편을 부르는 동안 성물 준비후 드림 성찬 제정사 권면 봉헌 기도 -경배, 창조와 구속에 대한 감사기도, 아남네시스, 송영 성체분할 집례자 성찬 분병분잔 회중의 성찬 참여-주님의 수난사 낭독 성찬 후 감사기도 시편송 강복선언(아론의 축도와 바울의 축도 공용)	Collection of alms Thanksgiving and Intercessions Lord's Prayer Preparation of elements while Apostle's Creed is sung Words of Institution Exhortation Consecration(new prayer) Fraction Ministration of Communion while Passion History is read Post-communion thanksgiving Psalm 113 in meter Aaronic benediction

---

58   Gibson and Earngey, eds., 『종교개혁자들의 예배 예전-현재를 위한 과거로부터의 예전』, 686-88에 전문(全文)이 나옴.

59   Maxwell, 『예배의 발전과 그 형태』, 166-67. 대부분 책에 나온 것을 그대로 가져왔으나, 이해를 돕기 위해 혼동하기 쉬운 용어를 비롯하여 약간의 수정을 하였음.

60   Frank C. Senn, *Christian Liturgy: Catholic and Evangelical* (Minneapolis: Fortress Press, 1997), 365-66.

3. 평가

존 녹스가 자신의 예배관을 정립하고 피력해 나감에 있어서 칼뱅의 제네바 예전의 영향을 크게 받은 것은 분명하다. 또한, 불안정한 국내 정세에 휘말려 프랑크푸르트와 제네바, 스코틀랜드를 전전한 것이 더욱더 예배개혁에 대한 의지를 강화시킨 것으로 보인다. 그렇기 때문에 매우 엄격하고도 단호하게 예배개혁을 이끌어낼 수 있었고, 괄목할만한 성과도 거둘 수 있었다. 이러한 긍정적인 평가와는 다른, 다음과 같이 부정적인 평가도 있다.

첫째, 화이트는 녹스의 예배에 대해서 교훈주의를 훨씬 더 강조한 것과 교회력을 폐지한 것은 명백한 실수라고 평가하는데,[61] 필자 또한 이에 전적으로 동의한다.

둘째, 가장 심각한 것은 스코틀랜드의 예배에서 매우 중요하게 여기는 성령임재기도 Epiclesis, 축성기도 가 녹스의 예전에 누락되어 있다는 사실이다. 이에 대해 맥스웰은 성령임재기도가 고대 켈트 예배의 중요한 부분이며 스코틀랜드 예배에서 절대로 없애서는 안되는 신앙의 기초 요소임을 강조하면서, 그 후 1629년 개정본에서 비로소 스코틀랜드식 축성기도가 추가되었다고 말한다.[62]

셋째, 시편송처럼 여러 찬가나 송영을 예배 순서에 넣지 않고, 성찬 예전에서 예수 그리스도의 희생만을 지나치게 강조할 뿐 성찬을 받은 자들이 누리게 되는 기쁨과 기대에 대한 언급이 전혀 나타나지 않는 것 또한 부인할 수 없는 약점이다.

넷째, 특히 성경에 근거하여 성찬을 받는 올바른 자세를 확립하기 위해 별도로 '검정색 지문'을 인쇄하여 첨부할 정도로 성찬에 깊은 관심을 가졌던 녹스가, 생전의 칼뱅이 강조했던 것처럼 성찬을 받을 자격과 성찬식 토큰 활

61　James F. White, *Protestant Worship: Traditions in Transition*, 김석한 역, 『개신교 예배』(서울: 기독교문서선교회, 1997), 111-12.

62　Maxwell, 『예배의 발전과 그 형태』, 167-68. 개정본에 제시된 축성기도는 이러하다; "자비하신 아버지시여 당신께 간구하오니, 당신의 아들 우리 주님께서 거룩하게 제정하신 예식(holy institution)에 따라 우리가 떡과 잔을 받으려 하오니, 거룩한 떡과 잔에 참여하는 자들이 되게 하옵소서. 오 주여, 이 성찬 예전 위에 당신의 축복을 내리시사 이 예전이 주 예수를 뵈옵는 방편(the effectual exhibitive instrument)이 되게 하옵소서".

용에 대한 언급을 중요한 예배 문건에 누락한 것은 결정적인 약점이라 생각
한다. 널리 알려진 것처럼 칼뱅은 성찬을 받는 합당한 자격에 대해 매우 심사
숙고하면서 엄격한 기준을 가지고 있었으며, 성찬식 토큰 사용을 주장한 것
으로 알려져 있기 때문이다. 다음의 인용문을 보면 더욱 이해가 잘 될 것이
다.

> 칼뱅 이후로 구체적인 성찬의 집행에서 장로들과 집사들이 함께 참여하여
> 준비하고, 진행하고 배분하는 것까지 맡도록 한 것은 매우 획기적인 부분이
> 다. 적어도 2주전까지, 혹은 그 몇 주 전부터 목사, 장로, 집사는 철저한 요리
> 문답 교육을 실시하였다. 특히 시무 장로들은 성도들 각각에 대해서 요리문
> 답 교육이 어느 정도인가를 검토한 후에야 비로소 성찬에 참여하도록 허용
> 하였다. 대부분의 프랑스 개혁교회에서는 요리문답을 마치면 그 수료자들
> 에게 종이로 된 성찬 참여 허락서를 나눠 주었고, 나중에는 정교하게 철로
> 만든 토큰을 주었다. 이 토큰은 성찬을 받으러 들어오는 교회 입구에서 제
> 시하여야만 허용되었다.[63]

마지막으로, 주제와 부합되지는 않지만 한 가지 짚고 넘어갈 것이 하나
있다. 그것은 녹스가 제네바에 있으면서 쓴 『여인들의 괴상한 통치에 반대하
는 첫 번째 나팔 소리』*The First Blast of the Trumpet Against the Monstrous Regiment of Women* 라
는 책에 관한 것이다. 여성이 나라를 통치하는 것이 성경의 가르침에 어긋난
다는 내용이 나오는데, 현재만이 아니라 그 당시에도 많은 비판과 논란에 직
면한 것으로 알려져 있다. 이에 대해 토마스 칼라일은 다음과 같이 녹스를 두
둔하는 글을 쓰기도 했다.

녹스는 이 책을 격한 심정으로 썼다. 그가 이 책을 쓴 이유에 대해 굳이 변명

---

63 Raymond A. Mentzer, "The Printed Catechism and Religious Instruction in the French Reformed
Churches," in Robin B. Barnes, Robert A. Kolb, and Paula L. Presley, eds., *Habent sua fata libeli.
Books Have Their Own Destiny: Essays in Honor of Robert V. Schnucker* (Kirksville: Thomas Jefferson
University Press, 1988), 93-101, 황정욱, "칼빈과 오늘의 개혁 교회-교회론을 중심으로", 『장로회신학대
학교 제1회 종교개혁기념 장신학술강좌 자료집』, 23에서 재인용.

이 필요하다면, 잔혹한 메리 튜더의 명령으로 스미스필드에 화형의 불길이 끊임없이 타오르던 시대, 기즈의 메리가 스코틀랜드의 섭정 자리에 오른 지 얼마 되지 않은 시점에 이 책이 쓰였다는 사실에서 그 이유를 찾아야 할 것이다. 권좌에 오른 이 악독한 두 여인은 곤궁한 잉글랜드와 스코틀랜드를 완전히 폐허와 공포로 뒤덮어버렸다.[64]

물론, 그 책 한 권만으로 녹스를 쉽게 여성혐오주의자나 성차별론자라고 매도할 수는 없지만, 많은 풍파를 겪은 종교개혁자로서 좀더 객관적인 시각에서 시대상에 대한 통찰력을 가질 수 없었는지, 차라리 직접적으로 화형을 주도하고 음모를 꾸몄던 부패한 로마가톨릭과 대주교, 추기경들에게도 제2, 제3의 나팔을 불었으면 어떠했을까라는 아쉬운 생각이 들었다.

이러한 약점들이 있었음에도 불구하고, 결과적으로는, 존 녹스가 주장하여 공인받은 『공동 규범서』는 스코틀랜드에서만이 아니라 이후로 영국에서도 계속 출판되어 영어권 청교도들에게 널리 사용되면서 예배개혁의 표준이자 구심적 역할을 하게 되었다. 나아가 지금까지도 청교도 예배와 청교도주의에 큰 영향력을 끼치고 있다는 것은 그 누구도 부인할 수 없는 공헌인 것은 분명하다. 정리하자면, 존 녹스의 "뿌리부터 가지까지" 아우르는 예배개혁을 통해 스코틀랜드의 예배개혁이 실행되었고, 그 결과 스코틀랜드 장로교회가 탄생했으며 나아가 청교도주의의 창설자가 되는 큰 업적을 남기게 되었다고 하겠다.

Ⅳ. 존 녹스의 목회관: 『제1치리서』

존 녹스는 종교개혁에 있어 사상가로만 머무른 것이 아니라 즉각적으로 행동으로 나서는 실천가이자 능력있는 설교가라는 점이 부각되었기 때문에

---

64   박경수, 『개혁교회, 그 현장을 가다』, 227.

'하나님의 나팔수' 혹은 '복음의 나팔수'라는 별칭이 있었다. 녹스는 제네바에서 귀국한 1559년부터 본격적으로 복음의 나팔수 역할을 수행하였는데 대표적인 설교로는 다음과 같다. 첫째, 1559년 5월 11일 퍼스Perth의 세인트존 교회St. John Church에서 성화상과 우상숭배에 반대하며 했던 설교이다. 설교를 마친 후에는 그 교회만이 아니라 퍼스의 다른 교회까지 가서 성상 파괴 행동을 이끌었다. 둘째, 6월 11일에는 세인트 앤드류스의 홀리트리니티 교회Holy Trinity Church에서 요한복음 2장의 성전 정화 사건을 본문으로 개혁운동에 나서야 할 필요성을 강력하게 설교하였다. 셋째, 11월에는 스털링의 홀리루드 교회Holy Rude Chruch에서 시편 80편 1-4절을 본문으로 "오직 하나님만을 의지하고 죄를 철저히 회개할 때 구원과 승리를 주신다"는 강력한 선포를 했는데, 이는 스코틀랜드 종교개혁의 전환점이 된 설교로 평가받는다.[65]

스코틀랜드의 메리 여왕조차 잉글랜드 군대보다 녹스의 기도와 설교가 더 무섭다고 말했을 정도이며, 엘리자베스 1세 여왕의 신하이자 대사였던 랜돌프는 "한 시간에 걸친 한 사람의 목소리가 500개의 나팔이 끊임없이 우리의 귓전을 때리는 것보다 더 많은 생명을 우리에게 가져다줄 수 있다"는 편지를 보낸 것으로 알려져 있다.[66] 따라서, 참된 예배개혁이란 이론만이 아니라 현장에서의 실행과 실천을 통해 이루어지며, 이를 위해서 교회의 질서가 필수적으로 수반되어야 한다. 또한, 예배개혁은 다른 곳이 아니라 바로 교회에서의 실행을 통해 이루어지므로, 필연적으로 그 사이에는 유기적인 관계가 존재할 수 밖에 없다. 이러한 점을 기억하면서 『제1치리서』에 나타난 존 녹스의 사상을 살펴보도록 하겠다.

1. 배경

앞서 언급한 예배개혁의 내용을 보더라도 존 녹스는 그 누구보다 신념이

65   위의 책, 229-30.
66   Lloyd-Jones and Murray, 『존 녹스와 종교개혁』, 67-68.

확고했으며, 격변하는 시대상을 통찰하면서 스코틀랜드의 교회가 하나님의
교회로 개혁되기를 간절히 갈망했던 목회자였다. 이러한 그의 목회관이 대
표적으로 나타난 것이 바로 『제1치리서』이다. 당시의 혼란스러웠던 잉글랜
드와 스코틀랜드, 그리고 유럽의 전반적인 상황을 살펴보건대, 녹스는 자신
에게 있어 가장 중요하면서도 시급한 임무는 바로 하나님의 질서^{Divine Order}에
부합되는 교회의 질서를 확립하는 것이라고 여겼을 것이 분명하다.

　　장로교회의 정치는 질서를 소중하게 여기며, 회중정치 제도가 아니라 장
로라 불리는 공동체 대표들을 통한 대의정치 제도를 채택한 것도 질서에 따
른 정치를 추구하기 위해서이다.[67] 치리서가 만들어진 배경은 이러하다.
1560년 봄에 프로테스탄트를 지지하는 스코틀랜드의 귀족들은 로마가톨릭
을 옹호하는 기즈의 메리와 프랑스 연합군에게 승리한 후, 그해 7월 6일에
에딘버러 조약을 체결하였고, 잉글랜드와 프랑스 군대 모두 스코틀랜드에서
철수하기로 합의하였다. 귀족들은 이에 앞서 에딘버러의 목회자들에게 새로
운 신앙고백서와 교회 정치에 대한 초안을 만들어오라고 했고, "공동 교회개
혁서"^{Book of Common Reformation}라는 초안을 5월 20일에 완성했으나 8월에 가서
야 종교개혁의회에 제출하게 된다.[68] 그러나, 실제로는 교회 조직 문제가 매
우 민감한 사항이었으므로 뚜렷한 성과를 즉각적으로 거두지는 못했다. 종
교개혁을 찬성하는 귀족들이 정치적으로 우세하였지만, 여전히 그 자체를
반대하는 왕족들과 상당수의 귀족들이 있었으며, 특히 주교제 폐지와 관련
해서는 더욱 복잡한 양상을 띠고 있었다. 당시 기록에는 많은 수의 주교들이
반대했고 장로회제도보다는 주교제 교회제도를 선호하였던 것으로 나온
다.[69] 굳이 역사적 자료를 찾아보지 않더라도, 즉각적으로 장로회 제도를 도
입하기에는 먼저 해결해야만 하는 많은 현안들이 있었음을 추론할 수 있다.
로마가톨릭과 영국국교회, 프로테스탄트들로 분열된 현실에서 각각의 공동
체 의견도 일치하지 않았고, 잉글랜드와의 미묘한 관계까지 맞물린 상태에

67　박경수, 『스코틀랜드 교회치리서-장로교 최초의 교회헌법 본문 및 해설』(서울: 장로회신학대학교출판
　　부, 2020), 6.

68　Donaldson, *The Scottish Reformation*, 53-54.

69　위의 책, 55-56.

서 재정적 기반마저 약했기 때문에 무리하게 "공동 교회개혁서"를 통과시키기란 불가능했을 것이다.

이와 같이 복잡한 상황 가운데 『스코틀랜드 신앙고백서』를 만든 6명의 존이라는 이름을 가진 목회자들이 함께 모여 『제1치리서』를 만들었고,[70] 1560년 12월 스코틀랜드교회의 첫 총회와 1561년 1월 스코틀랜드 귀족들의 회의체인 신분위원회에서 승인을 받기에 이르렀다. 내용과 의미의 중요성에 있어서는 스코틀랜드 장로교회의 헌법이라고 할 정도이다. 박경수는 『제1치리서』를 다음과 같이 긍정적으로 평가하면서 실제 작성에 큰 영향을 준 문헌 자료는 제네바 『교회법령』 Ordonnance Ecclesiastique 이라고 주장한다.[71]

> 『제1치리서』는 스코틀랜드 교회와 사회를 교리에서 뿐만 아니라 관습에 있어서도 개혁된 공동체로 변화시키기 위한 청사진으로서 고안되었다. 비록 정치적이며 재정적인 난관 때문에 곧바로 채택되어 시행되지는 못했지만, 『제1치리서』의 내용은 이후 스코틀랜드 장로교회의 방향을 제시한 규정들을 담고 있다.

이외에도 『제1치리서』 작성에 영향을 끼친 또 다른 도시나 문서들로는 쟈넷 맥그레거 Janet G. MacGregor 와 스탠포드 리드 W. Stanford Reid 의 주장으로 나눠서 알아볼 수 있다. 먼저 맥그레거에 의하면, 제네바 외에도 바젤과 취리히, 에드워드 6세 치하의 잉글랜드 교회, 요하네스 아 라스코 Jonannes à Lasco 가 목회한 에드워드 6세 치하 런던의 외국인 피난민 교회의 교회 헌법, 발레랑 풀랭이 목회한 프랑크푸르트 피난민 교회의 예식서, 프랑스개혁교회의 신앙고백과 치리서, 프랑수아 랑베르 François Lambert 의 헤센 지역 교회헌법 등이 있다. 여기에서 프랑스 교회의 영향력은 다수 중 하나에 불과하다고 주장한다. 그러나, 리드는 프랑스 교회의 영향력이 압도적이라고 보는 입장이다. 제네바의 교회법령, 아 라스코의 교회 헌법, 풀랭의 예식서와 함께 덴마크 루터교회

---

70 각주 29) 참고.
71 박경수, 『스코틀랜드 교회치리서-장로교 최초의 교회헌법 본문 및 해설』, 25-26.

의 정치체제 등 다양한 것을 고려했지만, 프랑스개혁교회가 1559년에 제시
한 치리서가 특별한 영향을 끼쳤다는 입장을 취한다.[72]

2. 내용

1560년 1월 27일에 나온 『제1치리서』는 제1항 교리에 관하여, 제2항 성
례에 관하여, 제3항 우상숭배 폐지에 관하여, 제4항 목회자와 그들의 합법적
선출에 관하여, 제5항 목회자 사례와 교회의 재산 분배에 관하여[대학과 학교를 논
함], 제6항 교회의 지대[地代]와 재산에 관하여, 제7항 교회 치리에 관하여, 제8항
장로와 집사의 선출에 관하여, 제9항 교회 정책에 관하여[결혼, 장례 등의 문제를 논함]과
결론 그리고 비공개회의의 결정으로 이루어져 있다.[73]

실제 작성기간이 짧았다는 기록을 감안하면, 평소 녹스가 얼마나 그 당
시 잘못된 로마가톨릭의 악습에 대해 각성하였고, 한편으로는 스코틀랜드의
종교개혁을 얼마나 염원했는지 잘 나타난다. 하나님의 나팔수로 살아온 자
신의 인생 여정 전체를 통해 고심해온 흔적들이 곳곳에서 발견되기 때문이
다. 특히 『제1치리서』의 서문을 보면 그의 확고한 신앙고백과 함께 예배개혁
을 통해 이루고자 하는 교회개혁에 대한 열망과 간절함이 잘 나타난다.

> 하나님의 섭리에 따라 그리고 다양한 신분 계층의 합의에 의해 통치권을 부
> 여받은 스코틀랜드 의회에 여러분의 신하이자 예수 그리스도의 목회자인
> 우리는 우리 주 예수 그리스도의 아버지 하나님으로부터의 은총과 자비와
> 평화가, 그리고 날로 더하시는 성령의 교통하심이 항상 함께 하시기를 원합
> 니다 …(중략)… 이 도시에 있는 우리는 함께 모여, 이 나라 안에서 유지해
> 야 할 공공의 질서와 통일성을 위해 아래의 조항들을 한뜻으로 제출하였습
> 니다 …(중략)… 예수 그리스도와 함께하고자 하는 여러분의 간절한 기대대

---

72 자세한 내용을 알고 싶으면 박경수, 『스코틀랜드 교회치리서-장로교 최초의 교회헌법 본문 및 해설』,
    26-31과 해당 각주에 나온 책들을 참고하라.

73 위의 책, 115.

로, 하나님의 분명한 말씀으로 보증되지 않는 어떤 것도 용인되지 않기를, 공평, 정의, 하나님의 말씀이 지시하는 어떠한 법도 거부하지 않기를 간절히 구합니다. 하나님의 분명한 말씀으로 증명할 수 있는 것을 넘어 우리가 제시하는 의견에는 여러분이 매이지 않기를 바랍니다. 여러분이 하나님 앞에서-그 분 앞에 나가 여러분 과 우리 모두 행위를 낱낱이 드러내야 합니다-응답하기를, 그리고 하나님의 기록된 그리고 계시된 말씀에 따라 여러분이 개선할 수 없다고 해서 어떤 것도 인간적인 생각으로 거부하지 않기를 간절히 바랍니다.[74]

주요 내용으로는 대부분 교회의 정치를 다루면서 교리와 성례에 대한 규정들이다. 아울러 목회자의 자격에 대해 세부적인 규정들을 세워서 선정, 심사, 위임의 세 단계를 거치도록 했고, 설교를 통해 공개적인 고백을 반드시 해야만 했다.[75] 여기에서 다루지는 않지만, 특별히 『제2치리서』만 번역하여 나온 책도 있다.[76] 지면의 한계상 각 항의 내용을 일일이 언급하며 평가할 수는 없지만, 지금까지의 내용을 바탕으로 녹스의 목회관을 아래와 같이 정리할 수 있다.

첫째, 삼위일체 신앙과 신학을 주장한다. 이는 비단 목회자만이 아니라 참된 교인이라면 반드시 가져야 한다고 생각했음을 알 수 있다.

둘째, 하나님의 말씀만이 유일한 표준임을 주장한다. "신구약 성경에 교회를 훈육하고 하나님의 사람을 완전하게 하는 데 필요한 모든 내용이 들어있고 충분히 표현되어 있다고 믿는다"고 하면서 성례 또한 주 예수께서 하신 그대로 말씀에 근거하여 실행할 것을 강조한다.[77]

셋째, 로마가톨릭 교회와의 단절을 확고하게 실현하는 목회자이다. 교리

---

74 위의 책, 116-17.

75 *Works of John Knox Vol. III*, 183-84, 김중락, 『스코틀랜드 종교개혁사-존 녹스에서 웨스트민스터 총회까지』, 113-14에서 재인용. 원래 출처에는 189-91로 나오나, 원서 비교 결과 183-84가 맞아서 원래 출처에서 쪽수만 수정한 것임.

76 *The Second Book of Discipline, 1578*, 장대선 번역·해설, 『스코틀랜드 장로교회의 제2치리서』(서울: 고백과문답, 2019).

77 로마가톨릭의 화체설을 의식한 것으로 보인다.

만이 아니라 평소 생활에서도 잠식되어 있는 로마가톨릭의 잔재를 완전히 근절시킬 것을 강조한다.

넷째, 목회자의 자격에 대해 상당히 높은 기준을 가지고 있다. 이는 초대 교회의 전통을 의식하는 동시에 로마가톨릭 교회에서 일어난 권력 남용을 견제한 것이기도 했다.

다섯째, 적극적인 교회 치리를 위해서 체계적인 조직과 제도가 필요함을 주장한다. 다른 무엇보다 장로교 제도를 확립시킨 것만 보아도 잘 알 수 있는 점이기도 하다.

3. 평가

황봉환은 녹스를 제네바에서는 학생으로, 에딘버러에서는 교사로, 종교 개혁의 사명을 부여받은 선포자이자 개혁자로 말한다.[78] 그러나 그 이면을 더 깊이 들여다보면, 존 녹스는 진리가 아닌 것에는 타협하지 않고, 오로지 푯대를 향해 달려가는 경주자였고, 언제 어디서나 하나님 복음을 들고 주저하지 않고 달려 나가는 나팔수로 그 누구보다 강직하고 충실하게 살아간 참된 개혁자였다. 그럴 수 있었던 것은 하나님 말씀에 대한 확고한 믿음과 올바른 성경관의 소유자였고, 그 말씀에 근거하여 잘못된 것은 단호하게 지적할 수 있는 선지자의 용기로 충만했던 하나님의 사람이었다. 현실을 탓하기보다 본인이 개혁할 수 있는 것을 찾아 나가면서 가장 근본인 예배에 집중하였고, 때로는 과감하게 때로는 지혜롭게 자신에게 맡겨진 사명을 감당하며 평생을 헌신했던 사람이었다. 그랬기 때문에 스코틀랜드의 예배개혁은 물론 그것을 영속하고 유지를 가능케 하는 근간인 치리에 대한 개혁까지 수행할 수 있었고, 괄목할만한 성과까지 이루어 낼 수 있었다. 이것은 평소 녹스가 자신에게 깊은 영향을 준 도시와 가르침을 준 사람들, 특히 제네바와 칼뱅에 대해 어떤 마음을 품고서 평생 기억하며 배운대로 실천하기 위하여 애썼는

---

78 황봉환, 『스코틀랜드 종교개혁과 존 녹스의 신학』, 153.

지는 남아있는 몇 가지 기록들을 통해 확인할 수 있다. 그가 1556년 제네바를 방문해서 "사도시대 이후 가장 완벽한 그리스도의 학교"[79]라고 한 것과 1559년 칼뱅이 제네바아카데미를 설립했던 그 이듬해인 1560년에 존 녹스가 스코틀랜드에 개혁교회를 설립한 것만 보더라도[80] 얼마나 종교개혁에 대해 진심으로 임하였고, 칼뱅의 가르침에 충실하였는가가 잘 나타낸다.

존 녹스의 예배관과 목회관은 오히려 단순하면서도 분명하다. 코람 데오 *Coram Deo*를 근간으로, 오직 믿음, 오직 은혜, 오직 말씀, 오직 예수, 오직 하나님께 영광이라는 종교개혁의 모토들을 성실하게 실천해 나간 것이 그가 평생을 통해 추구해왔고 실천해 온 예배관이자 목회관이라고 하겠다.

V. 나가는 말 — Reformation에서 Re-Formation으로

지난 2017년 종교개혁 500주년의 해를 돌아보면, 국내의 교계와 학계는 물론 세계적으로 과열 양상이 일어났다가 가라앉은 기억이 있다. 일각에서는 종교개혁 500주년이 아니라 종교개혁이 시작된 지 500주년임을 주지시키며 그것의 본질적인 성패가 무엇인지 진지하게 분석해야 한다는 주장이 나타나기도 했다.[81] 다시 말해서, 종교개혁이라는 것은 계속 개혁되어야 하는 현재진행형이어야 하지, 해마다 기념하는 과거형의 행사가 되어서는 안된다는 뜻을 내포한 것으로 보인다.

토마스 롱 Thomas G. Long은 현대 예배 현장을 예배 전쟁 Worship wars 이라고 표현한 바 있다. 그러나, 예배 역사를 거슬러 올라가 보면 언제나 예배 전쟁을 치러왔다고 해도 과언이 아니다. 현재에만 국한시켜서는 안된다는 뜻이다. 근접한 예로는 2020년 코로나 발발 이후로 팬데믹 시대를 맞아 그 어느 때보다 예배에 대한 관심과 질문들 그리고 변별하기 힘든 정보들이 홍수처럼 흘

---

79 박경수, 『박경수 교수의 교회사 클래스-한 권으로 끝내는 베이직 교회사』, 178.

80 위의 책, 315.

81 김종락, 『스코틀랜드 종교개혁사-존 녹스에서 웨스트민스터 총회까지』, 3-4.

러나오고 있는 현 상황을 들 수 있다. 보이지 않는 것에 대한 공포와 불안감이 과도하게 조성되면서 하나님께 대한 신앙과 예배의 근간마저 뒤흔들리고 있으며, 개인적인 삶의 일상성까지 위협받게 되면서 전 세계가 새로운 전쟁 가운데 있다고 해도 과언이 아닌 시대이다. 이제 역사는 중차대한 전환점에 서 있다. 2022년 다보스 포럼은 이같은 현실을 냉철하게 파악하면서, "전환점에 선 역사"History at a Turning Point라는 주제와 함께 10대 메시지를 내놓은 바 있다.[82] 이러한 세상의 위기 속에서 우리는 과연 어떤 전환점에 서있는가 그리고 어떻게 살아야 할 것인가라는 근본적인 질문을 던져 본다. 즉각적인 대답을 할 수 없지만, 적어도 개혁교회의 전통 아래 만들어진 장로교의 역사성을 확인하면서 현재 한국 교회 장로교 목회자로, 장로교 신학생으로 현재 개혁의 시간을 올바르게 살고 있는지에 대한 자아성찰은 절대적으로 선행되어야 할 것이라 생각한다.

동일한 맥락에서, 존 녹스의 생애 전반에 걸쳐 나타난 하나님의 부르심과 개혁에 임하는 그의 태도와 여러모로 한국과 비슷한 상황에 처했던 스코틀랜드의 역사, 그리고 장로교 창립과 예배개혁의 내용들을 연구하면서 한 가지 놓치고 있었던 중요한 사실을 깨닫게 되었다. 지금이 과연 16세기의 종교개혁 시기보다 더 위험한 시대인가라는 것이다. 개인적으로는 아무리 현재가 위기라고 해도 16세기의 종교개혁 시대보다는 상대적으로 안정되고 평화로운 시대라고 본다. 이미 500년이 넘는 시간 동안 축적해온 개혁사상이 깊게 자리잡고 있으며, 위기를 간파하는 영적 통찰력을 전 세계적으로 공유하고 있으며, 지금 이 순간에도 제2, 제3의 존 녹스와 같은 개혁자들이 동서남북에서 최선을 다해 고군분투하고 있을 것이 분명하다. 위기일수록 본질을 찾기에 애썼던 종교개혁Reformation의 정신을 되새기며, 그러한 종교개혁의 참된 정심을 바탕으로 새롭게 재구성Re-Formation을 해 나가야 할 적기임을 기억해야 한다. 일생 동안 하나님 외에 그 어떤 것도 두려워하지 않은 존 녹스

---

82 https://www.mk.co.kr/news/economy/view/2022/05/470953/ [게시일 2022년 5월 27일, 최종검색일 2022년 9월 5일]. 다보스포럼에서 정한 10대 메시지는 ①식량위기 임박 ②에너지 탈러시아, 기후대응 ③냉전 2.0시대의 도래 ④공급망=경제 아닌 안보 ⑤실물자산이 최고 투자처 ⑥노동시장 지각변동 ⑦테크노 유토피언 ⑧틀린 정보와 전쟁 ⑨팬데믹 재발 방지 ⑩우크라이나 재건이다.

처럼 오직 믿음, 오직 은혜, 오직 말씀, 오직 예수, 오직 하나님께 영광을 되새기며, 삶으로 드리는 예배 그리고 공동체가 함께 드리는 참된 예배의 개혁을 매 순간 실천하며 살아가야만 한다. 그것이 바로 세상의 시간 속에 있으나 하나님의 시간을 살아가고 있는 예수 그리스도의 참된 교회, '날마다 개혁하는 주님의 몸된 교회'로 나아가는 유일한 길임을 강조하며 발표를 마치는 바이다.

〈부록〉 존 녹스의 행적[83]

1513	영국 왕 헨리 8세의 조카 제임스 5세가 17개월의 유아로 스코틀랜드 왕이 됨
1515	테오도르 베자의 책 Icones와 다른 이들은 존 녹스의 출생을 1513-1515년에 스코틀랜드 동쪽 로티안 해딩톤 기포드에서 출생했다고 하나 1515년 출생으로 주장
1517. 10. 31.	마르틴 루터가 비텐베르크에서 95개조 조항으로 개혁 시작
1521-1522	겨울에 글라스고우 대학교의 존 메이저 교수 밑에서 수학
1523-22세까지	세인트앤드류스 대학교의 존 메이저 교수 밑에서 수학
1524-1525	재세례파 농민 유혈봉기
1525, 1527, 1540, 1551	이단 사상을 지닌 자들에 대한 법률이 의회에서 통과, 제임스 5세 루터 서적을 금서로, '16세기형 대혼란'
1526	틴데일의 신약성경 영어 번역판 스코틀랜드에 도착
1528. 2. 27.	패트릭 해밀턴이 노트들을 압수당하고 체포됨
1528	패트릭 해밀턴이 세인트앤드루스에서 23세에 화형
1529년경	교회법에 정해진 나이가 되기 전에 사제로 임명됨
1530-1546	개신교도들에 대한 극심한 박해 자행됨
1539. 3. 1.	에딘버러 캐슬힐에서 헨리 포렛 화형
1540-1543	해딩턴에서 공증인으로 일함
1540-1541	의회 이단 금지법 제정

---

83 최선, 『존 녹스의 정치 사상』, 24-29. 단, 외래어 표기나 문구 혹은 내용에 있어 본 발제물에 맞춰 일부 가감하여 수정하였음.

1542	스코틀랜드 의회에서 사람들이 라틴어가 아닌 스코틀랜드 언어로 성경읽는 것을 합법적으로 선언
1543	해딩턴에서 목회, 9월에 기즈의 메리 대관식
1544	가정교사, 성 어거스틴의 서적 읽음
1545. 12.	조지 위샤트와 조우
1546. 3. 1.	조지 위샤트가 세인트앤드류스 광장에서 순교
1546	로마가톨릭 비톤 추기경 살해당함
1546	프로테스탄트로 개종, 선교여행
1547-1549	프로테스탄트 신앙 발전,
1547. 1. 28.	헨리 8세 사망
1547. 6.	세인트앤드루스 성을 프랑스군 공격, 7월 31일 함락, 녹스가 19개월동안 갤리선에서 노예생활
1548	프랑크푸르트와 제네바에서 장 칼뱅의 개혁사상 빠르게 확산
1549. 2.	영국 왕 에드워드 6세의 특별 중재로 녹스가 프랑스의 갤리선에서 석방
1549. 1-2.	에드워드 6세 초청, 영국의 케스윅 궁정목사 토마스 크랜머의 공동기도서 발간후 사용하게 함
1550. 4.	버윅에서 목회
1550	녹스가 '계약'(band)에 대해 성찬식(The Lord's Supper)을 "우리들 안에서 서로 사랑하는 한 무리"(A band of mutual love among us)라는 글에서 언급
1551	추밀원에서 에드워드 6세의 목사 중 하나로 임명
1552	공동기도서 수정 요구에 따라 1552년 42개 신앙항목 작업참여
1553	에드워드 6세 앞에서 설교, 7월에 에드워드 6세 사망
1553	메리 튜더(메리1세, 피의 메리 Bloody Mary) 왕위계승 반대
1554. 1.-1557. 8.	메리 튜더의 박해를 피해 두 차례에 걸쳐 프랑스 디에프로 망명하여 시편 6편 주석 집필
1554. 5. 10, 31.	"두 개의 위로 서신"(Two comfortable Epistles to his Afflicted Brethren in England)을 보냄
1554. 7. 20.	"영국에서 하나님의 진리를 고백하는 이들에 대한 신실한 권면"(A Faithful Admonition to Professor of God's Truth in England) 편지
1554. 8.-1559. 2. 망명	제네바, 독일의 프랑크푸르트 생활에서 깔뱅, 불링거 등과 교제, 피난민을 위한 설교와 목회, 1555년 9월부터 1556년 7월까지 스코틀랜드 지방 순회 설교
1555. 9.-1556. 6.	제네바에서 스코틀랜드로 잠시 귀국

1555	칼뱅이 제네바에서 승리(칼뱅파가 시의원선거에서 승리)
1556. 7.	아내와 장모를 모시고 제네바로 다시 감
1557. 5.	스코틀랜드 신자들 중 유력한 귀족들의 서명이 든 편지받음 (기즈의 메리는 개신교도에게 호의적이니 귀환 적기라는 내용)
1557. 10. 24.	녹스가 디에페에서 스코틀랜드 상황을 알리는 2차 편지 받음
1557. 12. 18.	"스코틀랜드에서 하나님의 진리를 고백하는 이들에게" (To the comfortable Epistles to Professors of God's Truth in Scotland)
1557-1558	스코틀랜드의 개신교 귀족들이 기즈의 메리에게 종교개혁을 위한 청원서 제출, 녹스의 저항사상 전개 토대 마련
1558 초	새로운 영역본 성경 출판, Geneva Bible이라고 지칭
1558	메리 튜더 사망, 엘리자베스 1세 즉위
1558. 3.	루난의 신부 월터 밀 화형
1558 전후	녹스가 서신과 문서들을 작성
1558. 7.	스코틀랜드의 섭정 메리 로라이네에게 호소문 편지(제임스 6세)
1558	에딘버러의 수호성인 세인트자일스의 성상 파괴 사건
1558	스코틀랜드 개혁교회 정치제도 발전
1559	제네바에서 귀국, 세인트자일스 교회 목회, 세실에게 편지
1559. 6. 14.	신부들을 포함한 군중들 앞에서 설교함
1560. 1. 27.	스코틀랜드와 영국 사이의 버윅에서 상호방위조약 체결하고 프랑스 격퇴시킴
1560. 7. 6.	종교개혁의 승리와 함께 에딘버러 조약 체결, 신앙고백 승인, 미사가 폐지됨. 프랑스군과 영국군 철수
1560. 8. 24.	개혁의회 소집, 가톨릭 교황의 지배권 폐지, 미사거행금지, 가톨릭교회 지지하는 모든 법률 폐기하면서 종교개혁 완성하고 개신교가 승리함
1560. 8. 30.	12인으로 구성된 추밀원에 의해 의회 성립
1560. 12.	스코틀랜드 교회의 첫 번째 총회가 에딘버러에서 개최, 40명의 회원 중 6명이 목사였고, 녹스가 지도적 인물이었음
1561	기즈의 메리와 회견 - 양심문제
1562	귀인턴 케네디와 미사에 관해 논쟁
1562. 9.	크로스라구엘 대수도원장과 논쟁
1562	메리 스튜어트(기즈의 메리 딸, 스코틀랜드의 메리)가 프랑스에서 귀국
1562. 가을	머레이 백작이 스코틀랜드 북부에서 일어난 가톨릭교도의 반란진압

1563. 5.	의회 개최
1563. 6-7	메리 여왕과 스페인의 돈 카를로스 결혼 반대 논쟁
1564	총회석상 언급
1564	메이틀랜드와 논쟁
1567	메리 여왕의 실정후 제임스 스튜어트가 섭정 시작
1568	세인트앤드루스 대주교가 그의 조카를 통해 음모 성공, 머레이 죽음
1570. 3	로흐르벤의 영주 윌리엄 더글러스경에서 편지 씀
1571	뇌졸증으로 쓰러짐
1572	세인트자일스 교회에서 설교
1572. 8.	총회에 감동적인 편지를 보냄
1572. 9.	에딘버러 도착
1572. 11. 9.	세인트자일스 교회에서 후임의 취임식 사회, 축도 맡음. 그 후 집으로 실려간 녹스는 임종 때까지 밖으로 나오지 못함
1572. 11. 21.	금요일, 녹스가 자기의 관을 만들라고 명함
1572. 11. 23.	주일, 범국민적 금식의 첫 날에 몇 마디 외침
1572. 11. 24.	에딘버러의 집에서 사망
1572	총 감독의 임명으로 감독제 요소 도입됨
1572. 11. 26.	수많은 군중이 모여 장례식 치르고 세인트자일스 교회에 안장

21세기 교리문답과 세례, 성찬

조 용 선

온무리교회 담임목사, 기독교교육

Ⅰ. 들어가는 말

예장 통합 교단은 몇 년 전까지 두 가지에 대해 관심을 두지 않았다. 첫째, 세례 받은 자가 입교하기 전에 성찬 참여가 가능한가? 둘째, 왜 유아세례 연령과 입교 연령 사이에 있는 아동에게 세례를 주지 않고 있는가?에 대한 논의가 없었다. 제101회 총회²⁰¹⁶ᵉ 이후, 총회 산하에 위원회를 구성하여, 이 문제들에 대해 논의하였다. 이 글은 두 가지 질문에 대한 논의와 결과, 그리고 향후 과제를 정리하는데 목적이 있다.

Ⅱ. 입교하기 전 성찬 참여가 가능한가?

이 질문에 대해 결론부터 말하자면, 세례자의 입교 전 성찬 참여 건은 제101회 총회²⁰¹⁶ᵉ 때 위원회가 구성되었다. 제102회 총회²⁰¹⁷ᵉ 때 입교 전 성찬 참여 건이 허락되었고, 제104회 총회에서 헌법개정안이 통과되어 노회 수의를 거쳐 2019년 12월 총회장이 입교 전 성찬 참여 건에 대해 공포하였다.[1] 유아세례를 받은 자나 아동세례를 받은 자가 세례를 받은 후 즉시 성찬에 참여할 수 있게 되었다.

2019년 12월 이전에, 유아세례 받은 사람이 첫 성찬에 참여할 수 있는 나이를 15세로 한 이유 중의 하나는 인지적 이유일 것이다. 유아세례를 옹호하는 사람일지라도 아이들이 성찬에 참여할 수 있는 나이가 될 때까지 아이들에게 성찬을 베푸는 것은 보류되어야 한다고 생각했다. 이성적으로 사고할 수 있는 나이가 되면 믿음을 고백할 수 있고, 성찬의 의미도 알 수 있을 때 성찬에 참여할 자격을 갖추게 된다는 것을 의미한다. 하지만 유아세례를 받은 아이들의 세례에 대해 의문을 제기하지 않으면서 무조건 성찬에 참여하는 것을 금할 수는 없다. 어린이, 청소년들이 세례를 통해 그리스도와 연합하였다면 성찬의 의미를 이해할 수 있을 때까지 그리스도의 죽음과 부활을 나누는 자리에 그들을 참여시키지 않는다는 것은 설득력이 없다. 유아세례는 인간의 상태 때문에 반절만 효력이 있는 것이 아니다. 세례는 유일회적이며 완전한 선물이다. 인간의 응답보다는 하나님의 은총이 선행한다. 마찬가지로 성찬은 믿음을 표현할 수 있는 이성적 능력의 조건이 되는 것이 아니다. 제임스 화이트 James F. White 에 의하면 성찬은 믿음을 가진 사람에게 보상으로 주어지는 것이 아니라, 그 믿음이 성숙해 가는 수단이 된다.[2] 장 칼뱅 Jean Calvin 도 성찬이란 완전한 자를 위한 것이 아니라 연약하고 가냘픈 자들을 일깨우고 자극하고 믿음과 사랑의 느낌을 고무시키는 것이라고 강조한다.[3]

성경에서 성찬에 참여할 자격에 인지적 이유를 들고 있지 않다. 요아킴 예레미아스 Joachim Jeremias 는 예수의 식탁의 특징을 사죄와 용서, 공동체 상호 간의 섬김 그리고 새로운 공동체의 건설로 설명한다.[4] 식탁에로의 초대는 죄의 용서가 말로써만 아니라, 삶의 한복판에서 구체적인 행동으로 이루어졌

---

1   참조, 대한예수교장로회 총회 홈페이지 국내선교부 자료실, "유아세례자의 성찬 참여에 관한 공청회," (2017. 8. 2.).

2   James F. White, *Sacraments as God's Self-Giving* (Nashville: Abingdon Press, 1983), 146.

3   Jean Calvin, *Institutes of the Christian Religion*, trans. Ford Lewis Battles, ed. by John T. McNeill (Philadelphia: Westminster Press, 1960), 506.

4   Joahim Jeremias, *New Testament Theology* (London: SCM Press, 1971), 114-115.

음을 보여주는 상징적 행위이다. 헤론알래스데어 헤론Alasdair Heron에 의하면 신약시대 초대 기독교 공동체는 역사적 예수의 식탁과 부활한 예수의 식탁 을 하나의 식탁으로 보았다. 공동식사는 역사적 예수에 대한 기억 속에서 부 활의 생명을 경험하는 기쁨 속에서 하나님나라에 대한 종말론적인 기대 속 에서 함께 나누었다.[5] 초기 형태는 실제 식사의 형태로 진행되었다. 주의 만 찬은 초기에는 '아가페'라고 불리는 실제 식탁을 통해서 나누어졌고, 시간이 지나면서 '유카리스트'라고 불리는 예배의식으로 대체되었다.

사도행전 16장 15절에서 두아디라 성의 자주 장사 루디아가 바울의 설 교를 듣고 루디아와 그의 집이 모두 세례를 받는다. '그의 집'이라고 하는 것 은 그녀의 직계가족을 의미하기도 한다. 그녀에게 속한 모든 권속들을 의미 하는 것이다. 그렇다고 하면 그녀에게 속한 남자든 여자든 어린이들까지 포 함하고 있는 것으로 추정할 수 있다. 그녀에게 속한 가족들 중에 어린이가 있 었는지는 확실치 않지만, 어린이가 있었다면 세례에서 배제되지 않았다는 것은 분명하다. 마찬가지로 어린이들이 공동식사에서 제외되었을 가능성은 희박하다. 성경의 식탁전승의 의미에서 '가족'과 '교제'는 중요하다.[6] 공동식 사는 하나님의 선물이다. 식탁의 자리에서 하나님은 가족에게 양식을 제공 하는 아버지이시며, 공동체는 새로운 가족으로 초대된다. 그리고 공동식사의 주제는 하나님과 공동체 그리고 공동체 상호 간에 일어나는 이중의 교제이 다. 새로운 가족 공동체로의 초대와 교제에서 어린이, 청소년의 참여와 관심 은 필수불가결한 것이다.

성경에 나타난 의식은 이후 몇 세기 동안 지속되었다. 초대 기독교 공동 체에서 사용되었던 『디다케』나 순교자 유스티누스Justin Martyr 혹은 히폴리투 스Hippolytus of Rome의 『사도의 전통』과 같은 자료에서 예비 세례자 단계로서의 『교육 - 세례 - 세례 후 의식(신앙의 확증 단계인 견진)[7] - 성만찬 축하의식 (공동체 축하의식)』의 통합적 의식으로 표현되고 있다.[8] 그러나 콘스탄틴 시

---

5   Alasdair Heron, *Table and Tradition: Towards an Ecumenical Understanding of the Eucharist* (Edinburgh: The Hansel Press, 1983), 55.
6   김동선, 『거룩한 공회를 믿사오며』(서울: 한국장로교출판사, 2003), 133.
7   로마가톨릭교회는 견진성사로, 개신교회는 견신례 혹은 입교라는 용어를 사용한다. 이 문장에서는 종 교개혁 이전의 시기를 의미하므로 견진이란 용어를 사용했다.

대 이후로 기독교 개종자가 많아짐으로 교육의 시간이 축소되었고, 유아세
례자가 많아져서 성인교육에 대한 관심은 적어진다. 복음의 확대와 교인의
증가는 한 목회자가 여러 교회를 담당해야 했고, 장로에게 유아세례 주는 것
을 허락했지만 세례 후 의식이었던 견진은 감독의 확증을 주장하게 되었다.
감독이 빠른 시일 내에 교회들을 순회하지 못한 이유로 인해 견진의 나이는
점점 늦어지게 된다. 이러한 상황으로 인해 세례와 견진의 시간차가 생기게
되었고, 세례에서 첫 성찬이 분리되었다. 교회마다 조금씩 다르게 실시하던
것이『겔라시아 성례전』의 발간으로 인해 이러한 분리가 더욱 확고하게 정
착되었다.[9] 어린이들에게 사도신경, 주의 기도, 교리 등을 가르치고 7-8세에
첫 성찬에 참여하게 하였고, 견진은 12세에 실시하게 된 것이다.

　　세례와 성찬의 분리가 신학적인 이유보다는 교회의 갑작스런 성장과 유
아세례의 시행에서였다면 여전히 분리해 둘 것인가 아니면 새로운 모색이
필요한가 라는 질문을 하게 된다. 1982년 BEM 문서가 나온 이래 이 문서에
대해 공식적인 입장을 밝힐 것이 요청되었다. 교회의 응답은 총 6권으로 구
성된 *Churches Respond to BEM* 이란 책에 수록되었다. 성찬 참가자의 자
격에 대한 질문에 세례 받은 어린이들도 공동체의 일원이므로 참여시켜야
한다는 응답이 적지 않게 나타났다. 몇몇 교회는 입교 후 성찬에 참여하도록
허용하지만 Reformed Church in Hungary, 부모와 같이 오는 경우 허용하는 교회도 있
었다 Evangelical Lutheran Church of Iceland.[10] 독일 루터교회의 경우 입교 전 성찬 참여
를 허락했다. 에버하르트 켄트너 Eberhard Kenntner 에 의하면 초대 기독교 공동체
에서는 "세례가 성만찬에로의 허락" baptismus est admissio 였던 것이 후일 "입교가
허락" confirmatio est admissio 으로 대치되었다는 것이다.[11] '입교가 허락'이란 규정
으로 인해 세례와 성찬이 분리되어서 시행되어 오다가 다시금 19세기 중반
성찬과 입교의 분리에 관한 논의가 시작되었고, 70년대 초반 "입교 전 성찬
참여"를 허락하게 된 것이다. 단, 두 가지 전제가 충족되어야 하는데 세례 받

8　손삼권,『기독교 초기교회 교육의 재구성』(파주: 한국학술정보, 2006), 159.

9　위의 책, 170.

10　김동선,『거룩한 공회를 믿사오며』, 151.

11　Eberhard Kenntner, *Abendmahl mit Kindern* (Gütersloh: Gütersloher Verlagshaus, 1981), 189.

은 자이어야 하고, 성찬 참여 전에 성찬에 관한 교육이 있어야 한다.[12] 성찬에 관한 교육은 수업이라기보다는 이해를 돕기 위한 도움의 성격이 강하다. 성찬이 무엇인가 하는 어린이들로부터의 질문에 대한 충분한 대답이 되어야 한다는 것이다.

유아세례를 받은 자나 아동세례를 받은 자가 세례를 받은 후 즉시 성찬에 참여하는 것이 허락됨으로, 신앙공동체 전체가 성찬에 참여할 수 있게 되었고, 다음 세대에게 예전을 통한 신앙교육을 할 수 있는 길이 열리게 되었다.

III. 왜 아동에게 세례를 주지 않는가?

이 질문에도 결론부터 말하자면, 제102회 총회 2017년 때 "아동세례 및 세례 • 입교 연령에 관한 연구위원회"를 조직하여 연구한바, 아동 세례는 성경적, 신학적, 선교적, 교육목회적인 차원에서 필요하다는 결론에 이르게 되었다.[13] 위원회는 제103회 총회 2018년에 아동세례 신설 및 세례 입교 연령 변경을 어린이 발달단계에 따라 유아세례를 출생-6세로 확대하고, 7-12세 아동에게는 아동세례를 신설하며, 세례·입교 연령을 13세로 변경 청원하였다. 헌법개정위원회의 개정안이 제106회 총회 2021년에서 통과되고, 노회 수의를 거쳐 2021년 11월 29일 총회장이 공포하였다. 아동세례자는 본인의 신앙고백으로 세례를 받기에 부모의 신앙 여부는 상관이 없고, 아동세례자는 입교를 하지 않는다.

"아동세례 및 세례·입교 연령에 관한 연구위원회"는 아동에게 세례를 주어야 할 이유를 성경적, 역사적 관점에서, 신앙문화화 관점에서 그리고 다음 세대 교육을 위한 관점에서 논의하였다.

---

12 Liturgischer Ausschuss der EKvW, ed., *Mit Kindern Abendmahl feiern* (Handreichung, 1991), 5-14.
13 참조, 대한예수교장로회 총회 홈페이지 국내선교부 자료실, "아동세례 및 세례,입교 연령에 관한 공청회," (2018.7.11.).

1. 성경적, 역사적 관점에서

성경에 유아나 어린이들에게 세례를 주었다는 직접적인 언급을 찾아볼 수는 없지만 간접적으로 추정할 수 있는 부분들이 많이 있다. 사도행전 16장 15절에서 바울이 빌립보에 이르러 전도할 때 두아디라 성의 자주 장사 루디아가 바울의 설교를 듣고 마음을 열어 그리스도를 영접하게 된다. 그래서 루디아와 그의 집이 모두 세례를 받는다. '그의 집'에 속한 남자든 여자든 어린이들까지 포함하고 있다.

온 가족이 세례를 받은 내용은 사도행전 16장 33절에도 나온다. 사도바울과 실라가 있었던 빌립보 감옥문이 열린 후 간수는 검을 빼어 자결하려고 한다. 그때에 바울이 그의 몸을 상해하지 못하게 한다. 그 밤에 간수가 저희를 데려다가 그 온 가족으로 세례를 받게 하였다. '자기와 그 온 가족이 세례를 받았다'라는 성경 원문인 희랍어 성경을 직역하면 '그가 세례를 받았다 그리고 즉시 그에게 속한 모든 자들이 세례를 받았다'라고 번역된다. 그에게 속한 모든 자라는 것은 그의 가족 중에 있을 유아, 어린이를 포함하고 있는 것을 의미한다. 그리고 사도 바울은 주저함 없이 유아와 어린이들에게 세례를 베풀었을 것이다. 신약성서의 유아, 아동세례의 옹호자인 예레미아스는 "온 가족"의 세례시 사람들은 젖먹이를 포함한 모든 연령의 어린이들에게 세례를 주었다고 말한다. 또한 이교도의 개종세례시에도 어린이, 미성년자도 유대공동체 안으로 영접되었다고 확신한다.[14]

주님도 어린아이들에게 안수하시고 축복하셨다. "예수께서 이르시되 어린 아이들을 용납하고 내게 오는 것을 금하지 말라 천국이 이런 사람의 것이니라 하시고 그들에게 안수하시고 거기를 떠나시니라[마 19:14-15]." 예레미아스는 이 본문과 마가복음 10장 15절이 기록되었을 당시 로마에서 기독교인 가정의 어린이들은 세례를 받았다는 것을 의미한다고 한다. 다시 말하면 주후 60-70년 사이의 "사도적 교회"는 공동체 안에서 태어난 어린이들에게 세례

---

14   Joachim Jeremias, *Hat die aelteste Christenheit die Kindertaufe geuebt?* (Göttingen: Vandenheck & Ruprecht, 1938), 15-16.

를 주었다는 것이다.[15] 이러한 성경의 여러 정황으로 볼 때에 교회가 유아나 어린이들에게 세례를 베풀었다라고 보는 것이 더욱 타당하다.

초대교회 원시공동체에게 부활하신 그리스도의 선교명령과 함께 세례명령이 주어졌다. 그리스도의 세례명령은 두 가지 형태이다[마 28:18-20; 막 16:15-16]. 누가는 단지 "그의 이름으로 죄의 용서와 회개가 모든 민족에게 전파될 것"[눅 24:47]을 말하고 세례명령이 빠져있다. 요하네스 레이폴트Johannes Leipoldt 는 누가가 세례를 일종의 비밀규약으로 취급하고 있기 때문이라고 설명한다.[16] 마태의 세례명령에서 "제자를 삼아"에는 구원의 소식에 대한 선포와 믿음을 포함하고 있다. 원시기독교 안에서 믿고 자신의 신앙을 고백하는 자가 세례를 받는 것은 당연한 일이었다. 그리스도의 구원의 공동체에 대한 개인의 최종 가입은 세례를 통해 이루어진 것이다. 이 명령이 잘 지켜졌는지 교부들은 기록하고 있다.

이레네우스는 그리스도께서 그와 함께 중생된 모든 사람들 즉 유아와 아동을 포함한 자들을 구원하시고자 오셨다 라고 말하고 있는데 이는 유아, 아동세례를 통해 신앙공동체에 속해 있음을 시사하고 있는 것이다. 순교자 져스틴도 세례는 신적 중생의 표징이며, 60-70세의 많은 남자들과 여자들이 어린아이 때로부터 그리스도의 제자들이었다라고 말한다.[17] 제자가 되었다는 것은 그리스도인이 되었다는 의미이며, 세례를 받은 사람이라는 것을 의미한다. 그는 그가 살고 있던 시대에 어린아이들에게 세례를 주는 것은 일반적인 일이었다고 말하고 있고, 그 나이 제한에 대해선 구체적으로 언급하지 않는다.

예수 그리스도의 선교명령과 세례명령이 함께 주어졌다는 것에 주목해야 한다. 그 명령, 모든 민족, 모든 연령대의 사람들을 제자로 삼아야 하는 명령은 오늘날 한국교회에도 역시 유효하다. 제자로 삼은 후에 어느 나이 때 세례를 줄 것인가 하는 것은 논의할 여지가 없어 보인다.

15 위의 책, 27.

16 Johannes Leipoldt, *Die urchristliche Taufe im Lichte der Religionsgeschichte* (Leipzig: Dörffling & Franke, 1928), 31.

17 Joahchim Jeremias, *Die Kindertaufe in den ersten Vier Jahrhunderten* (Göttingen: Vandenhoeck & Ruprecht, 1958), 83.

2. 신앙문화화 관점에서

아동에게 세례를 주는 것이 타당하냐 아니냐의 문제 이면에는 인지발달
론적 측면을 지지하느냐 아니냐의 입장이나 논쟁이 깔려있다. 다시 말하면
아동이 세례에 대해 이성적으로 이해할 수 있느냐 하는 것이다. 이러한 입장
의 대표적인 것은 쟝 피아제 Jean Piaget 의 인지주의에 영향 받은 로널드 골드만
Ronald Goldman 의 종교발달단계이론이다. 골드만에 의하면 종교적 사고는 피아
제의 인지논리적 사고와 그 구조면에서 동일하며, 종교적 사고 발달은 일정
한 단계와 순서를 통해 성장한다. 종교적 개념을 이해하는 것은 형이상학적
이고 명제적이고 추상적인 사고가 가능한 형식적 조작 단계 12세 전후 이후에
가능하다. 그래서 종교적 개념이나 교리적인 것을 인지적으로 미성숙한 아
동들에게 가르치기보다는 이해할 수 있는 단계인 형식적 조작 단계 이후에
가르치는 것이 좋다는 것이다.[18]

골드만의 이론은 종교발달이 일정한 틀에 짜여 있는 구조를 통해 예상가
능하고 통제가능하며, 일련의 패턴에 따른 선적인 연속성 속에서 발전한다
는 것이다. 그러나 데이비드 해이 David Hay 는 종교발달을 단계이론과 같이 구
조적인 선형적 논리 linear logic 에 제한해서는 안 된다고 반박한다.[19] 사람들에게
는 위기, 뜻밖의 사건, 비약적 성장 혹은 후퇴, 정체 등 다양하고 역동적인 일
들이 일어날 수 있다.

또한 피아제나 골드만의 단계이론을 반박할 논지는 과연 종교발달을 이
성적 이해 안에 제한시킬 수 있느냐 하는 것이다. 골드만은 아동의 종교적 이
해 능력을 이성적 사고능력에 제한시켰다. 아동이 하나님을 이해하고 경험
하는 것은 인지뿐만 아니라 정서, 의지, 감각, 직관 등을 통해 가능하다는 것
을 간과하고 있는 것이다. 인지발달이론적 입장에 의하면, 아동의 인지적, 언
어적 능력의 결핍은 곧 종교적 내용과 해석능력의 부족으로 보고 있고, 종교

18 Ronald Goldman, *Religious Thinking from Childhood to Adolescence* (London: Routledge and Kegan
Paul, 1964), 51-67.

19 David Hay, Rebecca Nye, and Roger Murphy, "Thinking about Childhood Spirituality: Review of Re-
search and Current Directions" in *Research in Religious Education*, ed. by Leslie J. Francis, William K.
Kay, and William S. Campbell (Leominster: Gracewing Publishing, 1996), 47.

경험을 전달하기 위해 먼저 언어적 능력과 인지적 이해능력이 전제되어야
한다는 것이다. 이에 반하는 연구가들은 종교 경험은 '언어-이전'의 경험이
라고 주장한다. 이러한 입장의 대표적인 사람은 캐스린 유스트Katherine M. Yust
이다. 유스트는 아동의 신앙에 있어서 다감각적 경험의 중요성을 강조한다.
묘하게도 골드만과 유스트 둘 다 모세의 불타지 않는 떨기나무 사건을 예로
든다. 골드만은 인터뷰 대상자들에게 이 이야기를 해 주고 왜 모세는 하나님
을 두려워했나? 라는 질문에 대한 대답을 분석하여 종교발달단계를 구성했
다. 한편 유스트는 불타지 않는 떨기나무 이야기에서 모세는 인지적 호기심
과 육체적으로 냄새 맡고, 듣고, 말하고, 거룩한 땅에 접촉하고, 감정적으로
경외감 등 다감각적 경험을 통해 하나님을 만나고 있다는 것이다.[20]

유스트는 아동을 하나님으로부터 가르침을 받는 존재로 이해하는데, 이
러한 인간이해는 루터의 사상에서 비롯된다. 하나님이 먼저 인간에게 다가
오시고 인간을 만나주신다는 루터의 사상과 일맥상통하고 있다.[21] 유스트는
신앙faith과 신앙심 faithfulness을 구분하는데, 신앙은 하나님으로부터 오는 선물
이고, 신앙심은 하나님으로부터 받은 선물인 신앙에 대한 인간의 응답이라
는 것이다. 아동은 하나님의 은혜 아래에 있는 존재이고, 하나님으로부터 가
르침을 받는 존재이기에 아동도 출생부터 종교적이고 영적인 존재이다. 그
래서 세례에 있어서 인간의 의지적이고, 이성적인 응답으로서 신앙심이 부
족하다고 해도 하나님의 선행하시는 은총으로 인해 세례행위가 가능하다.
인간의 응답보다는 하나님의 은혜가 선행한다는 것은 종교개혁가들이 주장
한 바이며, 유스트의 사상적 배경이 되고 있음을 발견할 수 있다.

유스트에게 있어서 아동은 자신의 주변 환경과 경험을 통해 문화화되어
가는 존재인데, 종교적 문화화를 위해서 가족, 신앙공동체의 역할이 중요하
다고 강조한다. 종교적 이미지, 이야기, 실천 등을 통해서 종교적 문화화를
이룰 수 있도록 의도적이고 지속적인 공동체적인 노력과 참여를 요청한다.
유스트에 앞서 신앙문화화를 강조하고 신앙문화화에 있어서 세례가 중요함

---

20   Katherine M. Yust, *Real, Real Faith: Practices for Nurturing Children's Spiritual Lives* (San Francisco,
      CA: Jossey-Bass, 2004), 7-9.

21   위의 책, 5.

을 강조한 사람은 존 웨스터호프John H. Westerhoff III 이다.

웨스터호프는 기능적으로 세례과정을 종교문화화 과정으로 이해한다. 세례를 통과의례로 보면서 그 의식을 통해 기독교 신앙공동체로 들어가게 되어 소속감을 주며, 그 속에서 자신의 신앙을 확인하고 지속적인 신앙성숙을 할 수 있는 기회를 열어준다고 본다. 이 통과의례는 3가지 국면의 특징을 지닌다.[22] 첫째 국면은 이탈 혹은 구별로서 세례 받기 전의 상태이다. 새로운 존재의 상태로 움직이는 참여자는 상징적으로 자신의 과거 삶의 모습으로부터 구별하고 격리된다. 세례문답교육과정을 통해 세속적인 삶과 기독교인됨의 삶을 구별하는 시기이다. 둘째 국면은 변형, 전환의 국면으로 세례과정 중에 있는 시기이다. 전환기적 과도기로서 아직 과거의 상태에 있으면서도 새로운 존재에로 들어가기 직전의 상태이다. 이때 가족들과 친구들, 교인들과 함께 세례의식에 참여함으로 공동체의식을 느끼는 종교적 경험을 하게 된다. 마지막 국면은 재통합 혹은 재결합의 단계로, 세례의식과정의 절정에 이르러 그리스도 안에서 한 형제 자매됨의 경험을 하게 된다. 개인은 새로운 공동체의 일원으로 받아들여지고 함께 축제에 참여함으로 서로 함께 어우러져 공동체의 정체성을 확인하게 된다.

웨스터호프는 신앙유형의 특징을 네 가지로 구분하는데 체험적 신앙, 귀속적 신앙, 탐구적 신앙 그리고 고백적 신앙이 그것이다. 이중 아동기에 해당하는 것은 귀속적 신앙affiliative faith 이다. 귀속적 신앙은 아동기의 전형적인 모습으로 이때 신앙은 정서적 신앙이다. 머리나 의지로 믿는 신앙이라기보다는 마음으로 믿는 신앙이다. 이 단계에 있는 어린이는 신앙공동체 속에서 그들의 정체성을 찾으려고 한다. 신앙공동체에 의존하며 신앙공동체에서 행하는 내용과 방법들을 양육과 의식을 통해 경험한다. 소속된 공동체의 친밀성과, 돌봄의 교제가 살아있는 예배와, 성례전적 공동체 속에서 하나님의 은혜를 경험하는 시기이다. 세례교육과 의식은 신앙공동체의 소속감과 정체성을 확인시켜주는 중요한 역할을 한다.

피아제나 골드만 등 인지발달 이론가들은 이성, 이해, 응답을 강조하고

22   John H. Westerhoff III and Gwen K. Neville, *Learning through Liturgy* (New York: The Seabury Press, 1978), 60-62.

있지만, 웨스터호프, 해이 그리고 유스트는 어린이가 신앙공동체 안에서 하나님의 은혜, 가르침을 다감각적으로 경험하게 된다고 강조한다. 이러한 경험에 있어서 아동세례의 역할은 지대한 것이다.

3. 다음 세대 교육, 선교적 관점에서

한국교회의 다음 세대는 선교의 대상이 되었다. 과거에 예배당 문만 열어두면 아이들이 몰려들던 시대가 지났다. 출생율 저하, 교회학교 시간의 한계 등으로 인해 교회학교 학생 수가 점점 줄어드는 상황을 고려할 때, 아동세례는 다음세대의 신앙전수의 책임을 맡은 한국교회 교회학교와 가정 모두에게 교육선교의 장을 제공할 수 있다.

위원회에서 양금희교수는 두 가지 이유를 들었다[23];

첫째, 아동세례는 아이들의 신앙이 인습적인 신앙에서 고백적인 신앙이 되도록하는 신앙교육의 장이 될 수 있다. 현재의 신앙교육인 주일예배와 공과공부는 아이들의 신앙 양육에 제한이 있다. 제한된 양육의 시간이 있고, 아이들의 연령별 성장단계에 따른 교육방법과 교육내용도 충분치 않다. 이와 같은 상황에서 아동세례를 위한 교육은 시의적절한 신앙교육의 기회가 될 수 있다. 신앙의 핵심 내용을 체계적으로 배울 수 있다.

둘째, 아동세례는 부모로 하여금 가정 신앙교사로서 역할과 책임에 대하여 새롭게 헌신할 수 있는 계기를 제공할 수 있다. 교회사적으로 보면, 가정이 다음 세대 신앙양육의 핵심현장이었고, 부모가 가정의 신앙교사였다. 초대교회 교부들, 종교개혁시대, 청교도들, 한국 선교초기의 문헌들을 보면, 가정을 얼마나 중요한 신앙양육의 현장으로 여겼으며, 부모를 핵심적인 신앙양육의 교사로 여겼는지를 알 수 있다. 아동세례 교육 커리큘럼에서 부모도 함께 배워야 하고, 부모도 자녀의 세례교육에 같이 참여할 수 있다. 아동세례 교육에서 교회와 가정이 긴밀한 협력을 하여, 다음 세대를 양육하는데 큰 도

---

23   대한예수교장로회 총회 홈페이지 국내선교부 자료실, "아동세례 및 세례,입교 연령에 관한 공청회," (2018. 7. 11.).

움이 될 수 있다.

이처럼, 역사적 관점에서, 신앙문화화 관점에서 그리고 다음 세대 교육을 위한 관점에서 살펴보았을 때, 세례 나이를 제한할 근거가 아무 것도 없다. 그래서 모든 연령대의 사람이 세례를 받을 수 있는 것으로 개정된 것이다.

IV. 21세기 대한예수교장로회 교리문답

제101회 총회[2016년] 때 "요리문답개정연구위원회"가 구성되었다. '교리문답'에 관한 헌법개정위원회의 개정안이 제106회 총회[2021년]에서 통과되고, 노회 수의를 거쳐 2021년 11월 29일 총회장이 공포하였다.

개정된 교리문답은 장로교 헌법 속의 전통적 신앙고백들과 우리 교단이 만든 두 가지의 신앙고백을 기초로 하였다: "대한예수교장로회 신앙고백서"[1986], "21세기 대한예수교장로회 신앙고백서"[2001].

교리문답의 핵심은 "교리에서 삶으로"이다. 삶에서의 실천을 강조하는 교리문답이고, 중심 구조는 하나님 사랑과 이웃 사랑이다. 내용은 6가지 범주이고, 총 70문항이다; 성경에 대하여, 사도신경에 대하여, 십계명에 대하여, 예배와 성례전에 대하여, 주기도문에 대하여, 교회의 하나 됨과 선교에 대하여.

기독교 구원의 도리와 믿음을 요약하고 있는 사도신경, 하나님께서 요구하시는 신자들의 윤리생활과 삶의 지침을 요약한 십계명, 하나님 나라에 대한 희망과 그것의 구현을 보여주는 은혜의 수단으로서의 주기도문을 기본 틀로 한 것이다. "21세기 대한예수교장로회 교리문답"이 포함된 교단의 헌법이 2023년 2월에 출판되었다.[24]

24　대한예수교장로회 총회, 『헌법』(서울:한국장로교출판사, 2023), 84-120

V. 세례, 성찬의 실제

2019년 12월 헌법 개정이 이루어져 총회장이 세례 받은 자가 입교 전 성찬 참여가 가능하다고 공포하였고, 2021년 11월 29일 총회장이 세례 연령 구분의 변경과 아동세례 시행에 대해 공포하였다. 이미 수년이 지났음에도, 각 교회에서는 정확하게 알지 못하는 경우가 허다하다. 많이 제기되는 질문에 대해 질문과 답의 형태로 정리하면 다음과 같다;

〈세부적인 사항에 대한 질문들과 답〉

Q 유아세례 받은 어린이에게 무엇으로 분잔하나?
A 포도즙이나 포도주스 사용을 권장한다

Q 세례 나이 변경된 내용이 무엇인가?
A 유아세례는 출생~6세, 아동세례는 7~12세, 세례·입교는 13세 이상이다.

Q 아동세례자의 부모는 교인이어야 하나?
A 그렇지 않다. 아동 본인의 신앙고백으로 세례를 받는다

Q 입교는 누가 하는 건가?
A 아동세례 받은 아동은 입교하지 않고, 유아세례 받은 유아만 입교한다.

Q 성찬에 누가 참여할 수 있나?
A 유아세례, 아동세례, 성인세례자 모두 세례를 받음과 동시에 참여할 수 있다

Q 공동의회 회원권은 어떻게 되나?
A 만18세 이상이다

VI. 나가는 말

변경된 내용을 잘 실천하기 위한 몇 가지 과제가 대두된다.

첫째, 부모의 역할이다. 세례로 나아오는 유아, 아동이 속한 교회, 교역자, 교사의 역할도 중요하겠지만 그동안 소홀히 했지만 간과할 수 없이 아주 중요한 것은 세례 예비자의 부모의 역할이다. 부모는 신앙동반자이다. 자녀를 세례에로 초대하는 것에 만족해서는 안 된다. 세례자 예비모임에서의 부모를 위한 오리엔테이션, 기도회, 부모 모임 등이 개설된다면 적극적으로 참여해야 한다. 또한 세례자 교육과정에서도 교육장소로 자신의 집을 제공한다든지, 집에서 모일 경우 보조교사의 역할을 담당할 수 있다. 부모는 세례교육을 위한 동반자로서의 역할 뿐만 아니라 가정, 교회, 사회 등 모든 삶에서 모범을 보이는 동반자의 역할이 중요하다. 자녀들이 의존적 신앙에서 더 성숙함으로 나아가는데 있어서 부모의 신앙적 모범은 어떤 교육활동이나 내용보다 더 중요하다. 만일 부모가 신자가 아닌 경우 교사 등 후견인 역할을 담당할 수 있게 하는 것도 고려할 수 있다.

둘째, 성찬에 관한 교육과 실제에 관한 것이다. 입교 전 성찬 참여가 허락되었기에, 유아세례 받은 자와 아동세례 받은 자에게 성찬의 의미에 대해 분명하게 교육해야 한다. 세례를 받기 전에도 해야겠지만, 교회학교에서 수시로 할 필요가 있다. 유아세례자에게는 입교 교육에 참여할 때 성찬의 의미에 대해 다시금 교육한다.

언제 유아, 아동세례를 줄 것인가? 언제 성찬에 참여할 것인가?라는 것에 대해 크리스찬 그레트라인 Christian Grethlein 은 부활절 전야에서 부활절 새벽까지의 공동체 예식에서 세례, 성찬으로 이어지는 것을 제안한다.[25] 부활절 전날 밤에 모여, 예배, 기도회를 하다가, 새벽 동이 트기 전에 세례를 주고, 동이 틀 때 성찬을 실시하자는 것이다. 유아, 아동세례, 성찬을 예수님의 부활과 연결하는 기독교교육적 시도이다. 주일 성찬 참여에 대해서는, 온세대예

---

25   Christian Grethlein, *Grundfragen der Liturgik*, 김상구 역, 『예배학 개론』(서울: 기독교문서선교회, 2006), 277.

배를 하면서 모두 참여할 수 있다. 교회학교 담당 교역자가 목사일 경우, 교회학교 예배 중에 성찬식을 거행할 수도 있다.

셋째, 교재의 개발이다. 아동세례자를 위한 교육교재는 장신대 기독교교육연구원에서 출판하였다. 유아세례자를 위한 교육교재, 입교자를 위한 교육교재, 그리고 성찬에 대한 교육교재의 연구와 출판이 시급한 과제이다. "21세기 대한예수교장로회 교리문답"의 내용을 기초로 하여, 새롭게 변경된 연령에 맞는 교육교재가 나와야 할 것이다.

'세례 받은 자가 입교하기 전에 성찬 참여가 가능한가?, 왜 유아세례 연령과 입교 연령 사이에 있는 아동에게 세례를 주지 않고 있는가?'라는 두 가지 질문에 대한 논의와 결과, 그리고 향후 과제를 정리해보았다.

예전(세례, 성찬)이 초대교회부터 아주 중요한 신앙양육의 방법이었음에도 한국 교회학교의 양육에 있어서 예전에 관한 부분들이 강조되지 못하였다. 교회학교의 양육에 어려움이 많고, 학생 수 감소의 우려가 만연한 이 때에 예전에 관한 강조를 통해 신앙성숙의 기회, 위기 극복의 기회가 되기를 기대해 본다.

개혁교회 신앙고백적 관점에서 본 복음과 가정, 그리고 기독교교육적 함의 *

신 형 섭

장로회신학대학교 교수, 기독교교육

Ⅰ. 들어가는 말

16세기 종교개혁을 통하여 세워진 개혁교회는 오직 하나님의 말씀만을 본질로 계속 개혁되는 교회 ecclesia reformata semper reformanda est 로서, 이는 교회의 제도적인 개혁을 너머선 본질적 변화와 갱신을 의미한다.[1] 그러기에 하나님의 말씀만을 기준삼아 하나님의 백성들을 향하신 기쁜 소식인 복음을 세상에 전하고 살아냄으로 이 땅위에 하나님 나라를 지속적으로 세워가야 하는 교회는 늘 거룩한 갱신이라는 도전과 변화앞에 마주해왔다. 2020년초 한국 사회안에 깊이 들어온 호흡기 감염병인 COVID-19 및 COVID-19로 인한 팬데믹 이후의 큰 목회적 전환기 현장앞에서 한국교회는 매우 본질적이고 실존적인 질문앞에 서게 되었다. 과연 한국교회는 이 변화의 한 복판에서 무엇을 붙들어야 하며, 동시에 무엇이 변화되어야 할 것인지에 대한 질문이었다.

팬데믹에서 엔데믹으로 바뀌면서 중요한 목회적 전환기를 마주한 시점

---

* 이 글은 필자가 『뉴노멀 시대의 복음, 신앙, 교회』(서울: 한국교회지도자센터, 2021), 276-304에 실은 "복음과 가정, 그리고 뉴노멀 시대의 교육목회적 실천"에 기고한 글을 수정 및 보완한 글임을 밝힌다.

1   김의훈, "종교개혁의 교회론적 딜레마," 『대학과 복음』 제16호 (2011), 13.

인 2023년초에 목회데이터 연구소를 통하여 설문한 결과는 동일하게 한국교회의 가장 큰 어려움은 다름아닌 '다음세대 신앙전수의 위기'였으며, 이를 극복하기 위하여 우선적으로 해야 할 목회적 실천에 대하여 응답한 1위는 '부모교육과 훈련'이었다.[2] 사실 코로나 팬데믹의 목회현장안에서 많은 지역교회들은 감염병의 위험속에서도 성도들이 마스크를 벗고 하나님 나라의 복음을 함께 기억하고 전할 수 있는 신앙전수와 양육의 현장으로 가정은 이미 주목받기 시작하였다. 그러나, 많은 한국교회 목회현장에서 마주한 현실에서 보여진 가정들은 성경의 정언명령인 세대간 신앙전수의 사건이 합당하게 일어나지 않고 있었으며, 교회 역시 믿음의 부모들이 각 가정에서 신앙교사로서의 부르심을 깨닫고 필요한 역량을 채워내기 위한 목양이 합당히 제공되지 못하였음을 목도하게 되었다. 최근 조사한 '가정신앙 및 자녀 신앙교육에 관한 조사'에 따르면, 신앙이 있는 부모의 48%가 자녀에 대한 신앙교육 방법을 알지 못하고 있다고 응답했으며, 자녀 신앙교육 방법에 대하여 교육이나 훈련을 받아본 적이 없는 부모도 73%나 되었다.[3] COVID-19의 상황안에서 신앙부모가 자녀교육에 대한 우선순위가 지성, 인성, 진로, 신앙 중 신앙교육이 가장 낮은 것으로 보고되었고,[4] 기독부모의 아버지의 45% 정도가 자녀의 신앙교육에 참여하지 않고 있는 것으로 응답하였다.[5] 심지어 기독교인 부모의 자녀들 42% 정도는 현재 정기적으로 주일예배를 안드리거나 드물게 참여하는 것으로 보고되었다.[6]

---

2 한국기독교목회자협의회, "2023 한국인의 종교생활 및 신앙의식조사," (담임목사 802명, 모바일조사, 2023. 1. 31. -2. 13) http://www.mhdata.or.kr/bbs/board.php?bo_table=koreadata&wr_id=200&page=4 [2024. 07. 11. 접속].

3 한국IFCJ가정의힘, "가정신앙 및 자녀 신앙 교육에 관한 조사 (2021.05.06.)," (전국 5세~고등학생 자녀를 둔 교회 출석 개신교인, 1,500명, 온라인 조사, 지앤컴리서치, 2021.04.05.~04.19.) http://mhdata.or.kr/mailing/Numbers95th_210514_Full_Report.pdf내 7페이지. [2024. 07. 11. 접속].

4 한국IFCJ가정의힘, "가정신앙 및 자녀 신앙 교육에 관한 조사 (2021.05.06.)," (전국 5세~고등학생 자녀를 둔 교회 출석 개신교인, 1,500명, 온라인 조사, 지앤컴리서치, 2021.04.05.~04.19.) http://mhdata.or.kr/mailing/Numbers95th_210514_Full_Report.pdf내 4페이지와 6페이지. [2024. 07. 13. 접속].

5 한국IFCJ가정의힘, "가정신앙 및 자녀 신앙 교육에 관한 조사 (2021.05.06.)," (전국 5세~고등학생 자녀를 둔 교회 출석 개신교인, 1,500명, 온라인 조사, 지앤컴리서치, 2021.04.05.~04.19.) http://mhdata.or.kr/mailing/Numbers96th_210521_Full_Report.pdf내 6페이지 [2024. 07. 13. 접속].

6 한국IFCJ가정의힘, "가정신앙 및 자녀 신앙 교육에 관한 조사 (2021.05.06.)," (전국 5세~고등학생 자녀를 둔 교회 출석 개신교인, 1,500명, 온라인 조사, 지앤컴리서치, 2021.04.05.~04.19.) http://mhdata.or.kr/mailing/Numbers96th_210521_Full_Report.pdf내 9페이지 [2024. 07. 13. 접속].

이에 본 연구는 코로나 팬데믹 이후 목회적 전환기를 마주하고 있는 한 국교회가 개혁교회 신앙고백적 관점에서 복음과 가정에 대하여 교육목회적으로 살펴보고자 한다. 이를 위해 첫째, 개혁교회 신앙고백은 복음과 가정에 대하여 어떠한 이해와 기독교교육적 실천을 요구하고 있으며, 둘째, 이천년 교회사는 교회가 기독교 가정의 사명과 정체성을 어떻게 교육목회를 통하여 실천하여 왔는지를 고찰해 보고자 한다. 셋째, 목회적 전환기를 맞이한 한 한 국교회의 가정이 마주한 목회현장에는 복음적 관점에서 어떠한 갱신과제와 변화의 기회가 있는지를 비판적으로 분석하고, 넷째, 오늘날 한국교회가 복 음적 관점에서 응답해야 할 가정을 향한 교육목회적인 실천적 방향과 실천 사항들을 제언하여 보고자 한다.

II. 개혁교회 신앙고백적 관점에서 본 복음과 가정이해

예수 그리스도의 십자가 구속사역으로 요약되어지는 복음의 사건은 이 천년전 예수님의 성육신과 공생애 사역, 그리고 십자가 죽음과 부활을 너머 서 하나님의 창조와 종말론적 심판, 과거의 구원 사건과 현재적 참여, 말씀의 언약과 하나님 백성들의 참여까지를 포함하는 개념이다.[7] 개혁교회 신앙고 백은 복음을 어떻게 이해하고 있으며, 이러한 복음적 관점에서 기독교 가정 은 하나님의 부르심앞에 어떤 목적과 정체성을 가지고 응답해야 하는지 살 펴보자.

1. 개혁교회 고백서에서 본 복음의 이해

개혁교회 고백서들은 복음을 신앙고백의 핵심의 자리에 두고 선언하고

---

7   A. Scott Moreau (ed.), *Evangelical Dictionary of World Missions* (Grand Rapids: Baker Books, 2000), 403-404.

있다. 벨직 신앙고백Belgic Confession, 1561 제 22항은 복음을 하나님께서 자신의 아들인 예수 그리스도를 우리를 위해 구원자로 보내주신 기쁜 사건으로 선언한다.[8] 제 29조에서는 하나님의 백성들은 그리스도를 통한 십자가 구원과 부활을 믿는 믿음으로만 구원받으며, 나아가 그리스도 몸의 지체로서 모든 신자들이 삶을 통하여 복음을 기억하고 실천해야 함을 강조한다.[9] 하이델베르크 교리문답Heidelberg Catechism, 1563은 19문에서 복음에 대하여 하나님께서 예수 그리스도를 통하여 우리에게 베푸시는 좋은 소식으로 설명하며, 21문과 86문에서 구원자 그리스도의 인격과 사역이 복음의 핵심으로 이것은 성경을 통하여 계시되고 성령이 교회를 통해 선포하고 복음에 합당한 삶을 실천하며 살아가게 하셨음을 강조한다.[10] 제2 스위스 신앙고백Second Helvetic Confession, 1566은 13장을 통해 예수 그리스도의 십자가 죽음과 부활을 통해 죄인이 구원받는다는 기쁜 소식으로 복음을 설명하며, 15장과 16장에서 우리는 복음을 통해서 하나님안에서 의롭다 여김을 받을 뿐아니라 하나님과 화해의 삶으로 나아가야함을 강조한다.[11] 이렇듯 개혁교회 고백서들은 공통적으로 복음을 인간 타락의 실존앞에 행하신 하나님의 그리스도를 통한 구원과 회복의 기쁜 소식으로 이해하고 있으며, 이 복음은 그리스도안에 있는 믿음을 통해서만 받게 됨을 강조하고 있다.

　한마디로, 복음은 하나님의 백성들을 향하신 하나님의 은혜로 시작되었고, 하나님에 의하여 보내심을 받은 예수님을 통하여 성취되었으며, 성령님의 역사하심과 붙드심으로 하나님 백성들의 삶안에 지금도 일어나고 있고,

---

8　허순길, 『벨기에 신앙고백 해설: 개혁교회 신앙고백』(광주: 셈페 레포르만다, 2016), 25-26.

9　위의 책, 31. 제 22항에서는 오직 믿음으로만 우리가 의롭게 되며, 이 믿음은 복음의 약속을 받아들이는 것이라고 설명합니다. 제29항에서 신자들이 삶에서 복음을 기억하고 실천해야 할 명령을 강조하고 있다. 이 글은 신실한 복음 전파와 성찬 집행을 포함하는 참된 교회의 특징을 설명한다. 이는 복음이 단지 들어야 할 메시지가 아니라 신자들이 이 땅에서 그리스도 몸의 지체로서 실천해야 할 현실임을 강조합니다. 그리스도의 몸인 교회는 그리스도께서 제정하신 것에 따라 복음을 선포하고 성례전을 집행하며, 복음이 신자들의 삶의 중심으로 남아 있도록 보장한다.

10　Zacharias Ursinus and Caspar Olevianus, *The Heidelberg Catechism*, commissioned by Elector Frederick III (Gradn Rapids: Board of Publications of the Christian Reformed Church, 1975), 9-10. 제 19문에서는 복음을 "성경에서 계시된, 성령께서 교회를 통해 선포하게 하신 것"으로 정의하고, 구속자의 인격과 사역이 복음의 핵심임을 강조한다.

11　Owen Jones, *The Church of the Living God: The Swiss and Belgian Confessions and Expositions of the Faith* (London: Caryl Book Society, 1865), 121-37.

마침내 완성될 하나님의 사건으로 이해한다. 성경은 이러한 예수님 자신께서 이 복음의 전령자이시자 복음 자체^{마 12:28, 막 1:15, 막 13:20, 눅 11:20}이심을 선언하고 있다. 성경에 나타난 이 복음은 용례적 다양성과 메시지적 통일성의 특징을 갖는다. 복음의 용례적 다양성이라 함은 복음이라는 단어 '유앙겔리온' εὐαγγέλιον이 신약성경을 통하여 기록되고 사용될 때 권별로 용례가 다양하게 기록되었음을 의미한다. 예를 들어, 사도 바울의 서신을 통해서 발견되어지는 복음은 "나사렛 예수의 전 생애와 활동이 지니고 있는 그리스도 사건"이며, 마가복음을 통해서 기록된 복음은 "미래적 하나님 나라가 예수와 함께 다가왔다는 선취적 종말에 관한 메시지"이고, 베드로전서에 등장하는 복음은 "고난의 본을 보여주신 예수 그리스도에 관한 메시지"라는 의미로 사용되었다.[12] 메시지적 통일성이라 함은 하나님께서 예언하시고 성취하시고 이루어 내신 예수님을 통한 구원에 대한 기록들이 다양한 시대와 상황안에서 일관적으로 기록되고 증언되고 있음을 의미한다.[13] 성경에 기록된 창조자로서의 하나님과 인간의 죄를 대속하시는 아들 예수 그리스도의 성육신과 대속의 사건, 성령님의 임재와 회심의 역사, 교회의 시작과 세상으로의 보내심, 다시 오실 예수님에 대한 소망 등의 사건은 바로 이 복음의 핵심이 된다.[14]

그러기에, 복음은 하나님께서 예수 그리스도를 통하여 드러내신 하나님의 무조건적 사랑과 경륜과 능력안에서 언약하시고 이루신 은혜의 실재이고, 지금도 이루고 계시는 하나님의 현재적 임재이자 역사로 이해될 수 있다. 이 복음은 철저히 하나님의 복음이며, 예수님을 통한 복음이고, 성령님안에서 참여하고 응답하는 복음이다.[15] 복음을 은혜로 받은 하나님 백성들의 삶 안에는 마땅히 하나님께서 이루신 하나님 나라 이야기가 늘 기억되고 반추되어야 하며, 기억된 은혜 앞에 합당한 응답과 소망의 삶이 삶의 열매로 드러나게 된다.

---

12 장흥길, 『신약성경 용어해설집』(서울: 한국성서학연구소, 2017), 94-96.

13 https://en.wikipedia.org/wiki/Gospel [2021. 7. 19. 접속]

14 Lausanne Committee for World Evangelization, "The Willowbank Report of a Consultation on Gospel and Culture," *Lausanne Occasional Paper* No. 2 (1978), 5항b.

15 장흥길, 『신약성경 용어해설집』, 94-95.

2. 개혁교회 고백서에서 본 가정 이해와 복음과 가정의 상호 관계

하나님은 가정을 하나님과 하나님께서 하나님의 백성들을 위하여 행하신 하나님 나라의 이야기가 늘 기억되고, 응답 되어지는 거룩한 신적기관으로 세우셨다. 가정 자체가 하나님의 창조질서 아래서 하나님께서 세우신 최초의 신앙공동체이며, 하나님의 말씀만을 순종하며 하나님의 뜻을 따라 진정한 사랑과 교제를 나누며 살아가도록 창조되어진 삶의 현장이다.[16] 개혁교회 신앙고백은 이러한 가정에 대하여 하나님께서 세우신 신성한 제도로 보며, 사회와 교회의 기초 단위로서 하나님 말씀의 원리를 따라 부여된 역할과 책임이 있음을 선언하며, 하나님께서 명하신 복음실천과 신앙전수와 복음전파의 중요한 기독교교육적 현장으로 이해한다. 마치 복음이 인간의 노동으로 만들거나 획득할 수 있는 것이 아니라 오직 하나님의 은혜로 주어진 사건과 실재이듯이, 가정 역시 인간 행위의 결과가 아니라 오직 하나님의 뜻과 은혜로 '주어진 삶의 자리'이다.[17]

벨기에 신앙고백서 27항_{보편적 그리스도의 교회에 관하여}와 28항_{교회에 가입할 모두의 의무에 관하여}와 34항_{세례의 성례에 관한 조항}에서 가정은 교회의 일부분이며 부모는 자녀를 세례를 통해 교회의 일원으로 속하도록 안내하고 신앙을 전수해야 함에 역할이 있음을 명시하고 있고, 36항_{국가의 정부에 대하여}에서는 부모가 자녀에게 신앙과 사회적 책임을 가르쳐야 할 역할이 있음을 나타내고 있다.[18] 웨스트민스터 신앙고백서는 20장_{그리스도인의 양심과 자유}과 24장_{결혼과 이혼}과 25장_{교회}과 21장_{예배와 안식일}은 부모의 신앙전수 책임과 가정의 역할에 대하여 매우 명시적으로 다루고 있는데, 특히 하나님의 언약안에서 가정을 세우시고 모든 가족이 하나님을 예배하고 신앙안에서 살아감에 대한 부모에게 주어진 책임에 대하여 강조하고 있다.[19] 웨스트민스터 대요리문답 129문과 130문은 믿음의 부모가 자녀들

---

16 Emil Brunner, *Justice and the Social Order*, 전택부 역, 『정의와 사회질서』(서울: 대한기독교서회, 2003), 187.

17 위의 책, 345.

18 허순길, 『벨기에 신앙고백 해설』, 30-37.

19 *Westminster Assembly*, 『웨스트민스터 신앙고백 1647년』, 손달익 조용석 편역, (서울: 한들출판사, 2010), 124-49,

에게 하나님 백성들이 마땅히 지켜야할 삶의 모범을 보이는 것만이 아니라 그들에게 필요한 신앙적 양육을 실천하고 권고하고 인도하는 책임을 받았음에 대한 시사점을 나타내고 주고 있다.[20] 이렇듯, 개혁교회 신앙고백은 하나님께서 친히 세우신 언약공동체로서의 가정은 믿음의 부모세대를 통하여 자녀세대의 삶속에 하나님 나라의 복음이야기가 전수되어지고 실천되어지는 핵심적인 교육목회의 현장으로 이해한다.

3. 개혁신학적 관점에서 이해한 복음과 가정의 관계안에서 발견되는 가정 신앙교육의 원리

위와 같이 개혁신학적 관점에서 가정은 하나님의 백성들이 예수님을 통하여 임한 하나님의 은혜의 사건인 복음을 함께 기억하고, 삶으로 실천하고, 세상을 하나님 나라로 세워가는 교육목회의 핵심적인 현장 중의 하나이다. 복음은 하나님께서 주체가 되어주시어 예수님을 통해 이루신 사건이며, 복음은 하나님과 하나님께서 행하신 일들을 세상에 전하는 것이며, 복음은 지금도 이루시고 계시는 하나님의 구원사역에 동참하는 것이다.

이러한 관점에서 우리는 다음의 세 가지 가정 신앙교육의 원리를 발견할 수 있다.[21] 가정 신앙교육의 첫 번째 원리는 하나님께서 교육의 주체되심주체론을 믿는 것이다. 복음이 하나님께서 주체가 되시어서 행하여 주신 은혜의 사건임을 기억할 때, 교회와 가정에서 행하는 모든 목회적 양육의 주체는 오직 하나님이심을 분명히 하는 것이다. 마치 그림을 그릴 때 붓이 그리는 것처럼 보여도 사실은 붓을 잡고 있는 화가가 그리는 것처럼, 교회가 믿음의 부모를 가정의 신앙교사로 교육과 훈련을 시키고, 부모는 가정에서 신앙교사로서 실천할지라도 모든 일을 주관하시며 이루시는 분은 오직 하나님이심을 분명

---

20 김의환 편역, 『개혁주의 신앙고백: 한눈에 보는 대조 설명판』(서울: 대한예수교장로회총회출판부, 2011), 194-96.

21 고원석 외, 『기독교교육개론』(서울: 장로회신학대학교 기독교교육연구원, 2015), 1장. 여기에 소개되어지는 가정 신앙교육의 세가지 원리는 기독교교육을 이해하는 세가지 원리인 주체론, 목적론, 가치론을 기반으로 이를 필자가 가정 신앙교육에 적용하여 기술한 것임을 밝힌다.

히 하는 것이다. 그러기에, 교회와 가정은 가정목회와 관련된 프로그램이나 커리큘럼이 아닌 하나님의 선재하는 복음적 언약을 의지하며, 늘 말씀과 기도를 우선적으로 붙들고 가정에 명하신 신앙교육의 사명을 감당해야 할 것이다.

　가정 신앙교육의 두 번째 원리는 하나님께서 행하신 복음을목적론 바르게 교육하는 것이다. 복음은 하나님은 누구시며, 하나님께서 예수님을 통하여 행하신 구원의 사건과 내용을 포함하고 있음을 기억할 때, 교회와 가정에서 행하는 목회적 내용은 복음이 담고 있는 핵심적인 하나님 말씀과 교리와 지식을 합당하게 포함되고 전수되어야 한다. 가정안에서 함께 기억하는 공유된 이야기가 성경에 적혀있는 이스라엘 역사이야기를 너머서 그 이야기를 통하여 드러난 복음의 핵심 메시지가 자녀세대에게 선명하게 들려지고 실천되어야 한다.

　가정 신앙교육의 세 번째 원리는 가정안에서 신앙이 세대를 통하여 전수될 때 복음적으로가치론 실천되어야 한다. 복음은 교리나 지식을 너머서 하나님께서 하나님의 백성들에게 말씀하신대로 행하시고 지금도 행하고 계시는 전인격적인 사건이기에, 부모를 통하여 신앙이 전수되는 자리에는 인지적인 가르침을 너머서, 관계적이고, 의지적이며, 공동체적이고, 실천적인 참여가 함께 일어나는 여정이 요청된다. 이러한 가정은 복음이 임하는 자리에서 경험되어지는 특징들, 예를 들면 기쁨, 감사, 소망, 섬김, 환대, 나눔, 사랑 등을 부모와 자녀가 함께 경험하고, 더불어 축하하는 신앙전수와 변혁의 자리가 될 수 있다.

Ⅲ. 종교개혁 이후 교회사를 통하여 본 가정 신앙교육

　개혁신학 신앙고백이 선언되었던 종교개혁시기부터 현대 기독교교육에 이르기까지 교회는 가정을 복음과 말씀안에서 세워내기 위하여 어떠한 목회적 논의와 양육을 실천해 왔는지 살펴보는 것은 오늘날 가정 신앙교육에 대한 한국교회의 교육목회적 함의를 찾는데 중요한 목회적 단서들을 발견하게 도와준다.

1. 종교개혁 시대: 믿음의 부모에게 부여된 세대간 신앙전수의 책임

오직 하나님의 말씀만으로 다시금 교회를 갱신하고 믿음의 다음세대를 강력하게 세웠던 16세기 종교개혁시대의 특징 중의 하나는 바로 종교개혁자들이 공통적으로 가정안에서의 신앙전수를 강조한 것이다. 마틴 루터Martin Luther는 영적구원을 위해 책임져야 할 우선적 대상이 자녀임을 강조했으며, 하나님께서 부모에게 부여한 신앙양육의 책임을 강조하며 "하나님의 대리자"stellvertretender Gott로서 부모가 가정안에서 자녀들과 문답을 하며 신앙을 전할 수 있는 소교리문답1529을 집필하였다.[22] 루터는 자녀들에게 십계명, 사도신경, 주기도문, 세례, 성만찬 등에 대하여 가르치고 정기적으로 확인하고 양육해야함은 하나님께서 부모에게 부여한 사명이자 의무사항임을 강조하였다.[23] 루터가 하나님의 말씀을 가지고 식탁토의를 하는 탁상담화Tischreden의 자리에는 그의 자녀들도 함께 하였음은 널리 알려진 이야기이며, 소요리문답은 부모가 가정에서 자녀에게 신앙을 가르치는데 사용하도록 가정에서 드릴 수 있는 가정예배를 위한 기도문 및 지침들이 포함하고 있다. 장 칼뱅Jean Calvin은 "기독교 가정은 작은 교회"parvae ecclesiae라고 부르며 부모가 하나님께 받은 신앙교육의 의무와 바른 신앙적 삶의 모범에 대하여 강조하였다.[24] 기독교에 대한 인지적 기본 지식과 삶의 실천과 지속적인 성화의 과정 모두를 포함하는 독트리나doctrina를 부모가 자녀에게 가르쳐야 할 일차적 의무가 있음을 칼뱅은 강조하였다.[25] 그는 교회가 이러한 부모의 자녀를 향한 신앙교

22　Martin Luther, "그리스도교 학교를 건립 운영하도록 호소한 글," 지원용 편, 『루터선집』 제9권 (서울: 도서출판 컨콜디아사, 1983), 294-95; 양금희, 『종교개혁과 교육사상』 (서울: 한국장로교출판사, 1999), 61.

23　Martin Luther, *The Small Catechism & Explanation* (St. Louis, MO: Concordia Publishing House, 2017) 소요리 문답의 서문과 사도신경, 주기도문, 세례, 성만찬 내용의 앞부분에 부모의 신앙양육의 책임에 대한 내용이 기록되어있다.

24　양금희, 『종교개혁과 교육사상』, 140-41.

육을 위해 부모를 대상으로 하는 요리문답을 실천해야하며, 교회는 부모의 가정에서의 신앙교육 실천에 관하여 감독을 해야할 책임이 있음을 언급하였다.[26] 특히 『기독교강요』 4권 16장 유아세례을 통하여 칼뱅은 믿음의 가정안에서 유아세례를 베푸는 것은 하나님의 뜻에 순종하는 것임을 강조하였으며,[27] 아동과 청소년과 평신도 교육을 위하여 기독교의 기초적이고 핵심적인 핵심내용을 정리하여 문답식으로 정리한 요리문답1545을 집필하였다.[28]

2. 청교도 시대: 가정예배를 총회와 교회에서 엄격히 지도

17세기 스코틀랜드 교회는 1647년 웨스트민스터 신앙고백서를 발간할 때, 같은 해에 실제적인 가정예배에 관한 기준과 모범을 포함한 『가정예배 모범서』The Directory for Family Worship를 발행하였다. 이 책에는 가정예배를 통하여 모든 믿음의 부모는 자녀와 기독교 교리와 성경에 대하여 문답식으로 나누고, 온 가족의 신앙성장을 위해서 대화와 권면하되, 교회는 이러한 가정들이 합당하게 아침과 저녁으로 두 번의 가정예배를 드릴 수 있도록 감독, 지도, 훈련을 해야 할 책임과 권한이 있음을 명시하고 있다.[29] 또한 스코틀랜드 장로교회 총회는 가정마다 합당하게 가정예배를 통한 신앙전수가 일어나고 있는지 장로들이 정기적으로 맡은 가정들을 방문하고 확인하는 규정을 만들고 시행하였다.[30] 이 가정예배 모범에 따르면, 목사와 장로는 가정예배의 감독책임이 있었으며 이를 시행하지 않는 가정에는 먼저는 사적으로 권면하고, 둘

25   Reinhold Hedtke, *Erzidhung durch die Kirche bei Calvin, Der Unterweisungs – und Erziehungsauftrag der Kirche und seine anthropologischen und theologischen Grundlagen* (Heidelberg, 1969), 62, 양금희, 『종교개혁과 교육사상』, 132-33에서 재인용.

26   양금희, 『종교개혁과 교육사상』, 141.

27   Jean Calvin, *Institutes of the Christian Religion* (1559), 김종흡 외 3인 공역, 『기독교강요』(서울: 생명의 말씀사, 1986), 437.

28   양금희, 『종교개혁과 교육사상』, 145.

29   Offices of the Free Church of Scotland, "The Directory of Family Worship" in *The Subordinate Standards and Other Authoritative Documents of Free Church of Scotland* (Edinburgh: Offices of the Free Church of Scotland, 1973), 228-32.

30   유해무 외 6인, 『가정예배, 어떻게 할 것인가』(서울: 생명의 양식, 2018), 61.

째는 당회가 책망하며, 셋째는 수찬정지까지 명하는 것으로 안내한다. 리차드 백스터 Richard Baxtor 는 모든 가정은 '작은 교회'가 되어야 함을 강조하며, 부모가 가져야 할 가장 큰 관심사는 자녀가 구원받는 영혼구원의 사건이며 하나님의 자녀로 구원받고 예수님의 자녀로 살아가는 것이 가장 큰 관심사가 되어야 한다고 강조한다.[31] 그는 가정이 이 책임과 사명을 감당하지 못할 때 교회는 가정에서 해야할 일을 처음부터 다시해야 하는 상황을 맞이하며, 믿음의 부모가 자녀를 말씀과 신앙안에서 길러내지 않으면 이는 그리스도의 피로 값주고 사신 하나님의 피조물을 도둑질하며, 세상의 종살이로 팔아넘기는 것과 같다고 말한다.[32] 백스터는 경제적으로 어려워 일을 하느라 정상적인 가정예배를 드리지 못하는 가정을 위해 가난한 가정을 위한 간략히 축소된 형태의 가정예배자료집을 발간하기도 하였고, 믿음의 어머니가 아이들을 대상으로 초보 교리교육을 할 수 있는 문답식의 책자를 제공하기도 하였다.[33] 그는 자신이 목양하는 회중들을 대상으로 기독교교리와 신앙적 대화를 위해서 매주 월요일과 목요일 저녁에는 자신의 집에서 모여 그들의 삶과 가정에 대하여 이야기를 나누기도 하였다.[34]

3. 미국 대각성운동: 가정은 작은 교회이며, 부모는 가정의 신앙교사

18세기 미국 대각성운동을 주도하였던 조나단 에드워즈 Jonathan Edwards 는 청교도 신학과 실천적 경건전통에 큰 영향을 받았기에, 그의 목회안에 가정에 대한 강조와 목회적 실천에는 복음과 가정이 얼마나 긴밀한 관계에 있는지 어렵지 않게 찾아볼 수 있다. 에드워즈는 믿음의 가정은 '작은 교회'이며 가장은 신앙의 '교사'임을 분명히 하여 가정안에서 부모와 자녀가 함께 말씀

31 Richard Baxter, *The Godly Home*, 정호준 역, 『하나님의 가정』(서울: 복있는사람, 2012), 16, 172.

32 위의 책, 182, 195.

33 William Orme, ed., "The Poor Man's Family Book" in *The Practical Works of Richard Baxter: With a Life of the Author and a Critical Examination of his Writing*, Vol 1. (London: James Duncan, 1830), 559-60.

34 위의 책, 116-19.

과 기도를 하는 것은 핵심적인 경건실천의 현장이었다.[35] 에드워즈가 섬겼던 노샘프턴 교회의 언약갱신문에는 "가정예배에 규칙적이고 진지한 참여에 참 여할 마음을 없애는 것은 하나님께서 기대하시는 영예를 그분에게서 빼앗는 것"[36]이라고 적혀있으며, 그의 고별설교의 결론에도 가정의 신앙교육은 주된 하나님 은혜의 수단중의 하나인데 이것이 실패하면 다른 모든 은혜의 수단 을 효과가 없는 것처럼 드러날 것이며 반대로 이것이 합당히 실천되면 다른 은혜의 수단은 더욱 번성할 것이라고 강조하였다.[37] 이러한 에드워즈의 가정 을 향한 목회적인 지침과 실천 및 자신의 가정안에서 실행하였던 경건한 실 천은 마땅히 미국 대각성운동에 의미있는 영향을 끼쳤다.

4. 한국 선교 초기: 가정예배와 신앙전수, 기독교 가정의 마땅한 책임

한국교회는 선교초기부터 믿음의 가정과 부모가 복음앞에서 말씀과 삶 으로 신앙을 전하고 살아내야 함을 강조하였다. 조선예수교 장로회총회 헌 법[1922]에는 "가정예배는 집집마다 행할 것이니 아침 저녁으로 기도하며 성경 을 보며 찬송함으로 할 것"과 "인도하는 이는… 모든 권속으로 하여금 참여 하게 하고 시작부터 끝까지 한 사람도 불참하는 일이 없도록" 할 것을 안내 하고 있다.[38] 가정안에서의 말씀과 기도의 경건의 실천과 삶에 대한 목회적 강조와 안내는 조선예수교서회에서 발행한 목회지침서였던 목사필휴[1932]에 나오는 장로, 집사, 전도사와 목사 후보자들에게 하는 임직시취질문에는 다 음과 같은 문장이 발견이 된다. "四, 전가족이 교회입교인인지. 五, 가정례배

---

35   Jonathan Edwards, "Some Thoughts Concerning the Revival," in *The Work of Jonathan Edwards*, vol. 4, edited by Clarence C. Goen (New Haven: Yale University Press, 1972), 487.

36   Jonathan Edwards, "Letter to the Reverend Thomas Prince," in *The Work of Jonathan Edwards*, vol. 16, edited by George S. Claghorn (New Haven: Yale University Press, 1998), 124.

37   Jonathan Edwards, "A Farewell Sermon Preached At The First Precinct in Northampton," in *The Work of Jonathan Edwards*, vol. 25, edited by Wilson H. Kimnach (New Haven: Yale University Press, 2006), 484-85.

38   조선예수교장로회, 『대한예수교장로회 헌법』(朝鮮耶蘇教長老會憲法, 1922), 254.

회를 보는지 성경은 엇더케보나뇨."[39] "十七. 가족긔도회를 진행하는가"[40] 이
와 같은 가정안에서의 신앙전수와 실천에 대한 목회적 지침은 이후 1953년
과 1971년도 대한예수교장로회 헌법에도 동일한 무게로 강조하였는데, 아쉽
게도 1983년도 개정될 때, 가정예배는 믿음의 가정에서 행해야 할 '마땅한
책임과 의무'가 아닌 '크게 유익한 일'로 많이 약화됨을 발견하게 된다.[41]

5. 가정 신앙전수에 관한 기독교교육학적 논의: 강력한 신앙전수의 현장으로의 가정

호레이스 부쉬넬Horace Bushnell은 가정이야말로 하나님의 "은총의 매개"임
을 강조하며, 가정의 존재근거 자체가 하나님과 부모 사이에, 그리고 부모와
자녀 사이에 선포된 하나님의 언약임을 강조한다.[42] 부쉬넬은 이를 위하여
부모는 자녀에게 하나님의 언약을 온전히 전수하기 위해 부모 자신이 진정
한 신앙인으로서 삶을 살아내야 하며, 동시에 자녀들이 부모와의 관계와 양
육안에서 기독교적 가치관과 삶의 양식을 전수받을 수 있도록 의도적인 양
육이 있어야 함을 강조한다.[43] 기독가정 부모의 책임에 대하여 데이빗 스튜
워드David Steward는 하나님의 언약을 전하는 자로 부름받은 부모들은 자녀들
에게 성경적 지식을 가르치는 것을 넘어서 그들과의 관계안에서 양육하고,
대화하며, 돌보는 상호적 관계안에서 지속적인 "부모화됨"parenting의 여정이
요청됨을 말한다.[44] 엘리스 넬슨C. Ellis Nelson은 교회가 부모가 자녀를 양육하기
에 앞서 자신안에 있는 기독교 이해에 대한 비판적 접근과 가정의 신앙교사
로서의 부모역할에 대한 훈련이 함께 요청됨을 주장한다.[45] 강력한 신앙공동

39　곽안련, 『牧師必携』(조선예수교서회, 1932), 98.

40　위의 책, 102.

41　헌법개정위원회, 『대한예수교장로회 헌법』(서울: 대한예수교장로회총회교육부, 1984), 231.

42　은준관, 『기독교교육현장론』(서울: 한들출판사, 2007), 101.

43　오인탁 외 4인, 『기독교교육론』(서울: 대한기독교교육협회, 1989), 187.

44　David Steward, "Parents as Teachers," *Religious Education* (1971), 442-49, 은준관, 『기독교교육현장론』, 114페이지에서 재인용.

체의 필수적 특징으로 공동의 이야기, 공동의 권위, 공동의 의례, 공동의 삶을 강조한 존 웨스터호프 John H. Westerhoff 역시 가정은 대표적인 신앙공동체이자 강력한 신앙전수가 일어나는 현장임을 강조한다.[46] 카라 파월 Kara Pawell 은 오늘날 다음세대들에게 복음을 전하고 믿음을 전수하는 사명안에 가정의 부모와 교회의 공동체는 동역자로 부름받았으며, 자녀들과 함께 살아가는 일상의 삶속에 하나님의 은혜를 함께 기억하고, 하나님의 뜻을 함께 분별하며, 삶으로 실천하며 나가야 함을 강조한다.[47] 브라이언 헤인즈 Brian Haynes 는 가정이야말로 믿음의 부모를 통하여 자녀에게 줄 수 있는 최고의 유산인 신앙이 전수되는 자리이며, 부모는 자녀의 평생 삶을 통하여 믿음의 삶으로 산다는 것이 무엇인지에 대하여 삶과 양육으로 전수해야 함을 주장한다.[48]

IV. 급격한 목회전환기 시대의 가정 신앙교육의 '위'험과 '기'회

이와 같이 종교개혁이후 교회는 가정의 복음적 교육목회의 실천이 강력하게 시행되는 교회마다 변화하는 시대 상황속에서 형태는 변해왔지만 본질은 견고히 지키려 몸부림쳐 왔다. 특히 한국교회는 최근 4차산업혁명과 코로나 팬데믹, 그리고 급격한 목회 전환기를 마주하며 가정 신앙교육 현장안에 어떠한 변화와 도전을 마주하고 있는지 비판적으로 살펴보고자 한다.

최근 문화체육관광부와 한국갤럽조사연구소에서 조사한 "한국인의 의식가치관 조사결과"에 따르면, 한국 사람들이 살면서 겪는 어려움앞에서 가장 먼저 찾는 대상이 가족임으로 보고되었으며,[49] 자신의 삶에서 가장 중요

45   C. Ellis Nelson, *Where Faith Begins* (Richmond, VA: John Knox Press, 1967), 209.

46   John H. Westerhoff III, *Living the Faith Community*, 김일환 역, 『살아있는 신앙공동체』(서울: 보이스사, 1992), 41; *Bringing Up Children in the Christian Faith*, 이숙종 역, 『기독교 신앙과 자녀양육』(서울: 대한기독교서회, 1991), 46.

47   Kara Powell, Jake Mulder, and Brad Griffin, *Growing Young* (Michigan, MI: Baker Books, 2016), 192.

48   Brian Haynes, *The Legacy Path* (Nashville, TN: Randall House Publications, 2011), 3.

49   문화체육관광부/한국갤럽, '2019년 한국인의 의식 가치관 조사,' 2019. 8월~9월. (전국 17개도시 만 19~79세, 5,100명, 가구방문 면접조사) http://www.mhdata.or.kr/bbs/board.php?bo_table=koreadata&wr_

한 가치가 무엇인가에 대한 질문에서도 건강을 제외하고는 행복한 가정이 가장 높은 삶의 우선순위로 선정되었다.[50] 한마디로, 세상이 불안하고 급격히 변하는 상황에서 가족은 한국인들이 여전히 의지하고 안정감을 갖는 대상이 된다는 의미이다. 한국사회의 세대원 수별 가구 비율에서 1인 가구가 2019년도에 거의 30퍼센트에 해당하였고, 2021년도에는 39%까지 이르는 것으로 보고되었다.[51] 이렇듯 1인 가구는 사회적, 경제적, 문화적 요인들로 인하여 점차 늘어나고 있지만, KB금융지주경영연구소에서 조사한 설문결과는 1인 가구로 살아가는 이들이 여가시간에 많은 시간을 자신의 친구나 지인들과의 모임에 많은 비중을 두고 있음을 보여주고 있다.[52] 이는 그들이 1인가구로 살아가지만 여전히 삶의 중요한 가치에는 자신과 의미와 삶을 나눌 수 있는 신뢰할 만한 공동체가 필요하다는 것을 나타내주고 있다.

　하지만, 최근에 한국사회에서 나타나는 탈종교화 현상과 가나안 교인들의 급증은 한국교회가 이에 합당한 응답을 하지 못하고 있음을 반영해주고 있다. 특히 통계청을 통하여 보고된 탈종교화 현상은 전체 연령대중에서 10대부터 30대가 가장 높은 비율을 보여주고 있으며, 10년간 종교비율을 가장 낮아진 연령대는 현재 한국교회 다음세대의 주된 부모세대에 해당하는 40대 13.3% 감소임은 매우 주목해야 할 상황이다.[53] 학원복음화협의회에서 조사한 '전국 대학생 생활 및 의식조사'에 따르면, 기독교 가정에서 자라났으나 신앙을 떠났던 시기로서 부모의 영향을 상대적으로 많이 받는 초등학교 혹은 그 이전41%이 오히려 중학교27%나 고등학교14% 때에 더 많이 경험되어진 것 역시 가정안에서의 신앙전수가 잘 일어나지 못함을 예측하게 하는 자료가 된다.[54] 이러한 원인 중 하나는 교회가 부모들에게 자녀 신앙교육의 방법을 체

id=81&page=4내 3페이지 [2024. 7. 18. 접속].

50　문화체육관광부/한국갤럽, '2019년 한국인의 의식 가치관 조사,' 2019. 8월~9월. (전국 17개도시 만 19~79세, 5,100명, 가구방문 면접조사) http://www.mhdata.or.kr/bbs/board.php?bo_table=koreadata&wr_id=81&page=4내 4페이지 [2024. 7. 18. 접속].

51　정한국, "1인 가구가 39%로 최다…3인이상 가구 앞질러," 『조선일보』 (2021. 1. 4.) https://www.chosun.com/national/2021/01/04/VVHUNF4CPZEDNOP4JIB2TGYWU4/ [2024. 7. 18. 접속]

52　KB금융지주경영연구소, "2019 한국 1인 가구 보고서" (2019. 6. 24.) http://www.mhdata.or.kr/bbs/board.php?bo_table=koreadata&wr_id=79내 8페이지에서 재인용 [2024. 7. 18. 접속]

53　http://kostat.go.kr/assist/synap/preview/skin/doc.html?fn=synapview358170_43&rs=/assist/synap/preview [2024. 8. 10. 접속]

계적이고 지속적으로 하지 못해왔음도 지적이 되고 있으며, 최근 한국 IFCJ 가정의힘에서 조사한 자료는 73%의 부모가 자녀신앙 교육 훈련을 받아본 경험이 없다고도 응답하였다.[55] 아울러 기독교 대학생들의 이탈율도 이전보다 더욱 빨라졌으며, 심지어 현재 신앙을 가지고 있는 기독 청년들에게 10년 뒤에도 신앙을 유지할 것이냐는 질문앞에 겨우 53%만이 긍정적인 답을 하였다.[56] 또한, 미국 퓨 리써치센터에서 조사한 '코로나 19로 인한 종교적 믿음의 변화'에 관한 조사에서 조사대상 14개 나라중에서 한국교회는 종교적 믿음이 더 약화되었다고 가장 많이 답을 하기도 했다.[57]

이러한 위기 중에도 한국교회는 다음과 같은 가정 신앙교육에 대한 기회가 발견되기도 하였다. 첫째, 최근 한국교회에 나타나는 가족종교화 현상은 부모세대의 신앙적 갱신은 다음세대의 신앙전수와 신앙회복에 매우 효과적 전략이 될 수 있음을 나타내준다. '2021 크리스천 중고생의 신앙생활에 관한 조사연구'에 따르면, 크리스천 중고등학생 중에서 60% 정도가 모태신앙으로 믿음의 가정에서 자라났으며, 미취학기부터 교회에 나온 비율 20%까지 더하면 약 80% 정도의 다음세대들이 부모의 인도 혹은 동의안에서 신앙생활을 해 온 것으로 보고 되어진다.[58] 또한 한국IFCJ 가정의힘에서 조사한 자료는 실제로 아버지가 출석했을 때 온가족이 함께 출석하는 가정은 85%까지 신앙을 유지하고 있는 비율을 보이고 있다.[59] 현재 많은 한국교회안에서 부모

54　학원복음화협의회, "전국 대학생 생활 및 의식조사 (2017. 8.)," (1,200명, 대면조사) http://www. mhdata. or. kr/bbs/board. php?bo_table=uses&wr_id=22내 5페이지 [2024. 8. 10. 접속].

55　한국IFCJ가정의힘, "가정신앙 및 자녀 신앙 교육에 관한 조사 (2021. 05. 06.)," (전국 5세~고등학생 자녀를 둔 교회 출석 개신교인, 1,500명, 온라인 조사, 지앤컴리서치, 2021. 04. 05. ~04. 19.) http://www. mhdata. or. kr/mailing/Numbers95th_210514_Full_Report. pdf내 7페이지 [2024. 8. 10. 접속].

56　실천신학대학원대학교, 21세기교회연구소, 한국교회탐구센터 목회데이터연구소, "코로나 시대, 기독 청년들의 신앙 생활 탐구 (2020. 01. 27.)," (전국 19~39세 기독 청년 700명, 온라인조사, 2020. 12. 30. ~2021. 01. 06.) http://www. mhdata. or. kr/mailing/Numbers84th_210219_Full_Report. pdf내 6페이지 [2024. 8. 10. 접속].

57　PEW RESEARCH CENTER, "More Americans Than People in Other Advanced Economies Say COVID-19 Has Strengthened Religious Faith (2021. 01. 27.)," (경제 선진국 14개국, 18세 이상 성인 14,276명, 전화 조사, 2020. 6. 10. -08. 03) http://mhdata. or. kr/mailing/Numbers91st_210416_Full_Report. pdf내 3페이지 [2024. 8. 10. 접속]

58　한국교회연구원(예장통합), 목회데이터연구소, 안산제일교회, "2021 크리스천 중고생의 신앙생활에 관한 조사연구 (2021. 06. 17.)," (전국 교회 출석 개신교 중고생 500명, 온라인 조사, 2021. 04. 08. ~23.) http://www. mhdata. or. kr/bbs/board. php?bo_table=koreadata&wr_id=152내 3페이지 [2024. 8. 20. 접속]

59　http://mhdata. or. kr/mailing/Numbers95th_210514_Full_Report. pdf내 3페이지. [2024. 8. 20. 접속]

들에게 자녀 신앙교육에 대한 교육이 체계적으로 이루어져오지 못함이 현실이지만, 코로나 팬데믹의 상황안에서 조사한 연구는 오늘날 믿음의 부모들이 교회로부터 자녀 신앙양육에 대한 교육과 훈련의 필요성에 대하여 82%가 동의함을 답하고 있음은 새로운 목회적 가능성을 발견하게 한다. 또한, 가나안 성도들 중에서 여전히 많은 비율이 앞으로도 기독교 신앙을 유지하고자 하는 마음을 가지고 있으며, 그 중 절반 이상은 교회로 다시 돌아올수 있는 가능성을 가지고 있음은 가정 신앙전수의 사건에 매우 중요한 의미를 가진다.[60] 왜냐하면, 가나안 성도의 많은 비율이 부모세대임을 고려할 때, 만일 한국교회가 다시금 복음안에서 다시금 살아있는 신앙공동체로 갱신되어진다면 그들과 그들이 속한 가족과 자녀세대가 함께 다시 돌아올 가능성도 함께 보여주고 있기 때문이다.

둘째, 다음세대와 젊은 부모세대가 보이는 참여적이고 자기주도적인 삶의 양식은 교회와 가정이 함께 동역해야 할 다음세대 신앙전수 현장을 더욱 역동적으로 세워갈 수 있는 가능성을 보여준다. 코로나 팬데믹으로 인하여 이 사회는 그야말로 비대면 사회가 되었지만, 2010년생 이후에 태어난 알파세대와 1980년 초반에서 2000년 초반에 태어난 MZ세대_{밀레니얼세대+Z세대}는 여전히 온라인 세상안에서 자신들의 삶을 더욱 강력하게 연결하여 살아내고 있다. 태어나면서부터 인공지능^{AI}을 통해 음악과 놀이와 학업을 누려온 알파세대는 물론이고 스마트폰이 삶의 일부가 되어 살아온 MZ세대들은 의사소통은 물론이고, 경제, 문화, 교육, 의료 등 삶의 전반을 온라인 세상에서 이전보다 더욱 빠른 속도와 범위로 살아내고 있다. 자신의 기준안에서 소신을 가지고 신뢰할 만한 자들을 따르며, 자신이 의미있는 일과 내용에 소비자만이 아니라 생산자이자 유통자로 참여하기를 즐겨하는 MZ세대들이 지금 한국교회의 청년세대와 젊은 부모세대들이다.[61] 만일 이들에게 교회가 자신들의 삶과 가정안에서 들어야 할 복음과 의미있는 목양을 제공해줄 때, 단지 수용자와 소비자만이 아니라 자신들이 직접 참여하고 자기주도적으로 질문과 대안

---

60 http://www.mhdata.or.kr/bbs/board.php?bo_table=gugnae&wr_id=30내 8페이지 [2024.8.20. 접속].

61 홍소희, 김민, "MZ세대 특성에 따른 커뮤니케이션 메소드에 관한 연구," 『조형미디어학』 24 (2021), 117-19.

을 찾아가며, 배움과 성장을 할 수 있도록 제공한다면 한국교회는 매우 역동적인 신앙교육이 가능하리라 기대한다.

셋째, 급격히 전환하고 있는 디지털 사회와 문화는 교회와 가정이 '따로 또같이' 복음을 함께 듣고 나누고 실천하는 올라인^{all-line} 목회 플랫폼과 생태계를 보다 친절히 제공할 수 있다. 4차산업혁명으로 이제 우리의 삶의 중요한 사건들은 초공간, 초시간, 초연결, 초융합으로 일어나고 있다. 이러한 변화는 인간 삶에 큰 편리함을 주지만 반대로 기계와 인공지능으로 대체할 수 없는 인간만의 고유한 영역에 대하여 더욱 주목하게 인도한다. 하나님께서 인간에게만 주신 영역인 영성과 상상력, 공감력과 공동체와 같은 가치가 더욱 주목받는 시대앞에서 교회야말로 진정한 인간됨의 의미와 가치와 삶을 복음을 통해 전해줄 수 있고, 보여줄 수 있고, 경험할 수 있으리라 생각한다. 여기에 온라인 플랫폼과 콘텐츠는 교회와 가정이 함께 늘 들어야 하고, 적용하며, 실천해야 할 신앙적 삶을 초시간, 초공간, 초연결, 초융합으로 연결하여 급격히 변해가고 있는 삶의 현장과 상황을 뛰어넘어 지속적이고 효율적으로 참여할 수 있도록 도울 수 있으리라 기대한다.

Ⅴ. 개혁교회 신앙고백적 관점에서 본 가정신앙교육에 관한 교육목회적 함의

필자는 이제까지 논의한 개혁교회 신앙고백적 관점에서 복음과 가정 신앙교육에 대한 이해와 교회사적 고찰과 오늘날 한국교회가 마주한 시대적이고 목회적인 도전과 기회에 대한 분석을 통해 한국교회의 가정신앙교육에 관한 교육목회적인 실천적 방향, 내용, 전략, 실천영역을 제언하고자 한다.

1. 가정 신앙교육의 방향: 위탁형에서 상호참여형으로

개혁교회 신앙고백적 관점에서 재개념화한 가정 신앙교육은 첫째, 다음 세대 신앙전수의 책임과 현장을 교회와 가정, 교회학교 교사와 부모를 이분 법적이 아닌 상호동역적, 상호참여적으로 이해한다. 기존에 많은 한국교회가 교회학교 위탁형 신앙교육을 실천해왔음에 대한 반성과 더불어 비대면 시대 에 있어서 가정안에서의 신앙교육이 강조되면서 최근에는 도리어 교회학교 보다 가정에서의 신앙전수가 더욱 강조되었다. 물론 지나친 교회학교 의존 의 다음세대 신앙교육이 있었기에 가정에서의 신앙교육이 강조되는 것은 마 땅한 응답이지만, 다음세대에게 복음을 전하고 믿음의 세대로 세워가야하는 동일한 사명을 받은 교회와 가정은 양자택일의 관점과 강조점을 넘어선 동 역자로서의 공동의 정체성을 가지고 각 기관의 자리에서 부여받은 실천에 '따로 또 같이' 참여해야 한다.

둘째, 가정 신앙교육을 위한 교회와 가정의 동역구조는 교회가 부모와 교회학교 교사의 역량구비를 위한 우선적 양육기관primary equipper 이 되고, 작 은 교회로서의 가정과 교회학교에서 부모와 교사는 다음세대 신앙전수의 우 선적 복음전달자, 제자양육자primary discipler 로서의 신앙전수 파트너가 되어야 한다.[62] 이러한 관계안에서 교회는 커다란 언약공동체로서 다음세대를 맡겨 주신 교회학교 교사들과 부모들에게 합당한 역량을 구비시키고 실행하도록 도와야 하며, 가정은 작은 교회가 되어 부모가 가정의 신앙교사가 되어 일상 의 삶안에서 복음으로 인한 예배적 의례와 예배적 삶이 멈추지 않도록 양육 과 동행의 삶을 함께 걸어갈 수 있다.

---

[62] 티모시 존스의 가정구비 이론(family equipping model)에 근거한 D6 미니스트리는 '교회가 부모의 우 선적 역량구비기관'(primary equipper of parents)이 되어야 하고, '부모는 자녀세대의 우선적 제자양육 자'(primary disciplers)가 되어야 함을 강조하였다. 그러나, 필자가 제시하는 것은 역량구비 대상과 제 자양육의 우선적 양육자로 가정의 부모만이 아닌 교회학교의 교사를 동등한 역량구비 대상과 우선적 양육자로 이해한다. D6 미니스트리의 교회와 부모의 관계에 대한 자료는 다음의 홈페이지를 참고하 라. https://d6family.com/d6curriculum/about/

2. 가정신앙교육의 내용: 복음의 내용과 복음적 삶의 지속적 대화

가정 신앙교육의 내용은 '복음의 내용'과 '복음적 삶'을 필수적으로 포함하여 온 회중이 믿음과 삶, 말씀과 실천, 교회와 가정과 세상이 지속적으로 대화하며 반추하고 성장하게 도울 수 있다. 여기서 '복음의 내용'이라 함은 예수 그리스도를 통한 하나님의 사랑과 경륜과 언약, 즉 창조자로서의 하나님과 인간의 죄를 대속하시는 아들 예수 그리스도의 성육신과 대속의 사건, 성령님의 임재와 회심의 역사, 교회의 시작과 세상으로의 보내심, 다시 오실 예수님에 대한 소망 등이 포함되어진다.[63] '복음적 삶'이라 함은 하나님의 은혜로만 주어진 복음을 수여받은 하나님의 백성들이 은혜받은 자로서의 합당한 응답으로서 자신들의 일상과 인생 주기들을 속한 가정과 학교와 일터와 세상속에서 하나님의 나라를 세워가는 삶에 지속적으로 참여하는 것을 의미한다. 그러기에 복음적 삶의 영역에서 다루는 교육내용에는 부모의 인생주기별 신앙과제와 실천, 연령별 자녀이해와 신앙지도, 학업과 신앙, 소명과 직업, 일터와 사명 등이 포함된다.

3. 가정 신앙교육의 전략: 목회철학의 명시적 공유와 올라인 플랫폼 활용

교회와 가정의 세대간 신앙전수를 향한 하나님의 초시간적, 초공간적 운행하심에 동참하기 위하여 다음과 같은 교육목회 전략을 적용한다. 첫째, 교회는 세대간 신앙전수의 부르심과 실천이 성경적 정언명령임을 기억하여 교회의 목회철학이 반영된 사명과 비전안에 명시적으로 포함하여야 하며, 이를 전교인과 지속적으로 공유 및 실천을 지속해야 한다. 둘째, 교회는 세대간 신앙전수의 사역이 교회와 가정이 유기적으로 연동되어 언제, 어디서든, 어떻게든, 누구나 하나님의 복음에 연결되게 돕기 위하여 온·오프라인의 목회 플랫폼을 적극 병행하는 올라인 all-line 교육목회를 실천해야 한다.[64] 교회는

---

63 Lausanne Committee for World Evangelization, "The Willowbank Report of a Consultation on Gospel and Culture," 5항b.

부모와 교사를 위한 역량구비 커리큘럼과 콘텐츠를 다양한 교육현장에 맞게 제공하되, 회중들의 상황에 따라 초시간, 초공간적으로 양육에 참여할 수 있도록 친절한 접근 플랫폼과 교육 매뉴얼을 함께 제공할 수 있다. 또한, 교회학교 교사와 부모가 양육 파트너로 같은 교육내용과 전략을 효율적으로 인식하고 참여할 수 있도록 온·오프라인의 만남과 소통을 위한 양육 플랫폼도 공유할 수 있다.

4. 가정 신앙교육의 네가지 실천영역: 사명 공유, 역량 구비, 가정 맞춤형, 목회 플랫폼

개혁교회 신앙고백적 관점에서 발견하는 가정 신앙교육의 방향과 내용과 전략은 다음과 같은 실천영역에서 창의적이고도 통합적으로 시도 되어질수 있다. 첫째, 교회는 세대간 신앙전수가 반영된 교회의 목회사명과 비전을 전 회중과 함께 정기적으로 기억하고 참여할 수 있다. 교회는 하나님으로부터 받은 공동사명과 비전이 모든 회중의 마음과 삶안에 선명히 기억되고 실천될 때 강력한 신앙공동체의 핵심적인 특징인 공동 이야기, 공동 사건, 공동 의례, 공동 정체성이 지속적으로 강화될 수 있다. 바로 이 공동의 이야기와 사건안에 '세대간 신앙전수'가 예배와 설교를 통하여 정기적으로 기억되고, 결단되어질 때, 교회와 가정은 부모세대와 다음세대를 복음적 언약공동체로 부르시고 운행하시는 하나님의 일하심에 지속적이고 자발적으로 동참하게 된다. 새들백 교회[LA, 미국]는 연중 6주에서 8주 정도 목회비전 공유주간으로 정하여 정기적으로 해오던 교회의 모든 사역을 멈추고 오직 주일예배에서 하나님께서 새들백 교회에게 주신 비전을 전 회중이 함께 다시 기억하고 동참하는 공동 이야기와 공동 의례를 경험하며, 예배이후에는 소그룹과 가정 안에서 부모세대가 자녀세대에게 교회의 비전을 함께 나누고 각 가정에서도 공동의 이야기와 공동의 사건을 결단하고 있다.

---

64   올라인 교육목회에 대한 설명은 필자가 기고한 다음의 글을 참고하라. 신형섭, "코로나 시대, 올라인 교육목회로 다음세대 회복과 부흥을 이야기하다," 『목회와신학』 (2021년 1월), 54.

둘째, 교회는 모든 부모가 각 가정의 신앙교사로서 요청되어지는 역량구비 양육과정을 교회의 성인교육 기본 커리큘럼안에 포함시킬 수 있다. 예를 들면, 교회는 새신자 과정안에 기본적인 하나님의 예수 그리스도를 통한 '복음의 내용'과 은혜받은 자로서의 합당한 응답으로서 '복음의 삶'을 필수적으로 포함하되, 가정 신앙교사로의 부모 정체성과 사명에 대하여 안내할 수 있다. 이러한 과정을 통하여 교인들은 교회와 신앙생활에 대하여 안내받는 첫 시간부터 자녀세대의 신앙전수는 교회학교에 위임하는 것이 아니라 부모세대에게 맡겨진 책임과 사명이라는 것을 인지하고, 동의하고, 필요한 역량을 배워가는 과정에 참여할 수 있게 된다. 교회는 페리미터 장로교회^{애틀랜타, 미국}와 같이 다음세대 양육을 책임지는 교사들을 위한 교사대학을 넘어서 가정의 신앙교사인 부모의 역량교육을 위하여 부모대학을 운영할 수 있다. 레이크 포인트 교회^{달라스, 미국}는 전 교인이 참여하는 신앙여정길^{Faith Path} 커리큘럼을 운영하는데, 이는 부모가 자녀를 낳기 이전부터 자녀를 낳아 유아세례를 주고, 자녀가 초등학교에입학하고, 중고등학교에 진급하고, 성인이 되어 부모를 떠나는 과정동안 교회가 자녀의 인생주기에 따른 부모의 신앙교사로서의 실천과 팁을 제공하고 있다.[65] 또한, 교회는 부모가 복음의 신앙교사로서 살아가는 삶에 필수적으로 요청되어지는 부모 자신의 신앙이 성경과 복음안에서 점검되어지고 성장되어지기를 위한 전생애 주기 신앙양육 커리큘럼을 개발하고 실행할 필요가 있다. 이 과정안에는 복음과 가정, 복음과 교회만이 아닌 복음과 일터, 복음과 이웃, 복음과 죽음과 같은 삶의 여정안에 복음으로 응답해야 할 신앙과제들이 다루어질 수 있다.

셋째, 교회는 회중들의 다양한 가정형태에 따른 맞춤형 목회와 가정사역 프로그램을 개발할 수 있다. 4차산업혁명과 코로나 팬데믹으로 인하여 회중들의 삶은 매우 빠르게 변해가고 있으며, 가정의 형태 역시 급격히 변해가고 있다. 성경을 통하여도 세대간 신앙전수가 일어난 형태를 보면, 3대 신앙가정, 1세대 신앙가정, 한부모 신앙가정, 확장된 신앙가정, 영적신앙가정 등 다양한 형태의 가정들이 발견되어지고 있다. 이에 교회는 점점 다양해지는 가

---

65 https://www.homepointe.org/faithpath/

정형태와 다양한 성인세대에 대한 세대별 연구와 이에 따른 다양한 가정의 신앙수준과 이슈들을 고려한 맞춤형 가정목회를 세밀히 실천할 필요가 있다. 예를 들면, 가정예배를 안내하고 필요한 목회적 자료와 교육을 실시할 때에 부모와 자녀가 모두 신앙안에서 예배드리는 가정만을 기준으로 하는 것이 아니라 불신자가 있는 가정, 자녀가 없는 가정, 1인 가정, 자녀가 모두 출가하여 부부만 드리는 가정, 다문화 가정 등이 활용할 수 있는 다양한 가정예배 모델을 제시할 필요가 있다.[66]

넷째, 교회는 교회와 가정이 연계하여 세대간 신앙전수를 동역할 수 있는 온·오프라인 연동 목양플랫폼을 개발하여 활용할 수 있다. 교회는 홈페이지나 교회가 운영하는 디지털 플랫폼Youtube tv, facebook, Linked in, Kakao Channel, Naver band 등을 통하여 교회와 가정이 함께 기억할 수 있고, 참여할 수 있는 공동 이야기와 공동 의례를 공유하되, 교회로부터 가정으로 혹은 목회자로부터 교인들로 일방향식 전달을 위한 플랫폼이 아니라 상호소통과 의미있는 재생산이 일어나는 플랫폼이 되도록 인도해야 한다. 특히 디지털 미디어를 소비만이 아닌 생산과 유통, 재생산과 공유함에 익숙한 새로운 부모세대인 MZ세대들과의 소통과 동역은 온라인 플랫폼의 활용이 단지 전달이 아닌 동역과 공유와 협력이 될 때, 온라인 디지털 플랫폼은 세대간 신앙전수를 위한 교회와 가정간의 초시간, 초공간을 넘어선 초연결, 초지능, 초융합, 초협력의 핵심현장이 될 수 있다.

VI. 나가는 말

이미 반 세기전 윌리엄 댈글리시William Dalglish 는 교회가 다음세대 신앙전수를 고민하고 실천함에 있어서 다음세대의 강력한 신앙전수자로서의 부모

---

66 다양한 가정예배 모델과 실천팁은 필자가 저술한 책과 동영상을 통해서 확인할 수 있다. 신형섭, 『가정예배건축학』(서울: 장로회신학대학교출판부, 2017); https://www.youtube.com/channel/UCr2rBCp5QrJpYrrt6LsgDVw

와 자녀와의 관계와 양육에 대하여 교육목회적으로 합당한 합당한 연구와
실천이 이루어지지 않고 있음을 지적하였다.[67] 안타깝게도 이 현실은 지금
한국교회의 현장에도 예외가 아니다. 그러나 우리에게 여전히 소망이 있음
은 지금 급격히 변하는 목회전환기로 인하여 교회가 큰 위기와 어려움의 한
복판에 있지만, 하나님은 한국교회에게 이 전환기의 여정을 마치 작전타임
의 멈춤과 같이 사용하셔서 반드시 이 시대에 회복하고 갱신해야 할 중요한
본질과 사명중의 하나인 복음안에서의 가정회복을 말씀하시고 참여케 인도
하고 계신다는 것이다. 믿음의 가정마다 세대간 신앙전수를 실천하는 것은
급격한 목회적 전환기를 위한 일시적인 목회의 '대안'이 아니라 원래 성경을
통하여 믿음의 가정마다 명하신 하나님의 '원안' original plan 이다. 필자는 본 연
구를 통하여 교회와 가정이 세대간 신앙전수의 복음적 사명을 완수하기 위
해서 교회가 실천해야 할 가정 신앙교육의 방향위탁형에서 상호참여형으로, 내용복음의 내
용과 복음적 삶, 전략목회철학의 공유와 올라인 플랫폼 활용, 그리고 실천영역 사명공유, 역량구비, 가정 맞춤형,
목회 플랫폼 을 제시하였다. 바라기는 본 연구를 통하여 제시된 목회를 실천하는
지역교회마다 변화하는 시대속에서도 더욱 강력하게 우리의 가정과 교회를
초시간, 초공간적으로 붙드시고 역사하시어 강력한 세대간 신앙전수를 이루
시는 하나님의 목회하심에 참여하는 은혜와 능력과 열매가 풍성히 넘치기를
간절히 소망한다.

67　William Dalglish, *The Family Centered Model, Division of Education* (Nashville, TN: United Methodist Board of Discipleship, 1974)

참고문헌

제 I 부 : 역사

1장

김충현. "1560년 크리스마스, 잔 달브레의 공개적인 개종." 『서양사학연구』 10 (2004), 47-68.

_____. "루이 13세의 라로셸 점령과 위그노의 약화." 『서양사학연구』 22 (2010), 1-31.

_____. "프랑스 종교개혁과 종교전쟁에서 잔 달브레의 역할." 『여성과역사』 23 (2015), 271-305.

박경수. "16세기 스트라스부르의 평신도 여성 종교개혁자 카타리나 쉬츠 젤의 프로테스탄트 정체성 연구." 『장신논단』 50-1 (2008. 3), 125-55.

_____. "16세기 제네바의 여성 종교개혁자 마리 당티에르의 『편지』에 나타난 이중의 개혁사상." 『한국교회사학회지』 49 (2018), 45-80.

_____. "16세기 여성 인문주의자이자 종교개혁자, 올림피아 모라타의 재발견: 그녀의 편지를 중심으로 조명한 생애와 사상." 『장신논단』 56-3 (2024. 9), 37-63.

_____. "르네 드 프랑스, 로마가톨릭 자유주의자인가 프로테스탄트 개혁자인가?: 르네와 칼뱅의 서신 교환을 중심으로." 『장신논단』 54-5 (2022. 12), 35-67.

_____. "성서적 인문주의자 올림피아 풀비아 모라타: '올림피아와 라비니아의 대화'를 중심으로." 『갱신과부흥』 34집 (2024), 69-96.

_____. "아르굴라 폰 그룸바흐의 예언자적 목소리: 요하네스와 아르굴라의 논쟁을 중심으로." 『장신논단』 54-1 (2022. 3), 33-55.

_____. "아르굴라 폰 그룸바흐의 저항과 항변: '아르사키우스 제호퍼 사건'을 통해 본 여성 평신도 프로테스탄트의 자기정체성." 『갱신과부흥』 27 (2021), 123-52.

_____. "칼뱅의 브라질 '포트 콜리니' 선교에 대한 재평가." 『한국교회를 위한 칼뱅의 유산』. 서울: 대한기독교서회, 2014, 280-99.

_____. 『개혁교회 그 현장을 가다』. 서울: 대한기독교서회, 2018.

Bainton, Roland H. *Women of the Reformation in France and England*. Minneapolis: Augsburg Publishing House, 1973.

Brady, Thomas A. Jr. *Ruling Class, Regime and Reformation at Strasbourg, 1520-1555*. Leiden: E. J. Brill, 1978.

Bryson, David. *Queen Jeanne and the Promised Land: Dynasty, Homeland, Religion, and Violence in Sixteenth-Century France*. Leiden: Brill, 1999.

Calvin, John. *Letters of John Calvin IV*. Edited by Jules Bonnet. New York: Burt Franklin, 1972.

Delmas, Louis. *The Huguenots of La Rochelle.* Translated by George L. Catlin. New York: BiblioLife, 1880.

Frossard, Charles Louis. *La Réforme En Béarn: Nouveaux Documents Provenant du Chateau de Salies.* Paris: Grassart, Libraire, 1896.

Jeanne d'Albret. *Letters from the Queen of Navarre with an Ample Declaration.* Edited and translated by Kathleen M. Llewellyn, Emily E. Thompson, and Colette H. Winn. Tempe, AZ: Arizona Center for Medieval and Renaissance Studies, 2016.

Knecht, Robert J. *The French Civil Wars 1562-1598*, 3rd ed. New York: Routledge, 2010.

Meyer, Judith Pugh. *Reformation in La Rochelle: Tradition and Change in Early Modern Europe 1500-1568.* Genève: Librairie Droz, 1996.

Parker, David. *La Rochelle and the French Monarchy: Conflict and Order in Seventeenth-Century France.* London: Swift Printers Ltd., 1980.

Pettegree, Andrew. *The Book in the Renaissance.* New Haven: Yale University Press, 2010.

Robbins, Kevin C. *City on the Ocean Sea La Rochelle, 1530-1650: Urban Society, Religion, and Politics on the French Atlantic Frontier.* New York: Brill, 1997.

Roelker, Nancy Lyman. *Queen of Navarre, Jeanne d'Albret: 1528-1572.* Cambridge, MA: Harvard University Press, 1968.

Stjerna, Kirsi. *Women and the Reformation.* 박경수, 김영란 역. 『여성과 종교개혁』. 서울: 대한기독교서회, 2013.

2장

곽안련[C. A. Clark]. 함태영 편집. 『[장로]교회사전휘집』. 경성[서울]: 조선야소교서회, 대정7년[1918]; 영인본, 서울: 동문인쇄사, n.d.

곽안련 편. 『신조와 소요리문답』. 경성[서울]: 조선야소교서회, 소화9년[1934].

교리문답해설서간행위원회 편. 『21세기 대한예수교장로회교리문답 어떻게 만들어졌나?』. 서울: 한국장로교출판사, 2022.

『대한예수교장로회노회회록, 제1회』.

미합중국연합장로회(UPCUSA). [역자 미상]. 『1967년 신앙고백 초안』(*The Proposed Confession of 1967*) 개정판. 대구: 대구장로회신학교, n.d. 배위량 역. 『신도게요셔』. n.p. n.d.; 등사본.

서원모. "한국 장로교회 정치 원리와 실제-1922년 헌법을 중심으로." 『장신논단』 45-1 (2013. 3), 63-91.

아담스 편. 『[1952년판] 예수교교리문답』. 부산: 신앙생활사, 단기4284년[1951].

이덕주, 서영석, 김홍수. 『한국감리교회역사』. 서울: KMC, 2017.

이성웅. 『헌법교리론』. 서울: 한국장로교출판사, 2010.

이종성 역. 『웨스트민스터 신앙고백』. 서울: 대한기독교서회, 1961.

총회헌법개정위원회 신앙고백과 교리 분과위원회 편. 『21세기 한국장로교의 신앙과 신학의 방향』. 서울: 한국장로교출판사, 1999.

최성헌. "한국장로교회 신앙고백서 연구." 미간행 신학박사학위논문, 총신대학교, 2010.

해병사령부군목실. 『[해병전도문고제1집] 기독교신앙문답』. n.p.: 해병사령부군목실, 단기4286년[1953].

배위량[W. M. Baird] 역. 『신도게요셔』. 경성[서울]: 조선야소교서회, 1925.

Ahn, Kyo Seong. "Mission in Unity: An Investigation into the Question of Unity As It Has Arisen in the Presbyterian Church of Korea and Its World Mission." Unpublished Ph.D. Dissertation, University of Cambridge, 2008.

Clark, C. A. *The Korean Church and the Nevius Methods.* New York: Fleming H. Revell Co., 1930.

Parker, K. L. "The Development of the United Church of Northern India." *Journal of the Department of History of the PCUSA.* 17-3&4 (Sep.-Dec., 1936), 111-202.

Stanley, Brian. *The History of the Baptist Missionary Society, 1792-1992.* Edinburgh: T&T Clark, 1992.

UPCUSA, *The Proposed Confession of 1967.* 서남동 역. 『1967년 신앙고백 초안』. 서울: 베다니평신도지도자학원, 1966.

대한예수교장로회총회, "총회소개, 총회헌법, 제1편 교리." www.pck.or.kr/law.php?sca=제1편 [2023.09.26. 접속].

3장

강명숙 외 4인 편역. 『교육정책(1): 교육칙어와 조선교육령』. 서울: 동북아역사재단, 2021.

권영배. "일제하 사립각종학교의 지정학교 승격에 관한 일연구." 『조선사연구』 제13집 (2004), 205-37.

목포정명여자중·고등학교 100년사 편찬위원회. 『정명 100년사, 1903-2003』. 목포: 목포정명여자중·고등학교, 2003.

안홍선. 『일제강점기 중등교육 정책』. 서울: 동북아역사재단, 2021.

이성전. 『アメリカ宣教師と韓国近代教育: ミッションスクールの設立と日帝下の葛藤』 서정민, 가미야마 미나코 역. 『미국 선교사와 한국 근대교육: 미션스쿨의 설립과 일제하의 갈등』. 서울: 한국기독교역사연구소, 2007.

숭실대학교120년사편찬위원회 편. 『민족과 함께 한 숭실 120년』. 서울: 숭실대학교, 2017.

최영근. "일제강점기 미국 남장로회 교육선교: 미션스쿨의 식민교육제도에 대한 순응과 저항의 변증법." 『대학과 선교』 제58집 (2023), 221-62.

_____. 『인돈의 생애와 기독교 정신: 미국 남장로회 선교사 윌리엄 A. 린튼(William A. Linton) 전기』. 서울: 한국교회총연합, 2022.

_____. "일제강점기 미국 남장로회 여성선교사 유화례(Florence E. Root)의 교육선교, 1927-1937." 『대학과 선교』 제53집 (2022), 9-46.

_____. "일제강점기 미국 남장로회 교육선교에 관한 연구: 군산과 전주스테이션의 인

돈(William A. Linton)을 중심으로, 1912-1940." 『대학과 선교』 제50집 (2021), 93-129.

_____. "미국남장로교 선교사 존 페어맨 프레스톤(John Fairman Preston, Sr.)의 전남지역 선교에 관한 연구." 『장신논단』 48-1 (2016. 3), 85-113.

_____. "미국 남장로회 선교사 인돈(William A. Linton)의 교육선교." 『한국교회사학회지』 제40집 (2015), 125-68.

한남대학교40년사편찬위원회. 『한남대학교40년사』. 대전: 한남대학교, 1996.

한남대학교 인돈학술원 편. 『미국 남장로회 교육선교 연구』. 대전: 한남대학교 인돈학술원, 2022.

"문제되는 교회학교: 로파 미순회에 진정까지." 『동아일보』. 1922년 6월 30일.

"專門學校入學指定規則." 『동아일보』. 1923년 4월 21일.

"숭의여교생 맹휴: 학교승격과 긔숙사 규측 개뎡등 조건을 데출하고 동맹휴학." 『동아일보』. 1923년 10월 18일.

"민족적 경륜(1)-(5)." 『동아일보』. 1924년 1월 2일-6일.

"교육상 일문제." 『조선일보』. 1926년 1월 21일.

조선총독부. "칙령(勅令)." 『朝鮮總督府官報』 제304호. 명치 44년[1911년] 9월 1일.

_____. "朝鮮總督府令 第114號 私立學校規則." 『朝鮮總督府官報』 호외. 명치 44년[1911년] 10월 20일.

_____. "府令: 朝鮮總督府令 第24號." 『朝鮮總督府官報』 제789호. 대정4년[1915년] 3월 24일.

_____. "朝鮮總督府令 第21號 私立學校規則." 『朝鮮總督府官報』 2263호. 대정 9년[1920년] 3월 1일.

_____. "朝鮮總督府令 第72號 專門學校入學者檢定規程." 『朝鮮總督府官報』 2609호. 대정 10년[1921년] 4월 25일.

_____. "勅令 第19號 朝鮮敎育令." 『朝鮮總督府官報』 호외. 대정 11년[1922년] 2월 6일.

_____. "朝鮮總督府令 第49號 專門學校入學者檢定規程左ノ通改定ス." 『朝鮮總督府官報』 3801호. 대정 14년[1925년] 4월 20일.

_____. "朝鮮總督府令 第二十六號 專門學校入學者檢定規程 第十一條ノ規定ニ依ル指定ニ關スル規程左通定ム." 『朝鮮總督府官報』 416호. 소화 3년[1928년] 5월 21일.

朝鮮總督 南次郎(미나미 지로). "諭告." 『朝鮮總督府官報』 호외. 소화 13년[1938년] 3월 4일.

Baird, Richard H. *William M. Baird of Korea: A Profile*. Oakland, CA: Richard H. Baird, 1968.

Baird, William M. "History of the Educational Work." In *Quarto Centennial Papers Read Before the Korea Mission of the Presbyterian Church in the U. S. A. at the Annual Meeting in Pyeng Yang (August 27, 1909)*. Edited by The Korea Mission of the Presbyterian Church in the U. S. A., 62-90.

Brown, George Thompson. "A History of the Korea Mission, Presbyterian Church, U. S. from 1892 to 1962." Unpublished Th.D. Dissertation, Union Theological Seminary, Virginia, 1963.

Crane, Janet. "Junkin Memorial School, Chunju, Korea." Unpublished paper, n.d.

Fulton, C. Darby. *Star in the East*. Richmond, VA: Presbyterian Committee of Publication, 1938.

Gifford, Daniel L. "Annual Meeting of the Presbyterian Mission, North." *The Korean Repository* (November 1895), 444.

Lee, Yoonmi. "Religion, Modernity and Politics: Colonial Education and the Australian Mission in Korea, 1910-1941." *Paedagogica Historica* 52-6 (2016), 596-613.

Linton, William A. "Educational Work in Korea." *The Presbyterian Survey* (June 1925), 371.

McQueen, Anna. "Recognized Schools." *The Missionary Survey* (October 1923), 767.

Nisbet, Anabel Major. "Some of Korea's Future Leaders." *The Missionary* (December 1910), 603-605.

Pak, Soon-Yong, and Hwang Keumjoong. "Assimilation and Segregation of Imperial Subjects: 'Educating' the Colonised during the 1910-1945 Japanese Colonial Rule of Korea." *Paedagogica Historica* 47-3 (June 2011), 377-97.

Parker, William P. "Educational Work in Korea." *The Missionary Survey*. 2-12 (October 1913), 919.

Preston, J. F. "Mokpo Station Report." *The Korea Mission Field* 5-4 (April 1909), 54-55.

＿＿＿＿＿＿. "Southern Presbyterian Mission in Korea: Workers Needed." *The Korea Mission Field* 17-4 (April 1921), 78.

Rhodes, Harry A. *History of the Korea Mission Presbyterian Church U.S.A. Vol.1: 1884-1934*. 최재건 역. 『미국 북장로교 한국 선교회사』. 서울: 연세대학교출판부, 2009.

Rhodes, Harry A. and Archibald Campbell, eds. *History of the Korea Mission, Presbyterian Church in the U. S. A. Vol. II: 1935-1959*. New York: Commission on Ecumenical Mission and Relations, The United Presbyterian Church in the U. S. A., 1964.

Stevens, Balanche I. "Contribution to the Christian Movement of Educational Work for Young Women." In *The Fiftieth Anniversary Celebration of the Korea Mission of the Presbyterian Church in the U. S. A.* (June 30-July 3, 1934, Post Chapel, John D. Wells School, Seoul, Chosen), the Korea Mission of the Presbyterian Church in the U. S. A., edited by The Korea Mission of the Presbyterian Church in the U. S. A., 145-54. Seoul: YMCA Press, n. d.

The Korea Mission of the Presbyterian Church in the U. S. A. *Minutes of the Annual Meeting of the Southern Presbyterian Mission in Korea, 1904-1937*.

The Korea Mission of the Presbyterian Church in the U. S. A. *Minutes, Actions and Reports of the Korea(Chosen) Mission of the Presbyterian Church in the U. S. A. from August 1941 to June 1948*. n. p., n. d.

Underwood, Horace H. *Modern Education in Korea*. New York: International Press, 1926.

Venable, W. A. "Kunsan Boy's Academy." *The Korea Mission Field* 8-6 (June 1912), 166.

Vinton, C. C. "Presbyterian Mission Work in Korea." *Missionary Review of the World* 16 (September 1893), 669-71.

"The Educational Situation in Korea." *The Missionary Survey* 5-11 (November 1915),

833-34.

"Yung Myung School for Boys, Kunsan, Korea." Kunsan Station, April 30, 1935.

"Mary Baldwin School, Kunsan, Korea." Kunsan Station, April 30, 1935.

4장

곽안련. "敎會政治에對흔問答." 『神學指南』 제7권 3호, 통권 제27호 (1925. 7), 150-53.

_____. "敎會政治議論." 『神學指南』 제7권 2호, 통권 제26호 (1925. 4), 158-64.

_____. "勸懲條例." 『神學指南』 제4권 4호, 통권 제16호 (1922. 9), 122-37.

_____. "勸懲條例." 『神學指南』 제5권 1호 통권 제17호 (1923. 1), 127-38.

_____. "勸懲條例註釋 (권징됴례쥬셕)." 『神學指南』 제3권 1호, 통권 제9호 (1920. 4), 81-99.

_____. "勸懲條例註釋 (권징됴례쥬셕)." 『神學指南』 제3권 2호 통권 제10호 (1920. 7), 251-64.

_____. "勸懲條例註釋 (續)." 『神學指南』 제3권 4호, 통권 제12호 (1921. 5), 495-506.

_____. "勸懲條例註釋 (第三卷第四號續)." 『神學指南』 제4권 2호, 통권 제14호 (1922. 1), 96-110.

_____. "無任牧師를治理長老로視務케함이어떨까." 『神學指南』 제18권 3호, 통권 제87호 (1936. 5), 74-75.

_____. "本長老敎會新憲法 (본장로교회신헌법)." 『神學指南』 제2권 3호, 통권 제7호 (1919. 10), 89-104.

_____. 『長老敎會史典彙集 (Digest of the Presbyterian Church of Chosen)』. 京城: 朝鮮耶蘇敎書會, 大正七年 (1918).

_____. 『長老敎會史典彙集 (1935 Digest of the Presbyterian Church of Chosen)』. 京城: 朝鮮耶蘇敎書會, 昭和十年 (1935).

_____. "長老投票時 其票가 갈리는 境遇에 엇떠케할가." 『神學指南』 제18권 4호, 통권 제88호 (1936. 7), 82-83.

_____. "朝鮮耶蘇敎長老會信經論 (죠선예수교쟝로회신경론)." 『神學指南』 제2권 1호, 통권 제5호 (1919. 4): 71-83.

_____. "朝鮮耶蘇敎長老會憲法 (죠선예수교쟝로회헌법)." 『神學指南』 제2권 2호, 통권 제6호 (1919. 7): 70-76.

_____. 『朝鮮예수敎長老敎會憲法 (Constitution of the Presbyterian Church of Chosen)』. 京城: 朝鮮耶蘇數書會, 大正十一年 (1922).

_____. 『朝鮮예수敎長老敎會憲法 一九三四年修正委員訂正再版 (Constitution of the Presbyterian Church of Chosen 1934 Edition with Revised Creed and Catechism)』. 서울: 朝鮮耶蘇數書會, 1930; 9판, 1950.

_____. 『朝鮮長老敎會政治 (Church Government of the Presbyterian Church of Chosen)』. 京城: 朝鮮耶蘇敎書會, 大正八年 (1919).

김종대 편저. 『교회정치』. 서울: 대한예수교장로회총회교육부, 1982.

박병진. 『교회정치문답조례』. 서울: 성광문화사, 1968; 개역판, 1980.

차재명 편. 『朝鮮예수敎長老會史記』. 京城: 朝鮮예수敎長老會總會, 昭和 3年 (1928).

한석진 편, 『대한예수교장로회회록』. 京城: 耶蘇敎書會, 大正二年 (1913).

Clark, Charles Allen. *The Korean Church and the Nevius Methods*. New York: Fleming H. Revell Company, 1930.

Gray, Joan S., and Joyce C. Tucker. *Presbyterian Polity for Church Officers*, 2nd edition. Louisville: Westminster/John Knox Press, 1990.

Hall, David W., and Joseph H. Hall. *Paradigms in Polity: Classic Readings in Reformed and Presbyterian Church Government*. Grand Rapids: Eerdmans Publishing Company, 1994.

Joo, Seung Joong. "The Early Protestant Missionaries' preaching in the Korean Church, 1884-1934." Th. M. Thesis, Columbia Theological Seminary, GA, 1991.

Smylie, James H. *A Brief Histpry of the Presbyterians*. Louisville: Geneva Press, 1996.

제II부 : 신학

5장

Bornkamm, Heinrich. "Martin Bucers Bedeurung für die europäischen Reformationsgeschichte." In *Bibliographia Bucerana*. Edited by R. Stupperich. Gütersloh: G. Bertsmann, 1952.

Hobbs, Raymond G. "How firm a Foundation: Martin Bucer's Historical Exegesis of the Psalms," *Church History* 53 (1984), 477-91.

_____. "A Introduction to the Psalms Commentary of Martin Bucer." Unpublished doctoral Dissertion, Université de Strasbourg, 1971.

_____. "Martin Bucer on Psalm 22: A Study in the Application of Rabbinic Exegesis by a Christian Hebraist." In *Histoire d l'exégèse au XVIe siècle*, edited by O. Fatio and P. Fraenkel, 144-163. Geneva: Droz, 1978,

Hwang, Dae-Woo, "Het mystieke Lichaam van Christus: de ecclesiologie van Martin Bucer en Johannes Calvijn." Unpulished doctral dissertation, University in Apeldoorn in the Netherlands, 2002.

Lutz, Pierre. "Le commentaire de Martin Bucer sur le lievre des Juges." Unpublished doctral dissertation, Université de Stasbourg, 1953.

Müller, Johannes. *Martin Bucers Hermeneutik*. Gütersloh: Gütersloher Verlagshaus G. Mohn, 1965.

Roussel, Bernard. "Bucer Exégète." In *Martin Bucer and Sixteenth Century Europe*, Vol. 1, edited by Christian Krieger and Marc Lienhard, 39-54. Leiden: E. J. Brill, 1993.

_____. "Martin Bucer Exégète." In *Strasbourg au coeur religieux du XVIe siècle*, edited by Georges Livet, Francis Rapp and Jean Rott, 153-66. Starsbourg: Librairie Istra, 1977.

_____. "Martin Bucer, Lecteur d l'epître aux Romains." Unpublishesd doctral Dissertation, Université de Starsbourg, 1970.

_____. "De Starsbourg à Bâle et Zurich: Une 'école rhénane' d'exégèse." *Revue d'Histoire et de Philosophie Religieuses* 68 (1988), 19-39.

_____, and G. Hobbs. "Strasbourg et l'école rhénane' d'exégèse." *BSHPF* 135 (1989), 36-53.

Stupperich, Robert, ed. *Martin Bucers Deutsche Schriften*, Band 2. Gütersloh: Gütersloher Verlagshaus Gerd Mohn, 1962.

van't Spijker, Willem. *De ambten bij Martin Bucer.* Kampen: Kok, 1970. Translated by J. Vriend et al. *The Ecclesiastical Offices in the Thought of Martin Bucer.* Leiden: E. J. Brill, 1996.

6장

김선권. "교회의 정치체제 및 교회법에 대한 연구." 『한국조직신학논총』 47 (2017. 6), 7-48.

_____. "칼뱅의 교회정치와 협의체." 『영산신학저널』 51 (2020. 3), 95-128.

_____. 『칼뱅의 신학적 인간론』. 서울: 한들출판사, 2020.

김운용. "'하나님의 교회의 재건을 위해 온전히 쓰임 받은 제네바의 위대한 빛' 장 칼뱅의 목회 사역에 대한 연구-예배와 설교 사역을 중심으로." 『신학과 실천』 38 (2014. 3), 191-217.

박경수. "칼뱅을 통해 본 목회자의 역할과 임무." 『칼빈연구』 10 서울: 북코리아, 2013.

_____. "르네 드 프랑스, 로마가톨릭 자유주의자인가 프로테스탄트 개혁자인가?." 『장신논단』 54-5 (2022. 12), 35-67.

안은찬. 『칼뱅의 목회신학』. 서울: CLC, 2007.

양금희. "종교개혁기의 학교, 교회, 그리고 국가의 관계에 관한 연구." 『장신논단』 44-4 (2012. 12), 345-72.

이정숙. "제네바 컨시스토리-칼빈의 신학과 목회의 접목." 『한국기독교신학논총』 18 (2000. 9), 159-85.

최진봉. "성화의 공동체적 수행으로서 개혁교회 예배에 관한 연구-『스트라스부르그 예배(The Form of Church Prayers, 1545년)』를 중심으로." 『장신논단』 54-5 (2022. 12), 211-36.

Barth, Hans-Martin. *Die Theologie Martin Luthers: Eine kritische Würdigung.* 정병식, 홍지훈 역. 『마르틴 루터의 신학: 비평적 평가』. 서울: 대한기독교서회, 2015.

Benoit, Jean-Daniel. *Calvin: directeur d'âmes.* Strasbour: Editions Oberlin, 1947.

Berriot, François. "Un procès d'athéisme à Genève: l'affaire Gruet (1547-1550)." *Bulletin de la société de l'histoire du protestantisme français* 125-4 (1979), 577-92.

Biéler, André. *Liturgie et architecture et le temps des chrétiens.* Genève: Labor et Fides, 1961.

Calvin, Jean. *Iohannis Calvini Opera quae supersunt omnia*, 59 vols. Edited by G. Baum,

E Cunitz. and E. Reuss. Brunschwig: Schwetschke et Filium, 1863-1900.

_____. *Institution de la religion chrétienne 1560*, 4 vols. Edited by Jean Daniel Benoît. Paris: Vrin, 1957-1963.

_____. *Commentaires sur le Nouveau Testament*, 4 vols. Toulouse: Société des Livres Religieux, 1892-1894.

_____. *Sermons sur la Genèse. Chapitres 1,1-11,4 Supplementa Calviniana XI.* Edited by M. Engammare. Neukirchen-Vluyn: Neukirchener Verlag, 2000.

_____. *Calvin: Theological Treatises.* 황정욱, 박경수 역. 『신학논문들』. 서울: 도서출판 두란노, 2011.

_____. *Recueil des opuscules de Jean Calvin 1532-1544.* 박건택 편역. 『칼뱅 소품집1』. 서울: 크리스천 르네상스, 2016.

Craig, Tucker. "Calvin and the Call to Ministry." *Reformed Theological Review* 76-2 (2017), 101-10.

De Jong, Y. Pete. *Taking heed to the Flock.* 조계광 역. 『개혁교회의 가정 심방』. 서울: 개혁된실천사, 2019.

De Pol, Philippe. "Calvin, prédicateur de la Bible." *Théologie Evangélique* 10-3 (2011), 278-90.

Dubied, Pierre-Luigi. "Pasteur." In *Encyclopédie du protestantisme.* Edited by Pierre Gisel. Genève: Labor et fides, 2009.

Ganoczy, Alexandre. *Calvin: théologien de l'Eglise et du Ministère.* Paris: Cerf, 1964.

Hilter, Seward. *Preface to pastoral theology.* 민경배 역. 『목회신학원론』. 서울: 대한기독교서회, 1968.

Lapsely, N. James. "Pastoral Theology Past and Present." In *The New Shape of Pastoral Theology.* Edited by W. B. Oglesby. Nashville: Abindon, 1969.

Leith, H. John. "The Ethos of the Reformed Tradition." In *Major Themes in the Reformed Tradition.* Edited by Donald K. McKim. Grand Rapids: W. B. Eerdmans, 1992.

Lienhard, Fritz. "Le langage et la Cène." *Recherches de science religieuse* 91 (2003), 175-202.

Lienhard, Marc. "L'Eglise et le ministère pastoral: l'actualité de Calvin." *Positions luthériennes* 57-3 (2009), 219-32.

Lohse, Bernhard. *Eine Einführung in sein Leben und sein Werk.* 박일영 역. 『루터 입문』. 서울: 복있는사람, 2019.

Manetsch, Scott. *Calvin's Company of Pastors.* 신호섭 역. 『칼빈의 제네바 목사회의 활동과 역사』. 서울: 부흥과개혁사, 2019.

McGrath, Alister. *Reformation thought.* 최재건 역. 『종교개혁 사상』. 서울: CLC, 2006.

McKee, Elsie A. *Calvin: A Sixteenth-Century Portrait.* 이정숙 역. 『칼뱅의 목회 신학』. 서울: 두란노아카데미, 2011.

Partee, Chales. *The Theology of John Calvin.* Louisville: Westminster John Knox, 2008.

Perrot, Alain. *Le visage humain de Jean Calvin.* Genéve: Labor et fides, 1986.

Potgieter, Raymond. "Discerning Calvin's pastoral care from his letters." *Die Skriflig* 48-1 (2014), 1-9.

Reid, W. Stanford. "John Calvin, Pastoral Theologian." *The Reformed Theological Review* 42 (1982), 65-73.

Ryan, Mark. "The Pastoral Theology of John Calvin." *The Burning Bush* 6-1 (2000), 32-47.

Schümmer, Lepold. *Le Ministère dans l'Institution chrétienne de Calvin à la lumière du troisième sacrement.* Wiesbaden: Fr. Steiner, 1965.

Selderhuis, J. Herman. *John Calvin.* 조숭희 역. 『칼빈』. 서울: 대성, 2009.

Trueman, R. Carl. *Luther on the Christian Life: Cross and Freedom.* Wheton, IL: Crossway, 2015.

Von Allmen, Jean-Jacques. *Le saint ministère selon la conviction et la volonté des réformés du XVIe siècle.* Neuchâtel: Delachaux et Niestlé, 1968.

Wallace, S. Ronald. *Calvin, Geneva and the Reformation.* 박성민 역. 『칼빈의 사회 개혁 사상』. 서울: 기독교문서선교회, 1995.

Wright, D. Shawn. "John Calvin as Pastor." *The Southern Baptist Journal of Theology* 13-4 (2009), 4-17.

7장

류영모 외. 『공적 복음과 공공신학』. 용인: 킹덤북스, 2021.

박성규. "칼빈의 정치윤리." 『장신논단』 41 (2011. 3), 35-67.

이형기 외. 『공적신학과 공적교회』. 용인: 킹덤북스, 2010.

Barth, Karl. "Das Christliche Leben, Die Kirchliche Dogmatik IV/4, Fragmente aus dem Nachlass 1959-1961." In *Karl Barth-Gesamtausgabe.* Edited by Hans-Anton Drewe and Eberhard Jüngel. (Band 7/Abt. II, 3. Aufl.). Zürich: TVZ, 1999.

_____. "Das Wort Gottes und die Theologie." *Gesammelte Vorträge* 1. München: Kaiser, 1924.

_____. *Kirchliche Dogmatik.* IV/1, Zürich: TVZ, 1953.

_____. *Rechtfertigung und Recht.* Zollikon: Evangelischer Verlag, 1938.

Bratt, James D., ed. *Abraham Kuyper: A Central Reader.* Grand Rapids: Wm. B. Eerdmans-Lightning Source, 1998.

Busch, Eberhard. *Reformiert. Profil einer Konfession.* Zürich: TVZ, 2007.

_____. *Die Grosse Leidenschaft: Einführung in die Theologie Karl Barths.* 박성규 역. 『위대한 열정』. 서울: 새물결플러스, 2017.

_____. ed. *Calvin-Studienausgabe, Band 1. Reformatorische Anfänge (1533-1541). 2 Teilbände.* Neukirchen-Vluyn: Neukirchener Verlag, 1994.

Calvin, Jean. *Christliche Glaubenslehre nach der ältesten Ausgabe vom Jahre 1536.* Translated by Bernhard Spieß. Zürich: Theologischer Verlag, 1985.

_____. *Johannis Calvini Opera selecta.* Edited by P. Barth and W. Niesel. München: Kaiser, 1928-1936.

_____. *Unterricht in der christlichen Religion [Institutio].* Translated by O. Weber.

Neukirchen-Vluyn: Neukirchener Verlag, 1988.

Günter Thomas, *Dogmatics after Barth. Facing Challenges in Church, Society and the Academy.* ed. Bruce McCormack. Leipzig, 2012

Kondon, Robert A. *Adultery and divorce in Calvin's Geneva.* Cambridge, MA: Harvard University Press, 1995.

Mcgrath, Alister. *Reformation Thought: An Introduction.* 최재건, 조호영 역. 『종교개혁사 상』. 서울: 기독교문서선교회, 2017.

Moltmann, Jürgen. *Politische Theologie-Politische Ethik.* München: Kaiser Gründewald, 1984.

Scribner, R. W. "Sozialkontrolle und Möglichkeit einer städtischen Reformation." In *Stadt und Kirche im 16. Jahrhundert.* Edited by B. Möller. Gütersloh: Gütersloher Verlagshaus, 1978.

Welker, Michael, and David Willis, eds. *Zur Zukunft der Reformierten Theologie.* Neukirchen-Vluyn: Neukirchener, 1998.

Park, Seounggyu. "Seeking Possibilities for Public Theology in Korean Church and Society." *Asia-Pacific Journal of Theological Studies* 3 (2015).

8장

김명용. "칼 바르트 신학에 있어서의 교회와 국가." 이형기 외. 『공적신학과 공적교회』. 용인: 킹덤북스, 2010.

손규태. 『마르틴 루터의 신학사상과 윤리』. 서울: 대한기독교서회, 2004.

이창호. "교회의 공공성에 관한 신학적 윤리적 탐구." 『기독교사회윤리』 29 (2015), 141-89.

_____. "하나님의 사랑과 인간의 사랑, 그 같음과 다름에 관한 신학적·윤리적 연구." 『기독교사회윤리』 22(2011), 265-301.

최윤배. 『깔뱅신학 입문』. 서울: 장로회신학대학교출판부, 2012.

Barth, Karl. *Der Römerbrief.* 조남홍 역. 『로마서 강해』. 서울: 한들출판사, 1997.

_____. *Church Dogmatics, II/2.* Edinburgh: T.&T. Clark, 1956-75.

_____. "Church and State." In *Community, State, and Church.* Edited by Will Herberg. Eugene, OR: Wipf and Stock, 2004.

_____. "The Christian Community and the Civil Community." In *Community, State, and Church.* Edited by Will Herberg. Eugene, OR: Wipf and Stock, 2004.

_____. "First Letter to the French Protestants." In *Letter to Great Britain from Switzerland.* Edited by Alec R. Vidler. London: The Sheldon Press, 1941.

Bouwsma, William J. "The Spirituality of John Calvin." In *Christian Spirituality: High Middle Ages and Reformation.* Edited by Jill Raitt. New York: The Crossroad Publishing Company, 1987.

Calvin, Jean. *Institutes of the Christian Religion,* 2 Vols. Edited by John T. McNeill. Translated by Ford Lewis Battles. Philadelphia: Westminster, 1960.

Couenhoven, Jesse. "Grace as Pardon and Power: Pictures of the Christian Life in Luther, Calvin, and Barth." *Journal of Religious Ethics* 28 (2000), 63-88.

Hartwell, Herbert. *The Theology of Karl Barth: An Introduction*. London: Duckworth, 1964.

Lazareth, William H. *Christians in Society: Luther, the Bible, and Social Ethics*. Minneapolis: Fortress, 2001.

Little, David. "Calvin and the Prospects for a Christian Theory of Natural Law." In *Norm and Context in Christian Ethics*. Edited by Gene Outka and Paul Ramsey. New York: Scribner, 1968.

Luther, Martin. "Secular Authority: to What Extent It Should Be Obeyed." In *Martin Luther: Selections from His Writings*. Edited by John Dillenberger. New York: Anchor Books, 1962.

_____. "Freedom of a Christian." In *Martin Luther: Selections from His Writings*. Edited by John Dillenberger. New York: Anchor Books, 1962.

_____. "Commentary on Galatians." In *Martin Luther: Selections from His Writings*. Edited by John Dillenberger. New York: Anchor Books, 1962.

Willis, Robert E. *The Ethics of Karl Barth*. Leiden: E. J. Brill, 1971.

9장

황대우. "하나님의 영광과 인생의 위로: 제2제네바 신앙교육서 1-15문답과 하이델베르크 신앙교육서 1-22문답 비교연구." 『개혁논총』 29 (2014), 245-75.

Calvin, John. "The Catechism of the Church of Geneva." *Calvin: Theological Treatises*. Translated by John Kelly S. Reid. Philadelphia: Westminster Press, 1954.

_____. "Institutes of the Christian Religion(1559)." In *Library of Christian Classics*. Vols. 20-21. Edited by John T. McNeill. Translated by Ford L. Battles. Philadelphia: The Westminster Press, 1960.

_____. *Letters of John Calvin*. Vol. II. Edited by Jules Bonnet. New York: Burt Franklin, rep. 1972.

_____. *Theological Treatises*. 박경수, 황정욱 역. 『칼뱅: 신학논문들』. 서울: 두란노아카데미, 2011.

_____. 박건택 역. 『칼뱅작품선집 VII』. 서울: 총신대학교출판부, 2011.

Van Dyken, Donald. *Rediscovering Catechism*. 김희정 역. 『잃어버린 기독교의 보물 교리문답 교육』. 서울: 부흥과개혁사, 2012.

Drevlow, Arthur H. "How Luther Wanted the Catechism Used." *Concordia Journal*. 7-4 (July 1981), 152-57.

_____. "The History, Significance, and Application of Luther's Catechisms." *Concordia Journal*. Vol. 5, No. 5 (September 1979): 172-177.

Estep, William R. *The Anabaptist Story*. 정수영 역. 『재침례교도의 역사』. 서울: 요단출판사, 1998.

Freudenberg, Mattias. "Catechisms." *The Calvin Handbook*. Edited by Herman Selderhuis. 김귀탁 역. 『칼빈핸드북』. 서울: 부흥과개혁사, 2013.

Hesselink, I. John. *Calvin's First Catechism: A Commentary*. Louisville: Westminster John Knox Press, 1997.

Hubmaier, Balthasar. "A Christian Catechism." In *Three Reformation Catechisms: Catholic, Anabaptist, Lutheran*. Edited by Denis Janz. New York: The Edwin Mellen Press, 1982.

_____. "Freedom of the Will. I." In *Balthasar Hubmaier: The Theologian of Anabaptism*. Edited and translated by H. Wayne Pipkin and John H. Yoder. Scottdale, PA: Herald Press, 1989.

Luther, Martin. "The Small Catechism." *Three Reformation Catechisms: Catholic, Anabaptist, Lutheran*. ed. Denis Janz. New York and Toronto: The Edwin Mellen Press, 1982.

_____. *Der Große Katechismus*. 지원용 편역. "대교리문답서." 『루터선집』. 9권. 서울: 컨콜디아사, 1983.

McNeill, John T. *The History and Character of Calvinism*. New York: Oxford University Press, 1954.

Ozment, Steven. *The Reformation in the Cities*. New Haven: Yale University Press, 1975.

Reformed Confessions of the 16th and 17th Centuries in English Translation. Volume 1: 1523-1552. Edited by James T. Dennison. Jr. Reformation Heritage Books, 2008.

Scharffenorth, Gerta. "The Ecumenicity of Luther's Catechism." *Mid-Stream* 23-2 (April 1984), 162-75.

Snyder, Arnold. "Modern Reality and Anabaptist Spirituality: Balthasar Hubmaier's Catechism of 1526." *The Conrad Grebel Review* 9-1 (Winter 1991), 39-51.

Wengert, Timothy. "Forming the Faith Today through Luther's Catechisms." *Lutheran Quarterly* 11 (1997), 379-96.

Williams, George H. *The Radical Reformation*, 3rd edition. Kirksville, MO: Truman State University Press, 2000.

Zwingli, Huldrich. *Zwingli and Bullinger*. 서원모, 김유준 역. 『츠빙글리와 불링거』. 서울: 두란노아카데미, 2011.

제Ⅲ부 : 실천

10장

김태창(구술), 이케모토 케이코(기록), 『ともに公共哲学する - 日本での対話·共同·改新』. 조성환 역, 『일본에서 일본인들과 나눈 공공철학 대화』. 서울: 모시는사람들, 2017.

박영호. "그리스 민주정치의 맥락에서 본 에베소 폭동사건." 『신약논단』 21 (2014. 2), 477-516.

_____. "성경과 신학." 박영호 외 편. 『성경을 보는 눈』. 서울: 성서유니온, 2017, 40-46.

_____. 『에클레시아-에클레시아에 담긴 시민공동체의 유산과 바울의 비전』. 서울: 새물결플러스, 2018.

이숙진. "자기계발이라는 이름의 종교: 코칭프로그램의 자기테크놀로지를 중심으로."『종교문화비평』 25 (2014. 1), 242-85.

정해윤.『성공학의 역사』. 서울: 살림, 2004.

Bauckham, Richard. "Reading Scripture as a Coherent Story." In *Reading the Bible as an Art Form*. Edited by Richard Hays and Ellen Davis. 박규태 역. "성경을 일관된 이야기로 읽기."『성경 읽기는 예술이다』. 서울: 성서유니온, 2021. 77-99.

Burge, Gary M. *The New Testament in Seven Sentences*. 이철민 역.『신약의 일곱문장』. 서울: IVP, 2020.

Carr, David M. *Holy Resilience: The Bible's Traumatic Origins*. 차준희 역.『거룩한 회복탄력성 트라우마로 읽는 성경』. 서울: 감은사, 2022.

Davies, John A. *A Royal Priesthood: Literary and Intertextual Perspectives on an Image of Israel in Exodus 19.6*. London: T&T Clark International, 2004.

Frei, Hans Wilhelm. *The Eclipse of Biblical Narrative: A Study of Eighteenth and Nineteenth Century Hermeneutics*. New Haven, CT: Yale University Press, 1980.

George, Timothy. *Theology of the Reformers*. Nashville: Broadman & Holman, 1988.

Gregory, Brad S. *The Unintended Reformation: How a Religious Revolution Secularized Society*. Cambridge, MA: Belknap of Harvard University Press, 2012.

Hauerwas, Stanley. *The Peaceable Kingdom: A Primer in Christian Ethics*. Notre Dame, IN: University of Notre Dame Press, 2006.

_____. *Unleashing the Scripture: Freeing the Bible from Captivity to America*. Nashville, TN: Abingdon, 2001.

Kronman, Anthony T. *Education's End: Why Our Colleges and Universities Have Given Up on the Meaning of Life*. 한창호 역.『교육의 종말: 삶의 의미를 찾는 인문교육의 부활을 꿈꾸며』. 서울: 모티브북, 2009.

McNamara, Martin. *Targum and New Testament*. Tübingen: Mohr Siebeck, 2011.

Niebuhr, Reinhold. *The Nature and Destiny of Man*, Volume 1. Louisville, KY: Westminster John Knox, 1996.

Putnam, Robert D. *Bowling Alone: The Collapse and Revival of American Community*, 20th anniversary edition. New York: Simon & Schuster Paperbacks, 2020.

Putnam, Robert D., Lewis Feldstein, and Donald J. Cohen. *Better Together: Restoring the American Community*. New York: Simon & Schuster, 2003.

Sanneh, Lamin O. *Translating the Message: The Missionary Impact on Culture*. Maryknoll, NY: Orbis Books, 2009.

Trible, Phyllis. *Texts of Terror: Literary-Feminist Readings of Biblical Narratives*, 40th anniversary edition. Minneapolis, MN: Fortress Press, 2022.

Vanhoozer, Kevin J. *Hearers and Doers: A Pastor's Guide to Making Disciples Through Scripture and Doctrine*. 박세혁 역.『들음과 행함』. 서울: 복있는사람, 2020.

Volf, Miroslav. *Flourishing: Why We Need Religion in a Globalized World*. 양혜원 역.『인간의 번영-지구화 시대, 진정한 번영을 위한 종교의 역할을 묻다』. 서울: IVP, 2017.

Winter, Bruce W. *Seek the Welfare of the City: Christians As Benefactors and Citizens*.

Grand Rapids, MI: Eerdmans, 1994.

Wolterstorff, Nicholas. *In This World of Wonders: Memoir of a Life in Learning*. 홍종락 역. 『경이로운 세상에서』. 서울: 복있는사람, 2020.

_____. *Until Justice and Peace Embrace*. Grand Rapids, MI: Eerdmans, 1983.

Wright, Brian J. *Communal Reading in the Time of Jesus: A Window into Early Christian Reading Practices*. 박규태 역. 『1세기 그리스도인의 공동 읽기』. 서울: IVP, 2022.

11장

김요섭. 『존 녹스-하나님과 역사 앞에 살았던 진리의 나팔수』. 서울: 익투스, 2019.

김종락. 『스코틀랜드 종교개혁사-존 녹스에서 웨스트민스터 총회까지』. 서울: 흑곰북스, 2017.

박경수. 『개혁교회, 그 현장을 가다』. 서울: 대한기독교서회, 2018.

_____. 『박경수 교수의 교회사 클래스-한 권으로 끝내는 베이직 교회사』. 서울: 대한기독교서회, 2010.

_____. 『스코틀랜드 교회치리서-장로교 최초의 교회헌법 본문 및 해설』. 서울: 장로회신학대학교출판부, 2020.

이광호. 『스코틀랜드 신앙고백서』. 서울: 교회와성경, 2015.

이형기. 『세계교회사 (Ⅱ)』. 서울: 한국장로교출판사, 1994.

총회교육자원부 편. 『개혁교회의 역사와 신학』. 서울: 한국장로교출판사, 2004.

_____. 『개혁교회의 예배·예전 및 직제 Ⅰ』. 서울: 한국장로교출판사, 2015.

최선. 『존 녹스의 정치사상』. 서울: 그리심, 2008.

황봉환. 『스코틀랜드 종교개혁과 존 녹스의 신학』. 서울: 예영커뮤니케이션, 2001.

황정욱. "칼빈과 오늘의 개혁 교회-교회론을 중심으로." 『제1회 종교개혁기념 장신학술강좌 자료집』. 1-34.

Dawson, Jane E. A. *John Knox*. New Haven: Yale University Press, 2016.

Donaldson, Gordon. *The Scottish Reformation*, reissued edition. New York: Cambridge University Press, 2008.

Gibson, Jonathan., and Mark Earngey ed. *Reformation Worship: Liturgies from the Past for the Present*. Greensboro: New Growth Press, 2018.

Laing, David. ed. *Works of John Knox*. Volume Ⅰ. Ⅲ. Ⅳ. Ⅵ. Edinburgh: The Banner of Truth Trust, 2014 Reprint.

Marshall, Rosalind. K. *John Knox*. Edinburgh, UK: Birlinn Limited West Newington House, 2008.

Maxwell, William D. *A History of Christian Worship: An Outline of Its Development and Forms*. New York: Oxford University Press, 1955.

Ryrie, Alec. *The Origins of the Scottish Reformation*. Manchester: Manchester University Press, 2010.

Senn, Frank C. *Christian Liturgy: Catholic and Evangelical.* Minneapolis: Fortress Press, 1997.

Thompson, Bard. *Liturgies of Western Church.* Mansfield Centre, CT: Martino Publishing, 2015.

White, James F. *A Brief History of Christian Worship.* Nashville: Abingdon Press, 1993.

Gibson, Jonathan, and Mark Earngey, eds. *Reformation Worship: Liturgies from the Past for the Present.* 김상구, 배영민 역. 『종교개혁자들의 예배 예전-현재를 위한 과거로부터의 예전』. 서울: CLC, 2022.

Lloyd-Jones, D. Martin, and Iain H. Murray. *John Knox and the Reformation.* 조계광 역. 『존 녹스와 종교개혁』. 서울: 지평서원, 2011.

Maxwell, William D. *A History of Christian Worship: An Outline of Its Development and Forms.* 정장복 역. 『예배의 발전과 그 형태』. 서울: 쿰란출판사, 1996.

White, James F. *Protestant Worship: Traditions in Transition.* 김석한 역. 『개신교 예배』. 서울: 기독교문서선교회, 1997.

박용범, 최승진. "신냉전 속 식량위기 온다... 다보스 10 대 메시지." 『매일경제』. https://www.mk.co.kr/news/economy/view/2022/05/470953/ [게시 2022. 5. 27.].

12장

김동선. 『거룩한 공회를 믿사오며』. 서울: 한국장로교출판사, 2003.

손삼권. 『기독교 초기교회 교육의 재구성』. 파주: 한국학술정보, 2006.

Calvin, John. *Institutes of the Christian Religion.* Translated by Henry Beveridge. Edinburgh: Calvin Translation Society, 1846.

Goldman, Ronald. *Religious Thinking from Childhood to Adolescence.* London: Routledge and Kegan Paul, 1964.

Grethlein, Christian. *Grundfragen der Liturgik.* 김상구 역. 『예배학개론』. 서울: 기독교문서선교회, 2006.

Hay, David, Rebecca Nye, and Roger Murphy. "Thinking about Childhood Spirituality: Review of Research and Current Directions." In *Research in Religious Education.* Edited by Leslie J. Francis, William K. Kay, and William S. Campbell. Leominster: Gracewing, 1996.

Heron, Alasdair. *Table and Tradition: Towards an Ecumenical Understanding of the Eucharist.* Edinburgh: The Handsel Press, 1983.

Jeremias, Joachim. *Die Kindertaufe in den ersten vier Jahrhunderten.* Göttingen: Vandenhoeck & Ruprecht, 1958.

_____. *Hat die älteste Christenheit die Kindertaufe geübt?* Göttingen: Vandenhoeck & Ruprecht, 1938.

_____. *New Testament Theology.* London: SCM Press, 1971.

Kenntner, Eberhard. *Abendmahl mit Kindern.* Gütersloh: Gütersloher Verlagshaus,

1981.

Leipoldt, Johannes. *Die urchristliche Taufe im Lichte der Religionsgeschichte.* Leipzig: Dörffling&Franke, 1928.

Liturgischer Ausschuss der Evangelischen Kirche von Westfalen, ed. *Mit Kindern Abendmahl feiern.* Handreichung, 1991, 5-14.

Westerhoff, John H. III, and Gwen Kennedy Neville, eds. *Learning through Liturgy.* New York: The Seabury Press, 1978.

White, James F. *Sacraments as God's Self-Giving.* Nashville: Abingdon Press, 1983.

Yust, Karen-Marie. *Real Kids, Real Faith: Practices for Nurturing Children's Spiritual Lives.* San Francisco, CA: Jossey-Bass, 2004.

13장

고원석 외. 『기독교교육개론』. 서울: 장로회신학대학교 기독교교육연구원, 2015.

곽안련. 『牧師必携』. 서울: 조선예수교서회, 1932.

소희, 김민. "MZ세대 특성에 따른 커뮤니케이션 메소드에 관한 연구." 『조형미디어학』24 (2021), 113-20.

신형섭. 『가정예배건축학』. 서울: 장로회신학대학교출판부, 2017.

_____. "코로나 시대, 올라인 교육목회로 다음세대 회복과 부흥을 이야기하다" 『목회와 신학』(2021. 1.), 54-59.

오인탁 외. 『기독교교육론』. 서울: 대한기독교교육협회, 1989.

유해무 외 6인. 『가정예배 어떻게 할 것인가』. 서울: 생명의 양식, 2018.

장흥길. 『신약성경 용어해설집』. 서울: 한국성서학연구소, 2017.

조선예수교장로회. 『대한예수교장로회 헌법(朝鮮耶蘇敎長老會憲法)』. 1922.

헌법개정위원회. 『대한예수교장로회 헌법』. 서울: 대한예수교장로회총회교육부, 1984.

Alexander, James. *Thoughts on Family Worship.* 임종원 역. 『가정예배는 복의 근원입니다』. 서울: 미션월드 라이브러리, 2005.

Baxter, Richard. *The Godly Home.* 정호준 역. 『하나님의 가정』. 서울: 복있는 사람, 2012.

Brunner, Emil. *Justice and the Social Order.* 전택부 역. 『정의와 사회질서』. 서울: 대한기독교서회, 2003.

Edwards, Jonathan. *The Works of Jonathan Edwards,* vol. 25. Edited by Wilson H. Kimnach. New Haven: Yale University Press, 2006.

Haynes, Brian. *The Legacy Path.* Nashville, TN: Randall House Publications, 2011.

Nelson, C. Ellis. *Where Faith Begins.* Richmond, VA: John Knox Press, 1967.

Offices of the Free Church of Scotland. *The Subordinate Standards and Other Authoritative Documents of the Free Church of Scotland.* Edinburgh: Offices of the Free Church of Scotland, 1973.

Orme, William, ed. *The Practical Works of Richard Baxter: With a Life of the Author and a*

Critical Examination of his Writing, Vol. 1. London: James Duncan, 1830.

Powell, Kara. *Growing Young*. Grand Rapids, MI: Baker Books, 2016.

Sherrill, Lewis. *The Rise of Christian Education*. New York: The Macmillan Company, 1954.

Westerhoff III, John H. *Living the Faith Community*. 김일환 역. 『살아있는 신앙공동체』. 서울: 보이스사, 1992.

http://mhdata.or.kr/mailing/Numbers95th_210514_Full_Report.pdf

http://mhdata.or.kr/mailing/Numbers96th_210521_Full_Report.pdf

https://en.wikipedia.org/wiki/Gospel

http://www.mhdata.or.kr/bbs/board.php?bo_table=koreadata&wr_id=81&page=4

http://www.mhdata.or.kr/bbs/board.php?bo_table=koreadata&wr_id=79

http://mhdata.or.kr/mailing/Numbers84th_210219_Full_Report.pdf

http://mhdata.or.kr/mailing/Numbers91st_210416_Full_Report.pdf

http://www.mhdata.or.kr/bbs/board.php?bo_table=koreadata&wr_id=152